61. JUNGE TAGUNG ÖFFENTLICHES RECHT

Tagung der Wissenschaftlichen Mitarbeiterinnen und Mitarbeiter, Wissenschaftlichen Assistentinnen und Assistenten

Zugang zu Recht

Herausgegeben von:
Benedikt Huggins, Maike Herrlein, Johanna Werpers, Jonas Brickwede, Dr. Konstantin Chatziathanasiou, Lisa Dudeck, Jonas Fechter, Felix Fouchard, Rebekka Gengenbach, Lucas Hennicke, Dr. Isabel Lischewski, Leonie Mentzel, Jonas Neumann, Nicholas Otto, Jonas Plebuch, Christine-Sophie Reichert, Janna Ringena, Marcus Schnetter, Kathrin Strauß, Helen Wentzien und Laura Christin Wittmann

Nomos

Helbing Lichtenhahn Verlag

Zitiervorschlag:
Autor/in, in: Huggins/Herrlein/Werpers et al. (Hrsg.), Zugang zu Recht 2021, S. x ff.

Die Deutsche Nationalbibliothek verzeichnet diese Publikation in der Deutschen Nationalbibliografie; detaillierte bibliografische Daten sind im Internet über http://dnb.d-nb.de abrufbar.

1. Auflage 2021

Publiziert von
Nomos Verlagsgesellschaft mbH & Co. KG
Waldseestraße 3–5 | 76530 Baden-Baden
nomos.de

Gesamtherstellung:
Nomos Verlagsgesellschaft mbH & Co. KG
Waldseestraße 3–5 | 76530 Baden-Baden

ISBN 978-3-8487-7055-7 (Print)
ISBN 978-3-7489-1099-2 (ePDF)

ISBN 978-3-7190-4524-1 (Helbing Lichtenhahn Verlag, Basel)

DOI: https://doi.org/10.5771/9783748910992

Onlineversion
Nomos eLibrary

Vorwort

Vom 23. bis 26. Februar 2021 tagte die Junge Wissenschaft des Öffentlichen Rechts zum 61. Mal und diskutierte, zugeschaltet aus Deutschland, Österreich, Schweiz, Liechtenstein und Norwegen, Zugänge zu Recht. Der vorliegende Band dokumentiert die Beiträge und Diskussionen auf der Tagung.

Digitales Tagen in Pandemiezeiten

Die Tagung stand unter besonderen Vorzeichen. Bedingt durch die Corona-Pandemie konnte die Tagung nicht in Präsenz im Schloss der Universität Münster stattfinden. Ein Jahr nach dem erstmaligen Auftreten des Corona-Virus in Deutschland kam für das Organisationsteam eine Verschiebung nicht in Betracht, sodass die Entscheidung zur digitalen Durchführung fiel. Diese Umstände verhalfen dem Tagungsthema „Zugang zu Recht" unbeabsichtigt zu besonderer Relevanz.

Die digitale Durchführung eröffnete Chancen. Zeitliche und finanzielle Hürden für Interessierte, die durch Anreise, höheren Tagungsbeitrag und Übernachtungen entstanden wären, entfielen. Gleiches galt für den Wegfall begrenzender Raumkapazitäten, wodurch es uns möglich wurde, insgesamt über 400 Teilnehmer:innen zuzulassen. Digitale Formate weisen aber auch Nachteile auf. Im digitalen Raum geht einer Konferenz ein wesentlicher Teil verloren, weil wichtige inhaltliche Diskussionen auch abseits von Vorträgen und Panels an Kaffeetischen und in Pausen stattfinden. Zudem sind Tagungen nicht nur ein Ort des wissenschaftlichen, sondern auch des persönlichen Austauschs. Für Tagungen von Nachwuchswissenschaftlerinnen und -wissenschaftlern gilt dies im besonderen Maße. Das von uns genutzte Werkzeug Zoom ist kaum geeignet, eine authentische „Tagungsatmosphäre" zu erzeugen. Deshalb haben wir den Tagungsort (das Münsteraner Schloss, den Friedenssaal des Rathauses sowie einige Altstadtkneipen) zusätzlich auf der Plattform Gathertown virtuell nachgebaut. Dort konnten sich die Teilnehmer:innen mit Avataren frei bewegen und bestimmen, mit wem sie in ein Gespräch eintreten wollen und wann sie dieses wieder beenden möchten. Mit dem Charme fast vergessener „Gameboy-Nostalgie" sollte das neue, beinahe spielerische Erlebnis den

Verlust des persönlichen Kontakts einer Tagung in Präsenz kompensieren. Es hat uns sehr gefreut, dass das Angebot auf lebhafte Resonanz gestoßen ist. Es haben sich viele kleine – und häufig wechselnde – Gesprächsrunden gefunden, die teilweise bis spät in die Nacht noch beieinandergeblieben sind – unterstützt durch die Stärkungen aus den Münsteraner „Care-Paketen".

Digitale Tagungen erzeugen aber auch neue Hürden. Zuvörderst betraf dies die Referent:innen. Die wenigen Kacheln einer Videokonferenz konnten die Eindrücke und die Rückmeldung der vollen Aula des universitären Schlosses nicht abbilden. Aber auch die Vor- und Nachbereitung der Tagungsbeiträge waren pandemiebedingt erschwert. Bibliotheken und Forschungseinrichtungen sind nur bedingt oder gar nicht zugänglich. Forschungsmöglichkeiten sind mit zusätzlichen Belastungen, die sich aus Care-Arbeit und Homeoffice ergeben können, versehen. Zu unser aller Gewinn haben unsere Referent:innen diese Herausforderungen mit Bravour gemeistert.

Aber auch die Teilnehmer:innen sahen sich zum Teil erschwerten Bedingungen gegenüber, etwa wenn die digitale Teilnahme im Homeoffice innerhalb des akademischen Arbeitsverhältnisses den Eindruck erweckte, für zusätzliche Arbeitsaufgaben verfügbar zu sein. Diese veränderten Zugangsbedingungen wiederum spiegelten sich im Tagungsthema lebhaft wider. Auch abseits der Tagung selbst haben Fragen nach Zugangsbedingungen zu Recht im vergangenen Jahr eine Relevanz erhalten, die zum Zeitpunkt der Themenwahl noch nicht absehbar war. Es war daher hoch erfreulich, dass die Tagung sowohl bei den Vortragenden als auch bei den Teilnehmer:innen ein großes Interesse erzeugen konnte und auf der Tagung angeregte, freundliche und konstruktive Debatten entstanden.

Ergänzt wurde das Programm durch den Festvortrag von Frau *BVRin Prof. Dr. Astrid Wallrabenstein*, der Paneldiskussion um die Bedeutung der Rechtswissenschaft in den Medien und dem Rahmenprogramm. Letzteres ermöglichte in kleinen thematischen Gesprächsrunden ein gegenseitiges Kennenlernen und Wiedersehen. Daneben wurde die digitale Plattform beim Pubquiz und dem im Stil eines „Gameboy-Detektivabenteuers" gestalteten Gewinnspiel zu Leben erweckt.

Danksagung

Die Tagung wäre nicht möglich gewesen und hätte sich nicht pfauengleich in ein solch glänzendes Gefieder kleiden können, wenn sie nicht so viel Unterstützung erhalten hätte. Zuallererst gebührt unser Dank den Referent:innen für die vielfältigen, spannenden und inspirierenden Beiträge. Mit viel Engagement, Bereitschaft zur Diskussion und guter Vorbereitung konnte die Tagung zu dem werden, was sie versprach. Ermöglicht hat die Tagung die Universität Münster, die uns mit viel Rat und Tat zur Seite stand. Dank gebührt der juristischen Fakultät, insbesondere *Prof. Dr. Sabine Schlacke*, *Prof. Dr. Gernot Sydow* und *Prof. Dr. Matthias Casper* für ihre uneingeschränkte Unterstützung. Auch den Mitarbeitenden der Verwaltung, allen voran *Christian Herrmann*, *Philipp Schepp*, *Maria Braun*, *Ulrike Topp* und dem Hausmeisterteam des Juridicums, sowie den studentischen Hilfskräften unserer Institute und Lehrstühle sind wir zu Dank verpflichtet. Danke sagen möchten wir auch den Organisator:innen der Vorgängertagungen, deren Erfahrungswerte und Tipps uns sehr geholfen haben.

Besonderer Dank gebührt unserer Festrednerin *BVRin Prof. Dr. Astrid Wallrabenstein*. Ebenso möchten wir den Diskutant:innen des Podiums ‚Juristische Expertise in der Medienöffentlichkeit' *VRinOVG Dr. Gudrun Dahme*, *Prof. Dr. Julika Griem*, *Dr. Wolfgang Janisch* und *Prof. Dr. Christoph Möllers* von Herzen Danke sagen. Gleicher Dank gebührt *Corinna Budras*, die mit hervorragender Moderation die Diskussion zur Entfaltung gebracht hat.

Eine Tagung dieser Größe ist ohne die Unterstützung unserer Sponsor:innen nicht möglich, bei denen wir uns herzlich bedanken wollen. Die Junge Tagung kann nicht nur auf zahlreiche langjährige Förder:innen bauen, sondern auch neue Unterstützer:innen begrüßen. Hervorheben möchten wir, dass die Sponsor:innen uns trotz der Corona-Pandemie mit unverändertem Engagement erhalten geblieben sind. Das ist nicht selbstverständlich und hat es uns ermöglicht, die Tagung digital zu etwas Besonderem aufzuwerten und ein umfangreiches und originelles „Care-Paket" an die Teilnehmer:innen zu versenden. Ausdrücklich wollen wir uns beim Freundeskreis Rechtswissenschaft e.V. bedanken, der mit seiner Förderung Sorgen genommen und die Open-Access-Veröffentlichung dieses Bandes ermöglicht hat. Für die freundliche und kompetente verlegerische Betreuung möchten wir uns bei *Dr. Marco Ganzhorn* und dem Nomos-Verlag herzlich bedanken.

Das Gelingen einer Tagung hängt schließlich von der Bereitschaft der Teilnehmer:innen ab. Wir haben uns über die rekordhafte Zahl von 400

Anmeldungen sehr gefreut und möchten für die Geduld im Vorfeld der Tagung und das große Engagement in Diskussionen und den lebhaften Austausch im digitalen Raum Danke sagen. Die Teilnehmer:innen haben die Tagung mit Leben gefüllt und so die schweren Rahmenbedingungen in etwas Einzigartiges verwandelt.

Münster, den 12. Mai 2021

Jonas Brickwede, Konstantin Chatziathanasiou, Lisa Dudeck, Jonas Fechter, Felix Fouchard, Rebekka Gengenbach, Lucas Hennicke, Maike Herrlein, Benedikt Huggins, Isabel Lischewski, Leonie Mentzel, Jonas Neumann, Nicholas Otto, Jonas Plebuch, Christine Reichert, Janna Ringena, Marcus Schnetter, Kathrin Strauß, Helen Wentzien, Johanna Werpers, Laura Wittmann

Inhalt

Editorial: Zugänge – Fragen, Erträge und Perspektiven der 61. JTÖR

Konstantin Chatziathanasiou, Benedikt Huggins, Jonas Plebuch und Kathrin Strauß

„Vor dem Gesetz steht ein Türhüter." Nur halb im Scherz spekulierten wir im Vorfeld, ob uns der erste Satz aus Franz Kafkas berühmter Parabel auf unserer Tagung begegnen würde.[1] Die Erwartung erfüllte sich nicht. Unsere Referent:innen kamen ohne Ornamentierungen aus. Die Erleichterung darüber bedeutet aber nicht, dass wir uns über eine ernsthafte Auseinandersetzung mit den Paradoxien und produktiven Spannungen der Parabel nicht gefreut hätten – im Gegenteil: Es hätte durchaus unserem Wunsch nach thematischer und methodischer Vielfalt entsprochen. Aber auch ohne Auseinandersetzung mit Kafka wurde dieser Wunsch eindrucksvoll erfüllt.

Gegenstand dieses Editorials ist eine Bestandsaufnahme und inhaltliche Gesamtschau unserer Tagung. Dazu gehen wir gewissermaßen chronologisch vor: Zunächst betrachten wir noch einmal unsere Fragestellung bzw. unseren „Call for Exposés" (I.). Dann wenden wir uns der Resonanz auf unseren Aufruf zu, die einen Eindruck von der Bandbreite wissenschaftlicher Zugänge und Interessen im jungen Öffentlichen Recht vermittelt (II.). Im Schwerpunkt soll es dann um den eigentlichen Inhalt der Tagung gehen. Unsere Debatten lassen sich anhand verschiedener Themenkreise und übergreifender Merkmale strukturieren, als Leitparadigma unserer Tagung darf dabei die Frage nach den In- und Exklusionseffekten des Rechts gelten (III.). Abschließend soll es um Perspektiven zukünftiger Forschung gehen – und vielleicht gelingt auch eine sinnige Bezugnahme auf Kafka (IV.).

1 Die Parabel findet sich in *Kafkas* Romanfragment „Der Proceß".

I. Fragestellung

Die Fragestellung unserer Tagung lautete in Kurzform: „Wer hat Zugang zum Recht? Und ist dies zu Recht so?" In dieser Kurzform finden sich die drei wesentlichen Weichenstellungen unseres Calls. Erstens ging es uns darum, über Recht als soziale Konstruktion zu sprechen, die in Bezug auf Individuen, aber auch in Bezug auf Kollektive sowohl inkludierende als auch exkludierende Effekte zeitigen kann. Zweitens wollten wir diesen empirischen Befund einer kritischen Bewertung unterziehen, wobei wir offen ließen, ob der normative Maßstab ein genuin rechtlicher zu sein hat. Drittens wollten wir unsere Frage nicht auf einen bestimmten Themenbereich beschränken, sondern sie vielmehr strukturell formulieren. Unsere Hoffnung war, die gesamte junge Wissenschaft im Öffentlichen Recht zu ihren jeweils eigenen Forschungsgebieten aus dem Blickwinkel des Zugangs zu befragen.[2]

Ausgangspunkt unserer Überlegungen war, dass sich im Recht tatsächliche Machtverhältnisse spiegeln. Gleichzeitig gehört die Einhegung von staatlicher und sozialer Macht zu den vornehmsten Aufgaben des Rechts. Wir sehen gerade die Wissenschaft vom Öffentlichen Recht dazu aufgerufen, diese Spannungslage kritisch zu untersuchen. Machtasymmetrien können dabei in allen Teilgebieten des Rechts und in allen Bereichen rechtlicher Praxis auftreten. Das Phänomen betrifft Rechtserzeugung und Rechtsdurchsetzung, Legislative, Exekutive und Judikative sowie auch ganz praktisch den Zugang zu rechtlichen Professionen und Wissensbeständen. Ferner weist die Frage eine überstaatliche Dimension auf, wodurch auch und gerade das Völker- und Europarecht in Bezug genommen sind. Auch in methodischer Hinsicht ist Vielfalt möglich und angezeigt. Wir zählten daher eine ganze Reihe von möglichen methodischen Zugängen auf, um neben der disziplinär-thematischen auch die methodische Offenheit unserer Tagung zu unterstreichen. Historische, vergleichende, philosophische, politologische, soziologische und ökonomische Perspektiven waren uns ebenso willkommen wie primär dogmatisch ausgerichtete Beiträge.

Um zu verdeutlichen, was für Beiträge uns vorschwebten, skizzierte der Call auch Fragen in verschiedenen konkreten Themenfeldern. Zwei Themenfelder waren schon dadurch hervorgehoben, dass wir dazu spezifische, stärker diskursiv ausgerichtete Panels mit jeweils möglichst gegen-

---

2 Den Call flankierten wir mit Tipps zum Verfassen eines Exposés: „Post aus Münster: 9 Tipps für ein starkes Exposé", JuWissBlog Nr. 105/2020 v. 23.07.2020, https://www.juwiss.de/105-2020/ (Stand: 12.05.2021).

läufigen Positionierungen vorschlugen. In diesen Panels sollten je zwei Impulsvorträge den Einstieg in eine vertiefte Diskussion bilden.[3] Das betraf zum einen den Einfluss von Lobbyismus auf die parlamentarische Gesetzgebung. Lobbyismus schafft einen Zugang zu Recht jenseits der verfassungsmäßig vorgesehenen Partizipationsmöglichkeiten in Form von Wahlen und Abstimmungen. Unsere im Call aufgeworfene Frage lautete, ob Lobbyismus durch die asymmetrische Einflussnahme den demokratischen Prozess gefährdet oder ob die Einwirkung auf politische Entscheidungsträger durch Interessengruppen nicht umgekehrt eine der Partizipationsmöglichkeiten ist, die eine Demokratie handlungsfähig halten. Zum anderen rückten wir den strategischen Zugang zu Gerichten in den Fokus. Gerichte werden zunehmend bewusst dafür genutzt, bestimmten Interessen, die sich parlamentarisch nicht durchsetzen lassen, zum Erfolg zu verhelfen oder ein Tätigwerden des Gesetzgebers einzufordern. Der Umgang mit dem Klimawandel bildete hier das herausragende Beispiel. Was den Zugang zu Gerichten insgesamt anbelangt, warfen wir aber auch die Frage nach den demokratischen Kosten der Verhandlung gesellschaftlicher Konfliktlagen im vermeintlich technischen Prozessrecht, wie etwa im Asylprozessrecht und im überindividuellen Rechtsschutz, sowie nach möglichen Alternativen zur staatlichen Konfliktlösung auf.

Darüber hinaus wollten wir für die anderen Panels weiterführende Impulse geben. Unter dem Titel „Rechtsdurchsetzung und -wahrnehmung" sprachen wir unter anderem tatsächliche Hürden der Rechtsverfolgung wie Sprachbarrieren und Informationsasymmetrien an und fragten, ob neue Rechtsdienstleistungsangebote, die unter dem Schlagwort „Legal Tech" zusammengefasst werden, Abhilfe schaffen können. Wir thematisierten aber auch strukturelle Defizite des internationalen Menschenrechtsschutzes und gaben zu überlegen, wie der zunehmenden Missachtung völker- und europarechtlicher Gerichtsentscheidungen begegnet werden könnte.

Abschließend formulierten wir Fragen zur Rolle von Rechtswissenschaftler:innen selbst. So fragten wir nach der Zugänglichkeit rechtlichen Wissens. Die Frage bezog sich nicht nur auf apokryphe Regelungsformen wie DIN-Normen, sondern – und das ist jüngst besonders akut geworden – adressierte auch die Vermittlung rechtlichen Wissens in der Öffentlichkeit. Denn der Rechtswissenschaft als Normwissenschaft kommt hierbei

---

3 Dieses neue Format stellten wir auf dem JuWiss-Blog vor: „Wissenschaft bedeutet auch Kontroverse – Werkstattbericht zum neuen Diskussionsformat", JuWissBlog Nr. 112/2020 v. 01.09.2020, https://www.juwiss.de/112-2020/ (Stand: 12.05.2021).

eine gegenüber anderen geistes- und gesellschaftswissenschaftlichen Disziplinen besondere Verantwortung zu. Überhaupt wollten wir uns für eine kritische Reflexion rechtswissenschaftlicher Verantwortung offen zeigen. Dies schloss Fragen nach den Zugangschancen zu den juristischen Professionen selbst mit ein.

II. Resonanz

Unser Ruf stieß auf ein erfreulich breites Echo. Insgesamt erreichten uns 61 Bewerbungen, von denen 20 in das Tagungsprogramm aufgenommen wurden.[4] Erwartungsgemäß gab es mehr Einreichungen zu den beiden Schwerpunktthemen Rechtsschutz und Rechtsetzung als zum Themenkomplex „Zugänglichkeit rechtlichen Wissens".

Die rechtsschutzbezogenen Beiträge behandelten entweder individuelle Rechtsschutzhürden (z. B. Sprachbarrieren) oder erörterten das Für und Wider strategisch-kollektiver Zugänge zu Gerichten. Oft wurde nach den Implikationen der Austragung genuin politischer Konflikte in einem gerichtlichen Verfahren gefragt. Es ging, mit anderen Worten, um den Wechsel der Arena: vom politischen Prozess zum gerichtlichen Verfahren. In vielen Beiträgen dominierte eine Grundskepsis gegenüber der Fähigkeit des parlamentarisch-politischen Prozesses, Dauer-Herausforderungen wie den Klimawandel angemessen zu bewältigen; diese Skepsis korrespondierte mit einem prinzipiellen Vertrauen in die Problembewältigungsfähigkeit gerichtlicher Verfahren.

Die rechtsetzungsbezogenen Beiträge nahmen häufig eine diskriminierungskritische Perspektive ein und fragten – in einem typischerweise interdisziplinären Zugriff – nach dem Grad der Verwirklichung des demokratischen Versprechens auf Rechtsetzungsgleichheit. Insgesamt war auffallend, dass nur wenige Beiträge genuin rechtsdogmatisch ausgerichtet waren. Die meisten Beiträge verkoppelten vielmehr juristische Analyse und außerjuristische Reflektion. Metadogmatische Beiträge, die sich *sub specie* Zugang mit den Leistungen und Gefahren rechtsdogmatischen Arbeitens beschäftigen, haben uns dagegen kaum erreicht.

4 Die Verteilung der Exposés nach Geschlechtern, akademischen Herkunftsorten sowie Karrierestufen ist auf unserer Homepage dokumentiert: siehe https://www.jura.uni-muenster.de/de/wissenschaft/wissenschaftlicher-nachwuchs/junge-tagung-oeffentliches-recht/programm/statistiken-bewerbung-zulassung/ (Stand: 12.05.2021).

Die binnendisziplinäre Verteilung der Exposés haben wir einerseits erwartet, andererseits hat sie uns aber auch überrascht. Erwartbar war, dass insgesamt mehr verfassungs- als verwaltungsrechtliche Beiträge eingehen würden. Schon seit einigen Jahren lässt sich ein quantitatives Abfallen der verwaltungs- gegenüber der verfassungsrechtlichen Forschung beobachten, insbesondere im öffentlich-rechtlichen Nachwuchs. Umso glücklicher waren wir, dass unser Call dann doch so viele verwaltungs(prozess)rechtliche Exposés herausgefordert hat, dass wir u.a. ein eigenes Panel zur gewandelten Rolle der Verwaltungsgerichtsbarkeit aufnehmen konnten.

Überraschend war hingegen, dass völkerrechtliche Beiträge gegenüber europarechtlichen Beiträgen eindeutig dominierten – obwohl weder Tagungsthema noch Call eine solche Diskrepanz erwarten ließen. Überhaupt haben nur wenige Beiträge die spezifisch durch Mehrebenenstrukturen hervorgerufenen Zugangsprobleme zum Thema gemacht. Ebenfalls nicht adressiert wurde die Frage nach dem Zugang zur juristischen Profession und die Frage nach ihrer gesellschaftlichen Verantwortung, obwohl wir in unserem Call ausdrücklich auch zur Reflexion der Rolle von Rechtswissenschaftler:innen aufgerufen hatten. Dies mag daran gelegen haben, dass die Einreichungen naturgemäß stark aus der aktuellen Forschungstätigkeit schöpfen, aber nur wenige aus unserem Kreis zu einem einschlägigen selbstreflexiven Thema promovieren oder habilitieren.

Aufgrund der Planungsunsicherheiten, die mit der dynamischen Entwicklung der Corona-Pandemie verbunden waren – bis zum Ablauf der Einreichungsfrist Mitte Oktober 2020 war noch nicht abzusehen, ob die Tagung in einem hybriden oder einem rein digitalen Format stattfinden würde –, haben uns leider auch nur vergleichsweise wenige Exposés aus Österreich und der Schweiz erreicht. Sowohl die rege Tagungsbeteiligung österreichischer und schweizerischer Nachwuchswissenschaftler:innen als auch die Übernahme des Staffelstabs durch unsere Zürcher Kolleg:innen stellen jedoch eindrucksvoll unter Beweis, dass die JTÖR weiterhin einen gemeinsamen Diskursraum für die gesamte deutschsprachige Nachwuchsforschung im Öffentlichen Recht bereitstellt. Wir können also ein positives Fazit ziehen: Die Reaktionen auf unseren Call zeigen, dass die junge Wissenschaft vom Öffentlichen Recht eine große Bandbreite an methodischen Problemzugriffen anzubieten hat und auch bereit ist, diese Zugriffe in einem größeren Kreis zur Diskussion zu stellen.

III. Tagung

Auch bei den eigentlichen Beiträgen unserer Tagung lassen sich die beiden schon durch unseren Call vorgezeichneten Schwerpunkte erkennen, nämlich demokratische Rechtsetzung (1.) sowie Fragen des Rechtsschutzes und der Gerichtsbarkeit (2.). Daneben wurden auf der Tagung auch die bewusste Erweiterung und Verkürzung der Reichweite des Rechts (3.) sowie die rechtswissenschaftliche Wissensverarbeitung und Kommunikation (4.) verhandelt. Die meisten Beiträge teilten die Prämisse, dass ein Mehr an Zugang prinzipiell wünschenswert ist; ferner überwanden alle Beiträge die im Fach lange vorherrschende Dichotomisierung von dogmatischen und sog. Grundlagen-Beiträgen; schließlich erlebten wir – nicht zuletzt als Folge der Online-Durchführung – eine enthierarchisierte Diskussionskultur (5.).

1. Rechtsetzung

In Bezug auf demokratische Rechtsetzung haben uns vor allem Fragen von Repräsentation und Teilhabe beschäftigt. Diese Perspektiven fokussierten sich auf die Akteur:innen des Rechtsetzungsprozesses. Innerhalb dieser Perspektive gliederten sich die Beiträge in zwei thematische Zugriffe, die sich gegenseitig ergänzten: Es ging zum einen um Zugang zur *Mitgliedschaft in* rechtsetzenden Organen und zum anderen um Einflussnahme auf die Rechtsetzung *von außen*. Während die einen sich mit dem Zugang von Individuen zu rechtsetzenden staatlichen Akteur:innen befassen, beschreiben die anderen den Zugang rechtsetzungsbeeinflussender nichtstaatlicher Akteur:innen zum Prozess der Rechtsetzung. Hier fällt die Mehrdeutigkeit bestimmter institutioneller Arrangements auf. Repräsentation lässt sich etwa als Instrument zur Steigerung der Input-Legitimation verstehen – ihr wird also ein Eigenwert zugesprochen. Repräsentation kann aber auch instrumentell als Maßnahme zur Verbesserung der Qualität von Entscheidungen konzipiert werden, also der Steigerung der Output-Legitimation dienen.

Mit dem Zugang zu staatlichen Institutionen aus einer antidiskriminierungsrechtlichen Perspektive beschäftigte sich *Cara Röhner*. Die zahlenmäßige Unterrepräsentation bestimmter gesellschaftlicher Gruppen erkennt sie als Ausdruck ungleicher gesellschaftlicher Machtverhältnisse. Der Zugang zum Prozess der Rechtserzeugung selbst müsse deswegen Ziel eines demokratischen Antidiskriminierungsrechts sein. Ähnlich substantiell konstruiert *Lea Rabe* den Zugang zur Rechtsetzung qua Mitgliedschaft in Rechtsetzungsorganen. Anhand der Debatte zur wahlrechtlichen Parität beschreibt sie den von Machtstrukturen dominierten Diskurs, dessen zugrundeliegende Problemstellung *Röhner* als eine Frage von gerechter Staatlichkeit und Volkssouveränität charakterisiert. Beide Beiträge eint, dass sie dem Zugang selbst einen substantiellen Mehrwert zusprechen.

Einen anderen Akzent legen die beiden Beiträge zum Zugang rechtsetzungsbeeinflussender nichtstaatlicher Akteur:innen zum Prozess der Rechtsetzung. Hier ist der Zugang eher instrumentell charakterisiert, als Mittel zum Zweck besserer Rechtsetzung. *Katrin Kappler* beschreibt den schrumpfenden Handlungsspielraum der Zivilgesellschaft in Deutschland bei der Rechtserzeugung und betont die Abhängigkeit der Rechtsetzung von der Expertise und Erfahrung der Zivilgesellschaft. Ein Verzicht darauf mindere die Qualität von Gesetzen, daher bedürfe es eines regulierten Zugangs der Zivilgesellschaft zur Gesetzgebung. Aus einer entgegengesetzten Perspektive liefert *Odile Ammann* Gründe, warum dieser Zugang der Regulierung bedarf. Sie untersucht das zeitgenössische Verständnis des freien Mandats und plädiert vor dem Hintergrund der Nähebeziehungen zwischen Abgeordneten und Interessengruppen für ein revidiertes Verständnis und eine Begrenzung der möglichen Einflussnahme auf Repräsentant:innen. Während *Kappler* rechtliche Zugangshindernisse für die Zivilgesellschaft beschreibt und *Ammann* also Gründe für Zugangsbeschränkungen formuliert, betrachtet *Sarah Praunsmändel* eine faktische Hürde, die rechtlich instrumentalisiert wird: Sie zeigt auf, wie die Einführung der Amtssprache Deutsch den Prozess der Rechtsetzung und -durchsetzung ursprünglich zugänglicher machte, indem sie das zuvor dominierende Lateinische ersetzte. Zugleich betont sie die – unter den Bedingungen einer auch sprachlich pluralen Gesellschaft – ambivalente Wirkung der Amtssprachenregelung, die für deutschunkundige Personen exkludierend wirkt. Hier zeigt sich also eine mögliche Dialektik von Inklusions- und Exklusionsmaßnahmen.

2. *Gerichtsbarkeit*

In Bezug auf die Gerichtsbarkeit beschäftigte uns ein möglicher Funktionswandel und die Frage, ob dieser Funktionswandel zu begrüßen ist oder die Gerichtsbarkeit an ihre Grenzen führt. Im Mittelpunkt standen die Herausforderungen durch strategische Prozessführung. Diese kann dazu dienen, die Untätigkeit des Gesetzgebers sowie Rechtsdurchsetzungsdefizite zu adressieren, insbesondere in politisch verfahrenen Situationen oder in Fällen mangelnder Repräsentation. Strategische Prozessführung hält damit aber auch Herausforderungen bereit, erst recht weil das Verhältnis von

Politik und Gerichtsbarkeit ohnehin schon zunehmend konfliktträchtig erscheint.

Vera Strobel untersucht die Wirkung von strategischer Prozessführung auf den politischen Prozess und die daraus entstehenden Implikationen für Demokratie und Gewaltenteilung. *Lutz Friedrich* lotet die verfassungsrechtlichen Grenzen der *public interest litigation* aus, deren Interesse eher in der Durchsetzung von Allgemeininteressen als in der Rüge einer konkreten Verletzung eines subjektiven Rechts liegt. Er wirft damit die Frage auf, ob der Zugang zu Gerichten ein zulässiges Mittel politischer Interessendurchsetzung sein kann. *Reto Walther* thematisiert die demokratie- und legitimationstheoretischen Defizite politisch folgenreichen Menschenrechtsjudikatur des EGMR. Was den Zugang zur Rechtsetzung anbelangt, lässt sich die Frage ausmachen, inwiefern gerichtlicher Rechtsschutz geeignet ist, Repräsentationsdefizite in der Rechtsetzung zu schließen. *Manuela Niehaus* stellt die Frage, inwieweit der Gesetzgeber durch Gerichte zu mehr Klimaschutz verpflichtet werden darf. Dabei beschreibt sie Defizite im Gesetzgebungsprozess, die durch Gerichte und Kläger:innen ausgeglichen werden. Mit einem Ausgleich mangelnder Repräsentation im Rechtsetzungsverfahren beschäftigt sich auch *Hannah Birkenkötter*. Sie erörtert dies aus völkerrechtlicher Perspektive anhand der 2030 Agenda für Nachhaltige Entwicklung und analysiert das Potenzial, das durch eine bessere demokratische Legitimation völkerrechtlicher Normen entstehen könnte. Die transnationale Dimension der Fragestellung zeigt sich auch bei *Markus Hasl*, der sich mit den partizipativen Zugangsbedingungen lokal betroffener Gruppen im Völkerrecht beschäftigt. Um mit diesem Zugang umzugehen, entwickelt er das Modell kosmolokaler Betroffenheitskollektive, das eine bedeutungsvolle Teilnahme marginalisierter Gruppen ermöglichen und dadurch Zugangsschranken abbauen soll.

Diese Beschränkungen möchte auch *Torben Ellerbrok* reduzieren: Er erörtert die Möglichkeiten eines kollektiven Zugangs zur Verwaltungsgerichtsbarkeit, wodurch im Rahmen von class actions eine Vielzahl an Klagen gebündelt und damit Aufwand und Risiko der Kläger:innen kollektiviert und dadurch minimiert werden könne. Auch hier verspricht die Vielzahl an Kläger:innen eine effektivere (oder überhaupt eine) Durchsetzung individueller Rechte. Eher kritische Töne schlägt hingegen *Bettina Stepanek* an, die eine Überforderung der Verwaltungsrechtsprechung bei der Verarbeitung politischer Konflikte diagnostiziert. Angesichts dessen fordert sie mehr Zurückhaltung und plädiert stattdessen für eine Konzentration auf die Gewährleistung individuellen Rechtsschutzes – ein Postulat, das von *Lutz Friedrich* unter Verweis auf die grundgesetzliche Konzeption der Gewaltengliederung und der Rechtsschutzgarantie geteilt wird.

3. *Reichweite des Rechts: Bewusste Erweiterungen und Verkürzungen*

Während die meisten Beiträge das Verhältnis verschiedener Akteure bzw. Institutionen zueinander adressieren, beschreiben andere ein Vakuum an rechtsetzenden oder rechtsprechenden Akteuren. Das betrifft zum einen die staatliche Vermeidung von Verantwortung. *Sarah Katharina Stein* exemplifiziert dies anhand von *private military companies*, derer sich staatliche Akteure bewusst bedienen, um sich den nicht-regulierten Raum zu Nutze zu machen, in dem sich solche *companies* bewegen. *Valentin Schatz* beschreibt am Beispiel der europäischen Migrationskontrolle im zentralen Mittelmeer, wie die Steuerungspotenziale innerhalb eines nichtstaatlichen, aber regulierten Raums durch Externalisierungsprozesse reduziert werden. Beide schließen Überlegungen an, inwieweit die staatliche „Flucht vom Recht" unterbunden werden kann. *Alexander Brade* befasst sich anhand des PSPP-Urteils nicht mit der territorialen, sondern vielmehr mit der materiellen Ausweitung staatlichen Rechts durch die Subjektivierung objektiven Rechts und der damit einhergehenden Juridifizierung politischer Konflikte – eine Materie, die sich ebenfalls aus der Perspektive strategischer Prozessführung betrachten lässt.

4. *Rechtswissenschaftliche Wissensverarbeitung*

Ein weiterer Fokus der Tagung lag auf der Verarbeitung von Wissen in Rechtswissenschaft und Rechtspraxis. Unsere Podiumsdiskussion befasste sich mit juristischer Expertise in der Medienöffentlichkeit und behandelte die Corona-Pandemie dabei bewusst als „Fallstudie". Statt über die Sinnhaftigkeit einzelner Maßnahmen zu diskutieren wollten wir über die Bedingungen öffentlicher Kommunikation nachdenken, also darüber, wie rechtliches Wissen verbreitet, von staatlichen und nichtstaatlichen Akteur:innen in den Medien transportiert und reflektiert wird und welche Verantwortung daraus für die juristischen Expert:innen erwächst. Unser Panel zeigte sich dafür bestens gerüstet: *Gudrun Dahme* erläuterte den erhöhten Kommunikationsbedarf der Gerichte in der Pandemie, *Wolfgang Janisch* nahm uns mit hinter die Kulissen des Journalismus, *Julika Griem* warnte vor den Plattitüden der Wissenschaftskommunikation und *Christoph Möllers* ermutigte uns zur Einmischung in öffentliche Diskurse. Dass

Letzteres zu Beifall von der „falschen" Seite führen kann und wie mit diesem Risiko umzugehen ist, gab reichlich Anlass zur Debatte.[5]

Auch die Tagungsbeiträge beschäftigten sich intensiv mit der Frage, wie im Recht entweder eigenes Wissen zu Nutze gemacht oder wie ein Zugang zu fremdem Wissen generiert werden kann. Im Bereich der binnendisziplinären Wissensverarbeitung erläutert *Ruth Weber* den Stellenwert gerichtlichen Archivmaterials für die Rechtswissenschaft. Sie zeigt auf, welche Hindernisse dem Zugang entgegenstehen und welche Chancen die Auswertung und Analyse gerichtlichen Archivmaterials für Rechtserkenntnis und Rechtsdogmatik bieten. Ergänzend zur Erschließung rechtlichen Wissens thematisiert *Paul Eberstaller* dessen digitale Systematisierung. Er erörtert das Potenzial von Legal Data und problematisiert die technischen sowie rechtlichen Hürden, vor die sich die Rechtswissenschaft beim Zugang zu juristischen Daten gestellt sieht.

Dem Zugang zu außerdisziplinärem Wissen wendet sich *Julia Hoffmann* zu. Sie erörtert die Verpflichtung des Gesetzgebers zur rechtlichen Integration außerrechtlichen Wissens und beschreibt anhand des Rotmilan-Beschlusses die Folgen eines begrenzten Zugangs der Rechtsprechung zu naturschutzfachlichen Erkenntnissen, wodurch die Verantwortung zur Wissensgenerierung auf Behörden verlagert wird. *Andreas Gutmann* beschreibt nicht den Zugang von rechtsfremdem Wissen, sondern umgekehrt von fremdem Rechtswissen. Die Inkorporation des Rechtsdenkens indigener Gruppen im Rahmen der interkulturellen Auslegung in der Verfassungsrechtsprechung Ecuadors und Kolumbiens ermögliche einen internen Pluralismus. Dieser lasse Aushandlungsprozesse zwischen verschiedenen Rechtsverständnissen zu und bereite damit auch der nicht-dominanten kulturellen Gruppe einen Zugang zum Recht der Mehrheitsgesellschaft.

---

5 Weiterführend samt den damit verbundenen Symposiumsbeiträgen: *Hailbronner/Thiele/Mitsch/Steinbeis*: „Verfassungsrechtliche Expertise im politischen Raum", VerfBlog, 2021/3/19, https://verfassungsblog.de/workshop-verfassungsrechtliche-ex pertise-im-politischen-raum/ (Stand: 12.05.2021).

5. Übergreifende Beobachtungen: Prämissen, Methodik, Diskussion

So thematisch divers die Beiträge ausgerichtet sind, lassen sich doch gemeinsame Grundcharakteristika identifizieren:

a) Prämisse

Das beginnt bereits mit einer Prämisse, die vielfach geteilt, aber selten artikuliert wurde: Diese lautet, dass der Zugang zum Recht grundsätzlich begrüßenswert ist, dass die weitreichende Partizipation vielfältiger Akteur:innen das Ziel des Rechts sein muss, dass mehr Zugang zum Recht mehr Gerechtigkeit bedeutet. Freilich zielte schon der „Call for Exposés“ auf die kritischen – man könnte auch sagen: die produktiven – Perspektiven ab, nicht auf die Belobigung des Status quo. Deshalb kann es auch nicht überraschen, dass die meisten Referent:innen ein Mehr und nicht ein Weniger an Zugang ins Zentrum ihres Beitrags stellen. Die Tagung kann deshalb wohl keinen repräsentativen Charakter für sich in Anspruch nehmen. Wer Zugang zum Recht kritisch beäugt, dürfte ungleich weniger Interesse an der Tagung entwickelt haben. Drei Beiträge fallen jedoch auf, die sich dieser Prämisse entziehen und sie zum Diskussionsgegenstand machen. *Odile Ammann* betrachtet die Risiken des Lobbyismus und spricht sich für dessen Begrenzung aus, *Bettina Stepanek* macht Belastungen für die Verwaltungsgerichte durch zusätzliche Konflikte aus und *Lutz Friedrich* stellt *public interest litigation* aus verfassungsrechtlicher Sicht infrage. Ambivalent hierzu verhält sich *Alexander Brade*, der zwar die Ausweitung der Zugangsmöglichkeiten begrüßt, aber vor einer übermäßigen Subjektivierung warnt. Die Beiträge zeigen auf, dass Zugang nicht stets fraglos erstrebenswert ist, sondern die Rechtsordnung auch für die Exklusivität und den Ausschluss streiten und möglicherweise gerade dadurch Rechte wahren kann. Auch hier ist aufschlussreich, dass die Beiträge jeweils das Recht gegen eine Inanspruchnahme durch außerrechtliche Interessen verteidigen: Das Parlament gegen den Einfluss der Lobby, das Gericht gegen den Einfluss von Interessengruppen und die demokratisierte Verwaltung vor dem Verlust verantwortlichen Entscheidens.

b) *Methodische Ausrichtungen*

Im Hinblick auf die Methode fiel uns auf, dass die Beiträge sich nicht nach der gängigen Dichotomisierung von Dogmatik und Grundlagen unterscheiden ließen.[6] Vielmehr schlossen die Beiträge überwiegend dogmatisch eng ans geltende Recht an, um dann aber eine bestimmte Kritik an diesem Zustand mit einem Argument aus einem außerjuridischen Wissensbestand zu üben.[7] Diese Argumente waren teils historisch, teils soziologisch, teils auch rechtsökonomisch. Gelegentlich ging es auch darum, einen bestimmten rechtlichen Sachverhalt mit Informationen zu einem gesellschaftlichen Prozess zu kontextualisieren. Methodenfragen selbst wurden im Rahmen der Tagung nicht ins Zentrum des Erkenntnisinteresses gestellt. Dies lässt sich natürlich unterschiedlich bewerten. Es fällt jedenfalls auf, dass methodische Grabenkämpfe (momentan) nicht Sache der jungen Wissenschaft vom öffentlichen Recht sind; auch das Bemühen um Selbstverortung der Rechtswissenschaft im Verhältnis zu ihren Nachbardisziplinen scheint die junge Wissenschaft gegenwärtig weniger umzutreiben.

c) *Diskussionen*

Die Selektionseffekte voller Hörsäle sind bekannt: Auf manche:n Fragesteller:in wirken sie motivierend, auf andere abschreckend. Beide Effekte sind problematisch. Unter den digitalen Rahmenbedingungen erlebten wir die Diskussion dann auch anders als im Hörsaal. Offenbar fühlten sich die an einem bestimmten Thema interessierten oder sogar selbst dazu arbeitenden Teilnehmer:innen viel unmittelbarer angesprochen, als dies bei einer Tagung in Präsenz zu beobachten ist. Das führte zu sehr sachbezogenen Diskussionen, die in so manche Nische führten, aber auch als enthierarchisiert wahrgenommen wurden. Diese Enthierarchisierung lässt sich wohl am deutlichsten daran festmachen, dass es auch vermehrt zu klärenden Verständnisfragen kam. Fundamentale Angriffe auf Untersuchungsmethode und -ansatz oder prinzipielle Infragestellungen von Prämissen erlebten wir hingegen nicht, weshalb wir froh waren, solche Kontroversen in den

---

6 *Lepsius*, The quest for middle-range theories in German public law, International Journal of Constitutional Law (12) 2014, S. 692.

7 Zur Wissensverarbeitung vergleiche die Beiträge in Münkler (Hrsg.), Dimensionen des Wissens im Recht, 2019.

diskursiver angelegten Formaten selbst veranlasst zu haben. Wir gehen davon aus, dass sich die eingehenden und konzentrierten Debatten auch auf die Qualität der Beiträge niedergeschlagen haben. Gerade klärende Verständnisfragen geben schließlich Anlass, die Gedankenführung und den Argumentationsgang zu überdenken. Hier bewährte sich auch der allem Spezialisierungsdrang trotzende einheitsstiftende Diskursraum der JTÖR.

IV. Perspektiven

Wie es sich für eine produktive Tagung gehört, warf auch unsere Tagung eine ganze Reihe neuer Fragen auf, von denen uns eine als besonders dringlich erscheint.

Natürlich ließe sich auch weiter über bestimmte Teilfragen nachdenken. Wir haben zum Beispiel ausgiebig darüber diskutiert, wie Recht in- und exkludiert, wir hätten aber noch intensiver über die individuellen und überindividuellen Folgen von In- und Exklusion durch Recht sprechen können.[8] Wir haben zwar über strategische Prozessführung gesprochen, jedoch eher im Hinblick auf solche Ziele, über deren soziale Erwünschtheit eine gewisse Einigkeit bestand. Dieses Verständnis ließe sich herausfordern. Insbesondere aber – und damit sind wir bei der dringlichen offenen Frage – ließe sich noch stärker über die Rolle und Eigenverantwortung der Rechtswissenschaft selbst nachdenken.[9]

Das betrifft nicht nur die Frage nach dem Zugang zur Profession, die wir in unserem Call angesprochen hatten. Noch grundsätzlicher stellt sich die Frage, wie die Rechtswissenschaft selbst durch das Ausfüllen der ihr zur Verfügung stehenden Spielräume über In- und Exklusion entscheidet. Die Perspektive ließe sich vielleicht als Politik der Rechtspraxis beschreiben. Es mag nicht immer explizite Rechtserzeugung sein, die die tatsächli-

---

8 Als Beispiel für eine Studie mit Beobachtungsdaten auf staatlicher Ebene siehe: *Imam/Kpodar*, Does an Inclusive Citizenship Law Promote Economic Development?, Review of Law & Economics (17) 2021, S. 35; als Beispiel für eine experimentelle Studie zu individuellem Verhalten: *Mittlaender*, The price of exclusion, and the value of inclusive policies, Journal of Economic Behavior & Organization (176) 2020, S. 371.

9 Zum Diversitätsdefizit in Rechtswissenschaft und Rechtspraxis und zu möglichen Abhilfemaßnahmen siehe jetzt *Grünberger/Mangold/Markard/Payandeh/Towfigh*, Diversität in Rechtswissenschaft und Rechtspraxis, 2021; zu Gleichheitsfragen vgl. die Beiträge von *Stix*, *Böning*, *Lembke* und *Valentiner* sowie *Lischewski* in Brett-hauer/Henrich/Völzmann/Wolckenhaar/Zimmermann (Hrsg.), Wandlungen im Öffentlichen Recht, 2020.

che Gestalt von Recht prägt, vielmehr kann auch ein geschickter Umgang mit dogmatischen Instrumenten für eine Abschirmung gesellschaftlicher Privilegien sorgen.[10] Eine solche Perspektive kann sich nicht darauf beschränken, Dogmatik als etwas Vorgegebenes zu beobachten.[11] Vielmehr muss die eigene Rolle bei der Reproduktion von Dogmatik zu einer Selbstwahrnehmung der Rechtswissenschaft als einflussreiche Rechtsakteurin führen. An dieser Stelle zeigt sich die Besonderheit der Rechtswissenschaft als an der Schnittstelle von Theorie und Praxis angesiedelter Disziplin in besonderer Schärfe.

Gerade die junge Rechtswissenschaft als zukünftige Verwalterin dieser Verantwortung steht damit vor einer Herausforderung.[12] Diese besteht darin, das Schicksal des *Mannes vom Lande* aus Kafkas vieldeutiger Parabel zu vermeiden. Dieser sucht „das Gesetz" von außen und lässt sich von der Autorität des Torhüters beeindrucken. Er wartet vergeblich auf Einlass, nur um dann paradoxerweise kurz vor seinem Lebensende vom Torhüter zu erfahren, dass der Eingang von vornherein „nur für ihn bestimmt" war.[13] Die junge Wissenschaft vom Öffentlichen Recht sieht sich ebenfalls mit beeindruckenden Autoritäten konfrontiert und sie steht vor der Frage, ob sie sich darauf beschränken will, Recht zu beschreiben und dogmatisch zu durchdringen. Denn gleichzeitig könnte sie Recht auch kritisieren und damit dessen Entwicklungspfade beeinflussen. Ob sie sich dieser Verantwortung stellt, wird auch davon abhängen, ob sie sich von vermeintlichen *gatekeepern* beeindrucken lässt. Vor dem Hintergrund dieser perspektivischen Herausforderung sind wir über die Themenwahl unserer Zürcher Kolleg:innen besonders glücklich. Dort soll im nächsten Jahr das Thema „Verantwortung" reflektiert werden, unter expliziter Einbeziehung der Frage nach der Verantwortung der Rechtswissenschaft. Wir freuen uns darauf.

10 *Pistor*, The Code of Capital, 2019.

11 Zur Dogmatik als rechtswissenschaftlicher Methode *Lennartz*, Dogmatik als Methode, 2017; *Stark*, Interdisziplinarität der Rechtsdogmatik, 2020.

12 Vgl. Bretthauer/Henrich/Völzmann/Wolckenhaar/Zimmermann (Hrsg.), Wandlungen im Öffentlichen Recht, Festschrift zu 60 Jahren Assistententagung – Junge Tagung Öffentliches Recht, 2020.

13 Zur Deutung des Romanfragments „Der Proceß " und der darin enthaltenen Parabel als „Albtraum der Moderne", des Freiseins in einer verwalteten Welt: *Stach*, Kafka: Die Jahre der Entscheidungen, 2002, S. 553.

Zugang zu rechtlichem Wissen

Der Zugang von Wissen zu Recht: Zur gerichtlichen Anerkennung fachwissenschaftlicher Erkenntnisse im Umweltrecht

Julia Hoffmann

Abstract: *Die Auseinandersetzung mit epistemischen Fragen im Recht beschränkt sich vorwiegend auf die Rechtswissenschaft. Ein Rückgriff auf die dort gefundenen Erkenntnisse durch die verwaltungsrechtliche Praxis bleibt bislang weitgehend aus. Dabei werden in der heutigen Wissensgesellschaft Fragen über den Umgang des Rechts mit Wissensbeständen und deren Zugang zum Recht immer drängender und praxisrelevanter.*

Dies zeigt auch der sog. „Rotmilan-Beschluss" des Bundesverfassungsgerichts aus dem Jahr 2018. Danach ist die gerichtliche Kontrolle auf eine Plausibilitätskontrolle zu beschränken, wenn ein Sachverhalt aufgrund fehlender gefestigter wissenschaftlicher Erkenntnisse vermeintlich unaufklärbar bleibt. Dass unter Berücksichtigung und Korrektur der dem Beschluss zugrundeliegenden Annahmen über Wissen und Wissensgenerierung ein anderes Ergebnis viel naheliegender erscheint, zeigt der vorliegende Beitrag.

Im demokratischen Rechtsstaat verpflichtet die verfassungsrechtlich verankerte Rationalitätspflicht den Gesetzgeber zur Schaffung einer Wissensinfrastruktur. Der Staat muss also nicht nur möglichst richtige Entscheidungen anstreben und sein Handeln an rationalen Maßstäben ausrichten, sondern auch die Richtigkeit der Entscheidungsgrundlagen gewährleisten.[1] Entscheidet der demokratisch legitimierte Gesetzgeber aber nicht, welche Erkenntnisse Eingang in das Recht finden oder stellt er kein Ver-

1 *Schmidt-Aßmann*, Verfassungsrechtliche Rahmenbedingungen wissenschaftlicher Politikberatung: Demokratische und rechtsstaatliche Rationalität, in: Weingart/Lentsch (Hrsg.), Wissen – Beraten – Entscheiden, 2015, S. 211 (211); *Voßkuhle*, Sachverständige Beratung des Staates, in: Isensee/Kirchhof (Hrsg.), HdStR, Bd. III, 3. Aufl. 2005, § 43 Rn. 1; zu den Wurzeln des Rationalitätsbegriffs und der heutigen Relativierung durch erkenntnistheoretische Beobachtungen *Hoffmann-Riem*, Wissen, Recht und Innovation, in: Röhl (Hrsg.), Wissen – Zur kognitiven Dimension des Rechts, 2010, S. 159 (163); zur notwendigen Gleichsetzung von rationalem Staat und Wissensstaat *Voßkuhle*, Expertise und Verwaltung, in: Trute et. al. (Hrsg.), Allgemeines Verwaltungsrecht – zur Tragfähigkeit eines Konzepts, 2008, S. 637 (641-642).

fahren bereit, im Rahmen dessen die Integration von Wissen nicht nur legitimatorisch, sondern auch im Hinblick auf die Rationalität abgesichert ist, verlagert sich die Entscheidungsverantwortung und mit ihr die Auswahl und die Bewertung „außerrechtlichen“ Wissens auf die Behörden und die Gerichte. Der Beitrag zeichnet den Weg des Wissens in die Rechtsanwendung nach (I.), untersucht die Rolle von Sachverständigen, Behörden und Gerichten bei der Rezeption sich wandelnder Wissensbestände (II.) und hinterfragt die zunehmende Rücknahme gerichtlicher Kontrolle, die durch den sog. „Rotmilan-Beschluss“[2] des Bundesverfassungsgerichts von 2018 eine neue Ausprägung erfahren hat (III.).

I. Die Integration von Wissensbeständen in das Recht

Recht ist ohne die Bezugnahme auf Wissen nicht denkbar. Sowohl der Rechtssetzung als auch der Rechtsanwendung ist die Wissensgenerierung vorgelagert. Der Rechtssatz vermittelt in der Regel kein Wissen, sondern bezieht sich auf „außerrechtliche“ Wissensbestände[3] und integriert somit Wissen in das Recht.

1. Die Verknüpfung von Wissen und Recht durch Rechtsanwendung

Einen einheitlichen Wissensbegriff gibt es nicht.[4] Vorliegend wird der Begriff des Wissens als sog. „Relationsbegriff“ verstanden, wonach Wissen auf Daten und Informationen aufbaut und durch deren Kontextualisierung

2 BVerfG, Beschl. v. 23.10.2018 – 1 BvR 2523/13, BVerfGE 149, 407.

3 Im hier behandelten Kontext bezieht sich die „Außerrechtlichkeit“ auf technisches oder fachwissenschaftliches Wissen, vgl. BVerwG, Urt. v. 9.7.2008 – 9 A 14/07, NVwZ 2009, 302 (308). Durch das Recht in Bezug genommen werden aber auch vielfältige sonstige Wissensbestände, vgl. etwa zur Abhängigkeit des modernen positiven Rechts von praktischem Wissen *Vesting*, Das moderne Recht und die Krise des gemeinsamen Wissens, in: Nach Feierabend. Zürcher Jahrbuch für Wissensgeschichte 11, Wissen, was Recht ist, 2015, S. 61 (61) und mit einer Aufzählung rechtserheblicher Wissensdimensionen *Hoffmann-Riem*, Innovation (Fn. 1), S. 159 (169 ff.).

4 *Münkler*, Wissen – ein blinder Fleck des Rechts?, in: dies. (Hrsg.), Dimensionen des Wissens im Recht, 2019, S. 3 (5); *B. Wollenschläger*, Wissensgenerierung im Verfahren, 2009, S. 29.

entsteht.[5] Herausforderungen der Integration von Wissen in das Recht ergeben sich zunächst aufgrund der Ubiquität und Instabilität von Wissen. Die Wissensgewinnung ist nur noch bedingt bei einzelnen Akteur:innen konzentriert, vielmehr entsteht Wissen und ist verfügbar überall und zu jeder Zeit. Die weltweite digitale Vernetzung ermöglicht einen kontinuierlichen Wissensaustausch.[6] Die damit einhergehende schnelle Weiterentwicklung von Wissen erfordert einen fortlaufenden Lernprozess und damit auch einen fortlaufenden Integrationsprozess von Wissen in das Recht.

Um dieser Dynamik gerecht zu werden, verwendet der Gesetzgeber unbestimmte Rechtsbegriffe. Wie die konkrete Verknüpfung von Recht und Wissen im Rahmen der Rechtsanwendung zustandekommt, zeigt eindrücklich ein von *B. Wollenschläger* entwickeltes Beispiel, wonach der Polizei bekannt wird, dass ein Löwe durch die Straßen einer belebten Innenstadt streunt.[7] Die polizeirechtliche Generalklausel aktiviert hier über den Begriff der Gefahr das Erfahrungswissen der handelnden Beamt:innen, die für die Einschätzung der Gefährlichkeit des Tieres niemals einen Löwen gesehen haben müssen. Dennoch ist es ihnen aufgrund des allgemeinen Erfahrungsstandes einer:s jeden möglich, die Wahrscheinlichkeit eines Schadeneintritts abzuschätzen und den Lebenssachverhalt unter die Generalklausel zu subsumieren.[8]

Das Umwelt- und Technikrecht wird hinsichtlich der Wissensintegration in mehrerlei Hinsicht herausgefordert. Einerseits ist es in besonderem Maße geprägt von der Entwicklung neuer Techniken und Technologien. Andererseits braucht es zur Ausfüllung umweltrechtlicher Tatbestände technisches und fachwissenschaftliches Wissen, dessen Handhabung und Bewertung bei den Gesetzesanwender:innen spezielle Kenntnisse und damit eine gewisse Vorbildung und kontinuierliche Fortbildung voraussetzen.[9] Der Rückgriff auf einen etwaigen generellen, bei allen Gesetzesanwender:innen vorliegenden Erfahrungsstand scheidet aus.

---

5 *Spiecker gen. Döhmann*, Informationsverwaltungsrecht, in: Kahl/ Ludwigs (Hrsg.), HVwR Bd. 1, i.E. 2021, § 22 Rn. 13 - 15, die als Beispiel das Datum „1984" heranzieht, das je nach Kontext die Höhe einer Schuld beziffert oder als Synonym für den Überwachungsstaat verwendet werden kann.

6 Zu Ubiquität und Instabilität von Wissensbeständen *B. Wollenschläger*, Wissensgenerierung (Fn. 4), S. 31 ff.

7 Das Beispiel geht auf ein Urteil des OVG Hamburg v. 24.9.1985, Az. Bf VI 3/85, NJW 1986, 2005 zurück, *B. Wollenschläger*, Wissensgenerierung (Fn. 4), S. 9 ff.

8 Zu dem Begriff des Erfahrungswissens und dem Rückgriff des Rechts auf gesellschaftliche Wissensbestände *B. Wollenschläger*, Wissensgenerierung (Fn. 4), S. 9 - 10.

9 Zudem ist mit der direkten Verhaltenssteuerung des Einzelnen keine, für das Umweltrecht aber notwendige, übergeordnete Steuerungsleistung möglich, „weil es an

Um dieses spezielle Wissen in die Rechtsanwendung einzubeziehen, nutzt der Gesetzgeber im Umweltrecht zum einen sog. technische Generalklauseln wie „allgemein anerkannter Stand der Technik“[10] oder „beste verfügbare Techniken“[11], womit er auf die Anerkennung technischer Erkenntnisse durch eine breite Fachwissenschaft verweist. Zum anderen werden sonstige konkretisierungsbedürftige Begriffe verwandt wie „schädliche Umweltauswirkungen“, vgl. § 5 Abs. 1 Nr. 1 BImSchG, oder „besonders geschützte Arten“, vgl. § 44 Abs. 1 Nr. 1 BNatSchG, die durch die Komplexität der jeweils in Bezug genommenen Materie ebenfalls einen notwendigen Rückgriff auf spezielle Wissensbestände und damit Expert:innen implizieren.

Diese Begriffe sind Ausdruck einer durch den Gesetzgeber vorgenommenen inhaltlichen Risikoabwägung darüber, welches Maß an möglichen Umwelt- und Gesundheitsschäden die Gesellschaft bereit ist hinzunehmen, um von industriellen Anlagen oder Infrastrukturvorhaben zu profitieren.[12] Gleichzeitig handelt es sich dabei um Mechanismen, staatliches

einem wissensbegründeten Ableitungszusammenhang zwischen dem einzelnen Verhalten und der angezielten räumlichen Ordnung fehlt“, sodass das hier benötigte Wissen durch komplexe Verfahren und unter Beteiligung verschiedener Akteur:innen generiert wird und auch insofern von dem hier aufgezeigten klassischen Modell der entscheidungsbezogenen Wissensgenerierung abweicht, inkl. Wortzitat *Trute*, Wissen – Einleitende Bemerkungen, in: Röhl (Hrsg.), Wissen (Fn. 1), S. 11 (28 - 29). Zur Komplexität der Entscheidungssituation aufgrund multipolarer Interessenkonstellationen und damit einhergehenden Zielkonflikten *Voßkuhle*, Expertise (Fn. 1), S. 637 (642).

10 Diese Technikklausel wird vorwiegend im Gewässerschutzrecht angewandt, vgl. nur §§ 36 Abs. 2, 50 Abs. 4, 60 Abs. 1 WHG, und wurde durch die Rechtsprechung wie folgt übersetzt: „Anerkannte technische Regeln sind diejenigen Prinzipien und Lösungen, die in der Praxis erprobt und bewährt sind und sich bei der Mehrheit der Praktiker durchgesetzt haben.“, BVerfG, Beschl. v. 8.8.1978 – 2 BvL 8/77, NJW 1979, 359 (362); BVerwG, Beschl. v. 30.9.1996 – 4 B 175/96, NVwZ-RR 1997, 214 (214).

11 Die Technikklausel wird aus dem Englischen „best available techniques“ abgeleitet, vgl. die Legaldefinition in Art. 3 Nr. 10 der Richtlinie 2010/75/EU des Europäischen Parlaments und des Rates v. 24.11.2010 über Industrieemissionen (Abl. EU 2010, Nr. L 334, S. 17). Sie ist vergleichbar mit dem deutschen „Stand der Technik“, der die Anforderungen an die „Front der technischen Entwicklung“ verlagert, da allein die praktische Bewährung und Anerkennung hier nicht ausreichen, sondern eine vertiefte Auseinandersetzung damit notwendig ist, was im Hinblick auf den Vorsorgeaspekt technisch notwendig und angemessen ist, BVerfG, Beschl. v. 8.8.1978 – 2 BvL 8/77, NJW 1979, 359 (362).

12 Zu der Hinnahme eines sog. „Restrisikos“ im Hinblick auf die gesetzliche Anknüpfung an den jeweiligen Stand von Wissenschaft und Technik, BVerfG,

Handeln trotz Nichtwissens zu ermöglichen, indem die Entscheidung auf eine möglichst breite Grundlage verschiedener Wissensträger:innen gestellt wird.[13]

2. *Die Ausfüllung der Rechtsbegriffe durch untergesetzliche Maßstäbe*

Um die Rechtsanwendung zu lenken, hat der Gesetzgeber Ermächtigungen für den Erlass von Rechtsverordnungen und Verwaltungsvorschriften normiert. Die danach erlassenen untergesetzlichen Maßstäbe beziehen technische Standards in das normative Konzept des Rechts ein und sichern die Ausfüllung der unbestimmten Rechtsbegriffe legitimatorisch ab. Diese Art von Standardisierung macht einerseits die Anwendung unbestimmter Rechtsbegriffe für die Behörden handhabbar und für die Gesetzesadressat:innen vorhersehbar. Andererseits dient sie der Bewältigung der großen Fülle außerrechtlichen Wissens.[14]

Das umweltrechtliche untergesetzliche Regelwerk ist jedoch defizitär, da es lückenhaft und in Teilen veraltet ist. Zum einen ist von den zahlreichen Ermächtigungen[15] nur teilweise und nur in bestimmten Fachbereichen Gebrauch gemacht worden.[16] Zum anderen werden die Regelungen nicht in der gebotenen Kürze der Zeit den zugrundeliegenden fortschrei-

---

Beschl. v. 8.8.1978 – 2 BvL 8/77, NJW 1979, 359 (362); vgl. auch *Kloepfer*, Handeln unter Unsicherheit im Umweltstaat, in: *Gethmann/Kloepfer*, Handeln unter Risiko im Umweltstaat, 1993, S. 55 (80 - 81).

13 *Hoffmann-Riem*, Innovation (Fn. 1), S. 159 (174 ff.).

14 Um ein standardisiertes Entscheiden zu ermöglichen, also ein gleichbleibendes, regelförmiges Vorgehen in beliebig vielen Fällen, werden fachliche Erkenntnisse mit dem normativ in Bezug genommenen Lebenssachverhalt verknüpft und so für die Gesetzesanwender:innen nachvollziehbar und handhabbar gemacht. Zudem stellen Standards in Bezug auf die Sachverhaltsermittlung sog. Stopp-Regeln dar, die das Erforschen der tatsächlichen Umstände eines Falles optimieren, indem sie den vorhandenen Informationsstand festschreiben und die kontinuierliche Informationsgewinnung beschränken, *Spiecker gen. Döhmann*, Staatliche Entscheidungen unter Unsicherheit, i.E. 2021, Teil 2, 1. Kap., F.

15 Vgl. nur §§ 7, 10 Abs. 10 und Abs. 11, 22 Abs. 1 S. 2, 48 und 48a BImSchG, §§ 45 Abs. 7 S. 4, 54 Abs. 5 und 11 BNatSchG und §§ 23, 57 Abs. 2, 61 Abs. 3, 62 Abs. 4 WHG.

16 Aufgrund des BImSchG sind bspw. 44 Rechtsverordnungen und zwei Allg. Verwaltungsvorschriften, die Technischen Anleitungen zur Reinhaltung der Luft und zum Schutz gegen Lärm, ergangen; bzgl. des Fehlens einer untergesetzlichen Maßstabsbildung im Artenschutzrecht, BVerwG, Urt. v. 21.11.2013 – 7 C 40/11, NVwZ 2014, 524 (525).

tenden Erkenntnissen angepasst. Dies ist nicht nur auf einen fehlenden politischen Willen in Bezug auf die Regulierung fachwissenschaftlicher Sachverhalte zurückzuführen, sondern auch auf die Schwierigkeit eines politischen Konsenses im Rahmen komplexer Erlassverfahren. Im Umweltrecht werden an den Verordnungs- und Vorschriftenerlass erhöhte Anforderungen gestellt. Die aktuell mühselige Novellierung der TA Luft zeigt, wie schwerfällig das eigentlich als flexibel geltende Instrument der Allgemeinen Verwaltungsvorschrift sein kann.[17] Hinzu kommt, dass die auf europäischer Ebene entwickelten Standards, die sog. BVT-Merkblätter und BVT-Schlussfolgerungen, oftmals nicht rechtzeitig Eingang in das nationale Recht finden. Nach § 7 Abs. 1a und § 48 Abs. 1a BImSchG ist die Beachtung dieser Standards zu gewährleisten. Ein zuverlässiges und effizientes Verfahren zur Integration der Merkblätter in die deutschen untergesetzlichen Normen fehlt jedoch.[18] Eine weitere Hürde effizienter Wissensintegration in den untergesetzlichen Normapparat stellen rechtsstaatliche Anforderungen dar, die lediglich die Bezugnahme eines technischen Standards in einer bestimmten, genau bezeichneten Fassung erlauben, sog. statische Verweisungen.[19] Dynamische Verweisungen, die es ermöglichen, auf den Standard in seiner jeweils geltenden Fassung Bezug zu nehmen und damit im Falle technischer Neuerungen auf den entsprechenden Fortschritt reagieren zu können, scheiden für die Bezugnahme privatverbandlicher Normen aus.[20]

3. *Die informelle Wissensbeschaffung*

Weil die Form der Wissensbewältigung durch Standardisierung die Rechtsanwendung wesentlich vereinfacht und vereinheitlicht, hat der

17 Die Novellierung der aus dem Jahr 2002 stammenden TA Luft ist seit Juni 2014 im Gespräch und sollte urspr. bis zum Jahr 2017 abgeschlossen sein; erst dieses Jahr ist mit dem Inkrafttreten der Novelle zu rechnen. Zu der zunehmenden Ähnlichkeit von Verordnung und Verwaltungsvorschrift im Hinblick auf Verfahren und Wirkkreise *Axer*, Normsetzung der Exekutive in der Sozialversicherung, 2000, S. 178 f.

18 Zu den damit einhergehenden Problemen *Keller*, UPR 2013, 128.

19 S. bspw. Nr. 5.5.2 TA Luft, deren Abs. 5 auf die „Richtlinie VDI 3781 Blatt 4 (Ausgabe November 1980)“ verweist, obwohl die aktuelle Fassung der Richtlinie aus dem Jahr 2017 stammt.

20 Zu den engen, durch das Demokratieprinzip vermittelten Grenzen im Hinblick auf Verweisungen auf Regelwerke Privater *Dreier*, in: ders. (Hrsg.), Grundgesetz-Kommentar, Bd. I, 3. Aufl. 2015, Art. 20 (Demokratie) Rn. 118 f.

Mangel an verlässlichen Maßstäben gleichwohl nicht zu einem Mangel an sonstigen informellen Standards[21] geführt. Im Gegenteil, schon im Jahr 1996 wies ein Umweltgutachten auf einen „Wildwuchs von Standards“[22] hin. Ein abnehmender gegensätzlicher Trend ist bis heute nicht erkennbar.[23] Diese sog. informellen Normen stammen nicht nur von privaten Verbänden wie dem DIN e.V., sondern auch von Regelsetzungsgremien, die zwar durch private Expert:innen besetzt sein können, die aber an die Verwaltung angegliedert sind und deren Standardsetzung auf die staatliche Übernahme ausgerichtet ist.[24] Daneben werden informelle Normen wie „Merkblätter“, „Vollzugsempfehlungen“ und „Leitfäden“[25] durch staatliche Fachgremien, Landesanstalten und Bundesämter sowie durch die mit umweltrelevanten Fragen befassten Ministerien[26] entwickelt. Da alle diese Normen von kollektiven und teilweise institutionalisierten Fachgremien stammen, stellen sie potenzielle Erkenntnisquellen für die Ausfüllung der technischen Generalklauseln dar. Obwohl ihnen keine Rechtsverbindlichkeit zukommt, werden sie zuweilen der behördlichen Entscheidung zugrunde gelegt.

Zusammengefasst lässt sich sagen, dass der rechtsverbindliche untergesetzliche Normapparat das fortschreitende Wissen nicht adäquat mit dem

---

21 Normen, die nicht in einem gesetzlich geregelten, förmlichen Verfahren zustande kommen, vgl. *Schulze-Fielitz*, Technik und Umweltrecht, in: Schulte/Schröder (Hrsg.), Handbuch des Technikrechts, 2011, S. 455 (472), der das hier zu untersuchende Phänomen wie folgt beschreibt: „Neben oder ‚unterhalb‘ solcher Verwaltungsvorschriften gibt es in bestimmten Bereichen des Umweltrechts eine Fülle von verwaltungspraktisch bedeutsamen Regelwerken, maßstäblichen Empfehlungen und Prüfungshinweisen, die sich einer klaren Zuordnung zum Spektrum der herkömmlichen Rechtsquellen entziehen.“

22 Umweltgutachten 1996 des Rates von Sachverständigen für Umweltfragen. Zur Umsetzung einer dauerhaft-umweltgerechten Entwicklung, BT-Drucks. 13/4108 v. 14.3.1996, 313 Ziff. 916.

23 Allein für den naturschutzfachlichen Bereich existieren ca. 145 Veröffentlichungen, *Wulfert/Lau et al.*, Standardisierungspotenzial im Bereich der arten- und gebietsschutzrechtlichen Prüfung, FuEVorhaben i. R. d. Umweltforschungsplanes des BMU, 2015, S. 10.

24 Mit einer generellen Kategorisierung untergesetzlicher Normen *Lamb*, Kooperative Gesetzeskonkretisierung, 1995, S. 71 ff.

25 Die Aufzählung ist mitnichten abschließend, vgl. die Auflistung bei *Wulfert/Lau et al.* (Fn. 23), S. 22 - 27.

26 S. bspw. Hinweise zur Planung und Genehmigung von Windenergieanlagen (Windenergie-Erlass – BayWEE) v. 19.7.2016, AllMBl. Nr. 10/2016, 1642.

formellen Recht verknüpft. Damit überlässt der Gesetzgeber die Wissensintegration zwangsläufig dem Feld des Informellen.[27]

II. *Die Verlagerung der Entscheidungsverantwortung auf Behörden und Gerichte*

Letztlich wird die Entscheidungsverantwortung maßgeblich auf die Behörden und die Gerichte verlagert. Wenn der Gesetzgeber nicht vorgibt oder steuert, welche Standards als allgemein anerkannte Regeln der Technik gelten, bildet sich durch die behördliche Anwendung der informellen Standards und die Rezeption derselben durch die Gerichte sowie unter Beteiligung Sachverständiger allmählich heraus, welche Standards als in Wissenschaft und Praxis anerkannt gelten und damit auch zukünftig als Maßstab heranzuziehen sind.

1. *Der Amtsermittlungsgrundsatz und die Rolle der Sachverständigen*

Nach § 86 Abs. 1 Hs. 1 VwGO erforscht das Gericht den Sachverhalt von Amts wegen, wobei die Beteiligten nach Hs. 2 dabei heranzuziehen sind. Grundsätzlich gilt also der Untersuchungsgrundsatz, wonach das Verwaltungsgericht das Tatsachenmaterial unabhängig von der behördlichen Ermittlung vollumfänglich zusammenträgt, um sich in die Lage zu versetzen, im Rahmen der richterlichen Überzeugungsbildung nach § 108 Abs. 1 S. 1 VwGO die Informationen über die Tatsachen als wahr oder unwahr zu bewerten.[28] Im Grundsatz wird der Sachverständigenbeweis bemüht, um dem Gericht fehlende Erfahrungssätze zu vermitteln oder um durch eine besondere fachliche Expertise Tatsachen festzustellen.[29]

Anders als es die Idealvorstellung des Prozessgesetzgebers vorsieht, nach der gerichtlich bestellte Sachverständige alle relevanten Fachfragen klä-

---

27 Diese Beobachtung ist indes nicht neu, vgl. die aus dem Jahr 1976 stammende Analyse, die gleichfalls zu dem Ergebnis der Entkopplung fachwissenschaftlicher Erkenntnisse von dem formellen Recht kommt, *Breuer*, AöR 101 (1976), 46 (52 ff.)

28 *Dawin*, in: Schoch/Schneider (Hrsg.), VwGO-Kommentar, 39. EL 2020, § 86 Rn. 8 f., 23.

29 *Rudisile*, in: Schoch/Schneider (Hrsg.), VwGO-Kommentar, 39. EL 2020, § 98 Rn. 101 f.

ren,[30] zeichnen sich umwelt- und planungsrechtliche Gerichtsverhandlungen durch ein großes Aufgebot an Sachverstand und einen extrem hohen Ermittlungsaufwand im Vorfeld eines umweltrelevanten Projekts aus.[31] Regelmäßig gibt schon der:die Vorhabenträger:in umfangreiche Gutachten in Auftrag und beschäftigt im Vorfeld des Genehmigungsantrags Fachleute, Institute und Bioconsult-Unternehmen.[32] Diese Gutachten sind zwar Privatgutachten, werden aber infolge eines „Kunstgriffs“ der Rechtsprechung, „von der fachlichen Qualität auf die legitimatorische Dignität zu schließen“, den behördlichen Gutachten meist gleichgestellt.[33]

Um diese zu entkräften, lässt auch die Gegenseite Gutachten erstellen, sodass sich das Gericht regelmäßig mehreren Gutachten gegenübersieht, die es zu würdigen gilt. Enthalten diese sich widersprechende Aussagen,[34] kann seitens des Gerichts ein sog. Obergutachten in Auftrag gegeben werden.[35] Diese Taktik scheitert aber in umweltrelevanten Fragen häufig daran, dass es schlicht keine Sachverständigen mehr gibt, da der Expert:innenkreis zu bestimmten Fachfragen sehr klein ist und die spezialisierten Gutachter:innen bereits durch die bestehende Begutachtung „verbraucht“ sind.[36]

2. *Die zunehmende Zurücknahme der gerichtlichen Ermittlungstiefe*

Das deutsche Prozessrecht geht von der Wahrheitsfähigkeit und -bedürftigkeit der Tatsachengrundlage aus, sieht aber auch Beweislastregeln vor, die eine „wahrheitsimmunisierende Funktion“ haben.[37] Im öffentlichen Recht fehlt es überwiegend an ausdrücklich normierten Beweislastregeln.[38]

---

30 *Rennert*, DVBl 2017, 69 (77).

31 Von „Faktenflut“ sprechend *Rennert*, DVBl 2017, 69 (77).

32 *Hien*, DVBl 2018, 1029 (1031).

33 *Rennert*, DVBl 2017, 69 (78), Wortzitat in Fn. 72.

34 Zu dem damit einhergehenden Problem des schwindenden Vertrauens in die Rationalität wissenschaftlicher Beratung, dem sog. Expertendilemma, *Voßkuhle*, Expertise (Fn. 1), S. 637 (637 - 638).

35 Die Einholung eines Obergutachtens steht im Ermessen des Gerichts und ist dann geboten, wenn die bereits bestehenden Gutachten Mängel aufweisen, *Schenke*, in: Kopp/Schenke (Hrsg.), 26. Aufl. 2020, § 108 Rn. 10.

36 *Hien*, DVBl 2018, 1029 (1031).

37 Inkl. Wortzitat *Möllers*, Kognitive Gewaltengliederung, in: Röhl (Hrsg.), Wissen (Fn. 1), S. 113 (127).

38 *Sachs*, DVBl 2020, 311 (317).

Vor diesem Hintergrund hat sich in der gerichtlichen Praxis ein umstrittenes Konstrukt herausgebildet, das es ermöglicht, fachwissenschaftlichen Sachverstand ohne nähere inhaltliche Prüfung zu rezipieren und damit letztlich den Grad der gerichtlichen Ermittlungstiefe gegen den Willen des Gesetzgebers zu modifizieren; es handelt sich um die sog. naturschutzfachliche Einschätzungsprärogative.[39] Dass dieses Erklärungsmodell mittlerweile im Anlagenzulassungsrecht breite Anwendung findet, geht auf die Rechtsprechung des EuGH zurück, in deren Folge das Tötungs- und Verletzungsverbot besonders geschützter Arten des § 44 Abs. 1 BNatSchG auf nicht absichtliche Handlungen ausgeweitet wurde.[40] Da eine Kollision mit einer geschützten Tierart regelmäßig nicht ausgeschlossen werden kann, wurde die artenschutzrechtliche Prüfung für fast jedes Bau- und Infrastrukturvorhaben relevant.

Das Bundesverwaltungsgericht hat daher das Erfordernis des „signifikant" erhöhten Tötungsrisikos eingeführt, wonach der Tötungstatbestand dann nicht mehr erfüllt ist, wenn das Vorhaben in einem Risikobereich bleibt, der mit einem Verkehrsweg im Naturraum immer verbunden ist, vergleichbar dem ebenfalls stets gegebenen Risiko, dass einzelne Exemplare einer Art im Rahmen des allgemeinen Naturgeschehens Opfer einer anderen Art werden.[41] Aufgrund des Fehlens von gesicherten fachwissenschaftlichen Erkenntnissen und administrativen Konkretisierungen verweise der Gesetzgeber das Gericht auf die behördliche Einschätzung. Danach sind die Annahmen der Behörde „vom Gericht hinzunehmen, sofern sie im konkreten Einzelfall naturschutzfachlich vertretbar sind und nicht auf einem Bewertungsverfahren beruhen, das sich als unzulängliches oder gar

---

39 Die dogmatische Einordnung der Figur ist umstritten, die Begründungsansätze für die Einordnung als Unterfall des Beurteilungsspielraumes erfüllen jedenfalls nicht die Voraussetzungen der sog. normativen Ermächtigungslehre, *Kahl*, Objektive Grenzen der gerichtlichen Kontrolle im Artenschutzrecht, in: Gärditz/Keller/Niesler (Hrsg.), Der Kontrollauftrag der Verwaltungsgerichtsbarkeit, 2020, S. 167 (171 ff.).

40 EuGH, Urt. v. 10.1.2006 – C-98/03, ECLI:EU:C:2006:3, NVwZ 2006, 319.

41 BVerwG, Urt. v. 9.7.2008 – 9 A 14/07, NVwZ 2009, 302 (311); zu der höchstrichterlichen Rechtsprechung hinsichtlich des Artenschutzes *Kment*, NuR 2020, 361, insb. zu artenschutzrechtlichen Zugriffsverboten, S. 363 f. Die Signifikanzlösung hat durch eine Gesetzesänderung im Jahr 2017 Eingang in § 44 Abs. 5 BNatSchG gefunden, Art. 1 des Gesetzes zur Änderung des Bundesnaturschutzgesetzes v. 15.10.2017, BGBl. I S. 3434.

ungeeignetes Mittel erweist, um den gesetzlichen Anforderungen gerecht zu werden."[42]

III. Der „Rotmilan-Beschluss" im Lichte moderner Wissensgenerierung

Die Debatte um die naturschutzfachliche Einschätzungsprärogative gipfelte im Jahr 2018 in einen Beschluss des Bundesverfassungsgerichts, der einen ungewohnten Einblick gewährt in die bundesverfassungsgerichtliche Wahrnehmung von Wissen und Wissensgenerierung im Recht. Die Entscheidung kann als Ausdruck „konservativer Wissenschaftsgläubigkeit"[43] gesehen werden oder aber als logische Antwort auf die Anforderungen einer modernen Wissensgesellschaft.

1. Objektive Grenzen und Plausibilitätskontrolle

Der Beschluss geht auf einen Streit über die Zulassung von Windenergieanlagen zurück. Aufgrund eines prognostizierten signifikant erhöhten Tötungsrisikos für die Greifvogelart des Rotmilans untersagte die Behörde eine Genehmigung.[44] Im Anschluss an die ständige Rechtsprechung des Bundesverwaltungsgerichts beließen es die Gerichte des Instanzenzugs bei einer Vertretbarkeitskontrolle der behördlichen Einschätzung, da hinsichtlich der Wahl der Methode zur Ermittlung des Risikos und hinsichtlich der Risikoeinschätzung ornithologische Kriterien maßgeblich seien, für die „allgemein anerkannte standardisierte Maßstäbe und rechenhaft handhabbare Verfahren" bzw. „standardisierte Erfassungsmethoden" fehlten.[45] Die Vorhabenträgerinnen griffen mit ihrer Verfassungsbeschwerde die ver-

42 BVerwG, Urt. v. 9.7.2008 – 9 A 14/07, NVwZ 2009, 302 (308); zu den Ursprüngen der Figur der naturschutzfachlichen Einschätzungsprärogative im Kontext der Eingriffsregelungen *Gellermann*, NuR 2014, 597 (597) m. w. N. Die Unvertretbarkeit nachzuweisen gelingt in der Praxis nur selten, da es nicht ausreicht, die Vertretbarkeit einer anderen Methode darzulegen, *Kahl*, Objektive Grenzen (Fn. 39), S. 167 (169).

43 So in Bezug auf das Bundesverwaltungsgericht *Berkemann*, Sinn und Funktionsgrenzen des Rechtsschutzes im Umweltrecht, in: Kloepfer (Hrsg.), Rechtsschutz im Umweltrecht, 2014, S. 14 (31).

44 Zum Verwaltungsverfahren VG Halle, Urt. v. 25.11.2008 – 2 A 4/07 HAL, juris Rn. 1 ff.

45 OVG Magdeburg, Urt. v. 26.10.2011 – 2 L 6/09, NuR 2012, 196 (200); BVerwG, Urt. v. 21.11.2013 – 7 C 40/11, NVwZ 2014, 524 (525).

kürzte gerichtliche Kontrolle an und machten eine Verletzung in Art. 19 Abs. 4 GG mit der Begründung geltend, dass das Verhalten des Rotmilans hinreichend erforscht und eine Berechnung über die Höhe der statistischen Wahrscheinlichkeit einer Kollision möglich sei.[46]

Das Bundesverfassungsgericht stellte keine Grundrechtsverletzung fest, lehnte jedoch das Erklärungsmodell der naturschutzfachlichen Einschätzungsprärogative für den vorliegenden Fall ab. Die Einschränkung der gerichtlichen Kontrolle folge nicht aus einer gesetzlichen Ermächtigung, sondern aus der bloßen Tatsache, dass es an einem verlässlichen Erkenntnisstand naturschutzfachlicher Wissenschaft und Praxis fehle, und damit der gerichtlichen Kontrolle „objektive Grenzen" gesetzt seien.[47] Aufgrund der objektiven Unmöglichkeit, „den Sachverhalt vollständig aufzuklären und eine abschließende Überzeugung davon zu gewinnen, ob das Ergebnis der Entscheidung der Behörde richtig oder falsch ist",[48] sei es mit Art. 19 Abs. 4 GG vereinbar, lediglich eine Plausibilitätskontrolle der behördlichen Entscheidung vorzunehmen.[49] Denn unabhängig davon, ob das Gericht zur gleichen Einschätzung gelangte wie die Behörde oder nicht, seien beide Einschätzungen stets mit Unsicherheit behaftet, und eine eigene Einschätzung des Gerichts daher nicht zu rechtfertigen.[50]

2. *Die gerichtliche Wahrnehmung von Wissen und Wissensgenerierung*

Der Verwendung von Wissen liegen Annahmen über Wissen selbst und seiner Generierung zugrunde, die den Umgang mit Wissen beeinflussen.[51] Wie über Wissen nachgedacht wird, genauer, welche Bedingungen vorliegen müssen, um von Wissen sprechen zu können, hat daher auch Einfluss auf konkrete verwaltungsrechtliche Fragen, etwa wie mit administrativen Spielräumen umzugehen ist.[52] Grundannahmen über Wissen

---

46 Zum Vortrag der Beschwerdeführerinnen, BVerfG, Beschl. v. 23.10.2018 – 1 BvR 2523/13, BVerfGE 149, 407 (411).

47 Inwiefern hiermit eine neue Rechtsfigur begründet wird und wie diese rechtsdogmatisch zu verorten ist, stv. für viele *Dolde*, NVwZ 2019, 1567.

48 BVerfG, Beschl. v. 23.10.2018 – 1 BvR 2523/13, BVerfGE 149, 407 (413).

49 BVerfG, Beschl. v. 23.10.2018 – 1 BvR 2523/13, BVerfGE 149, 407 (413 f.).

50 BVerfG, Beschl. v. 23.10.2018 – 1 BvR 2523/13, BVerfGE 149, 407 (415).

51 *Grosche*, Fehlbarkeit von Wissen. Wissen über (Nicht-)Wissen und staatliche Entscheidungen, in: Münkler (Hrsg.), Dimensionen (Fn. 4), S. 27 (28 - 29) bezugnehmend auf das Ideengerüst *Karl Poppers*.

52 Zu dem fortbestehenden Forschungsbedarf über das Verständnis von Wissen im Recht, insb. im Zhg. mit konkreten Streitfragen *Münkler*, Wissen (Fn. 4), S. 3

liegen auch dem „Rotmilan-Beschluss“ zugrunde, der als „Grundsatzentscheidung über den Umgang mit Fällen der Unaufklärbarkeit des Sachverhalts mangels gefestigter wissenschaftlicher Erkenntnisse“[53] einzuordnen ist. Diesen Grundannahmen wird im Folgenden nachgespürt.

a) Die Wissenschaft als eindeutige Erkenntnisgeberin

Der Beschluss ist im Hinblick auf Wissensbestände geprägt durch das Register von „richtig und falsch“, „Richtigkeit“ und „unrichtig“. Des Weiteren benutzt das Gericht besonders häufig den Begriff „eindeutig“, und zwar wie folgt: „eindeutige Antwort“, „eindeutige wissenschaftliche Erkenntnis“ und „eindeutiger Erkenntnisgeber“.[54] Den Begriff des Wissens selbst gebraucht das Gericht nur im Zusammenhang mit „privatem Fachwissen“, wobei auch in Bezug auf die Beurteilung von „richtig und falsch“ von „Gewissheit“ gesprochen wird. Der häufige Verweis auf die Eindeutigkeit der Erkenntnisse und die Bezugnahme von „richtig und falsch“ und „Gewissheit“ auf der einen Seite und „Plausibilität“ auf der anderen Seite sind Ausdruck eines antagonistischen Verständnisses von Wissensbeständen. Entweder die Wissenschaft weiß etwas oder sie weiß es eben nicht. Dies führte im vorliegenden Fall zu der Schlussfolgerung, dass, wenn es die Fachwissenschaft nicht wisse, es auch die Behörden und Gerichte nicht wissen – und damit auch nicht entscheiden – können.[55]

Vor dem Hintergrund der bereits vorgestellten Erwägungen über Wissensgenerierung und Wissen erscheint aber eine differenziertere Betrachtung notwendig, und zwar insbesondere aufgrund der Ubiquität und der Instabilität der Wissensgenerierung. Hiernach kann die Wissenschaft nicht immer eindeutige Ergebnisse liefern, weil die Wissensgenerierung von einer Entwicklung abhängig ist, die nur selten zu einem Abschluss der

---

(5 ff.) und explizit im Hinblick auf das Gewaltenteilungsverhältnis und Fragen der gerichtlichen Kontrolldichte, S. 21.

53 *Kahl*, Objektive Grenzen (Fn. 39), S. 167 (168).

54 BVerfG, Beschl. v. 23.10.2018 – 1 BvR 2523/13, BVerfGE 149, 407 (415, 417, 418), zurückgehend auf bundesverwaltungsgerichtliche Urteile, die die Einschätzungsprärogative mit dem Versagen der „ökologische[n] Wissenschaft […] als eindeutiger Erkenntnisgeber[in]“ rechtfertigten, BVerwG, Urt. v. 9.7.2008 – 9 A 14/07, NVwZ 2009, 302 (308); BVerwG, Urt. v. 27.6.2013 – 4 C 1/12, KommJur 2013, 394 (397).

55 Auf den damit einhergehenden Widerspruch hinweisend, dass danach zwar nicht das Gericht, aber die Behörde „ins Blaue“ hinein entscheiden müsste, *Gassner*, DVBl 2019, 1370 (1372).

wissenschaftlichen Betrachtung führt.[56] In der Regel werden durch die wissenschaftliche Bearbeitung neue Fragen aufgeworfen. Dies stellt das Postulat einer endgültigen Antwort grundlegend in Frage.[57] Erkenntnisunsicherheiten sind in jedem wissenschaftlichen Diskurs der Normalfall und nicht die Ausnahme und eignen sich daher nicht als Legitimation der Beschränkung gerichtlicher Kontrolle.[58]

b) Wissenschaftliche Erkenntnisse als wertfreie Erkenntnisse

Der strikten Trennung zwischen naturschutzfachlicher Einschätzung und wertender normativer Konkretisierung im Falle des Signifikanzkriteriums hinsichtlich des Risikos der Tötung geschützter Arten[59] liegt zudem das unterkomplexe Verständnis zugrunde, dass wissenschaftliche Erkenntnisse aufgrund ihrer Tatsachenbezogenheit wertfrei sind. Damit erfolgt eine fragwürdige Gleichsetzung von wissenschaftlicher Forschung bzw. sachverständiger Begutachtung und Wertungsfreiheit, die die normative Dimension von Wissen außer Acht lässt.[60]

Die Beeinflussung fachwissenschaftlicher Wissensgenerierung ist vielfältig. Jenseits etwaiger Erwägungen zur Beeinflussung von Wissenschaft und Forschung durch die Auftraggeber:innen stellt schon allein die Fragestel-

---

56 Zur Komplexität der Wissensgenerierung im wissenschaftlichen Kontext *Trute*, Wissen (Fn. 9), S. 11 (31): „Dies erfolgt in überlappenden Netzwerken von wissenschaftlichen Gemeinschaften, in denen bestimmte Wissens'bestände', Methoden, Fragestellungen, spezifiziertes Nichtwissen, für Anschlussfragen fruchtbar gemacht werden, deren Ergebnisse wiederum in Kommunikationen zunächst mit allgemeinen Beständen verglichen, geprüft, verworfen und modifiziert werden".

57 Der Trend der Naturwissenschaften, gesichertes Wissen (reliabe knowledge) bereitzustellen, verleitet zur Marginalisierung noch nicht gefestigter Beobachtungen und ist überdies getragen „von der fortschrittsoptimistischen Annahme, Nichtwissen sei immer nur vorläufiges Noch-Nicht-Wissen, das im Laufe der Zeit in neues Wissen überführt werden könnte", *Voßkuhle*, Expertise (Fn. 1), S. 637 (652). *Voßkuhle* plädiert daher für die Ergänzung des Ideals des reliable knowledge um eine „reflektierte ‚Kultur der Unsicherheit', die Nichtwissen […] zum zentralen Bestandteil der Selbstwahrnehmung der Wissenschaft macht" (653).

58 *Brandt*, ZNER 2019, 92 (93).

59 Eindeutig unter Bezugnahme der Argumentation des OVG, BVerfG, Beschl. v. 23.10.2018 – 1 BvR 2523/13, BVerfGE 149, 407 (420).

60 Zur „Unreinheit" von Wissen *Münkler*, Wissen (Fn. 4), S. 3 (10): Wissen „durchbricht […] zwingend die noch immer rechtswissenschaftlich vielfach hochgehaltene Trennung von tatsachen- bzw. gegenstandsbezogenen Aussagen auf der einen und Wertungen auf der anderen Seite".

lung, die einer wissenschaftlichen Erhebung zugrunde liegt, Weichen für das Ergebnis. Selbst wenn die Fragestellung nicht von den Geldgeber:innen formuliert ist, bleibt sie eingebettet in ein wertorientiertes Denken.[61] Auch die Auswahl und Anwendung einer Methodik von vielen kann die wissenschaftliche Untersuchung in eine bestimmte Richtung lenken, ganz zu schweigen von den Schlüssen, die letztlich aus den Ergebnissen der Untersuchung gezogen werden.[62]

Zugleich ist das Ermitteln der tatsächlichen Umstände im vorliegenden Kontext normativ geprägt.[63] Die Frage nach der signifikanten Erhöhung des Tötungsvorkommens einer bestimmten Art durch ein Vorhaben gibt den „Erkenntnisgebern" eine Prognoseentscheidung auf, die die Abfolge der naturschutzfachlichen Prüfung bereits vorzeichnet. Konkret müssen die Entscheidenden eine ökologische Bestandsaufnahme vornehmen und diese bewerten; sodann sind mögliche Betroffenheiten zu quantifizieren und etwaige individuen- oder populationsbezogene Wirkungen zu beurteilen. Schließlich sind ökologische Wirkungszusammenhänge zu beachten.[64] Der Sachverständigenauftrag ist also normativ vorgezeichnet und damit auch die Sachverständigenantwort, die umgekehrt Einfluss hat auf die konkrete Auslegung des jeweils auszufüllenden unbestimmten Rechtsbegriffs.[65]

---

61 Zur Bedeutung der gesellschaftlichen Einbettung von Wissenspraktiken und der „sozialen Epistemologie" sowie zu „sozialen Kontextgebundenheiten und kulturellen Normalitätsunterstellungen", die in wissenschaftliches Wissen einfließen, *Vesting*, Krise des gemeinsamen Wissens (Fn. 3), S. 61 (64 – 68).

62 In diesem Zhg. auf wissenschaftssoziologische Betrachtungen verweisend, wonach Forschungsergebnisse das „Resultat eines vielschichtigen Selektionsprozesses sind, der jedenfalls zum Teil auf ungesicherten Annahmen, persönlichen Vorverständnissen, speziellen Forschungsbedingungen und anderen externen Faktoren beruht", *Voßkuhle*, Expertise (Fn. 1), S. 637 (639 und 649 ff.).

63 Bzgl. der „Verschleifung von kognitiven und normativen Elementen" *Münkler*, Wissen (Fn. 4), S. 3 (9).

64 *Berkemann*, Funktionsgrenzen (Fn. 43), S. 14 (28).

65 Für einen Versuch der Trennung von durch Sachverständige zu stützende Elemente des Auslegungsvorgangs und genuin juristischen Aufgaben *Hofmann*, Externer Sachverstand im Verwaltungsverfahren, in: Spiecker gen. Döhmann/Collin (Hrsg.), Generierung und Transfer staatlichen Wissens im System des Verwaltungsrechts, 2008, S. 176 (177 - 185).

c) Nichtwissen als nur vorläufiges Noch-Nicht-Wissen

Die Wortwahl des Bundesverfassungsgerichts („Erkenntnislücken", „Erkenntnisvakuum", „Erkenntnisdefizit" und „objektiv unzureichende Erkenntnislage")[66] ist insofern irreführend, als der Eindruck eines generellen Mangels an Wissen entsteht. Tatsächlich ist das Gegenteil der Fall. Es mangelt nicht grundsätzlich an Forschungsvorhaben und gezieltem Wissenserwerb, sondern an der Systematisierung der zahlreichen Forschungsergebnisse und ihrer verlässlichen Einordnung und Standardisierung.[67]

Auch die bundesverwaltungsgerichtliche Begründung zur Rechtfertigung der naturschutzfachlichen Einschätzungsprärogative war stets getragen von dem Verweis auf das Fehlen untergesetzlicher Konkretisierung.[68] Insofern unterscheidet sich die Entscheidungssituation des Artenschutzrechts aber nicht grundlegend von dem Entscheiden unter Unsicherheit in sonstigen, etwa immissionsschutzrechtlichen Konstellationen. Zum einen wird wie dargestellt auch im Bereich Luft und Lärm die Wissensintegration in weiten Teilen dem Feld des Informellen überlassen.[69] Zum anderen geht der Schluss fehl, dass ein bestehender untergesetzlicher Normapparat auf die wissensbasierte Durchdringung einer Materie hindeutet. Auch immissionsschutzrelevanten Entscheidungen lagen nicht immer letztgültige fachwissenschaftliche Erkenntnisse zugrunde und auch hier gibt es Bereiche, in denen auch heute noch hinreichende wissenschaftliche Erkenntnisse fehlen, und zwar nicht nur in Bezug auf Fragen, die noch nicht erforscht sind und bezüglich derer ein Wissenserwerb noch aussteht, sondern auch in Bezug auf Wissensbestände, die dauerhaft nicht zu durchdringen sind.[70]

Der Unterschied hinsichtlich der Wissensbestände liegt hier allenfalls darin, dass aufgrund von politischen Entscheidungen das Nichtwissen im Wege von Standardisierung[71] überwunden worden ist. Dies ist im Hinblick auf jegliches umweltrelevante Fachgebiet denkbar, denn die unter-

66 BVerfG, Beschl. v. 23.10.2018 – 1 BvR 2523/13, BVerfGE 149, 407 (414, 416, 417, 418).

67 Vgl. nur die Auswertung der bestehenden 145 Dokumente durch *Wulfert/Lau et. al.* (Fn. 23), die im Übrigen schon von einer ausreichenden Standardisierung in einzelnen Themenbereichen ausgehen, S. 36 und S. 47 - 48.

68 Vgl. für das vorliegende Verfahren BVerwG, Urt. v. 21.11.2013 – 7 C 40/11, NVwZ 2014, 524 (525).

69 S. oben S. 5 f.

70 *Hoffmann-Riem*, Innovation (Fn. 1), S. 159 (174); *Vesting*, Krise des gemeinsamen Wissens (Fn. 3), S. 61 (67 – 68).

71 *Spiecker gen. Döhmann*, Staatliche Entscheidungen (Fn. 14), Teil 2, 2. Kap., C, III.

gesetzliche Konkretisierung orientiert sich zwar an wissenschaftlichen Erkenntnissen, übernimmt diese aber nicht Ein-zu-Eins. Beispielsweise gibt es Stoffe, für deren Auswirkungen keine Dosis-Wirkungs-Beziehung, sondern nur eine Dosis-Häufigkeits-Beziehung angegeben werden kann.[72] Die Festsetzung eines Grenzwertes muss sich dann zwangsläufig auch anhand sonstiger Erwägungen orientieren. Darüber hinaus fließen selbst im Falle eindeutiger Dosis-Wirkungs-Relationen politische Wertungen und Verhältnismäßigkeitserwägungen in die Standardisierung mit ein, und zwar insbesondere im Hinblick darauf, welches Maß an gesundheitlichen oder Umweltbelastungen auf der einen und welches Maß an Beschränkung wirtschaftlicher Betätigung auf der anderen Seite noch zumutbar ist.

3. *Die problematischen Folgen des Beschlusses*

Das Bundesverfassungsgericht hat diese epistemologischen Erwägungen außen vor gelassen und als Lösungsweg die Plausibilitätskontrolle gewählt, die die folgenden Probleme nach sich zieht.

a) Unklare Prüfmaßstäbe

Einheitliche Maßstäbe für die als Plausibilitätskontrolle beschriebene reduzierte Prüfung fehlen und nähren die Befürchtung, dass aufgrund der nur überschlägigen Prüfung, „ob ein Vortrag [...] einleuchtend oder nachvollziehbar ist“, Rechtsmängel nicht erkannt werden.[73] Denn wann liegt Plausiblität vor und wann nicht? An welchem Wahrscheinlichkeitsgrad von Überzeugung der Plausibilitätsmaßstab ansetzt, ist zudem schwierig zu konkretisieren, weil auch in der Wissenschaft die Begriffsbedeutung unklar ist und von der Bewertung des Plausibilitätsbegriffs als Gegenbegriff zur Wahrheit bis zu der Einordnung der Plausibilität zwischen Absurdität und Offenkundigkeit reicht.[74] Zwar gehen Teile der Literatur im

---

72 Es ist bspw. für einige kanzerogene Stoffe nicht möglich zu bestimmen, ab welchem Wert eine Gefährdung eintritt, sondern nur, dass mit der zugeführten Dosis eines Kanzerogens die Wahrscheinlichkeit steigt, an Krebs zu erkranken, vgl. *Gerhardt*, NJW 1989, 2233 (2236), der in diesem Zusammenhang den Begriff der „Nicht-Schwellen-Stoffe“ verwendet.

73 *Beckmann*, Plausibilität als richterlicher Kontrollmaßstab, in: Gärditz/Keller/Niesler (Hrsg.), Kontrollauftrag (Fn. 39), S. 13 (16).

74 *Beckmann*, Plausibilität (Fn. 73) S. 13 (17) m. w. N.

Anschluss an den „Rotmilan-Beschluss“ davon aus, dass die verwaltungsgerichtliche Kontrolle nunmehr umfangreicher ausfallen dürfte.[75] Diese Einschätzung erscheint allerdings insofern fernliegend, als die Plausibilitätsprüfung gerade als Gegenmodell zur Vollprüfung gewählt wurde und dem pragmatischen Bedürfnis einer Zurücknahme gerichtlicher Kontrollintensität dient, sodass zu befürchten steht, dass sich die Gerichte einer weiteren Sachverhaltsaufklärung entziehen oder gar ihre Rechtsprüfung unzulässig verkürzen.[76]

Problematisch ist hierbei insbesondere, dass es im Ermessen der Gerichte liegt, das Vorliegen der Voraussetzung für eine Plausibilitätskontrolle zu bejahen, und es auch hierfür keine Maßstäbe gibt. Denn darüber, wann ein akzeptierbares Maß an wissenschaftlichem Konsens erreicht ist, das die Begrenzung der gerichtlichen Kontrolle ausschließt, hat das Bundesverfassungsgericht keine Aussage getroffen.

In Anerkennung des oben dargelegten epistemischen Spektrums ist außerdem der von der bundesverwaltungsgerichtlichen Rechtsprechung übernommene, aber gleichwohl nicht zwingende Ankerpunkt der „allgemeinen Anerkennung wissenschaftlicher Maßstäbe und Methoden“ zu hinterfragen. Dieser findet im Gesetzeswortlaut des § 44 Abs. 1 BNatSchG keine Grundlage, denn eine technische Generalklausel ähnlich der „allgemein anerkannten Regeln der Technik“ sieht das Gesetz im Naturschutzrecht nicht vor. Wie dargestellt gibt es fachwissenschaftliche Bereiche, die auf unbestimmte Zeit letzt- oder allgemeingültigen wissenschaftlichen Aussagen verschlossen bleiben oder in denen bislang einzelne Forschungsvorhaben auch nur annähernd Antworten geben können. Anhand der insofern verkürzten Ausführungen durch das Bundesverfassungsgericht gehen die Verwaltungsgerichte aber auf die Suche nach etwas, das es im Zweifel gar nicht gibt, und zwar nach einem „allein vertretbaren methodischen und maßstabbildenden Ansatz“[77].

75 *Eichberger*, NVwZ 2019, 1560 (1565 - 1566) zu der Prüfung, ob es tatsächlich an allgemein anerkannten Maßstäben fehlt, das Erkenntnisdefizit zum Zeitpunkt der Entscheidung noch besteht, die auf dieser Grundlage gewonnen Erkenntnisse der Behörde plausibel sind und ob die Behörde den allgemeinen Vorgaben der ordnungsgemäßen Entscheidungsfindung genügt, S. 1565.

76 So auch *Kahl*, Objektive Grenzen (Fn. 39), S. 167 (180).

77 OVG Koblenz, Urt. v. 6.10.2020 – 1 A 11357/19.OVG, juris Rn. 82.

Hier ist dann die Fülle an unverbindlichen informellen Papieren, wie sie eigentlich jedes umweltrechtliche Fachgebiet kennt, kein Hinweis auf einen mangelnden gesicherten Kenntnisstand.[78]

b) Zunehmender Einfluss durch nicht regulierten Sachverstand

Der durch das Bundesverfassungsgericht befürchtete „ungesteuert weitreichende Einfluss auf staatliche Entscheidungen"[79] durch privates Fachwissen könnte durch den Beschluss gerade noch begünstigt werden. Nicht die private Wissensgenerierung selbst ist problematisch, denn der Austausch des Staates mit privaten Forschungseinrichtungen und Unternehmen ist ein wichtiger Bestandteil der fortlaufenden Wissensgenerierung.[80] Als bedenklich ist es jedoch zu bewerten, wenn im Rahmen des Rechtsvollzugs einzelne Gutachter:innen entscheidend Einfluss auf die staatliche Entscheidung nehmen, ohne dass sich im Streitfall eine gerichtliche Prüfung anschließt.

Die Kontrolle der behördlichen Entscheidung ist eine Kontrolle auch der Sachverständigenaussagen. Dies ist insbesondere dann der Fall, wenn die Behörde nicht viel eigene Expertise beiträgt, sondern sich auf die von den Vorhabenträger:innen eingeholten Sachverständigengutachten verlässt.[81] Durch die hier dargestellte unabdingbare Verknüpfung von normativen und wissenschaftlichen Fragen bestimmen so die Gutachter:innen die Auslegung des Gesetzes.[82] Diese Beobachtung gilt unabhängig davon, ob sie ihr Gutachten zugunsten ihrer Auftraggeber:innen formulieren oder nicht. Eine tatrichterliche Überprüfung, ob die Sachverhaltsermittlung wissenschaftlichen Maßstäben gerecht geworden ist, ist deshalb wichtig.[83]

---

78 So aber OVG Koblenz, Urt. v. 6.10.2020 – 1 A 11357/19.OVG, juris Rn. 142: „Dieses Meinungsspektrum belegt jedoch, dass sich insoweit bis dato kein gesicherter Stand der Wissenschaft herausgebildet […] hat."

79 BVerfG, Beschl. v. 23.10.2018 – 1 BvR 2523/13, BVerfGE 149, 407 (416).

80 Zur Verlagerung wissensbezogener Aufgaben auf Private *Hoffmann-Riem*, Innovation (Fn. 1), S. 159 (176 – 178) und *Stoll*, Wissensarbeit als staatliche Aufgabe, in: Spiecker gen. Döhmann/Collin (Hrsg.), Generierung (Fn. 65), S. 34 (42-43).

81 *Brandt*, NuR 2013, 482 (484); *Gellermann*, NuR 2014, 597 (597).

82 *Beckmann*, Plausibilität (Fn. 73), S. 13 (21), der den Verzicht auf die Vollkontrolle an der „Schwelle zwischen einer beschränkten Kontrolle der erforderlichen Sachverhaltsfeststellungen und der Gesetzesauslegung" verortet.

83 Hinweisend auf die elementare Bedeutung des Austausches im Gerichtssaal, der erst ein „tieferes Verständnis" des Gerichts ermöglicht, *Brandt*, ZNER 2019, 92 (93); zur wichtigen Funktion des Gerichts, durch die richterliche Unabhängigkeit

Dass vor diesem Hintergrund die prognostische Entscheidung nicht den Sachverständigen überantwortet werden kann, wird durch die Vergegenwärtigung ihrer Rolle im Verwaltungs- und Gerichtsverfahren deutlich. Sie sind Helfer:innen des Gerichts, die durch ihren speziellen Sachverstand einen Teil der Entscheidungsgrundlage aufbereiten und für das Gericht verständlich machen.[84] Sie geben jedoch keine endgültigen und allumfassenden Antworten, an die sich das Gericht im Sinne der Maxime *„da mihi factum, dabo tibi ius"* binden könnte.[85]

IV. Fazit

Solange eine untergesetzliche Maßstabsbildung fehlt oder aus anderen Gründen das sich stetig wandelnde Wissen nicht zeitnah in das normative Konzept des Rechts integriert wird, sind sowohl Behörden als auch Gerichte herausgefordert, sich den damit einhergehenden Unsicherheiten im Umgang mit Wissen zu stellen. Zwar ist es nicht Aufgabe der Gerichte, „fachwissenschaftliche Erkenntnislücken selbständig zu schließen" oder „über Ermittlungen im Rahmen des Stands der Wissenschaft hinaus Forschungsaufträge zu erteilen",[86] sie dürfen sich aber auch nicht dem wissenschaftlichen Diskurs verschließen, der über die normative Rezeption wissenschaftlicher und technischer Fragen in das Recht hineinragt und integraler Bestandteil einer modernen Rechtsordnung ist. Im System der Integration fachwissenschaftlicher Wissensbestände in das Recht gewährleistet die gerichtliche Rezeption von außerrechtlichen Standards eine verlässliche und einheitliche Rechtsausfüllung und -anwendung.[87] Ein „arbeitsteiliges, stark prozedural-diskursives Verhältnis zwischen Gesetzgebung, Exekutive, Justiz und Wissenschaft"[88], das die Rechtsprechung im

---

Distanzverlusten der Behörde oder sonstigen Stellen entgegenzuwirken und die Streitigkeit zu befrieden, *Sachs*, DVBl 2020, 311 (315).

84 *Rudisile* (Fn. 29), § 98 Rn. 101; *Sendler*, NJW 1986, 2907 (2908); BVerfG, Beschl. v. 16.12.1992 – 1 BvR 167/87, BVerfGE 88, 40 (59 f.).

85 *Berkemann*, Funktionsgrenzen (Fn. 43), S. 14 (20).

86 BVerfG, Beschl. v. 23.10.2018 – 1 BvR 2523/13, BVerfGE 149, 407 (414).

87 Zu dem durch unbestimmte Rechtsbegriffe angestoßenen und auf „wechselseitige Erhellung" zwischen Behörde und Gericht angewiesenen, induktiven Prozess der Rechtsfindung und der mit dem Gerichtsverfahren „idealtypisch" einhergehenden Verwirklichung von Rationalität *Gassner*, DVBl 2019, 1370 (1372 - 1373).

88 *Schmidt-Aßmann*, in: Maunz/Dürig (Hrsg.), GG-Kommentar, 92. EL 2020, Art. 19 Abs. 4 Rn. 205.

Technikrecht seit jeher kennzeichnet, ist vor dem Hintergrund der Herausforderungen der modernen Wissensgenerierung aufrechtzuerhalten.

Juristische Archivforschung und Rechtserkenntnis

Ruth Weber

Abstract: *Der Zugang zu Rechtstexten erscheint selbstverständlich. Ein Gesetz, das nicht veröffentlicht ist, hat keine Geltung. Auch für Gerichtsentscheidungen gilt grundsätzlich eine Veröffentlichungspflicht. Doch was ist mit Materialien, die nicht auf Anhieb zu finden sind und für die es rechtliche Zugangshindernisse gibt? Die Entscheidungsakten des Bundesverfassungsgerichts sind nach sechzig Jahren im Bundesarchiv verfügbar; diejenigen des Gerichtshofs der Europäischen Union nach dreißig Jahren im Historischen Archiv der Europäischen Union. Rechtswissenschaftler:innen können damit neben historischen Gesetzgebungsmaterialien zunehmend auch Archivmaterialien gerichtlicher Entscheidungen, insbesondere Beratungsprotokolle, studieren. Können diese Materialien das gegenwärtige Verständnis der zur ständigen Rechtsprechung gewordenen Entscheidungen beeinflussen? Der Zugang zu rechtlichen Archivmaterialien soll hinsichtlich seines Stellenwertes für den Rechtserkenntnisprozess reflektiert werden. Dafür ist es erforderlich zu untersuchen, was unter Archiven allgemein und im rechtswissenschaftlichen Kontext zu verstehen ist. Sodann gilt es zu erklären, wie staatliche Archive rechtlich reguliert sind. Die Bedeutung der Forschung an gerichtlichen Archivmaterialien bildet den Fokus der Untersuchung des Verhältnisses von Archivforschung und Rechtserkenntnis. Die Grundthese des Textes lautet, dass juristische Archivforschung dazu geeignet ist, eine kontextualisierende Dogmatik zu operationalisieren. Zudem werden praktische Herausforderungen beim Umgang mit Archivmaterialien vorgestellt.*

Einleitung

„[W]as sucht […] der Blick der Fotokamera, der direkt auf die endlosen, gleichförmigen Regalfluchten geht? […] Innenansichten von menschenleeren Archivräumen mögen den Reiz eines verbotenen Bildes haben. Dem Geheimnis, das die Akten bergen, kommt die fotografische Nahaufnahme von Papierzeug […] allerdings keine Spur näher. Akten wahren ihr Geheimnis auch vor zudringlichen Kamerablicken. […] Doch gerade weil der Kamerablick die der Rechtsordnung zugewandte Seite der Akten, ihre Semantik, nicht erschließt, lenkt er das Augenmerk auf die Struktur des Archivs. Er registriert die Forma-

tionen archivarischer Ordnung und man ist geneigt [...] in den Bildern von Regalreihen und Aktenstapeln Landschaften wiederzuerkennen, Bergschluchten, Steinbrüche, geologische Schichtungen von Endmoränen oder Ausblicke aufs freie Meer."

Die zitierten Worte stammen aus einem Aufsatz von *Cornelia Vismann*[1], entstanden für einen Sammelband zu Geschichte, Theorie und Praxis des Wissens des Staates, in dem dazu passend ein Bildessay von *Kai-Olaf Hesse* erschien.[2] Akten sind Alltagsgegenstände staatlicher Tätigkeit.[3] Werden sie nicht mehr gebraucht, wandern sie ins Archiv. So einfach das klingt, so einfach ist es nicht: Denn wer entscheidet, welche Akten ins Archiv gelangen? Was geschieht mit den Akten, wenn sie einmal im Archiv angekommen sind? Wer hat dann noch Zugang zu den Akten und dem darin enthaltenen Wissen? Was bedeutet es schließlich für den Rechtserkenntnisprozess, Zugang zu archivalischem Wissen zu haben?

All diese Fragen lassen sich stellen, wenn man sich mit staatlichen Archiven als hoheitlichen Informationsspeichern beschäftigt. Um zu klären, was unter „Archiv" allgemein zu verstehen ist, ist zunächst der Begriff als solcher zu klären. Im zweiten Teil soll die rechtliche Regulierung des Archivs näher erläutert werden. Drittens soll der Leitfrage nach dem Verhältnis von juristischer Archivforschung und Rechtserkenntnis nachgegangen werden, um zuletzt mit einigen praktischen Überlegungen zur Archivforschung zu enden.

---

1 *Vismann*, Was weiß der Staat noch?, in: Collin/Horstmann (Hrsg.), Das Wissen des Staates. Geschichte, Theorie und Praxis, 2004, S. 41 (42).

2 Die Photographien wurden in der Präsentation begleitend zum Text von *Vismann* gezeigt. S. *Hesse*, Zur Phänomenologie staatlichen Wissens, in: Collin/Horstmann (Hrsg.), Das Wissen des Staates (Fn. 1), S. 47.

3 Die Materialität der Akten beschreibt auch *Latour* in La fabrique du droit. Une ethnographie du Conseil d'État, 2004, S. 83-84: „Quoi de plus grisâtre, de plus poussiéreux, de plus méprisable que des piles de dossiers ? [...] [I]l existe un traceur qui organise toute l'activité du Conseil, [...] c'est le *dossier*. [...] Oui, commençons le droit par le commencement, c'est-à-dire par les tampons, les élastiques, les trombones et autre agrafeuses [...]. Les juristes parlent toujours des textes, mais rarement de leur matérialité."

I. „Archiv“

1. Etymologie

In seiner Materialität besteht das „Archiv“ aus den eingangs betrachteten Akten und übrigen Materialien, die Archivar:innen in einem physischen Speicher aufbewahren und verwalten.[4] Die auf den Aufbewahrungsort rekurrierende, institutionelle Verwendungsweise des Begriffs knüpft an die Ursprünge des Wortes an.[5] Das lateinische archīum[6] geht auf das griechische archéīon (ἀρχεῖον) zurück, welches ein Regierungsgebäude, eine Behörde oder ein Amt bezeichnete.[7] Archéīon leitet sich seinerseits von archḗ (ἀρχή) ab, was Anfang, Ursache, Ursprung, Herrschaft und Regierung bedeutet.[8] Die Etymologie zeigt, dass der Bezug auf ein Gebäude oder Amt eine abgeleitete Form eines abstrakten Begriffs ist. In der Begriffsvariante der Herrschaft ist das Archiv „eng mit der Machtgeschichte verknüpft“[9].

---

4 *Vismann* beschreibt das Archiv „zunächst [als] nichts anderes als eine Verwahranstalt für Akten“ (*Vismann*, Akten. Medientechnik und Recht, 3. Aufl. 2011, S. 177); S. auch *Wirth*, Archiv, in: Roesler/Stiegler (Hrsg.), Grundbegriffe der Medientheorie, 2005, S. 17.

5 Stichwort „Archiv“, in: Pfeifer et al., Etymologisches Wörterbuch des Deutschen (1993), digitalisierte und von Wolfgang Pfeifer überarbeitete Version im Digitalen Wörterbuch der deutschen Sprache, *<https://www.dwds.de/wb/etymwb/Archiv>*(letzter Aufruf am 7.2.2021).

6 Im antiken Rom wurde das Archiv „zum Speichermedium des römischen Rechtssystems“ (*Wirth*, Archiv (Fn. 4), S. 17 (18)). Das „Aerarium“ als „materiale[s] Fundament der römischen Verwaltung“ „ist ein Depot, welches einen unverlierbaren Thesaurus beherbergt und hütet“, das „allein in der Geste der Bezugnahme, aufgrund einer Verweisungs*möglichkeit*“ existiert (*Vismann*, Akten (Fn. 4), S. 91). Archivierbare Akten sind demnach für *Vismann* „das Kapital des Rechts“ (*Vismann*, Akten (Fn. 4), S. 92).

7 Stichwort „Archiv“, in Pfeifer et al., Etymologisches Wörterbuch (Fn. 5). *Derrida* befasst sich mit den Archonten, die für ihn die „Bewahrer“ des Archivs sind und „nicht nur die physische Sicherheit des Depots und des Trägers“ sicherstellen, sondern darüber hinaus die „Macht“ haben, „die Archive zu *interpretieren*“ und so „das Gesetz“ „behaupten“ (*Derrida*, Dem Archiv verschrieben. Eine Freudsche Impression, 1997, S. 11; zur Etymologie s. S. 9-13).

8 Stichwort „Archiv“, in Pfeifer et al., Etymologisches Wörterbuch (Fn. 5).

9 *Lepper*, Philologie zur Einführung, 2012, S. 73. Zur „Idee des Archivs“ in den verschiedenen Varianten auch *Lepper/Raulff*, Erfindung des Archivs, in: Lepper/Raulff (Hrsg.), Handbuch Archiv. Geschichte, Aufgaben, Perspektiven, 2016, S. 1; *Schenk*, Kleine Theorie des Archivs, 2008, S. 60-64. Zu den Zusammenhängen von Archiven und Herrschaft aus der archivarischen Praxis s. Murken (Hrsg.), Archive und Herrschaft. Referate des 72. Deutschen Archivtages 2001 in Cottbus, 2002, Der Ar-

Unter Rückgriff auf die Ursprünge des Begriffs „Archiv" ergibt sich ein deutlich weiteres Begriffsverständnis, das man auch als metaphorisch bezeichnen könnte. Beispielhaft dafür steht die Verwendungsweise bei *Jacques Derrida* und *Michel Foucault*, für welche das „Archiv" nicht mehr an seine Materialität gebunden ist. In „Dem Archiv verschrieben" ist es für *Derrida* vielmehr eine politische Kategorie; politische Macht ist für ihn verknüpft mit Kontrolle über das Archiv und das Gedächtnis.[10] Auch *Foucault* verwendet den Begriff des „Archivs" in „Archäologie des Wissens" metaphorisch und als Ausdruck eines gesellschaftlichen Gedächtnisses.[11]

2. *Archivzeitschriften*

Im rechtswissenschaftlichen Kontext begegnet einem der Begriff „Archiv" auch im Titel der sogenannten „Archivzeitschriften". Die Geschichte dieser Bezeichnung bestätigt die Mehrdeutigkeit des Begriffs.

Als die ersten sich als „Archiv" bezeichnenden Zeitschriften im ausgehenden 17. Jahrhundert entstanden, war deren Ziel noch hauptsächlich, sonst unzugängliches Material offenzulegen.[12] Bereits bei Gründung des Archivs für die civilistische Praxis (AcP) Anfang des 19. Jahrhunderts galt die Bezeichnung jedoch als altmodisch.[13] Bei der Entstehung des

chivar, Beiband 7. Völkerrechtlich stellt sich das Problem des Umgangs mit Archiven bei einem Herrschaftswechsel, s. *Fitschen*, Das rechtliche Schicksal von staatlichen Akten und Archiven bei einem Wechsel der Herrschaft über Staatsgebiet, 2004.

10 *Derrida*, Dem Archiv verschrieben (Fn. 7), *Assmann*, Erinnerungsräume. Formen und Wandlungen des kulturellen Gedächtnisses, 5. Aufl. 2010, S. 343-344; *Ernst*, Das Rumoren der Archive. Ordnung aus Unordnung, 2002.

11 *Foucault* beschreibt das Archiv als Möglichkeiten von Aussagen, „das Gesetz dessen, was gesagt werden kann" (S. 187), welche ein „System der Diskursivität" (ebd.) bilden, s. *Foucault*, Archäologie des Wissens, 4. Aufl. 1990. Weiterführend *Bergermann*, Linkspeicher Google. Zum Verhältnis von PageRank und Archäologie des Wissens, in: Weitin/Wolf (Hrsg.), Gewalt der Archive. Studien zur Kulturgeschichte der Wissensspeicherung, 2012, S. 371.

12 *Dann*, Die Zeitschriften im Rahmen der deutschen Aufklärungsgesellschaft, in: Stolleis (Hrsg.), Juristische Zeitschriften. Die neuen Medien des 18.-20. Jahrhunderts, 1999, S. 1 (3-4), zum Zusammenhang mit der Öffnung und Demokratisierung des Diskurses s. ebd. S. 9.

13 Übersicht zu weiteren in diesem Zeitraum entstehenden rechtswissenschaftlichen Archivzeitschriften bei *Rückert*, Geschichtlich, praktisch, deutsch. Die „Zeitschrift für geschichtliche Rechtswissenschaft" (1815-1859), das „Archiv für die civilistische Praxis" (1818-1867) und die „Zeitschrift für deutsches Recht und deutsche

Archivs des öffentlichen Rechts (AöR) am Ende des 19. Jahrhunderts diskutierte man zwar über die Kennzeichnung „für öffentliches Recht"; die Bezeichnung als „Archiv" blieb demgegenüber unreflektiert.[14] Jedenfalls gilt seit der Gründungszeit dieser auch noch heute besonders relevanten Zeitschriften, dass diese „Kontinuität für einen Sammelplatz" boten, ohne einen „spezifischen Akzent auf Praxis oder Fälle oder Wissenschaft" zu setzen.[15] Dem eigenen Anspruch nach bilden Archivzeitschriften einen Speicher relevanten Wissens für ihr jeweiliges Fach. Gleichzeitig haben sie ihren Ursprung im 19. Jahrhundert, welches auch als Jahrhundert der (Staats-)Archive gekennzeichnet wird; als „die Epoche, als der Staat sich überall der Erinnerung bemächtigte".[16]

II. Recht im Archiv

In einem ähnlichen Zeitraum wie die Archivzeitschriften entstanden auch die ersten neuzeitlichen rechtlichen Regulierungen von Archiven. Bereits

---

Rechtswissenschaft" (1839-1861), in: Stolleis (Hrsg.), Juristische Zeitschriften (Fn. 12), S. 107 (154).

14 Zur Geschichte des 1885 gegründeten AöR s. *Doerfert*, Das Archiv des öffentlichen Rechts 1885-1918, 1993, insb. zur Namensfrage S. 34-40. S. auch *Heyen*, Profile der deutschen und französischen Verwaltungsrechtswissenschaft 1880-1914, 1994, S. 21-53, für einen Vergleich mit anderen Zeitschriften in der Gründungsphase ebd., S. 55-71. Für einen Vergleich mit dem 1892 gegründeten Verwaltungsarchiv s. *Doerfert*, Die Zeitschriften des öffentlichen Rechts 1848-1933, in: Stolleis (Hrsg.), Juristische Zeitschriften (Fn. 12), S. 421 (436-440).

15 *Rückert*, Geschichtlich, praktisch, deutsch (Fn. 13), S. 107 (154). Die Idee war bereits bei Gründung des AcP nicht neu. Das 1806 gegründete „Critische Archiv der neuesten juridischen Litteratur und Rechtspflege in Teutschland" machte sich beispielsweise zur Aufgabe, die „Idee des Ganzen unserer Rechtsverfassung und Rechtslehre in sich [zu] tragen" (zitiert nach *Klippel*, Die juristischen Zeitschriften im Übergang vom 18. zum 19. Jahrhundert, in: Stolleis (Hrsg.), Juristische Zeitschriften (Fn. 12), S. 15 (35)). Auch für andere Fächer gelten die Überlegungen zur Bezeichnung als Archiv, s. bspw. für das 1904 entstehende, unter anderem von *Max Weber* verantwortete „Archiv für Sozialwissenschaften und Sozialpolitik" *Duve*, Von „Stoffhubern" und „Sinnhubern". Die wissenschaftstheoretische Grundlagendebatte um 1900 und die Entstehung politikwissenschaftlicher Zeitschriften, in: Stolleis (Hrsg.), Juristische Zeitschriften (Fn. 12), S. 449 (472-477).

16 Viele Staatsarchive wurden „als zentralisierende Lagerstätten der Überreste von Verwaltungshandeln" gegründet, s. *Osterhammel*, Die Verwandlung der Welt. Eine Geschiche des 19. Jahrhunderts, 3. Aufl. 2020, S. 32-33, beide Zitate S. 32. *Combe* spricht von Archiven als „une institution du XIXe siècle", s. *Combe*, Archives Interdites, Les peurs françaises face à l'histoire contemporaine, 1994, S. 49-75.

1766 sah das schwedische Gesetz über die Pressefreiheit („Tryckfrihetsförordning") ein Recht auf freien Zugang zu Archiven vor.[17] Während der Französischen Revolution[18] wurde der unbeschränkte „Archivzugang" gleichsam „zum Menschenrecht erklärt"[19]. Das verborgene Wissen des Staates sollte nun zugänglich sein.[20] Preußen öffnete erst hundert Jahre später sein Geheimes Staatsarchiv.[21] Weitere hundert Jahre sollte es dauern, bis das Bundesarchivgesetz (BArchG) 1988 in Kraft trat.[22] Die Geset-

---

17 Die „Tryckfrihetsförordning" ist noch heute Bestandteil der schwedischen Verfassung und gilt heute in der Fassung von 1949. Sie gewährt zum einen umfangreich Presse- und Meinungsfreiheit und zum anderen den Zugang zu allen staatlichen Dokumenten („Offentlighetsprincipen") mit nur wenigen geregelten Ausnahmen. In der ursprünglichen Fassung von 1766 heißt es in § 10: „And to that end free access should be allowed to all archives, for the purpose of copying such documents *in loco* or obtaining certified copies of them", s. His Majesty's Gracious Ordinance Relating to Freedom of Writing and of the Press (1766), translated by *Hogg*, in: Mustonen (Hrsg.), The World's First Freedom of Information Act, Anders Chydenius' Legacy Today, 2006. S. 15 (abrufbar unter: https://www.chydenius.net/tiedostot/worlds_first_foia.pdf). Zum Gesetz von 1776 s. *Nordin*, Journal of International Media & Entertainment Law, 2017-2018 7 (2), 137.

18 Die Gesetze aus der Zeit der Revolution galten in Frankreich bis 1979, s. *Ducrot*, Die neue französische Archivgesetzgebung, Der Archivar 34 (1981), 475 sowie *Combe*, Archives Interdits (Fn. 16), S. 79-102; *Kamecke*, Das Revolutionsarchiv von 1789 und das Problem der Geschichtsschreibung, in: Weitin/Wolf (Hrsg.), Gewalt der Archive (Fn. 11), S. 141. S. von der Französischen Revolution ausgehend zur „Archiv-Rechtsgeschichte" als „Zugangsgeschichte rekonstruiert" *Kaiser*, Archiv und Recht, in: Lepper/Raulff (Hrsg.), Handbuch Archiv (Fn. 9), S. 107 (108-111).

19 *Vismann*, Akten (Fn. 4), S. 249. S. auch *Brenneke*, Archivkunde. Ein Beitrag zur Theorie und Geschichte des europäischen Archivwesens, 1953: „„Erklärung der archivalischen Menschenrechte"" (S. 182). Die Erklärung der Menschen- und Bürgerrechte von 1789 enthält kein explizites Recht auf Zugang zu Archiven.

20 Zum Zusammenhang mit staatlichem Wissen s. *Vismann*, Akten (Fn. 4), S. 242-252: Das Archiv ist nach *Vismann* „Konstituens für die Nation" (S. 242). Sie kontrastiert den „Furor der Aktenzerstörung" (S. 242) mit dem revolutionären Gedanken, „der Nachwelt einen Begriff davon zu geben, welche Schreckensherrschaft sie [die Franzosen] beendet haben" (S. 243). S. dazu auch *Assmann*, Erinnerungsräume (Fn. 10), S. 344-345.

21 S. dazu sowie zu den Regelungen vor Kodifikation des BArchG *Lepper*, DVBl 1963, 315. Für *Vismann* wird das Staatsarchiv „zum Machtdispositiv des preußischen Staats" (*Vismann*, Akten (Fn. 4), S. 246).

22 BT-Drucks. 11/498. S. dazu *Wyduckel*, DVBl 1989, 327. Daneben bestehen zahlreiche landes- sowie kommunalrechtliche Regelungen. Beispielhaft zu NRW *Oebbecke/Nienkemper* DVBl 2004, 1509.

zesbegründung bezeichnet das Archiv als „Gedächtnis des Staates", ein Ausdruck, der die Wissensdimension veranschaulicht.[23]

Das BArchG soll im Folgenden als Beispiel dienen, einen Blick auf das Archivrecht[24] zu werfen. Dabei stellen sich zwei wesentliche Fragen, zum einen danach, welche Akten überhaupt im Archiv aufbewahrt werden, zum anderen, wer Zugang zu den Akten hat.

1. *Archivarische Bewertung: Aufnahme in die Bestände eines Archivs*

Bevor die Akte im Archiv angelangt, ist die jeweilige Behörde verpflichtet, diese anzubieten und abzugeben.[25] Archivar:innen kommt im Anschluss die Bewertungsentscheidung zur Archivfähigkeit zu. Es muss sich nach der Terminologie des Gesetzes um „Unterlagen von bleibendem Wert"[26] handeln. Bleibenden Wert haben nach der Legaldefinition[27] u. a. auch Unterlagen, die aufgrund ihres rechtlichen Inhalts Bedeutung für die Rechtsprechung haben, was als Hinweis darauf gedeutet werden könnte, dass Archivmaterialien für die Rechtsanwendung von Relevanz sind.

Verwaltungsrechtlich erfolgt an dieser Stelle ein Umwidmungsakt: Akten der laufenden Verwaltung werden zu Kulturgut des Bundes; die Akte wird von der öffentlichen Sache im Verwaltungsgebrauch zu einer solchen im Gemeingebrauch.[28]

---

23 BT-Drucks. 11/498, S. 7: „Gedächtnis des Staates". Diese Bezeichnung für das Archiv findet man häufig, z. B. auch bei *Ladeur*, Die Kommunikationsinfrastruktur der Verwaltung, in: Hoffmann-Riem/Schmidt-Aßmann/Voßkuhle (Hrsg.), GVwR II, 2. Aufl. 2012, § 21 Rn. 35 und bei *Assmann*, Erinnerungsräume (Fn. 10): „Archiv als Gedächtnis der Herrschaft" (S. 343), als „institutionalisiertes Gedächtnis der Polis, des Staates, der Nation, der Gesellschaft" (S. 345).

24 Die Bezeichnung dieses Rechtsgebiets als „Archivrecht" scheint sich durchgesetzt zu haben. *Günther* bevorzugt die Bezeichnung als „Archivverwaltungsrecht", s. *Günther*, Archive und Verwaltung oder: Über die Grenzen des Archivrechts, in: Becker et al. (Hrsg.), Archiv – Recht – Geschichte. Festschrift für Rainer Polley, Veröffentlichungen der Archivschule Marburg Nr. 59, 2014, S. 195.

25 § 5 BArchG.

26 S. § 1 Nr. 2 BArchG für die Legaldefinition von Archivgut, § 1 Nr. 9 BArchG für die Legaldefinition von Unterlagen und § 1 Nr. 10 BArchG für die Legaldefinition von Unterlagen von bleibendem Wert.

27 § 1 Nr. 10 a) cc) BArchG.

28 *Partsch/Koschmieder*, NJW 2017, 3416 (3417-3418); *Olbertz*, Das Bundesarchivgesetz im Kontext der neuen Gesetzgebung zum Informationszugang in der Verwaltung, in: Menne-Haritz/Hofmann (Hrsg.), Archive im Kontext. Öffnen, Erhalten und Sichern von Archivgut in Zeiten des Umbruchs. Festschrift für Hartmut

2. *Der Zugang zum Archiv: Nutzungsanspruch*

Nachdem sich die Akte also nun im Archiv befindet, stellt sich die zweite rechtlich relevante Frage: Wer hat nun Zugang[29] zum Archiv? Nach § 10 Abs. 1 BArchG steht das Recht, Archivgut des Bundes zu nutzen, grundsätzlich jeder Person voraussetzungslos zu.[30] Dies scheint auf den ersten Blick eine einfache Regel zu sein, die aber viele faktische Hürden[31] und rechtliche Ausnahmen kennt.

Die wichtigste rechtliche Ausnahme sind die Schutzfristen, die allgemein 30 Jahre betragen.[32] Diese Regelung ist umstritten: Gerade aufgrund der Wertungswidersprüche mit dem Informationsfreiheitsrecht, das einen zeitlich nicht begrenzten Anspruch auf Zugang zu amtlichen Informationen normiert, wird gefordert, die archivrechtliche Schutzfrist abzuschaffen.[33] Die Ansprüche des BArchG stellen nach der Rechtsprechung Son-

---

Weber zum 65. Geburtstag, 2010, S. 139 (139, 152), Fn. 64 m. w. N.; *Becker/Oldenhage*, HK-BArchG, 2006, § 2 Rn. 18.

29 Archivterminologisch wäre wohl der Begriff der „Zugänglichkeit“ dem Begriff des „Zugangs“ vorzuziehen, s. *Menne-Haritz*, Schlüsselbegriffe der Archivterminologie. Lehrmaterialien für das Fach Archivwissenschaft, Archivschule Marburg 1992, S. 58.

30 Neben dem Nutzungsanspruch gegen das Archiv selbst besteht nach § 11 Abs. 6 BArchG ein Nutzungsanspruch gegen all die Behörden, welche Unterlagen, die älter als 30 Jahre sind, behalten, gleich ob sie eine Anbietungspflicht haben oder nicht. In den landesrechtlichen Vorschriften wird teils ein berechtigtes Interesse gefordert, s. *Collin*, Die archivrechtliche Regulierung des Zugangs zu öffentlichen Informationen, in: Dreier/Fischer/van Raay/Spiecker gen. Döhmann (Hrsg.), Informationen der öffentlichen Hand – Zugang und Nutzung, 2016, S. 209 (213-214), insb. Fn. 16 und 17.

31 *Collin*, Die archivrechtliche Regulierung (Fn. 30), S. 209 (214). Solche faktischen Hürden sind etwa der Umgang mit den Findmitteln sowie der Erschließungszustand der Bestände, s. auch Abschnitt IV.1.

32 § 11 Abs. 1 BArchG. Für einen Überblick zu den landesrechtlichen Vorschriften, die teilweise eine Regelschutzfrist von nur 10 Jahren vorsehen s. *Dittrich*, ZRP 2017, 183. *Dittrich* spricht sich für eine „generelle Liberalisierung der Schutzfristenregelung“ (S. 185) aus.

33 *Olbertz*, Das Bundesarchivgesetz (Fn. 28), S. 139 (146); *Manegold*, Archivrecht. Die Archivierungspflicht öffentlicher Stellen und das Archivzugangsrecht des historischen Forschers im Licht der Forschungsfreiheitsverbürgung des Art. 5 Abs. 3 GG, 2002. S. 269; kritisch auch *Martin-Weber*, Informationsfreiheitsgesetz des Bundes (IFG) und Bundesarchivgesetz, in: Rehm/Bickhoff (Hrsg.), Rechtsfragen der Nutzung von Archivgut, 2010, S. 17; *Collin*, Die archivrechtliche Regulierung (Fn. 30), S. 209 (214-218); *Schoch*, Die Verwaltung 2006, 463 (465); *Kaiser*, Archiv und Recht (Fn. 18), S. 107 (111).

dervorschriften nach § 1 Abs. 3 IFG dar, die den Anwendungsbereich des IFG ausschließen.[34] § 11 Abs. 5 Nr. 2 BArchG regelt das Verhältnis zwischen IFG und BArchG grundsätzlich. Danach sind die Schutzfristen nicht anzuwenden, soweit das Archivgut aus Unterlagen besteht, die vor der Übergabe an das Bundesarchiv bereits einem Informationszugang nach einem Informationszugangsgesetz offen gestanden haben. Das BArchG normiert zudem eine ganze Bandbreite an Einschränkungs- und Versagungsgründen, etwa das Wohl der Bundesrepublik, schutzwürdige Interessen Betroffener, Geheimhaltungspflichten und das Entstehen unverhältnismäßigen Verwaltungsaufwands.[35]

Gegen eine ablehnende Entscheidung kann Rechtsschutz vor dem Verwaltungsgericht gesucht werden.[36] Dabei spielen insbesondere auch die konfligierenden verfassungsrechtlichen Positionen eine Rolle, insbesondere die in Art. 5 GG verankerten Rechte auf Informations- sowie Forschungs- und Wissenschaftsfreiheit. Dem stehen der staatliche Geheimnisschutz sowie die Persönlichkeitsrechte, insbesondere das Recht auf informationelle Selbstbestimmung, gegenüber.[37]

---

34 S. zu § 11 Abs. 6 BArchG OVG Berlin-Brandenburg, Urteil vom 7.5.2020 – OVG 12 B 4.19, Rn. 23; zu § 5 BArchG a. F. BVerwG, Urteil vom 17.3.2016 – BVerwG 7 C 2.15, BVerwGE 154, 231, Rn. 42; beide Entscheidungen mit einem recht spärlichen Verweis auf die Gesetzesbegründung (BT-Drucks. 15/4493, S. 8), die diesbezüglich jedoch keine klare Aussage trifft.

35 § 13 Abs. 1 Nr. 1-3 und Abs. 2 Nr. 2 BArchG. Zur Rechtsprechung und zu den Regelungen im Einzelnen s. *Partsch/Koschmieder*, NJW 2017, 3416.

36 Zum Rechtsschutz s. *Manegold*, Archivrecht (Fn. 33), S. 356-359. Für beispielhafte jüngere Entscheidungen s. OVG Münster, Urteil vom 5.7.2018 – 15 A 2147/13 (Verpflichtungsklage nach Verkürzung der Sperrfrist nach § 11 BArchG n. F.); OVG Münster, Urteil vom 15.5.2018 – 15 A 25/17 (Versagungsgründe nach § 5 Abs. 6 BArchG a. F.); BVerwG, Beschluss vom 27.5.2013 – BVerwG 7 B 43.12 (Begriff des Archivguts/Zugang zu amtlichen Dokumenten im Privatbesitz). Die darauf eingelegte Verfassungsbeschwerde hatte keinen Erfolg, da sie das BVerfG aus Subsidiaritätsgründen als unzulässig verwarf, s. BVerfG, Beschluss vom 20.6.2017 – 1 BvR 1978/13, BVerfGE 145, 365; BVerwG, Urteil vom 11.12.2019 – BVerwG 6 C 21.18, BVerwGE 167, 173 (Schutzfrist nach § 11 BArchG bei Personenakten des Bundesamtes für Verfassungsschutz).

37 Ein unmittelbarer Nutzungsanspruch ergibt sich weder aus Art. 5 Abs. 3 noch aus Art. 5 Abs. 1 S. 1 GG. Allein aus der Pressefreiheit (Art. 5 Abs. 1 S. 2 GG) ergibt sich ein verfassungsunmittelbarer Auskunftsanspruch für Presseangehörige (BVerfG, Beschluss vom 14.9.2015 – 1 BvR 857/15, BVerfG NJW 2015, 3708, Rn. 15 ff.).

III. Rechtserkenntnis und Archiv

Das Recht regelt den Zugang zum Archiv. Hat man einmal Zugang zu archivalischem Material, stellt sich die Frage, welches Potential juristische Archivforschung für Rechtserkenntnis und Rechtsdogmatik birgt. Die folgenden Ausführungen konzentrieren sich deshalb auf gerichtliches Archivmaterial, insbesondere das des Bundesverfassungsgerichts.

1. Das Archivmaterial des Bundesverfassungsgerichts

Das Bundesverfassungsgericht zum Anschauungsobjekt zu machen, ist angesichts seiner herausragenden Stellung im deutschen Rechtssystem und seines spezifischen Begründungsstils besonders interessant.[38] Der 2013 neu gefasste[39] § 35b Abs. 5 BVerfGG trifft eine eigene Schutzfristenregelung für das Gericht: Für die Einsicht in die Verfahrensakten gilt die auch im BArchG gewöhnliche Frist von 30 Jahren. Demgegenüber besteht für besonders sensible Dokumente eine 60-jährige Frist[40], wozu vor allem Voten und Notizen aus dem Beratungszimmer zählen. Die längere Frist betrifft also diejenigen Akten, die es ermöglichen können, den internen Entscheidungsfindungsprozess besser nachzuvollziehen. Mit dem in diesem Jahr 70-jährigen Bestehen des Gerichts ist eine Auswertung des Archivmaterials für die Entscheidungen der 1950er Jahre möglich. Diese sind besonders interessant, da sie einerseits in einer die Wirkmacht des Bundesverfassungsgerichts prägenden Phase entstanden[41] und andererseits die Veröffentli-

38 Vergleichend zum Begründungsstil von BVerfG und Conseil constitutionnel s. *Weber*, Der Begründungsstil von Conseil constitutionnel und Bundesverfassungsgericht. Eine vergleichende Analyse der Spruchpraxis, 2019.

39 Gesetz zur Änderung des BVerfGG vom 29.8.2013, BGBl. 2013 I, S. 3463; Gesetzesentwurf BT-Drucks. 17/13469. Zur Gesetzesänderung und zum Erschließungszustand s. *Meinel/Kram*, JZ 2014, 913; *Hollmann*, Die Akten des Bundesverfassungsgerichts im Bundesarchiv. Zur Geschichte des Bestands B 237 und seiner archivischen Erschließung, in: Meinel (Hrsg.), Verfassungsgerichtsbarkeit in der Bonner Republik. Aspekte einer Geschichte des Bundesverfassungsgerichts, 2019, S. 97 (107-108).

40 Die 60-jährige Frist gilt auch für andere Unterlagen mit Geheimhaltungspflichten im Bereich des Steuer-, Sozial- und Bankrechts, s. § 11 Abs. 3 i. V. m. § 6 Abs. 1 S. 1, Abs. 4 BArchG.

41 *Wahl*, Das Bundesverfassungsgericht in der Gründungsphase. Entwicklungsgeschichte der Institution und der Rechtsprechung, in: Meinel (Hrsg.), Verfassungsgerichtsbarkeit in der Bonner Republik (Fn. 39), S. 27 (33-36); *Collings*, Democra-

chung von Sondervoten in diesem ersten Jahrzehnt noch nicht erlaubt war.[42]

Angesichts dieser Ausgangslage entstanden in den letzten Jahren eine ganze Reihe von Auswertungen des Bundesarchiv-Bestandes „B 237“, in dem sich die Materialien zum Bundesverfassungsgericht befinden.[43] Die Beiträge rekonstruieren beispielsweise die „Vergangenheitsbewältigung“ im „Beamtenurteil“[44], die Entstehung der Grundrechtsdogmatik zu Art. 2 Abs. 1 GG im „Elfes-Urteil“[45] sowie das bundesverfassungsgerichtliche Verständnis des Verhältnisses von Exekutive und Legislative im „Redezeit-Urteil“[46]. Eindrucksvoll wird so deutlich, wie um die Entscheidungen in den Anfangsjahren gerungen wurde und welche Rolle Berichterstatter:innen und Richterpersönlichkeiten hatten. Es zeigt sich außerdem, dass das Bundesverfassungsgericht nicht in einem institutionellen Vakuum handelte, sondern insbesondere das Verhältnis zum Bundesgerichtshof, aber auch zu den Bundesorganen, prägend war. Die Archivalien zeigen, dass den Urtei-

---

cy's Guardians. A History of the German Federal Constiutional Court, 1951-2001, 2015; *Hailbronner*, Traditions and Transformations. The Rise of German Constitutionalism, 2015; *Gaillet*, La Cour constitutionnelle fédérale allemande. Reconstruire une démocratie par le droit (1945-1961), i. E., 2021.

42 Sondervoten sind nach § 30 Abs. 2 S. 1 BVerfGG seit 1971 zulässig, Gesetz zur Änderung des BVerfGG vom 21.12.1970, BGBl. 1970 I, S. 1765.

43 Allgemein zum Bundesarchiv s. *Weber*, Archivische Grundversorgung – die Staatsarchive, in: Lepper/Raulff (Hrsg.), Handbuch Archiv (Fn. 9), S. 90 (94-95) und insb. zu den Akten des BVerfG *Pawelletz*, Der Zugang zu den Akten des Bundesverfassungsgerichts aus archivrechtlicher Sicht, in: Deiseroth/Weinke (Hrsg.), Zwischen Aufarbeitung und Geheimhaltung. Justiz- und Behördenakten in der Zeitgeschichtsforschung, 2021, S. 147. Zur Erforschung der Archivmaterialien s. insb. den Sammelband Meinel (Hrsg.), Verfassungsgerichtsbarkeit in der Bonner Republik (Fn. 39); *Darnstädt*, Verschlusssache Karlsruhe. Die internen Akten des Bundesverfassungsgerichts, 2. Aufl. 2019; Deiseroth/Weinke (Hrsg.), Zwischen Aufarbeitung und Geheimhaltung (Fn. 43), S. 101.

44 BVerfG, Urteil vom 17.12.1953 – 1 BvR 147/52, BVerfGE 3, 58 bei *Meinel/Kram*, JZ 2014, 913 (919-920) und *Roßbach*, Weichenstellung und Vergangenheitsbewältigung im Öffentlichen Dienst. Das Urteil zum G 131, in: Meinel (Hrsg.), Verfassungsgerichtsbarkeit in der Bonner Republik (Fn. 39), S. 229.

45 BVerfG, Urteil vom 16.1.1957 – 1 BvR 253/56, BVerfGE 6, 32 bei *Grimm*, Das Elfes-Urteil, in: Meinel (Hrsg.), Verfassungsgerichtsbarkeit in der Bonner Republik (Fn. 39), S. 155 und *Darnstädt*, NJW 2019, 1580 (1581-1584).

46 BVerfG, Urteil vom 14.7.1959 – 2 BvE 2/58, BVerfGE 10, 4 bei *Cancik*, Parlamentarismus vor dem Bundesverfassungsgericht. Das Redezeiturteil und die Erfassung der Verfassungswirklichkeit, in: Meinel (Hrsg.), Verfassungsgerichtsbarkeit in der Bonner Republik (Fn. 39), S. 199.

len teils jahrelange Diskussionen vorausgingen; intern – zumindest für das „Apothekenurteil“ ist das bekannt[47] – zirkulierten sogar Sondervoten.

Damit werden die Akten zu einer wichtigen Quelle für das zeithistorische Verständnis der Entscheidungen.[48] Darüber hinaus stellt sich die Frage, ob sie noch mehr leisten können. Dies macht erforderlich, das Verhältnis von juristischer Archivforschung und Rechtserkenntnis näher zu analysieren.

2. *Gerichtliches Archivmaterial und Rechtserkenntnis*

Versteht man Rechtserkenntnis als die Ermittlung des Regelungsinhalts einer Rechtsnorm, dann stellt sich zunächst die Frage nach dem normativen Stellenwert von Entscheidungen des Bundesverfassungsgerichts. Gerichtsentscheidungen und Gesetze sind auf unterschiedlichen Ebenen der Normenhierarchie angesiedelt. Gerichtliches Archivmaterial ist dementsprechend zunächst von Gesetzgebungsmaterialien zu unterscheiden. Um in Zweifelsfällen den Inhalt von Verfassung und Gesetzen zu ermitteln, können Materialien über deren Entstehung herangezogen werden.[49]

Die Unterscheidung gilt grundsätzlich auch für Entscheidungen des Bundesverfassungsgerichts. Zwar sind diese nach § 31 Abs. 1 BVerfGG mit umfassender Bindungswirkung ausgestattet. Formelle Gesetzeskraft entfaltet jedoch nach dessen Abs. 2 in Normenkontrollverfahren allein der Tenor der Entscheidung, der im Bundesgesetzblatt veröffentlicht wird.[50] Es

47 Urteil vom 11.6.1958 – 1 BvR 596/56, BVerfGE 7, 377; Edition des internen Sondervotums bei *Michl*, JöR 68 (2020), 323.

48 *Herbert*, Was nützt eine Historisierung des Bundesverfassungsgerichts? Die Perspektive der Zeitgeschichte, in: Meinel (Hrsg.), Verfassungsgerichtsbarkeit in der Bonner Republik, (Fn. 39), S. 15.

49 Zur Rolle der Gesetzesmaterialien in der Rechtsanwendung *Wischmeyer*, JZ 2015, 957; *Vogenauer*, Die Auslegung von Gesetzen in England und auf dem Kontinent. Eine vergleichende Untersuchung der Rechtsprechung und ihrer historischen Grundlagen, 2 Bde., 2001; *Frieling*, Gesetzesmaterialien und Wille des Gesetzgebers. Fallgruppen verbindlicher Willensäußerungen, 2017.

50 Die Gesetzeskraft betrifft nur den Tenor, während die Bindungswirkung nach ständiger Rechtsprechung des BVerfG den Tenor und die ihn tragenden Gründe umfasst, s. bspw. BVerfG, Urteil vom 23.10.1951 – 2 BvG 1/51, BVerfGE 1, 14 (37); BVerfG, Beschluss vom 12.11.1997 – 1 BvR 479/92, BVerfGE 96, 375 (404). Kritisch dazu etwa *Möllers*, Legalität, Legitimität und Legitimation des Bundesverfassungsgerichts, in: Jestaedt/Lepsius/Möllers/Schönberger, Das entgrenzte Gericht. Eine kritische Bilanz nach sechzig Jahren Bundesverfassungsgericht, 2011, S. 281 (382-383).

ist also die Anordnung, dass ein bestimmtes Gesetz nichtig ist, die normenhierarchisch Gesetzen entspricht. Um den Inhalt dieser Anordnung zu ermitteln, bedarf es keiner zusätzlichen Materialien; ihr objektiver Sinn ist – anders als bei Gesetzen – eindeutig.

Bedenken an der Relevanz gerichtlicher Archivakten können auch im Hinblick auf den durch das Beratungsgeheimnis geschützten Prozess richterlicher Rechtserkenntnis aufkommen. Juristische Archivforschung stellt so gesehen nicht nur Fragen für die heutige Rechtserkenntnis, sondern auch Fragen im Hinblick auf ihren Gegenstand selbst, also denjenigen richterlichen Rechtserkenntnisprozess, der die in den Blick genommene Entscheidung hervorbrachte. Ihr Entstehungsort ist das Beratungszimmer, dessen Türen strikt verriegelt sind. Nach § 43 DRiG[51] hat der Richter „über den Hergang bei der Beratung und Abstimmung auch nach Beendigung seines Dienstverhältnisses zu schweigen".[52] Die Bedeutung des Beratungsgeheimnisses, welches Ausdruck der richterlichen Unabhängigkeit[53] ist, spiegelt sich in der 60-jährigen Schutzfrist wider.[54]

Das Beratungsgeheimnis sichert darüber hinaus ab, dass die Entscheidungen selbst als eindeutige und mit Autorität verbundene Urteilssprüche nach außen treten. Daran anschließend könnte man argumentieren, dass ein Blick in die Archivmaterialien dazu geeignet ist, diese Autorität in Frage zu stellen, insbesondere, wenn sich zeigt, dass das Ergebnis der Entscheidung innerhalb eines kollegialen Spruchkörpers umstritten war und womöglich zeithistorischen und persönlichen Pfadabhängigkeiten unterlag.

Diese normativen Vorgaben scheinen eine klare Sprache zu sprechen. Mit Gesetzeskraft ist bei verfassungsgerichtlichen Urteilen nur die Entscheidungsformel ausgestattet. Das Beratungsgeheimnis schützt darüber hinaus den richterlichen Beratungsvorgang und damit indirekt auch die Autorität der Entscheidung selbst.

---

51 Anwendbarkeit auf das BVerfG nach § 69 DRiG.

52 Beim BVerfG bestehen durch die Zulässigkeit von Sondervoten sowie das Offenlegen der Stimmverhältnisse (§ 30 Abs. 2 BVerfGG) Einschränkungen.

53 Art. 97 Abs. 1 GG.

54 In der Gesetzesbegründung wird die lange Frist von 60 Jahren explizit mit „dem hohen Rang des Beratungsgeheimnisses" (BT-Drucks. 17/13469, S. 1) begründet.

3. *Gerichtliches Archivmaterial und Rechtsdogmatik*

Neben der Entscheidungsformel selbst enthalten die Entscheidungen des Bundesverfassungsgerichts eine Begründung. Die Entscheidungsgründe beinhalten ihrerseits die Argumente, die die Entscheidung stützen sollen. Das Gesetz statuiert eine Begründungspflicht[55]; der spezifische Begründungsstil des Bundesverfassungsgerichts hat sich darüber hinaus herausgebildet. Die Entscheidungen des Gerichts sind zumeist lang und durch Verweise auf die eigenen Vorläufer miteinander verbunden.[56] Insbesondere die häufig sehr allgemeine Bezugnahme auf zuvor aufgestellte verfassungsrechtliche Maßstäbe kennzeichnet das rechtsdogmatische Selbstverständnis des Bundesverfassungsgerichts.[57]

Für die Kritik an der „maßstabsetzende[n] Gewalt"[58] des Gerichts ist insbesondere *Oliver Lepsius* bekannt. Er fordert eine stärkere Historisierung und Kontextualisierung im Sinne einer Erweiterung der Dogmatik.[59] Hierfür sprechen ihm zufolge vier Argumente: Erstens ermögliche Historisierung und Kontextualisierung, Pfadabhängigkeiten zu überdenken und zu korrigieren. Gerichtsentscheidungen müssten zweitens stärker in ihren historischen Zusammenhang eingeordnet werden. Dies gelte, drittens, insbesondere für ihren demokratischen Zeitbezug. Viertens mache dies der Rechtsprechungspluralismus in Europa erforderlich.[60] *Lepsius* fordert daher eine stärkere Herausbildung von Fallgruppen, die sich an den zugrundeliegenden Sachverhaltskonstellationen orientieren.[61]

---

55 § 30 Abs. 1 S. 2 BVerfGG. Zu den Ausnahmen zur Begründungspflicht s. *Weber*, Begründungsstil (Fn. 38), S. 64, zur historischen Entwicklung innerhalb Deutschlands s. ebd. S. 221-222.

56 Für eine Analyse der Länge und Struktur der Entscheidungen s. *Weber*, Begründungsstil (Fn. 38) S. 53-61, 127-145.

57 Zur Verfassungsrechtsdogmatik s. *Jestaedt*, Phänomen Bundesverfassungsgericht. Was das Gericht zu dem macht, was es ist, in: Jestaedt/Lepsius/Möllers/Schönberger, Das entgrenzte Gericht (Fn. 50), S. 77 (130-137).

58 *Lepsius*, Die maßstabsetzende Gewalt, in: Jestaedt/Lepsius/Möllers/Schönberger, Das entgrenzte Gericht (Fn. 50), S. 159.

59 *Lepsius*, JZ 2019, 793. Sein Anliegen ist ein „normatives Projekt" im Sinne „einer die Dogmatik erweiternde[n] […] Perspektive", s. *Lepsius*, Über die Notwendigkeit der Historisierung und Kontextualisierung für die Verfassungsdogmatik, in: Meinel (Hrsg.), Verfassungsgerichtsbarkeit in der Bonner Republik (Fn. 39), S. 119 (135). Ziel sei es, „immer mehr zu Tage tretende ernstliche Schwächen der Dogmatik" dadurch zu beheben (S. 137).

60 Ebd., S. 119-135.

61 *Lepsius*, Die maßstabsetzende Gewalt (Fn. 58), S. 159 (259-260).

Historisierung und Kontextualisierung lässt sich durch gerichtliche Archivforschung operationalisieren. Sie dient damit auf unterschiedlicher Abstraktionsebene der Verfassungsrechtsdogmatik:

Auf einer *abstrakten* Ebene können Erkenntnisse über das Selbstverständnis des Bundesverfassungsgerichts als „Vorbedingung seriöser Verfassungsrechtsdogmatik“[62] begriffen werden. Archivforschung muss sich dabei nicht darauf zurückziehen, ausschließlich „ein nuanciertes historisches Bild […] zu zeichnen“.[63] Sie kann vielmehr dazu dienen, sich dem aufgrund des Beratungsgeheimnisses und der kollegialen Beratungskultur nicht öffentlichen Prozess der Meinungsbildung und Entscheidungsfindung anzunähern.[64] Gegen die Bedenken in Bezug auf das Beratungsgeheimnis spricht dabei ein Vergleich mit der Zulässigkeit von Sondervoten und dem Mitteilen der Stimmenverhältnisse. Das Ziel von Archivforschung ist es nicht, spektakuläre Kehrtwenden im Verfassungsrecht zu vollziehen oder gar den „Schleier des Beratungsgeheimnisses‘ […] vollständig [zu] lüften“[65], sondern zum Verständnis der „Genese verfassungsgerichtlicher Entscheidungen“[66] beizutragen.

Die Erkenntnisse der Archivforschung können auch *konkrete* argumentative Relevanz für die verfassungsrechtliche Dogmatik entfalten. Dafür ist detailgenau und fallgruppenspezifisch zu überprüfen, ob damalige Argumentationsmuster auf heutige Situationen übertragen werden können: Das Ergebnis ist keinesfalls eindeutig im Sinne einer historisierenden „Geschichtswerdung“ der Entscheidungen vorgezeichnet. Es kann sich ebenso zeigen, dass grundlegende verfassungsrechtliche Problemlagen den heutigen entsprechen. Der Nachvollzug der im Hintergrund stehenden

62 *Meinel/Kram*, JZ 2014, 913 (914).

63 Zitat nach *Meinel*, Einleitung, in: Meinel (Hrsg.), Verfassungsgerichtsbarkeit in der Bonner Republik (Fn. 39), S. 1 (9-10). Folgt man dem gesetzgeberischen Ziel der Änderung des BVerfGG, richtet sich der wissenschaftliche Auftrag primär an Historiker:innen. Die Gesetzesänderung ermöglicht danach „die Aufarbeitung der Geschichte des Bundesverfassungsgerichts und seiner Entscheidungen für das Verständnis und die Einordnung seiner Bedeutung für die Entwicklung einer stabilen Demokratie in der Bundesrepublik Deutschland“ (BT-Drucks. 17/13469, S. 1). Der Fokus liegt damit auf der zeithistorischen Erforschung des BVerfG als Institution.

64 *Meinel*, Einleitung (Fn. 63), S. 1 (9).

65 *Michl*, JöR 68 (2020), 324, der dies ebenso wie *Roßbach* als Ziel ablehnt, s. *Roßbach*, Weichenstellung und Vergangenheitsbewältigung (Fn. 44), S. 229 (231).

66 *Meinel*, Einleitung (Fn. 63), S. 1 (9). Ähnlich auch *Michl*, JöR 68 (2020), 324, der seine Analyse des „Sondervotums“ zum Apothekenurteil als „juristische Zeitgeschichtsforschung“ verstanden wissen will (S. 376).

Konfliktlagen und Argumentationslinien kann das verfassungsrechtliche Argumentationsrepertoire für heute erweitern.

Zusammenfassend verschafft gerichtliches Archivmaterial mehr Klarheit bei der Kontextualisierung von Entscheidungen. Damit kann Archivforschung zu einer informierten Dogmatik einen wichtigen Beitrag leisten.[67]

IV. Praktische Überlegungen zur Archivforschung

Damit die Archivforschung verwertbare Ergebnisse produzieren kann, muss sie gleichzeitig ihre eigenen Grenzen vergegenwärtigen. Abschließend sollen daher einige praktische Überlegungen zur juristischen Archivforschung angesprochen werden.

1. Selektivität von Archivforschung

Das Material, das ins Archiv gelangt, ist in besonderem Maße selektiv. Zunächst handelt es sich bei der richterlichen Beratung um einen von Mündlichkeit und Kollegialität geprägten Prozess, der nicht notwendigerweise „Spuren in den Akten"[68] hinterlässt. Sodann ist das Archiv auf die Kooperation mit der anbietenden Stelle angewiesen: Zwar besteht gesetzlich eine Anbietungspflicht, doch ist es schwer nachzuvollziehen, welche Akten womöglich erst gar nicht beim Archiv ankommen.[69] Auch innerhalb des Archivs unterliegen die Akten einem Selektionsprozess: Die Archivar:innen entscheiden darüber, welche Akten „Unterlagen von bleibendem Wert" sind. Neben dieser Hürde ist mit der Aufnahme ins Archiv noch nichts über die Erschließung der Akten gesagt. Schließlich benötigt es Forscher:innen, die die Akten sichten, bewerten und der (Fach-) Öffentlichkeit präsentieren. All dies macht die Archivforschung zu einem schwierigen und zeitintensiven Unterfangen.

---

67 Ähnlich argumentieren auch *Kram* und *Meinel*. Sie sehen in der „historische[n] Abschichtung der Problemlagen" die Möglichkeit für „die Rechtswissenschaft und die Auslegungspraxis, die heute mehr denn je benötigte Freiheit im Umgang mit der Verfassung und ihrer Deutungsgeschichte" zurückzugewinnen (*Meinel/ Kram*, JZ 2014, 913 (915)).

68 *Meinel*, Einleitung (Fn. 63), S. 1 (9).

69 Für das BVerfG s. *Hollmann*, Die Akten des Bundesverfassungsgerichts im Bundesarchiv (Fn. 39), S. 97.

2. Europäisierung

In der europäisierten Rechtsordnung dürfte es erforderlich sein, sich nicht allein mit der Genese bundesrepublikanischer Entscheidungen auseinanderzusetzen. Eine EU-Kompetenz für das Archivrecht besteht nicht.[70] Die Regeln der verschiedenen Länder unterscheiden sich mitunter wesentlich. Teilweise existieren viel kürzere oder gar keine Schutzfristen.[71] Für den französischen Conseil constitutionnel etwa wurde 2009 die Frist von 60 auf 25 Jahre verkürzt.[72] Seit der Gesetzesänderung werden die wichtigsten Auszüge aus den Entscheidungsberatungen als „Les grandes délibérations du Conseil constitutionnel"[73] herausgegeben – ein Editionsprojekt, das Vorbildwirkung haben könnte. Für den Gerichtshof der Europäischen Union sind die Akten nach einer Schutzfrist von 30 Jahren in den Historischen Archiven in Florenz verfügbar.[74] Seit einigen Jahren werden auch diese Akten vermehrt wissenschaftlich untersucht.[75]

---

70 Dies liegt an der fehlenden Kompetenz für Kulturpolitik, s. *Kaiser*, Archiv und Recht (Fn. 18), S. 107 (108), auch zur völkerrechtlichen Dimension. S. außerdem den Bericht der Sachverständigengruppe über Fragen der Koordinierung im Archivwesen, Europäische Kommission, Generalsekretariat, Die Archive in der Europäischen Union, 1994.

71 Als Beispiele für Rechtsordnungen, die keine allgemeine Schutzfrist vorsehen, nennt *Kaiser* die US-amerikanische und in der EU die schwedische, italienische, niederländische, spanische und luxemburgische, s. *Kaiser*, Archiv und Recht (Fn. 18), S. 107 (110).

72 Loi organique n° 2008-695 du 15 juillet 2008 relative aux archives du Conseil constitutionnel.

73 Mathieu/Machelon/Mélin-Soucramanien/Rousseau/Philippe (Hrsg.), Les grandes délibérations du Conseil constitutionnel 1958-1986, 2. Aufl. 2014.

74 Art. 1 (1) der VO (EWG, Euratom) Nr. 354/83 des Rates; Beschluss des Gerichtshofs der Europäischen Union vom 10.6.2014 über die Hinterlegung der historischen Archive des Gerichtshofs der Europäischen Union bei den historischen Archiven der Europäischen Union (Europäisches Hochschulinstitut) (2015/C 406/02). S. dazu auch *Audland*, Journal of the Society of Archivists, 28 (1) 2007, 177.

75 In der Praxis können jegliche Seiten durch den Gerichtshof geschwärzt werden, die Rückschlüsse auf die geheimen Beratungen zulassen könnten, s. *Nicola*, Waiting for the Barbarians: Inside the Archive of the European Court of Justice, Washington College of Law Research Paper No. 2019-19, S. 5. Das Werk von Davies/Nicola (Hrsg.), EU Law Stories, Contextual and Critical Histories of European Jurisprudence, 2017, enthält Analysen wichtiger Urteile, s. *Rasmussen*, Law Meets History. Interpreting the *Van Gend En Loos* Judgment, S. 103; *Phelan*, Goodbye to All That. *Commission v. Luxembourg & Belgium* and European Community Law's Break with the Enforcement Mechanisms of General International Law, S. 121;

3. *Digitalisierung*

Des Weiteren besteht eine Herausforderung in der Digitalisierung. Diese eröffnet zum einen neue Möglichkeiten für die archivalische Arbeit, insbesondere was die Zugänglichkeit von Materialien angeht.[76] Zum anderen geht mit ihr auch einher, dass sich der archivalisch zu behandelnde Aktenbestand zukünftig immer weniger in seiner analogen Form präsentieren wird. Dies wirft Fragen auf, etwa im Hinblick auf die Auswahl von „Unterlagen von bleibendem Wert".[77]

Fritz, Tessili v. Dunlop 1976: The Political Background of Judicial Restraint, S. 357; *Boerger/Davies*, Imagining the Course of European Law? *Parti Ecologiste 'Les Verts' v. Parliament* as a Constitutional Milestone in EU Law, S. 83; *Warlouzet*, The Difficult Quest to Implement Cartel Control. *Grundig-Consten* (1966) and *Philip Morris* (1987), S. 261.

76 Häufig wird das Internet selbst als Archiv bezeichnet, s. *Wirth*, Archiv (Fn. 4), S. 17 (25). Zur Digitalisierung von Archiven s. auch *Collin*, Archive und Register. Verlorenes Wissen oder Wissensressource der Zukunft?, in: Schuppert/Voßkuhle (Hrsg.), Governance von und durch Wissen, 2008, S. 75; *Collin*, Die archivrechtliche Regulierung (Fn. 30), S. 209 (218-227). Aus archivwissenschaftlicher Sicht s. Metzing (Hrsg.), Digitale Archive – Ein neues Paradigma?, Beiträge des 4. Archivwissenschafltichen Kolloquiums der Archivschule Marburg, Veröffentlichungen der Archivschule Marburg Nr. 31, 2000. S. auch *Naumann*, Über die Nutzung digitaler Unterlagen in Archiven, in: Rehm/ Bickhoff (Hrsg.), Rechtsfragen (Fn. 33), S. 32.

77 Das 2017 in Kraft getretene neue BArchG dient nach der Gesetzbegründung dazu, der Anpassung an den rasanten digitalen Fortschritt sowie an die Bedürfnisse der Informationsgesellschaft durch eine transparente Verwaltung Rechnung zu tragen, s. BT-Drucks. 18/9633, S. 27. Zur Digitalisierung und den Neuregelungen im BArchG als verspätet s. *Berger*, ZRP 2017, 15 und als teilweise unzureichend s. *Berger*, Öffentliche Archive und staatliches Wissen, 2019, insb. S. 341 ff.; positiver zur Neuregelung *Sommerlatte*, Das Bundesarchivgesetz – mehr Nutzer- und Wissenschaftsfreundlichkeit im Digitalen Zeitalter, in: Deiseroth/Weineke (Hrsg.), Zwischen Aufarbeitung und Geheimhaltung (Fn. 43), S. 47. Allgemein zur Neuregelung von 2017 s. *Hollmann*, Die Sicherung von Behörden- und Justizakten als staatliche Aufgabe. Anmerkungen zur Neufassung des Bundesarchivgesetzes, in: Deiseroth/Weinke (Hrsg.), Zwischen Aufarbeitung und Geheimhaltung (Fn. 43), S. 37.

Schluss

Juristische Archivforschung ist trotz der vorgetragenen normativen wie faktischen Einschränkungen ein wichtiger Baustein der heutigen Verfassungsrechtsdogmatik.

Angesichts der zunehmenden Digitalisierung wird der Blick auf die Regalreihen, die meterweise mit Akten gefüllt sind, allerdings immer mehr der Vergangenheit angehören.[78] Was aber bleibt, ist der „Blick auf das offene Meer"[79], den Archivforschung ermöglicht.

78 Auch virtuell bleibt das Abbild materialer Akten „in stilisierter Form" vertraut, s. *Vismann*, Was weiß der Staat noch? (Fn. 1), S. 41 (42-43). Ein Bücherregal als Hintergrund ist auch bei den während der Corona-Pandemie häufigen, auch anlässlich der JTÖR Münster stattfindenden Videokonferenzen regelmäßig zu sehen. Es wird teilweise als Statussymbol beschrieben, s. bspw. *Serrao*, Das Bücherregal als neues Statussymbol, NZZ vom 9.4.2020, <https://www.nzz.ch/international/coronavirus-und-die-folgen-das-buecherregal-wird-zum-statussymbol-ld.1551049>, abgerufen am 17.3.2021.

79 S. Zitat zu Beginn des Textes, *Vismann*, Was weiß der Staat noch? (Fn. 1), S. 41 (42).

Datafying the Law – Zugang zu juristischen Daten

Paul Eberstaller

Abstract: *Juristische Daten verändern die Rechtswissenschaft und die juristische Praxis. Dabei steht vor allem die automatisierte Analyse von Rechtstexten im Fokus. Neben Gesetzen und Verordnungen, Verträgen und Fachliteratur geben vor allem Gerichtsentscheidungen Aufschluss über das Recht. Dieser Beitrag widmet sich der Frage unter welchen Voraussetzungen Gerichtsentscheidungen in Deutschland und Österreich veröffentlicht werden müssen. Anschließend werden urheberrechtliche und datenschutzrechtliche Hürden beleuchtet, die die Weiterverwendung von Urteilen zusätzlich erschweren. Abschließend formuliert der Autor vier Thesen, wie der Zugang zu juristischen Daten verbessert werden könnte.*

I. Law as data

Seit jeher verwenden Juristen Text als die Grundlage ihrer Arbeit. Durch die Digitalisierung hat sich vor allem das Medium dieser Tätigkeit verändert. Statt uns in der Bibliothek durch Karteikarten zu wühlen, verwenden wir Online-Datenbanken. Statt Bücher auf dem Schreibtisch stapeln sich PDFs auf dem Desktop. Die eigentliche juristische Arbeit bleibt dennoch die gleiche. Wir lesen, vergleichen und interpretieren digitale Texte genauso wie gedruckte. Der Computer hilft vielleicht bei der Organisation und Darstellung, nimmt uns aber Auslegung und Argumentation nicht ab. Er speichert Texte, versteht sie aber nicht.

An der Schnittstelle zwischen quantitativer empirischer Rechtswissenschaft und „klassischer“ Rechtsdogmatik bildet sich jedoch ein neues Feld, das Computational Legal Analyis genannt wird.[1] Getrieben durch den technischen Fortschritt im Bereich des sogenannten Natural Language Processing (NLP) will diese neue Disziplin Computern das Verstehen von Texten – und hier vor allem von juristischen – „beibringen“. Techniken, die im Alltag bereits eingesetzt werden, etwa bei virtuellen Sprachassisten-

1 *Livermore/Rockmore*, Distant Reading the Law, in: Livermore/Rockmore (Hrsg.), Law as data, 2019, S. 3; *Wendel*, JZ 2020, 668.

ten wie Siri, Alexa und Co, bei Übersetzungsprogrammen oder der Autokorrektur am Handy, sollen auch auf das Recht übertragen werden.[2]

Kern all dieser Ansätze ist es, Text nicht nur als eine Reihe von Zeichen zu betrachten, die gespeichert und angezeigt werden, sondern die Bedeutung des Textes zu quantifizieren. Auf diese Weise kann er mit statistischen Methoden analysiert werden. Dadurch können wesentlich größere Mengen an Text untersucht werden, als ein menschlicher Leser das je könnte und Muster erkannt werden, die selbst der aufmerksamsten Juristin entgangen wären.[3]

(Rechtliche) Texte sollen also als Daten betrachtet werden, deshalb auch die Bezeichnung „Law-as-data". Ein einfaches Beispiel dafür ist die sogenannte Bag-of-Words-Methode, bei der ein Text ohne Rücksicht auf Syntax durch die Häufigkeit der in ihm enthaltenen Wörter repräsentiert wird.[4] Texte können so einfacher systematisiert und verglichen werden. Die Grundprämisse lautet dabei, dass Texte, die bestimmte Wörter ähnlich oft enthalten, sich auch inhaltlich ähneln.

Die juristische Textanalyse spielt einerseits für die Entwicklung von Legal Tech Produkten eine bedeutende Rolle: Die Anwendungen reichen dabei von technisch recht einfachen Tools, wie etwa dem Vergleich zwischen den Fassungen eines Gesetzes,[5] bis hin zu hochkomplexer Software. Diese hilft zum Beispiel bei der Analyse von Verträgen, wo etwa die Software Law Geex eine höhere Genauigkeit bei der Identifikation von Rechtsproblemen erzielen konnte als spezialisierte Anwälte.[6] Andererseits kann auch der Zugang zu Recht durch Law-as-data vereinfacht werden. Software kann zum Beispiel helfen, Rechtstexte in Laiensprache zu übersetzen und umgekehrt Rechtsquellen zu alltäglichen rechtlichen Problemen zu finden.

Aber vor allem für die Wissenschaft bietet die juristische Textanalyse neue, vielversprechende Methoden: So analysieren zum Beispiel *Macey/Mitts* die kasuistische US-amerikanische Judikatur zum Haftungsdurchgriff

---

2 *Benrath*, Ein Computer, der denkt wie ein Mensch, in: FAZ v. 5.11.2019, https://www.faz.net/aktuell/wirtschaft/digitec/intelligente-spracherkennung-der-computer-denkt-menschlich-16466969.html (letzter Aufruf am 2.5.2021).

3 *Livermore/Rockmore*, Data (Fn. 1), S. 14; *Wendel*, JZ 2020, 668.

4 *D'Souza*, An Introduction to Bag-of-Words in NLP, https://medium.com/greyatom/an-introduction-to-bag-of-words-in-nlp-ac967d43b428 (letzter Aufruf am 2.4.2021).

5 Etwa von https://www.flexlex.at (letzter Aufruf am 2.4.2021).

6 *Lawgeex*, Comparing the Performance of Artificial Intelligence to Human Lawyers in the Review of Standard Business Contracts, https://images.law.com/contrib/content/uploads/documents/397/5408/lawgeex.pdf (letzter Aufruf am 2.4.2021).

in Kapitalgesellschaften und schlagen eine neue Kategorisierung vor.[7] *Stiglitz* beurteilt anhand gewisser Keywords die Bestimmtheit von Normen und überprüft, ob die Regeln der sogenannten Non-delegation-doctrine Auswirkungen darauf haben.[8] Und *Coupette* systematisiert die Judikatur des Bundesverfassungsgerichts mithilfe eines Zitatnetzwerks.[9]

Diese Ansätze ersetzen natürlich nicht die Arbeit von Juristinnen. Der Computer löst noch keine Fälle, schreibt keine Urteile und entwickelt keine dogmatischen Theorien. Aber die Datenanalyse kann uns helfen, indem sie sprachliche oder systematische Argumente unterstützt oder widerlegt.[10]

All diese Methoden benötigen jedoch vor allem eines: Daten. Datenquellen mit juristischem Bezug gibt es viele: von der Kriminalitätsstatistik bis hin zu parlamentarischen Protokollen. Die meisten sind textbasiert: Gesetze und Verordnungen, Urteile, Verträge, Schriftsätze, Kommentare usw. Der Zugang zu diesen Texten ist jedoch oft schwer möglich, uneinheitlich und kompliziert. Sie sind verstreut in verschiedenen juristischen Datenbanken, zu denen der Zugang meist kostenpflichtig ist.[11] Sie verwenden verschiedene Datenformate und Zitierregeln. Welcher Text warum veröffentlicht wird ist, meist unklar und intransparent.

Der vorliegende Beitrag fokussiert sich vor allem auf Rechtsprechung als Datenquelle. Mithilfe von Gerichtsentscheidungen lässt sich ein großer Teil der Rechtsanwendung abbilden. Worüber wird gestritten? Welche Rechtsnormen werden angewendet? Wo liegen Interpretationsprobleme? Diese Analysen sind allerdings nur möglich, wenn die dafür notwendigen Daten für die Wissenschaft auch einfach, einheitlich und im Volltext verfügbar sind. Sie müssen außerdem für den Untersuchungsgegenstand repräsentativ sein. Einzelne Leitentscheidungen der obersten Gerichte sagen wenig über die Tätigkeit der Justiz insgesamt aus. Um also eine möglichst gute Grundlage zu erlangen, müssten möglichst alle Gerichtsentscheidungen (anonymisiert) veröffentlicht werden. Davon sind wir allerdings weit entfernt. Im folgenden Kapitel (II.) wird dargestellt, inwiefern der Staat schon de lege lata verpflichtet ist, Gerichtsentscheidungen zu publizieren. Kapitel III. setzt sich mit aktuellen rechtlichen Hürden der juristischen Textanalyse auseinander. Dabei wird insbesondere auf das Urheberrecht

---

7 *Macey/Mitts*, Cornell Law Review, 2014, 99.
8 *Stiglitz*, JLEO 34 (2018), 27.
9 *Coupette*, Juristische Netzwerkforschung, 2019.
10 *Livermore/Rockmore*, Data (Fn. 1), S. 14.
11 Ein Extremfall davon ist die amerikanische Datenbank PACER, bei der pro angezeigter Seite 0,10 $ bezahlt werden müssen. https://builtin.com/machine-learning/scales-judicial-analytics (letzter Aufruf am 2.4.2021).

und den Datenbankschutz (1.) sowie auf das Datenschutzrecht (2.) eingegangen. All diese Betrachtungen erfolgen aus einer rechtsvergleichenden Perspektive mit Österreich, wo zwar eine umfassend(er)e Veröffentlichungspraxis besteht, gleichwohl aber ähnliche rechtliche Hürden existieren. Der Beitrag schließt mit zusammenfassenden Thesen (IV.).

II. Pflicht zur Veröffentlichung

1. Deutschland

In Deutschland besteht eine unmittelbar aus der Verfassung abgeleitete Pflicht zur Veröffentlichung von gerichtlichen Entscheidungen.[12] In ständiger Rechtsprechung leiten das BVerfG und das BVerwG eine solche Pflicht aus dem Rechtsstaatsgebot, der Justizgewährungspflicht, dem Demokratiegebot sowie aus dem Grundsatz der Gewaltenteilung ab.[13] Gerichtsentscheidungen leisten, obwohl ihnen keine über den Einzelfall hinausgehende Wirkung zukommt, einen wesentlichen Beitrag zur Rechtsentwicklung und stellen daher für die Rechtsanwender wichtige Quellen dar, mit deren Hilfe sie sich über die Rechtslage informieren können.[14] Dies ist auch für den demokratischen Diskurs relevant, weil sich Bürger so ein Bild über die Rechtslage verschaffen und nötigenfalls für eine Änderung der Gesetze eintreten können.[15] Auch der Gedanke der Öffentlichkeit des Verfahrens wird durch die Veröffentlichung gestärkt. Gerade angesichts der Tatsache, dass (insbesondere in zivilrechtlichen Verfahren) Entscheidungen in den seltensten Fällen in der mündlichen Verhandlung verkündet werden, sondern in der Regel schriftlich ergehen, stellt die

---

12 BVerfG, Beschl. v. 14.9.2015 – 1 BvR 857/15, NJW 2015, 3708 Rn. 16; BVerwG, Urt. v. 26.2.1997 – 6 C 3.96, NJW 1997, 2694 (2695); Huff, NJW 1997, 2651 (2652).

13 BVerfG, Beschl. v. 14.9.2015 – 1 BvR 857/15, NJW 2015, 3708 Rn. 20; BGH, Beschl. v. 5.4.2017 – IV AR(VZ) 2/16, NJW 2017, 1819 Rn. 16; BVerwG, Urt. v. 26.2.1997 – 6 C 3.96, NJW 1997, 2694 (2695); OLG München Verfügung v. 24.8.2020 – 6 St 1/19, GRUR-RS 2020, 20497 Rn. 4; *Mensching*, AfP 2007, 534 (535); *Schild*, in: Wolff/Brink (Hrsg.), 35. Edition, 2021, Syst. E. Datenschutz bei Gerichten und Staatsanwaltschaften, Rn. 56.

14 BGH, Beschl. v. 5.4.2017 – IV AR(VZ) 2/16, NJW 2017, 1819 Rn. 10; *Hirte*, NJW 1988, 1698 (1700); *Mensching*, AfP 2007, 534 (535); *Tiedemann*, NVwZ 1997, 1187.

15 BVerwG, Urt. v. 26.2.1997 – 6 C 3.96, NJW 1997, 2694 (2695); *Klocker*, JurPC 1996, 46; *Mensching*, AfP 2007, 534 (535).

Publikation der Entscheidung auch die Öffentlichkeit dieses letzten Verfahrensschritts sicher.[16]

Eine Pflicht zur Veröffentlichung besteht nach herrschender Ansicht jedoch nur für veröffentlichungswürdige Entscheidungen.[17] Veröffentlichungswürdigkeit liegt jedenfalls dann vor, wenn (etwa aufgrund der rechtlichen Bedeutung der Entscheidung) ein öffentliches Interesse daran besteht. Ein solches Interesse ist aber auch bereits dann indiziert, wenn etwa durch Journalistinnen die Übersendung einer Entscheidung bei Gericht angefragt wird. Besondere Gründe sind dabei nicht nachzuweisen.[18] Auf Anfrage ist das Gericht also verpflichtet, ein Urteil zur Verfügung zu stellen, es sei denn, es sprechen im Einzelfall ganz erhebliche Interessen dagegen.[19] Diese Ausnahme ist eng auszulegen und soll etwa dann vorliegen, wenn die nationale Sicherheit bedroht oder die Identität eines verdeckten Ermittlers offengelegt werden könnte.[20]

Es besteht allerdings nicht nur die Pflicht zur Übersendung auf Anfrage, sondern auch eine Art Bringschuld an Publizität, also eine proaktive Veröffentlichung relevanter Entscheidungen von Amts wegen.[21] Nur so kann sichergestellt werden, dass die interessierte Öffentlichkeit überhaupt von der Entscheidung erfährt.[22] Die Öffentlichkeit als Kollektiv ist es auch, gegenüber der die Veröffentlichungspflicht besteht.[23] Veröffentlichungswürdig und damit publikationspflichtig sind die meisten Entscheidungen der obersten Bundesgerichte, jedoch ist umgekehrt keinesfalls ausgeschlossen, dass auch an der Veröffentlichung von Urteilen der unteren Instanzen ein öffentliches Interesse besteht.[24]

---

16 BGH, Beschl. v. 5.4.2017 – IV AR(VZ) 2/16, NJW 2017, 1819 Rn. 10; BVerwG, Urt. v. 26.2.1997 – 6 C 3.96 S. 12; *Hirte*, NJW 1988, 1698 (1701); *Mensching*, AfP 2007, 534 (536).

17 BVerwG, Urt. v. 26.2.1997 – 6 C 3.96, NJW 1997, 2694 (2695); Anderer Ansicht: *Mensching*, AfP 2007, 534 (536).

18 BGH, Beschl. v. 5.4.2017 – IV AR(VZ) 2/16, NJW 2017, 1819 (1821); BVerwG, Urt. v. 26.2.1997 – 6 C 3.96, NJW 1997, 2694 (2695).

19 OLG Celle, Beschl. v. 12.6.1990 – 1 VAs 4/90, NJW 1990, 2570 (2571); OLG Karlsruhe, Beschl. v. 1.4.2020 – 2 VAs 1/20, NJW-Spezial 2020, 474; OLG München Verfügung v. 24.8.2020 – 6 St 1/19, GRUR-RS 2020, 20497 Rn. 5; *Saenger*, in: Saenger, ZPO, 2019, § 299 Rn. 24; *Tiedemann*, NVwZ 1997, 1187.

20 *Tiedemann*, NVwZ 1997, 1187 (1188).

21 OLG Celle, Beschl. v. 12.6.1990 – 1 VAs 4/90, NJW 1990, 2570; *Tiedemann*, NVwZ 1997, 1187; *Thiele*, RZ 1999, 215 (217).

22 *Mensching*, AfP 2007, 534 (536).

23 *Tiedemann*, NVwZ 1997, 1187.

24 BVerwG, Urt. v. 26.2.1997 – 6 C 3.96 S. 9; *Mensching*, AfP 2007, 534 (536).

Präzisierende einfachgesetzliche Regelungen zur Urteilsveröffentlichung bestehen nur vereinzelt, etwa in der Verwaltungsgerichtsbarkeit in Bayern[25] und Rheinland-Pfalz[26]. Insbesondere sind die (strengeren) Regeln zur Akteneinsicht nach § 299 ZPO nicht anwendbar.[27] Daher bestehet ein erheblicher Ermessensspielraum der Gerichte, welche Entscheidungen sie als veröffentlichungswürdig einstufen.

Eine darüberhinausgehende Pflicht zur Veröffentlichung aller Entscheidungen eines Gerichts besteht dagegen nicht.[28] Nach einer Ansicht in der Literatur würde eine solche „Totalveröffentlichung" der Transparenz und Nachvollziehbarkeit sogar schaden, weil dadurch die „Bürger vor lauter Bäumen den Wald nicht mehr sehen" würden.[29] Dies mag bei einer manuellen Auswertung durch die Rechtsanwender natürlich stimmen. Schon jetzt, ohne umfassende Veröffentlichungspraxis, ist die Fülle an Rechtsprechung kaum mehr zu überblicken. Wie soll sich da zum Beispiel eine Mieterin, die sich über die Rechtslage informieren möchte, in zehntausenden mietrechtlichen Entscheidungen zurechtfinden? Die meisten dieser Urteile werden auch keine neuen juristischen Argumente vorbringen, sondern vielmehr nur das Auffinden der relevanten Leitentscheidungen erschweren. Es wird daher auch weiterhin eine Priorisierung, Wertung und Einordnung von Entscheidungen brauchen, um die Fülle an Urteilen bewältigbar zu machen. Dass Richter, insbesondere jene, die die Entscheidung getroffen haben, diese Filterfunktion übernehmen, ist durchaus zu unterstützen, insbesondere wenn die Alternative dazu eine Auswahl durch private Verlage ist. Aber auch die Wissenschaft und diese vor allem mithilfe von Law-as-Data Methoden könnte diese Rolle erfüllen. Wortgleiche oder ähnliche Urteile können automatisiert zusammengefasst und kategorisiert werden. Smarte Recherche-Tools ermöglichen präziseres Suchen. Entscheidungen, die in der Literatur oft rezipiert werden, können bei künftigen Recherchen besonders hervorgehoben werden.

Jedenfalls sollte das Filterbedürfnis kein Hindernis für neue Ansätze und Methoden sein. Wir schalten ja auch nicht das Internet ab, weil es „zu viele" Webseiten gibt. Ein Mehr an Transparenz fördert jedenfalls das

---

25 Art. 8 AGVwGO-Bayern.

26 § 5 AGVwGO-Rheinland-Pfalz.

27 BGH, Beschl. v. 5.4.2017 – IV AR(VZ) 2/16, NJW 2017, 1819 Rn. 10, 14; *Saenger* (Fn. 19), § 299 Rn. 24; *Tiedemann*, NVwZ 1997, 1187.

28 *Thiele*, RZ 1999, 215 (217).

29 *Thiele*, RZ 1999, 215 (217); *Tiedemann*, NVwZ 1997, 1187 (1188); Ablehnend: *Mensching*, AfP 2007, 534 (536).

Verständnis der Arbeit der Justiz, einen einfacheren Zugang zum Recht, neue wissenschaftliche Ansätze und neue Produkte.

Denkbar wäre also zum Beispiel eine Veröffentlichung aller Entscheidungen, wobei wichtige Urteile etwa durch begleitende Pressemeldungen[30] oder Markierungen in einer Datenbank besonders hervorgehoben werden. Somit wären einerseits Transparenz und andererseits Überblickbarkeit gewährleistet.

2. *Österreich*

Anders die Situation in Österreich. Hier veröffentlichen die drei Höchstgerichte Verfassungsgerichtshof (VfGH), Verwaltungsgerichtshof (VwGH) und Oberster Gerichtshof (OGH) sämtliche ihrer Urteile anonymisiert im Internet. Während der OGH gem. § 15 öOGH-Gesetz dazu verpflichtet ist, sehen die entsprechenden Rechtsnormen für die Gerichtshöfe des öffentlichen Rechts zwar die Herausgabe einer amtlichen Sammlung vor; die Veröffentlichung aller Entscheidungen ist hingegen nicht gesetzlich angeordnet, aber gängige Praxis.[31]

Die Entscheidungen der Höchstgerichte sind zwar rechtlich interessant, allerdings nicht für die Arbeit der Gerichtsbarkeit als Ganzes repräsentativ. Aufgrund strenger Zulässigkeitsbeschränkungen behandeln zum Beispiel VwGH und OGH nur Rechtsfragen von erheblicher, über den Einzelfall hinausgehender Bedeutung.[32] Von den über 2,5 Millionen Gerichtsverfahren der ordentlichen Gerichtsbarkeit im Jahr 2019 wurden nur rund 0,1 % vor dem OGH geführt.[33]

Bei den Instanzgerichten bestehen keine solchen Zulässigkeitsbeschränkungen,[34] allerdings sind diese Gerichte meist nicht zur Veröffentlichung ihrer Entscheidungen verpflichtet. Lediglich das Bundesverwaltungsge-

30 *Mensching*, AfP 2007, 534 (537).
31 Abzurufen unter: https://www.ris.bka.gv.at/Judikatur/ (letzter Aufruf am 2.4.2021).
32 Vgl. Art. 133 Abs. 4 öBundes-Verfassungsgesetz; § 502 Abs. 1 öZPO.
33 (Österreichisches) Bundesministerium für Justiz, https://www.justiz.gv.at/file/8ab4a8a422985de30122a92f257563a2.de.0/tätigkeit_der_gerichte_2018__2019.pdf?forcedownload=true (letzter Aufruf am 1.4.2021).
34 Vielmehr kann gegen jeden Bescheid (der unmittelbaren Bundesverwaltung bzw der Finanzverwaltung) Beschwerde an das BVwG und BFG erhoben werden (Art. 130 Abs. 1 und 131 Abs 2 und 3 öBundes-Verfassungsgesetz).

richt (BVwG)[35] und das Bundesfinanzgericht (BFG)[36] unterliegen einer Veröffentlichungspflicht.[37] Die vereinfachte Zugänglichkeit zeigt sich auch in den Zahlen: Obwohl das BVwG erst seit 2014 besteht, sind bereits mehr Entscheidungen verfügbar als die gesamte ordentliche Gerichtsbarkeit seit den späten 1990ern veröffentlicht hat.[38] Man kann daher auf diesem Weg einen realistischeren Einblick in die Praxis erlangen als bei den Höchstgerichten.

Für die Zivil- und Strafgerichte erster und zweiter Instanz besteht eine Pflicht zur Veröffentlichung von Entscheidungen nur, wenn diese rechtskräftig und „von allgemeinem, über den Einzelfall hinausgehenden Interesse sind“[39]. Darüber hinaus müssen sie nur „[n]ach Maßgabe der personellen und technischen Voraussetzungen“ veröffentlicht werden, was den Gerichten einen weiten Beurteilungsspielraum einräumt. Ähnliche Regelungen gelten für die Landesverwaltungsgerichte. Auch hier sind Entscheidungen nur zu veröffentlichen, wenn sie von grundsätzlicher Bedeutung sind.[40]

Wenn Entscheidungen veröffentlicht werden, erfolgt dies zentral im Rechtsinformationssystem des Bundes (RIS). Darüber hinaus besteht offener Zugang zu einer Programmierschnittstelle (sog. API), mit deren Hilfe die Daten automatisiert abgefragt werden können.[41] Diese gebündelte und verhältnismäßig einfache Zugänglichkeit ist zu begrüßen. Das konkrete Datenformat, also insbesondere welche Metadaten veröffentlicht werden, bleibt aber weiterhin den einzelnen Gerichten überlassen. Dies führt zum Teil dazu, dass sich Bezüge zwischen Gerichten schwer herstellen lassen. Die einzelnen Datensätze werden kaum miteinander verknüpft. Die Gerichte folgen verschiedenen Zitierregeln, bei denen mitunter gleiche Gesetze verschieden abgekürzt werden.[42] Dies alles erschwert die Arbeit mit den Daten. Ein einheitliches Datenformat mit bereits hinterlegten Verknüpfungen wäre wünschenswert.

---

35 § 20 öBundesverwaltungsgerichtsgesetz (BVwGG).

36 § 23 öBundesfinanzgerichtsgesetz (BFGG).

37 BVwG und BFG sind in Österreich, anders als in Deutschland, Instanzgerichte.

38 Mit Stand April 2021 sind rund 170.000 Entscheidungen des BVwG, aber nur rund 139.000 Entscheidungen der Justiz im RIS verfügbar.

39 § 48a öGerichtsorganisationsgesetz (GOG).

40 Vgl. z. B. § 22 Gesetz über das Verwaltungsgericht Wien.

41 Verfügbar unter: https://data.bka.gv.at/ris/api/v2.5/ (letzter Aufruf am 2.4.2021).

42 Während z. B. der OGH das Musterschutzgesetz mit *MSchG* abkürzt, bezeichnet dieselbe Abkürzung beim VwGH das Mutterschutzgesetz.

III. Rechtliche Hürden

Aber auch wenn Zugang zu den Daten besteht, existieren einige rechtliche Hürden, die die Weiterverwendung von juristischen Daten zusätzlich erschweren. Im Folgenden soll skizzenhaft auf urheberrechtliche und datenschutzrechtliche Verarbeitungshürden eingegangen werden.

1. Urheberrecht

Bei der Vervielfältigung und Bearbeitung von Texten stellt sich immer die Frage nach der urheberrechtlichen Zulässigkeit. Die meisten Gerichtsentscheidungen, jedenfalls höchstgerichtliche, sind persönliche geistige Schöpfungen und daher grundsätzlich vom Urheberrecht erfasst. Nach § 5 UrhG[43] besteht für amtliche Werke, ausdrücklich für: „Gesetze, Verordnungen, amtliche Erlasse und Bekanntmachungen sowie Entscheidungen und amtlich verfaßte Leitsätze zu Entscheidungen“ jedoch kein urheberrechtlicher Schutz.[44] Neben den vom Gericht selbst etwa im Internet veröffentlichten Entscheidungen im Volltext gilt dies ebenfalls für sogenannte „amtliche Sammlungen“, auch wenn sie von privaten Verlagen herausgegeben werden.[45] Die Bearbeitung der Entscheidungen – wie etwa Kürzungen oder Zusammenfassungen für die Sammlungen – führen nämlich in der Regel die entscheidenden Richter selbst im Rahmen ihrer amtlichen Stellung durch. Damit fallen auch diese Bearbeitungen unter § 5 UrhG.[46] Allfällige redaktionelle Anpassungen durch den Verlag wie die Nummerierung und Formatierung haben meist keinen Werkcharakter, sodass auch sie nicht urheberrechtlich geschützt sind.[47]

Gerichtsentscheidungen können somit nach ihrer Veröffentlichung ohne Weiteres verwendet und bearbeitet werden.[48] Diese Beschränkung des Urheberrechts geht dabei weiter als andere Werknutzungsrechte. Im Gegensatz zu den Schranken gem § 44a ff. UrhG werden dabei nicht nur Ur-

---

43 Im Wesentlichen sinngleich dazu: § 7 öUrhG.

44 *Marquardt*, in: Wandtke/Bullinger (Hrsg.), Urheberrecht, 5. Auflage, 2019, § 5 Rn. 22.

45 *Rolfes/Wendel* ZUM 2018, 590 (591).

46 BGH, Urt. v. 22.22.1991 – I ZR 190/89, BGHZ 116, 136 Rn. 39; *Rolfes/Wendel*, ZUM 2018, 590 (592).

47 BGH, Urt. v. 22.22.1991 – I ZR 190/89, BGHZ 116, 136 Rn. 29; *Rolfes/Wendel*, ZUM 2018, 590 (593).

48 *Rolfes/Wendel*, ZUM 2018, 590 (591).

heberpersönlichkeits- und/oder Verwertungsrechte eingeschränkt; es entsteht vielmehr gar kein Urheberrecht an den amtlichen Werken, sodass die Nutzungsbefugnis von amtlichen Werken eine viel weitere ist als bei sonstigen Beschränkungen des Urheberrechts.[49] Dies wird insbesondere damit begründet, dass amtliche Werke, und hier ganz besonders allgemeinverbindliche Rechtsnormen, möglichst einfach möglichst weit verbreitet werden sollten.[50]

Bei der computergestützten Analyse von Rechtstexten werden allerdings in der Regel nicht nur einzelne Urteile, sondern ganze Korpora untersucht, die aus vielen Entscheidungen bestehen.[51] Die Korpora können dabei, unabhängig vom urheberrechtlichen Schutz deren einzelner Elemente, als Sammelwerk bzw. als Datenbankwerk geschützt sein. Voraussetzung dafür ist gemäß § 4 UrhG, dass die Sammlung aufgrund der Auswahl oder Anordnung der Elemente als persönliche geistige Schöpfung anzusehen ist. Schon an dieser Hürde werden viele Sammlungen scheitern, da meistens alle Entscheidungen eines bestimmten Gerichts aus einem bestimmten Jahr oder zu einem bestimmten Thema aufgenommen und untersucht werden. Damit besteht keine besondere Leistung in der Auswahl oder Anordnung der Elemente und somit kein urheberrechtlicher Schutz.[52] Bei amtlichen Sammel- und Datenbankwerken ist darüber hinaus auch § 5 UrhG anwendbar, was dazu führt, dass etwa die amtlichen Sammlungen der Gerichte oder das österreichische RIS nicht schutzfähig sind.[53]

Diese Überlegungen lassen sich jedoch nicht ohne Weiteres auf den sui-generis Schutz „schlichter“ Datenbanken übertragen. Die Herstellung einer rechtlichen Datenbank erfordert in der Regel eine wesentliche Investition, sodass der Hersteller ein Leistungsschutzrecht erwirbt.[54] Anders als jedoch bei anderen Leistungsschutzrechten[55] verweisen die §§ 87a ff. UrhG nicht auf die Ausnahme für amtliche Werke.[56]

In Betracht kommt jedoch eine analoge Anwendung des § 5 UrhG auch auf den Investitionsschutz für Datenbanken. Der BGH bejaht diese Ana-

---

49 *Marquardt* (Fn. 44), § 5 Rn. 1; *Schumacher*, in: Kucsko/Handig, urheber.recht, 2. Auflage, 2017, § 7 Rn. 3.
50 *Ahlberg*, in: BeckOK UrhR, 30. Edition, 2018, § 5 Rn. 1; *Marquardt* (Fn. 44), § 5 Rn. 2.
51 *Rolfes/Wendel*, ZUM 2018, 590.
52 *Rolfes/Wendel*, ZUM 2018, 590 (598).
53 *Ahlberg* (Fn. 50), § 5 Rn. 13.
54 *Rolfes/Wendel*, ZUM 2018, 590 (598).
55 zB § 74 Abs. 7, § 76 Abs. 6 und § 76a Abs. 5 öUrhG.
56 Siehe insb. § 87c UrhG.

logie und begründet sie mit einem Größenschluss: Wenn die Ausnahme für den weitergehenden urheberrechtlichen Schutz gilt, wäre es systemwidrig, würde sie nicht auch für das weiniger weitgehende Leistungsschutzrecht gelten.[57]

Trotz der praktisch gleichen Ausgangslage in Österreich verneint der österreichische OGH die analoge Anwendung des (sinngleichen) § 7 öUrhG auf schlichte Datenbanken.[58] Dies mit der Begründung, dass das Leistungsschutzrecht nicht jede Vervielfältigung, sondern lediglich die Übernahme wesentlicher Teile verbietet. Dadurch sei der Zugang zu amtlichen Informationen trotz des Schutzrechts gesichert.[59] Am Schutz seiner Investitionen habe der Staat überdies ein wirtschaftliches Interesse.[60] Darüber hinaus erscheint zweifelhaft, ob eine Ausnahme für amtliche Werke unionsrechtskonform ist, da Art. 9 Datenbank-RL keine solche Ausnahme vorsieht.[61] Das vom BGH eingereichte Vorabentscheidungsersuchen an den EuGH zu dieser Frage wurde wieder zurückgezogen, nachdem im Anlassverfahren eine außergerichtliche Einigung erzielt wurde.[62]

Da law-as-data-Untersuchungen mit großen Datenmengen arbeiten, die wohl oft die Übernahme wesentlicher Teile eine Datenbank erfordern, ist die eingeschränkte Anwendung des § 7 öUrhG auf Datenbanken in Österreich ein wesentliches Hindernis für Entwicklungen in diesem Bereich. Für die Forschung gilt immerhin die Ausnahme des § 76d Abs. 3 Nr. 2 öUrhG, der ein Recht zur Vervielfältigung für wissenschaftliche Zwecke gewährt. Legal Tech Unternehmen können sich freilich nicht auf diese Aufnahme berufen.

Eine Änderung dieser Problematik könnte Art. 1 Abs. 6 PSI-II-RL bringen, wonach öffentliche Stellen ihr Leistungsschutzrecht nicht ausüben, um die Weiterverwendung von öffentlichen Dokumenten einzuschränken.[63] Des Weiteren sehen die Art. 3 und 4 DSM-RL eine Ausnahme auch

---

57 BGH, Beschl. v. 18.9.2006 – I ZR 261/03, ZUM 2007, 473; *Rolfes/Wendel,* ZUM 2018, 590 (598).

58 OGH, RIS-Justiz RS0116296; *Burgstaller*, MR 2008, 15; *Schumacher* (Fn. 49), § 7 Rn. 13; *Zemann*, in: Dokalik/Zemann (Hrsg.), Urheberrecht, 7. Auflage, 2018, § 7 E7.

59 OGH, Beschl. v. 9. 4. 2002 – 4 Ob 17/02g S. 16; *Schumacher* (Fn. 49), § 7 Rn. 13.

60 OGH, Beschl. v. 9. 4. 2002 – 4 Ob 17/02g S. 15.

61 OGH, Beschl. v. 9. 4. 2002 – 4 Ob 17/02g S. 15; *Rolfes/Wendel* ZUM 2018, 590 (599); *Schanda*, ecolex 2002, 261.

62 EuGH, Beschl. v. 25.6.2008 – C-2015/07, ECLI:EU:C:2008:363 – Verlag Schawe.

63 RL 2019/1024/EU über offene Daten und die Weiterverwendung von Informationen des öffentlichen Sektors.

aus dem Leistungsschutzrecht für Datenbanken für das sog. Text und Data Mining vor.[64]

Aber auch eine weitere Rechtsnorm ist bei der Weiterverwendung von öffentlichen Dokumenten zu beachten. Basierend auf der PSI-RL[65] hat das Informationsweiterverwendungsgesetz (IWG) das Ziel, die „Weiterverwendung von Dokumenten öffentlicher Stellen [zu erleichtern], insbesondere um dadurch die Erstellung neuer Informationsprodukte und -dienste zu fördern".[66] Das Gesetz vermittelt das Recht, dass öffentliche Dokumente, für die eine Veröffentlichungspflicht besteht,[67] oder die, ohne dass eine solche Pflicht besteht, trotzdem veröffentlicht werden,[68] für kommerzielle und nicht-kommerzielle Zwecke weiterverwendet werden dürfen. Ein besonderer Anspruch auf Zugang zu noch nicht veröffentlichten Daten wird durch das IWG jedoch nicht begründet.[69]

Im Hinblick auf die Weiterverwendung juristischer Daten ist insbesondere das Verbot von Ausschließlichkeitsvereinbarungen gemäß § 3a IWG relevant. Auf dieser Grundlage hat etwa der VGH Mannheim 2013 entschieden, dass die Entscheidungen des BVerfG nicht nur der Juris GmbH, sondern auch anderen Datenbankanbietern unter gleichen Voraussetzungen zur Verfügung gestellt werden müssen.[70]

Abgesehen von dieser Bestimmung verschlechtert das IWG paradoxerweise, entgegen seinem Ziel, die Rechtsposition von Bürgerinnen, die öffentliche Dokumente weiterverwenden wollen. Wenn etwa bereits faktischer Zugang zu amtlichen (und somit gemeinfreien) Werken besteht, könnte eine Weiterverwendung nicht auf Grundlage des Urheberrechts untersagt, eingeschränkt oder von einer Zahlung abhängig gemacht werden. Das IWG erlaubt es aber, zusätzliche Nutzungsbestimmungen festzu-

---

64 RL 2019/790/EU über das Urheberrecht und die verwandten Schutzrechte im digitalen Binnenmarkt und zur Änderung der Richtlinien 96/9/EG und 2001/29/EG.

65 RL 2003/98/EG über die Weiterverwendung von Informationen des öffentlichen Sektors.

66 § 1 öIWG.

67 § 1 Abs. 2 Nr. 1 IWG.

68 BVerwG, Urt. v. 14.4.2016 – 7 C 12/14, NVwZ 2016, 1183 Rn. 8; *Richter*, NVwZ 2016, 1143 (1144 - 1145).

69 § 1 Abs. 2a IWG; OGH Beschl. v. 14.7.2009 – 4 Ob 35/09i; *Hartl*, JRP 22 (2014), 77 (78).

70 VGH Mannheim, Urt. v. 7. 5. 2013 – 10 S 281/12, NJW 2013, 2045.

legen[71] oder ein Entgelt für die Weiterverwendung der Informationen zu verlangen.[72]

Praktisch relevant wird dies zum Beispiel bei der österreichischen Rechtsdatenbank FinDOK, die vom Bundesministerium für Finanzen betrieben wird.[73] In der Datenbank werden Erlässe und Verordnungen des Ministers sowie Entscheidungen des Bundesfinanzgerichts, also allesamt amtliche Werke, veröffentlicht.[74] Die Datenbank ist grundsätzlich über das Internet frei zugänglich, jedoch muss für die kommerzielle Nutzung eine Nutzungsvereinbarung abgeschlossen und ein Entgelt von rund 19.000€ pro Jahr[75] entrichtet werden.[76] Die Nutzungsvereinbarung sieht darüber hinaus vor, dass die zur Verfügung gestellten Dokumente nicht geändert werden dürfen und das Ministerium als Quelle genannt werden muss. Diese Beschränkungen werden auf das IWG gestützt; das UrhG würde keine Grundlage dafür bieten.

2. *Datenschutzrecht*

Ein weiteres Hindernis für die Verwertung von juristischen Daten kann das Datenschutzrecht sein. Damit die datenschutzrechtlichen Bestimmungen, allen voran die DSGVO, anwendbar sind, muss eine Verarbeitung von personenbezogenen Daten vorliegen.[77] Eine Gerichtsentscheidung enthält natürlich eine Vielzahl von personenbezogenen Daten.[78] Von den Namen der Parteien, Vertreterinnen und Entscheidungsorganen bis hin zu Informationen über deren Verhalten, Vorlieben, Interessen und Details aus dem Privatleben. Um die Persönlichkeitsrechte der Verfahrensbeteiligten zu wahren, werden Urteile in der Regel vor der Veröffentlichung anonymisiert.[79] Sofern eine ausdrückliche Regelung über die Urteilsveröffentlichung besteht, wird hier auch meist ausdrücklich eine Pflicht zur

---

71 § 4 IWG.

72 § 5 IWG.

73 Verfügbar unter: https://findok.bmf.gv.at/ (Abgerufen: 2.4.2021).

74 Siehe insb. § 23 öBFGG.

75 Wobei die Höhe dieses Entgelts wohl entgegen § 7 öIWG die Grenzkosten übersteigt. Vgl. ErläutRV 629 BlgNR 25. GP S. 6.

76 Bundesministerium für Finanzen, Nutzungsvereinbarung, https://www.bmf.gv.at/public/impressum/weitergabe-findokinhalte.html (letzter Aufruf am 2.4.2021).

77 Art. 2 Abs. 1 DSGVO.

78 *Klocker*, JurPC 1996, 46.

79 BVerfG, Beschl. v. 14.9.2015 – 1 BvR 857/15 Rn. 21; *Schild*, (Fn. 13), Rn. 56; *Tiedemann*, NVwZ 1997, 1187, (1188).

Anonymisierung normiert.[80] In der Regel reicht diese „Anonymisierung“ jedoch nicht aus, um datenschutzrechtlich einen Personenbezug auszuschließen.

Zum einen, weil für die Gerichtsbarkeit mithilfe der (i. d. R. mitveröffentlichten) Aktenzahl eine Re-Identifikation trotzdem möglich ist. So genügt ein Blick in die Akten, um zum Beispiel die Namen der Parteien zu erfahren oder sogar eine nicht anonymisierte Fassung der Gerichtsentscheidung zu finden. Somit kann schon aus diesem Grund höchstens von einer (den Personenbezug nicht ausschließenden) Pseudonymisierung ausgegangen werden.[81] Aber auch ohne Zugang zu den Gerichtsakten ist eine Re-Identifikation nicht immer ausgeschlossen. Gerade in öffentlich viel diskutierten Verfahren können Dritte mithilfe der öffentlich bekannten Informationen über den Fall die Verfahrensbeteiligten mitunter leicht identifizieren.[82] Dabei ist oft eine Abwägungsentscheidung zwischen den Persönlichkeitsrechten der Verfahrensparteien und der Verständlichkeit und Nachvollziehbarkeit des Urteils zu treffen. So würden etwa Namens- oder Markenrechtsentscheidungen oft ihre juristische Relevanz verlieren, wenn die Namen bzw. Marken nicht genannt würden.[83] § 15 Abs. 4 öOGHG sieht für diesen Fall ausdrücklich vor, dass der Nachvollziehbarkeit der Entscheidung gegenüber der vollständigen Anonymisierung der Vorzug zu geben ist, sodass auch aus diesem Grund nicht alle Entscheidungen als anonym zu betrachten sind.[84] Selbst wenn keine unmittelbar identifizierbare Merkmale wie Name oder Adresse genannt werden, kann es sich bei einem Urteil um personenbezogene Daten handeln. So geht etwa die österreichische Datenschutzbehörde davon aus, dass es sich bei dem Inhalt eines Bescheids[85] auch dann um personenbezogene Daten handelt, wenn der Name des Adressaten nicht genannt wird.[86] Dieser Gedanke ist auch auf Gerichtsurteile übertragbar. Zuletzt werden auch die an der Entscheidung beteiligten Richter in der veröffentlichten Fassung genannt, sodass zumindest deren personenbezogenen Daten in der Entscheidung enthalten sind. Es muss zusammenfassend also davon ausgegangen werden, dass es sich bei Gerichtsentscheidungen um personenbezogene Daten handelt,

---

80 § 15 Abs. 4 öOGHG.
81 *Schild*, (Fn. 13), Rn. 56.
82 *Thiele*, RZ 1999, 215 (218).
83 *Thiele*, RZ 1999, 215 (218).
84 Ähnlich auch *Klocker*, JurPC 1996, 46 (48); *Schild*, (Fn. 13), Rn. 56.
85 Ein Bescheid entspricht in Deutschland in etwa einem Verwaltungsakt.
86 Datenschutzbehörde, Bescheid v. 25.3.2020, DSB-D123.947/0003-DSB/2019, Datenschutzbericht 2020 S. 21.

und die DSGVO bei Verarbeitung dieser Daten (also zum Beispiel der Speicherung oder Auswertung) anwendbar ist.[87]

Damit eine solche Verarbeitung zulässig ist, muss eine Rechtsgrundlage des Art. 6 DSGVO vorliegen.[88] Die Veröffentlichung an sich wird in den meisten Fällen durch eine gesetzliche Pflicht[89] zur Veröffentlichung oder durch das Handeln im öffentlichen Interesse[90] gerechtfertigt sein.[91]

Durch die Veröffentlichung ändert sich jedoch der Zweck der Datenverarbeitung.[92] Die Daten werden ursprünglich für das gerichtliche Verfahren erhoben bzw. verarbeitet. Die Veröffentlichung verfolgt hingegen den Zweck der Information der Öffentlichkeit über die Rechtsprechung. Diese Zweckänderung lässt sich in der Regel auf Art. 6 Abs. 4 DSGVO stützen. Dieser erlaubt eine Zweckänderung, wenn eine (nationale) gesetzliche Grundlage dafür vorliegt. Diese wird jedenfalls dann gegeben sein, wenn ein Gesetz eine Veröffentlichung von Entscheidungen anordnet oder für zulässig erklärt.[93] Selbst wenn eine solche gesetzliche Regelung nicht besteht bzw. diese nicht die Anforderungen des Art. 6 Abs. 4 DSGVO erfüllt, werden die Zwecke regelmäßig kompatibel und eine Weiterverarbeitung daher zulässig sein.

Auch für die Verarbeitung durch Rechtsanwender besteht in der Regel eine Rechtsgrundlage. Gemäß Art. 6 Abs. 1 lit. f DSGVO ist eine Verarbeitung zulässig, wenn dadurch berechtigte Interessen des Verantwortlichen verfolgt werden und die Interessen der betroffenen Person nicht überwiegen. Diese Interessensabwägung fällt zu Gunsten des Verantwortlichen aus. Die Identität wird in der Regel durch die Pseudonymisierung geschützt. Nur im Ausnahmefall besteht ein direkter Personenbezug. Die Daten wurden bereits veröffentlicht, sodass es bei der weiteren Verarbeitung durch Rechtsanwender zu einer geringen Gefahr für Rechte und Freiheiten der betroffenen Person kommt. Demgegenüber steht das (von der Verfassung anerkannte) Recht auf Zugänglichkeit der Entscheidungen.

---

87 OLG Karlsruhe, Beschl. v 22.12. 2020, 6 VA 24/20 Rn. 44-45; *Thiele*, RZ 1999, 215 (218); Unabhängiges Landeszentrum für Datenschutz Schleswig-Holstein, https://www.datenschutzzentrum.de/tb/tb37/kap04_3.html (letzter Aufruf am 2.4.2021).

88 Art. 5 Abs. 1 lit. a DSGVO i.V.m. Art. 6 Abs. 1 DSGVO.

89 Art. 6 Abs. 1 lit. c DSGVO.

90 Art. 6 Abs. 1 lit. e DSGVO.

91 So zur Rechtslage vor der DSGVO: OGH, Beschl. v. 28.10.2015, 9 Ob 51/15p.

92 Art. 5. Abs. 1 lit. b DSGVO; *Klocker*, JurPC 1996, 46 (47).

93 In Österreich also z. B. das OGH-Gesetz, das GOG oder die Landesverwaltungsgerichtsgesetze. In Deutschland (wohl) unmittelbar das Grundgesetz.

Für die Datenverarbeitung zu Zwecken der Forschung besteht darüber hinaus eine Reihe an Erleichterungen, sodass hier die Zulässigkeit der Datenverarbeitung gesichert erscheint.[94]

Die Rechtmäßigkeit (i.e.S.) der Verarbeitung stellt also in der Regel kein Problem dar. Allerdings gehen mit der DSGVO eine Reihe an Compliance-Pflichten einher, die im Verhältnis zum Ausmaß der Datenverarbeitung überschießend wirken und überdies den Verantwortlichen meist gar nicht bewusst sind. So müssen die Verantwortlichen etwa auf Anfrage Informationen über die Datenverarbeitung erteilen,[95] Urteile löschen, wenn sie nicht mehr gebraucht werden,[96] für ein angemessenes Niveau an Datensicherheit sorgen[97] und Auftragsverarbeitungsvereinbarungen abschließen.[98] Einige dieser Compliance-Pflichten könnten über die Öffnungsklausel des Art. 23 DSGVO ausgeschlossen werden, was insbesondere im Hinblick auf Bedeutung der Rechtsprechung für Rechtswissenschaft und Rechtspraxis wünschenswert erscheint.

IV. Thesen

Zusammenfassend lassen sich folgende vier Thesen formulieren:

1. Öffentliche juristische Daten enthalten wertvolle Information für Wirtschaft, Forschung und die Zivilgesellschaft.
   Das Potential juristischer Daten ist bei weitem nicht ausgeschöpft. Sie können Grundlage für innovative Produkte sowie neue wissenschaftliche Ansätze sein und fördern die staatliche Transparenz und Zugänglichkeit des Rechts. Dies betrifft nicht nur, aber vor allem auch Gerichtsentscheidungen. Es wäre bedauerlich, wenn diese neuen Chancen nicht genützt würden.
2. Eine gesetzliche Pflicht zur Veröffentlichung möglichst aller Gerichtsentscheidungen wäre wünschenswert.
   Das Grundgesetz normiert zwar eine Pflicht zur Veröffentlichung von Entscheidungen, allerdings nur wenn Veröffentlichungswürdigkeit gegeben ist. Um einen repräsentativen Einblick in die Tätigkeit der Gerichtsbarkeit zu bekommen, ist es notwendig, dass auch alle Daten zur

94 Art. 89 DSGVO.
95 Art. 15. Abs. 1 DSGVO.
96 Art. 5. Abs. 1. lit. e DSGVO.
97 Art. 32 DSGVO.
98 Art. 28. Abs. 3 DSGVO.

Verfügung stehen. Dabei können weiterhin einzelne wichtige Entscheidungen hervorgehoben werden, um die Übersichtlichkeit zu gewährleisten.

3. Es braucht Klarstellungen der rechtlichen Rahmenbedingungen der Weiterverwendung.
   Rechtliche Hürden für die Weiterverwendung von juristischen Daten müssen unter Berücksichtigung aller beteiligter Interessen beseitigt werden. Datenbankschutzrechte des Staates sollten weitestgehend entweder gesetzlich ausgeschlossen oder zumindest nicht geltend gemacht werden. Auf Basis der Öffnungsklauseln in der DSGVO könnten auch datenschutzrechtliche Erleichterungen für die Weiterverarbeitung geschaffen werden.
4. Praktische Erwägungen verlangen nach einer einheitlicheren Veröffentlichungspraxis.
   Um die Verwendung juristischer Daten einfacher zu machen, sind auch technische Standards notwendig. Einheitliche Datenformate und -strukturen würden die Verknüpfung verschiedener Datenquellen erleichtern. Dokumente sollten maschinenlesbar und automatisiert abrufbar sein.

Zugang zum Staat

Demokratische Gleichheit als gerechte Staatlichkeit
Eine antidiskriminierungsrechtliche Perspektive auf den Zugang zu Staatsämtern und Parität

Dr. Cara Röhner

Abstract: *Recht wird in staatlichen Institutionen erschaffen, durchgesetzt und gesprochen. Personell sind staatliche Institutionen jedoch recht homogen besetzt und repräsentieren nicht die pluralistische Gesellschaft. Die Ungleichheitsforschung hat gezeigt, dass die zahlenmäßige Unterrepräsentation von dominierten Gruppen auf strukturelle Zugangsbarrieren hinweist. In dem Beitrag wird daher argumentiert, dass demokratische Gleichheit über die formale Rechtsgleichheit hinaus eine antidiskriminierungsrechtliche Dimension umfassen muss, um den diskriminierungsfreien Zugang zu Staatsämtern – und in diesem Sinne gerechte Staatlichkeit – zu gewährleisten. Dafür wird zunächst eine demokratietheoretische und antidiskriminierungsrechtliche Begründung für politische Maßnahmen, die einen gleichen Zugang zum Staat gewährleisten sollen, entworfen. Anschließend werden die verfassungsrechtlichen Entscheidungen zu den Paritätsgesetzen diskutiert und eingeordnet.*

I. Einleitung: Strukturelle Ungleichheiten im Staat

Recht wird in staatlichen Institutionen erschaffen, durchgesetzt und gesprochen. Personell sind staatliche Institutionen jedoch recht homogen besetzt und repräsentieren nicht die pluralistische Gesellschaft. Dieses Ungleichgewicht zeigt sich insbesondere bei den legislativen, exekutiven und judikativen Spitzenämtern: Je machtvoller die Position ist, desto stärker dominiert die hegemoniale Subjektposition. Die hegemoniale Subjektposition wird im materialen Gleichheitsdiskurs als die gesellschaftlich dominierende Gruppe beschrieben. Die Unterscheidung zwischen einer dominierenden und dominierten Gruppe verweist auf gesellschaftliche Ungleichheitsverhältnisse, die dazu führen, dass materielle und immaterielle Ressourcen – und eben auch staatliche Ämter – in einer Gesellschaft ungleich verteilt sind.[1] Die gesellschaftlich dominante Position bezeichnet das „Normale“ und das „Allgemeine“, die dominierte Position die „Abweichung“ und das „Besondere“. Während die »normale« Position nicht benannt werden muss, ist die gesellschaftlich dominierte Ausprägung als »das Andere« aktiv markiert.[2] Ein materiales Gleichheitsverständnis legt also ein asymmetrisches Gesellschaftsbild zugrunde und schreibt dem Staat die Aufgabe zu, tatsächliche Gleichheit durch politische Maßnahmen zu realisieren.

Die Unterrepräsentation von nicht-hegemonialen Subjektivitäten bzw. dominierten Gruppen im Staat zeigt sich exemplarisch an der Geschlechterungleichheit. In den Parlamenten liegt der Anteil der Mandatsträgerinnen regelmäßig zwischen 25 und 35 Prozent, in den kommunalen Vertretungen zum Teil deutlich darunter.[3] Auch kann nicht von einer langsamen, aber kontinuierlichen Fortschrittsgeschichte ausgegangen werden. Nach den letzten Bundestags- und Landtagswahlen lässt sich ein deutlicher Rückgang des Frauenanteils beobachten. Im Deutschen Bundestag beträgt er nach der letzten Wahl nicht mehr 36 Prozent, sondern nur noch 30 Prozent. In den Landtagen von Brandenburg, Sachsen, Thüringen und Rheinland-Pfalz sind die Frauenanteile ebenfalls um 2 bis 11 Prozentpunkte gesunken.[4] Dies ist insbesondere auf die Wahlerfolge von Parteien zurückzuführen, die parteiintern über keine effektive Verpflichtung zu einer geschlechtergerechten Nominierung verfügen.

Die Unterrepräsentation zeigt sich nicht nur in den Parlamenten, sondern auch in den anderen zwei Staatsgewalten. Auch hier gilt: Je höher die Hierarchieebene, desto homogener die Besetzung der staatlichen Ämter. Nach der Regierungsbildung im Frühjahr 2018 wurden z.B. auf der

1 *Sacksofsky,* Das Grundrecht auf Gleichberechtigung. Eine rechtsdogmatische Untersuchung zu Artikel 3 Absatz 2 des Grundgesetzes, 2. Aufl., 1996; *Baer,* Würde oder Gleichheit? Zur angemessenen grundrechtlichen Konzeption von Recht gegen Diskriminierung am Beispiel sexueller Belästigung am Arbeitsplatz in der Bundesrepublik Deutschland und den USA, 1995.

2 *Mangold,* Demokratische Inklusion durch Recht. Antidiskriminierungsrecht als Ermöglichungsbedingung der demokratischen Begegnung von Freien und Gleichen, 2020, S. 5 ff., pointiert: »Menschen haben also kein Geschlecht, solange sie männlich sind« (S. 6). Siehe auch die Beiträge in *Klinger et al.,* Achsen der Ungleichheit. Zum Verhältnis von Klasse, Geschlecht und Ethnizität, 2007.

3 Aus der Politikwissenschaft zur kommunalen Ebene z.B. *Holtkamp/Wiechmann,* Genderranking deutscher Großstädte 2013, 2013; *Kletzing/Lukoschat,* Engagiert vor Ort – Wege und Erfahrungen von Kommunalpolitikerinnen, 2. Aufl. 2011.

4 Aufgrund der Wahlerfolge von Bündnis90/Die Grünen ist der Frauenanteil allein im Landtag von Baden-Württemberg von 24,5 auf 29,2 Prozent angestiegen.

Leitungsebene der Bundesministerien nur 4 von 29 verbeamteten Staatssekretärsämter an Frauen vergeben.[5] Für die Bundesverwaltung insgesamt lag der Frauenanteil im Jahr 2019 zwar bei 54 Prozent der Gesamtbeschäftigten, aber nur bei 36 Prozent bei den Leitungsfunktionen.[6] Diese Ämterverteilung lässt sich auch in der Gerichtsbarkeit beobachten. Während Richterinnen in der Justiz bundesweit inzwischen mit über 45 Prozent vertreten sind,[7] liegt ihr Anteil an den höheren Richterämtern deutlich darunter. Am Bundesgerichtshof beträgt der Frauenanteil z.B. ein Drittel.[8] Eine Ausnahme stellt die Ämterverteilung am Bundesverfassungsgericht dar. Gegenwärtig sind neun der sechzehn Ämter weiblich besetzt. Dies ist durch die frauenorientierte Nominierungspolitik von Bündnis90/Die Grünen und der SPD zu erklären. Dennoch kann auch hier beobachtet werden, dass das höchste Amt – das des Bundesverfassungsgerichtspräsidentens – erst kürzlich erneut männlich besetzt wurde.

Die Ungleichheitsforschung hat gezeigt, dass die zahlenmäßige Unterrepräsentation von dominierten Gruppen auf strukturelle Zugangsbarrieren hinweist.[9] Für das Geschlechterverhältnis gelten geschlechterstereotype Deutungsmuster und Sozialisationsprozesse, die ungleiche Verteilung von Sorge- und Pflegeverantwortung sowie das Fortwirken des historischen Ausschlusses aus der Öffentlichkeit als wesentliche strukturelle Ursachen für die fortbestehende Unterrepräsentation von Frauen in staatlichen Ämtern und Führungspositionen. Die zahlenmäßige Unterrepräsentation kann danach als Ausdruck der ungleichen gesellschaftlichen Machtverhältnisse, die sich in staatlichen Institutionen manifestieren, verstanden werden.

---

5 *Biermann,* Gleichstellungsbeauftragte beschweren sich bei Merkel, Die Zeit online v. 25.04.2018, https://www.zeit.de/politik/deutschland/2018-04/gleichstellung-merkel-staatssekretaer-gleichstellungsbeauftragte (Stand: 18.04.2021).

6 *Statistisches Bundesamt,* Gleichstellungsindex 2020. Gleichstellung von Frauen und Männern in den obersten Bundesbehörden, 2021, 6 ff.; Entwurf eines Gesetzes zur Ergänzung und Änderung der Regelungen für die gleichberechtigte Teilhabe von Frauen an Führungspositionen in der Privatwirtschaft und im öffentlichen Dienst, BT-Drucksache 19/26689, S. 2.

7 *Bundesamt für Justiz,* Zahl der Richter, Richterinnen, Staatsanwälte, Staatsanwältinnen und Vertreter, Vertreterinnen des öffentlichen Interesses in der Rechtspflege der Bundesrepublik Deutschland am 31. Dezember 2018.

8 *Deutscher Juristinnenbund,* Offener Brief an den Richterwahlausschuss: Faire Berücksichtigung von Frauen bei den Bundesrichterwahlen am 2. Juli 2020, Pressemitteilung v. 23.06.2020 zur Initiative „Frauen in Roten Roben“.

9 *Sacksofsky,* ZESAR 2004, 208.

Bei Einstellungen, Ernennungen, Beförderungen und Nominierungen wirkt zudem das Ähnlichkeitsprinzip: Menschen nehmen solche, die ihnen ähnlich sind, als erfolgreich wahr und wählen diese aus.[10] In politischen Parteien, staatlichen Behörden und Gerichten mit einem relativ homogenen Führungspersonal stellt dies eine strukturelle Hürde für den Zugang von Angehörigen dominierter Gruppen dar. Die australische Verfassungsrichterin Helen Irving stellt daher für die Besetzung von Ämtern im Staat fest: „Wo die Übernahme eines Amtes von der Wahl oder den Präferenzen derjenigen abhängt, die bereits an der Macht sind, wird die Kultur dazu neigen, das zu perpetuieren, was sich bereits etabliert hat."[11]

Diese exkludierende Dynamik zeigt sich nicht nur für das Geschlechterverhältnis, sondern auch für andere Achsen der Ungleichheit wie etwa der Unterrepräsentation von Menschen mit Migrationsgeschichte in den staatlichen Institutionen.[12] In Berlin wurde zu Beginn des Jahres 2021 erstmalig in Deutschland die Einführung einer Diversitätsquote diskutiert. Der Anteil von Menschen mit Migrationsgeschichte, der in der Stadtbevölkerung bei etwa 35 Prozent liegt, wird in der Berliner Verwaltung auf 12 Prozent geschätzt. Die Berliner Sozialsenatorin schlug daher vor, eine Quote entsprechend des Bevölkerungsanteils für die Berliner Verwaltung einzuführen, um Chancengleichheit für Menschen mit Migrationsgeschichte herzustellen und struktureller Diskriminierung entgegenzuwirken.[13] Die Diversitätsquote war in der rot-rot-grünen Regierungskoalition jedoch nicht konsensfähig, weshalb sich diese auf – weniger effektive – freiwillige Zielvorgaben und Förderpläne geeinigt hat.

---

10 Für die deutsche Wirtschaft: *AllBright-Stiftung*, Der ewige Thomas-Kreislauf?, 2017. Für die deutsche Exekutive: *Biermann et al.*, Die Hans-Bremse, Die Zeit v. 08.10.2018. Aus sozialwissenschaftlicher Sicht der Netzwerkforschung z.B. *Sagebiel*, Netzwerke: soziales Kapital und Macht(unterschiede) von Frauen und Männern, in: Kortendiek et al. (Hrsg.), Handbuch Interdisziplinäre Geschlechterforschung, 2019.

11 *Irving*, Gender and the Constitution. Equity and Agency in Comparative Constitutional Design, 2008, S. 113, O.i.Engl., eigene Übersetzung.

12 *Wisser*, Eignung und Repräsentation im Polizeidienst, i.V.; *Ellebrecht/Wisser*, Spieglein, Spieglein an der Wand, wer ist Polizei in diesem Land. Eignung für den Polizeidienst in Deutschland und die Frage der Repräsentation, in: Groß/Schmidt (Hrsg.), Empirische Polizeiforschung XXIII. Polizei und Migration, 2020, S. 292-296.

13 *Senatsverwaltung für Integration, Arbeit und Soziales*, Einigung beim Gesetzesentwurf zum Partizipations- und Migrationsgesetz - Menschen mit Migrationshintergrund werden gezielt gefördert, Pressemitteilung v. 05.02.2021.

Quotenregelungen, wie die Diversitätsquote und Paritätsgesetze für die Parlamente, gelten als eine Antwort auf die anhaltende Unterrepräsentation vielfältiger Subjektivitäten im Staat. Seit dem Thüringen und Brandenburg die ersten deutschen Paritätsgesetze erlassen haben, wird über deren Verfassungsmäßigkeit kontrovers diskutiert. Da die Ungleichheit im Staat weder auf die Parlamente noch auf das Geschlechterverhältnis beschränkt ist, kann diese Debatte breiter als Kontroverse um demokratische Gleichheit, Gleichheit im Staat und gerechte Staatlichkeit verstanden werden.

Im Folgenden wird argumentiert, dass demokratische Gleichheit über die formale Rechtsgleichheit hinaus eine antidiskriminierungsrechtliche Dimension umfassen muss,[14] um den diskriminierungsfreien Zugang zu Staatsämtern – und in diesem Sinne gerechte Staatlichkeit – zu gewährleisten.[15] Dies wird am Beispiel der Geschlechterungleichheit in den Parlamenten in zwei Schritten entfaltet: Zunächst wird eine demokratietheoretische und antidiskriminierungsrechtliche Begründung für politische Maßnahmen, die einen gleichen Zugang zum Staat gewährleisten, entworfen (II.), um dann die verfassungsrechtlichen Entscheidungen zu Paritätsgesetzen zu diskutieren (III.). Der Beitrag schließt mit einem Ausblick (IV.).

II. Gerechte Staatlichkeit: Demokratische Gleichheit der Staatsbürger:innen

Der demokratische Staat gründet in der Egalität der Staatsbürger:innen. Diese Gleichheit wird für den Zugang zu Staatsämtern streng formal verstanden.[16] Im Wahlrecht drückt sich die formale Gleichheit beispielsweise in der numerischen Stimmgleichheit und dem strikten Differenzierungsverbot aus.[17] Im Diskurs um die Einführung von Quoten oder Paritätsgesetzen wird die formale Gleichheitsperspektive als Begründung genannt, um diese Maßnahmen als unvereinbar mit der repräsentativen Demokratie

---

14 *Röhner*, Der Staat 59 (2020), 414 (437 ff.).

15 *Röhner*, djbZ 22 (2019), 125.

16 BVerfG, Urt. v. 23.01.1957 – 2 BvE 2/56, BVerfGE 6, 84 (91); *Wild*, Die Gleichheit der Wahl. Dogmengeschichtliche und systematische Darstellung, 2003; *Starck*, § 33 Grundrechtliche und demokratische Freiheitsidee, in: Isensee/Kirchhof (Hrsg.), HDStR, Bd. III: Demokratie – Bundesorgane, 3. Aufl. 2005; ausführlich dazu *Röhner*, Ungleichheit und Verfassung. Vorschlag für eine relationale Rechtsanalyse, 2019, S. 276 ff.

17 Z.B. BVerfG, Urt. v. 03.07.2008 – 2 BvC 1, 7/07, BVerfGE 121, 266 (295); BVerfG, Urt. v. 25.07.2012 – 2 BvF 3/11, 2 BvR 2670/11, 2 BvE 9/11, BVerfGE 131, 316 (334).

und der Wahlrechtsgleichheit der Staatsbürger:innen zu bewerten.[18] In dieser Argumentation wird also die gesetzliche Maßnahmen, die auf die Herstellung von Chancengleichheit und die Bekämpfung von struktureller Diskriminierung gerichtet ist, selbst zur Demokratie- und Gleichheitsgefährdung. Die strukturelle Diskriminierung dominierter Gruppen beim Zugang zu staatlichen Ämtern wird demgegenüber weder als Problem repräsentativer Demokratie noch als Problem staatsbürgerlicher Gleichheit gesehen. Die Egalität der Staatsbürger:innen wird in dieser Lesart individualisiert und umfasst nicht den Schutz vor strukturellen Zugangsbarrieren.

Die bisher vorherrschende individualisierende, formale Perspektive auf staatliche Institutionen muss für die Adressierung von struktureller Ungleichheit nicht aufgegeben, sondern – so das folgende Argument – nur durch eine relationale, d.h. materiale-kontextuelle, Perspektive ergänzt werden.[19] Durch die Ergänzung kann der Schutzgehalt der demokratischen Gleichheit fallgruppenorientiert ausdifferenziert werden.[20] Die strukturelle Diskriminierung beim Zugang zu staatlichen Ämtern stellt dann eine Fallkonstellation und auch ein Problem der Egalität der Staatsbürger:innen dar. Eine solche materiale Perspektive auf die staatsbürgerliche Gleichheit lässt sich demokratietheoretisch (1.) und antidiskriminierungsrechtlich (2.) begründen.

1. *Historischer Ausschluss aus dem Staat und die Anerkennung als Gleiche*

Die historischen Erfahrungen des Ausschlusses aus dem Staat zeigen, dass Ungleichheit in die Demokratiegeschichte eingeschrieben ist.[21] So waren z.B. Frauen in Deutschland bis zur Weimarer Republik vom Wahlrecht ausgeschlossen. Auch nach dem Faschismus waren Frauen in der Bonner Republik durch das Leitbild der westdeutschen Hausfrau nicht gleichberechtigt in der Öffentlichkeit inkludiert. Der Frauenanteil im Deutschen Bundestag blieb dementsprechend bis in die 1980er Jahre bei unter 10

---

18 Zum Diskurs *Rabe* in diesem Band.

19 Für eine solche relationale Perspektive siehe *Röhner* (Fn. 16).

20 Zur historischen Kontextualisierung und Fallgruppenbildung siehe *Weber* (S. 64) in diesem Band mit Verweis auf *Lepsius.*

21 Ausführlich m.w.N. *Gerhard,* Gleichheit ohne Angleichung. Frauen im Recht, 1990; *Maihofer,* Geschlecht als Existenzweise. Macht, Moral, Recht und Geschlechterdifferenz, 1995; *Rubio-Marín,* International Journal of Constitutional Law 2014, 4; *Röhner* (Fn. 16), S. 19 ff., 267 ff.

Prozent und damit auf dem gleichen Niveau wie bei der ersten demokratischen Wahl im Jahr 1919. Erst durch die Wahlerfolge der Grünen und die Selbstverpflichtung einiger Parteien auf eine geschlechtergerechte Nominierung kam es zu einem Anstieg des Frauenanteils auf etwa ein Drittel.

Die Verfassungsrechtlerinnen *Blanca Rodríguez-Ruiz* und *Ruth Rubio-Marín* argumentieren, dass der historische Ausschluss aus der Demokratie in der geschlechtlich codierten Trennung von privater und staatlicher Sphäre fortwirke.[22] Dieses Strukturmoment der repräsentativen Demokratie manifestiere sich in der anhaltenden Unterrepräsentation von Frauen in den Parlamenten. Die repräsentative Demokratie sei daher durch exkludierende Strukturen geprägt und müsse erst in eine inklusive Institution transformiert werden. Politische Maßnahmen wie Paritätsgesetze dienten dazu, eine gleichberechtigte Anwesenheit der Geschlechter in den Parlamenten zu gewährleisten und demokratische Gleichheit in der repräsentativen Demokratie herzustellen (parity democracy model).[23]

Mit einer gleichberechtigten Anwesenheit werden nicht nur historische Ausschlüsse überwunden, sondern auch vormals Ungleiche als politisch Gleiche anerkannt – so die zentrale Einsicht der politischen Theoretikerin *Anne Phillips*.[24] In einer gleichen Anwesenheit komme die Anerkennung als politisch Gleiche zum Ausdruck. Daher müsse in der repräsentativen Demokratie durch politische Maßnahmen die Inklusion historisch Ausgeschlossener gewährleistet werden. Phillips begründet damit Geschlechterquoten und die Neuziehung von Wahlkreisgrenzen zugunsten von Minderheiten in den USA.[25]

Phillips ist in der Debatte um die Repräsentation von „Geschlechter- oder Gruppeninteressen“ besonders gewinnbringend, weil sie im Kern nicht für Repräsentation, sondern für ein demokratisches Antidiskriminierungsrecht argumentiert. Sie geht in ihrer Konzeption nicht von authentischen weiblichen Interessen oder einem repräsentierbaren Willen der „Gruppe der Frauen“ aus. Es findet daher keine Essentialisierung weiblicher Identitäten statt. Stattdessen legt Phillips einen potentiell geteilten Erfahrungshorizont zugrunde, nach der die gesellschaftlichen Ungleichheitsverhältnisse dazu führen, dass bestimmte Erfahrungen überwiegend von einer Gruppe gemacht werden und somit vergeschlechtlicht sind. Eine

---

22 *Rodríguez-Ruiz/Rubio-Marín*, On Parity, Interdependence, and Women's Democracy, in: Baines/Barak-Erez/Kahana (Hrsg.), Feminist Constitutionalism. Global Perspectives, 2012, S. 188–203 (199 ff.).

23 Ebenda.

24 *Phillips*, The Politics of Presence, 2004, Kap. 2.

25 Ebenda, Kap. 3 und 4.

gleichberechtigte Präsenz von Frauen in den Parlamenten könnte daher zu einer Pluralisierung der Perspektiven und der verstärkten Einspeisung von weiblichen Erfahrungswissen in die parlamentarischen Prozesse führen.[26] In diesem Sinne kann Phillips Konzeption als ein Beitrag zu einem pluralistischen Demokratieverständnis gelesen werden.[27]

Phillips betont jedoch – und das ist zentral für die Debatte – das Fehlen einer Garantie dafür, dass eine verstärkte Präsenz von Frauen auch zu einer Politik für Frauen führt. Darauf kommt es Phillips nicht an, weil – vor dem Hintergrund des historischen Ausschlusses und seinem Fortwirken in der Gegenwart – bereits die gleichberechtigte Präsenz ein demokratisches Prinzip darstellt.

Phillips geht es also nicht um die Repräsentation von als spezifisch „weiblich" verstandenen Inhalten und Identitäten, sondern um den gleichen Zugang von Subjekten, die historisch von der Demokratie ausgeschlossen waren und auch heute noch strukturell benachteiligt sind. Es geht also im Kern um die Gewährleistung eines diskriminierungsfreien Zugangs zur demokratischen Staatsgewalt.

Demokratische Gleichheit kann mit den dargestellten Autorinnen also als demokratisches Antidiskriminierungsrecht konzipiert werden, das auf die Anerkennung als Gleiche und die Gewährleistung eines diskriminierungsfreien Zugangs zum Staat gerichtet ist, mit dem Ziel, den historischen Ausschluss zu überwinden und eine gerechte Staatlichkeit zu schaffen.

2. *Demokratische Gleichheit als Gewährleistung eines diskriminierungsfreien Zugangs*

Antidiskriminierungsrecht soll gewährleisten, dass Menschen weder unmittelbar noch mittelbar Erfahrungen von Benachteiligung machen, weil sie einer bestimmten sozialen Gruppe angehören oder zugehörig erscheinen.[28] Es soll auch vor struktureller Diskriminierung schützen und umfasst daher nicht nur Diskriminierungsverbote, sondern erlaubt der demokratischen Politik darüber hinaus, fördernde Maßnahmen zu erlassen. Die-

---

26 *Wapler*, JöR 67 (2019), 427-455; *dies.*, Die Crux mit der Quote – Paritätsgesetze und demokratische Repräsentation, 2019; *Young*, Inclusion and Democracy, 2000, Kap. 4.

27 Ausführlich zur pluralistischen Demokratie *Röhner*, Der Staat 59 (2020), 421 (425 ff.).

28 Grundlegend *Mangold* (Fn. 2), S. 4 ff., 347 ff.

se gleichheitschützende und gleichheitermöglichende Funktionen von Antidiskriminierungsrecht betont *Anna Katharina Mangold*. Sie zeigt auf, dass Antidiskriminierungsrecht eine Ermöglichungsbedingung der demokratischen – d.h. diskriminierungsfreien – Begegnung von Freien und Gleichen ist. Auf das deliberative Demokratieverständnis von Jürgen Habermas aufbauend argumentiert Mangold, dass „Antidiskriminierungsrecht die Voraussetzungen von öffentlicher Deliberation in der Demokratie absichert, indem es die Möglichkeit gleichrangiger demokratischer Begegnung von Bürger*innen auf Augenhöhe schafft.“[29] Antidiskriminierungsrecht habe daher eine Ermöglichungsfunktion: Es eröffne die Chance auf gleichberechtigte Teilnahme am öffentlichen Diskurs auch für jene, die aufgrund intentionaler oder struktureller Exklusion mit ihren Positionen und Argumenten bislang nicht gehört worden seien. Zur gleichberechtigten Teilnahme am öffentlichen Diskurs hat Jürgen Habermas bereits den Zusammenhang zwischen Teilhabe und Selbstbestimmung im demokratischen Rechtsstaat unterstrichen und formuliert, dass es einer gleichberechtigten Teilnahme an der Praxis der staatsbürgerlichen Selbstbestimmung bedarf, »weil nur die Betroffenen selbst die jeweils ›relevanten Hinsichten‹ von Gleichheit und Ungleichheit klären können.«[30]

Während Mangold die demokratische Legitimation von privatrechtlichem Diskriminierungsschutz begründet, besitzt ihr Argument auch für den demokratischen Staat Gültigkeit.[31] Auch im staatlichen Bereich bedarf es eines Antidiskriminierungsschutzes, um eine gleichberechtigte Teilnahme an demokratischen-rechtsstaatlichen Prozessen zu sichern.[32] Menschen, die von Diskriminierung betroffen sind, sind auf Diskriminierungsschutz angewiesen, um gleichberechtigte Zugangschancen zu staatlichen Ämtern zu erhalten und an den demokratisch-rechtsstaatlichen Auseinandersetzungen – sei es in der Legislative, Exekutive oder Judikative – teilhaben zu können.

Diese Perspektive ist nicht auf die Geschlechterungleichheit beschränkt. Antidiskriminierungsrecht umfasst den Schutz aufgrund verschiedener sozialer Zugehörigkeiten. Die Diskussion um die Berliner Diversitätsquote hat bereits gezeigt, dass in einer Migrationsgesellschaft die Teilhabe von Menschen mit Migrationsgeschichte verstärkt Zugangsfragen aufwirft.

29 Ebenda, S. 397.

30 *Habermas*, Faktizität und Geltung. Beiträge zu einer Diskurstheorie des Rechts und des demokratischen Rechtsstaats, 1992, S. 506.

31 *Röhner*, Der Staat 59 (2020), 421 (437 ff.).

32 Zur staatswillenbildenden Funktion der Parteien und Paritätsregelungen *Völzmann*, DVBl 2021, 496.

Auch hier dürften u.a. rassifizierende Stereotype und Deutungsmuster über Fähigkeiten und Kompetenzen dazu führen, dass Personen, denen eine nicht-deutsche Identität zugeschrieben wird, faktisch nicht die gleichen Chancen haben, eingestellt, ernannt, befördert oder nominiert zu werden.

Verfassungsrechtlich kann ein antidiskriminierungsrechtliches Verständnis demokratischer Gleichheit in den Gleichheitsrechten und dem Demokratieprinzip verankert werden. Ausgangspunkt dafür ist ein materiales Gleichheitsverständnis, wie es die Literatur und das Bundesverfassungsgericht für die Geschlechterungleichheit entwickelt haben.[33] Ein materiales Gleichheitsverständnis bezieht sich auf die soziale Wirklichkeit und ist auf die Durchsetzung von tatsächlicher Gleichheit gerichtet. Die Ungleichheitsforschung hat zu der Erkenntnis geführt, dass formale Rechtsgleichheit für die Erreichung von de-facto Gleichheit nicht ausreichend ist, weil insbesondere neutrale Regelungen im Kontext einer durch Ungleichheit geprägten Gesellschaft zu faktischen Benachteiligungen führen (mittelbare Diskriminierung).[34] Die gesellschaftlichen Ungleichheitsverhältnisse können sich ohne ausgleichende Regelungen in die staatlichen Institutionen einschreiben und auf diese Weise die demokratische Gleichheit von Angehörigen dominierter Gruppen beeinträchtigen. Diese strukturelle Benachteiligung darf temporär – bis zum Erreichen von de-facto Gleichheit – durch proaktives Gleichstellungsrecht ausgeglichen werden.[35]

Für die Geschlechterungleichheit ergibt sich aufgrund von Art. 3 Abs. 2 S. 2 GG eine staatliche Verpflichtung, die Gleichberechtigung in allen staatlichen Institutionen – in der Legislative, in der Exekutive und in der Judikative – zu verwirklichen. Darüber hinaus darf aus einer materialen Perspektive die demokratische Politik auch Fördermaßnahmen zugunsten Angehöriger anderer dominierter Gruppen, die in Art. 3 Abs. 3 GG genannt sind, erlassen, um faktischen Nachteilen und Zugangsbarrieren entgegenzuwirken.[36]

---

33 *Sacksofsky* (Fn. 1); *Baer* (Fn. 1); *Mangold* (Fn. 2), S. 181 ff.; *Röhner*, djbZ 22 (2019), 161 ff.; statt vieler: BVerfG, Urt. v. 28.01.1992 – 1 BvR 1025/82, 1 BvL 16/83 und 10/91, BVerfGE 85, 191, Nachtarbeitsverbot.

34 Z.B. BVerfG, Beschl. v. 05.04.2005 – 1 BvR 774/02, BVerfGE 113, 1; BVerfG, Beschl. v. 18.06.2008 – 2 BvL 6/07, BVerfGE 121, 241.

35 Völkerrechtlich ergibt sich dies auch aus Art. 4 Abs. 1 CEDAW.

36 *Mangold* (Fn. 2), S. 290 ff., 300 f.; *Baer/Markard*, in: Mangoldt/Klein/Starck (Hrsg.), Kommentar zum Grundgesetz. Band 1, 7. Aufl. 2018, Art. 3 Abs. 3 GG Rn. 423 ff.

In diesem Lichte sind die speziellen Gleichheitsnormen des Staatsorganisationsrechts, insbesondere Art. 38 Abs. 1 S. 1 GG für die Legislative und Art. 33 Abs. 2 GG für die Exekutive und Judikative, auszulegen. Die Wahlrechtsgleichheit kann also in Fällen, in denen es um die faktische Benachteiligung beim Zugang zum Staat geht, material interpretiert werden. Dann sind politische Gleichstellungsmaßnahmen, wie z.B. Paritätsgesetze, an diesem Maßstab und nicht an der formalen Wahlrechtsgleichheit zu messen. Differenzierungen beim Maßstab der Wahlrechtsgleichheit nimmt das Bundesverfassungsgericht beispielsweise bei der Unterscheidung zwischen der Erfolgswertgleichheit (Fallkonstellation Verhältniswahlrecht) und der Erfolgschancengleichheit (Fallkonstellation Mehrheitswahlrecht) vor.[37]

Die vorgeschlagene Perspektive kann darüber hinaus an die Rechtsprechung des Bundesverfassungsgerichts anschließen. In der Entscheidung zum Ausschluss von Vollbetreuten hat das Bundesverfassungsgericht entschieden, dass Wahlrechtsausschlüsse nicht nur am Grundsatz der Gleichheit der Wahl, sondern auch am Diskriminierungsverbot von Menschen mit Behinderung gem. Art. 3 Abs. 3 S. 2 GG zu messen sind.[38] Die Wahlrechtsgleichheit und der besondere Diskriminierungsschutz aus Art. 3 Abs. 3 GG seien nebeneinander anwendbar, weil sie unterschiedlichen Schutzzwecken dienen: Der Egalität der Staatsbürger:innen und der Nichtdiskriminierung von Menschen mit Behinderung.[39] Beim Zugang von Frauen zu den Parlamenten geht es genau um die Überschneidung dieser Schutzzwecke, nämlich um die Beeinträchtigung der staatsbürgerlichen Egalität durch strukturelle Diskriminierung aufgrund des Geschlechts. Die Auslegung von Art. 38 Abs. 1 S. 1 GG im Lichte von Art. 3 Abs. 2 und 3 GG wäre daher eine konsequente Weiterentwicklung dieser Rechtsprechung.

Schließlich kann auch das Demokratieprinzip gem. Art. 20 Abs. 2 GG im Lichte materialer Gleichheit interpretiert werden. Aus einer individualrechtlichen Perspektive[40] garantiert das Prinzip repräsentativer Demokratie nicht nur die formale Gleichheit der Staatsbürger:innen, sondern umfasst darüberhinaus eine gewährleistende Dimension: Es gewährleistet die

37 BVerfG, Urt. v. 10.04.1997 – 2 BvF 1/95, BVerfGE 95, 335 (352 ff., 369 f.), Überhangmandate. Kritisch zu einer materialen Perspektive im Wahlrecht *Volk*, DÖV 2021, 413.

38 BVerfG, Beschl. v. 29.01.2019 – 2 BvC 62/14.

39 Ebenda, Rn. 49 ff.

40 Zur Individualisierung der Demokratie in der Europarechtsprechung des BVerfG siehe *Brade* in diesem Band.

grundsätzliche Möglichkeit der gleichen Teilhabe an den drei Staatsgewalten durch einen diskriminierungsfreien Zugang zum demokratischen Staat.[41]

III. Paritätsgesetze: Geschlechtliche Repräsentation oder demokratische Gleichheit?

Paritätsgesetze setzen beim Zugang zur Demokratie an: Sie verpflichten die Parteien dazu, eine gleiche Anzahl von Männern und Frauen für eine Wahl aufzustellen.[42] Sie bilden damit ein Gegengewicht zur männlich geprägten politischen Kultur in den Parteien, die bisher männliche Karrieren in der Politik gefördert hat. Paritätsgesetze dienen daher auch dazu, gewachsene Privilegienstrukturen in den demokratischen Prozessen abzubauen.[43]

Verfassungsrechtlich verfügt der parlamentarische Gesetzgeber bei der Ausgestaltung des Wahlrechts auf der Grundlage des Art. 38 Abs. 3 GG über einen weiten Entscheidungsspielraum. Die Legislative muss aufgrund von Art. 3 Abs. 2 S. 2 GG die politische Gleichheit von Frauen im Staat fördern und auf die Beseitigung bestehender Nachteile hinwirken. Sie darf daher, muss aber nicht, Paritätsgesetze erlassen, weil sich diese – das zeigt der internationale Vergleich – als effektives Instrument zur Durchsetzung politischer Gleichheit erwiesen haben.[44] Angesichts der stagnierenden und zum Teil auch erheblich sinkenden Frauenanteile in den Parlamenten sind Paritätsgesetze erforderlich und zum jetzigen Zeitpunkt verhältnismäßig.[45]

---

41 *Röhner* (Fn. 16), S. 291 ff.; *dies.*, djbZ 22 (2019), 125.

42 Zu den Regelungsgehalten der deutschen Paritätsgesetze siehe *Röhner,* Discussion Paper des Harriet Taylor Mill-Instituts für Ökonomie und Geschlechterforschung, Nr. 40, 1/2020, 44 ff.; *dies.,* Streit 2020, 57.

43 Die Auseinandersetzungen innerhalb der CDU um die geschlechtergerechte Besetzung der aussichtsreichen Listenplätze im Vorfeld der letzten Landtagswahlen in Brandenburg und Sachsen-Anhalt zeigen exemplarisch, dass sich Frauen durchaus um attraktive Listenplätze bewerben, sich aber ohne Quote oftmals nicht durchsetzen können, *Sauerbier,* Brandenburger CDU kippt Frauenliste, BZ online v. 16.06.2019; *Nimz,* Kerstin Rinke, SZ online v. 07.03.2021.

44 Eine Verpflichtung zum Erlass eines Paritätsgesetzes annehmend *Laskowski,* djbZ 2014, 93–103, *dies.,* Streit 2015, 51-62.

45 Sie z.B. die Beiträge von *Geppert*, *Fontana* und *Völzmann* in djbZ 2019, Heft 3. Die demokratische Politik hätte aber auch andere Handlungsmöglichkeiten, um die Gleichheit der Geschlechter in den Parlamenten zu stärken. So ist beispielsweise

Als antidiskriminierungsrechtliche Instrumente werden Paritätsgesetze bisher jedoch nur wenig diskutiert. Stattdessen wird primär die Forderung nach einer paritätischen Repräsentation bzw. der Spiegelbildlichkeit in den Parlamenten in den Vordergrund gestellt. Kritiker:innen lehnen daher Paritätsgesetze als Verstoß gegen das unitäre Repräsentationsverständnis ab.[46] Nach dem unitären Repräsentationsverständnis repräsentieren die Abgeordneten das gesamte Volk, weshalb auch Frauen ausreichend mitrepräsentiert seien. Das freie Mandat verpflichte die Abgeordneten zudem nur auf ihr Gewissen und nicht auf die Repräsentation von spezifischen Geschlechterinteressen.

Während diese Argumentationslinie die landesverfassungsrechtliche Rechtsprechung zu Paritätsgesetzen dominiert (1.), betont das Bundesverfassungsgericht die Möglichkeit einer antidiskriminierungsrechtlichen Rechtfertigung von Paritätsgesetzen (2.).

1. *Landesverfassungsrechtliche Rechtsprechung*

Paritätsgesetze wurden bisher von den Landesverfassungsgerichten in Bayern, Thüringen und Brandenburg verhandelt. Alle Entscheidungen fielen negativ aus. Die Entscheidungsbegründungen sind davon geprägt, Paritätsgesetze als Instrument zur geschlechtlichen Repräsentation anstatt als demokratisches Antidiskriminierungsrecht zu verstehen. Es fällt auf, dass die Gerichte nicht in der Lage – oder nicht bereit – sind, die Geschlechterungleichheit als Problem demokratischer Gleichheit zu verhandeln und strukturelle Ungleichheit in staatlichen Institutionen zu adressieren. Stattdessen betonen sie, dass aufgrund des unitären Repräsentationsverständnisses und der formalen Gleichheit im Staat verfassungsrechtlich kein relevantes Gleichheitsproblem bestehe.[47]

---

ein reines Verhältniswahlrecht frauen- und minderheitenfreundlicher, m.w.N. *Röhner* (Fn. 16), S. 269 ff.

46 Zur Kritik des Repräsentationsbegriffs und warum dieser in der Debatte nicht weiterführend ist, ausführlich *Röhner*, Der Staat 59 (2020), 421 (425 ff.).

47 Ausführlich und kritisch zu den Entscheidungen aus Thüringen und Brandenburg *Möllers*, JZ 2021, 338; *Völzmann*, DVBl 2021, 496; *Klafki*, DÖV 2020, 856; siehe auch *Edinger*, DÖV 2021, 442.

a) *Die Entscheidungen im Überblick: Paritätsgesetze als geschlechtliche Repräsentation*

Der Bayerische Verfassungsgerichtshof entschied im Jahr 2018 negativ über eine Popularklage, die das Fehlen einer paritätischen Ausgestaltung der Regelungen zum Wahlvorschlagsrecht der Parteien in Bayern zum Gegenstand hatte und das Ziel verfolgte, den bayerischen Gesetzgeber auf den Erlass eines Paritätsgesetzes zu verpflichten.[48] Die negative Entscheidung überzeugt im Ergebnis, weil die Legislative verfassungsrechtlich nicht auf den Erlass eines Paritätsgesetzes verpflichtet werden kann.[49]

In der Argumentation des Bayerische Verfassungsgerichtshofs dominieren jedoch die Auseinandersetzung mit Paritätsgesetzen als Instrument geschlechtlicher Repräsentation. So legt der Bayerische Verfassungsgerichtshof dar, dass eine »gewisse« Unterrepräsentation von Frauen verfassungsrechtlich nicht zu beanstanden sei, weil es aufgrund des Prinzips repräsentativer Demokratie und des freien Mandats kein Recht einer Bevölkerungsgruppe auf Repräsentation gäbe.[50] Zwar erkennt das Gericht durchaus an, dass inzwischen ein materiales Diskriminierungsverständnis entwickelt wurde, eine angemessene Prüfung einer mittelbaren Diskriminierung, wie sie dem aktuellen Diskussions- und Rechtsprechungsstand entspräche, führt das Gericht jedoch nicht durch. Stattdessen zeigt sich ein deutlicher Widerwille des Gerichts, eine antidiskriminierungsrechtliche Perspektive im Wahlrecht zuzulassen und zu prüfen.[51]

Über die Verfassungsmäßigkeit eines Paritätsgesetzes entschied erstmals der Thüringer Verfassungsgerichtshof im Jahr 2020. Mit einem Votum von 6:3 erklärte das Gericht das thüringische Paritätsgesetz für verfassungswidrig.[52] In der Begründung der Senatsmehrheit ist die Argumentationslinie einer unitären Repräsentation und formalen Wahlrechtsgleichheit vorherrschend während eine antidiskriminierungsrechtliche Perspektive – konträr zur bayerischen Entscheidung – vollständig fehlt. Die Senatsmehrheit nimmt zahlreiche Verfassungsverstöße durch das Thüringische Paritätsgesetz an, thematisiert jedoch nicht die Unterrepräsentation von Frauen im Landtag und in den kommunalen Vertretungen in Thüringen. Sie disku-

---

48 Bayerischer Verfassungsgerichtshof, Ent. v. 26.05.2018 – Vf. 15-VII-16.

49 Ebenda, Rn. 133.

50 Ebenda, Rn. 99 ff., 110 ff.

51 Ausführlich *Röhner,* (Fn. 16), S. 283 ff.

52 Thüringer Verfassungsgerichtshof, Urt. v. 13.05.2020 – VerfGH 2/2020; dazu *Möllers,* JZ 2021, 338 (340 ff.); *Völzmann,* DVBl 2021, 496 (498 ff.); *Klafki,* DÖV 2020, 856.

tiert dementsprechend weder die Ursachen für die Unterrepräsentation von Frauen noch den Sinn und Zweck des Paritätsgesetzes, einen diskriminierungsfreien Zugang zum Parlament zu gewährleisten und Gleichberechtigung herzustellen. In der Entscheidungsbegründung des Senats ist nicht zu erkennen, dass das Problem der politischen Ungleichheit von Frauen in Thüringen existiert. Die Senatsmehrheit macht damit die Ungleichheit von Frauen in den thüringischen Vertretungsorganen unsichtbar und definiert diese nicht als Verfassungsproblem. Eine ausführliche Abwägung zwischen den Beeinträchtigungen und Zielen des Gesetzes – normalerweise das Herzstück einer verfassungsrechtlichen Entscheidung – findet daher nicht statt.

Anders argumentieren die zwei ergangenen Sondervoten.[53] Beide benennen die politische Ungleichheit von Frauen und sehen im Gleichstellungsauftrag in Art. 2 Abs. 2 S. 2 der Thüringischen Verfassung eine ausreichende verfassungsrechtliche Rechtfertigung für das thüringische Paritätsgesetz. Die Landesverfassungsrichter:innen Licht und Petermann betonen in ihrem Sondervotum die strukturellen Diskriminierungserfahrungen von Frauen in den politischen Prozessen und zeigen auf, dass aufgrund der Rechtsprechung des Bundesverfassungsgerichts nicht mehr ein formales, sondern ein materiales Gleichheitsverständnis für die Bewertung von Paritätsgesetzen maßgeblich sei.[54]

Das Verfassungsgericht des Landes Brandenburg erklärte im Jahr 2020 das brandenburgische Paritätsgesetz einstimmig für verfassungswidrig.[55] Es war ebenfalls der Auffassung, dass ein Paritätsgesetz nicht mit dem Prinzip repräsentativer Demokratie und der formalen Wahlrechtsgleichheit zu vereinbaren sei. Es argumentiert, dass das Paritätsgesetz zu einem anderen Verständnis von repräsentativer Demokratie führe und ein solches nur vom Verfassungsgesetzgeber eingeführt werden könne.[56] Die Durchsetzung der Gleichberechtigung sei ein demokratie- und wahlrechtsfremder Zweck. Der Gleichstellungsauftrag könne daher die Beeinträchtigungen durch das Paritätsgesetz nicht rechtfertigen.[57] Das Verfassungsgericht des Landes Brandenburg bewertet also das Gleichstellungsgebot als we-

53 Thüringer Verfassungsgerichtshof, Urt. v. 13.05.2020 – VerfGH 2/2020, S. 46 ff.

54 Ebenda, S. 52 ff.

55 Verfassungsgericht des Landes Brandenburg, Urt. v. 23.10.2020 – VfgBbg 9/19, Parallelentscheidung VfgBbg 55/19. Dazu *Möllers*, JZ 2021, 338 (340 ff.); *Völzmann*, DVBl 2021, 496 (498 ff).

56 Verfassungsgericht des Landes Brandenburg, Urt. v. 23.10.2020 – VfgBbg 9/19, Rn. 86.

57 Ebenda, Rn. 115 ff.

niger schwergewichtig als die Wahlrechtsgrundsätze und beschreibt die faktischen Diskriminierungserfahrungen von Frauen in den politischen Prozessen als kein Problem demokratischer Gleichheit. Erneut fehlt es an einer ausführlichen Abwägung. Die Prüfung wird bereits vorher beendet, u.a. weil das Gericht ungewöhnlicher Weise fordert, dass der Wortlaut der Landesverfassung die Einführung einer Quotierung im Wahlrecht ausdrücklich erlauben müsse. Erneut wird vom Gericht eine antidiskriminierungsrechtliche Auslegung im Wahlrecht nicht zugelassen.

b) Kritik: Paritätsgesetze als antidiskriminierungsrechtliche Instrumente

In den negativen Entscheidungen manifestiert sich die bisher maskulin strukturierte epistemische Ordnung des Verfassungsrechts. Nicht nur in den Parlamenten, sondern auch in der Verfassungsgerichtsrechtsprechung und Verfassungswissenschaft sind Frauen unterrepräsentiert, weshalb die Geschlechterungleichheit in der Demokratie bis zur aktuellen Paritätsdebatte[58] in der verfassungsrechtlichen Literatur dethematisiert wurde.[59] Dementsprechend wird die Geschlechterungleichheit in den Parlamenten von der „herrschenden Meinung“ bisher nicht als Problem von Demokratie und demokratischer Gleichheit verstanden. Diese Leerstelle konnten u.a. rechtsextremen Parteien für sich nutzen, um vor den Landesverfassungsgerichten gegen Paritätsgesetze vorzugehen. Die Erfolge vor den Landesverfassungsgerichten zeigen, dass die Geschlechterungleichheit in der verfassungsrechtlichen Literatur reale Konsequenzen für die Realisierung von politischer Gleichheit hat.

Aus verfassungsrechtlicher Sicht überzeugt der Fokus der Landesverfassungsgerichte auf geschlechtliche Repräsentation angesichts des antidiskriminierungsrechtlichen Gleichstellungszwecks von Paritätsgesetzen nicht. Indem Paritätsgesetze die Parteien darauf verpflichten, eine gleiche Anzahl von Männern und Frauen nach dem Reißverschlussprinzip aufzustellen, gewährleisten sie, dass Frauen die gleiche Chance haben, ins Parlament gewählt zu werden wie männliche Kandidaten. Sie sichern also, dass Frauen keine Nachteile aufgrund ihres Geschlechts beim Zugang zum Parlament

58 Siehe allgemein *Eckertz-Höfer/Schuler-Harms* (Hrsg.), Gleichberechtigung und Demokratie – Gleichberechtigung in der Demokratie: (Rechts-)Wissenschaftliche Annäherungen, 2019; zur aktuellen Paritätsdebatte die Nachweise in Fn. 42, Fn. 45, Fn. 52 sowie *Meyer*, NVwZ 2019, 1245; *Morlok/Hobusch*, DÖV 2019, 14.

59 Zur Wissenschaft *Sacksofsky/Stix*, KJ (2018), 464; zum verfassungsrechtlichen Diskurs m.w.N. *Röhner* (Fn. 16), S. 267 ff.

haben. Sie führen jedoch zu keiner geschlechtlichen Repräsentation, weil sie keinen Mechanismus einführen, nachdem Frauen ihre Repräsentantinnen und Männer ihre Repräsentanten wählen. Auch hätten die bisher erlassenen Paritätsgesetze zu keiner Parität in den Parlamenten im Sinne von Ergebnisgleichheit geführt, da keine Quotierung für die Direktmandate vorgesehen war.[60]

Darüber hinaus verkennen die Landesverfassungsgerichte, dass Paritätsgesetze mit einem unitären Repräsentationsverständnis vereinbar sind, weil sie nur sichern, dass auch Frauen Teil der privilegierten Gruppe der Abgeordneten werden, die das gesamte Volk repräsentiert und im Rahmen des freien Mandats die politischen Entscheidungen trifft. Mit Paritätsgesetzen wird also weder die Fiktion einer unitären Repräsentation aufgegeben noch werden die gewählten Abgeordneten an die Vertretung geschlechtlicher Interessen gebunden.

Verfassungsrechtlich kann eine antidiskriminierungsrechtliche Perspektive im Wahlrecht – und allgemeiner im staatlichen Bereich – eröffnet werden, wenn die vorherrschende formale Perspektive historisiert und kontextualisiert wird. In den skizzierten Entscheidungen wird bisher nämlich nicht reflektiert, dass das unitäre Repräsentationsverständnis und die formale Wahlrechtsgleichheit in der spezifischen Konstellation der bürgerlichen Revolutionen entstanden sind und daher in den Konflikten zwischen Bürgertum und Monarchie sowie zwischen repräsentativer und direkter Demokratie gründen. Sie reagieren auf die soziale Differenzierung von Rechten im Ancien Régime und auf den Ausschluss aus dem Wahlrecht aufgrund von sozialen Zugehörigkeiten. Als verfassungsrechtliche Maßstäbe klären sie aber historisch betrachtet nicht die Anforderungen, die sich in einer demokratischen, aber ungleichen Gesellschaft für die Gleichheit im Staat ergeben. Eine Erweiterung um eine materiale Perspektive für die „neue" Fallgruppen der faktischen Benachteiligung beim Zugang zu Staatsämtern ist daher möglich und aufgrund des materialen Gleichheitsverständnisses des Bundesverfassungsgerichts auch angezeigt.

60 Zur fehlenden Quotierung der Direktmandate und der Unterscheidung zwischen Chancen- und Ergebnisgleichheit *Röhner* (Fn. 42 – Discussionpaper), S. 23 f., 30 ff.; *dies.*, Streit 2020, 57, (62 f., 65 f.).

2. Beschluss des Bundesverfassungsgerichts

Ein materiales Gleichheitsverständnis für den Zugang zu Staatsämtern eröffnet das Bundesverfassungsgericht in seinem Beschluss vom 15. Dezember 2020 – 2 BvC 46/19. In dem Wahlprüfungsbeschwerdeverfahren ging es nicht darum, ob Paritätsregelungen verfassungsrechtlich zulässig sind, sondern ähnlich wie im bayerischen Fall darum, ob das Fehlen einer paritätischen Ausgestaltung des Wahlvorschlagrechts bei der Bundestagswahl 2017 einen schwerwiegenden Wahlfehler darstellt, weil nur 30 Prozent der Sitze an Frauen gingen. Überzeugenderweise verneint das Bundesverfassungsgericht diese Frage. Es gibt zugleich Hinweise zur Rechtfertigung von Paritätsgesetzen: Das Bundesverfassungsgericht legt ausführlich dar, dass es die Rechtfertigung über das Erfordernis einer spiegelbildlichen Repräsentation für nicht überzeugend hält,[61] aber durchaus offen für eine antidiskriminierungsrechtliche Begründung ist.[62]

Anders als die Landesverfassungsgerichte sieht das Bundesverfassungsgericht im Gleichstellungsauftrag ein mit den Wahlrechtsgrundsätzen und der Parteifreiheit gleichrangiges Verfassungsgut.[63] Es betont daher konträr zu den bisherigen Entscheidungen, dass es die Sache des Gesetzgebers sei, die verschiedenen Verfassungsgüter im Rahmen des Wahlrechts zu einem angemessenen Ausgleich zu bringen.[64] Es macht deutlich, dass es nach seiner Ansicht für die Verfassungsmäßigkeit entscheidend auf die Abwägung und das Ziel ankommen wird, strukturelle Nachteile von Frauen in den Nominierungsverfahren der politischen Parteien auszugleichen.[65]

Für zukünftige Paritätsgesetze – und andere antidiskriminierungsrechtliche Maßnahmen, wie etwa die Berliner Diversitätsquote – dürften daher die faktischen Nachteile in der sozialen Wirklichkeit der Ausgangspunkt und die zentrale Rechtfertigung sein. Auch die Bewertung, ob eine strukturelle Benachteiligung vorliegt, dürfte nach der Entscheidung des Bundesverfassungsgerichts im Einschätzungsspielraum der demokratischen Politik liegen. Im Kern zeigt der Beschluss des Bundesverfassungsgerichts, dass sich die Legislative grundsätzlich für die Einführung eines Paritätsgesetzes zur Durchsetzung der demokratischen Gleichheit von Frauen entscheiden

---

61 BVerfG, Beschl. v. 15.12.2020 – 2 BvC 46/19, Rn. 64 ff. Dazu *Penz*, DÖV 2021, 422.

62 Ebenda, Rn. 84 ff.

63 Ebenda, Rn. 97 ff.

64 Ebenda, Rn. 109 ff., 113.

65 *Valentiner*, How to… Paritätsgesetz, VerfBlog v. 4.2.2021, DOI: 10.17176/20210204-120114-0.

darf, es sich dabei also um eine politische Entscheidung handelt, die verfassungsrechtlich nicht von vornherein ausgeschlossen ist.

IV. Ausblick

Politische Maßnahmen, die vielfältigen Subjektivitäten den Zugang zu staatlichen Ämtern gewährleisten sollen, können in einem demokratischen Antidiskriminierungsrecht verankert werden. Angesichts der anhaltenden Unterrepräsentation dominierter Gruppen im Staat allgemein und insbesondere in hohen staatlichen Ämtern, dürfte eine Debatte um effektive Gleichstellungsmaßnahmen, insbesondere um Quotenregelungen für Frauen und andere dominierte Gruppen, intensiver zu führen sein. Die Paritätsgesetze aus Thüringen und Brandenburg, die Berliner Diversitätsquote sowie das aktuell im Gesetzgebungsverfahren befindliche Führungspositionengesetz II[66] für die Wirtschaft sind dafür ein Anfang. Die Widerstände gegen solche effektiven Maßnahmen sind jedoch groß – dies zeigt das Scheitern der Diversitätsquote in Berlin und der Paritätsgesetze in Thüringen und Brandenburg. Denn: Es geht nicht nur um die Anerkennung als Gleiche, sondern auch um die Umverteilung von wirtschaftlicher und politischer Macht.

Verfassungsrechtlich können antidiskriminierungsrechtliche Instrumente für den Zugang zu staatlichen Ämtern durch ein materiales Gleichheitsverständnis begründet werden. Ein solches versteht strukturelle Ungleichheit im Staat als demokratisches Gleichheitsproblem. Es verdeutlicht, dass es in einer pluralistischen Demokratie eines gleichberechtigten Zugangs bedarf, um für alle Staatsbürger:innen, unabhängig von ihrer gesellschaftlichen Positionierung, eine gleichberechtigte Teilhabe an den drei Staatsgewalten zu gewährleisten – und in diesem Sinne gerechte Staatlichkeit zu erreichen.

66 BT-Drucksache 19/26689.

Teilhabegerechtigkeit in der Rechtsetzung – Hegemoniale Positioniertheit im juristischen Paritätsdiskurs

Lea Rabe

Abstract: *Die Frage nach der Verfassungskonformität von Paritätsgesetzen bespielt den Titel „Zugang zu Recht" auf zweierlei Weise: als Zugang zum wissenschaftlichen Diskussionsraum und als Zugang zum Staat. Der Beitrag untersucht die Paritätsdebatte anhand einer Diskursanalyse und setzt sich vorab mit der Anwendbarkeit der Methode in der Rechtwissenschaft auseinander. Die Analyse ergibt, dass der Paritätsdiskurs inhaltliche und personelle Ausschlüsse reproduziert. Repräsentation und materiale Gleichheit werden als Schlüsselbegriffe der Debatte freigelegt. Den Einwand, das letztere einer intersektionalen Reflexion bedarf, verarbeiten die verschiedenen Begründungsansätze für Parität unterschiedlich gut. Wird ein materiales, mehrdimensionales Verständnis struktureller Ungleichheit – entsprechend der jüngeren Rechtsprechung des Bundesverfassungsgerichts – aktiviert, erscheint als Alternative zu Parität ein demokratisches Antidiskriminierungsrecht.*

I. Recht und Diskurs als Verteilungsschlüssel gesellschaftlicher Macht

Recht kategorisiert, erzeugt Zugänge und Ausschlüsse. Es ist folglich nicht nur ein Instrument der Emanzipation, sondern auch der Regulierung und (ver)schafft somit Macht. Das ist etwa für diesen Beitrag zu beobachten: Nicht allein das rege Interesse am Thema Parität, sondern auch subjektive Positioniertheit fungiert als Vorbedingung. Nach der Promotionsordnung ist die Verfasserin Doktorandin und damit hier grundsätzlich sprachbefugt. Recht (die Promotionsordnung) sortiert Menschen entlang von sozialen Ungleichheitsdimensionen (hier Klasse). Anhand dieser Kategorisierungen verteilt es Ansprüche, Teilhabechancen (Redebeiträge) und dadurch gesellschaftliche Macht.

Dieses Recht wird in Diskursen geschaffen. Der Paritätsdiskurs ist einer davon. Dominante Positionen in der Wissenschaft und Rechtspraxis formen diesen Diskurs und beeinflussen damit auch realpolitische Resultate. Dieser Beitrag soll nicht die Argumente für und gegen Parität wiederholen, denn diese sind mittlerweile vielerorts nachvollziehbar.[1] Vielmehr werden die Dynamiken der Debatte und ihre Wirkungen anhand einer Diskursanalyse untersucht. Dabei müssen zunächst die Anwendbarkeit und Ausformung der Methode auf diese rechtwissenschaftliche Auseinandersetzung begründet werden. Der Verlauf der Paritätsdiskussion lässt drei Zäsuren erkennen. Es wird nach den Themen in den jeweiligen Phasen gefragt – und wo blinde Flecken bestehen. Richtungsweisend sind Vorverständnisse von Repräsentation und Gleichheit. Hier relevant wird Konzept der Intersektionalität, mit dem sich die Lösungsansätze für Parität auseinandersetzen müssen. Möglicherweise bietet sich zur Problemlösung ein antidiskriminierungsrechtlicher Ansatz an.

II. Zur diskursanalytischen Herangehensweise in der Rechtswissenschaft

Diese Diskursanalyse orientiert[2] sich an den sozialwissenschaftlichen Ansätzen von *Jäger* und *Schweitzer*. Den komplexen Begriff des Diskurses definiert *Jäger* als „gesellschaftliche Redeweisen [...], die institutionalisiert sind, also gewissen – veränderbaren – Regeln unterliegen und die deshalb Machtwirkung besitzen, weil und sofern sie Handeln von Menschen bestimmen"[3]. Die Paritätsdiskussion ist vornehmlich wissenschaftlich und in den Fachmedien institutionalisiert, findet aber auch vor Gericht und in der Politik statt.[4] Machtwirkung hat sie, weil sie Recht gestaltet. Die Regeln, denen die Debatte folgt, sollen hier genauer untersucht werden.

---

1 Hervorhebenswert: *Achenbach*, Anlage zu LT Brandenburg, P-HA 6/49, Sitzung am 5.6.2019 und *Morlok/Hobusch*, Anlage zu LT Thüringen, AIK 73/6, Sitzung vom 6.6.2019.

2 Aus Platzgründen kann nicht näher auf die Feinanalyse eingegangen werden. Bedient werden *Jägers* Grundprinzipien 1-3 und 5; dies reicht aus, um die Diskursdynamik freizulegen, *dies.*, Diskursanalyse: Ein Verfahren zur kritischen Rekonstruktion von Machtbeziehungen, in: Becker/Kortendiek (Hrsg.), Handbuch Frauen- und Geschlechterforschung: Theorie, Methoden, Empirie, 3. Aufl. 2010, S. 386 (389).

3 *Jäger*, Diskursanalyse (Fn. 2), S. 386.

4 Daraus ergibt sich das Diskursmaterial: Beiträge in rechtswissenschaftlichen Fachzeitschriften, Monografien, gutachterliche Stellungnahmen sowie die (von der Literatur beeinflussten und rezipierten) Urteile der Landesverfassungsgerichte, die sich mit der verfassungsrechtlichen Dimension der Frage nach gesetzlichen und freiwilligen (erste Diskursphase) Parteiquoten befassen, ferner auch sich in die Debatte einspeisende politikwissenschaftliche Äußerungen, produzieren die Diskursdynamiken. Das hier beispielhaft zitierte Material wurde durch Sichtung

Dies bedarf zunächst einer historischen Einordnung des Diskurses mit seinen verschiedenen Diskurssträngen. Notwendig ist ebenfalls, die inhaltlichen Schwerpunkte nebst ihrer Entwicklung herauszuarbeiten. Die anknüpfende Strukturanalyse des Diskursmaterials bietet einen Überblick über die Streuung dominanter Themen im Gesamtdiskurs, die dann genauer untersucht werden können.[5] Diskursanalysen stammen aus der soziologischen Diskursforschung und sind in der Rechtswissenschaft eine Ausnahmeerscheinung.[6] Dabei können sie ein wertvolles Instrument darstellen, um Machtdynamiken aufzudecken.

Bei interdisziplinärer Arbeit drängt sich die Methodenfrage auf; eine zufriedenstellende Antwort für die Rechtswissenschaft steht noch aus.[7] Auch ist die konkrete diskursanalytische Methode stets abhängig vom Untersuchungsgestand.[8] Vor diesem Hintergrund kann sich der vorliegende Beitrag nur darauf beschränken, die Anwendbarkeit der hier gewählten spezifischen Form der Analyse des Paritätsdiskurses kohärent zu begründen.

Die von *Foucault* für Wahrheitsdiskurse entwickelte Diskursanalyse auf das Recht als normativen Diskurs anzuwenden, begegnet besonderen Bedenken.[9] Denn Recht sagt nicht, was wahr ist, sondern was sein soll. Der juristischen Auseinandersetzung ist der Streit um die Ausfüllung bewusst deutungsoffen gehaltener Begriffe (etwa unbestimmter Rechtsbegriffe und Generalklauseln) immanent.[10] Interessant sind deswegen nicht primär die Fortentwicklung von Wissen und Widersprüchlichkeiten dieses Prozesses, sondern vor allem Mechanismen der Stagnation und Nichtthematisierung.[11] Diskursanalysen sind als Instrument der Abbildung von Machtdynamiken bei der juristischen Wissensproduktion durchaus sinnvoll; sie betreffen aber nicht Bedingungen des Wahrsprechens, sondern das juristische Sprechen.[12]

---

der Bibliotheksbestände (KVK), juristischen Datenbanken und Online-Foren sowie (landes)parlamentarischer Vorgänge zusammengestellt.

5 *Jäger*, Diskursanalyse (Fn. 2), S. 389.

6 Im Ansatz etwa bei *Westphal*, Deutungshoheit über Texte, 2019, S. 123 ff. und *Klafki*, DÖV 2020, 856 ff.

7 Unsicherheiten bzgl. interdisziplinärem Arbeiten und methodischer Absicherung waren wiederkehrende Gesprächsinhalte der 61. JTÖR.

8 *Jäger*, Diskursanalyse (Fn. 2), S. 389; *Schweitzer*, ZfRSoz 35 (2015), 201 (202).

9 *Schweitzer*, ZfRSoz 35 (2015), 201 (203 f.).

10 *Schweitzer*, ZfRSoz 35 (2015), 201 (216).

11 *Schweitzer*, ZfRSoz 35 (2015), 201 (216).

12 *Schweitzer*, ZfRSoz 35 (2015), 201 (215) mit Hinweisen auch auf die Ansätze *Webers*, *Habermas* und *Luhmanns* auf S. 217.

Allerdings ist es im Paritätsdiskurs durchaus Usus, eigene Aussagen als Wahrheit auszuweisen. Insbesondere die Verfassungstheorie ist mit scheinbar zwingenden Annahmen über das „gute Leben" im Staat überfrachtet. Das meint sowohl die Staatsorganisation als auch die Abwägung individueller Freiheit und Gleichheit. Normative Aussagen des Rechtsdiskurses lösen sich nicht vollends von einem Wahrheitsanspruch, der über die vier Auslegungskriterien (Grammatik, Systematik, Entstehungsgeschichte, Teleologie) zu substantiieren gesucht wird. Das dargestellte diskursanalytische Verfahren bietet sich also für die Untersuchung des Paritätsdiskurses an, weil mit ihm Machtausübungsdynamiken offengelegt werden, die zu einer Verfestigung der hegemonialen Argumentationsmuster führen. Die Zugangschancen zum Diskurs sind aufgrund der Parameter Äußerungssubjekt und -inhalt ungleich verteilt. Sind die Machtausübungsdynamiken freigelegt, schließen sich Fragen nach den dahinterstehenden personellen und inhaltlichen Hegemonien an.

III. Historische Untersuchung: Die drei Zäsuren im Paritätsdiskurs

Erster Schritt meiner Diskursanalyse ist daher die Untersuchung des Verlaufs der Paritätsdebatte, um inhaltliche dominierende Themen aufzuzeigen. Über Parität wird rechtwissenschaftlich seit den späten achtziger Jahren diskutiert, damals allerdings vor allem in Bezug auf freiwillige Quoten in Parteisatzungen. 2015 hat das Bundesverfassungsgericht die verfassungsrechtliche Zulässigkeit von Quotenregelungen bei der Wahl zu Parteiämtern mit Hinweis auf die herrschende Meinung bestätigt: Diese entsprächen der Parteienfreiheit.[13]

Davon zu unterscheiden – und hier vorrangiger Untersuchungsgegenstand – ist die Debatte um gesetzliche Quoten. Diese wurde über Jahre hinweg insbesondere von *Laskowski* vorangetrieben.[14] An Schwung deut-

13 BVerfG, Beschl. v. 1.4.2015 – 2 BvR 3058/14, juris, Rn. 25 m. w. N.

14 *Laskowski*, Gleichberechtigung und Demokratie, in: Institut für Wirtschaftsrecht der Universität Kassel (Hrsg.), 60 Jahre Grundgesetz. Vortragsreihe, Kassel 2010, https://www.uni-kassel.de/ub/index.php?id=39129&h=9783862190027 (17.6.2021), S. 119 ff.; *dies.*, Zur verfassungsrechtlichen Zulässigkeit gesetzlicher Paritéregelungen für die Kommunal- und Landtagswahl in Thüringen, Gutachten im Auftrag von BÜNDNIS 90/DIE GRÜNEN, Landtagsfraktion Thüringen, 2014, https://www.aktionsbuendnis-parite.de/presse/ (17.6.2021); *dies.*, STREIT 2/2015, 51 ff.; *dies.*, Verfassungsrechtlicher Hintergrund der Popularklage „Paritätisches Wahlrecht in Bayern" vom 30.11.2016, 2016, https://www.aktionsbuendnis-parite.de/download-pdfs/ (17.6.2021).

lich aufgenommen hat die Auseinandersetzung in den vergangenen drei Jahren. Die Entwicklung fällt zusammen mit dem Erlass der Paritätsgesetze in Brandenburg und Thüringen im Jahr 2019 und diese wiederum mit dem einhundertjährigen Jubiläum des Frauenwahlrechts, das wohl zur Reflexion der Rolle von Frauen in der Politik anregte.[15] Nach den Gesetzeserlassen haben sich debattenförmige Prozesse entwickelt: So etwa die Auseinandersetzung von *Morlok/Hobusch* und *Meyer* in DÖV und NVwZ, in der djbZ, aber vor allem auch online: Auf JuWiss und dem Verfassungsblog. Hier erschien zum ersten Paritätsurteil aus Thüringen im Juli 2020 das Symposium „Gender Parity in Parliaments“[16]. Dabei hat das Urteil aus Thüringen selbst Debattencharakter, denn es erging mit einer Zwei-Drittel-Mehrheit nebst zwei umfangreichen Sondervoten.

Erkennbar sind also drei Marker im Verlauf: Die Diskussion um freiwillige Quoten, die Landesparitätsgesetze und die Urteile der Landesverfassungsgerichte.[17]

Am 2. Februar 2021 veröffentlichte das Bundesverfassungsgericht zudem einen Wahlprüfungsbeschluss zum Thema Parität. Es hatte über eine Wahlprüfungsbeschwerde zur Wahl des 19. Bundestages zu entscheiden. Die Beschwerdeführerinnen hatten die nichtparitätische Nominierung von Kandidatinnen und Kandidaten als einen erheblichen und beachtlichen Wahlfehler gerügt.[18] Die paritätische Ausgestaltung des Wahlrechts sei verfassungsrechtlich geboten, um die Chancengleichheit von Kandidaten und Kandidatinnen und die effektive Einflussnahme auch des weiblichen Bevölkerungsanteils auf die politische Willensbildung sicherzustellen. Das Bundesverfassungsgericht wies die Beschwerde wegen mangelnder Substantiierung als unzulässig zurück.[19] Im Beschluss zeichnet sich ab, dass das Grundgesetz jedenfalls keine *Pflicht* zur Einführung von Parität statuiert.[20] Die Auswirkungen des Beschlusses auf die Debatte sind noch nicht absehbar. Bisher reagierten vor allem die Presse und soziale Medien. Die ersten Beiträge in Fachmedien spiegeln durchaus die Polarität der Reaktio-

15 Beispielhaft ist die „Jubiläumskampagne“ des BMFSFJ und der EAF Berlin, die zwischen Politik, Wirtschaft, Wissenschaft und Zivilgesellschaft vermittelt, https://www.100-jahre-frauenwahlrecht.de/jubilaeum/ (17.6.2021).

16 https://verfassungsblog.de/category/debates/gender-parity-in-parliaments-debates/ (17.6.2021).

17 ThVerfGH, Urt. v. 15.7.2020 – VerfGH 2/20, NVwZ 2020, 1266; VfGBbg, Urt. v. 23.10.2020 – VfGBbg 55/19, juris; gemeinsam ergangen mit VfGBbg, Urt. v. 23.10.2020 – VfGBbg 9/19, juris.

18 BVerfG, Beschl. v. 15.12.2020 – 2 BvC 46/19, NVwZ 2021, 469 (470).

19 BVerfG, Beschl. v. 15.12.2020 – 2 BvC 46/19, NVwZ 2021, 469 Rn. 35.

20 BVerfG, Beschl. v. 15.12.2020 – 2 BvC 46/19, NVwZ 2021, 469.

nen wider: Während die einen „Todesstoß“[21] für Parität erkennen wollen, nehmen andere eine grundsätzliche Offenheit des Gerichts für Begründungsansätze für Parität wahr; diese ließen sich möglicherweise auf das Demokratieprinzip, vor allem aber Art. 3 Abs. 2 GG stützen.[22] Interessant ist insbesondere, dass das Bundesverfassungsgericht Art. 3 Abs. 2 S. 2 GG als ein der Parteienfreiheit und den Wahlrechtsgrundsätzen gleichrangiges Verfassungsgut ausweist.[23] Diese Hervorhebung des Gleichberechtigungsauftrags hebt sich von den landesverfassungsgerichtlichen Urteilen ab.

IV. Strukturanalyse: Dominante und vernachlässigte Themen des Paritätsdiskurses

In einem nächsten Schritt folgt eine Strukturanalyse. Gefragt wird nach Thematisierungen sowie Dethematisierungen in den jeweiligen Abschnitten.

1. Personelle Hegemonien: Keine Reflexion der Subjektpositionen

Schon die erste Phase verdeutlichte den groben verfassungsrechtlichen Diskussionsrahmen: Es geht um die Wahlrechtsgrundsätze, das Abgeordnetenmandat, die Status der Parteien, Art. 3 GG und das Demokratieprinzip. Worüber nicht gesprochen wurde, ist *wer* spricht: Nämlich mehrheitlich männliche Autoren.[24] Der Grund hierfür ist simpel: Es gab nur wenige Verfassungswissenschaftlerinnen. Der Anteil der Jura-Doktorandinnen lag

21 So der kurze Kommentar zur klausurtauglichen Aufbereitung bei *Wüstenbecker,* RÜ 2021, 179 (182).

22 BVerfG, Beschl. v. 15.12.2020 – 2 BvC 46/19, NVwZ 2021, 469 Rn. 83, 94 ff.; so *Valentiner,* How to…Paritätsgesetz, Mit dem Bundesverfassungsgericht zur verfassungskonformen Regelung, 2021, https://verfassungsblog.de/how-to-paritatsgesetz/ (17.6.2021), die Skepsis gegenüber einer Begründung mit dem Demokratieprinzip äußert.

23 BVerfG, Beschl. v. 15.12.2020 – 2 BvC 46/19, NVwZ 2021, 469 Rn. 97, 99; *Valentiner,* Paritätsgesetz (Fn. 22).

24 *Nohlen,* ZParl 18 (1987), S. 228 (231); *Lange,* NJW 1988, 1174 ff.; *Maidowski,* Umgekehrte Diskriminierung, 1988, S. 196 ff.; *Heyen*, DÖV 1989, 649 ff.; *v. Nieding,* NVwZ 1994, 1171 ff.; sowie die Kommentarliteratur ggü. *Slupik,* JR 1990, S. 317 ff.; *Eulers,* Frauen im Wahlrecht, 1991; *Deller,* Die Zulässigkeit von satzungsrechtlichen und gesetzlichen Quotenregelungen zugunsten von Frauen in politischen Parteien, 1994.

in den Jahren 1980 bis 1990 zwischen ca. 8 und 16%, von Professorinnen bei ca. 1,5 bis 2% und bei Dozentinnen und Assistentinnen sogar rückläufig zwischen 18 und 14% – insgesamt, nicht nur im Öffentlichen Recht.[25] Die akademische Qualifikation wirkt als Mechanismus der Diskursregulierung in Form der Zugangsbegrenzung. Dabei bleibt die ungleiche Verteilung von Qualifikationschancen unreflektiert. Frauen erleben Ausschließungsprozesse in der Rechtswissenschaft unter anderem aufgrund vergeschlechtlichter Substrukturen (beispielsweise aufgrund homosozialer Kooptation zwischen Männern), dem Mangel an geeigneten Mentor:innen sowie tatsächlichen oder erwarteten Vereinbarkeitsproblemen aufgrund vergeschlechtlichter Arbeitsteilung.[26]

In der zweiten Diskussionsphase entstand dann teilweise ein Bewusstsein für die Vermachtung der Debatte. Das gilt insbesondere für die thematisierbaren Inhalte. Zwar wurde nicht gefragt, *wer* diskutiert, zumindest aber nach den inhaltlichen Dominanzen und ihren Wirkungen. Vereinzelt wurden Meta-Analysen insbesondere in Bezug auf die demokratie- und repräsentationstheoretischen Grundannahmen veröffentlicht.[27]

2. *Erster Diskussionsinhalt: Verdeckte repräsentationstheoretische Vorannahmen*

In der zweiten und dritten Diskursphase zeichnete sich mit zunehmender Deutlichkeit eine inhaltliche Hegemonie der monistischen und interessenpluralistischen Repräsentationstheorien ab. Denn argumentiert wird vor allem mit Art. 38 Abs. 1 S. 2 GG (Gesamtrepräsentation, freies Mandat) und innerparteilichen Aggregationsprozessen.[28] Monismus bedeutet, das

25 *Schultz u. a.*, De jure und de facto: Professorinnen in der Rechtswissenschaft, 2018, S. 159; aktuelle Zahlen und Befund anhaltender „eklatanter Unterrepräsentanz" auch bei *Sacksofsky/Stix*, KJ 51 (2018), 464 (473).

26 *Schultz u. a.*, De jure (Fn. 25), S. 452 f.

27 *Röhner*, Ungleichheit und Verfassung, 2019, S. 276 ff.; *Wapler*, JöR 67 (2019), 427 ff.; *dies.*, Die Crux mit der Quote – Paritätsgesetze und demokratische Repräsentation, 2019, https://www.kas.de/de/analysen-und-argumente/detail/-/content/die-crux-mit-der-quote (17.6.2021), S. 7 ff.; *Mangold*, Repräsentation von Frauen und gesellschaftlich marginalisierten Gruppen als demokratietheoretisches Problem, in: Eckertz-Höfer/Schuler-Harms (Hrsg.), Gleichberechtigung und Demokratie – Gleichberechtigung in der Demokratie: (Rechts-)Wissenschaftliche Annäherungen, 2019, S. 111 ff. – Die frühe Analyse *Eulers* wurde zum Veröffentlichungszeitpunkt nicht rezipiert, *dies.* (Fn. 24), S. 68 ff.

28 Früh zum Vorgang in Rheinland-Pfalz schon *Jutzi*, Schriftliche Stellungnahme zur Anhörung „Gendergerechte Demokratie" am 10. Februar 2012 in der Enque-

Volk homogen als Einheit zu denken, das einen Gemeinwillen hat. Partikularinteressen sind dann nicht von Belang. Das Volk als überindividuelle geistige Gemeinschaft kann nur als eben solche, als politische Idee, nicht aber als pluralistische Gemeinschaft von Individuen, repräsentiert werden.[29] Das geht zurück auf *Leibholz* und *Schmitt*. Die Autoren begreifen das Volk als ideelle Einheit, die es mehr als darzustellen gilt: Repräsentation ist Schöpfungsakt. Das Heterogene müsse nach *Schmitt* nötigenfalls ausgeschieden oder vernichtet werden;[30] Repräsentation sei der Vorgang, der das Volk erst existent werden lasse als politische Einheit in Willen und Wirken (abbildend-monistische Repräsentation).[31] Anknüpfungspunkt in diesen Phasen der Paritätsdebatte ist Art. 38 Abs. 1 S. 2 GG: Abgeordnete sind Vertreter des ganzen Volkes.[32] Art. 38 Abs. 1 S. 2 GG lässt sich aber auch kollektiv-prozessual lesen: Die Abgeordneten sind dann in ihrer Gesamtheit für die Gemeinwohl*produktion* verantwortlich.[33] Hier knüpfen prozessual-pluralistische, interessenbezogene Repräsentationstheorien an.[34]

---

te-Kommission 16/2 „Bürgerbeteiligung", S. 11 f.; weitere Nachweise bei *Wapler*, Crux (Fn. 27), S. 8 ff.

29 *Leibholz*, Das Wesen der Repräsentation und der Gestaltwandel der Demokratie im 20. Jahrhundert, 3. Aufl., 1966, S. 46, 48, 63 f.; *Neumann*, Repräsentation als staatsrechtswissenschaftliches Thema vom Vormärz bis heute, in: Voigt (Hrsg.), Repräsentation. Eine Schlüsselkategorie der Demokratie, 2019, S. 15 (28 ff.).

30 *Schmitt*, Die geistesgeschichtliche Lage des Parlamentarismus, 10. Aufl. 2017 [1923], S. 14.

31 *Leibholz*, Repräsentation (Fn. 29), S. 47 (57 f.); *Schmitt*, Verfassungslehre, 5., unveränderte Aufl. 1970 [1928], S. 10, 209 ff., 223; hierzu *Fraenkel*, Der Pluralismus als Strukturelement der freiheitlich-rechtsstaatlichen Demokratie [1964], in: v. Brünneck, (Hrsg.), Ernst Fraenkel, Gesammelte Schriften, 6 Bd., Bd. 5, Demokratie und Pluralismus, 2007, S. 256 (264 f.); *Hofmann*, Legitimität gegen Legalität, Der Weg der politischen Philosophie Carl Schmitts, 6., unveränderte Aufl., 2020, S. 125.

32 Die ideelle Theorie begreift das *abbildend:* Die einzelnen Abgeordneten an sich verkörpern das Gemeinwohl. Daneben gibt es eine, eng verwandte, prozessual-monistische Wendung: Die einzelnen Abgeordneten *produzieren* in *individuellen* Reflexionsprozessen das Gemeinwohl.

33 So der BayVerfGH, Entsch. v. 26.3.2018 – Vf. 15-VII-16, NVwZ-RR 2018, 457 Rn. 112: Das freie Mandat soll die jeweiligen Abgeordneten befähigen, am „Integrationsprozess der Herausbildung eines überindividuellen Gesamtwillens mitzuwirken".

34 *Fraenkel*, Pluralismus (Fn. 31), S. 280; *Hofmann/Dreier*, Repräsentation, Mehrheitsprinzip und Minderheitenschutz, in: Schneider/Zeh (Hrsg.), Parlamentsrecht und Parlamentspraxis in der Bundesrepublik Deutschland, 1989, § 5 Rn. 23.

Röhner hat herausgearbeitet, dass der Interessenpluralismus soziale Ungleichheit dethematisiert.[35] Die Artikulationsbedingungen im politischen Wettbewerb werden nicht reflektiert. Dies kann durch teilhabe- und perspektivitätsbezogene Repräsentationstheorien überwunden werden, auf die sogleich eingegangen werden soll. Dass es verschiedene Konzepte gibt, wird zumeist verschwiegen.[36] Art. 38 Abs. 1 S. 2 GG und das Demokratieprinzip werden mit der herrschenden Meinung als monistisch und interessenpluralistisch in Stellung gebracht. Sofern Beiträge überhaupt ihre repräsentationstheoretischen Grundannahmen offenlegen, setzen sie sich regelmäßig nicht mit deren historischer Perspektivität auseinander. Wenn aber Repräsentation mit dem formal gleichen Wahlrecht gleichgesetzt wird, gilt zu berücksichtigen, dass diese aus einer spezifischen Situation erwachsen ist, um spezifische Probleme zu lösen.[37] Die Übertragbarkeit auf Problemlagen einer modernen, sozial zerklüfteter Gesellschaft müsste begründet werden.

Immer wieder finden sich allerdings Gedanken zu „spiegelbildlicher Repräsentation"[38]. Die Drohkulisse eines vermeintlich wiederkehrenden „Ständestaates" wirkt, doch handelt es sich hierbei um einen rhetorischen Strohmann. Dieser passt sich *prima facie* gut in das Argumentationsschema um Art. 38 Abs. 1 S. 2 GG ein. Das freie Mandat bringe zum Ausdruck, dass eine inhaltliche Bindung an regionale und gesellschaftliche Gruppen unerwünscht sei.[39] Ein spiegelbildliches, besser als abbildend-pluralistisches zu beschreibendes Repräsentationsverständnis ist aber nicht Kern der paritätischen Forderung. Im Vordergrund stehen pluralistische Prozesse und die Reflexion von Gleichheit im Verfassungsstaat.

---

35 *Röhner*, DER STAAT 59 (2020), S. 421 (430).

36 Selbst in ihrer zunächst ausführlicher wirkenden Auseinandersetzung lesen *Iwers/Platter* ohne nähere Begründung nur einen formal-autorisierenden Repräsentationsbegriff ins Grundgesetz ein und lassen so materiale Repräsentation unberücksichtigt, *dies.*, Geschlechterparität bei Landtagswahlen, LT Brandenburg, Parlamentarischer Beratungsdienst, 2018, S. 54 f.; oberflächlich bleiben auch *Morlok/Hobusch*, DÖV 2019, 14 (17).

37 *Röhner*, DER STAAT 59 (2020), S. 421 (438 f.).

38 BayVerfGH, Entschd. v. 26.3.2018 – Vf. 15-VII-16, NVwZ-RR 2018, 457 Rn. 114, *Jutzi*, Stellungnahme (Fn. 28), S. 9 ff.; *Burmeister/Greve*, ZG 34 (2019), 154 (162); *Pernice-Warnke*, DVBl. 2020, 81 (86); differenzierter *v. Ungern-Sternberg*, JZ 2019, 526 (531 f.).

39 BVerfG, Beschl. v. 15.12.2020 – 2 BvC 46/19, NVwZ 2021, 469 Rn. 66; *Butzer*, NdsVBl. 2019, 10 (16).

3. Zweiter Diskussionsinhalt: Materialer und formaler Gleichheitsbegriff

Neben dem Verständnis von Repräsentation bildet jenes von Gleichheit die zweite Schlüsselfrage der Debatte. Ein breiteres Bewusstsein hierfür besteht seit der zweiten Phase des Diskurses.[40] Gegenüber stehen sich ein formaler und materialer Gleichheitsbegriff. Die formale Gleichheit ist ein Produkt der liberalen Demokratie, der Egalisierung der Staatsbürgerlichkeit. Sie durchzieht die verfassungsrechtliche Argumentation gegen Paritätsgesetze als ein roter Faden und wird immer dann ersichtlich, wenn der allgemeine oder die speziellen Gleichheitssätze bespielt werden: Bei den Differenzierungsverboten der Wahlrechtsgleichheit, der Chancengleichheit der Parteien und den Absätzen 2 und 3 des Art. 3 GG – jedenfalls in ihrer traditionellen Lesart. Formale Gleichheit meint: Alle sind vor dem Gesetz gleich. Dem wird entgegengehalten: Die Gesellschaft und damit auch die staatsbürgerlichen Partizipationsbedingungen sind ungleich. Das gelte es aufzuholen.

Materiale Gleichheit wurde vereinzelt schon in der ersten Phase des Diskurses betont.[41] In der zweiten Phase wurden dann vermehrt das Demokratieprinzip und die Volkssouveränität in Stellung gebracht.[42] Es heißt hier: Materiale Gleichheit knüpft an die allgemeine Menschengleichheit an und zielt auf die größtmögliche Freiheit aller Herrschaftsunterworfenen ab; sie fordert daher gleiche Zugänge zur Staatsgestaltung ein. Ein materiales Gleichheitsverständnis setzt also die Einebnung von Partizipationshindernissen voraus. Angesichts vermachteter Sozialstrukturen ist materiale Gleichheit nichts anderes als die logische Konsequenz der liberalen Theorie des Staates als Zusammenschluss freier und gleicher Subjekte; ein demokratisches Prinzip.[43] Formale Gleichheit hingegen produziere Ausschlüsse.

Dieser Argumentationsstrang hat durch das Paritätsurteil aus Thüringen und dessen Rezeption im genuinen Paritätsdiskurs noch einmal Aufwind erlangt. Auf der Zeitachse markiert dies die dritte Zäsur des Paritätsdis-

40 *Röhner,* Ungleichheit (Fn. 27), S. 293; *Wawzyniak,* in: LT Bbg, P-AIK 6/45 vom 25.5.2018, S. 16; *Laskowski,* Pro Parité! Ein verfassungskonformes Wahlrechtsmodell, in: Eckertz-Höfer/Schuler Harms (Fn. 27), S. 125 (139 ff.), die für ein „Recht der Bürgerinnen und Bürger auf gleichberechtigte demokratische Teilhabe und effektive Einflussnahme" sowie einen „Anspruch auf tatsächliche Chancengleichheit der Wahlbewerberinnen" argumentiert; *Wapler,* JÖR 67 (2019), 427 (447).

41 *Eulers* (Fn. 24), S. 87 f.

42 *Sacksofsky,* JÖR 67 (2019), 377 (390); *Wapler* JÖR 67 (2019), 427 (429, 432).

43 BVerfG, Urt. v. 17.1.2017 – 2 BvB 1/13, BVerfGE 144, 20 (208).

kurses. Die Senatsmitglieder *Licht* und *Petermann* aus Thüringen stellen in ihrem Sondervotum explizit auf materiale Gleichheit ab und berufen sich auf einen einen soziologischen Begriff der strukturellen Diskriminierung[44]. Darunter verstehen sie die Benachteiligung einzelner Gruppen aufgrund der Organisation der Gesellschaft. Die strukturelle Benachteiligung von Frauen sei aufzuarbeiten; hierfür eigne sich die Quote, die im Förderauftrag in der Landesverfassung beziehungsweise des Grundgesetzes[45] ihr rechtliches Fundament finde.

Erkennbar ist die Entwicklung von Gleichheitsrechten hin zu materialer Gleichheit. Dies hat *Mangold* in einem Drei-Phasen-Modell herausgearbeitet.[46] Die erste Phase sei durch die Versagung der Rechtsgleichheit gekennzeichnet. Damit einher gehe die Aberkennung der gleichen Menschenwürde der Ausgeschlossenen.[47] In der zweiten Phase folge die rechtliche Gleichstellung. Insofern würden die aus der Aberkennung gleicher Würde herrührenden Differenzierungen abgebaut.[48] Instrument der Angleichung sind formale Differenzierungsverbote. Der Gleichheitsbegriff der dritten Phase, ein materialer, eigne sich schließlich, um die tatsächliche Gleichberechtigung gegen faktische Diskriminierung durchzusetzen und so an den gesellschaftlichen Machtverhältnissen zu rütteln. Dies kann durch die Auslegung von Gleichheitssätzen als Dominierungs- beziehungsweise Hierarchisierungsverbote geschehen.[49] Dem gehe die Einsicht voraus, dass das formale Gleichheitsverständnis Machtstrukturen unberührt lasse, denn

---

44 ThVerfGH, Urt. v. 15.7.2020 – VerfGH 2/20, NVwZ 2020, 1266 (1275).

45 Dass die Senatsmehrheit einzig Art. 2 Abs. 2 ThürVerf heranzieht und nicht Art. 3 Abs. 2 S. 2 GG als „Auffangrundrecht“ prüft, ist nicht zu beanstanden, denn Art. 142 GG begründet als *lex specialis* zu Art. 31 GG die „Doppelspurigkeit“ des Grundrechtsschutzes auf Landes- und Bundesebene, aufgrund derer auch Minder- und Mehrgewährleistungen wirksam bleiben können, hierzu BVerfG, Beschl. v. 15.10.1997 – 2 BvN 1/95, BVerfGE 96, 345 (365) und *Rozek*, AöR 119 (1994), 450 (464).

46 *Mangold*, RphZ 2 (2016), 152 (160 ff.); ähnlich schon früher *Sacksofksy*, Diskriminierung und Gleichheit – aus verfassungsrechtlicher Perspektive, in: Opfermann (Hrsg.), Unrechtserfahrungen. Geschlechtergerechtigkeit in Gesellschaft, Recht und Literatur, 2007, S. 31 (38 ff.).

47 *Mangold*, RphZ 2 (2016), 152 (160).

48 *Mangold*, RphZ 2 (2016), 152 (160).

49 *Mangold*, RphZ 2 (2016), 152 (161 f.) mit Hinweisen auf die zugrundeliegenden Arbeiten von *MacKinnon, Baer und Sacksofsky*.

vermeintlich neutrale Vorschriften wirkten sich auf verschiedene gesellschaftliche Gruppen andersartig aus.[50]

V. Mangelnde Reflexion von Diskursinhalt und -akteuren

Fragen wir wieder: Wer spricht worüber (nicht) und was bewirkt das? Zunächst einmal: Auch in der dritten Phase wird kaum gefragt, wer spricht.[51] Deutlich wird dies etwa in Bezug auf enby-Personen[52], also solchen, deren Geschlecht nicht der binären Geschlechterordnung folgt. Als Sprachrohr für enby-Personen hat sich bisher vor allem die Piratenpartei Brandenburg positioniert und eine Beschwerde beim Landesverfassungsgericht gegen das Paritätsgesetz eingelegt.[53] Nicht-binäre Stimmen in Fachzeitschriften, sonstigen wissenschaftlichen Publikationen oder den Spruchkörpern fehlen.

Enby-Personen wurden auch inhaltlich in der Paritätsdebatte lange vernachlässigt. Im Anschluss an das Urteil des Bundesverfassungsgerichtsurteil zur Dritten Option erhöhte sich ihre Sichtbarkeit.[54] Dabei liegt ihr Einbezug gegenüber anderen marginalisierten Gruppen aufgrund der Verortung der Diskussion in der Ungleichheitsdimension Geschlecht doch eigentlich nahe und ist ihre Berücksichtigung doch gerade Konsequenz der materialen Gleichheit. Doch wird dies im Paritätsdiskurs mehr als Bedrohung denn als Chance wahrgenommen: Das Landesverfassungsgericht Brandenburg etwa stellte in Bezug auf Art. 3 Abs. 3 S. 1 GG ausschließlich auf eine Benachteiligung von Männern und Frauen gegenüber personenstandsrechtlich als „divers" oder ohne Geschlechtseintrag registrierten Per-

---

50 *Sacksofsky*, Das Grundrecht auf Gleichberechtigung, Eine rechtsdogmatische Untersuchung zu Artikel 3 Absatz 2 des Grundgesetzes, 2. Aufl., 1996, S. 97; *Mangold*, RphZ 2 (2016), 152 (161).

51 Vereinzelt wurde darauf hingewiesen, dass die einzigen beiden Richter*innen* des Thüringer Verfassungsgerichtshofes ihre Argumentation für Parität entgegen der männlichen Mehrheit in den Sondervoten behaupteten; kritische Reaktionen kamen überwiegend von Juristinnen, hierzu *Klafki*, DÖV 2020, 856 (862).

52 Begriffserklärung im queerfeministischen Glossar der TU Dortmund: http://gleichstellung.tu-dortmund.de/cms/de/Themen/klargestellt/index.html#007-Enby (17.6.2021).

53 Für erledigt erklärt durch VfGBbg, Beschl. v. 11.12.2020 – VfGBbg 16/19, juris.

54 Das BVerfG entschied, dass die geschlechtliche Identität von enby-Personen sowohl durch Art. 2 i. V. m. Art. 1 Abs. 1 GG (Allgemeines Persönlichkeitsrecht) als auch Art. 3 Abs. 3 S. 1 GG geschützt werde, BVerfG, Beschl. v. 10.10.2017 – 1 BvR 2019/16, BVerfGE 147, 1 (1).

sonen ab, denen eine größere Auswahl an Listenplätzen zur Verfügung stehe. Auf einen Vergleich zwischen Männern und Frauen komme es nicht an. Dem liegt wiederum formale Gleichheit zugrunde, die die spezifische Marginalisierung von enby-Personen nicht reflektiert.

VI. Intersektionale Parität – ein Oxymoron?

Weiterführend hingegen ist die Frage nach einem Ansatz für Parität, der kohärent aus pluralistischer Repräsentationstheorie und materialer Gleichheit folgt. Nichtbinarität bettet sich in eine intersektionale Reflexion ein, die die Chance einer weiterreichenden Analyse zugrundeliegender Machtstrukturen birgt.

Intersektionalität meint mit *Crenshaw* die Verschränkung mehrerer, Ungleichheit produzierender Strukturkategorien.[55] Aus einer Analyse mehrerer US-amerikanischer Gerichtsurteile zur Diskriminierung Schwarzer[56] Frauen schloss sie, dass Schwierigkeiten für Mehrfachdiskriminierte immer dann entstehen, wenn verlangt wird, dass diese die Ungleichbehandlung entlang einer eindimensionalen Ungleichheitsachse begründen.[57] Ohne ein Verständnis für das Zusammenwirken mehrerer Strukturkategorien kann Diskriminierung nicht umfassend begriffen werden, weil durch die eindimensionale Herangehensweise ein Verständnis für die Heterogenität von sozialen Gruppen und der damit verbundenen Binnenhierarchisierung verloren geht.[58] So erfahren Schwarze Frauen sowohl doppelte Diskriminierung – nämlich als Schwarze und als Frauen – als auch spezifische Diskriminierung durch die Verschränkung der beiden Ungleichheitsachsen der rassistischen Diskriminierung und Vergeschlechtlichung.[59]

Eine intersektionale Herangehensweise ermöglicht also eine tiefergreifende Auseinandersetzung mit den zugrundeliegenden Herrschaftssyste-

55 Grdl.: *Crenshaw*, Demarginalizing the Intersection of Race and Sex: A Black Feminist Critique of Antidiscrimination Doctrine, Feminist Policy and Antiracist Politics, University of Chicago Legal Forum 1/1989, 141 ff.

56 Zu Schreibweise und rassismussensibler Sprache: GWI/CIJ (Hrsg.), „Reach Everyone on the Planet…" – Kimberlé Crenshaw und die Intersektionalität, 2019, https://www.gwi-boell.de/de/reach-everyone-planet-kimberle-crenshaw-und-die-intersektionalitaet (17.6.2021).

57 *Crenshaw* (Fn. 55), 149.

58 *Crenshaw* (Fn. 55), 140, 151; *Baer*, Der problematische Hang zum Kollektiv und ein Versuch, postkategorial zu denken, in: Jähnert/Aleksander/Kriszio (Hrsg.), Kollektivität nach der Subjektkritik, 2013, S. 47 (53).

59 *Crenshaw* (Fn. 55), 149; *Roig*, djbZ 22, Heft 2, 71 (71).

men als eine nur eindimensionale Vergleichslogik. Das heißt, die Verschränkungen von Patriarchat, Kolonialismus, Rassismus und Kapitalismus werden offengelegt.[60] Sie ist auch normativ anspruchsvoller, weil sie auf eine Restrukturierung dieser Systeme abzielt.[61] Für die Paritätsdiskussion birgt eine intersektionale Herangehensweise daher die Chance, Ausschlüsse im politischen Bereich umfassender als nur in der Geschlechterdimension zu verstehen (interkategorialer Ansatz)[62]. Die alleinige Berücksichtigung von Vergeschlechtlichung kennzeichnet sie als unzureichend. Denn ein solcher Ansatz läuft zum einen Gefahr, Binnenhierarchisierungen innerhalb der Geschlechterdimension auszublenden, zum anderen stellt sich die Frage, warum nur Geschlecht und nicht etwa Ausschlüsse aufgrund rassistischer Diskriminierung, Klasse, Körper, Sexualität oder Religion aufgeholt werden sollten.[63]

Dass unsere Gesellschaft sich entlang verschiedener Ungleichheitsachsen strukturiert, von denen Geschlecht nur eine ist, erkennt jetzt auch das Bundesverfassungsgericht. In seiner Wahlprüfungsentscheidung vom 15. Dezember 2020 heißt es: „Führt die fehlende Geschlechterparität zu einem demokratischen Legitimationsdefizit, müsste dies wohl auch bei sonstigen Defiziten in der Abbildung des Elektorats [...] gelten."[64] *Mangold* hat den Wahlprüfungsbeschluss als „Bastelanleitung" für Parität bezeichnet.[65] Denn aus der Ablehnung einer Normsetzungspflicht folgt nicht, dass ein Paritätsgesetz nicht vom Entscheidungsspielraum der Legislative gedeckt sein kann: Der Beschluss weist explizit darauf hin, dass für eine solchen Maßnahme überzeugende Begründungen aus dem Demokratieprinzip, dem Repräsentationsgedanken und aus Art. 3 Abs. 2 S. 2 GG entwickelt werden müssten.[66]

60 *Crenshaw* (Fn. 55), 152; *Roig*, djbZ 22, Heft 2, 71 (71 f.).

61 *Roig*, djbZ 22, Heft 2, 71 (73).

62 *McCall*, Signs 30 (2005), Heft 3, 1771 (1773, 1784 ff.).

63 Als Vorfrage stellt sich vonseiten der poststrukturalistischen Geschlechtertheorie, ob Kategorisierungen im Recht überhaupt nützlich oder zur Vermeidung ihrer Perpetuierung gänzlich zu verabschieden sind, *Butler*, Gender Trouble, feminism and the subversion of identity, New York, 1990. Ich gehe hier mit *Baer*, deren postkategorialer Ansatz Kategorisierungen als Produkte gesellschaftlicher Machtstrukturen reflektiert, also einen nicht-essentialisierenden Umgang mit ihnen pflegt, *dies.*, Kollektiv (Fn. 58), S. 62 ff. Das heißt: Solange unsere Gesellschaft durch Ungleichheit strukturiert ist, darf Recht an Ungleichbehandlung anknüpfen, um Hierarchien einzuebnen.

64 BVerfG, Beschl. v. 15.12.2020 – 2 BvC 46/19, NVwZ 2021, 469 Rn. 73.

65 https://twitter.com/feministconlaw/status/1356535912642011136 (17.6.2021).

66 BVerfG, Beschl. v. 15.12.2020 – 2 BvC 46/19, NVwZ 2021, 469 Rn. 54.

Hierfür gibt es mehrere Ansätze, die zumindest teilweise auch eine intersektionale Reflexion beinhalten. Diese sollen hier zumindest kurz angerissen werden.[67] Für Parität wird einerseits mit einem spezifischen Ausschluss von Frauen argumentiert. *Rodríguez-Ruiz* und *Rubio-Marín* haben ein geschlechtsspezifisches Teilhabeargument entwickelt.[68] Demnach beruhe unsere Gesellschaft auf der Dichotomie privat/öffentlich, die in weiblich/männlich übersetzt werde. Der daraus resultierende Ausschluss von Frauen solle nun aufgeholt werden. *Laskowski* argumentiert ähnlich. Parität sei also die Antwort auf die spezifische Situation von Frauen, was ähnliche oder andersartige Lösungen für andere Strukturkategorien zwar nicht ausschließt, allerdings auf das Bedürfnis gesonderter Problemanalysen hinweist.[69] Jedoch bleiben auf diese Weise Binnenhierarchisierungen innerhalb der Kategorisierung „Frauen" erhalten und die Chance einer umfassenden Reflexion von sozialer Ungleichheit wird ausgeschlagen.

Eine andere Begründungsvariante zielt auf die Schaffung fairer und ertragreicher Bedingungen der Gemeinwohlproduktion ab. *Young* hat *Habermas*' Deliberationstheorie auf hierarchisch geordnete Gesellschaften angewendet. Sie hat erkannt, dass sich die dominante Perspektive regelmäßig als universal und neutral geriert und folglich auch bestimmt, was im Diskurs als sagbar und belastbar gilt.[70] Situiertes Wissen – auch solches, das aus Exklusionserfahrungen erwächst – sei eine politische Ressource.[71] Vielfalt gilt als Gewinn: Die multiperspektivische Betrachtung politischer Problemstellungen führe zu praktikableren Lösungen als die Orientierung an monoperspektivischen Allgemeinplätzen.

Phillips schließlich argumentiert mit demokratischer Teilhabegerechtigkeit für eine Einbindung vormals Ausgeschlossener in staatliche Strukturen als Ausdruck ihrer Anerkennung als politisch Gleiche.[72] Damit weist sie über die Geschlechterdimension hinaus. Im Kern handelt es sich um ein demokratisches Antidiskriminierungsrecht, das an Art. 3 Abs. 3 S. 1 GG anknüpfen kann. Hier von Interesse ist insbesondere das Urteil des Bundesverfassungsgerichts zur „Dritten Option".

---

67 Siehe ausführlicher auch den Beitrag *Röhners* in diesem Band, S. 97 f.

68 *Rodríguez-Ruiz/Rubio-Marín*, On Parity, Interdependence, and Women's Democracy, in: Baines/Barak-Erez/Kahana (Hrsg.), Feminist Constitutionalism. Global Perspectives, Cambridge, 2012, S. 188 (200).

69 *Rodríguez-Ruiz/Rubio-Marín*, Parity (Fn. 68), S. 201.

70 *Young*, Inclusion and Democracy, Oxford, 2002, S. 108, 116.

71 *Young*, Inclusion (Fn. 70), S. 144 ff.

72 *Phillips*, The Politics of Presence, Oxford u. a., 1998, S. 40.

VII. Fazit und Ausblick: Ansätze eines demokratischen Antidiskriminierungsrechts

Karlsruhe hat festgestellt: „Zweck des Art. 3 Abs. 3 Satz 1 GG ist es, Angehörige strukturell diskriminierungsgefährdeter Gruppen vor Benachteiligung zu schützen“[73]. Das wirft einmal mehr die Frage auf, was genau Benachteiligung heißt. In Geschlechterfragen, in denen der Schutz vor mittelbarer Diskriminierung schon lange anerkannt ist, stellte das Bundesverfassungsgericht bisher inkonsistent mal auf Art. 3 Abs. 2, mal auf Abs. 3 GG ab. Die Literatur diskutierte, ob das eine geschlechtsspezifische Sonderdogmatik oder in letzter Konsequenz eine Ausweitung des Schutzes des Art. 3 Abs. 3 S. 1 GG sei.[74] Die Anerkennung strukturell diskriminierungsgefährdeter Gruppen im Urteil zur „Dritten Option“ bedeutet, dass das Gericht von einer sozial vermachteten Gesellschaft ausgeht. Zwar betrifft das Urteil die Ungleichheitsdimension Geschlecht und das Bundesverfassungsgericht diskutiert primär den Diskriminierungsschutz von enby-Personen in Bezug auf die Normsystematik der Art. 3 Abs. 2 und 3 GG – doch stieß es das Tor zu einem breiteren, das heißt auf alle in Abs. 3 genannten Strukturkategorien und gesellschaftliche Verhältnisse bezogenen Diskriminierungsschutz ein Stück weiter auf.[75] Es bleibt insofern abzuwarten, ob und wie dieser Ansatz weiterentwickelt wird.

Interessant in diesem Zusammenhang ist auch die Novelle des Berliner Gesetzes zur Förderung der Partizipation in der Migrationsgesellschaft. Im Rechtsgutachten hierzu heißt es: „Positive Maßnahmen sollen gerade vor Diskriminierung schützen und auch die Ausübung von Grundrechten [...] ermöglichen. Eine kompensierende Bevorzugung hinsichtlich einer der in Art. 3 Abs. 3 S. 1 GG genannten Kategorien kann daher [...] erforderlich sein.“[76] Hiermit werden verschiedene positive Maßnahmen zur Durchset-

---

73 BVerfG, Beschl. v. 10.10.2017 – 1 BvR 2019/16, BVerfGE 147, 1 (28); vgl. auch BVerfG, Beschl. v. 26.1.1993 – 1 BvL 40/92, BVerfG, Beschl. v. 26.1.1993 – 1 BvL 38, 40, 43/92, BVerfGE 88, 87 (96) und BVerfG, Beschl. v. 27.8.2003 – 2 BvR 2032/01, NJW 2004, 50 Rn. 17.

74 *Heun*, in: Dreier (Hrsg.), GG-Kommentar, Bd. 1, 3. Aufl. 2013, Art. 3 Rn. 104.

75 Dies beobachtet auch *Markard*, Struktur und Teilhabe: zur gleichheitsdogmatischen Bedeutung der „Dritten Option“, 2017, https://verfassungsblog.de/struktur-und-teilhabe-zur-gleichheitsdogmatischen-bedeutung-der-dritten-option/ (17.6.2021). –Zu einem material-asymmetrischen Gleichheitsrecht aus Art. 3 Abs. 3 S. 1 GG insgesamt *Baer/Markard*, in: v. Mangoldt/Klein/Starck, GG-Kommentar, Bd. 1, 7. Aufl. 2018, Art. 3 Abs. 2 und 3 Rn. 418 ff.

76 Art. 3 Abs. 3 S. 1 GG sei ein Grundrecht mit nachteilsausgleichendem Gehalt zugunsten von Menschen mit Migrationshintergrund, *Liebscher*, Möglichkeiten zur

zung der gleichberechtigten Teilhabe und gesellschaftlichen und politischen Partizipation von Menschen mit Migrationsgeschichte begründet.[77] Art. 3 Abs. 3 S. 1 GG erlebt eine Fortentwicklung hin zu intersektionaler materialer Gleichheit.

Liegt hierin, also in der material-gleichheitsrechtlichen Öffnung des Art. 3 Abs. 3 S. 1 GG, der Schlüssel für ein demokratisches Antidiskriminierungsrecht anstelle der 50/50-Parität? Diese Frage kann hier nicht abschließend beantwortet werden. Es liegen andere Vorschläge vor, wie *Critical-Mass*-Quoten, reservierte Sitze oder themenbezogene Veto- und Anhörungsrechte.[78] *De lege lata* dürfte sich angesichts der hervorgehobenen Stellung des Art. 3 Abs. 2 S. 2 GG eine Frauenquote mit Ausnahmeregelung für enby-Personen vertreten lassen.

Abschließend nun das diskursanalytische Fazit: Die herrschende Meinung legt ihre Perspektivität nicht offen und dominiert den Diskurs. Sie blendet dabei Ungleichheit aus. Bleiben wir bei *Young*: Die dominante Position geriert sich auch beim Thema Parität als neutral und bestimmt die Diskursregeln: Das Strohmannargument der „spiegelbildlichen Repräsentation" ist ein Beispiel hierfür. Denn es trägt inhaltlich wenig, verschiebt aber den Diskurs. Sodass die eigentlichen Themen – materiale Gleichheit und faire Deliberation – untergehen. Deren Ausblendung hat in der Praxis zur Nichtigerklärung zweier Paritätsgesetze geführt, beantragt durch die AfD. Der Diskurs übersetzt sich in Recht, übersetzt sich in gesellschaftliche Realität – und diese prägt wiederum die Deliberationsbedingungen.

Das Bundesverfassungsgericht verlangt in seinem jüngst veröffentlichen Beschluss eine intersektional reflektierte Begründung für Parität und weist dafür auf das Demokratieprinzip und vor allem Art. 3 Abs. 2 GG hin. Der Weg zu fairer Deliberation führt über faire Deliberation: Diskutieren wir miteinander nicht nur über die Unmöglichkeiten, sondern auch über

---

Verbesserung der Chancen für Menschen mit Migrationshintergrund/Migrationsgeschichte durch eine Novellierung des PartIntG Berlin, Rechtswissenschaftliches Gutachten, 2019, S. 24 f.; https://www.berlin.de/lb/intmig/themen/partizipation-in-der-migrationsgesellschaft/ (17.6.2021).

77 Beauftragte für Integration und Migration des Senats von Berlin, Eckpunktepapier zur Novelle des PartIntG, S. 1, https://www.berlin.de/lb/intmig/themen/partizipation-in-der-migrationsgesellschaft/#Materialien (17.6.2021); als Menschen mit Migrationsgeschichte definiert es solche, die selbst eingewandert sind oder eine familiäre Migrationsgeschichte haben sowie jene, denen eine Migrationsgeschichte aufgrund ihres Namens oder Aussehens zugeschrieben wird, ebd., S. 2.

78 Ein möglicher Ansatz für die Identifizierung hierzu Berechtigter könnte sich aus den Betroffenheitskollektiven aus dem Internationalen Recht entwickeln lassen, siehe hierzu den Beitrag *Markus Hasls* in diesem Band, S. 297.

Möglichkeiten von Parität. Eingangs wurde auf die Veröffentlichungsbedingungen dieses Beitrags hingewiesen. Fragen wir weiter: Wer bleibt stumm, wer publiziert nicht? Wer kann die eigene, möglicherweise sehr hilfreiche Perspektive auf politische Partizipation hier und andernorts nicht einbringen? Auch die geänderten Bedingungen für Wissensproduktion in der Corona-Pandemie sollten nicht unberücksichtigt bleiben; denn Bibliotheken als Arbeitsplätze und Rechercheorte blieben weitestgehend geschlossen.[79] Deliberation heißt Austausch nicht nur mit „Gleichen", sondern auch mit den als „ungleich" Markierten. Der Zugang zur Diskussion, zur Artikulation erlebter Entrechtung, öffnet Tür und Tor zum Recht. Diese Zugänge zu schaffen ist nicht nur fair und produktiv, es ist ein demokratisches Prinzip.

79 Zu den Herausforderungen für die Forschung unter Pandemiebedingungen: *Cichon/Weber*, Digital forschen und promovieren in Zeiten der Corona-Krise, https://www.juwiss.de/114-2020/ (17.6.2021); zu Veröffentlichungen von Frauen und der Corona-Krise, *dies.*, in: djbZ 23, S. 167 ff. – Ermöglichungsbedingungen einer Publikation in der Pandemiezeit ist auch der Zugang zu wissenschaftlichen und räumlichen Ressourcen; ich danke insofern der juristischen Fakultät der WWU Münster und dem Team des Rechtwissenschaftlichen Seminars für die Einrichtung des Scanservice, weise aber gleichsam darauf hin, als externe Promovierende in der aktuellen Situation zunehmend auf Onlinequellen angewiesen zu sein. Dank gebührt ferner *Carolin Stix*, *Markus Hasl* und *Ulrike Jürschik* für ihre wertvollen Anmerkungen zum Beitragsmanuskript.

Zur ambivalenten Geschichte der deutschen Amtssprache

Sarah Praunsmändel

Abstract: *Anhand der Geschichte der deutschen Amtssprache, der ihr zugrunde liegenden Sprachenpolitik und den diese leitenden zeitgeschichtlichen Ideen und Kräften offenbart sich die grundsätzliche Ambivalenz des Sprachenrechts: Die deutsche Amtssprache hat je nach zeitgeschichtlichem Kontext entweder den Zugang zu Recht gewährt oder verhindert. Im historischen Großbild, beginnend mit der Gegenwart und zurückgehend bis in das Heilige Römische Reich, zeigt sich, dass der im Deutschen Kaiserreich aufkommende Nationalismus, der die notwendige Einheit von Volk, Nation und Sprache postulierte, den Wendepunkt hin zu gruppenspezifischen Amtssprachenregelungen markiert. Auch § 23 Abs. 1 VwVfG, der 1973 aufgrund der Sprachenprobleme der Verwaltung im Angesicht zahlreicher „Gastarbeiter" eingeführt wurde, lässt sich in seinem Entstehungskontext als gruppenspezifische Regelung begreifen.*

I. Einführung

Sprechen zu dürfen und gehört zu werden[1] sind zentrale Voraussetzungen für den Zugang zu Recht. Hieraus folgt, dass Sprachbarrieren in rechtsstaatlichen Verfahren keine Hindernisse sein dürfen.[2] Für die Gerichtsbarkeit bestimmt § 184 S. 1 GVG: „Die Gerichtssprache ist deutsch", ergänzend legen die §§ 185 ff. GVG umfassende Übersetzungspflichten fest.

Auch wenn der Wortlaut des § 184 S. 1 GVG dem Wortlaut des § 23 Abs. 1 VwVfG („Die Amtssprache ist deutsch") zwillingshaft ähnelt, können wir nicht von einem vergleichbaren Schutzniveau für deutschunkundige Verfahrensbeteiligte im Verwaltungsverfahren sprechen. Denn

1 *Remmert*, in: Maunz/Dürig, Grundgesetz-Kommentar, 92. EL August 2020, Art. 103 Rn. 60 f. u. 92 f., gängig formuliert als *Äußerungsrecht* und das *Recht auf Berücksichtigung*.

2 Das Recht auf Zuziehung eines/r Dolmetschers/in im Gerichtsverfahren ergibt sich für das Zivilverfahren wohl direkt aus Art. 103 Abs. 1 GG, speist sich aber auch aus dem Grundrecht auf ein faires Verfahren: *Remmert*, GG (Fn. 1), Art. 103 Rn. 31, insbes. Fn. 2.

obwohl auch im Verwaltungsverfahren das Recht auf ein faires Verfahren[3] und das Recht auf Gehör gelten,[4] kennt es, anders als das gerichtliche Verfahren, keine generelle staatliche Übersetzungspflicht.[5] Diese monolinguale Ausrichtung des Verwaltungsverfahrens trägt Geschichte in sich.

In einem ersten Schritt soll es um die Entstehungsgeschichte des § 23 VwVfG gehen, bevor die historische Entwicklung der deutschen Amtssprache beginnend mit dem Heiligen Römischen Reich zurückverfolgt wird. Dabei gilt der Blick mehr den großen ideengeschichtlichen Entwicklungsbögen, die verändernden Einfluss auf die Amtssprache hatten, als einer vollständigen rechtshistorischen Abbildung. Dieser rechtsgeschichtliche Ansatz will also weniger die Entstehung der Amtssprache nachzeichnen, als vielmehr den Versuch unternehmen, die Ursachen und Kräfte, die Gedanken und geistigen Strömungen aufzudecken, die die Entwicklung der Rechtsidee (deutsche) Amtssprache beeinflusst haben und vor allem: noch im Gegenwartsrecht fortwirken.[6]

II. Die Entstehung der Amtssprachenregelung im VwVfG

Eine Amtssprachenregelung ist den Vorläufern des VwVfG fremd. Sie findet sich erstmals im Regierungsentwurf von 1973.[7] Auch die nach 1945

---

3 *Schoch*, in: Schoch/Schneider (Hrsg.), VwVfG, Stand: Juli 2020, Einleitung Rn. 300.

4 *Kallerhoff/Mayen*, in: Stelkens/Bonk/Sachs, VwVfG, 9. Aufl. 2018, § 28 Rn. 2; *Schoch*, in: Schoch/Schneider VwVfG (Fn. 3), Einleitung Rn. 328.

5 *Rixen*, in: Schoch/Schneider VwVfG (Fn. 3), § 23 Rn. 24; *Ziekow*, VwVfG, 4. Aufl. 2019, § 23 Rn. 6; *Schwarz*, in: Fehling/Kastner/Störmer (Hrsg.), Verwaltungsrecht, § 23 VwVfG Rn. 4; für eine teilweise Übersetzungspflicht: *Kuntze/Beichel-Benedetti*, in: Obermayer/Funke-Kaiser (Hrsg.), VwVfG, 5. Aufl. 2018, § 23 Rn. 56 ff.; eine generelle Übersetzungspflicht ebenfalls ablehnend *Schmitz*, in: Stelkens/Bonk/Sachs VwVfG (Fn. 4), § 23 Rn. 41.

6 *Conrad*, Deutsche Rechtsgeschichte, Bd. I, 2. Aufl. 1962, XVII (Einleitung).

7 *Stelkens, P./Schmitz*, in: Stelkens/Bonk/Sachs, VwVfG, 6. Aufl. 2001, § 23 Entstehungsgeschichte; BT-Drucks. 7/910, S. 12.

eingeführten Landesgesetze[8] und die Gesetzesentwürfe[9] zur Kodifikation des Verwaltungsverfahrens auf Länderebene enthielten keine Regelungen zur Amtssprache. Ebenso wenig sahen der erste Musterentwurf eines Verwaltungsverfahrensgesetzes des Bundes von 1963 oder die „Münchener Fassung" des Musterentwurfs von 1966[10], noch der erste Regierungsentwurf eines Verwaltungsverfahrensgesetzes von 1970[11] eine entsprechende Regelung vor.

1. *„Ist für Ausländer die Verwaltungssprache deutsch?"*

Die Aufnahme der Regelung war das Ergebnis einer erst kurz zuvor begonnenen Debatte. 1971 erscheint unter dem Titel „Ist für Ausländer die Verwaltungssprache deutsch?" ein Aufsatz von *Hans-Christian von Ebner,*[12] der die Notwendigkeit einer Amtssprache erstmals proklamierte. Der Regierungsdirektor beginnt seine Ausführungen so:

> „Im vergangenen Jahr lebten beinahe 3 Millionen Ausländer, vor allem Gastarbeiter, in der Bundesrepublik; mehr als 7,5 Millionen Ausländer haben außerdem im letzten Jahr die zweitgrößte Handelsnation der Welt besucht. (…) in erster Linie die Verwaltung muss sich daher in zunehmendem Maße mit Angelegenheiten befassen, an denen Ausländer beteiligt sind. Dabei treten nicht selten Verständigungsschwierigkeiten auf (…)"[13]

---

8 Vgl. Verwaltungsverfahrensgesetz des Landes Bremen v. 11.4.1934 idF der Bek. v. 1.4.1960, GBl. 1960, S. 37; Landesverwaltungsgesetz des Landes Baden-Württemberg v. 7.11.1955, GBl. 1955, Nr. 22 S. 225; Erstes Vereinfachungsgesetz des Landes Nordrhein-Westfalen v. 23.7.1957, GV. 1957, Nr. 50 S. 189; Gesetz über das Verfahren der Berliner Verwaltung v. 2.10.1958, GVBl. 1958, S. 951; Allgemeines Verwaltungsgesetz für das Land Schleswig-Holstein v. 18.4.1967, GVOBl. 1967, S. 131; vgl. auch BT-Drucks. 7/910, S. 31.

9 Vgl. Entwurf eines Gesetzes zur Regelung des Verwaltungsverfahrens im Lande Niedersachsen, LT-Drucks. Nr. 1572 v. 28.09.1954; Referentenentwurf eines Verwaltungsverfahrensgesetzes für das Land Nordrhein-Westfalen (Stand 1960) und Referentenentwurf eines Hamburger Verwaltungsgesetzes (Stand 1960), vgl. auch BT-Drucks. 7/910, S. 31.

10 Vgl. Musterentwurf eines Verwaltungsverfahrensgesetzes (EVwVerfG 1963) mit Anhang „Münchener Fassung", 2. Aufl. 1968.

11 BT-Drucks. VI/1173, *Schübel-Pfister*, in: Mann/Sennekamp/Uechtritz (Hrsg.), VwVfG, 2. Aufl. 2019, § 23 Rn. 1.

12 *v. Ebner*, DVBl. 1971, 341.

13 *v. Ebner*, DVBl. 1971, 341 (341).

Es liegt nahe, dass es weniger die Handelsreisenden gewesen sein dürften, die die Verwaltung vor Sprachhindernisse stellten als die „Gastarbeiter:innen“[14], also jene Ausländer:innen, die in Deutschland lebten und leben. *Von Ebner* verweist in der Frage, wie nun mit ausländischen Personen umzugehen sei, zunächst darauf, dass es dem Verwaltungsverfahrensrecht an einer sprachregelnden Vorschrift vergleichbar zu § 184 GVG fehle.[15] In Ermangelung einer solchen Regelung erforderten das Diskriminierungsverbot aus Art. 3 Abs. 3 GG („wegen seiner Sprache“), das Sozialstaatsprinzip aus Art. 20 Abs. 1 GG und der Grundsatz des rechtlichen Gehörs in Verbindung mit den Grundsätzen der Nichtförmlichkeit und der Ermittlung von Amts wegen „eine weitgehende Gleichbehandlung von In- und Ausländern im Verwaltungsverfahren“.[16]

Diese Analyse findet sich im unmittelbar darauffolgenden Vorschlag allerdings nicht wieder. *Von Ebner* schlägt vor, dass, sofern auf Seiten der Behörde keine Sprachkenntnisse vorliegen, die Behörde von dem oder der Verfahrensbeteiligten eine Übersetzung verlangen oder eine Übersetzung selbst veranlassen kann, deren Kosten von der ausländischen Person zu tragen sind.[17] „Weitgehende Gleichbehandlung“ bedeutet also nicht etwa, dass ausländische Personen, ebenso wie Deutsche, sich in der ihnen verständlichen Sprache an die öffentliche Verwaltung wenden können, sondern, dass für deutschunkundige Ausländer:innen sowie für deutschsprachige Inländer:innen, trotz ihrer Ungleichheit, die Verwaltungssprache Deutsch zu seien habe. Die Verantwortung und damit auch das Sprachrisiko[18], also das Risiko des Nicht- oder Fehlverstehens, will *von Ebner* allein auf der Seite der ausländischen Personen sehen.

Dieser erste Aufschlag aus Verwaltungsperspektive wird wenige Jahre später die gesetzliche Regelung der Amtssprache prägen. Nicht nur werden Gesetz und Gesetzesbegründung in Aufbau und Ergebnis unüberseh-

---

14 Aufgrund des aus mehrfachen Perspektiven problematischen Begriffs des „Gastarbeiters“, der allerdings als zeitgeschichtlicher Begriff unentbehrlich ist, werden Anführungszeichen verwendet.

15 *v. Ebner*, DVBl. 1971, 341 (344).

16 *v. Ebner*, DVBl. 1971, 341 (344).

17 *v. Ebner*, DVBl. 1971, 341 (344), vgl. dort Fn. 23.

18 Die Übertragung dieses zivilrechtlichen Begriffs auf das Verwaltungsverfahren geht zurück auf *Ingerl*, Sprachrisiko im Verfahren, 1988, insbes. S. 6. ff.

bar eng an *von Ebners* Ausführungen und Vorschlägen liegen,[19] die Begründung wird auch explizit auf seinen Beitrag verweisen.[20]

2. Der Regierungsentwurf von 1973: Lex „Gastarbeiter"

Noch unter § 19 Abs. 1 enthält erstmals der Regierungsentwurf von 1973 eine Regelung zur Amtssprache.[21] Der Wortlaut ist damals so schlicht wie heute: Die Amtssprache ist deutsch. Aufschlussreicher ist hingegen die Begründung. Scheint zunächst unklar, wie ein Rechtsinstitut, das in allen vorherigen Entwürfen und Vorläufern nicht vorkommt, sich den Weg in den zweiten Regierungsentwurf bahnt, so gibt die Begründung Auskunft:

> „Während § 184 des Gerichtsverfassungsgesetzes für das gerichtliche Verfahren die deutsche Sprache als Gerichtssprache für verbindlich erklärt, fehlt für das Verwaltungsverfahren bisher eine entsprechende Vorschrift. Das Fehlen einer solchen Vorschrift gewinnt indessen in der Praxis zunehmende Bedeutung (…).
> In der Bundesrepublik Deutschland sind augenblicklich etwa 2,4 Millionen ausländische Arbeitnehmer beschäftigt, darunter ca. 528 000 Türken, 466 000 Jugoslawen, 410 000 Italiener, 268 000 Griechen, 180 000 Spanier, 69 000 Portugiesen, 15 300 Marokkaner und 11 200 Tunesier (…). Schon die Vielfalt der Herkunft der Arbeitnehmer zeigt das Sprachenproblem auf, vor das sich die Verwaltung gestellt sieht."[22]

An dieser Begründung ist zunächst bemerkenswert, dass sie offen eine bestimmte Gruppe benennt, die in den Augen des Gesetzgebers eine Amtssprachenregelung notwendig machte: § 19, der spätere § 23 VwVfG, ist ein Gesetz für und über „Gastarbeiter:innen". Ebenso kann verwundern, dass auf die Sprachbarrieren zwischen deutschunkundigen Verfahrensbeteiligten und Verwaltungsbehörden nicht problemadäquat und lösungsorien-

19 Aufbau und Begründung sind fast identisch, beide beginnen mit dem Verweis auf das Fehlen einer zu § 184 GVG vergleichbaren Norm im VwVfG, nennen dann Ausländerzahlen; die Formulierung des § 23 VwVfG folgt zudem den Vorschlägen *von Ebners*.

20 BT-Drucks. 7/910, S. 48.

21 *P. Stelkens/Schmitz*, in: Stelkens/Bonk/Sachs VwVfG (Fn. 4), § 23, Entstehungsgeschichte; BT-Drucks. 7/910, S. 12.

22 BT-Drucks. 7/910, S. 48.

tiert reagiert wurde, sondern die Problematik lediglich auf die Seite der „Gastarbeiter:innen“ verlagert wurde.[23]

Soweit heute argumentiert wird, § 23 VwVfG stelle nicht auf den Personenkreis ab, der die Erklärung abgibt, sondern auf die in der Erklärung benutzte Sprache,[24] so widerspricht dies nicht nur der Gesetzesbegründung, rechtstatsächlich kommt hinzu, dass die Zahl der deutschunkundigen deutschen Staatsbürger wohl verschwindend gering sein dürfte.

3. Rechtspolitische Stoßrichtung der Amtssprachenregelung

Dass die Gesetzesbegründung die „Gastarbeiter:innen“ in ein problematisierendes Narrativ einbettet („Schon die Vielfalt der Herkunft der Arbeitnehmer zeigt das Sprachenproblem auf, vor das sich die Verwaltung gestellt sieht.“[25]), zeigt, wie sehr die Genese des § 23 VwVfG von Zeitgeist und Debatten der 1970er Jahre geprägt war. Wurden „Gastarbeiter:innen“ zuvor noch als Garanten des Wirtschaftswachstums angesehen, so erklärte man sie 1966/67 zum Sündenbock der eintretenden Rezession.[26] Es begann eine politische Trendwende, die über breite Diskussionen um Familiennachzug und gestiegene Arbeitslosenzahlen am 23. November 1973, im selben Jahr des Regierungsentwurfs zum VwVfG, im sogenannten Anwerbestopp für ausländische Arbeitskräfte ihren Höhepunkt fand.[27]

Auch wenn die Rechtspolitik der frühen 1970er Jahre ausländische Arbeitnehmer als ein vorübergehendes (Stör-)Phänomen wahrnahm, waren sie längst Teil der gesellschaftlichen Realität. Nach dem Anwerbestopp stieg ihre Zahl sogar von 2,4 Millionen 1973[28] auf 4,4 Millionen im Jahre 1980 an.[29] Dem entgegen hat Deutsch als Amtssprache die Sprachproble-

---

23 Ähnlich *Götz*, NJW 1976, 1425 (1427), *Häberle*, Verfassungsprinzipien „im“ Verwaltungsverfahrensgesetz, in: Schmitt Glaeser (Hrsg.) Verwaltungsverfahren. Festschrift zum 50-jährigen Bestehen des Richard Boorberg Verlags, 1977, S. 47 (62).

24 *Schmitz*, in: Stelkens/Bonk/Sachs VwVfG (Fn. 4), § 23 Rn. 3; *Kugele*, VwVfG, 2014, § 23 Rn. 3: „unabhängig von wem sie kommen“.

25 BT-Drucks. 7/910, S. 48.

26 Siehe hierzu instruktiv *Herbert*, Geschichte der Ausländerpolitik, 2. Aufl. 2017, S. 218 ff. und *Meier-Braun*, Deutschland, Einwanderungsland, 2002, S. 36.

27 *Meier-Braun*, Einwanderungsland (Fn. 26), S. 42.

28 BT-Drucks. 7/910, S. 48.

29 *Meier-Braun*, Einwanderungsland (Fn. 26), S. 42; Grund hierfür war auch der Anwerbestopp: durch die versperrte Möglichkeit einer Rückkehr blieben viele der „Gastarbeiter:innen“ in Deutschland.

me nicht aufgehoben, sondern lediglich aus dem Verantwortungsbereich der Behörden entfernt.

4. *Inkrafttreten und Ergänzungen der deutschen Amtssprache*

Am 15. Januar 1976 hat das Plenum des Bundestages den Gesetzentwurf von 1973 mit unwesentlichen Änderungen[30] verabschiedet,[31] am 1. Januar 1977 trat das Verwaltungsverfahrensgesetz des Bundes in Kraft.[32] Dort findet sich die Amtssprachenregelung aus § 19 Abs. 1 des Regierungsentwurfs von 1973 mit gleichem Wortlaut in § 23 Abs. 1 VwVfG.

Jene Verwaltungsverfahrensgesetze der Länder, die nicht ohnehin auf das BVwVfG verweisen, haben den Grundsatz der deutschen Amtssprache wortgleich übernommen.

Seit Inkrafttreten der Europäischen Charta der Regional- oder Minderheitensprachen am 1. Januar 1999 wird Deutsch als Amtssprache in bestimmten Regionen durch ihr gleichgestellte Minderheitensprachen ergänzt.[33] Als Minderheitensprachen geschützt sind Dänisch, Ober- und Niedersorbisch, Nord- und Saterfriesisch und das Romanes der deutschen Sinti und Roma; Niederdeutsch ist geschützte Regionalsprache.[34] In Umsetzung des Art. 10 der Charta sieht zum Beispiel § 1 Abs. 2 S. 1 Friesisch-Gesetz[35] vor, dass vor Behörden im Kreis Nordfriesland und auf der Insel Helgoland auch die friesische Sprache verwendet werden darf. Diese Ausnahmen vom Grundsatz der deutschen Amtssprache dürften allerdings primär dem Kulturschutz der Minderheitensprachen dienen[36] als unmittelbar auf

30 Änderungsvorschläge des Bundesrats die Amtssprachenregelung betreffend, waren nur auf die Absätze 2 und 4 bezogen, insbesondere sollte Abs. 2 klarstellen, dass die Kosten der Übersetzung von den Verfahrensbeteiligten zu tragen seien, hierzu *Eichler*, VwVfG, Bd. I, Stand: 1.9.1985, § 23.

31 *Ule*, Die Kodifizierung des Verwaltungsverfahrensrechts, in: Jeserich/Pohl/von Unruh (Hrsg.), Deutsche Verwaltungsgeschichte, Bd. V, 1987, S. 1174; Deutscher Bundestag, Plenarprotokoll v. 15.01.1976, S. 14695.

32 § 103 Abs. 1 VwVfG a.F., vgl. BGBl. 1976 I, S. 1277.

33 Gesetz zu der Europäischen Charta der Regional- und Minderheitensprachen des Europarats vom 6. November 1992, BGBl. 1998 II, S. 1314.

34 Europäische Charta der Regional- und Minderheitensprachen (Fn. 33), S. 1334.

35 Gesetz zur Förderung des Friesischen im öffentlichen Raum, GVOBl. 2004, S. 481.

36 Dass dies die vorrangige Bestimmung der Charta ist, wird schon aus Art. 7 deutlich, der die Ziele und Grundsätze der Charta aufzählt. In Teil III folgen sodann die Maßnahmen zur Umsetzung dieser Ziele, als eine Maßnahme unter vielen fin-

Rechtsschutz der Verfahrensbeteiligten gerichtet zu sein, sprechen wohl diejenigen, die Minderheitensprachen beherrschen, auch Deutsch.[37] Auch spezielle Verwaltungsverfahren machten Ergänzungen notwendig. So offenbart sich die angedeutete Problematik um eine Verlagerung des sog. Sprachrisikos in die Sphäre der deutschunkundigen Personen insbesondere anhand notwendiger Sonderregelungen für spezielle Verwaltungsverfahren wie das Asylverfahren.[38]

III. Die historische Entwicklung der deutschen Amtssprache

Ausgehend von den politischen Umständen der derzeitigen Rechtslage, lohnt ein Blick in die historische Entwicklung der deutschen Amtssprache. Vorauszustellen ist, dass im Rückblick vielfach nicht von einer Amtssprachenregelung im heutigen Sinne gesprochen werden kann.[39] Verwaltung und Verwaltungsrecht im heutigen Sinne, auf deren Vorliegen auch unsere Vorstellungen einer Amtssprache basieren, entwickelten sich erst im Ausgangspunkt des 17. und 18. Jahrhunderts und formten sich schließlich in einer national-bürgerlichen Epoche aus.[40] Nötig ist es daher, auch die Entwicklung der Rechts- und Gesetzessprache in die Betrachtungen miteinzubeziehen.

---

det sich auch, dass der Gebrauch von Minderheitensprachen vor den Verwaltungsbehörden zu ermöglichen ist.

37 Der Erste Bericht der Bundesrepublik Deutschland gem. Artikel 25 Absatz 1 des Rahmenübereinkommens des Europarates zum Schutz Nationaler Minderheiten hält hierzu fest: „Die Angehörigen der Minderheit verstehen Dänisch und sprechen diese Sprache zum größten Teil. Alle beherrschen zudem Deutsch." (S. 5); „Etwa 35 000 Sorben beherrschen noch die sorbische Sprache in Wort und Schrift; alle Sorben sprechen auch Deutsch." (S. 5); für die Friesen fehlt es an einer expliziten Angabe, allerdings verstehen die Friesen sich auch nicht als Minderheit, sondern eher als Gruppe mit eigener Sprache innerhalb Deutschlands, was nahelegt, dass auch sie vollständig Deutsch beherrschen (S. 8), abrufbar unter https://www.bmi.bund.de/SharedDocs/downloads/DE/veroeffentlichungen/themen/heimat-integration/minderheiten/1-erster-staatenbereicht-rahmenuebereinkommen.pdf?__blob=publicationFile&v=3 (letzter Aufruf am 29.04.2021).

38 § 17 Abs. 1, § 24 Abs. 1 S. 1, § 47 Abs. 4 S. 1, § 31 Abs. 1 S. 2, § 34 Abs. 2 S. 2 AsylG.

39 Ähnlich *Bader*, Recht – Geschichte – Sprache, in: Historisches Jahrbuch 93 (1973), 1 (14): „Sonderformen der Rechtssprache, wie etwa die Verwaltungssprache, die Sprache der Behörden, (…), gehören Epochen einer ausgebildeten Staatsorganisation (…) an."

40 *Feist*, Die Entstehung des Verwaltungsrechts als Rechtsdisziplin, 1968, S. 1.

Dennoch gab es Kommunikation zwischen Souverän und Untertanen, zwischen Herrscher und Beherrschten, was sich auch am Heiligen Römischen Reich zeigen lässt.

1. *Heiliges Römisches Reich*

Für das Heilige Römische Reich können wir schon deshalb nicht von Amtssprache nach heutigem Verständnis sprechen, weil der Begriff der Verwaltung nicht streng juristisch-bürokratisch verstanden werden kann, eher fungiert er für das Heilige Römische Reich als eine Umschreibung für die Art und Weise der Verwirklichung des Willens der zentralen Gewalt.[41] Diese Verwaltung war eng an Hof und Territorium gebunden, sodass die landesherrliche Gewalt gewissermaßen verdinglicht war, die Ausgangsbedingungen für einen Blick auf die Amtssprache sind also völlig andere als gegenwärtig.[42]

a) *Sprachliche Kurfürstenausbildung in der Goldenen Bulle*

Dennoch stammt der älteste, die Sprache betreffende Rechtstext aus der Goldenen Bulle[43]. Der Gesetzestext, der 1356 von *Karl IV.* als Urkunde verkündet wurde, regelte die Verfahren für Wahl und Krönung des römisch-deutschen Königs sowie die Rechte und Pflichten der Kurfürsten.

In ihrem 31. Titel finden sich Regelungen über die Ausbildung, der Kurfürstensöhne, den zukünftigen Regenten der Territorien:

> „Da das Heilige Römische Reich in seiner Würde die Gesetze und Regenten der verschiedenen Länder lenkt, die sich durch Gebräuche, Lebensweise und Sprachen unterscheiden, ziemt es sich und wird nach der Meinung aller weisen Leute für nützlich befunden, wenn man die Kurfürsten – die Pfeiler und Mauern des Reiches – über die Verschiedenheiten der Mundarten und Sprachen belehrt. *Sie sollen viele Leute*

41 *Moraw*, Die Verwaltung des Königtums und des Reiches und ihre Rahmenbedingungen, in: Jeserich/Pohl/von Unruh (Hrsg.), Deutsche Verwaltungsgeschichte, Bd. I, 1983, § 1 S. 22.

42 *Feist*, Rechtsdisziplin (Fn. 46), S. 3; ähnlich *Moraw*, Verwaltung (Fn. 40), S. 32, 50.

43 *Hattenhauer*, Zur Geschichte der deutschen Rechts- und Gesetzessprache, in: Berichte aus den Sitzungen der Joachim-Jungius-Gesellschaft der Wissenschaften e.V., 1987, Jg. 5, Heft 2, S. 6.

verstehen und von vielen verstanden werden, um den erhabenen Kaiser bei der Sorge für die Nöte so vieler Menschen zu unterstützen."[44]

Zu den Sprachen, die Kurfürstensöhne zu beherrschen hatten, zählten neben dem Deutschen, das Lateinische, das Italienische und das Slawische. Auch wenn eine Art von Kommunikation zwischen (zukünftigem) Souverän und Untertanen bestanden haben muss („sie sollen viele Leute verstehen") und eine diesbezügliche Sprachenregelung notwendig war, werden mit dieser Passage nicht etwa en passant alle vier aufgezählten Sprachen zu Amtssprachen deklariert. Die verordnete Sprachenkenntnis der Kurfürsten sollte vielmehr sicherstellen, dass die Kurfürsten der Sprachenvielfalt des Reiches auch gewachsen waren.[45] Die zitierte Passage lässt sich also als Bekenntnis zur sprachlichen Vielfalt des Reiches verstehen,[46] die in ihrer Substanz nicht anzutasten war,[47] sondern auf die die Kurfürsten angemessen zu reagieren hatten.

b) Reichssprachen

Neben den Regelungen zur Kommunikation zwischen Kurfürsten und Volk gab es auch offizielle Reichssprachen, also „Staatssprachen" im Heiligen Römischen Reich: 1519 wurden mit der ersten Wahlkapitulation – eine Selbstverpflichtung des Kaisers gegenüber dem wählenden Kurfürstenkollegium – Deutsch und Latein zu Reichssprachen erklärt.[48]

Art. XIV der Wahlkapitulation *Karls V.* vom 3. Juli 1519 legt zwar Deutsch und Latein für Schriften und Handlungen des Reichs fest, sieht aber auch die Berücksichtigung anderer ortsüblicher Sprachen vor („es were dann an Orten, da gemeinlich ain anndere Sprach in Ubung und Gebrauch stuende, alsdann mögen Wir und die unnsern Unns derselben daselbs auch behelffen").[49] Auch diese Norm kann in Anknüpfung an die

44 Mit Hervorheb. d. Verfasserin zitiert nach *Fritz/Müller-Mertens*, Die Goldene Bulle – Das Reichsgesetz Kaiser Karls IV. vom Jahre 1356, übersetzt v. Wolfgang D. Fritz, 1978, S. 88.

45 *Schneider*, Sprachenpolitik im Mittelalter, in: Marti (Hrsg.), Sprachenpolitik in Grenzregionen, 1996, S. 65 (75).

46 So auch *Hattenhauer*, Geschichte (Fn. 43), S. 7.

47 *Schneider*, Sprachenpolitik (Fn. 45), S. 75.

48 *von Polenz*, Deutsche Sprachgeschichte vom Spätmittelalter bis zur Gegenwart, Bd. II, 2. Aufl. 2013, S. 55.

49 *Burgdorf* (Bearb.), Die Wahlkapitulationen der römisch-deutschen Könige und Kaiser 1519–1792, 2015, S. 26.

sprachliche Kurfürstenausbildung als ein Anerkenntnis des sprachlichen Pluralismus des Reiches gelesen werden. Zwar werden Deutsch und Latein Vorrangstellungen eingeräumt, gleichzeitig schien es aber rechtspraktisch notwendig, hiervon ortsbedingt abzuweichen.

Dieses multilinguale Selbstverständnis des Reiches, formuliert durch den Kaiser, wird sich, an verschiedenen Stellen und mit abgewandeltem Wortlaut, aber im Regelungskern gleich, bis zur Wahlkapitulation *Lepolds I.* vom 18. Juli 1658 wiederholen.[50] Ab 1658 allerdings wurde die Verwendung anderer Sprachen auf Gebiete außerhalb des Reiches beschränkt.[51] Eine mögliche Erklärung für diese Einschränkungen könnten jedenfalls für 1682 und 1717 nachgewiesene Konflikte mit französisch-diplomatischen Gesandten auf den Reichstagen gewesen sein.[52]

Insgesamt war die Sprachenpolitik des Heiligen Römischen Reiches durch bemerkenswerte Bemühungen der Sprachenvielfalt des Großreiches gerecht zu werden, gekennzeichnet. Begegnet wurde der natürlich gewachsenen Multilingualität des Reiches nicht etwa aggressiv oder betont kämpferisch, sondern vielmehr bewusst entsprechend.[53]

2. *Rezeption und Einfluss des Lateinischen*

Teils parallel zu den oben geschilderten Entwicklungen vollzog sich die Rezeption des römischen Rechts. Bereits im 11. Jahrhundert nimmt in Italien die Wiederbelebung der römischen Rechtskultur ihren Anfang. In Deutschland begann die praktische Rezeption des römischen Rechts im Spätmittelalter mit dem Studium deutscher Scholaren an oberitalienischen Universitäten. Dort in römischem Recht ausgebildet, trugen die Juristen das neue Recht und seine Sprache in die Kanzleien und Höfe hinein.[54]

Beides, die Rezeption des römischen Rechts als auch die Übernahme der Sprache des römischen Rechts, Latein, waren fließende Prozesse, die

---

50 Vgl. *Burgdorf*, Wahlkapitulationen (Fn. 49), S. 38, 52, 66, 82, 97, 116, 137, 180.

51 *Burgdorf*, Wahlkapitulationen (Fn. 49), S. 226.

52 Auch schon vorher soll es Ordnungsstrafen des Reichskammergerichts gegen unbotmäßige Prokuratoren gegeben haben, was den Kaiser zur Einschränkung der doch sehr weiten Formulierung bewogen haben könnte, vgl. *von Polenz*, Sprachgeschichte Bd. II (Fn. 48), S. 55 f.; ähnlich: *Hattenhauer*, Geschichte (Fn. 43), S. 9, 11 f.; mit Verweis auf *Moser*, Abhandlungen von der Teutschen Sprache, in: Vermischte Schriften über mancherley das Teutsche Staats=Recht betreffende Materien, 1733, S. 414.

53 *Schneider*, Sprachenpolitik (Fn. 45), S. 77.

54 *Bartsch*, AcP 1954, 412 (417).

nie ganz vollendet wurden. Auch weil viele Gesetzestexte weiterhin in deutscher Sprache abgefasst waren, vollzog sich nicht jedwede Rechtskommunikation in lateinischer Sprache. So bestimmte beispielsweise eine Verordnung für die Kanzlei des Herzogs von Zweibrücken von 1586: „Die Sekretäre sollen die Geschäfte halten in guter, geschickter, lauterer und unverdunkelter kanzleiischer Form mit guten deutschen und nit anderen Wörtern".[55]

Dennoch kann davon ausgegangen werden, dass die „Überfremdung" der deutschen Rechtssprache bis ins 18. Jahrhundert stetig zunahm.[56] Jedenfalls war die Rechtssprache seit der Rezeption mit lateinischen Begriffen durchzogen und für Laien nur noch schwer verständlich. In der Spätphase der Rezeption des römischen Rechts zeigt sich damit auch das Herrschaftspotenzial von Sprache: während subalterne Hofbedienstete dem Deutschen zugeneigt waren, beharrten akademische Juristen aus ihren höheren Ämtern heraus auf dem ihnen vertrauten Latein als Standessymbol.[57]

Kritisch zusammengefasst versperrte dieses „Juristenkauderwelsch (...) den lateinunkundigen Volksgenossen wie mit einem stacheligen Drahtverbau den Zugang zum Verständnis der Rechtssätze"[58], was einer „jurisdiktionell[en] Entmündigung der nicht-akademischen und nichtfeudalen Stände" gleichkam.[59]

3. Das 17. und 18. Jahrhundert

Auch wenn das Festhalten am Latein bis Mitte des 18. Jahrhunderts stark ausgeprägt war,[60] kam in dieser Zeit Kritik an der lateinisch geprägten Rechtssprache auf.

Mit Ende des Dreißigjährigen Krieges 1648 und angetrieben von den Erschütterungen der vielen Kriegsjahre, machte es sich eine aufkommende

---

55 Zitiert nach *Merk*, Werdegang und Wandlungen der deutschen Rechtssprache, 1933, S. 24.

56 *Merk*, Werdegang (Fn. 55), S. 24.

57 *von Polenz*, Sprachgeschichte Bd. II (Fn. 48), S. 56.

58 *Merk*, Werdegang (Fn. 55), S. 23.

59 *von Polenz*, Deutsche Sprachgeschichte – Vom Spätmittelalter bis zur Gegenwart, Bd. I, 1991, S. 216; *Görgen*, Aufklärerische Tendenzen in der Gesetzessprache der frühen Neuzeit, in: Kronauer/Garber (Hrsg.), Recht und Sprache in der deutschen Aufklärung, 2001, S. 81.

60 *von Polenz*, Sprachgeschichte Bd. II (Fn. 48), S. 56, 409.

Bewegung zur Aufgabe die deutsche Sprache zu schützen. Die sog. Sprachgesellschaften fürchteten eine kulturelle und sprachliche Überfremdung des Reichs und versuchten seine innere Zerrissenheit über die Hoheit und Reinhaltung der deutschen Sprache abzuwehren.[61] Auch wenn diese Vereinigungen keinen Einfluss auf die Rechtssprache hatten,[62] trat mit den selbsternannten Sprachreinigern doch eine Wendung ein, die bis heute fortwirkt. Als Erste politisierten sie Sprache und idealisierten eine Einheit von Nation, Volk und Sprache.

a) Aufklärung und Rechtssprache

Es war schließlich die Aufklärung und ihre Ideen, die die Abwendung vom Lateinischen brachten. Von *Hermann Conring* über *Montesquieu* bis *Cesare Beccaria* forderten alle eine Rechts- und Gesetzessprache, die für Bürger verständlich sein sollte.[63] Auch *Gottfried Wilhelm Leibniz* verlangte bereits 1667 eine Übersetzung des *Corpus iuris* ins Deutsche und Disputationen auf Deutsch.[64]

In diesem Sinne reformierten einige Rechtsgelehrte das rechtswissenschaftliche Studium: *Christian Thomasius* und *Christian Wolff* hielten erstmals Vorlesungen in deutscher Sprache und trieben so die Wortfindung für eine von lateinischen Begriffen unabhängige deutsche Rechtssprache an.[65] Dennoch sollte die aufklärerische Reform der deutschen Rechtssprache der vorangegangenen Entwicklung der wissenschaftlichen Rechtssprache um fast ein Jahrhundert verzögert nachfolgen.[66]

b) Die Auswirkungen auf die Amtssprache

Als *Leibniz* die Gründung der Berliner Akademie der Wissenschaften betreute, erteilte der damalige *Kurfürst Friedrich III. von Brandenburg und*

---

61 *Hattenhauer*, Geschichte (Fn. 43), S. 15.
62 *Hattenhauer*, Geschichte (Fn. 43), S. 19 ff.
63 *Hattenhauer*, Geschichte (Fn. 43), Conring forderte dies ironischerweise auf Latein, S. 36, 38 u. 40.
64 *Hattenhauer*, Geschichte (Fn. 43), S. 24, mit Verweis auf Hartmann (Hrsg.), Leibniz als Jurist und Rechtsphilosoph, Neudruck 1974, § 65.
65 *Hattenhauer*, Geschichte (Fn. 43), S. 28.
66 *von Polenz*, Sprachgeschichte Bd. II (Fn. 48), S. 409.

Herzog in Preußen ihm 1700 den Auftrag, auch das Werden einer neuen, einer deutschen Kanzleisprache zu unterstützen:

> „(...) daß in Unsern Kantzleyen, Regierungen, Collegien und Gerichten bey denen Ausfertigungen die frembde unanständige Worte und übel entlehnte Reden, so viel füglich geschehen kann, vermieden, hingegen gute teutsche Redearten erhalten, herfürgesuchet und vermehret werden, also wollen Wir auch Verordnung machen, daß der Sozietät mit teutschen Benennung- und Beschreibungen an Hand gegangen (...)“[67]

Nicht nur wurde damit die Amtshilfe der Behörden zugesagt, es wurde auch der Auftrag erteilt aus deren Amtssprache, einer latinisierten elitären Standessprache,[68] eine für alle gleichermaßen verständliche deutsche Amtssprache werden zu lassen.

Zwar obskur, aber dafür von parabolischem Wert ist die Erzählung von *Maria Theresia* und dem *buta ember*.[69] Die Reformerin *Maria Theresia* soll angeordnet haben,[70] dass jeder Entwurf einer behördlichen Anordnung einem Mann mit Grundschuldbildung und durchschnittlicher Intelligenz, einem *buta ember* (wörtlich übersetzt: einem dummen Menschen) vorgelegt werden sollte.[71] Konnte der *buta ember* den Inhalt der Anordnung nicht frei wiedergeben, so musste der Entwurf umgeschrieben werden. Damit legte *Maria Theresia* größten Wert auf eine allgemeine Verständlichkeit der Anordnungen.

Ein weiterer Vorstoß geht auf *Joseph II.*, den Sohn *Maria Theresias*, zurück, der die reformatorische Politik seiner Mutter fortsetzte. Nach dem Sprachedikt vom 20. Februar 1784[72] sollte im gesamten Herrschaftsgebiet Deutsch an die Stelle des Lateins als Amtssprache treten.

---

67 Zitiert nach *Hattenhauer*, Geschichte (Fn. 43), S. 26, mit Hinweis auf Schmied-Kowarzik (Hrsg), G.W. Leibniz, Deutsche Schriften, Erster Band: Muttersprache und völkische Gesinnung, 1916, S. 71.

68 *Hattenhauer*, Geschichte (Fn. 43), S. 26.

69 *Schönherr*, Sprache und Recht – Aufsätze und Vorträge, hrsgg. v. Barfuß, 1985, S. 83.

70 Es handelt sich hierbei um eine mündlich weitergetragene Erzählung für die es keinen aktenmäßigen Beleg gibt, *Schönherr*, Sprache und Recht (Fn. 69), S. 83; *Pfeiffer/Strouhal/Wodak*, Recht auf Sprache – Verstehen und Verständlichkeit von Gesetzen, 1987, S. 5 Fn. 6.

71 *Pfeiffer/Strouhal/Wodak*, Recht auf Sprache (Fn. 70), S. 5.

72 Mit Nachweis bei *Hattenhauer*, Lingua vernacula – Rechtssprache zwischen Volkssprache und Gelehrtensprache, in: Eckert/Hattenhauer (Hrsg.), Sprache – Recht – Geschichte, 1991, S. 49 (68).

Schon in dem 1785 veröffentlichten Werk „Über den Geschäftsstil“, einem Lehrbuch für angehende Beamte, bemerkt *Joseph von Sonnenfels* folgendes über die Gesetzessprache und ihre Bedeutung für den Geschäftsstil, also die Sprache der Behörden:

> „Das Volkswort, das Provinzialwort (...) das in jedermanns Munde ist, muss hier der Sprache der Wielande und Lessinge vorgezogen werden. (...) Alles, was man sich beim Verfassen der Gesetze erlaubt, ist, daß dem unrichtigen aber gangbaren Ausdrucke der richtige eingeklammert an die Seite gestellt werde.“[73]

Dieser Einblick zeigt, dass die Gesetze nun in deutscher Sprache verfasst waren, höchstens wurden noch erklärend lateinische Begriffe in Klammern beigefügt. Als 1794 das Allgemeine Landrecht für die Preußischen Staaten eingeführt wird, entsteht so auch ein Gesetzeshochdeutsch für das gesamte Reich.[74] Gegen Ende des 18. Jahrhunderts war Latein als Rechtssprache also endgültig abgelöst. Durch die Primatstellung der Gesetzessprache, auf die sich die Amtssprache noch heute notwendigerweise zu beziehen hat, bestimmte die deutsche Rechtssprache nun auch eine deutsche Amtssprache, die der Idee einer egalitären Verständlichkeit gerecht werden konnte.

5. Minderheitenrechte in der Paulskirchenverfassung

1848/1849 kam auch in der Paulskirche die Verständlichkeit der Rechtssprache auf, nun aber erstmals aus der Perspektive der Rechte sprachlicher Minderheiten. Diese Minderheitenrechte bauten ideengeschichtlich auf dem aufklärerischen Postulat der Verständlichkeit auf und führten es fort. In § 188 der Reichsverfassung vom 27. März 1849 heißt es:

> „Den *nicht deutsch redenden* Volksstämmen Deutschlands ist ihre volksthümliche Entwickelung gewährleistet, namentlich die Gleichberechtigung ihrer Sprachen, so weit deren Gebiete reichen, in dem Kirchenwesen, dem Unterrichte, *der innern Verwaltung* und der Rechtspflege.“[75]

---

73 *von Sonnenfels*, Über den Geschäftsstil - Die ersten Grundlinien für angehende österreichische Kanzleibeamten, 2. Aufl. 1785, zitiert nach *Hattenhauer*, Geschichte (Fn. 43), S. 37 f.

74 *Hattenhauer*, Geschichte (Fn. 43), S. 58.

75 Hervorheb. d. Verfasserin.

Auch wenn die Berücksichtigung von Minderheitenrechten an Gebiete geknüpft war, kann man diese Regelung als progressiv beschreiben.[76] § 188 der Paulskirchenverfassung lässt sich das gesetzgeberische Ziel entnehmen, durch Sprachenregelungen den Zugang zu Recht für möglichst viele Menschen zu ermöglichen und zu gewährleisten. Insoweit handelt es sich um eine erweiterte Fortführung der aufklärerischen Idee von der Verständlichkeit der Kommunikation zwischen Staat und Bürger, die nun noch inklusiver auch auf nicht deutsch redenden Volksstämme Deutschlands bezogen wurde.

IV. Die Wende in der Sprachenpolitik

Diese sprachenpolitische Ausrichtung wird sich mit dem aufkommenden Nationalismus grundlegend ändern. Dieser postulierte eine Einheit von Nation, Volk und Sprache und ließ Minderheitensprachen keinen Raum mehr.

1. Das Geschäftssprachegesetz von 1876

Aktuelle Gesetzeskommentare zu § 23 VwVfG verweisen auf ein Vorgängergesetz aus Preußen,[77] mit dem die Amtssprachenregelung des VwVfG in eine gesetzgeberische Tradition eingegliedert werden soll:

> „*Immerhin existierte in Preußen bereits seit dem Jahre 1876* das Gesetz vom 28. August 1876, betreffend die Geschäftssprache der Behörden, Beamten und politischen Körperschaften. Dessen § 1 schrieb vor, dass die deutsche Sprache die ausschließliche Geschäftssprache war und auch der schriftliche Verkehr mit den angesprochenen Stellen in deutscher Sprache stattzufinden hatte.“[78]

---

76 *Häberle*, Sprachen-Artikel und Sprachenprobleme in westlichen Verfassungsstaaten, in: Brem/Druey/Kramer/Schwander (Hrsg.), Festschrift zum 65. Geburtstag von Mario M. Pedrazzini, 1990, 105 (111) spricht von einem „Leitartikel zum Schutz sprachlicher Minderheiten“.

77 *Heßhaus*, in: Bader/Ronellenfitsch (Hrsg.), BeckOK VwVfG, 50. Ed. Stand: 01.01.2021, § 23 Rn. 1.1; *Ritgen*, in: Knack/Henneke (Hrsg.), VwVfG, 11. Aufl. 2020, § 23 Rn. 5.

78 Hervorheb. d. Verfasserin, *Heßhaus*, in: BeckOK (Fn. 77), § 23 Rn. 1.1.

Auch wenn eine preußische Rechtstradition des § 23 VwVfG nahezuliegen scheint, entsteht so ein missverständliches Bild, lässt diese rechtsgeschichtliche Einordnung doch die Motive des Geschäftssprachegesetzes völlig unbeachtet.

a) *Politische und gesellschaftliche Umstände*

Bedeutsam für das Geschäftssprachegesetz sind insbesondere die politischen und gesellschaftlichen Umstände in den Ostgebieten. Das Königreich Preußen hatte sein Gebiet mit den drei polnischen Teilungen 1772, 1793 und 1795, bei denen Polen zerschlagen und Gebiete annektiert wurden, stetig gen Osten verbreitert. Im Rahmen der territorialen Neuordnung Mittelosteuropas durch den Wiener Kongress 1814/15 blieben Preußen die Gebiete Posen und Westpreußen.[79] In diesen Gebieten war auch 1815 die Bevölkerung zu großen Teilen polnisch. Auch deswegen proklamierte der preußische König *Friedrich Wilhelm III.* am 15. Mai 1815 noch folgendes gegenüber seinen polnischen Untertanen in Posen:

> „Ihr werdet meiner Monarchie einverleibt, ohne eure Nationalität verleugnen zu dürfen (…) Eure Sprache soll neben der deutschen in allen öffentlichen Verhandlungen gebraucht werden und jedem unter Euch soll nach Maßgabe seiner Fähigkeiten der Zutritt zu allen öffentlichen Ämtern des Großherzogtums (…) offenstehen."[80]

Für die erste Hälfte des 19. Jahrhunderts kann also noch von einer begrenzten aufklärerischen Toleranz gesprochen werden, die sich erst mit dem nationalistischen Einheitsstreben des Kaiserreichs zu einer harten Sprachunterdrückung mit allen Mitteln wandelte.[81]

---

79 *Eddie/Kouschil*, Preußens Polenpolitik am Vorabend des Ersten Weltkrieges, 2018, S. 7.

80 Zitiert nach *Cromer*, Die Sprachenrechte der Polen in Preußen in der ersten Hälfte des neunzehnten Jahrhunderts, in: Nation und Staat, Bd. 6, 1932/1933, S. 610 (615).

81 *von Polenz*, Deutsche Sprachgeschichte vom Spätmittelalter bis zur Gegenwart, Bd. III, 1999, S. 110.

b) Sprache und Nationalismus

Seit der zweiten Hälfte des 19. Jahrhunderts wurde nicht nur in Deutschland vertreten, dass die Verwirklichung des Nationalstaats eine ihm zugrundeliegende einheitliche Sprache voraussetze.[82] Mit der nationalistischen Wiederentdeckung der Sprachphilosophie *Johann Gottfried Herders* und ihrer symbiotischen Verbindung von Sprache und Nation, erschien die Tatsache, dass die Polen in den Ostgebieten weiterhin ihre Sprache pflegten nun staatsgefährdend.[83] Letztlich befürchtete man, die polnische Sprache verhindere die angestrebte Einheit des Deutschen Kaiserreichs.[84] Man hing der Vorstellung nach, dass, um den entstandenen polnischen Widerstand gegen die Zerschlagung und Annexion weitestgehend aufzulösen, müsse man nur die polnische Sprache, in der der Geist dieses Volkes wohne, ausmerzen. Dies bewog den Hegemon Preußen zu einer antipolnischen und sprachnationalistischen Germanisierungspolitik, die das langfristige Ziel anstrebte, die nichtdeutschen Sprachen ganz auszulöschen.

c) Sprachenpolitische Germanisierung

Ausweislich umfangreicher Materialien war das Geschäftssprachegesetz Teil der Germanisierungspolitik des Deutschen Kaiserreichs.[85] Die sprachpolitische Germanisierung der Ostgebiete setzte an mehreren Stellen an und vollzog sich schrittweise.[86] So wurde bereits am 14. April 1832 das „Regulativ über die Geschäftssprache der Administrationsbehörden in Posen" erlassen.[87] Dieses schrieb Deutsch zwingend als innere Amtssprache vor, während Polnisch nur für die mündliche Außensprache zugelassen war. Diese Regelung führte auch dazu, dass einsprachige polnische Beamte keinen Zugang mehr zu Beamtenpositionen hatten.[88]

---

82 *Volkmann*, Die Polenpolitik des Kaiserreichs – Prolog zum Zeitalter der Weltkriege, S. 75; *Glück*, Die preußisch-polnische Sprachenpolitik, 1979, S. 134.

83 *von Polenz*, Sprachgeschichte Bd. II (Fn. 48), S. 359.

84 *Glück*, Sprachenpolitik (Fn. 82), S. 129.

85 Ausführliche Materialsammlung zum Geschäftssprachegesetz: *Schieder*, Das Deutsche Kaiserreich von 1871 als Nationalstaat, 1961, S. 95 ff.

86 Zur Sprachenpolitik im gesamten Verlauf: *Glück*, Sprachenpolitik (Fn. 82), S. 193-340.

87 *Glück*, Sprachenpolitik (Fn. 82), S. 213 f.

88 *Gessinger*, Sprachenpolitik gegenüber fremdsprachiger Bevölkerung in Preußen im 19. Jahrhundert, in: Wimmer (Hrsg.), Das 19. Jahrhundert Sprachgeschichtliche Wurzeln des heutigen Deutsch, 1991, S. 106 (116).

Die Germanisierung setzte ebenso am Schulsystem an. Den kollektiven Sprachenwechsel erhoffte man von hieraus besonders gut durchsetzen zu können, weswegen schrittweise Deutsch als Unterrichtssprache eingeführt wurde.[89] Als gegen diese Sprachenpolitik weitere polnische Proteste folgten, radikalisierte sich die Germanisierungspolitik in der zweiten Hälfte des 19. Jahrhunderts.[90]

d) Die Begründung des Geschäftssprachegesetzes

Die Dokumentationen über ein Ansinnen über ein Geschäftssprachegesetz gehen bis in das Jahr 1870 zurück. In einem Bericht des Oberpräsidenten von Posen, *Wilhelm Graf von Königsmarck* an den Preußischen Staatsminister *August Graf zu Eulenburg* vom 18. September 1870, spiegelt ersterer die Illoyalität der polnischen Bevölkerung gegenüber dem Preußentum wider und sieht vor „die Provinz Posen in ihrer Totalität (…) zu assimilieren“.[91] „Als Haupthinderniß für Erfüllung dieser Aufgabe stellt sich (…) die gesetzlich feststehende Gleichberechtigung der polnischen und deutschen Sprache im öffentlichen Leben dar“, stellt *Graf von Königsmarck* fest und schlägt die Festlegung der deutschen Geschäftssprache vor.[92] In einem weiteren Bericht des *Grafen von Königsmarck* vom 20. Februar 1872[93] favorisierte man schließlich ein allgemeines Gesetz, dass das ganze Reich umfassen sollte vor einem nur die Provinz Posen betreffendes, auch um den Anschein eines Polen-Gesetzes zu vermeiden.[94] Schließlich heißt es in einem Vermerk, der vom Geheimen Oberjustizrat *Hermann von Schelling* stammt und als eine Art Gesetzesbegründung die Motivlage des Gesetzes widergibt:

> „Demgemäß erscheint es auch, insbesondere im Hinblick auf den Umstand, daß die in Preußen herrschende Sprachverschiedenheit zur Schwächung seiner Kraft und Einheit ausgebeutet worden ist, erforderlich, das staatsrechtlich begründete und politisch nothwendige Postu-

---

89 *Broszat*, Zweihundert Jahre deutsche Polenpolitik, 1972, S. 134 ff.

90 *von Polenz*, Sprachgeschichte Bd. II (Fn. 48), S. 129.

91 Abgedruckt in *Schieder*, Nationalstaat (Fn. 90), S. 98 ff.

92 *Schieder*, Nationalstaat (Fn. 90), S. 98 ff.

93 Ebenfalls abgedruckt in *Schieder*, Nationalstaat (Fn. 90), S. 103 ff.

94 *Pabst*, Das preussische Geschäftssprachegesetz von 1876 – Sprachwechsel nationaler Minderheiten als Mittel politischer Integration, in: Nelde (Hrsg.), Sprachkontakt und Sprachkonflikt, Zeitschrift für Dialektologie und Linguistik, Beihefte, Heft 32, 1980, S. 191 (194).

lat, daß die Deutsche Sprache als die ausschließliche Geschäftssprache (...) anzusehen ist, zur Anerkennung zu bringen (...).“[95]

Die reichsnationalistische Germanisierungspolitik war damit jedoch nicht abgeschlossen. Das Geschäftssprachegesetz läutete sozusagen die zweite Phase nationalistischer Kampfpolitik gegenüber der polnischen Bevölkerung ein. Es folgten zunächst Ausweisungen[96] und dann eine systematische Bevölkerungs- und Bodenpolitik, die Polen verdrängte und enteignete, um Deutsche anzusiedeln.[97] Die Germanisierung der Sprache war zu einer Germanisierung des Bodens geworden. Das Endziel der Germanisierung war also die totale Unterdrückung bis hin zur Auslöschung der nationalen Minderheiten.[98]

Das Herstellen einer Traditionslinie zwischen dem Geschäftssprachegesetz, das am 28. August 1876 verkündet wurde[99] und der derzeitigen Rechtslage scheint also fraglich, wenigstens sind bei einem Verweis auf dieses Gesetz jedoch die Umstände und seine Regelungsabsicht zu spiegeln.[100]

In einer Gesamtschau lässt sich sagen, dass mit dem Aufkommen des Nationalismus und der modernen Nationalstaatsidee das Nebeneinander mehrerer Sprachen, das einmal typisch für Alteuropa gewesen war, zur schiefbeäugten Anomalie wurde.[101] Das Geschäftssprachegesetz und die damit verbundene Germanisierung bedeuten eine Kehrtwende in der Sprachenpolitik: systematisch wurde Minderheiten der Zugang zu Recht über Sprache gesetzlich versperrt. Die aufklärerische Idee egalitärer Verständ-

95 Zitiert nach *Schieder*, Nationalstaat (Fn. 90), S. 111.

96 *Göthel*, Demokratie und Volkstum – Die Politik gegenüber den nationalen Minderheiten in der Weimarer Republik, 2002, S. 60; *von Polenz*, Sprachgeschichte Bd. III (Fn. 81), S. 129.

97 *Broszat*, Polenpolitik (Fn. 88), S. 142 ff.

98 *Glück*, Sprachenpolitik (Fn. 82), S. 130.

99 Zentralblatt für die gesamte Unterrichts-Verwaltung in Preußen, 1876 (Jg. 18), Nr. 9 S. 36, abrufbar unter https://scripta.bbf.dipf.de/viewer/image/985843438_0018/514/ (letzter Aufruf am 11.05.2021).

100 Vgl. in aller Kürze die Dokumentation der Wissenschaftlichen Dienste des Bundestages, Staatliche Maßnahmen gegenüber der polnischen Minderheit und den Bevölkerungen in den überseeischen Gebieten des Deutschen Reichs 1871 bis 1918, WD 1 - 3000 - 040/18, abrufbar unter: https://www.bundestag.de/resource/blob/594340/1e751eb9b02b5b4ba65a928ce997dbee/WD-1-040-18-pdf-data.pdf (letzter Aufruf am 11.05.2021).

101 *Oeter*, Juristische Aspekte der Sprachenpolitik, in: Marti (Hrsg.), Sprachenpolitik in Grenzregionen, 1996, S. 39 (40).

lichkeit war von einer nationalistischen Überhöhung der deutschen Sprache abgelöst worden.

3. *Weimarer Republik*

Dennoch greift Art. 113 der Weimarer Reichsverfassung (WRV) § 188 der Paulskirchenverfassung und den damit verbunden Minderheitenschutz fast wortgleich wieder auf:

> „Die fremdsprachigen Volksteile des Reichs dürfen durch die Gesetzgebung und Verwaltung nicht in ihrer freien, volkstümlichen Entwicklung, besonders nicht im Gebrauch ihrer Muttersprache beim Unterricht, sowie bei der inneren Verwaltung und Rechtspflege beeinträchtigt werden."

Trotzdem wurde der preußische Richtungswechsel in der Weimarer Republik fortgeführt. Im Freistaat Preußen war weiterhin das Geschäftssprachegesetz in Kraft,[102] im Freistaat Bayern galt § 73 der Bamberger Verfassung, wonach Geschäfts- und Verhandlungssprache im öffentlichen Dienst die deutsche Sprache war.[103]

Zudem fallen die im Vergleich zu 1849 schwächeren Formulierungen auf. So führt *Thomas Göthel* im Hinblick auf die Rechtsgewährung für Minderheiten treffend aus: „Die 'volkstümliche Entwicklung' darf 1919 nur noch 'nicht beeinträchtigt werden' gegenüber 'ist (…) gewährleistet' von 1849; sodann ist in der Paulskirchenverfassung noch von der 'Gleichberechtigung' der Sprachen die Rede, während 1919 der 'Gebrauch' der minderheitlichen Muttersprachen nur nicht mehr 'beeinträchtigt werden darf'".[104]

Hinzu kam ein von der Paulskirchenverfassung abweichendes Nationsverständnis, das auch eine weitere neue Formulierung ins rechte Licht rückt; so heißt es in der Paulkirchenverfassung noch „die nicht deutsch redenden Volksstämme Deutschlands", die konstitutiv zum „deutschen Volk" gezählt wurden, während die Weimarer Reichsverfassung die For-

---

102 *Anschütz*, Die Verfassung des deutschen Reichs vom 11. August 1919, 14. Aufl. 1933, Art. 113.

103 *von Jan* (Hrsg.), Die Verfassungsurkunde des Freistaates Bayern vom 14. August 1919, 1927, § 73, erläutert, die Norm kollidiere aber nicht mit Art. 113 WRV, da es in Bayern keine fremdsprachigen Siedlungsgebiete gegeben habe.

104 *Göthel*, Volkstum (Fn. 96), S. 134.

mulierung „fremdsprachige Volksteile des Reichs“ und damit immerhin das Wortteil „fremd“ enthält.[105]

Trotz der Anknüpfung an sprachliche Minderheitenrechte gelang es nicht, einen Gegentrend zum Sprachnationalismus des Deutschen Kaiserreichs zu initiieren.[106] In den Kommentierungen zu Art. 113 WRV wurde diesem seine praktische Bedeutung abgesprochen.[107] So wurde argumentiert, es könnten keine subjektiv-öffentlichen Rechte begründet werden,[108] zudem bedürfe es eines Ausführungsgesetzes ohne dessen Erlass Art. 113 WRV bedeutungslos sei.[109] Auch weil ein solches Ausführungsgesetz nie erlassen wurde, muss sich Art. 113 WRV, trotz seines Potenzials, als programmatisch betrachtet lassen.[110]

4. *Sprachvölkische Schule und Nationalsozialismus*

Noch in der Weimarer Republik kam die sprachvölkische Schule auf. Ähnlich zu den Sprachgesellschaften (III.3.) verbindet auch diese Bewegung, die insbesondere vom Allgemeinen Deutschen Sprachverein getragen wird, Nation, Volk und Sprache zu einer Einheit, was in Konsequenz zur Überhöhung der deutschen Sprache und zur Missachtung von Minderheitensprachen führte.[111] Ab 1933 nähern sich im wissenschaftlichen

105 *Göthel*, Volkstum (Fn. 96), S. 133.

106 *Kraus*, Das Recht der Minderheiten (Materialsammlung), 1927, S. 155: eine Ausnahme bildete das Deutsch-polnische Abkommen über Oberschlesien vom 15. Mai 1922, dort Art. 135, der deutsch und polnisch als Amtssprachen zuließ.

107 Anders *Laun*, Volk und Nation; Selbstbestimmung; nationale Minderheiten, in: Anschütz/Thoma (Hrsg.), Handbuch des deutschen Staatsrechts, Bd. I, 1930, S. 252: „unmittelbar anwendbares Recht“, zitiert nach *Broszka*, Die Verfassung des Deutschen Reiches vom 11. August 1919, 1980, S. 8.

108 *Giese*, Die Verfassung des Deutschen Reiches vom 11. August 1919, Art. 113, dies obwohl Art. 113 WRV im Zweiten Hauptteil „Grundrechte und Grundpflichten der Deutschen“ und dort im Ersten Abschnitt über „Die Einzelperson“ befindet.

109 *Anschütz*, Verfassung 1919 (Fn. 102), Art. 113; *Gerber*, Minderheitenrecht im Deutschen Reich, 1929, S. 8; *Gebhard*, Handkommentar zur Verfassung des Deutschen Reichs vom 11. August 1919, 1932, Art. 113.

110 *Gebhard*, Handkommentar (Fn. 109), Art. 113, S. 253.

111 *von Polenz*, Sprachgeschichte Bd. III (Fn. 81), S. 277.

Diskurs zudem die Begriffe Sprache und „Rasse“ über den Volksbegriff einander an[112]

Für die Zeit des Nationalsozialismus lassen sich für Deutschland keine Sprachenregelungen die Amtssprache betreffend finden. Dies verwundert, lässt sich aber möglicherweise bereits darauf zurückführen, dass die Vormachtstellung der deutschen Sprache in der staatlichen Kommunikation völlig unbestritten gewesen sein dürfte.

Was die im Krieg besetzten Gebiete betraf, verfolgte der Nationalsozialismus eine imperialistische Germanisierungspolitik nach preußischem Vorbild. So war die Entpolonisierung Polens, die ebenfalls auf einer deutschen Boden-, Schul- und Sprachpolitik beruhte, auch während des Nationalsozialismus erklärtes Ziel.[113] In diesem Kontext bemerkenswert ist die im besetzten Luxemburg am 6. August 1940 eingeführte Verordnung über den Gebrauch der deutschen Sprache im Lande Luxemburg.[114] Deren § 1 sah vor: „Die Amtssprache ist ausschließlich die deutsche Sprache. (…)“.

V. Die Ambivalenz der deutschen Amtssprache

Die Geschichte der Amtssprache offenbart, dass Sprachenrecht einerseits dazu geeignet ist, den Zugang zu Recht erst zu ermöglichen und zu erleichtern, andererseits den Zugang zu Recht erschweren oder gar verhindern kann. So bedeutete die Einführung des Deutschen als Rechtssprache im Zuge der Aufklärung eine wesentliche Voraussetzung für die spätere Entwicklung Deutschlands zu einem Rechtsstaat, der die egalitäre Verständlichkeit der Rechts- und damit auch Amtssprache als charakteristisch verstand. Deutsch als Geschäftssprache bedeutete 1876 hingegen das Gegenteil und steht im Kontext von Entmachtung und Unterdrückung der polnischen Minderheit. Die durch die Paulskirchenverfassung gewährten sprachlichen Minderheitenrechte vor der inneren Verwaltung kommen einer Erweiterung von Rechten und einem Mehr an Zugang zu Recht gleich. Hingegen gilt die Begründung des § 23 Abs. 1 VwVfG als „Lex Gastarbeiter“ dem Ausschluss einer bestimmten Gruppe vom Zugang zu Recht.

---

112 Ausführlich hierzu *Antipova*, Die nationalsozialistische Sprachpolitik im besetzten Weißrussland 1941-1944, 2018, S. 49 ff.; *Knobloch*, „Volkhafte Sprachforschung“, 2005, S. 287 ff.

113 *Broszat*, Nationalsozialistische Polenpolitik 1939-1945, 1961, S. 21.

114 *von Polenz*, Sprachgeschichte Bd. III (Fn. 81), S. 151.

Über das brauchbar gemachte Argument, die Staats- oder Amtssprache schütze die deutschsprachige Bevölkerung vor dem Gebrauch einer Fremdsprache ihnen gegenüber,[115] offenbart sich neben der geschichtlichen Ambivalenz eine gegenwärtige Ebene der Ambivalenz. Die Schutzwirkung der deutschen Amtssprache deutschkundigen Personen gegenüber ist gesetzgeberisch nicht intendiert und im Gesamten abwegig, zeigt aber, dass die deutsche Amtssprache der deutschsprachigen Mehrheit den Zugang zu Recht gewährt, während sie im selben Akt sprachlichen Minderheiten den Zugang verwehrt. Auch wenn eine monolinguale Amtssprachenregelung für Mehrheiten gemacht wäre, wirkte sie sich also faktisch ausschließend auf sprachliche Minderheiten aus.[116] Dies gilt allerdings bedeutender vice versa: eine an die Minderheit der „Gastarbeiter:innen" und Ausländer:innen adressierte Regelung wie § 23 Abs. 1 VwVfG wirkt sich in der oben beschriebenen Weise als sprachenrechtliche Garantie, wenn wohl auch unbeabsichtigt, ebenso verstärkend auf die Rechte der sprachlichen Mehrheit aus. Trotz dessen wird eine stärkere Verknüpfung von Nation und Sprache gefordert, etwa in Form einer (durch das Grundgesetz geschützten) deutschen Staatssprache.[117]

Eine diesem Aufschlag zur Geschichte der deutschen Amtssprache zugrundeliegende Auffassung ist, dass Recht organisch wächst und sich ebenso entwickelt. Ein solches Verständnis der Rechtsgeschichte ermöglicht es, das historische Recht als Mittel zum besseren Verständnis der geltenden Rechtsordnung oder zu ihrer Fortgestaltung heranzuziehen.[118] Die ambivalente Geschichte der deutschen Amtssprache legt frei, welche Ideen noch heute unser Rechtsverständnis prägen, markiert doch der Nationalismus des Deutschen Kaiserreichs und die seitdem fest etablierte Verbindung von Nation und Sprache einen Wendepunkt hin zu einer monolingualen Ausrichtung des Verwaltungsverfahrens. Diese Perspektive

---

115 So etwa *Aden*, ZRP 2009, 53 (53), der ausführt: „Angesichts völlig neuer Fragestellungen im modernen Staat besteht Sprachschutz heute nicht in der Abwehr von Fremdwörtern, sondern in der Sicherung der schichtenneutralen Verständlichkeit."

116 Ähnlich *Poggeschi*, Language Rights and Duties in the Evolution of Public Law, 2013, S. 11 f.

117 *Aden*, ZRP 2009, 53 (54); Gesetzentwurf der AfD-Fraktion „Gesetz zur Festschreibung der deutschen Sprache als Landessprache", BT-Drucks. 19/951.

118 *Eisenhardt*, Deutsche Rechtsgeschichte, 1984, S. 1, mit Verweis auf *Conrad*, Rechtsgeschichte (Fn 6), S. XVIII; *Gmür/Roth*, Grundriss der deutschen Rechtsgeschichte, 15. Aufl. 2018, Rn. 7.

auf die Geschichte der deutschen Amtssprache darf dazu anregen, weder die eigene Zeit noch die derzeitigen Gesetze zu verabsolutieren.[119]

Auch wenn seit der Umsetzung der Europäischen Charta der Regional- oder Minderheitensprachen spezielle Amtssprachenregelungen für deutsche Minderheiten gelten, steht es schlecht um jene Minderheiten, die sich erst in der letzten Hälfte des vergangenen Jahrhunderts in Deutschland etablierten. Waren die sprachlichen Herausforderungen zur Zeit der Einführung des § 23 VwVfG von der Migration der „Gastarbeiter:innen" geprägt, bestehen derzeitig wohl Sprachbarrieren zwischen Verwaltung und geflüchteten Menschen.

Auch wenn eine kritische Auseinandersetzung mit § 23 Abs. 1 VwVfG bereits vereinzelt anklingt,[120] bleibt die Perspektive deutschunkundiger Personen im Zusammenhang von Sprache als Zugangsgarant zu Recht bisweilen zu wenig berücksichtigt.

---

119 *Mitteis*, Vom Lebenswert der Rechtsgeschichte, 1947, S. 78.

120 *Häberle*, Verfassungsprinzipien (Fn. 23), S. 62: „Gastarbeitern und erst recht EG-Marktbürgern gegenüber erscheint § 23 merkwürdig ‚nationalstaatlich', ja anachronistisch."; mit Verweis auf die Vorgängernorm des § 184 GVG und deren Entstehen in einer Zeit des betonten Nationalismus: *Schmitz*, in: Stelkens/Bonk/Sachs VwVfG (Fn. 4), § 23 Rn. 5.

Strategischer Zugang zum Recht

Strategische Prozessführung – Potentiale und Risiken transnationaler zivilgesellschaftlicher Zuflucht zum Recht

Vera Strobel

Abstract: *Um gezielten Zugang zum Recht zu erreichen, breitet sich in Deutschland die Rechtspraxis der strategischen Prozessführung immer weiter aus. Hierdurch streben zivilgesellschaftliche Akteure einen strategischen gerichtlichen Zugang an, der insbesondere in Fällen mit Auslandsbezug und bezüglich völkerrechtlicher Argumente bemerkenswert ist. Dieses Phänomen lässt sich als Zuflucht zu den Gerichten mit rechtspolitischen Zielen und mithilfe eines gezielten Rückgriffs auf rechtliche Instrumentarien beschreiben. Damit stellen sich Herausforderungen für die Rolle der Judikative und darüber hinaus für die Rechtsordnung als solche. In diesem Zusammenhang eröffnen sich jedoch auch Potentiale für den Rechtsschutz und für den Rechtszugang insgesamt.*

I. Aktuelle Entwicklungen und Begriff der strategischen Prozessführung

Strategische Prozessführung nimmt weltweit und auch in Deutschland zu.[1] Als strategisch geführte Prozesse werden im Rahmen dieses Beitrags Verfahren bezeichnet, die über die Durchsetzung der subjektiven Rechte Einzelner hinausgehen und rechtsgestaltende oder gesellschaftspolitische (Folge-)Wirkungen anvisieren, wofür die Akteur:innen gezielt Kläger:innen und Foren auswählen.[2] Über Einzelheiten der Begriffserfassung und Einordnung als strategische Prozessführung besteht – da es sich um ein dynamisches Phänomen der Rechtspraxis handelt – bisher keine Einigkeit in der Literatur und unter den Beteiligten.[3] Als rechtspraktisches Vorgehen zielt strategische Prozessführung durch zivilgesellschaftliches Engagement

1 *Helmrich*, Strategic Litigation rund um die Welt, in: Graser/Helmrich (Hrsg.), Strategic Litigation. Begriff und Praxis, 2019, S. 115; so auch *Hahn*, Strategische Prozessführung. Ein Beitrag zur Begriffsklärung, ZfRS 39 (2019), 5 (6 – 7).

2 Vgl. *Graser*, Was es über Strategic Litigation zu schreiben gälte, in: Graser/Helmrich, Strategic Litigation. Begriff und Praxis, 2019, S. 9 (11).

3 *Hahn* (Fn. 1), 8 – 11; *Müller*, Begriffe, Ansprüche und deren Wirklichkeiten. Ein Systematisierungsvorschlag für sogenannte strategische Prozessführung, cause lawyering und andere Formen intentional gesellschaftsgestaltender Rechtspraxen,

auf die gerichtliche Überprüfung bestimmter Sachverhalte und Rechtsnormen ab und wirkt damit auf die (Durch-)Setzung und Auslegung von Recht sowie auf den rechtspolitischen Diskurs und die Öffentlichkeit ein.[4]

Strategische Prozesse gehen dabei vermehrt über rein nationale Sachverhalte hinaus und betreffen auch transnationale und internationale Fragestellungen, auf die sich dieser Beitrag insbesondere konzentrieren wird. Besonders bemerkenswert ist hierbei, dass in strategischen Prozessen vor nationalen Gerichten vermehrt völkerrechtliche – neben menschenrechtlichen sogar humanitär-völkerrechtliche – Argumente vorgetragen werden. Im Fokus dieser strategischen Verfahren standen zuletzt beispielsweise extraterritoriale grundrechtliche Schutzpflichten bezüglich US-Drohneneinsätzen im Jemen,[5] Ermittlungspflichten hinsichtlich deutscher Auslandseinsätze in Afghanistan,[6] sogenannte „Klimaklagen" im Umweltrecht,[7] extraterritoriale Grundrechtsbindungen bei Eingriffen des Bundesnachrichtendienstes im Ausland,[8] die Unternehmensverantwortung innerhalb globaler Lieferketten[9] sowie Konstellationen aus dem Asyl- und Flüchtlingsrecht.[10]

ZfRS 39 (2019), 33 (34 – 43); umfassend das Werk Graser/Helmrich (Hrsg.), Strategic Litigation: Begriff und Praxis, Baden-Baden, 2019.

4 *Duffy*, Strategic Human Rights Litigation: Understanding and Maximising Impact, 2018, S. 60 – 62.

5 Seit dem 22. März 2021 anhängige Verfassungsbeschwerde vor dem BVerfG, 2 BvR 508/21; BVerwG, Urt. v. 25.11.2020 – 6 C 7.19; OVG Münster, Urt. v. 19.3.2019 – 4 A 1361/15, NJW 2019, 1898.

6 EGMR, Urt. v. 16.2.2021 – Nr. 4871/16, ECLI:CE:ECHR:2021:0216JUD000487116 (Hanan v. Germany); BVerfG, Beschl. v. 19.5.2015 – 2 BvR 987/11, NJW 2015, 3500 (Kunduz-Fall).

7 Bspw. die Verfassungsbeschwerde eingereicht am 13.01.2020 von jungen Klimaaktivist:innen unter anderem zugehörig zu Fridays for Future; die Beschwerden mehrerer Kinder vor dem UN-Ausschuss für die Rechte des Kindes, Sacchi et al. v. Argentina et al., 23.9.2019; EuGH, Urt. v. 25.3.2021 – C-565/19 P, ECLI:EU:C:2021:252 – Carvalho u.a./ Parlament und Rat (People's Climate Case).

8 Bspw. BVerfG, Urt. v. 19.5.2020 – 1 BvR 2835/17, NJW 2020, 2235 (Verfassungswidrigkeit der derzeitigen Ausland-Ausland-Fernmeldeaufklärung geregelt im BND-Gesetz).

9 Bspw. LG Dortmund, Beschl. v. 10.1.2019 – 7 O 95/15 (Schmerzensgeldklage nach Fabrikbrand in Pakistan).

10 Bspw. EGMR, Urt. v. 13.2.2020 – 8675/15, 8697/15, NVwZ 2020, 697 (N.D. and N.T. v. Spain) (sog. „heiße" Abschiebungen).

II. Akteur:innen und Instrumente strategischer Prozessführung

Als Akteur:innen in der rechtlichen Unterstützung Betroffener durch strategische Prozessführung sind besonders spezialisierte Nichtregierungsorganisationen und Anwält:innen hervorzuheben. Insbesondere eine transnationale Netzwerkbildung innerhalb und zwischen beratenden, prozessvertretenden und unterstützenden Akteur:innen ist hierbei zu verzeichnen. Als frühe strategische Zusammenschlüsse können in den USA die Litigation-Organisationen Center for Constitutional Rights (CCR) und American Civil Liberties Union (ACLU), beide mit Sitz in New York, aufgeführt werden.[11] In Deutschland haben sich im Jahr 2007 das European Center for Constitutional and Human Rights e.V. (ECCHR)[12], im Jahr 2015 die Gesellschaft für Freiheitsrechte e.V. (GFF)[13] sowie im Jahr 2016 JUMEN e.V. – Juristische Menschenrechtsarbeit in Deutschland[14] gegründet und sich zu den bekanntesten Akteur:innen der strategischen Prozessführung im grund- und menschenrechtlichen Bereich hierzulande entwickelt. Diese stellen sog. Klageorganisationen dar, die sich insbesondere auf strategisch geführte Verfahren spezialisiert haben und – laut eigenem Selbstverständnis – durch gezieltes, juristisches Engagement zur nachhaltigen und effektiven Verwirklichung von individuellen Rechten beitragen wollen.[15]

In der deutschen Rechtskultur sind diese noch nicht derart etabliert wie in anderen Rechtssystemen, beispielsweise den USA.[16] Zu den Errungenschaften des gesellschaftlichen und rechtlichen Fortschritts – erreicht, *inter alia*, durch Urteile im Rahmen von strategisch geführten Präzedenzfällen – gehörten in den USA insbesondere Fälle aus der Anti-Rassismus-Bewegung

---

11 CCR, About Us, https://ccrjustice.org/home/who-we-are/mission-and-vision (letzter Aufruf am 2.4.2021); ACLU, About the ACLU, https://www.aclu.org/about-aclu (letzter Aufruf am 2.4.2021).

12 ECCHR, Wer Wir Sind, https://www.ecchr.eu/ueber-uns/ (letzter Aufruf am 2.4.2021).

13 *Burghardt/Thönnes*, Die Gesellschaft für Freiheitsrechte, in: Graser/Helmrich (Hrsg.), Strategic Litigation, 2019, S. 65.

14 *Kessler/Borkamp*, JUMEN e.V. – mit juristischen Mitteln für die praktische Umsetzung der Grund- und Menschenrechte in Deutschland, in: Graser/Helmrich (Hrsg.), Strategic Litigation, 2019, S. 73.

15 Vgl. *Burghardt/Thönnes* (Fn. 13), S. 66 – 69; *Keller/Theurer*, Menschenrechte mit rechtlichen Mitteln durchsetzen: Die Arbeit des ECCHR, in Graser/Helmrich, Strategic Litigation, 2019, S. 53 (53 – 54).

16 *Graser* (Fn. 2), S. 11; *Kaleck*, Mit Recht gegen die Macht, in: Graser/Helmrich, Strategic Litigation, 2019, S. 21.

sowie der Frauenrechtsbewegung.[17] Wichtige Verfahren fanden in den letzten Jahrzehnten jedoch neben dem globalen Norden ebenso schon viel früher im Rahmen von *public interest litigation* im globalen Süden statt, insbesondere in Indien und Pakistan.[18] Mit der in Deutschland in den letzten Jahrzehnten gewachsenen professionellen juristischen Unterstützung von Betroffenengruppen treten – im Gegensatz zu klassischen Prozessbeteiligten und anders als oftmals überwiegend politisch und nur peripher gerichtlich agierende NGOs – neue Akteur:innen mit öffentlichkeitswirksamen rechtspolitischen Forderungen auf die Bühne der Gerichte.

Strategische Akteur:innen treffen im Vorfeld von Prozessführung eine bestimmte Fallauswahl bezüglich taktisch eruierter Sachverhaltskonstellationen und Kläger:innen, die sie als besonders erfolgsversprechend oder als beispielhaft für die geltend gemachten Rechtsprobleme ansehen.[19] Dies ist vor dem Hintergrund des überwiegend unzulässigen direkten Vorgehens von nicht subjektiv Betroffenen im Rahmen von Klage- und Beschwerdebefugnis zu sehen.[20] Die Akteur:innen nehmen ebenso eine Auswahl von bestimmten Foren vor, insbesondere in Bezug auf das Gericht und den Rechtsweg. Besonders die Rechtswegerschöpfung spielt eine wichtige Rolle für den Weg zu den höchsten Gerichten, um eine Entscheidung von besonderer Tragweite zu erreichen. Weiterhin entscheiden sich Prozessbeteiligte zwischen nationalen, ausländischen und internationalen Rechtswegen sowie behördlichen, gerichtlichen und quasi-gerichtlichen Verfahrensmöglichkeiten vor dem Hintergrund ihrer jeweiligen prozessualen Voraussetzungen sowie möglicher Folgen hierdurch.[21] Konkrete Rechtszugangsfragen gehören damit zu den strategischen Erwägungen im Vorfeld von Prozessführung und gestalten den Rahmen strategischer Prozessführung maßgeblich aus.

Instrumente strategischer Prozessführung im engeren Sinne stellen Anträge und Widerspruchsverfahren bei Behörden und Institutionen sowie gerichtliche Klagen und Beschwerden dar. In einem weiten Sinne lassen

---

17 Brown v Board of Education of Topeka, 347 U.S. 483 (1954); *Weiss*, The Essence of Strategic Litigation, in: Graser/Helmrich, Strategic Litigation, 2019, S. 27.

18 *Khan*, Genesis and Evolution of Public Interest Litigation in the Supreme Court of Pakistan: Toward a Dynamic Theory of Judicialization, Temp. Int'l & Comp L.J. 28 (2014), S. 285 (285 – 291).

19 *Duffy*, Strategic Human Rights Litigation (Fn. 4), S. 250 – 254; *Lange*, Auf der Suche nach dem idealen Beschwerdeführer, ZRP 50 (2017), 18 (18 – 20); *Burghardt/Thönnes* (Fn. 13), S. 69 – 70.

20 S. dazu ausführlich *Masing*, Die Mobilisierung des Bürgers für die Durchsetzung des Rechts, 1997, S. 89 – 111.

21 *Duffy*, Strategic Human Rights Litigation (Fn. 4), S. 254 – 256.

sich auch Strafanzeigen und das Auftreten für Nebenkläger:innen, Prozessbeobachtung und -berichte,[22] sowie die Abgabe von Expert:innenmeinungen und Stellungnahmen, insbesondere vor Gericht und im Gesetzgebungsprozess unter die Tätigkeiten strategischer Akteur:innen fassen.[23] Dies alles stellt zunächst eine gesetzlich vorgesehene Teilnahme am gerichtlichen und parlamentarischen Verfahren dar. Neu sind jedoch die auf Prozessführung spezialisierten Netzwerke und Zusammenschlüsse mit Herangehensweisen bezüglich bestimmter Grund- und Menschenrechte mit gemeinwohlorientierten rechtspolitischen Motiven. Damit agieren diese als Klagekollektive[24] und unterscheiden sich somit von herkömmlichen NGOs sowie wirtschaftlicher Lobbyarbeit oder Interessensvertretung.[25] Insbesondere kann man hierdurch ein Verlassen der politischen Sphäre[26] und ein Betreten der judiziellen Sphäre mit rechtspolitischen Gestaltungsansprüchen verzeichnen.

III. Rahmenbedingungen und Voraussetzungen für strategische Verfahren

Wichtige Rahmenbedingungen, in denen strategische Prozessführung operiert, sind in prozessrechtlicher Hinsicht – wie für Rechtsmobilisierung im Allgemeinen – Vorschriften über Zuständigkeiten und Zulässigkeitsanforderungen sowie die Beweislast und Verfahrenskosten.[27] Weiterhin ist die Bereitschaft der klagebefugten Personen notwendig, Teil eines ge-

---

22 S. Tätigkeiten des ECCHR selbstbezeichnet als „juristische Intervention“ insbesondere im Bereich des Völkerstrafrechts wie die Anzeige und Prozessbegleitung von Straftaten gegen das Völkerrecht in Syrien vor dem OLG Koblenz, Strafverfahren – 1 StE 9/19 und hierbei die Verurteilung eines mutmaßlichen Mitarbeiters des syrischen Geheimdienstes wegen Beihilfe zu einem Verbrechen gegen die Menschlichkeit, OLG Koblenz, Urt. v. 24.2.2021 – 1 StE 3/21; *Keller/Theurer* (Fn. 15), S. 53 – 56.

23 *Burghardt/Thönnes* (Fn. 13), S. 70 – 71.

24 *Hahn* (Fn. 1), 19 – 21.

25 So auch *Müller*, Begriffe, Ansprüche und deren Wirklichkeiten. Ein Systematisierungsvorschlag für sogenannte strategische Prozessführung, cause lawyering und andere Formen intentional gesellschaftsgestaltender Rechtspraxen, ZfRS 39 (2019), 33 (41).

26 *Fuchs*, Rechtsmobilisierung. Rechte kennen, Rechte benutzen und Recht bekommen, in: Boulanger/Rosenstock/Singelnstein (Hrsg.), Interdisziplinäre Rechtsforschung, 2017, S. 243 (252).

27 *Baer*, Rechtssoziologie, 2020, S. 235 – 236.; hierzu auch *Graser*, Zugang zum Recht: Kein Thema für die deutsche (Sozial-)Rechtswissenschaft? ZIAS (2020), 13 (25 – 26).

richtlichen Verfahrens zu werden. In diesem Zusammenhang ist auf das bemerkenswerte Konzept der *public interest litigation*, das Ähnlichkeiten zur *strategic litigation* hierzulande aufweist, hinzuweisen. Dieses ist besonders in Indien und Pakistan seit Jahrzehnten verbreitet und ermöglicht prozessual, dass Unbeteiligte die Menschenrechte, insbesondere von vulnerablen und marginalisierten Personengruppen, einklagen können und so erweiterte Rechtszugänge geschaffen werden.[28] Generell gilt es in transnationalen Fällen Sprachbarrieren und Unkenntnis über die eigenen Rechte sowie über andere Rechtssysteme zu überwinden.[29] Denn Zugang zu rechtlichem sowie tatsächlichem Wissen ist ein essentieller Faktor, um den strategischen Zugang zu Gerichten sicherzustellen. Problematisch sind deshalb auch heimliche Eingriffe in Grund- und Menschenrechte.[30] Deshalb können Berichte durch sogenannte Whistleblower entscheidend für die Kenntnis von etwaigen Rechtsverletzungen sowie für die Beweisführung sein.[31]

Insgesamt stellen damit Fragen des Zugangs zum Recht auch immer Rahmenbedingungen dar, in denen strategische Prozessführung operiert. Gerade im Bereich der extraterritorialen Anwendbarkeit von Grund- und Menschenrechten ist vieles noch ungeklärt, sodass in diesen Fällen häufig von strategischer Prozessführung zur Erreichung eines solchen Zugangs zum Recht Gebrauch gemacht wird. Dies zeigt sich beispielsweise in dem aktuellen Urteil des Europäischen Gerichtshofs für Menschenrechte im Fall Hanan gegen Deutschland, in welchem der Gerichtshof vor materiell-rechtlicher Würdigung der vorgebrachten Menschenrechtsverletzungen bei Ermittlungen zu Auslandseinsätzen in Afghanistan zunächst ausführlich seine eigene Zuständigkeit prüft. Damit wird die extraterritoriale Reichweite der EMRK thematisiert, wobei der Gerichtshof nur aufgrund

28 *Bhuwania*, Courting the People. Public Interest Litigation in Post-Emergency India, 2016, S. 16 ff.; *Khan* (Fn. 18), 285 – 291.

29 Ausführlich hierzu *Ancheita/Terwindt*, Auf dem Weg zu einer funktionierenden transnationalen Zusammenarbeit auf Augenhöhe, Forschungsjournal Soziale Bewegung 28 (2015), 56 (58 – 61).

30 *Heupel*, Umkämpfte Verantwortungszuschreibung: Extraterritoriale Menschenrechtsverletzungen der USA in der Terrorismusbekämpfung, Politik und Verantwortung 52 (2017), 244 (248 – 250).

31 So beispielsweise die Enthüllungen von Edward Snowden für die Vorbringen der Beschwerdeführer im BND-Verfahren sowie im Ramstein-Fall zu Drohneneinsätzen, s. ECCHR, Pressemitteilung, Edward Snowden zum Urteil gegen Internetüberwachung durch den BND, https://www.ecchr.eu/pressemitteilung/edward-snowden-zum-urteil-gegen-internetueberwachung-durch-den-bnd/ (letzter Aufruf am 2.4.2021).

besonderer Umstände zur Bejahung seiner Zuständigkeit gelangt und mithin Rechtszugang gewährt.[32] Besonders auch im Umweltrecht stellen sich bei sogenannten Klimaklagen (transnationale) Rechtszugangshürden und oftmals wird strategisch über Grund- und Menschenrechte Zugang zu Gerichten angestrebt.[33]

Weitere Faktoren im Sinne von politischen Rahmenbedingungen wie das Vorhandensein und die effektive Verwirklichung von Menschenrechten sowie demokratische und rechtsstaatliche Strukturen, insbesondere eine unabhängige, effektive Gerichtsbarkeit, spielen ebenso eine wichtige Rolle, um überhaupt auf Gerichte für strategische Verfahren zurückgreifen zu können.[34] Gesellschaftliche und sozio-ökonomische Faktoren sowie weitere faktische Gegebenheiten sind ebenso entscheidend.[35]

IV. Fallbeispiel: Das Ramstein-Verfahren vor dem Bundesverwaltungsgericht

Im Folgenden soll als Beispiel für strategische transnationale Prozessführung das Ramstein-Verfahren, welches US-Drohneneinsätze im Jemen und grundrechtliche Schutzpflichten zum Gegenstand hat, näher betrachtet werden. Die hierzu ergangene Entscheidung des Bundesverwaltungsgerichts wird anhand ihrer prozessualen und materiell-rechtlichen Aspekte analysiert, um aufzuzeigen wie ein solcher Fall rechtsdogmatisch aufgebaut sein kann und welche strategischen Implikationen sich hieraus ergeben.[36]

---

32 EGMR, Urt. v. 16.02.2021 – Nr. 4871/16, (Hanan v. Germany), 102 – 153; hierzu *Mehta*, Tailoring the Jurisdiction of the ECHR: The ECtHR's Grand Chamber Decision in Hanan v. Germany, Verfassungsblog, 18.2.2021, https://verfassungsblog.de/tailoring-the-jurisdiction-of-the-echr/ (letzter Aufruf am 2.4.2021).

33 S. bspw. People's Climate Case: EuGH, Urt. v. 25.3.2021 – C-565/19 P, ECLI:EU:C:2021:252 – Carvalho u.a./ Parlament und Rat; hierzu *Klinger*, Time for an Update of the EU Charter of Fundamental Rights, Völkerrechtsblog, 14.04.2021, https://voelkerrechtsblog.org/time-for-an-update-of-the-eu-charter-of-fundamental-rights/.

34 *Fuchs*, Rechtsmobilisierung (Fn. 26), S. 243 – 244.

35 Vgl. generell hierzu *Graser*, Zugang zum Recht (Fn. 27), 25 – 26.

36 Ausführlich hierzu *Strobel*, Kein extraterritorialer Schutzanspruch – Das BVerwG zu US-Drohneneinsätzen über Ramstein, JuWiss Blog, 9.12.2020, https://www.juwiss.de/137-2020/ (letzter Aufruf am 2.4.2021).

1. Verfahrenshintergrund und bisherige Gerichtsentscheidungen

Angestoßen wurde das Verfahren vor dem Verwaltungsgericht Köln durch die Leistungsklage und hilfsweise Feststellungsklage dreier jemenitischer Staatsangehöriger, deren Angehörige als unbeteiligte Zivilisten im Jahr 2012 im Jemen durch einen US-amerikanischen Drohnenangriff getötet wurden.[37] Für diese Einsätze werden die Daten von und zu bewaffneten Drohnen im Jemen über deutsches Staatsgebiet durch die Satelliten-Relais-Station auf der US Air Base Ramstein in Rheinland-Pfalz übermittelt. Die Kläger beriefen sich vor Gericht auf die Schutzpflicht hinsichtlich ihres Rechts auf Leben gemäß Art. 2 Abs. 2 S. 1 GG und verlangten, die Bundesrepublik Deutschland zu verurteilen, auf eine völkerrechtskonforme Nutzung der Air Base Ramstein durch die USA für Drohneneinsätze im Jemen mithilfe geeigneter Maßnahmen hinzuwirken oder hilfsweise die Rechtswidrigkeit des Unterlassens festzustellen.[38]

Die jemenitischen Kläger wurden in den Gerichtsverfahren in Deutschland vom ECCHR unterstützt.[39] Dieses ist als international agierende Nichtregierungsorganisation in dem Verfahren im Rahmen ihrer Strategie der juristischen Intervention zur Bewirkung einer Durchsetzung von Menschenrechten und des Völkerrechts tätig.[40] Wesentlicher Bestandteil dieser Vorgehensweise ist der gezielte Rückgriff auf rechtliche Instrumente mittels spezifischer Einzelfälle, die ihrer Einschätzung nach generelle Verstöße gegen Menschenrechte oder das Völkerrecht offenlegen.[41] Dabei soll nicht nur die Durchsetzung von Rechten und Ansprüchen Betroffener erreicht, sondern darüber hinaus auch eine bestimmte rechtspolitische Zielsetzung verfolgt werden. Letztere liegt hier in einem Vorgehen gegen die Betei-

---

37 VG Köln, Urt. v. 27.5.2015 – 3 K 5625/14, Rn. 2 – 4; *Bin Ali Jaber*, Germany Could Have Delivered Justice for Civilian Drone Strike Victims. It Failed, Foreign Policy, 8.12.2020, https://foreignpolicy.com/2020/12/08/germany-could-have-delivered-justice-for-civilian-drone-strike-victims-it-failed/ (letzter Aufruf am 2.4.2021); ECCHR, Fallbeschreibung, https://www.ecchr.eu/fileadmin/Fallbeschreibungen/Fallbeschreibung_Kurzportraits_Drohnen_Jemen_Oktober2020.pdf (letzter Aufruf am 2.4.2021).

38 VG Köln, Urt. v. 27.5.2015 – 3 K 5625/14, Rn. 10 – 13.

39 ECCHR, Ramstein vor Gericht: Deutschlands Rolle bei US-Drohnenangriffen im Jemen, https://www.ecchr.eu/fall/wichtiges-urteil-deutschland-muss-us-drohneinsaetze-via-ramstein-pruefen/ (letzter Aufruf am 2.4.2021).

40 ECCHR, Wie wir arbeiten, Mit juristischen Mitteln Menschenrechte verteidigen, https://www.ecchr.eu/ecchr/mit-juristischen-mitteln-menschenrechte-verteidigen/ (letzter Aufruf am 2.4.2021).

41 *Keller/Theurer* (Fn. 15), S. 54 – 57.

ligung Deutschlands an der US-amerikanischen Terrorismusbekämpfung mittels gezielter Tötungen.[42] Insgesamt ist das Verfahren folglich als strategische Prozessführung einzustufen.

Dem Klägerbegehren wurde jedoch zunächst nicht entsprochen. Das Verwaltungsgericht Köln wies die Klage ab und stufte die Schutzpflicht – selbst wenn man vorliegend eine solche als bestehend annehmen würde – aufgrund des weiten Entscheidungsspielraums der Exekutive als nicht verletzt ein.[43] Das Oberverwaltungsgericht Münster gab der Berufung der Kläger hierauf teilweise statt.[44] Es verurteilte die Bundesrepublik dazu, sich durch geeignete Maßnahmen zu vergewissern, dass eine Nutzung der Air Base für bewaffnete Drohneneinsätze durch die USA im Jemen im Einklang mit dem Völkerrecht stattfindet, und erforderlichenfalls hierauf hinzuwirken.[45]

2. *Die Entscheidung des Bundesverwaltungsgerichts*

Dieser Entscheidung des Berufungsgerichts folgte das Bundesverwaltungsgericht jedoch nicht und stellte auf die Revision der Bundesrepublik, vertreten durch das Bundesministerium der Verteidigung, das klageabweisende erste Urteil wieder her.[46] Dabei wies es zunächst die Klage eines der Kläger mangels Klagebefugnis als unzulässig zurück, da er durch einen

42 ECCHR, Ramstein vor Gericht: Deutschlands Rolle bei US-Drohnenangriffen im Jemen, Q&A zum rechtlichen Hintergrund, https://www.ecchr.eu/fileadmin/Q_As/QA_Drohnen_Jemen_Nov2020.pdf (letzter Aufruf am 2.4.2021); *Bin Ali Jaber*, Germany Could Have Delivered Justice for Civilian Drone Strike Victims. It Failed, Foreign Policy, 8.12.2020, https://foreignpolicy.com/2020/12/08/germany-could-have-delivered-justice-for-civilian-drone-strike-victims-it-failed/ (letzter Aufruf am 2.4.2021).

43 VG Köln, Urt. v. 27.5.2015 – 3 K 5625/14, Rn. 85 – 99, ausführlich hierzu *Starski*, So fern und doch so nah: Drohneneinsätze im Jemen im Visier der Grundrechte, Verfassungsblog, 16.6.2015, https://verfassungsblog.de/so-fern-und-doch-so-nah-drohneneinsaetze-im-jemen-im-visier-der-grundrech-te/ (letzter Aufruf am 2.4.2021).

44 OVG Münster, Urt. v. 19.3.2019 – 4 A 1361/15, NJW 2019, 1898.

45 Zu dieser Thematik *Bothe*, Wegschauen verletzt das Recht auf Leben: Zum Drohnenurteil des OVG Münster, Verfassungsblog, 21.3.2019, https://verfassungsblog.de/wegschauen-verletzt-das-recht-auf-leben-zum-drohnenurteil-des-ovg-muenster/ (letzter Aufruf am 2.4.2021); sowie ausführlich *Aust*, US-Drohneneinsätze und die grundrechtliche Schutzpflicht für das Recht auf Leben, JZ 2020, 303 (306, 309).

46 BVerwG, Urt. v. 25.11.2020 – 6 C 7.19, ausführlich hierzu *Strobel*, Kein Schutzanspruch gegen Drohnenangriffe? Das Urteil des BVerwG zu US-Drohneneinsätzen im Jemen mittels Ramstein, PRIF Blog, 11.12.2020, https://blog.prif.org/2020/12/

Aufenthaltswechsel ins Ausland für seine eigene Sicherheit gesorgt habe,[47] und verwehrt damit den Zugang zu Schutzansprüchen, wenn man sich einer Lebensgefahr durch Drohneneinsätze entzieht.

In der Begründetheit der Klage der weiteren Kläger stellt das Gericht die grundsätzlich bestehende Möglichkeit von extraterritorialen Schutzpflichten klar.[48] Es verlangt dafür jedoch einen qualifizierten Bezug zum deutschen Staatsgebiet, wofür die Air Base Ramstein als vorgeblich allein technisch notwendiges Bindeglied aufgrund mangelnder Entscheidungselemente auf deutschem Territorium nicht ausreichend sei.[49] Die Kläger hatten hingegen *inter alia* geltend gemacht, dass trotz des Auslandsbezugs keine derart strengen Anforderungen an den elementaren Lebensschutz gestellt werden dürften. Ebenso argumentiert das Gericht, dass für das Entstehen einer grundrechtlichen Schutzpflicht nicht bereits lediglich die Möglichkeit einer völkerrechtswidrigen Grundrechtsbeeinträchtigung ausreiche.[50] Denn die Schutzpflicht werde erst ausgelöst, wenn basierend auf vergangenen Verstößen gegen das Völkerrecht nach ihrer Zahl und Umstände abzusehen sei, dass es zukünftig zu weiteren Beeinträchtigungen komme.[51] Darüber hinaus sei bei der völkerrechtlichen Bewertung die Bandbreite der vertretbaren Rechtsauffassungen aufgrund der strukturellen Besonderheiten des Völkerrechts zu berücksichtigen.[52] Die Kläger argumentierten hingegen, dass gemäß Art. 20 Abs. 3, 25, 59 Abs. 2 GG eine Rechtsbindung der Exekutive auch an das Völkerrecht bestehe, die Bundesregierung die Drohneneinsatzpraxis der USA an einer eigenen völkerrechtlichen Rechtsauffassung messen sowie ihrer internationalen Verpflichtung, auf die Einhaltung des humanitären Völkerrechts durch die USA hinzuwirken, nachkommen müsse.[53]

Obwohl das Gericht nicht abschließend feststellen konnte, ob die Drohneneinsätze mit den humanitär-völkerrechtlichen Normen im Einklang

---

11/kein-schutzanspruch-gegen-drohnenangriffe-das-urteil-des-bverwg-zu-us-drohneneinsaetzen-im-jemen-mittels-ramstein/ (letzter Aufruf am 2.4.2021).

47 BVerwG, Urt. v. 25.11.2020 – 6 C 7.19, Rn. 23 – 25.

48 Ibid, Rn. 42 – 44.

49 Ibid, Rn. 49 f.

50 BVerwG, Pressemitteilung Nr. 68/2020 vom 25.11.2020, hier abrufbar: https://www.bverwg.de/pm/2020/68 (letzter Aufruf am 2.4.2021).

51 BVerwG, Urt. v. 25.11.2020 – 6 C 7.19, Rn. 51 – 54.

52 Ibid, Rn. 55 – 59.

53 Diese in ihren Einzelheiten umstrittene Pflicht stellt insbesondere Art. 1 der Genfer Abkommen von 1949 auf, s. IKRK Kommentar, Art. 1 Genfer Abkommen, https://ihl-databases.icrc.org/ihl/full/GCI-commentaryArt1. (letzter Aufruf am 2.4.2021); ECCHR, (Fn. 39).

stehen, sieht es dennoch von einer Zurückverweisung an die Tatsacheninstanz ab, da es dies nicht für entscheidungserheblich hält.[54] Folglich erachtet das Gericht die Zusicherung der USA gegenüber der Bundesregierung, sie halte das Völkerrecht ein, für hinreichend – trotz von den Klägern vorgebrachter gegenteiliger Nachweise.[55] Im Ergebnis lässt das Bundesverwaltungsgericht damit offen, ob eine Schutzpflicht besteht. Eine solche sei jedenfalls durch hinreichendes Tätigwerden erfüllt. Hierbei gesteht das Urteil der Exekutive einen weiten Einschätzungsspielraum bezüglich der Erfüllung der Schutzpflichten sowie aufgrund des außen- und verteidigungspolitischen Bezugs des Sachverhaltes zu.[56]

3. *Einordnung des Urteils und Ausblick*

Ob das Bundesverwaltungsgericht mit seinem Urteil durch die gerichtliche Zurückweisung eines individuellen Schutzanspruchs zu hohe Anforderungen an das Bestehen einer Schutzpflicht in einem Sachverhalt mit Auslandsbezug aufgestellt und damit das Recht auf Leben in seiner Schutzpflichtdimension verkannt hat, hat nun das Bundesverfassungsgericht zu entscheiden. Am 22. März 2021 haben zwei der ursprünglichen Kläger Verfassungsbeschwerde erhoben.[57] Weiterhin käme hiernach gegebenenfalls eine Anrufung des Europäischen Gerichtshofs für Menschenrechte in Betracht.

Insgesamt wurde durch das bisherige Verfahren in Weiterentwicklung des sogenannten BND-Urteils[58] des Bundesverfassungsgerichts die generelle Möglichkeit extraterritorialer Schutzpflichten höchstgerichtlich bestätigt. Bereits im BND-Urteil, welches durch eine strategische Verfassungsbeschwerde unterstützt von der Gesellschaft für Freiheitsrechte e.V. ermöglicht wurde,[59] wurde eine Grundrechtsbindung der deutschen Staatsgewalt

---

54 BVerwG, Urt. v. 25.11.2020 – 6 C 7.19, Rn. 60 – 66.

55 Zur Argumentation der Kläger ausführlich *Strobel* (Fn. 46).

56 BVerwG, Urt. v. 25.11.2020 – 6 C 7.19, Rn. 67 – 81.

57 BVerfG, Az. 2 BvR 508/21; ECCHR, Pressemitteilung, Ramstein vor dem Verfassungsgericht, https://www.ecchr.eu/pressemitteilung/ramstein-verfassungsgericht/ (letzter Aufruf am 2.4.2021).

58 BVerfG, Urt. v. 19.5.2020 – 1 BvR 2835/17, NJW 2020, 2235 (sog. BND-Urteil); zur Dogmatik dieser Entscheidung: *Schiffbauer*, Die Würde des Rechtsstaats ist unantastbar, JuWissBlog v. 19.5.2020, https://www.juwiss.de/75-2020/ (letzter Aufruf am 2.4.2021).

59 GFF, BND-Gesetz, https://freiheitsrechte.org/bnd-gesetz-2/ (letzter Aufruf am 2.4.2021).

im Ausland gegenüber sogenannten Ausländer:innen jedenfalls für die geltend gemachten Abwehrrechte angenommen.[60] In beiden Fällen wurde damit das Bestehen einer umfassenden Grundrechtsbindung sowie die hieraus erwachsenden Anforderungen im Bereich der Sicherheits- und Außenpolitik mit inhärentem Auslandsbezug verdeutlicht und damit Rechtszugang in extraterritorialen Fallkonstellationen ermöglicht. Neben grundrechtlichen Dimensionen wurde im Ramstein-Fall darüber hinaus ein Zugang zu gerichtlicher Überprüfung (humanitär-)völkerrechtlicher Aspekte gestärkt, insbesondere im Hinblick auf deren Berücksichtigung bei Entscheidungen der Exekutive.

V. *Auswirkungen strategischer Verfahren*

In materiell-rechtlicher Hinsicht ist es möglich mithilfe strategischer Prozesse eine bestimmte Auslegung des einfachen Rechts oder der Verfassung sowie auf der Vollzugsebene eine bestimmte Anwendung oder Durchsetzung des gesetzten Rechts zu erreichen.[61] Dabei kann eine Veränderung des geltenden Rechts ermöglicht werden, indem gesetzliche Vorschriften oder Verwaltungspraxen gerichtlich als unrechtmäßig, verfassungswidrig, europarechts- oder völkerrechtswidrig beurteilt werden.[62] Weiterhin können durch strategische Prozessführung individuelle sowie kollektive Gerechtigkeit und Rechtsmittel durchgesetzt und Informationszugang erlangt werden.[63] Für und mit den Betroffenen können ihre Interessen gerichtlich durchgesetzt werden – beispielsweise können eine Entschädigung in Form von Schadensersatz, Schmerzensgeld oder jedenfalls eine Verhinderung gleichartigen zukünftigen Verhaltens, der Anstoß zu Ermittlungen oder eine Verantwortungszuweisung erreicht werden. Dies kann zu gerichtlicher Anerkennung und Empowerment führen.[64]

Ein materiell-rechtlicher oder betroffenenspezifischer Erfolg durch strategische Prozessführung ist jedoch meist ungewiss. Statt einer erhofften Entscheidung kann eine gerichtliche Niederlage zum Nachteil der Betrof-

---

60 BVerfG, Urt. v. 19.5.2020 – 1 BvR 2835/17, NJW 2020, 2235, Rn. 88, 104; ausführlich dazu *Gärditz*, Grundrechtliche Grenzen strategischer Ausland-Ausland-Telekommunikationsaufklärung: Ein Wegweiser durch die BND-Entscheidung des BVerfG, Urteil v. 9.5.2020 – 1 BvR 2835/17, JZ 75 (2020), 825 – 835.

61 *Fuchs*, Rechtsmobilisierung (Fn. 26), S. 253.

62 *Duffy*, Strategic Human Rights Litigation (Fn. 4), S. 60 – 61.

63 *Keller/Theurer* (Fn. 15), S. 55 – 57.

64 *Duffy*, Strategic Human Rights Litigation (Fn. 4), S. 51 – 52, 59.

fenen ausfallen, mit Auswirkungen auf die Rechtsprechung weit über den Einzelfall hinaus.[65] Teils wird auch bewusst kein Verfahren angestrebt, etwa weil ablehnende Tendenzen an den Gerichten befürchtet werden.[66] So kann es sein, dass eine Rechtsfrage zunächst ungeklärt bleibt.

Dagegen ist der politische Einfluss – auch bei einer juristischen Niederlage – in Form des Generierens von Aufmerksamkeit und politischer Diskussion und Meinungsbildung meist ein wichtiger Faktor, der durch strategische Beteiligte oft gezielt mit Öffentlichkeitsarbeit und Kampagnen prozessbegleitend befördert wird.[67] Gleiches gilt für die gesellschaftlichen Auswirkungen durch das Schaffen von Bewusstsein für bestimmte Ungerechtigkeiten sowie die Mobilisierung von bestimmten gesellschaftlichen Gruppen durch strategische Prozesse.[68] Weiterhin kann strategische Prozessführung ebenfalls institutionellen, kulturellen sowie historischen Einfluss ausüben.[69] Im Einzelnen bedürfen die Folgen strategischer Verfahren weiterer Forschung und wären vor allem empirisch zu untersuchen.[70]

VI. Risiken, Kritik und Herausforderungen

In Teilen der Literatur und Praxis wird den Akteur:innen strategischer Prozessführung entgegengehalten, dass ihre Herangehensweise Probleme in demokratietheoretischer und rechtsstaatlicher Hinsicht hervorrufe.[71] Besonders werden die Risiken einer eventuellen missbräuchlichen Verwendung nicht für übergeordnete (rechts-)politische Fragestellungen vorgesehener Instrumente und Foren der Gerichte im Rahmen des Individual-

---

65 *Lobel*, Success Without Victory: Lost Legal Battle and the Long Road to Justice in America, 2004, S. 264 – 267.

66 Zu den allgemeinen Hintergründen derartiger Entscheidungsprozesse s. *Hilson*, New Social Movements: The Role of Legal Opportunity, JEPP 9 (2002), 238 – 252.

67 *Lobel*, Courts as Forums for Protest, UCLA Law Review 52 (2004), 477 (487 – 490); *Cummings/Rhode*, Public Interest Litigation: Insights From Theory and Practice, Fordham Urban Law Journal 36 (2009), 603 (615 – 619).

68 *Baer* (Fn. 27), S. 238 – 239.

69 *Duffy*, Strategic Human Rights Litigation (Fn. 4), S. 67 – 74.

70 Ein Beispiel hierfür ist *Barber*, Tackling the evaluation challenge in human rights: assessing the impact of strategic litigation organisations, The International Journal of Human Rights 16 (2012), 411 – 435.

71 Bspw. *Wegener*, Urgenda – Weltrettung per Gerichtsbeschluss? Klimaklagen testen die Grenzen des Rechtsschutzes, ZUR 1 (2019), 3 (10 ff).

rechtsschutzes betont.[72] Wiederum andere Stimmen in der Literatur sehen strategische Prozessführung als „systemstabilisierend“ und damit als nicht weitgehend genug an. Dabei wird kritisiert, dass sie zu spät einsetze, ineffektive Foren adressiere und kritische Rechtspolitik auf den Rechtsstreit reduziere. Zudem weise sie mangelnde Ambitioniertheit auf und habe eine depolitisierende Tendenz.[73]

Gerichte hingegen weisen immer wieder die Argumentation zurück, dass mit einer bestimmten Entscheidung ihre durch das Demokratieprinzip und das Prinzip der Gewaltenteilung begrenzte richterliche Entscheidungskompetenz überschritten werde.[74] Sie betonen zumeist, dass sie gegenüber der Legislative oder Exekutive lediglich bestimmte (Ziel-)Vorgaben im Rahmen ihrer Überprüfungskompetenz durchsetzten, diesen einen weiten Beurteilungs- und Entscheidungsspielraum beließen und damit gerade kein Übergriff in verfassungsrechtliche Kompetenzzuweisungen anderer Organe vorliege.[75] Dennoch besteht durch die mediale Kommunikationsstrategie strategischer Akteur:innen erhöhter Druck auf die Gerichte. Insbesondere unterinstanzliche Gerichte sehen sich mit komplexen neuen Entscheidungsgegenständen wie beispielsweise humanitärem Völkerrecht konfrontiert. Gleichzeitig ist jedoch eine Zurückhaltung der Gerichte in bestimmten politischen Bereichen zu erkennen.[76]

Zu Recht werden die möglichen Unzulänglichkeiten der demokratisch schwach legitimierten Gerichte bezüglich komplexer Sachverhalte herausgehoben und betont, dass deren Rolle für die Entwicklung langfristiger Lösungskonzepte nicht zu überschätzen sei. Jedenfalls kann die Bewältigung weitgehender (globaler) Herausforderungen nicht allein durch Gerichte erfolgen.[77] Prozessführung operiert im Rahmen und damit auch innerhalb der Grenzen und etwaiger Unzulänglichkeiten des vorhandenen Rechtssystems und kann dadurch ungewollt zur Perpetuierung bestehender Ungerechtigkeiten beitragen.[78] Als lediglich symbolisch sind

---

72 Vgl. Ibid, 3.

73 *Fischer-Lescano*, Kassandras Recht, KJ 52 (2019), 419 (421 – 425).

74 Bspw. in der sog. Urgenda-Entscheidung der Gerechtshof Den Haag, Urt. v. 9.10.2018 – 200.178.245/01, ECLI:NL:RBDHA:2015:7196, Rn. 67 ff.

75 Ibid, Rn. 74; *Wegener* (Fn. 71), 5 – 6.

76 S. im Bereich der Außenpolitik, beispielsweise BVerwG, Urt. v. 25.11.2020 - 6 C 7.19, Rn. 56 – 81.

77 Vgl. *Wegener* (Fn. 71), 3, 11.

78 Hierzu bspw. in Bezug auf das Migrationsrecht *Buckel*, "Welcome to Europe" – die Grenzen des europäischen Migrationsrechts, Juridische Auseinandersetzungen um das "Staatsprojekt Europa", 2013, S. 38 – 39.

beispielsweise Klimaklagen dennoch nicht zu bezeichnen,[79] denn das verkennt die weitgehenden rechtlichen, politischen und gesellschaftlichen Auswirkungen, die derartige Gerichtsverfahren mit strategischer Herangehensweise bewirken können. Weiterhin ist den strategischen Beteiligten bewusst, dass allein durch bestimmte Klagen globale oder nationale Herausforderungen nicht gelöst werden können, sondern diese lediglich ein Instrument unter vielen darstellen, die in ihrem Zusammenwirken richtungsweisend sein können.[80] Im Vorfeld eines gerichtlichen Vorgehens im Rahmen strategischer Prozessführung erfolgt oftmals ein Einwirken im Rechtssetzungsprozess oder eine Beteiligung an der politischen Meinungsbildung zu bestehenden gesetzlichen Regelungen beziehungsweise einem Verhalten der Exekutive mithilfe zivilgesellschaftlicher Kampagnen unter Einbindung verschiedener Akteur:innen.[81]

Der Rückgriff auf die Judikative ist gerade in einem demokratischen Rechtsstaat vorgesehen und auch nicht bei vermeintlich (rechts-)politischen Sachverhalten verschlossen.[82] Denn Recht ist zumeist gerade das Ergebnis eines politischen Prozesses. Zudem gibt es im deutschen Rechtssystem gerade keinen Ausschluss bestimmter Rechtsfragen *ex ante* – auch nicht rechtspolitisch umstrittener. Dass es zu einer Missachtung von Gerichtsentscheidungen – wie beispielsweise im Zusammenhang mit gerichtlich vorgegebenen Zielen des Klimaschutzes – kommen und damit eine Delegitimierung oder Destabilisierung der Judikative bewirkt werden könnte,[83] führt nicht zu einer Verantwortlichkeit der prozessführenden Beteiligten hierfür, sondern ist vielmehr der Verantwortung der missachtenden Gewalt zuzuschreiben, die mit derartigem Verhalten die Funktionsweise ihres eigenen Rechtssystems gefährdet.

Weitere Risiken stellen sich durch strategische Prozesse auf internationaler Ebene wie beispielsweise Herausforderungen für die staatliche Souveränität, die gerade durch internationale Gerichtsentscheidungen entstehen und dazu führen können, dass Staaten durch vermeintlich in ihre innerstaatlichen Angelegenheiten übergreifende Entscheidungen bestimmte internationale Abkommen wie menschenrechtliche Verträge verlassen

79 Vgl. *Wegener* (Fn. 71), 3.

80 *Kahl/Daebel*, Climate Change Litigation in Germany An Overview of Politics, Legislation and Especially Jurisdiction regarding Climate Protection and Climate Damages, European Energy and Environmental Law Review 28 (2019), 67.

81 *Keller/Theurer* (Fn. 15), S. 54 – 56; *Burghardt/Thönnes* (Fn. 13), S. 66 – 69.

82 So auch *Graser*, Vermeintliche Fesseln der Demokratie: Warum die Klimaklagen ein vielversprechender Weg sind, ZUR 5 (2019), 271 (274 – 278).

83 Vgl. *Wegener* (Fn. 71), 3, 12 f.

wollen.[84] Zudem ist bei strategischen Prozessen zu berücksichtigen, dass Betroffenen eine bestimmte Rolle und deren Rechtsposition eine gewisse Instrumentalisierung für größere rechtspolitische Ziele zukommt,[85] wodurch es zu Kollisionen zwischen individuellen und kollektiven Interessen kommen kann. Auch ist besonders bei transnationalen Verfahren im globalen Norden mit Betroffenen im globalen Süden die Rolle strategischer Akteur:innen anfällig für die Perpetuierung bestehender Ungleichheiten und Machtverhältnisse.[86]

VII. Potentiale und Rechtsmobilisierung

Strategische Verfahren verändern auch die Art und Weise demokratischer Partizipation der Zivilgesellschaft.[87] Auf strategische Prozessführung kann und wird zumeist von Teilen der Zivilgesellschaft mit politischer Einstellung abseits der Regierungsmehrheit für marginalisierte oder vulnerable Betroffene oder andere Minderheiten zurückgegriffen,[88] wenn auf legislativer oder exekutiver Ebene keine entsprechende Veränderung bewirkt werden konnte.[89] Dies rührt aus einer bestimmten rechtspolitischen, ideellen Motivation her. So will etwa die Gesellschaft für Freiheitsrechte

---

84 Diese Problematik erläutert abstrakt anhand der dynamischen Auslegung des EGMR *van der Berg*, Folter, unmenschliche und erniedrigende Behandlung in der Rechtsprechung des EGMR und die strafprozessualen Konsequenzen, 2019, S. 70 ff.

85 *Lange* (Fn. 19), S. 19.

86 Ausführlich hierzu *Ancheita/Terwindt*, Auf dem Weg zu einer funktionierenden transnationalen Zusammenarbeit auf Augenhöhe, Forschungsjournal Soziale Bewegung 28 (2015), 56 – 64; *Theurer/Kaleck*, Dekoloniale Rechtskritik und Rechtspraxis, 2020.

87 Hierzu ausführlich *Fuchs*, Strategische Prozessführung als Partizipationskanal, in: de Nève/Olteanu (Hrsg.): Politische Partizipation jenseits der Konventionen, 2013, S. 51 – 74.

88 S. bspw. die Unterstützung der GFF von Verfahren zur rechtlichen Anerkennung der Elternschaft bei nicht-heterosexuellen Ehepaaren, https://freiheitsrechte.org/elternschaft/ (letzter Aufruf am 2.4.2021) und die hierbei erreichten gerichtlichen Vorlagen an das BVerfG wegen Zweifel an der Verfassungsmäßigkeit der derzeitigen einfachgesetzlichen Regelung: OLG Celle, Beschl. v. 24.3.21 – 21 UF 146/20 und KG Berlin, Beschl. v. 24.03.2021 – 3 UF 1122/20; allgemein *Thierse/Badanjak*, Opposition in the EU Multi-Level Polity. Legal Mobilization against the Data Retention Directive, S. 86 – 90.

89 *Fuchs*, Rechtsmobilisierung (Fn. 26), S. 251 – 253.

„dem Recht zu seinem Recht verhelfen".[90] Ein derartiges gezieltes Nutzen der Kontrollfunktion der Judikative für partikulare Interessen ist wiederum nur erfolgreich,[91] wenn verfassungswidrige oder unrechtmäßige Verfahrensgegenstände vorliegen. Damit besteht ein geringer politischer Gestaltungsspielraum, der jedoch im Einzelfall nicht zu unterschätzen ist, da auch rechtsdogmatisch oder politisch weitreichende Urteile nicht ausgeschlossen sind.

Durch strategische Rechtsmobilisierung wird den Gerichten die Möglichkeit eingeräumt, bestimmte Praxen oder Rechtsnormen zu beurteilen,[92] die andernfalls entweder überhaupt nicht, nicht mit bestimmten Argumentationslinien oder nicht in den jeweiligen Fallkonstellationen vorgebracht worden wären. Denn Rechtsschutz wird oftmals aufgrund fehlenden Erkennens der Betroffenen, dass eine etwaige Verletzung ihrer Rechte vorliegt, oder aus finanziellen und zeitlichen Kapazitäten eines jahrelangen Verfahrens mit unsicheren Erfolgsaussichten gar nicht erst in Anspruch genommen.[93] Besonders bei transnationalen Verfahren wäre es Betroffenen im Ausland durch die hohen Hürden des Rechtsschutzes in Deutschland nicht ohne Weiteres möglich, ihnen zukommende Rechte und Schutzansprüche durchzusetzen. Dies liegt nicht an vermeintlichen Unzulänglichkeiten der Betroffenen, sondern ist in dem erschwerten Zugang zu Recht und Rechtsschutz sowie in Herausforderungen bei der behördlichen und gerichtlichen Anerkennung von Verantwortung der Hoheitsgewalt und bei der Zuerkennung von (Grund-)Rechten in extraterritorialen Konstellationen verwurzelt.

Somit schafft strategische Prozessführung durch eine Mobilisierung des Rechts eine intensivierte Wirkmacht bestimmter Teile der Zivilgesellschaft im Rechtsstaat, indem sie Hürden des Rechtsschutzes überwindet und praktikable Zugänge zum Recht ermöglicht. Jedoch wird durch klassische strategische Prozessführung nicht für breite Teile der Bevölkerung kollektiver Rechtszugang erreicht, wie beispielsweise durch Verbandsklagerechte, Musterfeststellungsklagen oder den strategischen Einsatz von *legal*

---

90 GFF, Team, Wir verhelfen dem Recht zu seinem Recht, https://freiheitsrechte.org/team/ (letzter Aufruf am 2.4.2021).

91 Diese Funktion bezeichnen *Hahn/Fromberg* als „Watchdog" in: Klagekollektive als „Watchdogs". Zu Chancen strategischer Prozessführung für den demokratischen Rechtsstaat, ZPol, 16.11.2020, https://doi.org/10.1007/s41358-020-00241-4 (letzter Aufruf am 2.4.2021).

92 *Baer* (Fn. 27), S. 238 f.; vgl. *Hahn* (Fn. 1), 22.

93 Vgl. *Fuchs*, Rechtsmobilisierung (Fn. 26), S. 246 – 247.

tech.[94] Stattdessen werden indirekt für bestimmte Betroffenengruppen partikulare Rechtsbeeinträchtigungen beseitigt, ohne dass die überwiegende Anzahl an Betroffenen hieran konkret mitwirkt. Es wird gerade durch rechtspolitische Motivation eine Mobilisierung der Rechtsdurchsetzung der eigenen Rechte bestimmter Betroffenengruppen erreicht.

VIII. *Fazit und Ausblick*

Rechtsmobilisierung durch strategische Prozesse ist für den individuellen und kollektiven Zugang zum Recht von Bedeutung, um etwaig verfassungswidrige oder unrechtmäßige Zustände überprüfen zu lassen[95] und dadurch den Vorrang der Verfassung und effektive Rechtsdurchsetzung zu erreichen. Durch *strategic litigation* ist außerdem eine Professionalisierung der Handlungsmöglichkeiten der Zivilgesellschaft eingetreten – nicht nur national, sondern auch transnational und international. Hierdurch kann einerseits gesellschaftlicher Wandel durch gerichtliche Entscheidungen verstetigt werden und Eingang in die Rechtsordnung finden sowie andererseits durch gerichtliche Entscheidungen gesellschaftlicher und politischer Wandel bewirkt werden. Dies erfolgt jedoch nicht ohne Konsequenzen für die Rechtsordnung und Herausforderungen für die Judikative, da individuelle Rechtsmittel als rechtspolitische Gestaltungsinstrumente kollektiver Netzwerke für gezielte Prozessführung ursprünglich nicht vorgesehen waren. Es bleibt spannend, wohin sich strategische Prozessführung als dynamische Rechtspraxis in Zukunft entwickeln wird. Eine weitere Verbreitung dieses Phänomens auch in weiteren Rechtsgebieten und für Rechtsfragen im Zusammenhang mit aktuellen Herausforderungen ist jedenfalls zu erwarten.

---

94 *Rehder/van Elten*, Legal Tech & Dieselgate. Digitale Rechtsdienstleister als Akteure der strategischen Prozessführung, ZfRS 39 (2019), 64 (67 – 71).

95 *Thierse*, Mobilisierung des Rechts: Organisierte Interessen und Verfassungsbeschwerden vor dem Bundesverfassungsgericht, Politische Vierteljahresschrift 61 (2020), 553 (554 – 559).

Der Anspruch auf Demokratie aus Art. 38 Abs. 1 S. 1 GG: Bestandsaufnahme und Perspektiven

Dr. Alexander Brade

Abstract: *Das Bundesverfassungsgericht verfolgt mit dem „Anspruch auf Demokratie" ein im Kern berechtigtes Anliegen, nämlich die einzelnen Bürgerinnen und Bürger vor dem gänzlichen Verlust ihrer demokratischen Einflussmöglichkeiten zu bewahren. Es schießt dabei aber über das Ziel hinaus: Weder die Ultra-vires-Rüge noch die sog. formelle Übertragungskontrolle lassen sich auf die Menschenwürdegarantie zurückführen, auf die sich das Gericht zur Begründung stützt. Umgekehrt liegt es in der Konsequenz eines auf Art. 38 Abs. 1 S. 1 i.V.m. Art. 1 Abs. 1 GG aufbauenden Konzepts, es jenseits des europäischen Integrationsprozesses auch im Kontext innerstaatlicher Sachverhalte zur Geltung zu bringen.*

I. Einführung

Die Entscheidung des Bundesverfassungsgerichts zum Anleihenkaufprogramm der Europäischen Zentralbank (PSPP)[1] war ein Paukenschlag[2]. Mit ihr kehrt eine lange Totgeglaubte[3] – die Ultra-vires-Kontrolle – eindrucksvoll in das Reich der Lebenden zurück: Erstmals nutzte das Bundesverfassungsgericht dieses Kontrollinstrument, um sich über das eigentlich (anwendungs-)vorrangige Unionsrecht hinwegzusetzen.[4] Dem voraus liegt die

---

1 BVerfGE 154, 17. Zu den (überwiegend kritischen) Stimmen im Schrifttum zu diesem Urteil je m. w. N.: *Skouris*, EuR 2021, 3 (20 Fn. 54); *Wegener*, EuR 2020, 347 Fn. 2. Das Urteil dagegen tendenziell positiv bewertend z. B. *Kahl*, NVwZ 2020, 824 ff.; *Kube*, DVBl 2020, 1161 ff.; *Pießkalla*, EuZW 2020, 538 ff.

2 Zurückhaltender in der Bewertung *Calliess*, NVwZ 2020, 897; *Haltern*, NVwZ 2020, 817 f.

3 Angelehnt an *Murswiek*, EuGRZ 2017, 327: „[W]enn das Bundesverfassungsgericht für die Anwendung der Ultra-vires-Kontrolle Voraussetzungen formuliert, die praktisch nie erfüllt werden können, dann ist die Ultra-vires-Kontrolle tot."

4 Die Ultra-vires-Kontrolle ist bekanntlich kein neues Instrument. Zunächst prüfte das BVerfG, ob Rechtsakte der europäischen Einrichtungen und Organe sich in den Grenzen der ihnen eingeräumten Hoheitsrechte halten oder aus ihnen ausbre-

Frage, ob und, wenn ja, inwieweit sich der Ultra-vires-Vorbehalt überhaupt als subjektiv rügefähig erweist. Speziell für das Verfassungsbeschwerdeverfahren ist also zu klären, in welchem Umfang den Bürgerinnen und Bürgern im Fall behaupteter Kompetenzüberschreitungen der Organe, Einrichtungen und sonstigen Stellen der Europäischen Union ein „Zugang zum Bundesverfassungsgericht" offensteht. Damit ist der „Anspruch des Bürgers auf Demokratie"[5] angesprochen, den das Bundesverfassungsgericht in ständiger Rechtsprechung aus Art. 38 Abs. 1 S. 1 GG ableitet und dessen Entwicklungsgeschichte zunächst beleuchtet wird (II.). Im Anschluss soll – anknüpfend an die überwiegend kritische Rezeption durch das Schrifttum – ein eigenes Konzept des „Anspruchs auf Demokratie" vorgestellt werden, das es rechtsmethodisch abzustützen gilt (III.). Den Schluss bildet ein Ausblick (IV).

II. Entwicklungsgeschichte des Anspruchs auf Demokratie

Die Entwicklung des Anspruchs lässt sich in drei Schritten nachvollziehen:[6] Den Anfang machte die sog. Entleerungsrüge als Ausprägung der Identitätsrüge (1.). Zu ihr gesellten sich sodann die Ultra-vires-Rüge (2.) und schließlich – jüngst – die formelle Übertragungskontrolle (3.).

---

chen (vgl. BVerfGE 58, 1 [30 f.]; 75, 223 [235, 242]; 89, 155 [188]). Mit dem Begriff der Ultra-vires-Kontrolle operiert es, soweit ersichtlich, seit dem Lissabon-Urteil (BVerfGE 123, 267 [353 f.]; näher zur Terminologie: *Mayer*, JZ 2020, 725 [727 f.]; *Thym*, Der Staat 48 (2009), 559 [568]). Damit verbunden war eine inhaltliche Präzisierung (*Ludwigs*, NVwZ 2015, 537 [538]), die sich in der Folgezeit fortsetzte (vgl. BVerfGE 126, 286 [301 ff.]; 134, 366 [382 ff.]; 142, 123 [198 ff.]; 146, 216 [252 ff.]), bis sie schließlich im PSPP-Urteil ihren vorläufigen Endpunkt fand (vgl. BVerfGE 154, 17 [90 ff.]).

5 Vgl. erstmals BVerfGE 89, 155 (172); wortwörtlich dann BVerfGE 129, 124 (169); 135, 317 (386); zuletzt wahlweise als „Anspruch auf Demokratie" (BVerfGE 154, 17 [118]) bzw. „Anspruch auf demokratische Selbstbestimmung" (BVerfGE 154, 17 [86]) bezeichnet. Mitunter ist auch von einem „Grundrecht auf Mitwirkung an der demokratischen Selbstherrschaft des Volkes" (BVerfGE 142, 123 [190]; 151, 202 [286]; 153, 74 [177]) oder einem „grundrechtsgleichen Recht auf demokratische Selbstbestimmung" (BVerfGE 146, 216 [249]) die Rede.

6 S. bereits *Gentzsch/Brade*, EuR 2019, 602 (609 ff.).

1. Von „Maastricht" nach „Lissabon"

Der Anspruch auf Demokratie ist, wenn man so will, eine „Erfindung" des Bundesverfassungsgerichts.[7] Erstmals anzutreffen ist er im Maastricht-Urteil vom 12. Oktober 1993. Darin heißt es:

> *„Das durch Art. 38 GG gewährleistete Recht, durch die Wahl an der Legitimation von Staatsgewalt teilzunehmen und auf deren Ausübung Einfluß zu gewinnen, schließt es im Anwendungsbereich des Art. 23 GG aus, dieses Recht durch Verlagerung von Aufgaben und Befugnissen des Bundestages so zu entleeren, daß das demokratische Prinzip, soweit es Art. 79 Abs. 3 i. V. m. Art. 20 Abs. 1 und 2 GG für unantastbar erklärt, verletzt wird […]."*[8]

Mit seinem Urteil zum Vertrag von Lissabon knüpfte das Bundesverfassungsgericht daran an und baute die Entleerungsrüge zu einer echten, nicht mehr nur auf das Demokratieprinzip, sondern auch auf die Wahrung der Staatlichkeit der Bundesrepublik Deutschland sowie das Sozialstaatsprinzip bezogenen Identitätsrüge aus.[9] Der „Anspruch auf Demokratie" wandelte sich so mehr und mehr zu einem „subjektiven Recht auf Wahrung der Verfassungsidentität"[10]. Eine nachvollziehbare Begründung für eine so beschaffene Identitätsrüge lieferte das Bundesverfassungsgericht bis zu diesem Zeitpunkt nicht.[11] Es finden sich lediglich erste zaghafte

---

7 Vgl. *Gassner*, Der Staat 34 (1995), 429 (443); *Häde*, BB 1993, 2457 (2458) je mit Verweis auf *Meyer*, VVDStRL 33 (1975), 69 (75 f.), der bereits auf den Zusammenhang von Demokratieprinzip und Menschenwürdegarantie hingewiesen hat. *Schachtschneider*, JR 1970, 401 (404) anerkennt zwar den „Anspruch des *einzelnen* Bürgers auf Demokratie", ohne allerdings einen unmittelbaren Bezug zu Art. 38 Abs. 1 GG herzustellen.

8 BVerfGE 89, 155 (182). Damit wich das Gericht von seiner Rechtsprechung zu innerstaatlichen Sachverhalten (vgl. BVerfGE 62, 397 [399]: „Ein Recht des einzelnen Wählers darauf, daß der Deutsche Bundestag nicht in Anwendung von Art. 68 GG vorzeitig aufgelöst wird, lässt sich aus Art. 38 GG nicht herleiten.") sowie im Kontext völkerrechtlicher Verträge (vgl. BVerfGE 6, 290 [294 f.]; 40, 141 [156]; 84, 90 [113]) speziell für den Anwendungsbereich des Art. 23 GG ab. Zur innerstaatlichen Geltung des Anspruchs auf Demokratie s. noch III. 2. b).

9 Vgl. BVerfGE 123, 267 (328); dazu näher *Murswiek*, JZ 2010, 702 (703). Allgemein zum Schritt von „Maastricht" nach „Lissabon": *Jestaedt*, Der Staat 48 (2009), 497 (501 f.).

10 So *Steiger*, VerwArch 107 (2016), 497 (528).

11 Vgl. *Jestaedt*, Der Staat 48 (2009), 497 (505).

Hinweise auf einen Zusammenhang zwischen dem Wahlakt und der Würde des Menschen,[12] den das Gericht erst im EFSF-Urteil[13] wiederaufgriff.

Es verwundert daher nicht, dass das Schrifttum dem „Anspruch auf Demokratie" von Anfang an kritisch bis ablehnend gegenüberstand.[14] Beispielhaft sei hier *Bieber* zitiert:

> *„Durch das Zustimmungsgesetz [zum Vertrag über die EU] wird ersichtlich keiner der von Art. 38 geschützten [Wahlrechts-]Grundsätze berührt. Mögliche Verletzung des Zustimmungsgesetzes ist erst die Effizienz der Wahlrechtsausübung [...]. Folglich zielt die Verfassungsbeschwerde auf den Nachweis einer Verletzung staatsorganisatorischer Kompetenzregelungen und nicht auf die Geltendmachung subjektiver Rechte. [...] Eine Verfassungsbeschwerde, die lediglich die fehlerhafte Anwendung objektiven Verfassungsrechts rügt, ist unzulässig, da das Grundgesetz keine Popularklage kennt."*[15]

Abgesehen von der Nähe zur Popularklage[16] ist es vor allem die (potenzielle) Reichweite dieser Konstruktion, die Kritik hervorruft: In personeller Hinsicht erlaube sie es, jeder/m volljähriger/n Deutschen – selbst Nichtwählenden – gegen die Übertragung von Hoheitsrechten auf Organe, Einrichtungen und sonstige Stellen der Europäischen Union verfassungsgerichtlich vorzugehen.[17] Man möge deshalb mutmaßen, dass die wohl eher unzulässigen Verfassungsbeschwerden dem Bundesverfassungsgericht einen willkommenen Anlass boten, zum Fortgang der europäischen Inte-

---

12 Vgl. BVerfGE 123, 267 (341). Dazu näher *Schönberger*, Der Staat 48 (2009), 535 (541); *Thym*, Der Staat 48 (2009), 559 (583 f.).

13 BVerfGE 129, 124.

14 Umfassende Nachweise bei *Gassner*, Der Staat 34 (1995), 429 Fn. 3 und *Sauer*, Der Staat 58 (2019), 7 (8 Fn. 8). Aus dem Kreis der (zahlenmäßig wenigeren) Befürworter sind hervorzuheben: *Klein*, in: Maunz/Dürig, Grundgesetz-Kommentar, Lfg. 68, Januar 2013, Art. 38 Rn. 145 ff.; *Müller*, in: v. Mangoldt/Klein/Starck, Kommentar zum Grundgesetz, 7. Auflage, 2018, Art. 38 Rn. 181; *Murswiek*, JZ 2010, 702 ff.

15 *Bieber*, NJ 1993, 241 (242).

16 Kritisch zu diesem Punkt auch *Gassner*, Der Staat 34 (1995), 429 (449 f.); *Häde*, BB 1993, 2457 (2458); *Tomuschat*, EuGRZ 1993, 489 (491). In Reaktion auf das Lissabon-Urteil ebenso *Schönberger*, Der Staat 48 (2009), 535 (539); mit Blick auf den OMT-Beschluss wiederum *Heide*, ZEuS 2016, 479 (482 f.); *Mayer*, EuR 2014, 473 (502 f.) und *Steiger*, VerwArch 107 (2016), 497 (528 f. u. 532 f.). Erneuert haben diese Kritik mit Blick auf die Entscheidungen des BVerfG zum Einheitlichen Patentgericht bzw. zum PSPP-Programm u. a. *Calliess*, NVwZ 2020, 897 (899); *Giegerich*, EuZW 2020, 560 (566) und *Hofmann/Heger*, EuGRZ 2020, 176 (183).

17 Vgl. *Gassner*, Der Staat 34 (1995), 429 (450). Ebenso zuletzt *Giegerich*, ZEuS 2016, 3 (45).

gration Stellung zu nehmen.[18] In sachlicher Hinsicht sei wiederum zu befürchten, dass das Gericht den „Anspruch auf Demokratie" auf Zustimmungsgesetze zu völkerrechtlichen Verträgen über die Schaffung internationaler Organisationen erstrecken[19] oder ihn gar für innerstaatliche Fälle in Stellung bringen werde[20].

2. *„EFSF-Urteil" und „OMT-Beschluss"*

Dennoch hielt das Bundesverfassungsgericht mit Urteil zur Europäischen Finanzstabilisierungsfazilität (EFSF) vom 7. September 2011 an seiner Rechtsprechung fest: „Der letztlich in der Würde des Menschen wurzelnde Anspruch des Bürgers auf Demokratie [...] wäre hinfällig, wenn das Parlament Kernbestandteile politischer Selbstbestimmung aufgäbe und damit dem Bürger dauerhaft seine demokratischen Einflussmöglichkeiten entzöge."[21] Um seinen Kritikerinnen und Kritikern entgegenzukommen, heißt es sodann: „Ein weitergehendes Rügerecht sieht das Grundgesetz nicht vor."[22] Wenig später erfolgte jedoch die Kehrtwende: In seinem OMT-Beschluss stellte das Bundesverfassungsgericht der Identitätsrüge die Ultra-vires-Rüge zur Seite,[23] was bereits gerichtsintern auf Kritik stieß:

> *„Gegenstand der Identitätskontrolle ist die Einhaltung äußerster [...] Grenzen. Insoweit jedem Bürger ein einklagbares subjektives Recht zuzugestehen, ist plausibel, [...]. Hingegen wird mit der Zulassung einer auf die Behauptung einer Verletzung von Art. 38 Abs. 1 GG gestützten ultra-vires-Kontrolle die Tür zu einem allgemeinen Gesetzesvollziehungsanspruch geöffnet, den das Grundgesetz nicht kennt."*[24]

---

18 So *Häde*, BB 1993, 2457 (2458). In diese Richtung auch *Gassner*, Der Staat 34 (1995), 429 (430 u. 449) m. w. N. und *Trute*, in: v. Münch/Kunig, Grundgesetz-Kommentar, 7. Auflage, 2021, Art. 38 Rn. 14.

19 *Gassner*, Der Staat 34 (1995), 429 (433); *Tomuschat*, EuGRZ 1993, 489 (491).

20 Vgl. *Klein*, in: Randelzhofer (Hrsg.), Gedächtnisschrift für Grabitz, 1995, S. 271 (274); *Meessen*, NJW 1994, 549 (550 f.).

21 BVerfGE 129, 124 (169).

22 BVerfGE 129, 124 (170) (mit Blick darauf, dass aus Art. 38 GG grundsätzlich kein Recht der Bürgerinnen und Bürger folge, demokratische Mehrheitsentscheidungen, insbesondere Gesetzesbeschlüsse, auf ihre Rechtmäßigkeit hin durch das BVerfG kontrollieren zu lassen). Zur Verschärfung der Darlegungslast an die Identitätsrüge im EFSF-Urteil: *Giegerich*, ZEuS 2016, 3 (27) und *Steiger*, VerwArch 107 (2016), 497 (527).

23 Vgl. BVerfGE 134, 366 (394 ff.).

24 Sondervotum *Gerhardt*, BVerfGE 134, 430 (432).

Dem fügte *Heun* hinzu, dass Art. 38 Abs. 1 S. 1 GG damit zum Pendant der allgemeinen Handlungsfreiheit des Art. 2 Abs. 1 GG bei Verstößen gegen das Unionsrecht werde, was sich mit der bisherigen Rechtsprechung schwerlich vereinbaren lasse.[25] Vor diesem Hintergrund führt *Lehner* aus:

> *„Die ‚Integrationsverfassungsbeschwerde' des deutschen Staatsbürgers soll nun demgegenüber als ‚Super'-Rechtsbehelf im Sinne eines prozessualen Allheilmittels und auf der Basis einer angenommenen Integrationsrügekompetenz des einzelnen deutschen Grundrechtsträgers das Grundgesetz in eine durchsetzungsstarke Stellung bringen."*[26]

3. *Entscheidung zum Einheitlichen Patentgericht und zum PSPP-Programm*

Davon unbeirrt zeigte sich die Mehrheit der Richterinnen und Richter des Zweiten Senats des Bundesverfassungsgerichts, die – nach einigem Hin und Her[27] – zu Beginn des Jahres 2020 den Anspruch auf Demokratie um die sog. formelle Übertragungskontrolle erweiterten:

---

25 *Heun*, JZ 2014, 331 (332). Kritik üben außerdem z. B. *Ludwigs*, NVwZ 2015, 537 (540) sowie *Schwerdtfeger*, EuR 2015, 290 (305): „Während über den Ansatz des Lissabon-Urteils bei der Menschenwürde noch lediglich demokratisch besonders sensible Bereiche der Identitätskontrolle zugeordnet worden waren, kann über die ultra-vires-Kontrolle nun grundsätzlich jeder Unionsrechtsakt überprüft werden."

26 *Lehner*, Der Staat 52 (2013), 535 (539).

27 Zurückhaltend äußerte sich das BVerfG zunächst in Sachen Europäischer Stabilitätsmechanismus (ESM): „Soweit der Antragsteller [...] rügt, das ESM-Finanzierungsgesetz sei mangels ordnungsgemäßer Einbringung in den Deutschen Bundestag formell verfassungswidrig, hat er nicht substantiiert dargelegt, dass sein Recht aus Art. 38 Abs. 1 GG dadurch entleert sein könnte." (BVerfGE 132, 195 [235]). Bei Art. 23 Abs. 1 S. 3 i. V. m. Art. 79 Abs. 2 GG handele es sich nämlich um eine Regel des objektiven Verfassungsrechts, die den Wahlberechtigten keine Rechte vermittele, „weil der Umfang der Entscheidungsbefugnisse des Bundestages, mithin die Substanz des Wahlrechts, nicht davon abhängt, mit welcher Mehrheit der Bundestag seine Beschlüsse fasst." (BVerfGE 135, 317 [387 f.]). In Ultra-vires-Konstellationen geht das BVerfG demgegenüber davon aus, dass das Rügerecht nicht nur eine inhaltliche, sondern auch eine „verfahrensmäßige Komponente" beinhaltet: „Der wahlberechtigte Bürger hat zur Sicherung seiner demokratischen Einflussmöglichkeit im Prozess der europäischen Integration aus Art. 38 Abs. 1 S. 1 GG grundsätzlich ein Recht darauf, dass eine Verlagerung von Hoheitsrechten nur in den dafür vorgesehenen Formen von Art. 23 Abs. 1 S. 2 und 3, Art. 79 Abs. 2 GG geschieht." (BVerfGE 134, 366 [397]; a.A. Sondervotum

> *„Der Schutz von Art. 38 Abs. 1 S. 1 GG erstreckt sich auch auf die Wahrung der Anforderungen des Art. 23 Abs. 1 GG an eine wirksame Übertragung von Hoheitsrechten. Bürgerinnen und Bürger haben zur Sicherung ihrer demokratischen Einflussmöglichkeiten […] grundsätzlich ein Recht darauf, dass eine Übertragung von Hoheitsrechten nur in den vom Grundgesetz dafür vorgesehenen Formen der Art. 23 Abs. 1 S. 2 und S. 3, Art. 79 Abs. 2 GG erfolgt […].“*[28]

Dieser Einschätzung widersprechen *König/Langenfeld/Maidowski* in ihrem Sondervotum:

> *„Die der formellen Übertragungskontrolle zugrundeliegende Erweiterung des Rechts aus Art. 38 Abs. 1 S. 1 GG verkennt dessen Substanz und Grenzen. Für eine Verletzung der Substanz des Wahlrechts, verstanden als den in der Würde des Menschen wurzelnden Kern des Demokratieprinzips, ist in einem Fall, in dem es um die Nichtbeachtung formeller Voraussetzungen des Zustimmungsgesetzes geht, kein Raum.“*[29]

Das Schrifttum sucht, soweit ersichtlich, überwiegend den Schulterschluss mit dieser abweichenden Meinung.[30] Durch die Entscheidung zum Einheitlichen Patentgericht werde die Tür zu einer allgemeinen Rechtmäßigkeitskontrolle von Gesetzen nochmals weiter geöffnet.[31] Diese Erstreckung führe dazu, dass potentielle weitere Konfliktlagen innerhalb des Verfassungsgerichtsverbundes geschaffen werden. Sie leiste daher einen Beitrag dazu, dass der Anspruch auf Demokratie aus Art. 38 Abs. 1 S. 1 GG konturlos wird.[32] Daran hat das PSPP-Urteil[33] nichts geändert – eher im Gegenteil:

> *„Die aktuelle EZB-Entscheidung radikalisiert diesen ohnehin schon radikalen Ansatz [des Maastricht-Urteils] noch weiter, in dem sie es erlaubt, auch vermeintlich unzureichende Ausführungen zur Verhältnismäßigkeit*

Gerhardt, BVerfGE 134, 430 [437 f.]). Hieran hält die Rechtsprechung seitdem fest (vgl. BVerfGE 142, 123 [1. Leitsatz]; 151, 202 [276]).

28 BVerfGE 153, 74 (1. Leitsatz).

29 Sondervotum *König/Langenfeld/Maidowski*, BVerfGE 153, 164 (166).

30 Vgl. *Payandeh*, JuS 2020, 702 (704 u. 705); *Trute*, in: v. Münch/Kunig, Grundgesetz-Kommentar, 7. Auflage, 2021, Art. 38 Rn. 18; wohl auch *Schallmoser/Haberl*, GRUR-Prax 2020, 199 (200); *Tilmann*, GRUR 2020, 441 (443).

31 *Ogorek*, JA 2020, 878 (880).

32 *Hofmann/Heger*, EuGRZ 2020, 176 (184).

33 BVerfGE 154, 17.

der Ausübung bestehender Kompetenzen durch EU-Organe zum alltäglichen Gegenstand verfassungsgerichtlicher Kontrolle zu machen.“[34]

III. Einordnung und Bewertung

Nach hiesiger Auffassung verfolgt die Judikatur mit dem „Anspruch auf Demokratie“ ein im Kern berechtigtes Anliegen, schießt dabei aber – wie die Kritik zeigt – über das Ziel hinaus.

1. Rechtsmethodische Herleitung

Es gilt zunächst, diesen Anspruch – punktuell ergänzt durch theoretische Erwägungen[35] – rechtsmethodisch abzustützen. Dies geschieht unter Zugrundelegung der „klassischen“ Auslegungsmethoden.[36] Im Anschluss wird nach der Reichweite des Anspruchs zu fragen sein.

a) Grammatische Auslegung

Der Wortlaut zu Art. 38 Abs. 1 S. 1 GG ist an sich unergiebig. (Erst) in der Zusammenschau mit Art. 38 Abs. 2 Halbs. 1 GG lässt sich ihm ein subjektives Recht auf Teilnahme an – den dortigen Grundsätzen entsprechenden – Wahlen zum Deutschen Bundestag entnehmen.[37] Damit ist die formelle Bedeutungsschicht der Wahl angesprochen. Dem Normtext lässt sich keinerlei Hinweis dazu entnehmen, ob dem Wahlrecht auch eine materielle Bedeutungsebene, verstanden als Schutz vor inhaltlicher Entleerung des

---

34 *Wegener*, EuR 2020, 347 (349). *Mayer*, JZ 2020, 725 (734) spricht insoweit von einer „entgrenzten“ Zulässigkeitskonstruktion.

35 (Verfassungs-)Theoretische Erwägungen sind insoweit durchaus von Relevanz. Sie dürfen indes nicht allein stehen, sondern bedürfen stets normativer Abstützung im Grundgesetz, vgl. nur *Sauer*, Der Staat 58 (2019), 7 (9 f.) m. w. N. Zur Relevanz der Menschenwürdegarantie s. unten III. 1. d).

36 Von ihrer Geltung auch für die Interpretation des Grundgesetzes geht das BVerfG in ständiger Rechtsprechung aus (vgl. bereits BVerfGE 1, 299 [312]; 138, 261 [273]; kritisch etwa *Hesse*, Grundzüge des Verfassungsrechts der Bundesrepublik Deutschland, Neudr. der 20. Auflage, 1999, Rn. 53 ff.). Zu den Besonderheiten der Verfassungsauslegung vgl. nur *Sachs*, in: Sachs, Grundgesetz, 8. Auflage, 2018, Einführung Rn. 46 ff. m. w. N.

37 Vgl. nur *Gassner*, Der Staat 34 (1995), 429 (431 f.).

Wahlakts, zukommt.[38] Art. 38 GG ist insofern allerdings offen formuliert; er schließt ein derartiges Verständnis also nicht von vornherein aus[39].

b) Entstehungsgeschichte

Ähnliches lässt sich für die Historie konstatieren, da die Mütter und Väter des Grundgesetzes, soweit ersichtlich, keinen „Anspruch auf Demokratie" kannten.[40] Zwar entschied sich der (einfache) Gesetzgeber bewusst dazu, Art. 38 GG in den Katalog der verfassungsbeschwerdefähigen Rechte des § 90 Abs. 1 BVerfGG aufzunehmen; eine Aussage über seinen inhaltlichen Gehalt ist damit aber nicht verbunden. Hinzu kommt, dass der Gesetzgeber mit der Aufnahme von Art. 38 GG keine Erweiterung verfolgte. Es ging ihm im Gegenteil darum, es gerade nicht dem Bundesverfassungsgericht selbst zu überlassen, den Kreis der rügefähigen Rechte zu bestimmen,[41] woran sich auch mit Einfügung des Art. 93 Abs. 1 Nr. 4a GG nichts änderte[42].

c) Systematische Auslegung

Auch die Systematik vermittelt kein klares Bild, wie im Folgenden beispielhaft aufgezeigt wird.

---

38 Das räumen auch Befürworter des Anspruchs auf Demokratie ein, s. *Murswiek*, JZ 2010, 702 (704). Vgl. auch *Jestaedt*, Der Staat 48 (2009), 497 (504), der dem Normtext insoweit „lediglich" drei Dinge entnimmt: das Recht zur Wahl, die bestimmte Institution, auf die sich diese Wahl bezieht (Bundestag) und die Ebene der Wahl (Bund).

39 Anders *Sauer*, Der Staat 58 (2019), 7 (22) m. w. N.

40 Vgl. auch *Murswiek*, JZ 2010, 702 (704). Vgl. zur Entstehungsgeschichte nur *von Doemming/Füsslein/Matz*, JöR Bd. 1 (1951), 195 ff. (zu den Staatsstrukturprinzipien) einerseits und 349 ff. (zu Art. 38 GG) andererseits.

41 Vgl. *Boulanger*, Die geschichtlichen Grundlagen der heutigen Verfassungsbeschwerde, 1954, S. 139 f. *Gassner*, Der Staat 34 (1995), 429 (450 f.) zieht daraus den (weitergehenden) Schluss, dass Art. 93 Abs. 1 Nr. 4a GG generell eng auszulegen sei.

42 Zur Entstehungsgeschichte von § 90 Abs. 1 BVerfGG einschließlich seiner (abgesehen von der Hinzufügung von Art. 20 Abs. 4 GG als rügefähige Rechtsposition unveränderten) Aufnahme in das Grundgesetz: *Bethge*, in: Maunz/Schmidt-Bleibtreu/Klein/Bethge, Bundesverfassungsgerichtsgesetz, Lfg. 53, Februar 2018, § 90 S. 3 ff.

aa) Repräsentativsystem und freies Mandat

Zunächst richtet sich der Blick auf das in Art. 20 Abs. 2 GG angelegte Repräsentationssystem, nach dem es zuvörderst das Parlament und damit die einzelnen Mandatsträgerinnen und -träger im Rahmen des ihnen zustehenden freien Mandats (Art. 38 Abs. 1 S. 2 GG) sind, die über die Übertragung von Hoheitsrechten (bis hin zur Entleerung ihrer eigenen Rechtsstellung!) zu entscheiden haben.[43] Dabei wird man aber nicht stehenbleiben können: Erstens gilt das freie Mandat nicht schrankenlos.[44] Zweitens ist Art. 20 Abs. 2 GG nicht auf die Verankerung des Repräsentationsprinzips beschränkt: Dessen Satz 1 legt nämlich den Grundsatz der Volkssouveränität fest. Dies zugrunde gelegt, lassen sich Anhaltspunkte sowohl für als auch gegen die Subjektivierung des grundrechtsgleichen Rechts aus Art. 38 GG finden. Dafür kommt es entscheidend auf den Volksbegriff an: Entweder man versteht das Volk wie bei Art. 38 Abs. 1 S. 2 GG als „Ganzes", d. h. als Kollektiv[45] oder man definiert es vom Standpunkt des Individuums aus[46]. Das Bundesverfassungsgericht hat sich dazu bislang in Zurückhaltung geübt und zuletzt offengelassen, ob es einer „individualistischeren Interpretation" folgt.[47]

bb) Horizontale Gewaltenteilung

Art. 20 Abs. 2 S. 2 GG ist noch aus einem anderen Grund von Bedeutung: Es stellt sich die Frage, wie es hier um das Verhältnis zwischen Legislative und Judikative bestellt ist. Auch nach der im Grundgesetz konstituierten (horizontalen) Gewaltenteilung obliegt es grundsätzlich dem (unmittelbar demokratisch legitimierten) Parlament, über die „Preisgabe" seiner Kompetenzen zu entscheiden. Davon unberührt bleibt zwar das richterliche Prüfungsrecht; dabei handelt es sich um einen der Fälle der Gewaltenhemmung und Gewaltenverschränkung, die zulässig sind, soweit keine der drei

43 Vgl. *Gassner*, Der Staat 34 (1995), 429 (438 ff.).

44 Zur Rechtfertigung von Beeinträchtigungen allgemein: *Morlok*, in: Dreier, Grundgesetz-Kommentar, 3. Auflage, 2015, Art. 38 Rn. 159 ff.

45 Dafür in diesem Kontext *Sauer*, Der Staat 58 (2019), 7 (23 ff.).

46 In diese Richtung *Murswiek*, JZ 2010, 702 (706). Zur Relevanz der Menschenwürdegarantie s. III. 1. d).

47 Vgl. BVerfG, BeckRS 2020, 40316 Rn. 78.

Gewalten in ihrem Kernbereich angetastet wird,[48] wofür beim „Anspruch auf Demokratie" nichts ersichtlich ist. Nichtsdestotrotz bedarf es einer im Grundgesetz niedergelegten Prüfungskompetenz – allein die Erwägung, dass die Gerichte, konkret das Bundesverfassungsgericht, demokratietheoretisch betrachtet,[49] der Demokratie dadurch dienen können, dass sie ihre Grundsätze zu verteidigen haben, genügt dafür nicht.

cc) Verbot der „Popularklage"

Zwar hat das Grundgesetz mit Art. 19 Abs. 4 GG – und damit anders als z. B. in Frankreich oder Großbritannien – eine Systementscheidung für den Individualrechtsschutz getroffen;[50] eine objektiv ausgerichtete Rechtmäßigkeitskontrolle ist damit aber nicht per se unvereinbar, soweit sie im Grundgesetz selbst angelegt ist.[51] Das gilt auch für die Verfassungsbeschwerde, die neben ihrer (primären) Funktion, individuellen Grundrechtsschutz zu gewähren, als spezifisches Rechtsschutzmittel des objektiven Verfassungsrechts verstanden wird.[52] Popularverfassungsbeschwerden

48 Dazu allgemein *Sommermann*, in: v. Mangoldt/Klein/Starck, Kommentar zum Grundgesetz, 7. Auflage, 2018, Art. 20 Rn. 210 ff.

49 *Rosanvallon*, Demokratische Legitimität: Unparteilichkeit – Reflexivität – Nähe, 2010, S. 171 f. hat das richterliche Prüfungsrecht (judicial review) in den Augen *Thomas Jeffersons* als populare Widerstandsgewalt gegen die „Tyrannei der Gesetzgebungsorgane" beschrieben. Das Verfassungsgericht, dessen Mitglieder zumindest mittelbar demokratisch legitimiert sind, ist daher dazu berufen, den Gesetzgeber daraufhin zu kontrollieren, ob er die selbst gesetzten Grenzen einhält (vgl. ebd., S. 179; kritisch im Kontext des „Anspruchs auf Demokratie" etwa *Gassner*, Der Staat 34 [1995], 429 [447 f.]; *Steiger*, VerwArch 107 [2016], 497 [502 u. 533 f.]). Das spielt besonders dann eine Rolle, wenn sich der Gesetzgeber mit der (demokratischen) Selbstkontrolle schwer zu tun scheint (so mit Blick auf das Verfahren zum Vertrag von Lissabon: *Murswiek*, JZ 2010, 702 [707]). Zweifelhaft ist allerdings, ob für diese „demokratiespezifische Ventil- oder Kompensationsfunktion" der Rechtsprechung (*Huber*, in: v. Mangoldt/Klein/Starck, Kommentar zum Grundgesetz, 7. Auflage, 2018, Art. 19 Rn. 352; kritisch *Wendel*, ZaöRV 74 [2014], 615 [641 f.]) in Ansehung der geänderten politischen Rahmenbedingungen – gemeint ist der Einzug der tendenziell europaskeptischen Fraktion der Alternative für Deutschland (AfD) in den Deutschen Bundestag – noch Raum ist (skeptisch *Haltern*, NVwZ 2020, 817 [820]).

50 Vgl. nur *Huber*, in: v. Mangoldt/Klein/Starck, Kommentar zum Grundgesetz, 7. Auflage, 2018, Art. 19 Rn. 342.

51 Vgl. auch *Steiger*, VerwArch 107 (2016), 497 (499).

52 Statt aller *Graßhof*, in: Maunz/Schmidt-Bleibtreu/Klein/Bethge, Bundesverfassungsgerichtsgesetz, Lfg. 25, März 2006, § 93a Rn. 31 m. w. N.

sind und bleiben zwar ausgeschlossen, doch stellt sich die Frage, ob hier überhaupt von einer Popularklage die Rede sein kann. Das hängt wiederum davon ab, wie Art. 38 Abs. 1 S. 1 GG zu verstehen ist: Wer daraus einen Anspruch auf Bewahrung des grundlegenden demokratischen Gehalts des Wahlrechts ableitet, wird eher dazu gelangen, dass im Fall der Entleerung des Wahlrechts jede/r Wahlberechtigte auch selbst, gegenwärtig und unmittelbar betroffen wäre,[53] als diejenigen, die einen solchen Anspruch ablehnen[54].

dd) Art. 93 Abs. 1 Nr. 2 GG „vs." Art. 93 Abs. 1 Nr. 4a GG

Vor diesem Hintergrund begegnet es zumindest Zweifeln, ob von einer Umgehung der Voraussetzungen der abstrakten Normenkontrolle (Art. 93 Abs. 1 Nr. 2 GG) die Rede sein kann.[55] Beide Verfahrensarten stehen grundsätzlich selbstständig nebeneinander; erweist sich die Verfassungsbeschwerde mit Blick auf das als verletzt gerügte „demokratische Grundrecht"[56] aus Art. 38 GG als zulässig, kann dem Art. 93 Abs. 1 Nr. 2 GG von vornherein nicht entgegenstehen. Damit, dass die Norm des Art. 38 GG als rügefähiges Recht in den Katalog des Art. 93 Abs. 1 Nr. 4a GG aufgenommen worden ist, ist zwar noch nichts darüber gesagt, ob sie auch ein Grundrecht auf Legitimationsteilhabe beinhaltet. Man könnte Art. 93 Abs. 1 Nr. 4a GG, der das Widerstandsrecht des Art. 20 Abs. 4 GG, nicht aber Art. 20 Abs. 1, 2 GG, aufgreift, im Gegenteil so deuten, dass der verfassungsändernde Gesetzgeber diesen demokratischen Gehalt von Art. 38 GG gerade nicht als rügefähig ansah.[57] Ebenso denkbar erscheint es indes, Art. 93 Abs. 1 Nr. 4a GG aufgrund eines argumentum a fortiori auf Art. 38 Abs. 1 S. 1 GG i. V. m. Art. 20 Abs. 2 GG zu erstrecken: „Wenn der Bürger antidemokratischen Aktionen Widerstand entgegensetzen darf, muss er

---

53 Vgl. *Roth*, in: Umbach/Clemens, Grundgesetz: Mitarbeiterkommentar und Handbuch, 2002, Art. 38 Rn. 31; vgl. auch *Müller*, in: v. Mangoldt/Klein/Starck, Kommentar zum Grundgesetz, 7. Auflage, 2018, Art. 38 Rn. 181; *Murswiek*, JZ 2010, 702 (707). Dahinter steht gerade die Prämisse eines Individual(!)rechtsschutz gewährenden „Anspruchs auf Demokratie", die auch hier geteilt wird (s. unten III. 1. d).

54 Kritisch daher *Lehner*, Der Staat 52 (2013), 535 (545); *Steiger*, VerwArch 107 (2016), 497 (533 f.). Zur Grenze zwischen individueller und kollektiver Selbstbestimmung auch *Sauer*, Der Staat 58 (2019), 7 (23 f.).

55 So aber *Schönberger*, Der Staat 48 (2009), 535 (540 f.).

56 *Höfling*, Der Staat 33 (1994), 493 (499).

57 Vgl. *Sauer*, Der Staat 58 (2019), 7 (37) m. w. N.

erst recht befugt sein, die demokratische Ordnung im Rechtswege durchzusetzen. Das kann eine ‚andere Abhilfe' sein."[58]

ee) Integrationsverantwortung

Damit verbleibt die Frage nach dem Verhältnis zwischen Art. 38 Abs. 1 GG und der Integrationsverantwortung i. S. d. Art. 23 Abs. 1 GG. Versteht man mit dem Zweiten Senat des Bundesverfassungsgerichts darunter die Pflicht der Verfassungsorgane, über die Einhaltung des Integrationsprogramms zu wachen, am Zustandekommen und an der Umsetzung von Maßnahmen, die die Grenzen des Integrationsprogramms überschreiten, nicht mitzuwirken und bei offensichtlichen und strukturell bedeutsamen Kompetenzüberschreitungen von Stellen der Europäischen Union ohne ihre Mitwirkung aktiv auf seine Befolgung und die Beachtung seiner Grenzen hinzuwirken,[59] ist der Schritt hin zu einer Subjektivierung der dahinterstehenden Kontrollmechanismen jedenfalls nicht mehr weit.

Dem liegt freilich ein einseitiges, und damit unvollständiges Verständnis von Integrationsverantwortung zugrunde.[60] So erklärt sich auch die folgende Aussage des Ersten Senats: „Die in Art. 23 Abs. 1 GG vorgesehene Öffnung des Grundgesetzes für das Unionsrecht meint dabei nicht einen Rückzug der deutschen Staatsgewalt aus der Verantwortung für die der Union übertragenen Materien, sondern sieht vielmehr eine Mitwirkung der Bundesrepublik an deren Entfaltung vor."[61] Auf das Bundesverfassungsgericht selbst bezogen, lässt das auf eine zurückhaltende Ausübung seiner Kontrollvorbehalte, und damit auch ihrer Rügefähigkeit, schlie-

58 *Schachtschneider*, JR 1970, 401 (404).

59 Zuletzt BVerfGE 151, 202 (296); 153, 74 (133); 154, 17 (88).

60 Näher *Brade/Gentzsch*, DÖV 2021, 327 (329 f.).

61 BVerfGE 152, 216 (238). Das PSPP-Urteil des Zweiten Senats enthält, obwohl es umfangreiche Ausführungen zur Integrationsverantwortung enthält (vgl. BVerfGE 154, 17 [86 ff.]), keinerlei Hinweis auf den Beschluss „Recht auf Vergessen II". Zwar ist der Zweite Senat dem Ersten Senat im Ergebnis dahingehend gefolgt, die Unionsgrundrechte zum Prüfungsmaßstab der Verfassungsbeschwerde zu erheben. Er stützt sich dabei aber bezeichnenderweise nicht auf die (vom Ersten Senat geprägte) Integrationsverantwortung, sondern lediglich auf das Argument, dass die Unionsgrundrechte heute ein „Funktionsäquivalent" zu den Grundrechten des Grundgesetzes bildeten (BVerfG, BeckRS 2020, 36592 Rn. 37).

ßen.[62] Dazu, ob der Anspruch auf Demokratie als solcher anzuerkennen ist, trifft Art. 23 GG indes keine Aussage.

d) *Sinn und Zweck*

Ausschlaggebend ist daher das Telos: Dabei ist der Blick nicht allein auf Art. 38 GG zu richten, der „nicht der inhaltlichen Kontrolle demokratischer Prozesse [dient], sondern [nur] auf deren Ermöglichung gerichtet [ist]“[63]. Dass dem Wahlrecht ein materialer Gehalt zukommt, ergibt sich erst in der Zusammenschau mit Art. 20 Abs. 1, 2 GG[64]. Treffend formulierte das Bundesverfassungsgericht deshalb bereits in seinem Lissabon-Urteil: „Der Wahlakt verlöre seinen Sinn, wenn das gewählte Staatsorgan nicht über ein hinreichendes Maß an Aufgaben und Befugnissen verfügte, in denen die legitimierte Handlungsmacht wirken kann.“[65] Dass das Volk einen hinreichend effektiven Einfluss auf die Ausübung der Staatsgewalt haben können muss, ist wiederum nicht nur ein Gebot des Demokratieprinzips, sondern auch der Menschenwürde.[66] Der Unterschied beider Ansätze besteht einzig daran, dass Art. 1 Abs. 1 GG das Individuum in den Mittelpunkt seiner Betrachtung rückt;[67] die Subjektivierung der materiellen Be-

---

62 Der Zweite Senat leitet aus der Europarechtsfreundlichkeit des Grundgesetzes bereits „besondere Anforderungen“ an die Ultra-vires-Rüge ab (vgl. BVerfGE 142, 123 [203 ff.]; 154, 17 [91 f.]). Diese dürfen sich aber nicht in der Einholung einer Vorabentscheidung des EuGH i. S. d. Art. 267 AEUV im jeweiligen Einzelfall erschöpfen, sondern haben nach hier vertretener Auffassung auch für den Kontrollmaßstab als solchen zu gelten (die Rechtsprechung angesichts dessen kritisierend *Kainer*, EuZW 2020, 533 [535]; *Mayer*, JZ 2020, 725 [731]; anders dagegen *Murswiek*, EuGRZ 2017, 327 [331 f.]).

63 BVerfGE 129, 124 (168).

64 Art. 20 Abs. 2 S. 2 GG stellt ausdrücklich („Wahlen“) den Konnex zu Art. 38 GG her und gestaltet so das Demokratieprinzip näher aus (vgl. *Gassner*, Der Staat 34 [1995], 429 [431]; *Häde*, BB 1993, 2457).

65 BVerfGE 123, 267 (330). Zustimmend *Lehner*, Der Staat 52 (2013), 535 (551); *Murswiek*, JZ 2010, 702 (704); wohl auch *Gassner*, Der Staat 34 (1995), 429 (434).

66 Vgl. bereits *Häberle*, in: Isensee/Kirchhof (Hrsg.), Handbuch des Staatsrechts, I, 1987, § 20 Rn. 68 f. und *ders.*, in: Isensee/Kirchhof (Hrsg.), Handbuch des Staatsrechts, II, 3. Auflage, 2004, § 22 Rn. 61 ff.; ferner *Meyer*, VVDStRL 33 (1975), 69 (75 f.).

67 Hält man sich vor Augen, dass die Menschenwürdeidee zentral auf den Gedanken der Freiheit und Selbstbestimmung beruht, spricht auch aus verfassungstheoretischer Sicht Vieles dafür, ein demokratisches Teilhaberecht grundsätzlich anzuerkennen (näher *Sauer*, Der Staat 58 [2019], 7 [19 f.]). Dazu scheint auch die Lehre

deutungsschicht des Wahlrechts[68] stellt sich so als Ausprägung der Menschenwürde dar. Sie gewährt zumindest jedem/r wahlberechtigten Deutschen[69] ein Recht darauf, mitentscheiden zu können, welcher politischen Gewalt er/sie sich unterwirft. Dabei kommt dem Wahlakt in einer repräsentativen Demokratie, wie der der Bundesrepublik Deutschland, eine zentrale Rolle zu.[70] Es wäre deshalb – auch vom Standpunkt der Einzelnen aus betrachtet – nicht hinnehmbar, einer vollständigen inhaltlichen Entleerung des Wahlakts gegenüber schutzlos „ausgesetzt“ zu sein.[71] Ließe man zu, dass vom (bundesdeutschen[72]) Parlament nur noch eine „leere Hülse“ übrigbliebe, beraubte dies die einzelnen Bürgerinnen und Bürger

---

aufgeklärter Bürgersouveränität im Sinne *Rousseaus* bzw. *Kants* zu passen (zu beiden Lehren *Schachtschneider*, Souveränität: Grundlegung einer freiheitlichen Souveränitätslehre, 2015, S. 57 ff. m. w. N.). Dabei gilt es aber zu bedenken, dass die Rechtsphilosophie eine ganze Reihe von Souveränitätslehren kennt, die wahlweise den Fürsten, den Bürger oder den Staat in den Mittelpunkt rücken. Selbst wenn man, wie *Kant*, die/den einzelne/n Bürger/in als Bezugspunkt wählt, ist damit außerdem noch nicht gesagt, dass daraus ein individueller Anspruch auf Demokratie folgt (vgl. *Tischendorf*, EuR 2018, 695 [719 ff.]), zumal es gerade *Kant* war, der den einzelnen Bürgerinnen und Bürgern ein Widerstandsrecht gegenüber dem (wie auch immer beschaffenen) legitimierten Machthaber absprach (vgl. *Kant*, Die Metaphysik der Sitten, Reclam-Ausgabe, 2015, S. 176 ff.).

68 Ebenfalls zwischen „Materialisierung“ und „Subjektivierung“ trennend *Gassner*, Der Staat 34 (1995), 429 (433).

69 Nicht gemeint ist, dass das vom Bundesverfassungsgericht bisher abgelehnte Ausländerwahlrecht (vgl. BVerfGE 83, 37 [50 ff.]) deshalb nunmehr anzuerkennen wäre. Der „Anspruch auf Demokratie“ hat seinen Sitz in Art. 38 Abs. 1 S. 1 GG i. V. m. Art. 20 GG; Art. 1 Abs. 1 GG zu verdanken ist „lediglich“ seine Subjektivierung (kritisch *Sauer*, Der Staat 58 [2019], 7 [23] m. w. N.).

70 Vgl. bereits BVerfGE 1, 14 (33): Es handelt sich bei dem Wahlrecht um das „vornehmste Recht des Bürgers im demokratischen Staat“.

71 In diese Richtung auch *Klein*, in: Maunz/Dürig, Grundgesetz-Kommentar, Lfg. 68, Januar 2013, Art. 38 Rn. 146; *Ludwigs*, NVwZ 2015, 537 (540). Weitergehender *Schachtschneider*, Souveränität: Grundlegung einer freiheitlichen Souveränitätslehre, 2015, S. 312 ff., 380 f., 399 (Erstreckung u. a. auf die Wahrung des Rechtsstaatsprinzips); ähnlich *Murswiek*, JZ 2010, 702 (704 ff.). Die Subjektivierung über die Menschenwürdegarantie dagegen ablehnend: *Gassner*, Der Staat 34 (1995), 429 (443 ff.); *Ruffert*, EuGRZ 2017, 241 (248); *Tischendorf*, EuR 2018, 695 (717 ff.); *Sauer*, Der Staat 58 (2019), 7 (19 ff.).

72 Ob ein so verstandener „Anspruch auf Demokratie“ auch für das Europäische Parlament Geltung beansprucht, kann hier dahinstehen. Als Anknüpfungspunkt dafür käme nicht Art. 38 GG, sondern allenfalls Art. 23 GG in Betracht. Zwar enthält auch Art. 1 GRCh die Garantie der Menschenwürde, die Rechtsprechung – allen voran die des EuGH – ist aber weit davon entfernt, daraus ein (europäisches) „Grundrecht auf Demokratie“ abzuleiten.

mit anderen Worten ihrer demokratischen Einflussmöglichkeiten. Daraus ergibt sich zugleich eine bedeutsame Einschränkung des Anspruchs auf Demokratie i. S. d. Art. 38 Abs. 1 S. 1 GG (i. V. m. Art. 1 Abs. 1 GG): Er kommt erst dann zum Tragen, wenn die demokratische Selbstlegitimation des Volkes dauerhaft derart eingeschränkt zu werden droht, dass zentrale politische Entscheidungen durch die dazu berufenen Staatsorgane, namentlich den Deutschen Bundestag, nicht mehr selbst getroffen werden können und dadurch das Demokratieprinzip in seinen Grundsätzen berührt ist, Art. 79 Abs. 3 GG i. V. m. Art. 20 GG.

2. *Reichweite des Anspruchs auf Demokratie*

Der Anspruch auf Demokratie ist damit einerseits enger zu verstehen als ihn das Bundesverfassungsgericht in Sachen europäischer Integration anerkennt. Andererseits findet er, über die Rechtsprechung hinausgehend, auch im Kontext innerstaatlicher Sachverhalte Anwendung.

a) *Europäischer Integrationsprozess*

Nach hier vertretener Auffassung beschränkt sich der Anspruch auf Demokratie auf die Identitätsrüge in Gestalt der Entleerungsrüge wie sie im Maastricht-Urteil entwickelt worden ist.[73] Sie erstreckt sich also nur auf das namensgebende Demokratieprinzip. Die Ultra-vires-Rüge ist demgegenüber nur anzuerkennen, soweit gleichzeitig die Voraussetzungen der Art. 79 Abs. 3 GG i. V. m. Art. 20 GG vorliegen.[74] Die Geltendmachung einer „offensichtlichen und strukturell bedeutsamen" – und damit qualifi-

73 S. II. 1.

74 Damit ist nicht gesagt, dass der Ultra-vires-Vorbehalt auf die Identitätsgarantie zurückzuführen ist (in diese Richtung z. B. *Dederer*, JZ 2014, 313 [315 ff.]; *Ludwigs*, NVwZ 2015, 537 [540]). Entscheidend ist, die objektive Seite (den Kontrollmaßstab) und ihre Rügefähigkeit voneinander zu trennen. Raum für die Ultra-vires-Kontrolle im herkömmlichen – über Art. 79 Abs. 3 GG hinausgehenden – Sinne ist nach dem hier vertretenen Ansatz indes nicht mehr im Verfahren der Verfassungsbeschwerde, sondern höchstens bei der abstrakten Normenkontrolle. Einen abweichenden Ansatz verfolgt *Giegerich*, EuZW 2020, 560 (566): „Sind die formellen und materiellen Anforderungen an die Verfassungsmäßigkeit der europapolitischen Entscheidungen des Bundes [europarechtsfreundlich] zurückgebaut, schrumpft gleichermaßen die Beschwerdebefugnis in Bezug auf Art. 38 Abs. 1 S. 1 GG."

zierten – Kompetenzanmaßung genügt demnach für sich allein nicht.[75] Ebenso wenig existiert eine eigenständige „formelle Übertragungskontrolle". Soweit, unbeschadet der Mehrheitsverhältnisse, überhaupt eine Beteiligung des Bundestages stattgefunden hat, liegt eine Verletzung des Demokratieprinzips grundsätzlich fern.[76] Überträgt man den aus innerstaatlichen Zusammenhängen bekannten Ansatz, wonach die formelle Verfassungsmäßigkeit im Verfahren der Verfassungsbeschwerde nur bei Grundrechtseingriffen Gegenstand verfassungsgerichtlicher Kontrolle ist,[77] hat dies zur Folge, dass die Wirksamkeit der Übertragung von Hoheitsrechten nur dann eine Rolle spielt, wenn zugleich – zulässigerweise – die Entleerungsrüge erhoben wird, weil eine substanzielle Minderung der Gestaltungsmacht des Bundestages zu befürchten steht.[78]

b) Innerstaatlicher Anspruch auf Demokratie

Dass der Anspruch auf Demokratie auch innerstaatlich anzuwenden ist, liegt schlicht daran, dass er nach dem Gesagten in Art. 38 Abs. 1 S. 1 GG (i. V. m. Art. 1 Abs. 1 GG) anzusiedeln ist. Er ist also nicht auf Fälle beschränkt, die eine nicht rückholbare Übertragung von Hoheitsrechten betreffen. Dennoch werden wir es auch hier i. d. R. mit Vorgängen zu tun haben, die sich nicht ohne Weiteres wieder rückgängig machen lassen werden. Zu denken ist beispielsweise an eine Verfassungsänderung, die die Befugnisse des Deutschen Bundestages beschneidet und diese stattdessen dem Bundesrat zuweist. Angesichts der hohen Anforderungen, die Art. 79 Abs. 3 GG i. V. m. Art. 20 GG an eine entsprechende „Entleerungsrüge" stellen, müsste dieser Vorgang freilich von so erheblichem Ausmaß sein, dass er allenfalls theoretisch vorstellbar erscheint. Von ungleich größerer Relevanz dürfte daher die „Verschuldungsverfassungsbeschwerde"[79] sein: Insoweit gewährt der Anspruch auf Demokratie auch innerstaatlich Schutz vor der „Entäußerung der Haushaltsautonomie"[80], dem „Ausverkauf" des demokratisch legitimierten Bundestages. Dieser hat daher selbst in Krisenzeiten (Finanzkrise, COVID-19-Pandemie) sicherzustellen, dass für zentra-

---

75 Anders zuletzt z. B. BVerfGE 151, 202 (282).
76 So bereits *Gentzsch/Brade*, EuR 2019, 602 (612).
77 Für Art. 2 Abs. 1 GG: BVerfGE 6, 32 (41).
78 Vgl. auch *Sauer*, Der Staat 58 (2019), 7 (30 f.).
79 Vgl. *Lehner*, Der Staat 52 (2013), 535 (557 ff.).
80 BVerfGE 129, 124 (182); 132, 195 (242) (jeweils im Zusammenhang mit dem EU-Integrationsprozess).

le Regelungs- und Lebensbereiche in jedem Fall substantielle Gestaltungsmöglichkeiten verbleiben.[81]

IV. Perspektiven

Das letzte Wort in Sachen Anleihenkaufprogramm der EZB ist, um zum Ausgangspunkt zurückzukehren, noch nicht gesprochen. Derzeit anhängig ist ein Verfahren über den Erlass einer Vollstreckungsanordnung i. S. d. § 35 BVerfGG, bei dem es im Wesentlichen um die Frage gehen wird, ob die Bundesregierung und der Bundestag ihrer Pflicht nachgekommen sind, auf eine Verhältnismäßigkeitsprüfung durch die EZB hinzuwirken.[82] Neues speziell zum „Anspruch auf Demokratie“ ist dabei aber nicht zu erwarten. Anders verhält es sich für das Hauptsacheverfahren zum Umfassenden Wirtschafts- und Handelsabkommen EU-Kanada (CETA).[83] Hierbei wird u. a. zu klären sein, ob der Anspruch auf Demokratie auch diejenigen Fälle erfasst, in denen keine Verlagerung neuer Aufgaben und Befugnisse auf die Europäische Union in Rede steht.[84] Einen weiteren aktuellen „Aufreger“ bildet der Hängebeschluss vom 26. März 2021 zur Ausfertigung des Eigenmittelbeschluss-Ratifizierungsgesetzes[85]: Es sei nämlich offensichtlich, dass das Corona-Hilfspaket die Grundrechte der Deutschen „nirgendwo einschränkt oder tangiert“.[86] Es handele sich vielmehr um eine wirtschaftspolitische Entscheidung, die von Bundestag, Bundesrat und Bundesregierung abgesegnet wurde. „Mehr Demokratie geht gar nicht.“[87]

Zumindest einer anderen potenziellen Erweiterung des Anspruchs auf Demokratie hat das Bundesverfassungsgericht kürzlich eine Absage erteilt. So gebe der Anspruch auf Demokratie nichts für die Ableitung eines aus dem Demokratieprinzip folgenden Verfassungsgebots zur paritätischen

81 Vgl. BVerfGE 123, 267 (406).
82 Vgl. BVerfGE 154, 17 (150 f.).
83 BVerfG, Az. 2 BvR 1368/16 u.a. (anhängig).
84 So der Vortrag der Bundesregierung betreffend die Anträge auf Erlass einer einstweiligen Anordnung, BVerfGE 143, 65 (84). Vgl. auch *Ruffert*, EuGRZ 2017, 241 (246).
85 BVerfG, BeckRS 2021, 5519.
86 So *Herrmann*, Politisch blind, https://taz.de/Bundesverfassungsgericht-und-EU/!5758141/ (letzter Aufruf am 1.4.2021).
87 Ebd.

Ausgestaltung des Wahlvorschlagsrechts[88] her: „Diese Rechtsprechung betrifft die inhaltliche Reichweite der Wahlentscheidung, nicht hingegen die Auswahl der Repräsentanten."[89] Es mag zwar zweifelhaft erscheinen, ob sich diese beiden Fragen vom Standpunkt des Art. 1 Abs. 1 GG aus tatsächlich voneinander trennen lassen werden. Doch kommt es darauf nicht entscheidend an. Gegenstand des vorliegenden Beitrags ist allein der „Anspruch auf Demokratie", der in Art. 38 Abs. 1 S. 1 GG seinen Sitz hat[90] und der deshalb darauf gerichtet ist, das demokratisch legitimierte Parlament – im Interesse der Wahlberechtigten – vor dem (selbst gewählten) Abstieg in die eigene Bedeutungslosigkeit zu bewahren.

88 S. dazu die Beiträge von *Röhner*, Demokratische Gleichheit als gerechte Staatlichkeit, S. 91 ff. und *Rabe*, Teilhabegerechtigkeit in der Rechtsetzung, S. 111 ff. (jeweils in diesem Tagungsband).

89 BVerfG, BeckRS 2020, 40316 Rn. 82.

90 Es wird daher der Frage, ob das Grundgesetz ein darüber hinausgehendes „Grundrecht auf Demokratie" enthält, wie es *Häberle*, in: Isensee/Kirchhof (Hrsg.), Handbuch des Staatsrechts, II, 3. Auflage, 2004, § 22 Rn. 67 ff. aus der Menschenwürdegarantie ableitet, nicht weiter nachgegangen.

Zugriff auf das Recht der Europäischen Menschenrechtskonvention: Eine Analyse der Zugangsbedingungen zur judikativen Rechtserzeugung Straßburgs

Reto Walther

Abstract: *Dieser Beitrag diskutiert das judicial law-making des Europäischen Gerichtshofs für Menschenrechte (EGMR) anhand demokratie- und gewaltenteilungstheoretischer Argumente. Dem EGMR wird heute ein verfassungsgerichtsähnlicher Status zuteil. Sein großer Einfluss auf die staatlichen Verfassungsordnungen wird indes kritisiert. Diese Einflussnahme geht insbesondere auf die judikative Rechtserzeugung des EGMR zurück. Der Beitrag argumentiert, dass dieses judicial law-making, obwohl es unvermeidbar ist, demokratie- und gewaltenteilungstheoretische Probleme aufwirft. Diese Probleme sollten möglichst vermindert werden, indem das Verfahren vor dem EGMR in puncto Repräsentativität und Partizipativität, Zugangs- und Zulässigkeitsbedingungen sowie inhaltlicher Offenheit verbessert wird. Der Beitrag skizziert einige Vorschläge dazu. Er endet mit Überlegungen, warum der EGMR trotz den diskutierten Problemen eine demokratisch legitime Rolle spielt.*

I. Einleitung

Der Europäische Gerichtshof für Menschenrechte genießt einen verfassungsgerichtsähnlichen Status.[1] Diese „Adelung“ geht auf die Entwicklung zurück, die die Vorgängerinstitutionen des Gerichtshofs in den 1970er-

1 *Bates*, Evolution of the ECHR, 2010, S. 225; *Keller/Kühne*, ZaöRV (2016), 245; *Madsen*, Law & Contem Prob (2016), 141 (166–167); *Marti*, Framing a Convention Community, Diss. Zürich, 2018 (CUP 2021), Kap. 3; *Pollinico*, in: *Repetto* (Hrsg.), Constitutional Relevance of the ECHR, 2013, S. 99 (100); *Rosenfeld*, EJIL (2014), 177 (193–194); *Sadurski*, HRLR (2009), 397 (449–450); *Stone Sweet*, RTDH (2009), 923 (944).

und 1980er-Jahren durchlaufen[2] und angetrieben haben.[3] Dabei hat sich das Kräfteverhältnis zwischen dem Gerichtshof und den Mitgliedsstaaten der Europäischen Menschenrechtskonvention[4] deutlich zugunsten des Gerichtshofs verschoben.[5] Die Staaten haben dies lange unterstützt.[6] Doch seit etwa zehn Jahren wird Kritik geäußert. Letzteres ist erkennbar an der Verankerung des Subsidiaritätsprinzips und der „margin of appreciation“ in der Konventionspräambel.[7] Ersterem Prinzip zufolge kommt dem Gerichtshof lediglich eine subsidiäre Rolle zu; zweiteres gewährt den Staaten einen Ermessensspielraum in der innerstaatlichen Umsetzung der Konvention.[8] Opposition kommt auch vonseiten nationaler Gerichte, die sich gegen den Gerichtshof auflehnen,[9] und wissenschaftlichen Kritikern.[10]

Für den vorliegenden Beitrag lässt sich die Kritik zusammenfassen in Missmut über einen Gerichtshof, der zu mächtig wurde und zu stark in den Einflussbereich der Staaten eindringt,[11] der seine Kompetenzen ausdehnt und der den Staaten aufgrund seines Verständnisses der Konvention als „living instrument“[12] in unvorhersehbarer und teils willkürlich anmutender Weise immer neue Konventionsverletzungen anlastet und

---

2 *Bates*, Evolution (Fn. 1), Kap. 7–8; *Madsen*, in: *Christoffersen/Madsen* (Hrsg.), ECtHR Between Law and Politics, 2011, S. 43 (51–54); siehe auch *Madsen*, La genèse de l'Europe des droits de l'homme, 2011; *Simpson*, Human Rights and the End of Empire, 2001.

3 EGMR, Urt. v. 21.2.1975 – Nr. 4451/70, A-18 – Golder; EGMR, Urt. v. 6.9.1978 – Nr. 5029/71, A-28 – Klass; EGMR, Urt. v. 8.6.1976 – Nr. 5100/71 u.a., A-22 – Engel; EGMR, Urt. v. 26.4.1979 – Nr. 6538/74, A-30 – Sunday Times; EGMR, Urt. v. 7.12.1976 – Nr. 5493/72, A-24 – Handyside; EGMR, Urt. v. 25.4.1978 – Nr. 5856/72, A-26 – Tyrer; EGMR, Urt. v. 13.6.1979 – Nr. 6833/74, A-31 – Marckx; EGMR, Urt. v. 9.10.1979 – Nr. 6289/73, A-32 – Airey.

4 Konvention zum Schutze der Menschenrechte und Grundfreiheiten (EMRK), 4.11.1950, in der Fassung der Protokolle Nr. 11 und 14 (CETS Nr. 005).

5 *Christoffersen/Madsen*, in: *Christoffersen/Madsen* (Hrsg.), ECtHR Between Law and Politics, 2013, S. 230 (236–239).

6 Änderungsprotokolle Nr. 11, 11.5.1994, und Nr. 14, 13.5.2004.

7 Art. 1 Zusatzprotokoll Nr. 15, 24.6.2013, (CETS Nr. 213); kürzlich auch Kopenhagen Deklaration, Ministertreffen, 12.–13.4.2018.

8 Explanatory Report to Protocol No. 15, 24.6.2013, Rn. 9.

9 *Keller/Walther*, GCYBILJ (2020), 83 (86–96).

10 Bspw. zum Schrifttum in der Schweiz *Keller/Walther*, in: *Breuer* (Hrsg.), Principled Resistance, 2019, S. 161 (175–184).

11 Vgl. *von Bogdandy*, In the Name of the European Club of Liberal Democracies, <https://cutt.ly/VkNVyfp>, abgerufen am: 31.3.2021.

12 EGMR, Tyrer (Fn. 3), Rn. 31; *Dörr*, in: *Abi-Saab* u. a. (Hrsg.), Evolutionary Interpretation, 2019, S. 115 (115–121).

stets neue Menschenrechtspflichten auferlegt.[13] Der Beitrag diskutiert den Vorwurf des illegitimen judicial law-making.[14] Er knüpft am Unbehagen darüber an, dass der Gerichtshof zunehmend politische Fragen zu Rechtsfragen mache und sie so unter seine Kontrolle bringe.[15]

In einem ersten Schritt wird judicial law-making theoretisch eingeführt (II), bevor das law-making des EGMR exemplarisch aufgezeigt wird (III). Abschnitt IV diskutiert das Straßburger judical law-making als verfassungs- und gewaltenteilungstheoretisches Problem. Nach *Möllers* Gewaltenteilungstheorie[16] besteht das Problem darin, dass gerichtliche Institutionen und Verfahren anders als politische Gesetzgebungsprozesse grundsätzlich nicht darauf ausgerichtet sind, rechtsetzerisch tätig zu sein. In einem vierten Schritt werden Elemente des Verfahrens vor dem Gerichtshof erörtert (V), die für die demokratische Legitimation des Straßburger Richterrechts besonders problematisch sind. Abschnitt VI reflektiert Korrektive. Der Schlussabschnitt deutet Argumente an, die das identifizierte Problem relativieren.

II. Judicial law-making: Theorie

1. Grundlagen

Gerichtliche Entscheide, die als judicial law-making zu qualifizieren sind, zeichnen sich dadurch aus, dass sie sich in die *Zukunft* sowie an einen Adressatenkreis richten, der über die Streitparteien hinausgeht und potenziell *alle Rechtsunterworfenen* umfasst, materiell-rechtlich unterbestimmt – also ergebnisoffen bzw. keiner kognitiv richtigen Lösung zugänglich – sind und das Ziel verfolgen, die normativen Erwartungen des Adressatenkreises zu verändern, also *rechtliche Normativität*, die die Adressaten in ihrer Freiheit betrifft, zu erzeugen.[17]

---

13 Bspw. *Seiler*, ZBJV (2014), 265 (351–368); *Seiler*, in: *Zufferey/Dubey/Previtali* (Hrsg.), L'homme et son droit, 2011, S. 511 (523).

14 Der Anglizismus wird mangels adäquater Übersetzung beibehalten. Siehe *von Bogdandy/Venzke*, in: *von Bogdandy/Venzke* (Hrsg.), International Judicial Lawmaking, 2012, S. 3 (14).

15 Bspw. *Sumption*, The Limits of Law, 27th Sultan Azlan Shah Lecture, 20.11.2013, S. 6; *Keller/Walther*, Resistance (Fn. 10), S. 183 m. w. H.

16 *Möllers*, The Three Branches, 2013, Kap. 2.

17 Eingehend *von Bogdandy/Venzke*, Beyond Dispute (Fn. 14), S. 9–20.

Mit *Möllers* lässt sich politisches (gesetzgeberisches) von gerichtlichem (adjudikativem) Entscheiden prototypisch wie folgt unterscheiden: Erstens ist der Gerichtsentscheid personal wie sachverhaltlich *individualisiert.* Im Fall des Gerichtshofs betrifft er ein von der Konvention garantiertes Freiheitsrecht eines bestimmten Beschwerdeführers in einer konkreten Situation. Politische Entscheide hingegen richten sich potenziell an alle und determinieren „general spheres of freedom and obligation".[18] Zweitens erfolgt der Gerichtsentscheid *retrospektiv*, während der politische Entscheid prospektiv wirkt.[19] Drittens ergeht der Gerichtsentscheid gestützt auf materielles Recht, das die strittige Situation *materiell-rechtlich bestimmt*, das also die strittige Freiheits- oder Interessensphäre autoritativ abgrenzt.[20] Umgekehrt wird der politische Entscheid von Verfahrensrecht geleitet, das darauf ausgelegt ist, den materiellen Entscheid – die zu bestimmende Politik („policy") – nicht zu determinieren: Das gesetzgeberische Verfahren zielt auf die kontinuierliche Offenhaltung der Möglichkeit ab, eine policy zu revidieren.[21] Der Gerichtshof ist demnach in dem Maße in law-making involviert, in dem sein Entscheiden prospektive Wirkung auf die Rechte und Pflichten potenziell aller Konventionsstaaten und der sich in ihrer Jurisdiktion befindlichen Personen[22] hat.

2. *Konventionsrechtliche Eigenheiten*

Dieser scheinbar simple Befund vereinfacht einige Komplexitäten des Konventionssystems. Erstens haben die Urteile des Gerichtshofs weder erga omnes inter partes-[23] noch formal präjudizielle[24] Wirkung. Sogar das res interpretata-Prinzip hat der Gerichtshof nie wiederholt und explizit bestätigt.[25] Doch sprechen Praxis und Systemlogik[26] für die Annahme eines

18 *Möllers*, Branches (Fn. 16), S. 79.

19 *Möllers*, Branches (Fn. 16), S. 79.

20 Das heißt nicht, dass Recht vollständig determiniert ist. Siehe *Möllers*, Branches (Fn. 16), S. 83–84.

21 *Möllers*, Branches (Fn. 16), S. 79–80.

22 Art. 1 EMRK.

23 Art. 46 EMRK; *Marti*, Community (Fn. 1), S. 230; *Villiger*, Handbuch EMRK, 3. Aufl., 2020, Rn. 232.

24 EGMR, Urt. (GK) v. 11.7.2002 – Nr. 28957/95, ECHR 2002-VI – Goodwin, Rn. 74; *Mowbray*, HRLR (2009), 179 (180–187).

25 Singulär: EGMR, Urt. v. 9.6.2009 – Nr. 33401/02, ECHR 2009 – Opuz, Rn. 163; siehe auch *Marti*, Community (Fn. 1), S. 226.

26 Insb. Art. 1, 19, 32 EMRK.

„legally binding effect of the generalizable parts" der Urteile des Gerichtshofs.[27] Zweitens kommt den Konventionsstaaten in der Urteilsumsetzung regelmäßig ein Ermessensspielraum zu.[28] Drittens fordert das Konventionsrecht weder seinen Vorrang[29] noch seine unmittelbare Wirkung oder direkte Anwendbarkeit[30] im nationalen Recht, allenfalls aber die konventionskonforme Auslegung des innerstaatlichen Rechts.[31] All dies scheint den Einfluss der Konventionsauslegung durch den Gerichtshof insofern zu relativieren, als es Raum für eine vermittelnde Übertragung des Konventionsrechts ins nationale Recht lässt.

Die innerstaatliche Perspektive qualifiziert diese Feststellung allerdings wieder. Das richterrechtlich entwickelte Konventionsrecht stellt in allen Mitgliedstaaten einen direkt anwendbaren[32] integralen Bestandteil des nationalen Rechts dar, der letzterem (de facto) regelmäßig vorgeht.[33] Zudem hat der Gerichtshof seinen Einfluss im Bereich der Urteilsumsetzung stark ausgebaut[34] und das diesbezügliche Verfahren vor dem Ministerkomitee wurde partiell verrechtlicht und entpolitisiert.[35]

Schließlich gilt es, den „Inkrementalismus" des Gerichthofs zu bedenken. Gemeint ist seine Praxis, die Konvention schrittweise (kasuistisch) zu entwickeln, so dass generell-abstrakt anwendbare Standards über viele Urteile hinweg entstehen. Dies erlaubt es dem Gerichtshof, Reaktionen der Staaten abzuwarten und in seine Konventionsentwicklung aufzunehmen. Dennoch verdichtet sich die Rechtsprechung an einem gewissen Punkt so weitgehend, dass den Staaten höchstens noch kleine Regelungsspielräume

---

27 Vgl. *Marti*, Community (Fn. 1), S. 240.

28 Vgl. unten Text zu Fn. 43 ff.

29 Vgl. aber Art. 27 Wiener Übereinkommen über das Recht der Verträge, 23.5.1969 (1155 UNTS 331); EGMR, Urt. (GK) v. 30.1.1998 – Nr. 19392/92, Reports 1998-I – United Communist Party, Rn. 30.

30 Indirekt Art. 13 EMRK; bspw. EGMR, Urt. (GK) v. 10.7.2020 – Nr. 310/15 – Mugemangango, Rn. 130. Unklar EGMR, Urt. (GK) v. 29.3.2006 – Nr. 36813/97, ECHR 2006-V – Scordino (Nr. 1), Rn. 239; *Marti*, Community (Fn. 1), S. 265–267.

31 *Marti*, Community (Fn. 1), S. 268–272, gestützt auf EGMR, Scordino (Fn. 30).

32 Zum „de facto invalidating effect" *Besson*, in: *Popelier/van de Heyning/van Nuffel* (Hrsg.), Human Rights Protection in the European Legal Order, 2011, S. 97 (112).

33 *Stone Sweet*, GlobCon (2012), 53 (84–85); *Besson*, Supranational (Fn. 32), S. 105–106; ferner *Marti*, Community (Fn. 1), S. 282–299; *Martinico*, EJIL (2012), 401.

34 *Marti*, Community (Fn. 1), S. 156–179.

35 *Çali/Koch*, HRLR (2014), 301. Den Nuancen und Schwierigkeiten der Integration des Konventionsrechts ins Recht der Mitgliedstaaten, und insbesondere den Problemen mit der Urteilsumsetzung, kann in diesem Rahmen leider nicht weiter Rechnung getragen werden.

verbleiben.[36] Außerdem kommt auch diese Praxis nicht ohne Leiturteile, die einen Wendepunkt in der Rechtsprechung markieren, aus.[37]

3. *Die Unvermeidbarkeit von judicial law-making*

Insgesamt kann das judicial law-making des Gerichtshofs nicht mit legislativer Rechtsetzung gleichgesetzt werden. Trotzdem weist der konsolidierte Effekt der Straßburger Praxis die zentralen Merkmale von Rechtsetzung auf. Einerseits ist dies aufgrund konventionsrechtlicher Eigenheiten anders, möglicherweise schwächer, ausgeprägt als im innerstaatlichen Kontext. Wie die folgenden Ausführungen zeigen werden, ist die Problematik andererseits jedoch verschärft aufgrund der Mannigfaltigkeit des Straßburger judicial law-making und der fehlenden Einbettung des Gerichtshofs in die politischen Prozesse einer demokratischen Verfassungsordnung.

Wie *Marti* feststellt, ist das Richterrecht des Gerichtshofs „particularly extensive both in quality and quantity".[38] Es schränkt den politischen Spielraum der Staaten je für sich wie auch kollektiv als „masters of the treaty" erheblich ein. Letzteres zeigt sich zunächst in der prozeduralen und institutionellen Ordnung des Konventionssystems. Beispielsweise erwähnt die Konvention das Piloturteilsverfahren nicht.[39] Die Verfahrensregeln finden sich in Rule 61 der Rules of Court,[40] die der Gerichtshof selbst erlässt.[41] Dabei handelt es sich um judicial law-making einer konventionsändernden Dimension.[42] Auch die Kompetenz sogenannter „Artikel 46-Urteile" oder „Quasi-Piloturteile" hat sich der Gerichtshof selbst gegeben.[43] In Abweichung der grundsätzlich deklaratorischen[44] Wirkung der Urteile des Gerichtshofs[45] enthalten letztere Empfehlungen und in seltenen Fäl-

---

36 *Gerards*, HRLR (2018), 495 (506–512).

37 Bspw. EGMR, Goodwin (Fn. 24), Rn. 73, 93.

38 *Marti*, Community (Fn. 1), 192.

39 Vgl. aber Resolution of the Committee of Ministers, 12.5.2004, 114th Sess, Res(2004)3; Explanatory Report to Protocol No. 14, 13.5.2004, Rn. 16; *Harmsen*, in: *Morison/McEvoy/Anthony* (Hrsg.), Judges, Transition, and Human Rights, 2007, S. 33 (45–47).

40 RC, 1.1.2020.

41 *Fyrnys*, in: *von Bogdandy/Venzke* (Hrsg.), International Judicial Lawmaking, 2012, S. 329 (339–345).

42 *Fyrnys*, Pilot (Fn. 41), S. 348–349.

43 *Mowbray*, HRLR (2017), 451 (452–457).

44 Vgl. aber Art. 41 EMRK.

45 EGMR, Marckx (Fn. 3), Rn. 58.

len Anordnungen im operativen Teil[46] bezüglich Maßnahmen, die der betroffene Staat umsetzen muss, um das Urteil zu befolgen.[47] Wenn diese Maßnahmen genereller Natur sind, also nicht nur die Wiedergutmachung des Einzelfalls betreffen,[48] haben auch sie law-making Charakter, denn sie sind nicht retrospektiv-kompensatorischer, sondern prospektiv-präventiver[49] Natur.[50]

Im Mittelpunkt steht jedoch das judicial law-making des Gerichtshofs im Bereich der Konventionsgarantien. Leiturteile des Gerichtshofs, verstanden als Urteile, die den Konventionsrechten und den mit ihnen korrelierenden Staatspflichten neuen bzw. anderen Gehalt geben, weisen grundsätzlich immer ein Moment von judicial law-making auf. Dies folgt aus der triangulären Struktur von Grund- bzw. Menschenrechten.[51] Gemeint ist die Triade Recht–Rechtsträger–Grundrechtsverpflichteter, wobei letzterer zwar der Staat ist, dieser aber die Mitglieder der politischen Gemeinschaft verkörpert. Wenn der Staat, der letztlich dem Wohl der Einzelnen dient, Grundrechte garantiert, verwendet er darauf Ressourcen, die nicht für andere ebenfalls im Interesse von Einzelnen stehende Zwecke verfügbar sind. Was dem einen geschützte Freiheits- oder Interessenssphäre ist, ist des anderen Verbot oder Pflicht.[52] Die Bestimmung des Schutzgehalts eines Grundrechts hat kurzum immer eine wertende objektive Dimension, die potenzielle alle betrifft.[53]

Die aufgrund des Rechtssicherheitsbedürfnisses unabdingbare Präzedenzwirkung von Leitentscheiden bedeutet sodann, dass Leiturteile grund-

---

46 Erstmals EGMR, Urt. (GK) v. 8.4.2004 – Nr. 71503/01, Reports 2004-II – Assanidze, Pt. 14.

47 Jährliche Übersicht bei *Committee of Ministers,* Supervision of the Execution of Judgments and Decisions: Annual Report, <http://bit.ly/3iWMThh>, abgerufen am: 31.3.2021.

48 *Colandrea*, HRLR (2007), 396 (397–398).

49 *Colandrea*, HRLR (2007), 396 (408–409); *Marti,* Community (Fn. 1), S. 168–169.

50 Die Grenze ist oft unscharf. Bspw. EGMR, Urt. v. 26.3.2013 – Nr. 21794/08, ECHR 2013 – Zorica Jovanović, Rn. 92 und Pt. 6.

51 *Bellamy,* Political Constitutionalism, 2007, S. 30; *Daly*, in: *Herlin-Karnell/Klatt/Morales Zúñiga* (Hrsg.), Constitutionalism Justified, 2019, S. 197 (203–204); *Finnis,* Natural Law and Natural Rights, 2. Aufl., 2011, 200–202, 218–219.

52 Vgl. Bentham, in: Bowring (Hrsg.), Works of Jeremy Bentham, Bd. 2, 1843 [1796], 489 (503).

53 Vgl. BverfG, Urt. v. 15.1.1958 – 1 BvR 400/51, BVerfGE 7, 198 – Lüth, Rn. 25; *Habermas,* Faktizität und Geltung, 4. Aufl., 1994, S. 301–303; *Lepsius*, in: *Jestaedt* u. a. (Hrsg.), Das entgrenzte Gericht, 2011, S. 159; *Loughlin,* Idea of Public Law, 2004, S. 127.

sätzlich prospektiv wirken.[54] Schließlich ist klar, dass die Interpretation von Bestimmungen – erst recht von äußerst abstrakten, quasi-verfassungsmäßigen Prinzipien wie den Konventionsgarantien – kein determinierter Kognitionsprozess des „Findens“ oder „Erkennens“ des „richtigen“ Verständnisses darstellt, sondern ein großes Moment an schöpferischer Tätigkeit beinhaltet.[55]

Mithin kann der Gerichtshof gar nicht anders, als Richterrecht zu setzen. Sein Mandat impliziert de facto ein „mandat de légiférer“.[56] Dazu passt die Beobachtung, dass er „often behaves more as a general and prospective lawmaker than as a judge whose reach is primarily particular and retrospective“.[57] Inwiefern dieser Befund aus einer normativen, legitimationstheoretischen Perspektive problematisch ist, zeigt der nächste Abschnitt. Vorher lohnt es sich, die wichtigsten Fallgruppen dieses Phänomens kurz darzustellen.

III. Judicial law-making: Praxis

Eine erste Gruppe bilden Fälle *konfligierender Konventionsrechte*, also Fälle, denen ein Sachverhalt zugrunde liegt, in dem das vom Beschwerdeführer geltend gemachte Recht geradezu die Kehrseite des Rechts ist, zu dessen Schutz der betroffene Staat das Recht des Beschwerdeführers eingeschränkt hat.[58] Das klassische Beispiel solcher „multipolarer“ Grundrechtskonstellationen sind Fälle zu Artikel 8- bzw. zu Artikel 10, die einerseits die Privatsphäre und andererseits die Pressefreiheit tangieren.[59] Die Konvention äußert sich nicht zur Lösung solcher Konflikte. Deren Auflösung

54 EGMR, Urt. (PV) v. 18.1.978 – Nr. 5310/71, A-25 – Irland/UK, Rn. 154; EGMR, Urt. v. 7.1.2010 – Nr. 25965/04, ECHR 2010 – Rantsev, Rn. 197; *CDDH*, Report on the Longer-Term Future of the System of the ECHR, 11.12.2015, CDDH(2015)R84 Addendum I, Rn. 37; *Árnardóttir*, EJIL (2017), 819 (823–828); *Bodnar*, in: *Haeck/Brems* (Hrsg.), Human Rights and Civil Liberties, 2014, S. 223; *Besson*, in: *Besson* (Hrsg.), ECtHR After Protocol 14, 2011, S. 123 (134–135).

55 *von Bogdandy/Venzke*, Beyond Dispute (Fn. 14), S. 9–12; vgl. schon *Kelsen*, VVDStRL (1929), 30 (30–32).

56 Art. 19 EMRK; bspw. EGMR, Urt. v. 24.7.2003 – Nr. 40016/98, ECHR 2003-IX – Karner, Rn. 26.

57 *Keller/Stone Sweet*, in: *Keller/Stone Sweet* (Hrsg.), Europe of Rights, 2008, S. 677 (703).

58 Eingehend *Smet/Brems* (Hrsg.), When Human Rights Clash, 2017.

59 *Nußberger*, in: *Seibert-Fohr/Villiger* (Hrsg.), Judgments of the ECtHR, 2014, S. 165 (172).

steht also im Ermessen des Gerichtshofs und das Urteil betrifft die rechtliche Ausgestaltung von Freiheit nicht am Verfahren beteiligter Privater, gleich wer obsiegt. So hat der EGMR beispielsweise in der *von Hannover-Saga* das Verhältnis zwischen Presse und Prominenten neu bestimmt.[60] Aufgrund der triadischen Struktur von Grundrechten können indes alle Menschenrechtsfälle als „multipolar" rekonstruiert werden.[61]

Eine zweite Gruppe bildet die Rechtsprechung zu *prozeduralen Rechten*. Der Gerichtshof hat zunehmend konkrete Standards betreffend die Organisation der staatlichen Justizsysteme erarbeitet, und zwar entgegen seinen Bekräftigungen,[62] dass es nicht seine Aufgabe sei, die Varietät der europäischen Justizsysteme zu vereinheitlichen.[63] *Kosař* hat diese Praxis eingehend analysiert.[64] In seinem Beitrag mit *Lixinski* werden als illustrative Fälle genannt:[65] Frankreichs Abschaffung der avocats généraux des Conseil d'État,[66] die Aufgabe der Military Security Courts in der Türkei[67] und der Constitutional Reform Act 2005 betreffend die Gerichtsorganisation im Vereinigten Königreich.[68] Auch die Schweiz hat ihr Verfahrensrecht aufgrund der Straßburger Rechtsprechung umfassend revidiert.[69] Insgesamt hat der Gerichtshof großen Einfluss auf die institutionelle Justizordnung der Staaten. *Kosař/Lixinski* kommen zum Schluss, dass er das legislative Rechtsetzungsprimat konkurriere, insbesondere weil er im Rahmen von Beschwerden von nationalen Gerichtsmitgliedern auch nicht-prozedurale Konventionsrechte nutze, um die Gerichtsorganisation umfassend mitzubestimmen. Das habe zur Folge, dass er nicht nur das innerstaatliche horizontale Gewaltenteilungsverhältnis, sondern auch die Organisation,

---

60 Vgl. BverfG, Beschl. v. 15.12.1999 – 1 BvR 653/96, BVerfGE 101, 361 – Caroline von Monaco II; EGMR, Urt. v. 24.6.2004 – Nr. 59320/00, Reports 2004-VI – von Hannover; *Nußberger*, Subsidiarity (Fn. 59), S. 175–178.

61 Siehe *Nußberger*, Subsidiarity (Fn. 59), S. 173.

62 *Ulfstein*, IJHR (2020), 917 (920).

63 Bspw. EGMR, Urt. (GK) v. 27.5.2010 – Nr. 13279/05 – Şahin, Rn. 68.

64 *Kosař*, in: *Wind* (Hrsg.), International Courts and Domestic Politics, 2018, S. 71; *Kosař*, Utrecht L Rev (2017), 112; *Kosař/Lixinski*, AJIL (2015), 713.

65 *Kosař/Lixinski*, AJIL (2015), 713 (715–716).

66 EGMR, Urt. (GK) v. 12.4.2006 – Nr. 58675/00, Reports 2006-VI – Martinie; EGMR, Urt. (GK) – Nr. 39594/98, Reports 2001-VI – Kress.

67 Siehe insb. EGMR, Urt. (GK) v. 9.6.1998 – Nr. 22678/93, Reports 1998-IV – Incal; EGMR, Urt. v. 28.10.1998 – Nr. 19601/92 , Reports 1998-VII – Çıraklar; EGMR, Urt. v. 25.9.2001 – Nr. 29279/95, Reports 2001-IX – Şahiner.

68 *Woodhouse*, ICON (2007), 153 (154) m. H. a. EGMR, Urt. v. 8.2.2000 – Nr. 28488/95, Reports 2000-II – McGonnell; EGMR, Urt. v. 28.9.1995 – Nr. 14570/89, A-326 – Procola.

69 Wegweisend EGMR, Urt. (PV) v. 29.4.1988 – Nr. 10328/83, A-132 – Belilos.

insbesondere die Hierarchie innerhalb, der staatlichen Judikativen beeinflusse.[70] *Kosař* folgert: „the Strasbourg Court has become a key player in domestic judicial politics".[71]

Eine dritte Gruppe sind Fälle *positiver Staatspflichten*. Wiederum kontrastiert die Realität einer enorm umfangreichen Judikatur[72] mit der Rechtsprechungsmaxime des Gerichtshofs, wonach die primär negativen Konventionsrechte nur ausnahmsweise positive Pflichten begründeten und er diesbezüglich einen „prudent approach"[73] verfolge.[74] Zwar scheint sich der Gerichtshof bewusst zu sein, dass er sich auf dem Terrain der die Allgemeinheit betreffenden Regelsetzung bewegt, wenn er aus den Konventionsrechten heraus positive Pflichten begründet, denn: „[a] fair balance [...] has to be struck between the *general interest of the community* and the interests of the individual".[75] Trotzdem richtet der Gerichtshof immer wieder Gesetzgebungspflichten an die Staaten, namentlich die Pflicht, ein „legal framework" zum Schutz bestimmter Individualinteressen zu schaffen.[76] Die Schweiz hatte beispielsweise das zivile Schadenersatzrecht zu revidieren.[77] Das Beispiel zeigt, dass der Gerichtshof auch Einfluss auf das Zivilrecht der Staaten nimmt.[78]

Eine vierte Gruppe stellen Urteile zum *Recht auf freie und faire Wahlen* dar.[79] Wenn der Gerichtshof beispielsweise die aus einem komplexen Arrangement der Machtteilung zwischen den wichtigsten ethnischen Gruppen resultierenden Zugangsbeschränkungen zum tripartiten Präsidialamt und dem Haus der Völker (einer parlamentarischen Kammer) von Bosnien und Herzegowina als konventionswidrig beurteilt,[80] stellt er damit ein zentrales Element der Verfassungsordnung in Frage. Damit nimmt er nicht

70 *Kosař/Lixinski*, AJIL (2015), 713 (718–719).
71 *Kosař*, Utrecht L Rev (2017), 112 (123).
72 *Lavrysen,* Human Rights in a Positive State, 2016, S. 343.
73 EGMR, Urt. v. 10.5.2011 – Nr. 48009/08 – Mosley, Rn. 107; EGMR, Urt. v. 28.4.2009 – Nr. 39311/05 – Karakó, Rn. 19.
74 EGMR, Urt. v. 10.3.2020 – Nr. 24816/14 u.a. – Hudorovič, Rn. 139; eingehend *Lavrysen,* Positive (Fn. 72), S. 214–221.
75 EGMR, Urt. v. 16.7.2013 – Nr. 1562/10 – Remuszko, Rn. 63 (meine Hvhg.).
76 Siehe *Lavrysen,* Positive (Fn. 72), S. 112–130.
77 EGMR, Urt. v. 11.3.2014 – Nr. 52067/10 u.a. – Howald Moor; Bilan d'action, 11.4.2019, 1348th DH mtg, DH-DD(2019)403; Resolution of the Committee of Ministers, 25.9.2019, 1355th DH mtg, CM/ResDH(2019)232.
78 Siehe *Zglinksi*, YEL (2018), 98 (104–107).
79 Art. 3 Protokoll zur EMRK („Protokoll Nr. 1"), 20.3.1952, (CETS Nr. 009).
80 EGMR, Urt. (GK) v. 22.12.2009 – Nr. 27996/06 u.a., ECHR 2009 – Sejdić and Finci.

nur in Kauf, dass sein Urteil jahrelang nicht umgesetzt wird,[81] sondern akzeptiert auch die Möglichkeit einer veritablen Verfassungskrise.[82] Nach *Wheatley* entwickelt der Gerichtshof einen konzeptuellen Archetypus des demokratischen Staats, der für alle Mitgliedsstaaten Verbindlichkeit beansprucht.[83]

Schließlich ist die Anerkennung von *sozio-ökonomischen Ansprüchen*, die aus dem Wirksamkeitsgebot der zivilen und politischen Konventionsrechten fließen,[84] anzuführen.[85] Hier bedient sich der Gerichtshof wieder positiver Pflichten.[86] So gibt es Rechtsprechung zu den Bereichen Gesundheit, Wohnen, Bildung und Arbeit sowie zu finanziellen Sozialleistungen.[87] Dass es sich dabei um judicial law-making handelt, ist an der politischen Entscheidung erkennbar, die sich in den Vertragsstrukturen des Europarats spiegelt, zivile und politische Rechte einerseits und sozio-ökonomische Rechte andererseits separat zu schützen.[88] Urteile des Gerichtshofs, die die politische Entscheidung, sozio-ökonomisch Rechte (Eigentumsfreiheit, Recht auf Bildung) ins optionale Protokoll Nr. 1 „auszulagern",[89] mittels großzügiger Auslegung der zivilen und politischen Rechte umgehen, stoßen denn auch auf Kritik.[90] Insgesamt stellt *Koch* fest: „Many of the decisions of the ECtHR have radical consequences for the Contracting Parties [...] with respect to the legislature's liberty to freely adopt and uphold legislation [and] to freely take decisions regarding financial resources".[91]

---

81 Vgl. Resolution of the Committee of Ministers, 2.12.2011, 1128th DH mtg, CM/ResDH(2011)291; Decision of the Deputies, H46-7, 5.3.2020, 1369th DH mtg, CM/Del/Dec(2020)1369/H46-7.

82 Siehe Abw. M. *Bonello*.

83 *Wheatley*, in: *Dickinson* u. a. (Hrsg.), Critical Perspectives, 2012, S. 153 (172).

84 Grundlegend EGMR, Urt. v. 6.2.1981 – Nr. 6289/73, A-32 – Airey, Rn. 26; EGMR, Urt. v. 13.5.1980 – Nr. 6694/74, A-37 – Artico, Rn. 33.

85 *Leijten*, Core Socio-Economic Rights, 2018, S. 16.

86 EGMR, Airey (Fn. 84), Rn. 32–33.

87 *Koch*, Human Rights as Indivisible Rights, 2009, Kap. 5–9.

88 EMRK einerseits, (revidierte) Europäische Sozialcharta, 18.10.1961 bzw. 3.5.1996 (CETS Nr. 035 bzw. 163) mit Zusatzprotokoll über Kollektivbeschwerden, 9.11.1995 (CETS Nr. 158), andererseits. *Koch*, Indivisible (Fn. 87), S. 8.

89 *Duranti*, Conservative Human Rights Revolution, 2017.

90 Siehe bspw. Abw. M. *Keller* in EGMR, Urt. v. 12.1.2021 – Nr. 23040/13 – Ryser; *Gächter/Meier*, HAVE (2016), 480 (482–484).

91 *Koch*, Indivisible (Fn. 87), S. 255.

IV. Problemstellung

Die obigen Beispiele zeigen, dass der Gerichtshof regelmäßig rechtsetzende, also prospektive, an die Allgemeinheit gerichtete Rechte und Pflichten begründende Entscheidungen trifft. Dies kontrastiert mit der prototypischen Funktion der Judikative und ist umgekehrt charakteristisch für die Legislative.[92] Letztere Trennung liegt in den liberal-demokratischen Grundsätzen aller Autonomie und Gleichheit begründet.[93] Das liberale Prinzip postuliert, dass allen gleichermaßen erlaubt ist, was nicht allgemein verboten ist („gleiche Privatautonomie"); das demokratische, dass Freiheitsbeschränkungen in einem Verfahren bestimmt werden, in dem alle gleichermaßen mitbestimmen können („politische Gleichheit"),[94] weswegen die demokratische der individuellen Selbstbestimmung nicht prinzipiell vorgehen kann.[95]

Nun erlauben Grund- bzw. Konventionsrechte nicht nur individuelle Freiheit, sondern sie *schützen* gewisse individuelle Freiheitsinteressen, womit Pflichten und Verbote einhergehen: des einen Freiheitsrecht, ist des anderen Verbot, in einer bestimmten Weise zu handeln. Unmittelbar einleuchtend ist das im Falle von „kehrseitigen" Individualrechtskonflikten.[96] Sie zeigen, dass auch die individuelle der demokratischen Selbstbestimmung nicht prinzipiell vorgehen kann.[97] Aber auch wenn der Staat *qua* Gesamtheit aller Mitglieder der politischen Gemeinschaft verpflichtet ist, bestimmte Ressourcen zur Sicherung eines Grundrechts einzusetzen, impliziert dies ein Verbot, dieselben – per definitionem knappen – Ressourcen zum Schutz anderer Freiheitsinteressen zu verwenden. Notabene gilt diese Logik prinzipiell auch im Bereich klassischer Abwehrrechte: Haftbedingungen im Einklang mit Art. 3 EMRK bedürfen Ressourcen, öffentliche Kundgebungen (Art. 11 EMRK) können Nutzungskonflikte um den öffentlichen Raum verursachen und Eigentumsrechte (Art. 1 Protokoll Nr. 1) bedingen die Errichtung, die Pflege sowie den Schutz und die Durchsetzung entsprechender Rechtsinstitute. All dies setzt funktionierende Systeme der Rechtspflege voraus (Art. 6 EMRK), die ebenfalls Ressourcen beanspruchen. Die Realität, insbesondere in Staaten mit systemischem Reformbedarf und vergleichsweise wenig Mitteln und Kapazitäten, ist mit-

---

92 Vgl. oben II.1.

93 *Beitz*, Political Equality, 1989, S. 92–93; *Möllers*, Branches (Fn. 16), S. 61, 66.

94 *Möllers*, Branches (Fn. 16), S. 70.

95 *Möllers*, Branches (Fn. 16), S. 63–65.

96 Vgl. oben II–III.

97 *Möllers*, Branches (Fn. 16), S. 65–66.

hin, dass auch im Bereich ziviler und politischer Rechte eine gewisse Priorisierung unumgänglich ist. Die Straßburger Rechtsprechung zeigt denn auch, dass eine scharfe Trennung negativer und positiver Pflichten, die nicht auf Kosten der Wirksamkeit ziviler und politischer Rechte geht, illusorisch ist.

Konventionsrechte bestimmen den Bereich, in dem eine Person, die Rechtsträgerin, über „alle" bestimmen kann:[98] wenn sie ihr Recht beansprucht, verpflichtet sie damit die Allgemeinheit.[99] Mithin betrifft der höchstrechtliche Schutz einer Sphäre individueller Freiheit alle.[100] Daraus folgt, dass nicht jeder Grundrechtsforderung nachgekommen werden kann und dass prinzipiell in einem demokratischen Verfahren über die geltende Grundrechtskonfiguration zu entscheiden ist.[101] Weil die Verteilung und Abgrenzung von konventionsrechtlich geschützten Sphären individueller Freiheit alle in ihren Interessen berechtigend und beschränkend betrifft, sollte dies in einem Verfahren geschehen, das alle gleichermaßen mitbestimmen und das die potenziell konkurrierenden Freiheitsinteressen von allen gleichermaßen zu Wort kommen lässt.

Ein kurzer Blick auf die gängigen Institutionen und Verfahren liberaler, rechtsstaatlicher Demokratien zeigt, dass die Legislative diese Ansprüche viel eher erfüllt als die Judikative.[102] Die Judikative und ihr Verfahren sind darauf ausgerichtet, sich mit Beschwerden über vergangene Verletzungen von geschützten Freiheits- bzw. Interessenssphären, die eine identifizierbare Person aufgrund eines bestimmten Sachverhalts vorbringt, zu beurteilen. Sie verteidigt das liberale Prinzip aller gleicher Privatautonomie im Rahmen der demokratischen Freiheitsbeschränkungen.[103] Die Legislative und ihr Prozess hingegen sind darauf ausgerichtet, diese Beschränkungen zu bestimmen. Sie hält das demokratische Prinzip aufrecht, wonach alle gleichermaßen mitbestimmen und ihre Freiheitsinteressen einbringen können.[104]

Angesichts des Befunds umfangreichen Straßburger judicial law-making stellt sich die Frage, inwiefern das Verfahren vor dem Gerichtshof, ins-

98 Zur Konzeption individueller Freiheitsrechte als Sozialwahlfunktion *Sen*, J Pcl Eco (1970), 152.

99 *Levine*, Liberal Democracy, 1981, S. 95, 102.

100 *Möllers*, Branches (Fn. 16), S. 68.

101 *Möllers*, Branches (Fn. 16), S. 68–71.

102 Vgl. oben II.1.

103 *Möllers*, Branches (Fn. 16), S. 67–71, 89–96.

104 *Möllers*, Branches (Fn. 16), S. 71–76, 84–89; *Harlow*, MLR (2002), 1 (2).

besondere in Leitentscheiden,[105] den institutionellen und prozeduralen Erfordernissen, die das demokratische Prinzip an (quasi-)rechtsetzende Verfahren stellt, gerecht wird.

V. Problemanalyse

Was verlangt die Institutionalisierung des demokratischen Prinzips? Erstens müssen alle in einem offenen Verfahren gleichermaßen mitbestimmen können.[106] Zweiten muss das Verfahren inhaltlich allgemein sein. Drittens bedeutet dies, dass es sich mit der generell-abstrakten Regelung von Sachverhalten beschäftigen muss[107] und es nicht a priori inhaltlich beschränkt sein darf – alle Freiheitsinteressen müssen eingebracht und wettstreiten können.[108] Daraus folgt viertens, dass das Verfahren ergebnissoffen zu sein hat.[109] Fünftens muss das Verfahren in die Zukunft gerichtet sein. Es dient der zukünftigen Orientierung u.a. der individuellen Handlungsfreiheit.[110] Ein (quasi-)rechtsetzendes Verfahren muss mithin möglichst repräsentativ, partizipativ, transparent und offen sein. Letzteres ist im Sinne größtmöglicher personaler und inhaltlicher Zugangs- bzw. Zulässigkeitsbedingungen zu verstehen.[111]

1. Repräsentation und Partizipativität

Das zentrale Problem des judicial law-making liegt in der Überrepräsentation der Interessen der Streitparteien und der Unterrepräsentation der Interessen aller anderen. Der jurisgenerative Prozess fokussiert auf die spezifische Streitsache anstatt auf die allgemeine Politikgestaltung.[112] Das Problem wird auch nicht dadurch abgeschwächt, dass der Staat im Verfah-

---

105 Ausgeklammert ist das Verfahren nach Art. 27–28 EMRK.
106 *Möllers*, Branches (Fn. 16), S. 71, 87–88.
107 Nuanciert *Möllers*, Branches (Fn. 16), S. 86–87.
108 *Möllers*, Branches (Fn. 16), S. 72, 75, 85, 87.
109 *Möllers*, Branches (Fn. 16), S. 76, 85–86.
110 *Möllers*, Branches (Fn. 16), S. 75–76.
111 Vgl. *Anagnostou*, in: *Anagnostou* (Hrsg.), Rights and Courts, 2014, S. 1 (16–20); *Andersen*, Out of the Closets, 2005, S. 6–14.
112 *Bellamy*, Political (Fn. 51), S. 246; *Miller*, in: *Webber* u. a. (Hrsg.), Legislated Rights, 2018, S. 181 (196–197); *Möllers*, in: *Jestaedt* u. a. (Hrsg.), Das entgrenzte Gericht, 2011 (316–318); *von Bogdandy/Venzke*, LJIL (2013), 49 (59–63); *von Bogdandy/Venzke*, Beyond Dispute (Fn. 14), S. 24–26.

ren vor dem Gerichtshof als Streitpartei (i.d.R. auch nur einer von 46[113]) auftritt, denn dort wird er in aller Regel von einem spezialisierten agent de gouvernement der wenig repräsentativen Exekutive vertreten.[114] Internationales Richterrecht schwächt die repräsentative Legislative innerhalb der nationalen trias politica.[115]

Das Problem ist sodann auch eines der Partizipation. Nur die Streitparteien partizipieren am judicial law-making. Hingegen steht der legislative Prozess grundsätzlich allen offen. Dieses Problem mildern Drittstaatsinterventionen[116] und zivilgesellschaftliche amici curiae ab.[117] Kritisch betrachtet füllen letztere aber ein Machtvakuum geschickt mit ihren Partikularinteressen aus.[118]

2. *Zugangs- und Zulässigkeitsbedingungen*

Gerichtsverfahren ermächtigen nicht notwendigerweise diejenigen, die im politischen Prozess kaum zu Wort kommen. Ähnliche Ressourcen dürften über die juristische und die politische Schlagkraft entscheiden.[119] Diesbezüglich ist in Straßburg ein Problem besonders markant: Die Rechtshilfe leistet nur einen bescheidenen Beitrag[120] und dies erst ab einem späten Verfahrensstadium.[121] Etwa 87 Prozent der Beschwerden scheitern vorher aufgrund formaler Erfordernisse oder der Zulässigkeitskriterien.[122]

---

113 Vgl. *Helfer/Voeten*, IO (2014), 77 (78).

114 Rule 35 RC; *Jenart/Leloup*, EuConst (2019), 247 (255–256).

115 *Sajó/Giuliano*, in: *Klabbers/Palombella* (Hrsg.), Challenge of Inter-Legality, 2019, S. 230 (235–236); *von Bernstorff*, in: *Mendes/Venzke* (Hrsg.), Allocating Authority, 2018, S. 99 (109); vgl. auch *Issacharoff*, U Chi L Rev (2018), 485 (499–501).

116 *Bürli*, Third-Party Interventions, 2017, Kap. 3.

117 Art. 36(2) EMRK; *Bürli*, Third-Party (Fn. 116), S. 20–22.

118 *Sajó/Giuliano*, Perils (Fn. 115), S. 236.

119 *Bellamy*, Political (Fn. 51), S. 42; *Tushnet*, GLJ (2013), 2249 (2255); bspw. EGMR, Urt. (GK) v. 25.5.2021– Nr. 58170/13 u.a. – Big Brother Watch.

120 *Leach*, Taking a Case to the ECtHR, 4. Aufl., 2017, App. 8.

121 Rule 105 RC.

122 Rule 47 RC. Über 7‘000 Beschwerden wurden auf dieser Grundlage abgewiesen, was ca. 18 % der 41‘700 den Spruchkörpern zugeteilten Beschwerden entspricht. Ähnlich viele Beschwerden wurden aus anderen administrativen Gründen zurückgewiesen. Nur 7‘681 Beschwerden wurden kommuniziert und erreichten das Stadium, wo Rechtshilfe verfügbar wird. *EGMR*, Analysis of Statistics 2020, 2021, S. 4; siehe auch *Bianku/Kempees*, in: *Baetens* (Hrsg.), Legitimacy of Unseen Actors, 2019, S. 108 (111–113); *Schädler*, Re-Designing the Admissibility Model, 2019, S. 14.

Die Zulässigkeitspraxis, namentlich die große Zahl an Beschwerden, die als „manifestly ill-founded“ und somit gestützt auf eine inhaltliche Vorprüfung abgewiesen werden,[123] wird immer wieder kritisiert. Mehr als die Hälfte aller Unzulässigkeitsentscheidungen dürfte primär auf dieses Kriterium abstellen.[124] Die Straßburger Praxis gleicht einem Certiorari-System, das Zulässigkeitsentscheidungen dem richterlichen Ermessen anheimstellt.[125] In diesem Sinn garantiert das Beschwerderecht kein Recht auf Zugang zum Gerichtshof.[126] Hinzu kommt, dass grösstenteils non-judicial rapporteurs die Fallselektion übernehmen:[127] „legal staff sets the judicial agenda“.[128]

Auch für NGOs ist der Zugang zum Gerichtshof schwierig. Etwa die Hälfte aller amici curiae wird abgelehnt, und zwar auch in wegweisenden, kontroversen Fällen.[129] Die Praxis ist intransparent.[130] Einen Anspruch auf Stellungnahme gibt es nicht.[131] Man könnte fürchten, dass wenige spezialisierte Organisationen einen Großteil aller Stellungnahmen auf sich vereinigen,[132] doch scheint dies nicht ausgeprägt zu sein.[133]

In Leiturteilen kann Akteuren der strategischen Prozessführung bzw. -unterstützung – der „continuation of politics by other means“[134] – eine wichtige Rolle zukommen. Spezialisierte NGOs könnten hinter einem erheblichen Teil aller Leiturteile stehen[135] und angesichts der selektiven

---

123 Art. 35(3)(a) EMRK; *EGMR*, Practical Guide on Admissibility Criteria, 30.4.2020, Rn. 297; bspw. EGMR, Ent. v. 7.12.2004 – Nr. 71074/01, ECHR 2004-XII – Mentzen.

124 *EGMR*, Facts About Admissibility, 2017, <https://cutt.ly/NkMwwcJ>, abgerufen am: 31.3.2021; *Tickell*, Is the European Court of Human Rights Obsessively Interventionist?, <https://cutt.ly/HkNZCYK>, abgerufen am: 31.3.2021.

125 *Cameron*, in: *Føllesdal/Peters/Ulfstein* (Hrsg.), Constituting Europe, 2013, S. 25 (57).

126 *Schädler*, Admissibility (Fn. 122), S. 19 m. H.

127 Siehe *Bianku/Kempees*, ECtHR (Fn. 122), S. 111–113.

128 *Schädler*, Admissibility (Fn. 122), S. 199.

129 *Bürli*, Third-Party (Fn. 116), S. 116.

130 *Bürli*, Third-Party (Fn. 116), S. 115.

131 Rule 44 RC.

132 Vgl. *Bellamy*, Political (Fn. 51), S. 245; *Føllesdal*, NJHR (2009), 289 (302).

133 *Bürli*, Third-Party (Fn. 116), S. 114; *van den Eynde*, NQHR (2013), 271 (285).

134 *O'Neill*, Strategic (Fn. 134), S. 506–508; siehe dazu auch den Beitrag von *Strobel* in diesem Band, Strategische Prozessführung – Potentiale und Risiken transnationaler zivilgesellschaftlicher Zuflucht zum Recht.

135 Vgl. *Anagnostou*, Minorities (Fn. 111), S. 10; *Anagnostou*, in: *Anagnostou* (Hrsg.), Rights and Courts, 2014, S. 205 (211); *Lewis*, EHRLR (2011), 700 (706–713); *O'Neill*, ERA Forum (2015), 495 (506–508).

Urteilspraxis des Gerichtshofs als „Türhüter“ fungieren. Eine Beurteilung ist jedoch schwierig, weil NGOs oft hinter den Kulissen operieren.[136] Problematisch ist es auch, wenn NGOs „strategisch“ ein politikänderndes Urteil erringen, das gar nicht alle vermeintlich Begünstigten begrüßen.[137]

3. *Offenheit*

Der Gesetzgebungsprozess steht grundsätzlich allen Anliegen offen. (Kompromiss-) Lösungen werden sachübergreifend erarbeitet.[138] Im Gerichtsverfahren ist das anders. Erstens ist es inhaltlich auf die Streitsache limitiert.[139] Zweitens kann nur dann auf vergangene Entscheidungen zurückgekommen werden, wenn eine entsprechende Beschwerde eingereicht wird.[140] Drittens ist der politische Prozess argumentativ offener als der judikative. Ersterer erlaubt grundsätzlich jede Argumentation, während zweiterer bestimmten semantischen und argumentativen Mustern folgt.[141] Trotz lobenswerter Öffentlichkeitsarbeit[142] haben nur Spezialisten den Überblick über die immense Praxis des Gerichtshofs.[143] Der Kasuismus, die Abweichungen zwischen der Rechtsprechung verschiedener Sektionen[144] und die sich ständig ändernde Konventionsauslegung[145] bevorteilt Experten in der Prozessführung vor dem Gerichtshof.[146]

---

136 *Hodson*, in: *Anagnostou* (Hrsg.), Rights and Courts, 2014, S. 181 (184).

137 Zu EGMR, Urt. (GK) v. 13.11.2007 – Nr. 57325/00 – D.H., *Helmrich*, in: *Graser/ Helmrich* (Hrsg.), Strategic Litigation, 2019, S. 115 (137) m. w. H.

138 Eingehend *Bellamy*, Liberalism and Pluralism, 1999, Kap. 4–5; siehe bspw. auch EGMR, Urt. (GK) v. 17.5.2016 – Nr. 42461/13 u.a., ECHR 2016 – Karácsony, Rn. 141.

139 Bspw. EGMR, Urt. (GK) v. 5.9.2017 – Nr. 78117/13 – Fábián, Rn. 81.

140 Art. 34 EMRK; EGMR, Urt. (GK) v. 4.12.2015 – Nr. 47143/06, ECHR 2015 – Roman Zakharov, Rn. 164 (actiones populares unzulässig); allg. *Raz*, Ind LJ (1995), 27 (42).

141 *Miller*, Majoritarianism (Fn. 112), S. 195; *Venzke*, How Interpretation Makes International Law, 2012, S. 46–57; *Waldron*, Yale LJ (2006), 1346 (1380–1386).

142 <https://www.echr.coe.int>.

143 2020 erließen die Kammern und die Große Kammer 391 Urteile. Siehe *EGMR*, Statistics 2020 (Fn. 122), S. 5.

144 Organisationseinheiten aus denen sich die Spruchkörper bilden.

145 Siehe *Árnardóttir*, NJHR (2015), 220 (240–241); *Cameron*, Court (Fn. 125), S. 53–54; *Gerards*, HRLR (2018), 495 (512); *Kratochvíl*, NQHR (2011), 324 (352); *Touzé*, in: *Sudre* (Hrsg.), Principe de subsidiarité, 2014, S. 59 (76–77).

146 Allg. dazu *Waldron*, Emory LJ (2009), 675 (693–697); vgl. auch *Tomuschat*, RdC (1999), 9 (28).

4. Zwischenfazit

Der Gerichtshof ist, wie für die Judikative üblich, auf die Streitbeilegung im Zweiparteienverfahren ausgerichtet. In wegweisenden Verfahren sind die Streitparteien über- und die übrigen Betroffenen unterrepräsentiert. Die Zulässigkeits-, Zugangs- und Partizipationsmöglichkeiten sind rigide und ihre Handhabung teils opportunistisch oder gar scheinbar willkürlich. Auch die beschränkte inhaltliche Offenheit des Verfahrens vor dem Gerichtshof zeugt von seinem Charakter als spezialisiertes Forum der bilateralen Streitbeilegung. Anzufügen ist, dass der EGMR als internationaler Gerichtshof anders als nationale Höchstgerichte[147] kaum in eine ausgebildete politische Demokratie und ihre legitimitätstiftenden Strukturen öffentlicher Meinungsbildung eingebunden ist.[148] Insgesamt genügt der Gerichtshof den institutionellen und prozeduralen Erfordernissen, die das demokratische Prinzip an (quasi-)rechtsetzende Verfahren stellt, somit kaum.

VI. Korrektive

Angesichts der identifizierten Probleme stellt sich die Frage nach möglichen Korrektiven. Der vorliegende Beitrag muss sich auf einige recht einfach umzusetzende und relativ unkontroverse Maßnahmen beschränken und kann weitreichenden, innovativen Ideen nicht gerecht werden.

Amici curiae tragen dazu bei, dem Gerichtshof in Leitverfahren ein breites Spektrum gesellschaftlicher Interessen wirksam[149] zur Kenntnis zu bringen.[150] Um größere Transparenz herzustellen, sollte der Gerichtshof über die angenommenen und abgelehnten amici curiae begründet informieren. Die Praxis muss nachvollziehbar und einheitlich sein sowie Orientierung für die Zukunft bieten.[151] Zudem ist transparent zu garantieren, dass inhaltlich möglichst vielfältige Positionen ausgewogen zu Wort kom-

---

147 Vgl. bspw. *Bailey/Maltzmann*, Constrained Court, 2011, Kap. 6–7.

148 *Bellamy*, ICON (2011), 86 (96); *Langvatn*, Ethics & Intl Aff (2016), 355 (366–367).

149 Vgl. *Busch/Reinhardt*, World Politics (2006), 446.

150 *Bürli*, Third-Party (Fn. 116), S. 21–22.

151 Vgl. *Bürli*, Third-Party (Fn. 116), S. 116.

men.[152] Legislativmitglieder der Konventionsstaaten können und sollten sich ebenfalls einbringen.[153]

Es sollte auch Transparenz darüber herrschen, wer eine Beschwerde mit Ressourcen unterstützt und welche Interessenbindungen bestehen. Aufgrund vieler Verbindungen zwischen Gerichtsmitgliedern und NGOs würde dies die richterliche Unabhängigkeit stärken.[154] Die Ausstandsregeln[155] sind streng anzuwenden.

Rechtshilfe sollte – auch im Interesse ausgewogener Rechtsprechung[156] – ausreichend gewährt werden. Statistisch ist die Zulässigkeit einer Beschwerde die größte Hürde. Dementsprechend sollten bereits in diesem Stadium alle, die Unterstützung brauchen, qualifizierte Hilfestellung erhalten.[157] Unverständlich ist, dass die Rechtshilfe nur standardisierte Beiträge für die Prozesskosten leistet.[158] Insbesondere Anwaltskosten dürften enormen Unterschieden zwischen den Konventionsstaaten unterliegen, und selbst bzw. gerade in den reichsten Ländern gibt es Menschen, die sich eine anwaltliche Vertretung auch mit dem Beitrag der Rechtshilfe nicht leisten können.[159] Wünschenswert wäre auch eine öffentliche Liste mit „pro bono lawyers".[160]

Weiter müsste der Gerichtshof seine Zulässigkeitspraxis überdenken. *Schädler* diskutiert dies eingehend. Zustimmung verdienen vier Punkte. Erstens sollten die Anforderungen für Beschwerden ohne anwaltliche Vertretung gelockert werden.[161] Zweitens sind die materiellen Zulässigkeitskriterien zu objektivieren.[162] Drittens ist das Kriterium „manifestly ill-founded" nur auf Beschwerden anzuwenden, die tatsächlich *manifest* unbegründet sind *und* nicht sowieso an einer spezifischeren Zulässigkeits-

---

152 Vgl. *Bürli,* Third-Party (Fn. 116), S. 122.

153 EGMR, Urt. (GK) v. 18.3.2011 – Nr. 30814/06, ECHR 2011 – Lautsi, Rn. 56; *Bürli,* Third-Party (Fn. 116), S. 126.

154 *Villiger,* Handbuch (Fn. 23), Rn. 998; siehe auch *Harlow*, MLR (2002), 1 (13).

155 Rule 28 RC.

156 *Butler*, ICLQ (2000), 360 (363) (Anm. 10).

157 Vgl. aber Rule 36 RC, wonach das grundsätzliche Vertretungsgebot bzw. -erfordernis erst später einsetzt.

158 Hier wie anderswo rühren die Probleme u.a. von den äußerst knappen Mitteln her, die die Staaten zur Verfügung stellen. Siehe auch *Schädler,* Admissibility (Fn. 122), S. 236.

159 Vgl. 106(b) RC.

160 Nach *Butler*, Legal Aid (Fn. 156), S. 368, gab es das früher.

161 Vgl. *Schädler,* Admissibility (Fn. 122), S. 239–250.

162 Vgl. *Schädler,* Admissibility (Fn. 122), S. 274–282.

bedingung scheitern.[163] Zustimmung verdient schließlich die ausnahmsweise Lockerung der Zulässigkeitskriterien im Fall von Beschwerden, die die Nichterfüllung eines Kriteriums entschuldbar erscheinen lassen, sowie im Fall systemischer Probleme.[164]

Was die Offenheit des Verfahrens anbelangt, könnte die Rechtsprechung der Großen Kammer Besserung bringen. Wenn ein umstrittenes Kammer-Urteil nochmals verhandelt wird, führt das immerhin zur zweimaligen Deliberation der Kontroverse. Diese Überlegung spricht gegen die *Abgabe*,[165] aber für die *Verweisung*[166] von wegweisenden Fällen an die Große Kammer. Beschwerden, die vor der Großen Kammer hängig sind, bekommen zudem viel Aufmerksamkeit, was regelmäßig zu mehr Interventionen seitens amici curiae und Drittstaaten führt.[167]

Problematisch ist die intransparente und mitunter willkürlich anmutende Praxis des Gerichtshofs, die unklar lässt, wann eine Beschwerde an die Große Kammer verwiesen wird.[168] Es wäre prüfenswert, ob man eine Gruppe von Konventionsstaaten, die Parlamentarische Versammlung und/oder den Menschenrechtskommissar dazu ermächtigen könnte, die Verweisung einer Beschwerde an die Große Kammer zu verlangen. Damit könnte eine Frage, die unberechtigterweise unter dem Radar blieb, einer eingehenderen Prüfung unter Einbezug weiterer Kreise zugänglich gemacht werden.[169]

Der Gerichtshof ist und bleibt eine judikative Institution. Doch werfen die Dimensionen seines judicial law-making gewaltenteilungstheoretische Probleme auf, die es zu minimieren gilt. Leider ist der Gerichtshof teils unwillig, teils unfähig seine Verfahrensordnung entsprechend zu ändern. Insbesondere bleibt seine Praxis hinsichtlich amici curiae und Verweisungen an die Große Kammer trotz Kritik unverändert intransparent und dem Ermessen einzelner Gerichtsmitglieder überlassen. Auch der Aufforderung, nicht am Verfahren beteiligten Staaten eine Möglichkeit zu geben, dem Wunsch nach einem Urteil der Großen Kammer Ausdruck zu verleihen, hat er bislang soweit ersichtlich nicht Folge geleistet.

---

163 Vgl. *Schädler*, Admissibility (Fn. 122), S. 282–293.
164 Vgl. *Schädler*, Admissibility (Fn. 122), S. 294–299.
165 Art. 30 EMRK; aber Art. 3 P-15; dazu Expl. Rep. P-15 (Fn. 8), Rn. 16–20.
166 Art. 43 EMRK.
167 *Bürli*, Third-Party (Fn. 116), S. 113–114.
168 Rule 73 RC; EGMR, Urt. v. 12.1.2021 – Nr. 23040/13 – Ryser, Rn. 10–11 (Abw. M. *Keller*). *Rainey/McCormick/Ovey*, ECHR, 8. Aufl., 2021, S. 19.
169 Vgl. Kopenhagen Deklaration (Fn. 7), Rn. 38–40.

Nebst den diskutierten institutionell-prozeduralen Korrektiven steht die Rückbindung der evolutiven Konventionsauslegung an die politisch-rechtlichen Entwicklungen in den Staaten als Mittel der demokratischen Rückkopplung des Straßburger judicial law-making zur Debatte. Dabei geht es jedoch um die Auslegungsmethodik und das Rollenverständnis des Gerichtshofs – Fragen, die hier nicht behandelt werden können.[170]

VII. Schlussbemerkungen

Der Gerichtshof kann und soll nicht zu einem Forum der Rechtsetzung werden, das gleichermaßen demokratisch legitimiert ist wie funktionierende Parlamente liberaler Demokratien.[171] Weil die Glaubwürdigkeit einiger Konventionsstaaten als liberale Demokratien schwach und keine liberale Demokratie unfehlbar ist, spielt der Gerichtshof trotz der gewaltenteilungstheoretischen Probleme, die sein judicial law-making aufwirft, eine legitime demokratische Rolle.[172] Denn erstens trifft funktionierende Demokratien eine „duty of justice“,[173] Menschenrechtsgerichte, die Grundrechte (auch) in anderen Ländern fördern, zu unterstützen und ihnen beizutreten, um „Gruppendruck“ zu erzeugen.[174] Zweitens verletzt auch der demokratischste Staat mitunter Menschenrechte. Der externe Blick des Gerichtshofs beugt insbesondere der innerstaatlichen Verletzung der Rechte von Minderheiten und von strukturell schwachen Gruppen vor.[175] Drittens dürfte der Gerichtshof das Vertrauensverhältnis zwischen einem Mitgliedstaat und den seiner öffentlichen Gewalt Unterworfenen generell stärken, weil er Missbrauch unwahrscheinlicher macht.[176] Dies – und damit schließt sich der Kreis gewissermaßen – setzt allerdings voraus, dass

---

170 Dazu *Dzehtsiarou*, European Consensus, 2015, Kap. 5–7.

171 Oben III; *Harlow*, MLR (2002), 1 (11); *Tomkins*, Republican Constitution, 2005, S. 3.

172 *Føllesdal*, in: *Føllesdal/Schaffer/Ulfstein* (Hrsg.), Legitimacy of International Human Rights Regimes, 2013, S. 272 (279–284) m. w. H; *Føllesdal*, Theo Inq L (2013), 339.

173 *Rawls*, Theory of Justice, 1999, §§ 19, 51.

174 *Føllesdal*, Much Ado (Fn. 172), S. 281–282; *Simmons*, Mobilizing for Human Rights, 2009, S. 13.

175 *Føllesdal*, Much Ado (Fn. 172), S. 282; siehe auch *Anagnostou*, Minorities (Fn. 111), S. 3 m. w. H.

176 *Føllesdal*, Much Ado (Fn. 172), S. 283; siehe auch *Buchanan*, Pol, Phil & Econ (2011), 5 (6).

der Gerichtshof als legitim betrachtet wird.[177] Wird er das nicht, beispielsweise aufgrund übertriebenem „rechtsetzendem Aktivismus“, droht er zur Zielscheibe von nationalen Populisten zu werden, deren Programm er mitunter zu befeuern riskiert, wenn er Entscheidungen der Mitgliedstaaten in kontroverser Weise in Frage stellt.[178]

Es wäre mithin falsch, jede gewaltenteilungstheoretische Kritik am judicial law-making des Gerichtshofs als *gegen* die Institution gerichtet zu sehen. Vielmehr kann sie ein Bemühen sein, zu erörtern, welche Rolle dem Gerichtshof im Spannungsfeld zwischen wertvoller internationaler gerichtlicher Kontrolle und Verlangen nach nationaler demokratisch-politischer Selbstbestimmung legitimerweise zukommt.

177 Vgl. *Føllesdal,* Much Ado (Fn. 172), S. 283.
178 Siehe *Pin*, GLJ (2019), 225 (227).

Gerichte vs. Gesetzgeber

Politischer Druck durch Rechtsschutz – Auf dem Weg zur öffentlich-rechtlichen „Public Interest Litigation"?

*Dr. Lutz Friedrich**

Abstract: *Immer häufiger sehen sich die Verwaltungsgerichte mit Rechtsbehelfen konfrontiert, die in der Sache nicht die Verletzung subjektiver öffentlicher Rechte, sondern – unter Berufung auf (vermeintliche) Allgemeininteressen – Verstöße gegen objektives Recht monieren und weit über den konkreten Streitfall hinaus eine „politische Agenda" verfolgen. Dazu gehören viele der aufsehenerregenden „Klimaklagen". Der Beitrag unternimmt den Versuch, Chancen und Risiken solcher Formen der sog. Public Interest bzw. Climate Change Litigation zu skizzieren und deren verfassungsrechtliche Grenzen auszuloten. Dabei geht es weniger um Detailfragen des Öffentlichen Prozessrechts als vielmehr um grundlegende Fragen des gerichtlichen Rechtsschutzes, der Gewaltenteilung und einer Privatisierung des gemeinen Wohls.*

I. Einführung: Durchsetzung politischer Ziele über den Rechtsweg

Die Durchsetzung politischer Ziele und von Gemeinwohlbelangen über den Rechtsweg ist an sich kein neues Phänomen. Im Gegenteil: Dem individuellen, subjektiven Rechtsschutz eignet *grundsätzlich* eine objektive Dimension. Die einzelne Klägerin verteidigt zwar nach der „Strukturentscheidung" des Art. 19 Abs. 4 S. 1 GG im Regelfall primär eigene Rechte[1], verhilft aber zugleich der Rechtsordnung insgesamt – und damit der Rechtmäßigkeit staatlichen Handelns als einem *zentralen* Gemeinwohlbelang (Art. 1 Abs. 3, 20 Abs. 3, 28 Abs. 1 S. 1 GG) – zur praktischen Gel-

* Die Arbeiten an dem Manuskript wurden vor der Entscheidung des Bundesverfassungsgerichts über die Verfassungsbeschwerden gegen das Klimaschutzgesetz abgeschlossen (s.u. Fn. 10). Eine erweiterte Fassung des Vortrags ist von der DÖV zur Veröffentlichung angenommen worden.

1 Zu dieser „Systementscheidung" im ersten Zugriff nur *Schmidt-Aßmann*, in: Herzog u.a. (Hrsg.), Maunz/Dürig GG, Art. 19 IV (Juli 2014) Rn. 8; *Huber*, in: ders./Voßkuhle (Hrsg.), v. Mangoldt/Klein/Starck GG I, 7. Aufl. 2018, Art. 19 Rn. 341, 347. BVerfG, NVwZ 2009, 240 (242); BVerfG, NVwZ 2009, 1426 (1427); BVerwGE 147, 312 (316, Rn. 18); E 154, 328 (332 f., Rn. 16).

tung[2]. Zuletzt aber häufen sich fach- und speziell verwaltungsgerichtliche Verfahren, in denen die Rechtsbehelfsführerin ihr Rechtsschutzziel noch viel stärker auf die Durchsetzung vermeintlicher Allgemeininteressen konzentriert. Ihre eigenen Rechte – so ihr solche überhaupt zustehen – macht sie dabei allenfalls äußerst vordergründig geltend, faktisch werden sie durch das übergeordnete strategische Ziel sogar fast vollständig überlagert.

Das gilt handgreiflich für die Popular- und Verbandspopularklagen im Umwelt- und Naturschutzrecht (§ 2 Abs. 1 UmwRG und § 64 Abs. 1 BNatSchG)[3]. Sie sollen, obwohl sie der Dritten Gewalt folgenschwere Funktionserweiterungen aufdrängen[4], hier weitgehend außer Betracht bleiben: Zum einen sind sie durch formelles Gesetz von der Geltendmachung subjektiver Rechte befreit. Zum anderen handelt es sich um klar abgrenzbare Ausnahmetatbestände. Diese sind noch dazu überwiegend durch das Unionsrecht indiziert, das ohnehin viel stärker als das deutsche Recht nach Legalität strebt und um seiner „effektiven Wirksamkeit“ willen die Einzelne ganz unabhängig von ihrer subjektiven Berechtigung dafür „mobilisiert“ (Art. 4 Abs. 3 EUV, Art. 19 Abs. 1 UAbs. 2 EUV, Art. 47 Abs. 1 ChGrEU)[5]. Das gilt zumindest für den Zugang zu den mitgliedstaatlichen Gerichten, während der EuGH die eigene „Tür“ – zuletzt auch in Klimafragen – deutlich strikter reglementiert[6].

Sub specie Demokratieprinzip und Gewaltengliederung viel mehr Konfliktpotential bergen dagegen diejenigen Konstellationen, in denen *ohne* eine solche gesetzliche Grundlage die Einzelne weniger ihre Recht*e* als vielmehr *das Recht* durchzusetzen sucht und sich dazu auf die treuhänderi-

---

2 Die auch-objektive Funktion des individuellen gerichtlichen Rechtsschutzes betonen etwa *Schulze-Fielitz*, in: Dreier (Hrsg.), GG I, 3. Aufl. 2013, Art. 19 IV Rn. 60; *Huber* (Fn. 1), Art. 19 Rn. 343; *Ernst*, in: Kämmerer/Kotzur (Hrsg.), v. Münch/Kunig GG I, 7. Aufl. 2021, Art. 19 Rn. 99.

3 Im ersten Zugriff *Schoch*, in: Hoffmann-Riem/Schmidt-Aßmann/Voßkuhle (Hrsg.), GVwR III, 2. Aufl. 2013, § 50 Rn. 176 ff.; *Kment*, NVwZ 2018, 921 ff.; *Schlacke*, Umweltrecht, 7. Aufl. 2019, § 10 Rn. 65 ff.; *Külpmann*, DVBl. 2019, 140 ff.

4 S.u. Fn. 35.

5 BVerwGE 147, 312 (325, Rn. 46). Eingehend *Masing*, Die Mobilisierung des Bürgers für die Durchsetzung des Rechts, 1997, S. 19 ff., 175 ff., passim; *ders.*, in: Hoffmann-Riem/Schmidt-Aßmann/Voßkuhle (Hrsg.), GVwR II, 2. Aufl. 2012, § 7 Rn. 88 ff.

6 Etwa durch die enge Auslegung des Art. 263 UAbs. 4 AEUV i.S.d. sog. Plaumann-Formel: EuGH, Urt. v. 15.7.1963, C-25/62, Slg. 1963, 213 (238), ECLI:EU:C:1963:17 – *Plaumann*. Siehe jetzt speziell für eine europäische „Klimaklage“: EuGH, Pressemitteilung Nr. 51/21 v. 25.3.2021, Rs. C-565/19.

sche Wahrnehmung und Verteidigung gesamtgesellschaftlicher Interessen beruft.

Insbesondere im Bereich des – individualrechtlich eigentlich verödeten[7] – Klimaschutzes versuchen Private und Verbände, vor Gericht ganz konkrete Maßnahmen im Kampf gegen den Klimawandel zu erstreiten[8]. Beim Bundesverfassungsgericht sind derzeit mehrere Verfassungsbeschwerden anhängig, die namentlich das neue Bundes-Klimaschutzgesetz für so unzureichend halten, dass dadurch der Staat seine *objektiv*-rechtlichen Schutzpflichten[9] verletze[10]. Die Deutsche Umwelthilfe, die bereits der Anordnung von Verkehrsverboten für Diesel-Kraftfahrzeuge in vielen Luftreinhalteplänen (§ 47 BImSchG) den Weg geebnet hat[11], ringt unter ähnlichen Vorzeichen in gleich zwei Verfahren vor dem OVG Berlin-Brandenburg mit der Bundesregierung um mehr Klimaschutz u.a. im Straßenverkehr[12].

Besonderes Aufsehen hat zuletzt außerdem die „Klimaklage" dreier Landwirte mit ihren Familien und der Organisation Greenpeace gegen die Bundesregierung vor dem Verwaltungsgericht Berlin erregt[13]. Den Klägern war, gestützt insbesondere auf die *objektiv*-rechtliche Staatszielbestimmung des Art. 20a GG[14], an der Feststellung gelegen, dass die Bundesregierung

---

7 Explizit z.B. § 4 Abs. 1 S. 7 Bundes-Klimaschutzgesetz. Siehe zur möglichen grundrechtlichen Fundierung die Nachweise in Fn. 33.

8 Guter Überblick über die vielgesichtigen „Klimaklagen" bei *Wegener*, ZUR 2019, 3 (6 ff.); *Bickenbach*, JZ 2020, 168 ff.

9 Zur Einordnung der grundrechtlichen Schutzpflichten in den Bereich des objektiven Rechts statt aller und m.w.N. *Dreier*, in: ders. (Hrsg.), GG I, 3. Aufl. 2013, Vorb. Rn. 94, 102.

10 Siehe jetzt BVerfG, Beschl. v. 24.3.2021, 1 BvR 2656/18.

11 *Schink/Fellenberg*, NJW 2018, 2016 ff.; *Winkler/Zeccola/Willing*, DVBl. 2019, 79 ff.

12 Vgl. die Angaben und Klageschriften unter www.duh.de/klimaklagen/ <20.2.2021>.

13 Das VG Berlin hat die Klage als unzulässig abgewiesen, wegen grundsätzlicher Bedeutung aber die Berufung zugelassen: VG Berlin, Urt. v. 31.10.2019, 10 K 412.18, Rn. 53 ff., juris.

14 Dass aus Art. 20a GG keine subjektiven Rechte folgen, ist an sich unbestritten: *Salzwedel*, in: Isensee/Kirchhof (Hrsg.), HStR IV, 3. Aufl. 2006, § 97 Rn. 25 ff., 32. Die Kläger haben einen „Schutzanspruch" aber aus Art. 20a GG und den Grundrechten (u.a. Art. 2 Abs. 2 S. 1 und Art. 14 Abs. 1 GG) hergeleitet; vgl. zur vermeintlichen Rechtsverletzung die Klageschrift v. 25.10.2018, insbes. S. 61 ff., 74 ff., sowie die Replik vom 11.9.2019, S. 17 ff., abrufbar unter www.greenpeace.de/sites/www.greenpeace.de/files/publications/20182710-greenpeace-guenther-klageschrift-klimaklage.pdf bzw. www.greenpeace.de/sites/www.greenpeace.de/files/-publications/replik_final.pdf <20.2.2021>. Siehe im Übrigen die Hinweise in Fn. 33.

zur Einhaltung ihrer durch Kabinettsbeschlüsse festgelegten Klimaziele und zur Ergreifung dazu geeigneter Maßnahmen verpflichtet sei.

Hinter diesen und ähnlichen Klagen stehen statt Altruismus ganz handfeste politische Interessen. Denn der Schutz von Umwelt und Klima ist Gegenstand intensiver und komplexer gesellschaftlicher Debatten, deren Auflösung sich, anders als es die Rechtsbehelfe suggerieren, als voraussetzungsvoll erweist. Zugleich lassen die maßgeblichen verfassungsrechtlichen Regelungen (hier: Art. 20a GG, ggf. „flankiert“[15] durch besonders weitläufige Grundrechtstatbestände wie Art. 2 Abs. 2 S. 1 GG) der Konfliktbewältigung besonders viel Raum – angefangen schon bei der Frage, ob und inwieweit sich daraus überhaupt subjektive öffentliche Rechte und damit individuelle Klagerechte ergeben.

Wo die Einzelne auf den Ausgang dieser Debatten über den Rechtsweg Einfluss zu nehmen versucht, ist die (noch sehr unscharfe) Rede von *Public Interest Litigation*, *Strategic Litigation* oder spezieller von der *Climate Change Litigation*[16]. Die Gerichte sollen hier jeweils nur auf den ersten Blick Rechts-, im Kern aber eben politische Fragen entscheiden, die eingedenk der Vielzahl betroffener Interessen besonders aufgeladen sind. Diese Instrumentalisierung der Dritten Gewalt für politische Zwecke kann ebenso zweckmäßig wie gefährlich sein. Ihre Vorzüge und verfassungsrechtlichen wie praktischen Grenzen werden im Folgenden für die deutsche Verwaltungsgerichtsbarkeit skizziert.

---

15 Das vermeintliche Zusammenwirken der Normen ist dabei schon für sich genommen eine heikle Angelegenheit: *Dreier* (Fn. 9), Vorb. Rn. 156 ff.; *Friedrich*, Vom Recht zur Berechtigung, 2020, S. 234 ff. m.w.N.

16 Grundlegend schon *Koch*, Prozeßführung im öffentlichen Interesse, 1983. Aus der jüngeren Zeit z.B.: *Ismer*, Klimaschutz als Rechtsproblem, 2014, S. 37 ff.; *Purnhagen*, European Journal of Risk Regulation 2015, 443 f.; *Saurer/Purnhagen*, ZUR 2016, 16 ff.; *Graser/Helmrich*, Blick in die Wissenschaft 38 (2018), 43 ff.; weiterführend auch die Beiträge in dies. (Hrsg.), Strategic Litigation, 2019. Siehe aus dem internationalen Schrifttum etwa *Peel/Osofsky*, Climate Change Litigation, 2015, insbes. S. 4 ff., 35 ff.; *Bouwer*, Journal of Environmental Law 30 (2018), 483 ff. Vgl. zu einem aktuellen Fall aus den Niederlanden außerdem *Voland*, NVwZ 2019, 114 (114 f.); *Wegener* (Fn. 8), S. 3 ff.

II. Zweckmäßigkeit von „politischer Litigation"

1. Kompensation normativer Regelungs- und Vollzugsdefizite

Die Inanspruchnahme gerichtlicher Hilfe in hochpolitischen Angelegenheiten reagiert zunächst ganz offenkundig auf strukturelle – oder jedenfalls empfundende – Regelungs- und Vollzugsdefizite sowie auf die Unfähigkeit oder Unwilligkeit anderer staatlicher Akteure, bestimmten Gefahren oder sogar Rechtsbrüchen mit der nötigen Entschlossenheit entgegenzutreten.

Soweit die jeweiligen Gefahren wie im Falle des Klimawandels – etwa für Leben und Gesundheit (Art. 2 Abs. 2 S. 1 GG) und für das Eigentum (Art. 14 Abs. 1 GG) – rechtlich bestenfalls unvollständig eingehegt sind und es schon an grundlegenden gesetzlichen Vorgaben fehlt, hinterlässt der (parlamentarische) Gesetzgeber selbst das „Vakuum"[17], das die Gerichte füllen sollen[18]. Im Übrigen richtet sich der Vorwurf überwiegend an die Verwaltung, die vorhandene Regelungen zum Schutz der betroffenen Rechte und Rechtsgüter nicht ausschöpft, nur unzureichend beachtet oder bisweilen völlig verkennt.

Das gilt wiederum exemplarisch für den Schutz von Klima und Umwelt. Hier agieren im Rahmen der Leistungsverwaltung – z.B. bei der Genehmigung von Vorhaben – zunächst die zuständigen Behörden selbst oft nachlässig und mit einer ausgeprägten Nonchalance für die gesetzlichen Maßstäbe (und gerichtlichen Vorgaben)[19]. Aber auch viele Private haben zu den maßgeblichen Vorschriften ein gelinde gesagt gestörtes Verhältnis, wenn sie diese ignorieren oder ganz bewusst umgehen – man denke nur an den Diesel-Abgasskandal, der regelrechte Unrechtskulturen in der deutschen Automobilindustrie offenbart hat[20]. Die verantwortlichen staatlichen Stellen können oder wollen einen strikten Vollzug dann auch im

17 Vgl. erneut *Winkler/Zeccola/Willing* (Fn. 11), S. 79 ff.

18 Siehe zu den aktuellen Entwicklungen in der deutschen Klimaschutzgesetzgebung *Schlacke*, EnWZ 2020, 355 (359 ff.); *Scharlau u.a.*, NVwZ 2020, 1 ff.

19 Zu Vollzugsdefiziten im Umweltrecht schon früh *Lübbe-Wolff*, NuR 1993, 217 ff.; aus jüngerer Zeit z.B. *Gärditz*, NVwZ 2014, 1 (8); ferner *Siegel*, ZUR 2017, 451 (453 f.). Vgl. zu bewussten staatlichen Rechtsbrüchen in anderem Kontext besonders deutlich OVG Münster, Urt. v. 17.7.2019, 4 D 36/19.NE, Rn. 123, juris; OVG Münster, Beschl. v. 24.9.2020, 4 B 1336/20.NE, Rn. 19 ff., juris.

20 In diese Richtung etwa LG Köln, Urt. v. 12.4.2018, 24 O 287/17, Rn. 30, juris; *Heese*, JZ 2019, 429 (429).

Wege der Eingriffsverwaltung nicht durchweg garantieren und leisten so indirekt Schützenhilfe.

Dahinter steckt nicht zwangsläufig böser Wille: Viele Regelungen sind schlicht nicht vollzugstauglich, viele Behörden sachlich und personell nur unzureichend ausgestattet[21]. Der Staat wirkt bei der Wahrnehmung seiner Aufgaben in vielerlei Hinsicht überfordert. Zudem machen äußere Zwänge oder Fehlanreize die angezeigte Reaktion oft gar nicht (politisch) opportun[22] – das Land Niedersachsen etwa profitiert über seine Anteile an VW an den Gewinnen des rechtsbrüchigen Unternehmens.

2. *Effektivierung durch Rechtsschutz*

Wo die Dritte Gewalt unter dieser Prämisse ihre Kontrollbefugnisse weit in den Bereich des objektiven Rechts und des Politischen hinein verlagert, erweitert sie unzweifelhaft die praktische Wirksamkeit der betroffenen Normen oder füllt sie gar verbleibende Regelungslücken aus.

Hier dürfte sich auch bestätigen, dass Rechtsnormen umso effektiver sind, je eher und je mehr ihre Verletzung vor Gericht geltend gemacht wird oder jedenfalls geltend gemacht werden kann[23]. Die Effektivierung wirkt entweder schon präventiv, weil Legislative und Exekutive eingedenk der Aussicht auf eine gerichtliche Auseinandersetzung den Weg des (objektiven) Rechts nun gar nicht erst verlassen, oder jedenfalls repressiv, weil die Judikative vermehrt Rechtsverstöße beseitigt bzw. die zuständigen Stellen dazu in die Pflicht nimmt.

Namentlich für das Umwelt- und Naturschutzrecht ist bereits in den siebziger Jahren ein solcher Zusammenhang zwischen der Möglichkeit und dem Umfang gerichtlichen Rechtsschutzes einerseits sowie der Gesetzmäßigkeit der Verwaltung andererseits nachgewiesen worden[24]. Basale ent-

---

21 Siehe zum Ganzen in anderem Kontext *Friedrich* (Fn. 15), S. 28 ff., 217 ff.

22 Vgl. zum fehlenden Vollzugsinteresse und anderen Gründen für Vollzugsdefizite *Krüper*, Gemeinwohl im Prozess, 2009, S. 257 f.

23 So insbesondere *Stern*, Staatsrecht III/1, 1988, S. 875; gleichsinnig *Huber* (Fn. 1), Art. 19 Rn. 332, 342; *Buchheim*, Actio, Anspruch, subjektives Recht, 2017, S. 97 ff.

24 Siehe z.B. *Rehbinder/Burgbacher/Knieper*, Bürgerklage im Umweltrecht, 1972, S. 24 ff.; *Koch*, NVwZ 2007, 369 ff.; *Schlacke*, Überindividueller Rechtsschutz, 2008, S. 228; *Gärditz* (Fn. 19), S. 8; *Wegener*, ZUR 2018, 217 (217). Vgl. auch BT-Drs. 14/6378, S. 61.

scheidungstheoretische Erkenntnisse[25] dürften das auch für alle anderen Bereichen nahelegen[26].

3. *Waffengleichheit und Kräftebündelung*

Diese Form der Normeneffektivierung kann ferner rechtliche, politische und soziale Machtgefälle ausgleichen und kompensieren. Zum einen bewirkt die gerichtliche Kontrolle einen Gleichlauf von „Schutzinteressen" und „Nutzungsinteressen" in Bezug auf die jeweils betroffenen Rechtsgüter. Wer natürliche Ressourcen für wirtschaftliche Interessen „nutzt", kann und wird diese Interessen in aller Regel vor Gericht durchsetzen, wenn er durch die staatliche Gewalt an der Nutzung gehindert wird. Umwelt und Klima kommen dabei nur passiv als Abwägungsbelange zum Tragen. Das ändert sich, wenn Klägerinnen deren Schutz *aktiv* einfordern.

Zum anderen kann sie Rechtsschutzoptionen gerade dort erweitern bzw. „verdoppeln", wo potentielle Klägerinnen ansonsten auf die individuelle Durchsetzung solcher Gegenrechte verzichten. Die einzelne Umwelt- oder Klimaschützerin etwa wirkt im Streit mit einem großen Industrieunternehmen nicht selten wie „David gegen Goliath" und wird in aller Regel kaum bereit sein, die erheblichen Prozess- und Kostenrisiken zu schultern[27]. Soll das Recht dieser Kräfteasymmetrie nicht zum Opfer fallen, bedarf es einer Fürsprecherin, die Einzelinteressen strategisch bündeln und verstärken kann. Diese Rolle übernehmen immer häufiger Vereinigungen und Verbände, und zwar auch jenseits der gesetzlichen Verbandsklagen. Sie sind typischerweise gut organisiert, verfügen regelmäßig über Erfahrung und erhebliche finanzielle Schlagkraft und können ihre Interessen deshalb weitaus effektiver und mit längerem Atem verfolgen als Einzelpersonen.

---

25 Weiterführend im Rechtsschutzkontext *van Aaken*, KritV 86 (2003), 44 (50 ff.); allgemeiner *Englerth/Towfigh*, in: Towfigh/Petersen, Ökonomische Methoden im Recht, 2. Aufl. 2017, § 8 S. 237 ff.; *Chatziathanasiou*, Verfassungsstabilität, 2019, S. 75 ff.

26 Skeptisch hingegen *Weyreuther*, Verwaltungskontrolle durch Verbände?, 1975, S. 12 ff.; ähnlich *Redeker*, ZRP 1976, 163 (165); *Ziekow*, NVwZ 2005, 263 (264).

27 Vgl. zur „rationalen Apathie" von Privatpersonen in anderem Kontext *Towfigh/Chatziathanasiou*, in: Schulte-Nölke u.a. (Hrsg.), Neue Wege zur Durchsetzung des Verbraucherrechts, 2017, S. 93 (99 ff.).

4. Politischer Druck durch Rechtsschutz, oder: Rechtswegopposition

Gerichtliche Kontrolle garantiert aber eben nicht nur die Gesetzmäßigkeit der Verwaltung, sondern erlaubt die Einflussnahme auf den politischen wie demokratischen Prozess insgesamt. Rechtsbehelfe spiegeln insoweit auch bedenkliche Vertrauensverluste im Hinblick auf die Integrität anderer staatlicher Institutionen: Wo wie beim Klimaschutz die Handlungsunfähigkeit oder sogar -unwilligkeit etwa der Bundesregierung in Rede steht und noch dazu parlamentarische und föderale Opposition durch komplexe Mehrheitsverhältnisse und das Wirken „großer“ Koalitionen erschwert werden, liegt die Gestaltung gesellschaftlicher Verhältnisse über den Umweg der Gerichte – gleichsam als Rechtswegopposition – sogar nahe.

Die Klägerin kann über den Rechtsweg gesellschaftliche Debatten anstoßen, deren Inhalt und Verlauf nachhaltig prägen, politischen Druck ausüben sowie den eigenen Zielen und Vorstellungen von der optimalen Problemlösung Aufmerksamkeit, Gewicht und Nachdruck verleihen. Im Idealfall wird das angerufene Gericht den rechtlichen Rahmen für diese Debatten in ihrem Sinne formen, womöglich sogar rechtliche „Grenzpfosten“ einschlagen und damit bestimmte Inhalte bzw. Mindeststandards der politischen Diskussion – und dem Mehrheitsgesetzgeber! – von vornherein entziehen. Im Übrigen wird die Klägerin ganz unabhängig von der gerichtlichen Sachentscheidung jedenfalls auf einen *Beachtungs*erfolg setzen: Die mediale Berichterstattung über „high profile“-Verfahren kann andere staatliche Stellen in Erklärungsnot bringen und unter Zugzwang setzen und das eigene Lager mobilisieren.

III. Verfassungsrechtliche und praktische Grenzen

So sinnvoll und wünschenswert die gerichtliche Durchsetzung von Interessen der Allgemeinheit und des objektiven Rechts im Einzelfall danach auch erscheinen mag, so sehr bringt sie das System des gerichtlichen Rechtsschutzes und damit den Verfassungsstaat insgesamt an seine Grenzen.

1. *Art. 19 Abs. 4 S. 1 GG: Systementscheidung für den individuellen Rechtsschutz*

Gemeinwohlklagen brechen zunächst mit der Entscheidung des Grundgesetzes für den individuellen Rechtsschutz[28]. Das gilt zumindest dort, wo subjektive öffentliche Rechte entweder der Klägerin gar nicht zustehen, zu ihren Gunsten erst mühsam konstruiert werden müssen[29] oder vollständig hinter das vorgetragene Allgemeininteresse zurücktreten. Denn Art. 19 Abs. 4 S. 1 GG verbürgt entgegen historischer und aktueller Alternativen[30] nicht Interessen- oder Rechts-, sondern Recht*e*schutz. Grundsätzlich setzen danach sowohl die Zulässigkeit des jeweiligen Rechtsbehelfs als auch seine Begründetheit über den bloßen Rechts*verstoß* hinaus eine Rechts*verletzung* voraus (siehe nur §§ 42 Abs. 2, 113 Abs. 1 S. 1 VwGO).

Über die Zuweisung einer entsprechenden Rechtsmacht zur Einleitung gerichtlicher Kontrollverfahren ebenso wie über die ausnahmsweise[31] Zulassung überindividueller Rechtsbehelfe entscheidet allein der parlamentarische Gesetzgeber[32]. Ein umfassendes Recht auf Gesetzesvollziehung kennt die deutsche Rechtsordnung nicht. Es folgt – anders als gerade die Klimaklagen unter Berufung auf Art. 20a und Art. 2 Abs. 2 S. 1 GG suggerieren – insbesondere nicht aus den grundrechtlichen Schutzpflichten[33], schon weil dem Staat bei deren Erfüllung grundsätzlich ein großzügig zu bemessender Einschätzungs- und Gestaltungsspielraum zukommt.

---

28 S.o. Fn. 1.

29 Siehe in anderem Kontext *Friedrich* (Fn. 15), S. 245 ff. Für ein mögliches „Recht auf Klimaschutz" unten Fn. 33.

30 Guter Überblick bei *Schwerdtfeger*, Der deutsche Verwaltungsrechtsschutz unter dem Einfluss der Aarhus-Konvention, 2010, S. 52 ff.; *Epiney*, NVwZ 2014, 465 ff Siehe speziell zu Frankreich *Masing* (Fn. 5), S. 83 ff., 196 ff.; *Ringena/Römling*, JuWissBlog Nr. 139/2020 v. 11.12.2020, www.juwiss.de/139-2020/ <20.2.2021>.

31 Zum Primat des individuellen Rechtsschutzes: *Krebs*, in: v. Münch/Kunig (Hrsg.), GG I, 6. Aufl. 2012, Art. 19 Rn. 64; *Huber* (Fn. 1), Art. 19 Rn. 347.

32 BVerfG, NVwZ 2012, 694 (695); BVerfGE 129, 1 (20 ff.).

33 Siehe aus der Debatte um eine subjektiv-rechtliche Fundierung des Umwelt- und Klimaschutzes etwa *Steinberg*, NJW 1996, 1985 (1987 ff.); *Salzwedel* (Fn. 14), § 97 Rn. 25 ff.; *Krüper* (Fn. 22), insbes. S. 166 ff., 201 ff.; *Ekardt*, NVwZ 2013, 1105 (1106 ff.); *Voland* (Fn. 16), S. 117 ff.; *Schlacke* (Fn. 3), § 4 Rn. 9 ff.; *Bickenbach* (Fn. 8), S. 170 f. Eingehend zur bloß abstrakten grundrechtlichen Handlungsverpflichtung des Staates *Ismer* (Fn. 16), S. 45 ff.; zuvor schon in diesem Sinne BVerfGE 53, 30 (57 ff.); E 56, 54 (73 ff.); BVerfG, NJW 1983, 2931 (2932); BVerfG, NJW 1998, 3264 (3265).

Das deutsche Modell verliert seine Existenzberechtigung schließlich nicht dadurch, dass das – insoweit anders sozialisierte[34] – Unionsrecht der deutschen Rechtsordnung in gewissem Umfang die Öffnung für überindividuelle Formen des Rechtsschutzes abverlangt. Denn selbst der Anwendungsvorrang des Unionsrechts gebietet lediglich bereichsspezifisch Funktions*erweiterungen*, nicht hingegen die vollständige Aufgabe einer grundlegenden verfassungsrechtlichen Richtungsentscheidung durch einen umfassenden „Funktions*wandel*" der Dritten Gewalt[35].

2. *Filterfunktion zum Schutz der Rechte Dritter und allgemeiner Rechtsschutzeffektivität*

Art. 19 Abs. 4 S. 1 GG entfaltet seine Filterfunktion zunächst im Interesse Dritter. Erstens bleibt auf diese Weise gerichtlicher Rechtsschutz für alle effektiv. Zweitens wird die Freiheit Dritter nur dort gerichtlicher Kontrolle unterworfen, wo andere Private ihrerseits in subjektiven Rechten betroffen sind. Denn schon die Einleitung gerichtlicher Verfahren ist für Dritte mit erheblichen Belastungen verbunden: Die Rechtsverteidigung selbst gegen eine offensichtlich unbegründete Klage kann „Freiheitsentfaltungschancen" zumindest verteuern und zeitlich verzögern[36].

Wo Dritte von ihrer Freiheit dem objektiven Recht zuwider Gebrauch machen, mag ihr Schutz intuitiv befremden. Aber auch andernorts verpflichtet die Rechtsordnung zur Duldung rechtswidriger Zustände. Namentlich Verjährungs- und Rechtsbehelfsfristen sowie die Unterscheidung zwischen Rechtmäßigkeit und Wirksamkeit staatlichen Handelns[37] machen deutlich: Wo andere Belange entgegenstehen, kommt es dem Rechts-

---

34 S.o. Fn. 5.

35 Weiterführend aus dieser Debatte *Gärditz*, in: Ständige Deputation des Deutschen Juristentages (Hrsg.), Verhandlungen des 71. Deutschen Juristentages, Bd. I, 2016, S. D1 ff.; *ders.*, NJW-Beilage 2016, 41 ff.; *Wegener*, JZ 2016, 829 ff.; *Rennert*, DVBl. 2017, 69 ff. Von „Funktionserweiterungen" spricht etwa *Schmidt-Aßmann*, Das allgemeine Verwaltungsrecht als Ordnungsidee, 2. Aufl. 2006, S. 224.

36 Den begünstigten Dritten kosten selbst unbegründete Rechtsbehelfe Zeit, Geld und Nerven, am Ende womöglich gar die Begünstigung als solche (z.B. über §§ 48, 50 VwVfG). Siehe zur Drittbelastung durch Klagen und Klagerechte *Schmidt-Aßmann* (Fn. 1), Art. 19 IV Rn. 271; *Gärditz* (Fn. 19), S. 6 (dort das Zitat im Text), 8; vgl. ferner schon BVerfGE 116, 135 (154 f.).

37 Dazu *Ruffert*, in: Ehlers/Pünder (Hrsg.), Allgemeines Verwaltungsrecht, 15. Aufl. 2016, § 22 Rn. 1. Eingehend zum Ganzen *Bumke*, Relative Rechtswidrigkeit, 2004, S. 12 ff., 201 ff., passim.

staat auf flächendeckende Rechtskontrolle und Rechtmäßigkeitsfetischismus[38] gar nicht an. Er verfolgt Rechtmäßigkeit nicht als Selbstzweck, sondern zum Schutz individueller Freiheit.

Darin dürfte auch der entscheidende Unterschied zur Unionsrechtsordnung liegen, die absolute Legalität tatsächlich zunächst um ihrer selbst willen postuliert. Sie *muss* darauf uneingeschränkt Wert legen und dafür auch die Einzelne einspannen, will sie die eigene Autorität und Autonomie gegenüber dem nationalen Recht möglichst effektiv absichern[39].

3. *Fragen demokratischer Legitimation und Grundsatz der Gewaltenteilung*

Vor allem aber wirkt Art. 19 Abs. 4 S. 1 GG im Verhältnis der verfassten Gewalten untereinander als Kompetenzschleuse, die aus der Summe rechtswidrigen Staatshandelns nur einen kleinen Teil überhaupt als Prozessstoff zulässt und umgekehrt diejenigen Rechtsakte herausfiltert, über die Gerichte nicht sinnvoll entscheiden können oder es nicht sollen[40]. Insoweit bahnt die populare Durchsetzung von Allgemeininteressen tektonische Verschiebungen an.

a) *Ausweitung judikativer Kompetenzen auf Kosten der Ersten und Zweiten Gewalt*

Der deutschen Rechtsordnung ist eine strikte Gewaltentrennung ebenso fremd wie die noch in Weimar mit Nachdruck postulierte Trennung von Politik und Recht bzw. von politischer *Dezision* und richterlicher *Subsumtion*. Das Grundgesetz selbst verschränkt die Gewalten auf vielfältige Weise

---

38 Vgl. in anderem Kontext *Augsberg*, in: Ehlers u.a. (Hrsg.), Aktuelle Entwicklungen des Rechtsschutzes und der Streitbeilegung im Außenwirtschaftsrecht, 2013, S. 189 (205).

39 Vielsagend EuGH, Urt. v. 5.2.1963, C-26/62, Slg. 1963, 3 (26), ECLI:EU:C:1963:1 – *van Gend & Loos*: Angewiesenheit der Unionsrechtsordnung auf „[d]ie Wachsamkeit der an der Wahrung ihrer Rechte interessierten Einzelnen". Siehe im Übrigen schon die Nachweise oben in Fn. 5.

40 Vgl. in anderem Kontext jetzt *Möllers*, Verfassungsblog v. 16.5.2020, www.verfassungsblog.de/sollte-die-eu-kommission-deutschland-wegen-des-karlsruher-ultra-vires-urteils-verklagen-contra/ <16.5.2020>.

miteinander[41] und betraut mit der Letztentscheidung über die Geltung von formellem Recht ein Gericht (Art. 93 und 100 GG), das noch dazu von „jedermann“ (Art. 93 Abs. 1 Nr. 4a GG) zu diesem Zweck angerufen werden kann. Dass Gerichte bisweilen Politik machen und Recht nicht lediglich sprechen[42], kann in der Bundesrepublik also kaum mehr überraschen.

Umso wichtiger ist, dass die Gerichte sich dabei in Zurückhaltung üben und nicht durch die Ausweitung von Kompetenzen oder extensive Kontrolle dieses Kräftearrangement aus dem Gleichgewicht bringen. Gerade die in Art. 19 Abs. 4 S. 1 GG angelegte Differenzierung zwischen subjektiven Rechten und objektivem Recht erweist sich vor diesem Hintergrund als zentrale Kompetenzausübungsschranke[43]. Wo umgekehrt die Gerichte diese Sperre umgehen und statt subjektiver Rechte bloße Interessen schützen oder gar neue subjektive Rechte erfinden, erschließen sie sich auf Kosten der anderen Gewalten eine bedenkliche Gestaltungsmacht sowie Mitspracherechte in Angelegenheiten, die das Prozessrecht ihnen gerade verschließt[44].

b) Funktions-, Leistungs- und Legitimationsgrenzen zum Schutz individueller Freiheit

Gewaltenteilung dient freilich keinem Selbstzweck. Sie sichert demokratische Legitimation und ordnet demokratische Verantwortungs- und Rechtsfertigungslasten zum Schutz bürgerlicher Freiheit.

41 Näher *v. Arnauld*, ZParl. 32 (2001), 678 ff.; *Möllers*, Gewaltengliederung, 2005, S. 66 ff., 410 ff.; aus der jüngeren Rechtsprechung z.B. BVerfGE 128, 193 (209 f.); E 139, 321 (361 ff., Rn. 125 ff.).

42 Eingehend im ersten Zugriff *Jestaedt*, in: Bumke (Hrsg.), Richterrecht zwischen Gesetzesrecht und Rechtsgestaltung, 2012, S. 50 ff.; *Payandeh*, Judikative Rechtserzeugung, 2017, insbes. S. 220 ff. Zu Zulässigkeit und Grenzen BVerfGE 128, 193 (209 ff.); E 132, 99 (127 ff.); BVerfG, Beschl. v. 6.6.2018, 1 BvL 7/14 u.a., Rn. 72 ff., juris.

43 Treffend insoweit die Mahnung von *Schenke*, in: Kahl/Waldhoff/Walter (Hrsg.), Bonner Kommentar zum GG, Art. 19 IV (Dezember 2009) Rn. 640 vor einem allzu beherzten Rückgriff der Justiz auf das Gebot effektiven Rechtsschutzes, der „ihren Machtanspruch pseudokonstitutionell bemäntel[e]“ (i.O. hervorgehoben).

44 Näher *Möllers* (Fn. 41), S. 157 ff.; aus dem neueren Schrifttum *Steiger*, VerwArch. 107 (2016), 497 (499 ff., insbes. 524 ff.); *Friedrich* (Fn. 15), S. 303 ff. m.w.N.

aa) Arbeitsperspektive: Zwischen Abwägung, Anwendung und Erledigung

Die Aufgabenverteilung bildet zunächst eine den Gewalten jeweils eigene funktionelle Arbeitsperspektive ab. Der parlamentarische Gesetzgeber hat das „große Ganze" im Blick und über die *wesentlichen* politischen Fragen zu entscheiden[45]. Das gilt insbesondere für komplexe Probleme, deren Lösung den Ausgleich einer Vielzahl kollidierender Rechte und Interessen erfordert. Dieser Ausgleich ist ureigene und erste Kompetenz des Parlaments[46]. Die Abgeordneten sind qua Amt Vertreter der Allgemeinheit (Art. 38 Abs. 1 S. 2 GG) und können für die Ermittlung und Abwägung der notwendigen Informationen auf dafür eigens ausgebildete Pfade und Beratungsmechanismen sowie auf entsprechende Ressourcen zurückgreifen.

Die rechtsprechende Gewalt ist innerhalb des vom Parlament gesetzten Rahmens nur zur Befriedung konkreter Streitfälle berufen. Sie operiert auf der Anwendungsebene grundsätzlich einzelfallbezogen. Schon die Informationsgewinnung vollzieht sich trotz Amtsermittlungsgrundsatz (§ 86 Abs. 1 S. 1 VwGO) in viel engeren Bahnen als im parlamentarischen Prozess. Erst recht gilt das für die Willensbildung und Entscheidungsfindung: Dass die Beratung und Entscheidung (§§ 192 ff. GVG, § 43 DRiG) selbst der klügsten Kammer am Verwaltungsgericht anderen Regeln folgt als die Beschlussfassung im Deutschen Bundestag, liegt auf der Hand. Zur abschließenden Ermittlung, Abwägung und Durchsetzung von Belangen der Allgemeinheit ist die Justiz jedenfalls faktisch gar nicht in der Lage:

Zum einen zwingt „die kleine[n] Münze gerichtlicher Verfahren"[47] zum Fokus auf die punktuelle Rechtskontrolle, ohne dass dabei politische Konflikte in ihrer Ganzheit in den Blick genommen werden könnten. In der Regel handelt es sich ja gerade um kontradiktorische Verfahren, die lediglich die Perspektiven der Beteiligten (§ 63 VwGO) abbilden können, zumal auch nur diese durch die Entscheidung gebunden werden (§ 121 VwGO). Instrumente zur Erweiterung dieser Entscheidungsgrundlage um den not-

45 Lediglich exemplarisch BVerfGE 108, 282 (310 ff.); E 139, 19 (45 ff., Rn. 52 ff.); E 153, 1 (46, Rn. 101); aus dem unermesslichen Schrifttum zum Ganzen *Lerche*, in: Merten/Papier (Hrsg.), HGR III, 2009, § 62 Rn. 54 ff.; *Schulze-Fielitz*, in: Dreier (Hrsg.), GG II, 3. Aufl. 2015, Art. 20 (Rechtsstaat) Rn. 113 ff., 119 ff.

46 Siehe zu diesem Grundgedanken der parlamentarischen Demokratie statt aller *Dreier* (Fn. 9), Vorb. Rn. 67 ff., 134.

47 Treffend in anderem Kontext *Wißmann*, Verfassungsblog v. 6.2.2021, https://verfassungsblog.de/verfassungsbruch-schlimmer-ein-fehler/ <20.2.2021>.

wendigen gesamtgesellschaftlichen „Input“ stehen – von den nur eingeschränkt hilfreichen Möglichkeiten der Beiladung (§§ 64 f. VwGO) und der Beiziehung des Vertreters des öffentlichen Interesses (§§ 33 ff. VwGO) abgesehen – kaum zur Verfügung.

Zum anderen fehlt es ihr an der dafür notwendigen personellen und sachlichen Ausstattung. Die zur Entscheidung berufenen Personen sind zur Berücksichtigung aller relevanten Interessen in der Regel weder ausgebildet noch sozialisiert – schon die Juristenausbildung schärft weniger den Blick über den eigenen Tellerrand als vielmehr die Fähigkeit zur schematischen Falllösung. Zeit und Mittel haben sie dafür erst recht nicht. Der von vielen Richterinnen internalisierte „Erledigungsdruck“[48] ist gerade nicht auf die unter allen denkbaren Gesichtspunkten „beste“ Lösung abstrakter Probleme, sondern auf eine schnelle und pragmatische Bewältigung der eigenen Arbeitslast im konkreten Fall gerichtet. Funktionsgrenzen markieren hier also zugleich ganz praktische Leistungsgrenzen. Wo Gerichte diese abstreifen, überfordern und schaden sie sich im Zweifel selbst.

bb) Entscheidungsfindung und demokratische Legitimation

Mit der jeweiligen Perspektive hängt eng zusammen die Art und Weise der Entscheidungsfindung, die wiederum den Grad der demokratischen Legitimation und der gesellschaftlichen Akzeptanz der jeweiligen Entscheidung bestimmt[49].

Konflikte um Fragen, die – wie beim Klimaschutz – das öffentliche Meinungsbild scheinbar kompromisslos spalten, kann nur der parlamentarische Gesetzgeber dauerhaft befrieden. Das Gesetzgebungsverfahren zielt zwar auf eine Entscheidung der Mehrheit (vgl. nur Art. 42 Abs. 2 S. 1, 77 Abs. 1 S. 1, 121 GG), ist dabei aber weniger auf Konfrontation denn auf Inklusion bedacht. Es schenkt den maßgeblichen Akteuren und ihren widerstreitenden Interessen Gehör, stellt Lösungsalternativen öffentlich (Art. 42 Abs. 1 S. 1 und Abs. 3, Art. 44 Abs. 1 S. 1 sowie Art. 52 Abs. 3 S. 3 GG)[50] zur Diskussion und ist in aller Regel bemüht um einen nachhaltigen Kompro-

---

48 Dazu kritisch *Wittreck*, NJW 2012, 3287 (3289 ff.); weiterführend *Meyer*, in: Kämmerer/Kotzur (Hrsg.), v. Münch/Kunig GG II, 7. Aufl. 2021, Art. 98 Rn. 115 ff.

49 Zur Bedeutung von Akzeptanz *Morlok/Michael*, Staatsorganisationsrecht, 4. Aufl. 2019, Rn. 73 ff.; *Chatziathanasiou* (Fn. 25), S. 2 m.w.N.

50 Dazu grundlegend BVerfGE 131, 152 (204 ff., Rn. 112 ff.); E 137, 34 (73, Rn. 77). Aus dem Schrifttum lediglich exemplarisch *Achterberg*, Parlamentsrecht, 1984, § 21 S. 561 ff.

miss[51]. Legitimation wird hier gerade auch durch die Möglichkeit von Opposition und durch Repräsentation gewährleistet (siehe erneut Art. 38 Abs. 1 S. 2 GG)[52]. Selbst wer sich in einem Kompromiss nicht wiederfindet, kann sich zumindest mit der Aussicht trösten, dass Mehrheitsverhältnisse sich jederzeit ändern können.

Die rechtsprechende Gewalt mag ebenfalls eine Befriedungs- und Stabilisierungsfunktion erfüllen[53]. Sie bietet aber schlicht kein äquivalentes Forum, in dem wesentliche Grundfragen des Zusammenlebens unter Berücksichtigung des gesellschaftlichen Interessenpluralismus sinnvoll ausgefochten werden könnten. Gerichtliche Entscheidungen vollziehen sich nicht von unten nach oben, sondern umgekehrt von oben nach unten. Auf diesem Weg gehen Öffentlichkeit (vgl. etwa § 84 Abs. 1 S. 1 und § 101 Abs. 2 VwGO) und Sachverstand sowie nicht zuletzt politische Alternativen und Kompromisse verloren. Jedenfalls aber unterlaufen sie das parlamentarische Verfahren, das den öffentlichen Widerstreit kontroverser Positionen und deren Abbildung in der gefundenen Entscheidung garantiert. Selbst veränderte Mehrheitsverhältnisse lassen die Geltung einer gerichtlichen Entscheidung grundsätzlich unberührt.

Noch dazu schulden Richterinnen der Öffentlichkeit für ihre Tätigkeit in aller Regel keine echte Rechenschaft. Sie müssen jenseits der engen Grenzen des § 339 StGB und des § 839 Abs. 2 BGB selbst bei Fehlentscheidungen keine nennenswerten Konsequenzen und – anders als eine Parlamentsabgeordnete – auch nicht alle paar Jahre wieder um ihr Amt fürchten (vgl. nur Art. 97 Abs. 1 und 2 S. 1 GG).

All das birgt enormes Frustrationspotential: Wer vor Gericht verliert (oder nicht auf ganzer Linie gewinnt), nimmt diese Niederlage anders wahr als die Abstimmungsniederlage im Parlament – und wer an dem gerichtlichen Verfahren nicht beteiligt war, wird die Entscheidung ohnehin kaum akzeptieren, denn seine Interessen kamen darin gar nicht vor. Die Verlagerung politischer Debatten vom Parlament in die Gerichtssäle lässt also einen großen Teil der Gesellschaft von vornherein zurück. Die

---

51 BVerfGE 153, 1 (46, Rn. 101); BVerwG, Urt. v. 12.11.2020, 2 C 5.19, Rn. 22, juris. Zum Wert des Kompromisses in der Demokratie statt aller und m.w.N. *Dreier*, Kirche ohne König, 2020, S. 134.

52 Eingehend zur Repräsentation als Wesensmerkmal des parlamentarischen Systems *Achterberg* (Fn. 50), § 5 S. 76 ff.; *Morlok*, in: Dreier (Hrsg.), GG II, 3. Aufl. 2015, Art. 38 Rn. 32 ff.; zu den ideengeschichtlichen Hintergründen ferner *Dreier*, AöR 113 (1988), 450 (450 ff.).

53 Zu dieser Funktion der Rechtsprechung instruktiv *Schmidt-Aßmann/Schenk*, in: Schoch/Schneider/Bier (Hrsg.), VwGO, Einl. (Januar 2012) Rn. 165.

Gerichte riskieren insoweit Enttäuschung auf allen Seiten und beschädigen im schlimmsten Fall sogar ihren eigenen Ruf[54]. Es liegt auf der Hand, dass sich der Anschein von politischem Aktionismus mit dem Anspruch auf unvoreingenommene Streitschlichtung nicht gut verträgt[55].

cc) Aufgedrängtes Allgemeininteresse und judikativer Aktionismus als Kompromisshindernisse

Damit ist im Übrigen auch der Sache nicht gedient. Im Angesicht drängender Probleme mag das politische Engagement der Gerichte kurzfristig Abhilfe versprechen. Im schlimmsten Fall aber können ihre Entscheidungen Konflikte noch befeuern, notwendigen Debatten vorgreifen und binnengesellschaftliche Ausgleichsprozesse abwürgen – und so die Herausbildung tragfähiger Kompromisse zusätzlich erschweren.

Zuletzt standen etwa beim Klimaschutz der strategischen Hoffnung, mit gerichtlichen Klagen „die Welt zu retten“, emotionale Befürchtungen einer „Ökodiktatur über den Rechtsweg“ entgegen[56]. Wo ein Teil der Gesellschaft einem anderen Teil seine Lösung einfach überstülpt, rückt die Bewältigung gesamtgesellschaftlicher Herausforderungen in denkbar weite Ferne.

Für die Vereinigten Staaten hat derweil ausgerechnet *Ruth Bader Ginsburg* schon in den neunziger Jahren nachgezeichnet, dass die progressive Rechtsprechung des *US Supreme Court* in Bezug auf das Abtreibungsrecht von Frauen ebendiesem Anliegen im Rückblick eher abträglich war, weil sie zu früh zu weit gegangen ist und damit die eigentlich schon im Vordringen befindlichen Liberalisierungsbestrebungen auf Jahrzehnte hinaus ausgebremst hat[57].

---

54 Entsprechende Sorgen äußert für den judikativen Klimaschutz mit Nachdruck *Wegener* (Fn. 8), S. 12 f.; gleichsinnig *Bickenbach* (Fn. 8), S. 177.

55 Vgl. aus der alten Debatte um den Jurisdiktionsstaat nur *Rüthers*, Die heimliche Revolution vom Rechtsstaat zum Richterstaat, 2014, insbes. S. 29 ff., 77 ff., passim.

56 Siehe zu diesem Spannungsverhältnis *Steeger*, taz.de v. 29.10.2019, www.taz.de/Klagen-wegen-Klimawandel/!5634104/ <20.2.2021>.

57 *Ginsburg*, New York University Law Review 67 (1992), 1185 (1198 ff.).

dd) Grenzüberschreitung als faktisches Vollzugshindernis

Das Stichwort „Akzeptanz“ betrifft aber auch die praktische Umsetzung gerichtlicher Entscheidungen durch andere staatliche Stellen. Wo Gerichte sich politische Entscheidungsgewalt anmaßen, unterliegen sie auch politischen Rationalitäten, die sie bisweilen missverstehen. Hier büßen sie dann zwangsläufig diejenige Autorität ein, die normative Steuerung eigentlich voraussetzt. Es kann kaum verwundern, dass die Verwaltung immer häufiger gerichtliche Entscheidungen bewusst ignoriert[58]. Gerichte lindern dann nicht Vollzugsdefizite, sondern provozieren neue.

4. Wer soll Hüter des Gemeinwohls sein?

Die Artikulation noch so sympathischer öffentlicher Interessen im Rahmen des individuellen Rechtsschutzes leistet schließlich einer Privatisierung des Gemeinwohls Vorschub, die gesellschaftlichen Pluralismus unterschlägt. Der Begriff der „*Public Interest Litigation*“ erweist sich mindestens als irreführend, weil unter seinem Deckmantel letztlich doch nur Partikularinteressen geltend gemacht werden. Das aus der Diskussion um die gesetzliche Verbandsklage bekannte Problem[59] wird hier noch zusätzlich verschärft, weil eine gesetzliche Grundlage gänzlich fehlt.

a) „Das Gemeinwohl“?

Schon in tatsächlicher Hinsicht bleibt die Redeweise von „*dem* Gemeinwohl“ oder „*dem* öffentlichen Interesse“ nebulös. In unserer komplexen, pluralistischen Gesellschaft können wir eigentlich nicht ohne Weiteres voraussetzen, dass bestimmte Anliegen – von gewissen „Grundverabredungen“[60] des freiheitlichen Verfassungsstaates einmal abgesehen (vgl. z.B. § 4 Abs. 2 BVerfSchG) – für jedermann auf Anhieb vollumfänglich zustimmungswürdig sind[61].

---

58 Siehe aus der Diskussion nur *Berkemann*, DÖV 2019, 761 ff.; *Will*, VerwArch 110 (2019), 280 ff.

59 Stellvertretend und m.w.N. *Krüper* (Fn. 22), S. 157 ff.

60 Terminus bei *Wißmann* (Fn. 47).

61 Im ersten Zugriff *Offe*, in: Wingert/Günther (Hrsg.), Die Öffentlichkeit der Vernunft und die Vernunft der Öffentlichkeit, 2001, S. 459 (459).

Im Übrigen zielt auch das Grundgesetz auf allgemeinen Konsens gar nicht ab: Demokratie meint nicht Herrschaft der Allgemeinheit, sondern Herrschaft der Mehrheit. *Legitime* Herrschaft der Mehrheit setzt allerdings den Schutz der Minderheit und ihrer Interessen voraus, und dass man diese als solche überhaupt wahr- und ernst nimmt. Das kann nicht gelingen, wenn die Mehrheit den Begriff des Gemeinwohls schlicht mit ihren eigenen Vorstellungen gleichsetzt und gegenläufige Anschauungen von vornherein ausblendet.

Im Gegenteil: Es ist Aufgabe demokratischer und speziell parlamentarischer Prozesse, verschiedene *individuelle* Interessen abzubilden und zum Ausgleich zu bringen[62]. Wo stattdessen der schillernde Topos des Gemeinwohls über Unterschiede hinweg- und falsche Einheit vortäuscht, wirkt er nicht inklusiv, sondern exklusiv. Seine Aktivierung riskiert die Verdrossenheit derjenigen, die sich nicht als Teil der jeweils ausgerufenen „Allgemeinheit" fühlen – und damit letztlich Spaltung der Gesellschaft.

b) *Einfallstore für Beliebigkeit statt belastbare Rechtsbegriffe*

Erst recht aber handelt es sich nicht um belastbare *Rechts*begriffe, die verbindliche Antworten der Gerichte auf politische Fragen tragen könnten. Im Gegenteil: Ihre Unbestimmtheit[63] öffnet den Rechtsfindungsprozess für diffuse und beliebig austauschbare Moral- und Gerechtigkeitsvorstellungen der einzelnen Rechtsanwenderin. Jeder Versuch, darin bestimmte Vorgaben hineinzulesen, läuft Gefahr, den Gemeinwohltopos zu einem universalen Heilsversprechen für die Lösung gesellschaftlicher Konflikte zu überhöhen und ihm damit doch nur jede Strahlkraft zu nehmen.

Umso größere Vorsicht ist bei der Begründung gerichtlicher Entscheidungen und Kontrollbefugnisse geboten. Denn Inhalt und Ziel des gemeinen Wohls können nicht durch die Gerichte verordnet werden, sondern bestimmen sich im demokratischen Prozess von unten nach oben (Art. 20

62 Siehe statt aller *Achterberg* (Fn. 50), § 7 S. 108 ff.; *Dreier*, Hierarchische Verwaltung im demokratischen Staat, 1991, S. 26 ff.; sowie im Übrigen die Hinweise in Fn. 51 und Fn. 52.

63 Instruktiv zum Ganzen *Leisner*, DÖV 1970, 217 ff.; *Isensee*, in: ders./Kirchhof(Hrsg.), HStR III, 1. Aufl. 1988, § 57 Rn. 4, 18; *Häberle*, Öffentliches Interesse als juristisches Problem, 2. Aufl. 2006, S. 32 ff.; *Krüper* (Fn. 22), S. 235 ff.; *Wittreck*, in: Gärditz (Hrsg.), VwGO, 2. Aufl. 2018, § 36 Rn. 6. Treffend außerdem schon *Luhmann*, Der Staat 1 (1962), 375 (375).

Abs. 2 S. 1 GG)[64]. Wer diesen Prozess prägen möchte, muss die notwendigen Mehrheiten erringen; vor Gericht hat er dagegen nichts verloren.

c) Lobbyismus über den Rechtsweg? Public Interest Litigation als verkappte Special Interest Litigation

Wo Private und private Verbände dennoch unter Berufung auf das Gemeinwohl Rechtsschutz suchen, fehlt jedenfalls ihnen selbst das zur Durchsetzung dieser Belange erforderliche demokratische Mandat[65]. Zwar ist privates Engagement im Interessenkreis der Allgemeinheit weder unüblich noch schlechthin schädlich[66]. Die Einflussnahme privater Akteure auf und ihre Einbindung in die Verwirklichung des Gemeinwohls sind sogar geboten, um gesellschaftlichen Pluralismus zu artikulieren und gegenläufige Interessen auszuloten. Gerade Verbände und Vereinigungen erweisen sich insoweit als wertvolle Bereicherung (siehe nur Art. 9 Abs. 1 und 3 sowie Art. 19 Abs. 3 GG; vgl. ferner 21 GG, Art. 140 GG i.V.m. Art. 137 WRV)[67]. Insbesondere können sie bestehende Asymmetrien bei der Durchsetzung rechtlich geschützter Interessen kompensieren und denjenigen eine Stimme leihen, die im politischen Prozess ansonsten kein Gehör finden[68].

Das gilt jeweils auch für den Rechtsschutz. Bedenken sind aber eben dort angezeigt, wo die einzelne Klägerin oder der klagende Verband *von vornherein* den Anspruch erhebt, verbindlich für die Allgemeinheit zu sprechen und deren Interessen wahrzunehmen. Denn grundsätzlich ist die Einzelne – anders als der Staat – nicht Sachwalterin der Allgemeinheit, sondern Partei für sich selbst.

---

64 Gleichsinnig *Offe* (Fn. 61), S. 485 ff.; *Dreier*, in: ders. (Hrsg.), GG II, 3. Aufl. 2015, Art. 20 (Republik) Rn. 22 m.w.N. Grundlegend zur Fließrichtung von Demokratie BVerfGE 20, 56 (99); E 44, 125 (140); E 138, 102 (109, Rn. 28).

65 Treffend speziell für die Klimaklagen wiederum *Wegener* (Fn. 8), S. 13.

66 Vgl. zu den diversen Erscheinungsformen von „Privatisierung" *Kämmerer*, Privatisierung, 2001, S. 8 ff.; aus jüngerer Zeit *Hansen*, Indienstnahme und Verfassungstreue, 2020, S. 52 ff., passim.

67 Siehe nur BVerfGE 50, 290 (353 f.) zu Art. 9 GG.

68 Näher *Grimm*, in: ders., Die Zukunft der Verfassung, 1991, S. 241 (242 ff.); *Schmidt-Aßmann* (Fn. 35), S. 68 f.; *Isensee*, in: ders./Kirchhof(Hrsg.), HStR IX, 3. Aufl. 2011, § 199 Rn. 4 ff.

Diese Annahme beruht weniger auf einer vermeintlich strikten Trennung von Staat und Gesellschaft[69] oder einem staatlichen Gemeinwohlmonopol als vielmehr auf der individualistischen Konzeption grundrechtlicher Freiheit, die einer Operationalisierung der Einzelnen für die Allgemeinheit prinzipiell entgegensteht[70]: Zum einen weil eine solche Vereinnahmung ihre Subjektsqualität letztlich aufhebt, zum anderen weil ihr selbst ein Recht nur auf den eigenen Lebensentwurf zusteht und nicht zugleich darauf, dass andere diesem folgen. *Individuelle* Freiheit macht die Einzelne weder zum Garanten noch zum Vertreter des Gemeinwohls. Hinzu kommt die Einsicht, dass nur der Staat überhaupt als „neutrale[r] Hüter" und „‚ehrlicher Makler'" für das Kollektiv in Betracht kommt und gerade darin seine Daseinsberechtigung findet (vgl. auch Art. 33 Abs. 4 GG)[71].

Speziell bei Verbänden, deren Bezeichnung z.B. als „Anwälte der Natur" über die Parteistellung Bände spricht[72], sind Zweifel an der Unabhängigkeit und Uneigennützigkeit durchaus angebracht[73]. Denn Interessenbündelung führt unweigerlich zur Interessenintransparenz[74]. Tatsächlich betreiben Umweltverbände politischen Lobbyismus, der sich von der Aktivität anderer *„pressure groups"* allenfalls unter Gesichtspunkten der öffentlichen Sympathie unterscheidet[75]. Wer ihre Rechtsbehelfe nur als Instru-

---

69 Weiterführend zur Debatte *Michael*, Rechtsetzende Gewalt im kooperierenden Verfassungsstaat, 2002, S. 247 ff.; *Möllers*, Staat als Argument, 2. Aufl. 2011, S. 228 ff.

70 Scharfe Kritik bei *Gärditz* (Fn. 35), S. 42; vgl. zuvor schon *Krebs*, in: Erichsen/Hoppe/v. Mutius (Hrsg.), System des verwaltungsgerichtlichen Rechtsschutzes, 1985, S. 191 (194).

71 Zum zentralen Aspekt der Neutralität m.w.N. *Calliess*, NJW 2003, 97 (100 f.), der selbst aber staatliche Neutralitätslücken ausmacht; *v. Danwitz*, NVwZ 2004, 272 (274). Vgl. auch BVerfGE 33, 125 (159): Der Staat als „Hüter des Gemeinwohls gegenüber Gruppeninteressen". Näher zum Ganzen *Krüper* (Fn. 22), S. 229 ff., 234 ff.

72 Klarstellung bei BVerwGE 104, 367 (370 f.). Vgl. aus der Diskussion um die Verbandsklage ferner *Gassner*, Treuhandklage zugunsten von Natur und Landschaft, 1984, S. 21 ff.; weiterführend jetzt *Hansen* (Fn. 66), S. 366 ff.

73 Skeptisch aus jüngerer Zeit z.B. *Pagenkopf*, NVwZ 2019, 185 (192 f.); eingehend ferner *Spieth/Hellermann*, NVwZ 2019, 745 ff.

74 *Soldt*, F.A.S. Nr. 29 v. 23.7.2017, 2; vgl. auch BGH, Urt. v. 4.7.2019, I ZR 149/18, Rn. 24 f., 30 ff., 40 ff., juris. Weiterführend zum Verhältnis von politischer Betätigung und Gemeinnützigkeit BFH, Urt. v. 10.1.2019, V R 60/17, Rn. 16 ff., juris sowie dazu *Leisner-Egensperger*, NJW 2019, 964 ff.

75 Wie hier kritisch wiederum *Weyreuther* (Fn. 26), S. 33 ff.; *Pagenkopf* (Fn. 73), S. 193.

ment zur Kompensation von Verzerrungen im politischen Wettbewerb, als Ausdruck einer Re-Demokratisierung der Zivilgesellschaft und letztlich auch als Sicherung individueller Freiheit im Angesicht gesellschaftlicher und vor allem wirtschaftlicher Machtasymmetrien preist, übersieht zumindest, dass hier zugleich weitere Friktionen im Prozess der politischen Willens- und Mehrheitsbildung geschaffen werden.

Mit anderen Worten: Jede noch so gemeinnützige und mehrheitsfähige Klage dient letztlich der Durchsetzung gruppenegoistischer Partikularinteressen. In der Sache handelt es sich dann gerade nicht um *Public Interest Litigation*, sondern um *Special Interest Litigation*. Es gibt eigentlich keinen Anlass, diesen lebendigen Pluralismus durch das Bild vermeintlich unparteiischer Gemeinwohlklagen zu verschleiern. Schon der Versuch dürfte im Gegenteil der Akzeptanz etwaiger gerichtlicher Entscheidungen sowie auf lange Sicht dem gesellschaftlichen Zusammenhalt nur abträglich sein.

d) Gemeinwohlklagen als Diskursvermeidungsstrategie?

Wo sich Klägerinnen mit politischen Anliegen auf den Rechtsweg machen, bleibt schließlich der Verdacht, dass sie auf diese Weise echten Diskurs vermeiden oder sogar kurzschließen wollen. Es ist ja auch wahrlich bequemer, vor Gericht den eigenen Standpunkt zum Maß aller Dinge zu erheben, statt ihn ernsthaft zur Disposition zu stellen und sich mit gegenläufigen politischen Anschauungen überhaupt auseinanderzusetzen. Das gerichtliche Verfahren erregt dann zwar Aufmerksamkeit für eine wichtige Debatte, deren Ausgang die Klägerin selbst aber gar nicht abwarten will. Stattdessen soll das Gericht bereits Fakten schaffen und damit das Klagebegehren nicht nur rechtlich, sondern auch *politisch* mit einem besonderen Geltungsanspruch „ausrüsten“.

Hier wird letztlich – wohl unter dem Eindruck vermeintlicher Vernunfthoheit – der Versuch unternommen, die eigenen Antworten auf hochkomplexe Fragen vorschnell mit dem Etikett der „Alternativlosigkeit“ zu versehen und damit jeden anderen Ansatz einem (zumindest moralischen) Zwang zur Rechtfertigung auszusetzen. Das verrät viel über die angebliche Konsensfähigkeit des eigenen Standpunkts – und spricht Bände über das Demokratieverständnis ausgerechnet eines Teils der Gesellschaft, der sich typischerweise für besonders liberal hält[76].

IV. Zusammenfassung

Die Idee, politischen Anliegen unter Berufung auf das Gemeinwohl über den Rechtsweg effektiv Nachdruck zu verleihen und auf diese Weise den gerichtlichen Rechtsschutz zu einem politischen Handlungsinstrument umzugestalten, mag im Einzelfall bestechen. Abseits echter subjektiver Rechtsbeeinträchtigungen hat sie jedoch im System des individuellen Rechtsschutzes keinen Platz. Sie bricht mit tragenden Grundprinzipien der gewaltenteiligen Demokratie und formuliert namentlich an die Dritte Gewalt eine unrealistische Erwartungshaltung, der diese faktisch nicht entsprechen kann und rechtlich nicht entsprechen darf. Noch dazu überhöht sie bloße Partikularinteressen zu einem vermeintlich vorrangigen „*Public Interest*", dessen nähere Bestimmung aber tatsächlich weder der einzelnen Klägerin noch dem angerufenen Gericht obliegt.

76 Vgl. zu diesem Selbstwiderspruch angeblich liberaler Eliten unlängst *Kingreen*, Verfassungsblog v. 7.4.2021, https://verfassungsblog.de/gehts-raus-und-spielts-fusball/ <7.4.2020>.

Gerichte gegen Gesetzgeber? – Der Klimawandel in den Gerichtssälen

Manuela Niehaus

Abstract: *Nachdem ein Gericht in Den Haag die niederländische Regierung 2015 zu mehr Klimaschutz verpflichtete, gibt es keine Zweifel mehr: der Klimawandel ist in den Gerichten angekommen. Durch strategische Prozessführung, insbesondere unter Rückgriff auf die Menschenrechte, setzen Kläger:innen teils erfolgreich mehr Klimaschutz durch. Es stellt sich aber die Frage, ob Gerichte dadurch illegitim neues Klimarecht schaffen und somit gegen den Gewaltenteilungsgrundsatz verstoßen. Der Beitrag zeigt indes, dass Gerichte nie nur Recht anwendeten, sondern auch immer schon erzeugten. Vor dem Hintergrund der inter- und intragenerationellen Dimensionen des globalen Klimawandels wird ihre Stellung im Spannungsfeld zwischen Volkssouveränität und Menschenrechten diskutiert. Es zeigt sich, dass es sich zwar um rechtliches Neuland handelt, aber der Vorwurf des Verstoßes gegen den Gewaltenteilungsgrundsatz entkräftet wird. Vielmehr können Klimaklagen den Zugang zum Recht für diejenigen ohne Stimme im politischen Willensprozess öffnen und damit zu einer nachhaltigeren Demokratie beitragen.*

Mit dem Abschluss des Paris Agreement 2015 hofften viele Umweltschützer:innen, dass die Regierungen nun endlich den notwendigen Aufschwung bekommen würden, um mutig und entschlossen gegen den Klimawandel vorzugehen. Diese Hoffnungen sind weitestgehend enttäuscht worden: die Emission Gap Reports der vergangenen Jahre legen offen, dass nach wie vor zu viele Treibhausgase (THG) in die Atmosphäre gelangen.[1]

Seit einigen Jahren protestieren deswegen junge Menschen bei den „Fridays for Future“-Demonstrationen für ihre Zukunft, während andere Protestgruppen wie Extinction Rebellion ganze Städte lahmlegen, um die Klimakrise medienwirksam in den Mittelpunkt zu rücken. Neben den Protesten sind es aber vor allem die Gerichte, die mit spektakulären Urteilen

1 Vgl. *UNEP*, Emissions Gap Report 2020, wonach – trotz eines kurzzeitigen Einbruchs der THG-Emission aufgrund der Corona Pandemie – die Welt weiterhin auf eine Erhöhung auf 3°C statt der angestrebten 1.5-2°C zusteuert.

für mehr Klimaschutz gesorgt haben und die damit im Kampf gegen den Klimawandel zu bedeutsamen Akteuren werden.[2]

I. Climate change litigation und Klimaklagen weltweit

In diesem Zusammenhang ist die erste erfolgreiche Klimaklage der niederländischen NGO Urgenda zu nennen, die von einem Gericht in Den Haag 2015 positiv beschieden wurde. Das Gericht entschied, dass der niederländische Staat seine Bemühungen in Bezug auf den Klimaschutz erhöhen und seine THG-Emissionen bis 2020 um mindestens 25% im Vergleich zu 1990 senken müsse.[3] Sowohl die Regierung als auch Urgenda legten Berufung gegen das Urteil ein. Das Gericht erster Instanz hatte noch argumentiert, dass Urgenda als juristische Person nicht in ihren Menschenrechten verletzt und sich somit gemäß Art. 34 der Europäischen Menschenrechtskonvention (EMRK) nicht auf die Konventionsrechte berufen könne. Das Berufungsgericht verwarf 2018 diese Argumentation und erklärte, dass Art. 34 EMRK nur die Voraussetzungen für das Verfahren vor dem EGMR regele. Im Übrigen hielt es das Urteil und damit die Verpflichtung zur Reduzierung der Emissionen um mindestens 25% aufrecht. Hierzu stützte es sich auf das Recht auf Leben (Art. 2) und das Recht auf Privatleben und Familie (Art. 8) aus der EMRK, welche die positive Verpflichtung beinhalten, die Bürger:innen vor den negativen Folgen des Klimawandels zu schützen.[4] Dieses Urteil wurde 2019 letztinstanzlich vom Hohen Rat der Niederlande bestätigt.[5]

In den USA sind bisher die meisten Klimaklagen angestoßen worden.[6] Im Jahr 2015 haben 21 Kinder und Jugendliche die Regierung der USA dahingehend beschuldigt, von den Gefahren der Öl- und Gasverbrennung jahrzehntelang gewusst und diese bewusst verschwiegen zu haben.

---

2 Statement der United Nations High Commissioner for Human Rights, Michelle Bachelet, https://ohchr.org/EN/NewsEvents/Pages/DisplayNews.aspx?NewsID=26343&LangID=E (letzter Aufruf am 25.3.2021).

3 District Court of The Hague, *Urgenda v The Netherlands* (ECLI:NL:RBHDHA:2015:7196), 2015, im Folgenden: *Urgenda I.*

4 The Hague Court of Appeal, Appeal Decision Urgenda v The Netherlands (ECLI:NL:GHDHA:2018:2610), 2018, Rn. 41-43, im Folgenden: *Urgenda II.*

5 Supreme Court of the Netherlands, Urgenda v The Netherlands (ECLI:NL:HR:2019:2007), 2019.

6 Gemäß des Sabin-Center for Climate Change Law der Columbia University New York waren es im März 2021 1350 Klagen (anhänging und entschieden), http://climatecasechart.com/us-climate-change-litigation/ (letzter Aufruf am 25.3.2021)

Dadurch habe sie die Zukunft der jungen Menschen aufs Spiel gesetzt und ihr Recht auf ein stabiles Klima verletzt.[7] Sechs Jahre später ist die Zulässigkeit der Klage immer noch nicht abschließend geklärt. Es ist fraglich, ob die Kläger:innen angesichts eines fehlenden Grundrechts auf eine gesunde Umwelt klagebefugt sind und ob ein gerichtliches Urteil ihrer Beschwer überhaupt abhelfen kann. Richterin Ann Aiken hatte 2015 zunächst erklärt, dass es ein Recht auf ein stabiles Klima gibt:

> *"I have no doubt that the right to a climate system capable of sustaining human life is fundamental to a free and ordered society. Just as marriage is the 'foundation of the family', a stable climate system is quite literally the foundation 'of society, without which there would be neither civilization nor progress.'"*[8]

Dieses Recht sei so grundlegend, dass es nicht einmal in die Verfassung geschrieben sein muss, um seine Existenz anzuerkennen. Aufgrund einer möglichen Verletzung des Fünften Zusatzartikels der US-amerikanischen Verfassung, aus dem Aiken dieses Recht herleitete, hielt sie die Kläger:innen für klagebefugt und ließ die Klage zu. Die Regierung bestreitet, dass ein „Recht auf ein Klimasystem, das dazu fähig sei, menschliches Leben aufrechtzuerhalten" existiert und forderte, die Klage als unzulässig abzuweisen. In der Folge versuchte sie durch mehrere Handlungen eine Hauptverhandlung des Falles zu verhindern.[9] Am 17. Januar 2020 lehnte der Ninth Circuit Court of Appeals die Klage schließlich als unzulässig ab.[10] Die Kläger:innen haben Beschwerde gegen diese Entscheidung eingelegt. Obwohl das Verfahren noch in der Frage der Zulässigkeit steckt, so hat es doch immense Aufmerksamkeit erregt. Mehr als 25 *amicus briefs* sind im Laufe des Verfahrens eingegangen.[11] Das ungewöhnliche Verhalten der Regierung (die Stellung eines dritten „writ of mandamus"-Antrag ist au-

---

7 Vgl. die Klageschrift: First Amendment Complaint for Declaratory and Injunctive Relief (No. 6:15-cv-01517-TC), *Kelsey Cascadia Rose Juliana et al. v United States*, 2015, Rn. 1.

8 District Court of Oregon, Judge Ann Aiken, *Kelsey Cascadia Rose Juliana v United States of America* (Case No. 6:15-cv-01517-TC), 11 October 2016, S. 32, im Folgenden: *Juliana*.

9 Zwei Eingaben an den Obersten Gerichtshof der Vereinigten Staaten und drei sog. „writ of mandamus"-Anträge, womit sie den Fall als unzulässig erklären lassen wollte.

10 S. u. Fn. 42.

11 Der Verfahrensgang und entsprechende Dokumente können in der Datenbank des Sabin Center unter http://climatecasechart.com/case/juliana-v-united-states (letzter Aufruf am 30.4.2021) abgerufen werden.

ßerordentlich selten) lässt darauf schließen, dass die US-Regierung den Fall sehr ernst nimmt und eine gerichtliche Entscheidung zu mehr Klimaschutz unter allen Umständen verhindern möchte.

Unter den Begriff „climate change litigation" fallen rechtliche Verfahren, die das Ziel haben, klimafreundliches Verhalten zu erzwingen. Im Gegensatz zu „klassischen" Prozessen handelt es sich hierbei oftmals nicht um Einzelfälle, in denen es den Kläger:innen tatsächlich um die Beseitigung einer Rechtsverletzung geht, sondern um strategische Prozessführung, die darauf gerichtet ist, ein bestimmtes gesetzgeberisches oder soziales Verhalten herbeizuführen.[12] Dabei können sich diese Verfahren sowohl gegen Regierungen als auch Unternehmen richten, die dadurch in die Verantwortung für einen hohen THG-Ausstoß genommen werden sollen. In Deutschland sorgte der Fall des peruanischen Kleinbauern und Bergführers Saúl Luciano Lliuya, der eine Klage gegen RWE eingelegt hat, für Aufsehen. Lliuya fordert von RWE, sich an den Reparaturkosten eines Staudamms zu beteiligen, der einen See, dessen Wasserstand aufgrund der klimabedingt immer schnelleren Gletscherschmelze kontinuierlich steigt, davon abhalten soll, seine Heimatstadt Huaraz in den Anden zu überfluten.[13] Während das LG Essen die Klage als „Rechtssache von grundlegender Bedeutung" eingestuft, aber letztlich abgewiesen hatte, hat das OLG Hamm als Berufungsgericht eine grundsätzliche Unternehmenshaftung für Klimaschäden zunächst bejaht.[14]

Im Folgenden soll es nur um solche Klimaklagen gehen, die sich gegen den Gesetzgeber selbst richten. Hier stellt sich die grundsätzliche Frage, ob ein Gericht diesen mittels Urteils zu mehr Klimaschutz verpflichten kann, wenn er nach dessen Auffassung zu wenig gegen den Klimawandel unternimmt.

II. Der Klimawandel als polyzentrisches Problem

Das Recht auf eine gesunde Umwelt ist in vielen nationalen Verfassungen und Menschenrechtskonventionen (z.B. in Art. 24 der Afrikanischen

---

12 *Peel/Osofsky*, Climate Change Litigation: Regulatory Pathways to Cleaner Energy, 2015, S. 33.

13 DW, https://p.dw.com/p/3UF1w (letzter Aufruf am 25.3.2021).

14 Vgl. den Hinweis- und Beweisbeschluss des OLG Hamm v. 30.11.2017, *Saúl Luciano Lliuya ./. RWE AG*, Rn. 2. Aktenzeichen; Fundstelle Der Ortstermin zur Beweisaufnahme musste aufgrund der Corona-Pandemie aber bis auf Weiteres verschoben werden.

Charta der Menschenrechte und Rechte der Völker) festgeschrieben. Ein solches Recht, soweit es justiziabel ist, kann der Einzelnen helfen, gegen Umweltzerstörungen vorzugehen.

Der EMRK und der US-amerikanischen Verfassung ist so ein Recht unbekannt. Stattdessen haben die Gerichte durch eine dynamische Interpretation „klassischer“ Grundrechte ökologische Belange berücksichtigt. Das Phänomen der richterlichen Rechtsfortbildung ist auch in anderen Rechtsbereichen, die einem schnellen Wandel unterliegen (z.B. Datenschutzrecht) nicht neu.[15] Allerdings waren Richter:innen früher eher vorsichtig, wenn ein Sachverhalt Umweltbezug hatte und haben öfter noch entschieden, dass Umweltschutz – und damit der Schutz eines Allgemeingutes – nicht Gegenstand eines Gerichts-, sondern eines Gesetzgebungsverfahrens sein müsse.[16] Das hat sich gewandelt. Unter dem Stichwort des „*greening*“ werden insbesondere Grund- und Menschenrechte „ökologisch“ interpretiert.[17] Der Gesetzgeber kann durch das Unterlassen von Umweltschutz seine menschenrechtlichen Schutzpflichten verletzen, obwohl die Umwelt selbst nicht Gegenstand einer menschenrechtlichen Norm ist.

Besonders deutlich wird das mit Blick auf die EMRK. Die Bemühungen um ein Zusatzprotokoll, mit dem ein Menschenrecht auf gesunde Umwelt etabliert werden sollte, scheiterten in den 1970ern.[18] Nichtsdestotrotz hat sich der EGMR insbesondere auf Art. 2 (Recht auf Leben) und Art. 8 (das Recht auf Privatleben und Familie) berufen, um positive Pflichten der Mitgliedsstaaten hinsichtlich besseren Schutzes von Umwelteinflüssen zu begründen.[19] Von Umweltproblemen, die zunächst nur Einzelne betrafen, hat sich die Rechtsprechung in den letzten Jahren durch die angesprochenen Klimaklagen dahingehend weiterentwickelt, dass auch ein globales Problem, das potentiell alle Menschen betreffen kann, solche Schutzpflichten auslösen kann.[20] Das kann dazu führen, dass ein vom Gesetzgeber beschlossenes Klimaziel – wie im Fall der Niederlande, die eine Emissionsreduzierung von 14-17% angestrebt hatten – von einem Gericht

---

15 Vgl. *Busch/Jakobi*, in: Hönnige/Kneip/Lorenz, Verfassungswandel im Mehrebenensystem, 2011, S. 297 ff.

16 Vgl. *Benjamin*, Pace Environmental Law Review 2011, 582 (583 ff).

17 *Albers*, Security and Human Rights 2017, 113 (121 ff.).

18 *Mileva/Fortuna*, in: Abi-Saab u.a. (Hrsg.), Evolutionary Interpretation and International Law, 2019, S. 123 (131).

19 Eine Übersicht findet sich im Manual on Human Rights and the Environment des *Council of Europe*, 2012.

20 Vgl. die Beschwerde der portugiesischen Jugendlichen vor dem EGMR, Youth for Climate Action v Austria, et al, 2020.

als nicht ambitioniert genug verworfen wird.[21] Teilweise versuchen Kläger:innen durch strategische Prozessführung neue Menschenrechte, wie das Recht auf ein stabiles Klima[22], ein Recht auf Zukunft[23] oder Umweltrechte für zukünftige Generationen[24] zu schaffen.

Von Umweltaktivist:innen wird das progressive Vorangehen der Gerichte bejubelt. Allerdings wird das Instrument der strategischen Prozessführung durchaus kritisch gesehen, da versucht werde, im Namen des allgemeinen öffentlichen Interesses Partikularinteressen durchzusetzen.[25] Gerichte würden Klimapolitik betreiben, wenn sie dem Klimaschutz den Vorrang vor anderen (z.B. wirtschaftlichen) Interessen geben würden.[26]

Es stellt sich dabei die Frage, ob Gerichte „klassische“ ökologische Aspekte unter den Grund- oder Menschenrechtsschutz fassen dürfen, wenn doch die Problematik des Klimawandels bei Abschluss der völkerrechtlichen Verträge noch nicht bekannt war. Das ist zunächst eine Methodenfrage – dürfen Gerichte so „fortschrittlich“ interpretieren? Gleichzeitig hat diese Frage aber auch Auswirkungen auf andere Bereiche des demokratischen Rechtsstaats, insbesondere die Frage der Gewaltenteilung. Die effektive Beseitigung von Rechtsverletzungen, die im Zusammenhang mit dem Klimawandel stehen, ist nur durch weitgehende Maßnahmen möglich – durch rigide Regelungen, die die Auswirkungen des Klimawandels begrenzen („mitigation“), durch Anpassung an veränderte klimatische Bedingungen („adaptation“) oder eine Kombination aus beiden.[27] Solche Maßnahmen begünstigen dann aber nicht nur die Person, die erfolgreich klagt, sondern haben vielmehr Auswirkungen auf die gesamte Gesellschaft. Verglichen mit den „einfach“ gelagerten Streitigkeiten des Umweltschutzes wird hier die Reichweite des Problems gerichtlichen Rechtsschutz gegen den Klimawandel deutlich. Während z.B. eine Entscheidung über den Fortbetrieb einer toxischen Deponie in der unmittelbaren Nachbarschaft eines Wohnhauses nur die Anwohner:innen der verschmutzenden Anlage und deren Betreiberin betrifft – sich also oft im Rahmen eines klassischen

21 *Urgenda I* (Fn. 3), Rn. 4.26.

22 *Juliana* (Fn. 8), S. 32.

23 Verfassungsbeschwerde *Neubauer u.a.* (AZ: 1 BvR 288/20), eingereicht am 12.2.2020.

24 Corte Suprema de Justicia de Colombia, Demanda Generaciones Futuras v. Minambiente (STC 4360-2018), 2018, Rn. 5.3, im Folgenden: *Future Generations*.

25 *Hahn*, Zeitschrift für Rechtssoziologie 2019, 5 (15, 18).

26 *Burgers*, Transnational Environmental Law 2020, 55 (57 ff).

27 *Intergovernmental Panel on Climate Change*, Climate Change - Impacts, Adaptation, and Vulnerability (Working Group II, Summary for Policymakers), 2014.

„Zwei-Parteien“-Rechtsstreit abspielt –, betreffen Klimaklagen, die sich gegen den Staat richten, eine große Anzahl an Menschen, mitunter die gesamte Bevölkerung.[28] Schließlich verursacht nicht der Staat selbst die Emissionen, sondern alle Bürger:innen in ihrer Stellung als Autobauer:innen, Energielieferant:innen, Landwirt:innen oder Konsument:innen. Ein konsequentes Vorgehen gegen den Klimawandel ist daher ohne Einschnitte in berufliches oder privates Verhalten anderer nicht möglich.

Der Klimawandel ist daher ein polyzentrisches Problem – aufgrund seiner Komplexität liegen viele verschiedene Zentren vor, die in Spannung zueinanderstehen. *Fuller* vergleicht diese polyzentrischen Fälle mit einem Spinnennetz: das Ziehen an einem Faden hat Auswirkungen auf ein anderes Zentrum und schlussendlich auf das gesamte Gebilde.[29] In solchen Situationen stößt die Rechtsprechung mit ihren Möglichkeiten an ihre Grenzen, da sie nur den Fall vor sich bearbeiten, aber nicht die Auswirkung auf die anderen „Fäden“ beeinflussen kann. Statt eines Urteils bedarf es in solchen komplexen Situationen eines „politischen Deals“ im Parlament, der auf Verhandlungen und Kompromisse setzt und somit die Belange aller Betroffenen miteinbeziehen kann.[30] Wenn also Gerichte über klimapolitische Fragen entscheiden, so der Vorwurf, dann würden sie sich in die Kompetenzen der Legislative einmischen und unerlaubt Klimapolitik betreiben.

III. Gewaltenteilung und Demokratie

Die Gewaltenteilung in Legislative, Exekutive und Judikative ist ein vitales Element des demokratischen Rechtsstaats. Sie geht zurück auf Montesquieu, der mit der Teilung die Tyrannei durch den Monarchen, der alle Gewalten in einer Hand hält, zu vermeiden suchte.[31]

Stattdessen liegt die Staatsgewalt in der Republik in der Hand des Volkes, ausgeübt wird sie aber von den Staatsorganen. Ihre Ausübung kann durch drei Arten der demokratischen Legitimation gerechtfertigt werden.[32] Zum einen sind in der Verfassung, die das Volk sich gegeben

---

28 *Zürn*, Government and Opposition 2004, 260 (269).

29 *Fuller*, Harvard Law Review 1978, 353 (395 ff).

30 *Fuller* (Fn. 29), 400.

31 *Montesquieu*, Complete Works, Vol. 1 (The Spirit of Laws, Bd. 1, 1748), 1777, S. 198 ff.; *Martinez*, in: Rosenfeld/Sajó (Hrsg.), The Oxford Handbook of Comparative Constitutional Law, 2012, S. 548.

32 Zu alledem s. *Göpl*, Staatsrecht I, 12. Aufl. 2020, Rn. 262 ff.

hat, die Organe selbst und ihre Aufgaben festgeschrieben (institutionell-funktionelle Legitimation). Zudem wird nach der Enge der Bindung an den Volkswillen differenziert. Das Parlament ist das einzige Organ, welches direkt von der (wahlberechtigten) Bevölkerung gewählt wird und damit unmittelbar legitimiert ist. Die Legitimationskette ist besonders kurz und stark. Die Mitglieder der Exekutive und Judikative hingegen sind nur mittelbar durch das Parlament legitimiert (organisatorisch-personelle Legitimation). Diese müssen sich auch nicht regelmäßig zur Wahl stellen – und somit dem Volk nicht persönlich Rede und Antwort stehen. Umgekehrt bedeutet dies, dass „Richter an Recht und Gesetz gebunden [sind], nicht an die Wünsche und Gefühle des Volkes."[33] Daneben verlangt die sachlich-inhaltliche Legitimation, dass die Parlamente Inhalt, Umfang und Grenzen der Kompetenzen der einzelnen Organe bestimmen.

Insofern wird das Parlament als das „Willensorgan" angesehen – es verkörpert und spiegelt den Willen des Volkes, welcher in Gesetzesform gegossen wird. Die Exekutive und Judikative hingegen, so hieß es lange Zeit, seien nur zur Anwendung eben jener Gesetze ermächtigt, ohne aber selbst zur Schaffung von Recht befugt zu sein.[34]

Aber diese Argumentation hat ihre Schwachstellen. Sie hat ihren Ausgangspunkt in einem rein nationalstaatlichen Kontext: nach dem bekannten liberalen Gedanken soll man nur den Regelungen, denen man (mittelbar durch seine Repräsentant:innen) auch zugestimmt hat, unterworfen sein.[35] Problematisch wird es aber bei Angelegenheiten, die sich wenig um Staatsgrenzen scheren, wie etwa dem Klimawandel. Deutsche Emissionen bleiben schließlich nicht in Deutschland, sondern vermischen sich in der Atmosphäre und erzeugen bereits heute stärkere und häufigere Naturkatastrophen wie Dürren, Fluten, Stürme in weit entfernten Ländern. Damit haben Entscheidungen über den Betrieb eines besonders emissionsreichen Kohlekraftwerks in Deutschland auch Auswirkungen für die Menschen auf Fidschi, die um den Erhalt ihrer Heimat bangen müssen. Entscheidungen über die Reduzierung (oder Nicht-Reduzierung) von Emissionen haben also Wirkung über die eigenen Grenzen hinaus.

---

33 Max-Planck-Gesellschaft, https://mpg.de/13895994/unabhaengige-richter (letzter Aufruf am 25.3.2020).

34 *Möllers*, in: Kreide/Niederberger, Transnationale Verrechtlichung, 2008, S. 160 (174 ff).

35 *Habermas*, Faktizität und Geltung. Beiträge zur Diskurstheorie des Rechts und des demokratischen Rechtsstaats, 1992, S. 138: „Gültig sind genau die Handlungsnormen, denen alle möglicherweise Betroffenen als Teilnehmer an rationalen Diskursen zustimmen konnten."

Hier stellen sich tiefgreifende Fragen der Legitimität, denn die Menschen in betroffen(er)en Ländern können in Deutschland nicht wählen und haben somit keine Möglichkeit der Einflussnahme im nationalen Willensbildungsprozess.

Dürfen Staaten in den Kontexten der „justice-senstive externalities“[36] wirklich nur das Wohl der eigenen Bevölkerung im Auge haben? Zwar war es lange Konsens, dass jeder Staat einzig und allein seinem eigenen Volk gegenüber positive, auch finanzielle, Verpflichtungen hat. Aber die Problematik des Klimawandels rückt auch Gerechtigkeitsfragen in den Mittelpunkt, die tief mit der Legitimationsfrage verknüpft sind. Schließlich sind es die Länder des Globalen Nordens, die die meisten Emissionen verursachen, aber die Länder des Globalen Südens, die die Konsequenzen tragen müssen.[37] Einige argumentieren daher, dass in solchen Fällen der Staat nicht unilateral Entscheidungen treffen darf, die die Interessen der Bevölkerung anderer Staaten so einschneidend verletzen. Vielmehr müssen Staaten hier als „trustees of humanity“ auftreten, als Stellvertreter der gesamten Menschheit.[38]

Die gleiche Frage stellt sich für zukünftige Generationen, denn ungeborene oder sehr junge Menschen können oder dürfen nicht wählen. Sie werden aber in viel stärkerem Maße betroffen sein als jetzige Generationen, da man annimmt, dass sich die volle Wucht des Klimawandels erst in den nächsten Jahrzehnten entfalten wird. „The climate crisis is a children’s rights crisis“, heißt es dazu in einer Beschwerde gegen fünf Staaten, darunter Deutschland, die von Kindern und Jugendlichen 2019 beim UN-Ausschuss für die Rechte des Kindes eingereicht worden ist.[39]

Klimaklagen sind insofern auch ein Vehikel für Menschen, deren Stimmen in den Parlamenten ungehört bleiben. Denn in Verfahren können auch diejenigen Partei sein, die (noch) nicht wählen dürfen und ihre Argumente sowohl dem Gericht als auch der breiten Öffentlichkeit bekannt machen.[40] So wurde eine der Verfassungsbeschwerden gegen die Bundes-

---

36 Zum Konzept der „justice-sensitive externalitites“: *Kumm*, Indiana Journal of Global Legal Studies 2013, 605 (613 ff).

37 Siehe dazu z. B. *Gonzalez*, in: Kotzé (Hg.), Environmental Law and Governance for the Anthropocene, 2017, 219-40. Im Jahr 2007 stieß die/der durchschnittliche US-Amerikaner:in so viele THG aus wie über 500 Bewohner:innen in Äthiopiens, Tschad, Afghanistan, Kambodscha oder Burundi, vgl. *Malm/Hornborg*, Anthropocene Review 2014, 62 (64).

38 Dazu *Benvenisti*, AJIL 2013, 295.

39 *Sacchi/Lorenzo u.a.*, Communication to the Committee on the Rights of the Child, 2019, S. 3.

40 *Lahav*, In Praise of Litigation, 2017, S. 85.

republik von Kindern und Jugendlichen aus Deutschland und Menschen aus Nepal und Bangladesch eingereicht. Auch viele andere Klimaklagen weisen einen intergenerationellen Zusammenhang auf.[41] Klimaklagen eröffnen hier den Zugang zu Recht – und zu Gerechtigkeit.

Diese Klagen werden bewusst eingesetzt, um ein bestimmtes parlamentarisches Verhalten durch das Gericht zu erzwingen, sie berühren also – willentlich – politische Belange und damit Kernkompetenzen der Legislative. Müssten Gerichte sich also von vornherein für unzuständig in Sachen Klimaklagen erklären? Der US-amerikanische Ninth Circuit Court of Appeals scheint das in seinem *Juliana*-Urteil so zu sehen. Das Gericht führt in seiner Entscheidung hinsichtlich der Unzulässigkeit der Klage aus, die gewünschte Entscheidung der Kläger:innen

> „*would necessarily require a host of complex policy decisions entrusted to the wisdom and discretion of the executive and legislative branches. The panel reluctantly concluded that the plaintiffs' case must be made to the political branches or to the electorate at large.*“[42]

Die Frage der Gewaltenteilung hat auch die Gerichte beschäftigt, die Klimaklagen positiv beschieden haben. In der Sache *Urgenda* führte das erstinstanzliche Gericht aus, dass es in den Niederlanden keine vollumfängliche Gewaltenteilung gebe, sondern es vielmehr ein Gleichgewicht zwischen den Gewalten geben müsse.[43] Zurückhaltung ist dann geboten, wenn es um die politische Abwägung unterschiedlicher Interessen gehe, die Auswirkungen auf die Struktur oder Organisation der Gesellschaft haben könne. Das Gericht wies jedoch auch darauf hin, dass es ein wesentliches Merkmal der Rechtsstaatlichkeit sei, dass Handlungen politischer Organe von unabhängigen Gerichten beurteilt werden können und müssen. Denn es sei gerade ein Akt der Legislative gewesen, der die Gerichte zur Entscheidung in Rechtsstreitigkeiten ermächtigt habe.[44]

Das Berufungsgericht und das Verfassungsgericht haben ihre Entscheidungen v.a. auf die positiven Verpflichtungen aus Art. 2 und 8 der EMRK gestützt. Der Hauptkritikpunkt an der Anwendung der Doktrin der positiven Verpflichtungen auf den Klimawandel ist ihr unklarer Anwendungsbereich. Positive Verpflichtungen können auf viele Arten und Weisen erfüllt werden und erfordern die Abwägung und Priorisie-

---

41 Vgl. u.a. die Youth for Climate Action v Austria, et al, 2020.

42 Ninth Circuit Court of Appeals, *Juliana v United States* (No. 18-36082), 17.1.2020, S. 5.

43 *Urgenda I* (Fn. 3), Rn. 4.95.

44 *Urgenda I* (Fn. 3), Rn. 4.97.

rung zwischen konkurrierenden Interessen.[45] Daher beinhalten sie eine zutiefst politische Komponente, die von den Gerichten unangetastet bleiben muss. Es stellt sich damit die Frage, ob die Doktrin von den positiven Verpflichtungen zumindest auf komplexe Fälle, die sich von dem ursprünglichen Kontext unterscheiden, für den sie entwickelt wurde – Schäden, die aus einer einzigen Quelle resultieren –, nicht angewendet werden sollte.[46] Allerdings erscheint es geradezu paradox, warum ein Gericht nicht über eine Gefahr entscheiden sollte, die weit mehr Menschen bedroht und potenziell gefährlicher ist als lokal-begrenzte Gefahren. In solchen Fällen ist doch eher mehr denn weniger Schutz erforderlich.[47]

Das Berufungsgericht setzte sich mit dieser Frage nicht auseinander, sondern nahm unter Bezugnahme auf die klimawissenschaftlichen Erkenntnisse eine Verletzung von Art. 2 und 8 EMRK an.[48] Das Gericht betonte, dass es verpflichtet sei, für die Niederlande verbindliches internationales Recht anzuwenden, da dieses Teil der niederländischen Jurisdiktion sei und sogar Vorrang vor nationalem Recht genieße.[49] Es betonte aber auch, dass es kein neues Gesetzesrecht schaffen wolle (was nach niederländischem Recht verboten ist). Es könne somit nur eine Verletzung positiver menschenrechtlicher Verpflichtungen feststellen, muss es aber ins Ermessen der anderen Gewalten stellen, die Maßnahmen zur Beseitigung der Verletzung zu wählen. Der Ermessensspielraum für den Staat ist insofern begrenzt, als dass er nicht entscheiden kann, das Problem nicht anzugehen (das *Ob*). Er hat aber einen Ermessensspielraum, *wie* er das Ziel der 25%igen THG-Reduzierung erreichen will.[50]

Jüngst hat das deutsche BVerfG das Klimaschutzgesetz von 2019 für teilweise verfassungswidrig erklärt, da dieses zwar bis 2030 Einsparziele in verschiedenen Bereichen vorsieht, aber offen gelassen hat, welche Einsparungen für den Zeitraum 2031 bis 2050 verfolgt werden müssen oder wie sie erreicht werden sollen.[51] Dies gehe zu Lasten der nachfolgenden Generationen, deren Freiheiten durch das heute übers Maß lebenden Generationen eingeschränkt werden. Das BVerfG hat insbesondere anerkannt, dass der demokratisch politische Prozess über Wahlperioden kurzfristiger

---

45 *Leijten*, Netherlands Quarterly of Human Rights 2019, 112 (116 f).
46 *Burgers/Staal*, Amsterdam Law School Legal Studies Research Paper No. 2019-01, 2019, S. 6.
47 *Burgers/Staal* (Fn. 46), S. 14.
48 *Urgenda II* (Fn. 4), Rn. 44 f.
49 *Urgenda II* (Fn. 4), Rn. 69.
50 *Urgenda II* (Fn. 4), Rn. 68, 74.
51 BVerfG, B. v. 24.3.2021 – 1 BvR 2656/18.

organisiert ist und es insofern umso schwerer fällt, langfristig Klimaziele zu verfolgen, v.a. weil die betroffenen zukünftigen Generationen keine Stimme in diesem Prozess haben.[52] Insofern versteht das Gericht Art. 20a GG als „eine justiziable Rechtsnorm, die den politischen Prozess zugunsten ökologischer Belange auch mit Blick auf die besonders betroffenen künftigen Generationen binden soll."[53] Diese Bindung drohe verloren zu gehen, wenn der materielle Gehalt des Art. 20a GG nur im tagespolitischen Prozess entschieden würde. Zwar lasse Art. 20a GG dem Gesetzgeber erheblichen Spielraum. Aber die Grundrechte schützen subjektivrechtlich als „intertemporale Freiheitssicherung" vor einer einseitigen Verlagerung von Klimaschutzmaßnahmen in die Zukunft.[54] Damit trägt das Gericht zu einer nachhaltigeren Demokratie bei, in der auch die Freiheiten der zukünftigen Anderen berücksichtigt werden müssen. Das könnte künftig gar für ausländische Betroffene gelten. Das BVerfG hielt es für „prinzipiell denkbar", dass Schutzpflichten auch gegenüber den in Bangladesch und in Nepal lebenden Beschwerdeführenden bestehen und Deutschland verpflichten, gegen Beeinträchtigungen durch den globalen Klimawandel vorzugehen.[55]

IV. Rechtsprechung als Rechtserzeugung?

Diese Fälle zeigen deutlich, dass die Annahme, wonach Gerichte ausschließlich Recht anwenden, welches zuvor von der Legislative erzeugt wurde, nicht trägt. Das ist kein klima-rechtliches Novum: so ist schon die Doktrin von (europarechtlichen) positiven Verpflichtungen eine Schöpfung der Judikative.[56] Gleiches lässt sich über eine Reihe von Persönlichkeitsgrundrechten sagen, insbesondere dem Grundrecht auf informationelle Selbstbestimmung, welches das BVerfG durch seine Rechtsprechungspraxis geschaffen hat. Zwar haben viele Jurist:innen rigoros bestritten, dass das höchste Gericht ein neues Grundrecht erfunden, sondern nur herausgearbeitet hätte, was ohnehin schon „angelegt" war. *Schlink* stellt

52 BVerfG, 1 BvR 2656/18, Rn. 206.
53 BVerfG, 1 BvR 2656/18, LS 1a.
54 BVerfG, 1 BvR 2656/18, Rn. 183.
55 BVerfG, 1 BvR 2656/18, Rn. 174 ff. Das Gericht hatte zuvor bereits eine Verletzung der Schutzpflichten der inländischen Beschwerdeführenden abgelehnt und musste sich mit der Frage nicht auseinandersetzen, betonte aber, dass diese zumindest von anderer Art wären als Schutzpflichten gegenüber Inländer:innen.
56 *Krieger*, ZaöRV 2014, 187 (189).

jedoch zutreffend fest, dass „der Unterschied zwischen der Erfindung neuer Grundrechte, der Entdeckung neuer Grundrechtsbedeutungen und der neuen Beleuchtung alter Grundrechtswirkungen vernachlässigt werden [kann]. Er belegt denselben Vorgang richterlicher Rechtsschöpfung nur mit verschiedenen Begriffen."[57] Das Recht auf informationelle Selbstbestimmung, aber daneben auch weiteres „ungeschriebenes Verfassungsrecht" wie u.a. das materielle Rechtsstaatsprinzip, das Bestimmtheitsgebot, der Verhältnismäßigkeitsgrundsatz, sind größtenteils das Produkt höchstrichterlicher Interpretation – und damit Rechtsschöpfung.[58]

Eine Norm kann nicht für jede erdenkliche Situation die einzig richtige Rechtsfolge aufstellen. So klar und eindeutig sie auch erscheinen mag, eine Norm muss *immer* interpretiert werden, bevor sie angewendet werden kann. „Es gibt keine Rechtsnormen, es gibt nur interpretierte Rechtsnormen!"[59] Man kann die Norm mit einer leeren Schale vergleichen, die erst durch Interpretation gefüllt wird. Jeder noch so eindeutig formulierte Rechtsakt lässt der Rechtsanwenderin einen Ermessenspielraum.[60] *Kelsen* legt insofern dar, dass Interpretation mittels der gängigen Interpretationsmethoden in einem konkreten Fall nicht die *eine* richtige Entscheidung liefern kann, sondern dass sie vielmehr den Rahmen der Norm herstellt, in dem mehrere Alternativen denkbar sind.[61] Je vager die Norm ausgestaltet ist, desto mehr ist die konkrete Bestimmung des Inhalts auf den Anwendungsfall in das Ermessen der Richterin gestellt. Das gilt insbesondere bei Generalklauseln.[62] Es folgt, dass „the open texture of law leaves a vast field for a creative activity which some call legislative."[63] In diesem weiten Feld spielen nicht nur die Normen des positiven Rechts, sondern auch solche der Moral, Gerechtigkeit und sozialen Werturteile (Volkswohl, Staatsinteresse usw.) eine Rolle.[64] Die authentische Interpretation – also die Interpretation durch ein rechtsanwendendes Organ – schafft Recht.[65]

Das gilt nicht nur für die Interpretation, die in Form eines Gesetzes ergeht und somit für alle gleichen Fälle Recht schafft – also den klassische

57 *Schlink*, Der Staat 25 (1986), 233.
58 S. zur Thematik *Wolff*, Ungeschriebenes Verfassungsrecht unter dem Grundgesetz, 2000, S. 3ff.
59 *Häberle*, ZfP 1974, 111 (127).
60 *Kelsen*, Reine Rechtslehre, 2. Aufl. 1960, S. 348 f.
61 *Kelsen*, Rechtslehre (Fn. 60), S. 349.
62 *Payandeh*, Judikative Rechtserzeugung, 2017, S. 322.
63 *Hart*, The Concept of Law, 1961, S. 204.
64 *Kelsen*, Rechtslehre (Fn. 60), S. 351.
65 *Kelsen*, Rechtslehre, (Fn. 60), S. 352.

Rechtssetzungsakt durch den Gesetzgeber, der seinerseits bei der Erzeugung einfachen Rechts Normen, z.B. jene der Verfassung, interpretiert – sondern auch für die Interpretation, die nur in einem konkreten Einzelfall eine Norm erzeugt. Auch wenn das Gericht weniger frei ist als der Gesetzgeber: Durch authentische Interpretation setzen – insbesondere die letztinstanzlichen – Gerichte neues Recht, sobald diese Akte rechtskräftig geworden sind.[66] Rechtsvollziehung ist auch Rechtserzeugung, zwischen beiden lässt sich nicht eindeutig differenzieren. *Merkl* prägte hierfür den Begriff des „doppelten Rechtsantlitz".[67] Damit muss das klassische Verständnis von Gewaltenteilung – die Legislative „will", die Judikative „handelt" ohne einen persönlichen Beitrag zu dieser Ausführung zu leisten – überdacht werden. *Möllers* regt insofern an, die Aufgabe der Gewalten nicht in der Ausübung von Macht, sondern in der Erzeugung von Recht zu sehen.[68]

Dann stellt sich aber die Frage, worin eigentlich der Unterschied zwischen den Gewalten liegt und wie man ihre Kompetenzen voneinander abgrenzen soll. Es gilt, dass der Grundsatz der Gewaltenteilung im Kern gewahrt bleiben muss. *Möllers* greift hierfür auf Art und Umfang der Rechtserzeugung zurück. Entscheidend für sein Modell ist das Element der Selbstbestimmung. Jeder Rechtssetzungsakt – gleichgültig, ob er von der Legislative, Exekutive oder Judikative stammt – muss demokratisch und individuell legitimiert sein. Er teilt hier zwischen demokratischer und individueller Selbstbestimmung, die gleichranging sind.[69] Die demokratische Selbstbestimmung, die der Legislative zugeordnet wird, steht für die Regelung einer Vielzahl von Sachverhalten für eine Vielzahl von Menschen in einem in die Zukunft gerichteten Prozess. Diesen Prozess kann die Legislative von sich aus anstoßen, durch die Einleitung eines Gesetzgebungsverfahrens, in das die Gerichte grundsätzlich nicht eingreifen dürfen. Die Judikative, verantwortlich für die individuelle Selbstbestimmung, kann hingegen nur auf fremde Initiative tätig werden. Der ganze Prozess wird vom Willen der Klägerin getragen. Der Prozess ist grundsätzlich in die Vergangenheit gerichtet, also auf die Wiedergutmachung bereits entstandener Schäden.[70]

66 *Kelsen*, Rechtslehre, (Fn. 60), S. 352.
67 S. *Merkl*, Juristische Blätter 1918., Rn. 425ff.
68 *Möllers*, Die drei Gewalten. Legitimation der Gewaltengliederung in Verfassungsstaat, Europäischer Integration und Internationalisierung, 2008, S. 90.
69 *Möllers*, Gewalten (Fn. 68), S. 73.
70 *Möllers*, Gewalten (Fn. 68), S. 95-106.

Während also beide Gewalten[71] Recht schaffen, so sind die Rechtsetzungsverfahren unterschiedlich und stehen nicht in Hierarchie zueinander. Vielmehr handelt es sich um einen „zeitlich und sachlich gestaffelten Konkretisierungsmechanismus".[72] Das Gerichtsurteil beendet einen Rechtserzeugungszyklus, der mit der legislativen Entscheidung als Formalisierung demokratischer Selbstbestimmung begann.[73]

Was aber, wenn ein Gericht ein Klimaziel, das vom demokratisch-legitimierten Gesetzgeber gesetzt worden ist, als ambitionslos verwirft, wie es im Falle von *Urgenda* der Fall war? Haben sich die Gerichte in diesem Fall nicht über die demokratisch-kollektive Selbstbestimmung des niederländischen Volkes hinweggesetzt? Hier stellt sich ganz grundsätzlich die Frage, in welchem Verhältnis Mehrheitsentscheidungen des Volkes zu den Grundrechten Einzelner stehen.

V. Das Spannungsfeld zwischen Volkssouveränität und Menschenrechten

Mit diesem Problem hat sich *Habermas* im Rahmen seiner Gleichursprünglichkeitstheorie beschäftigt.[74] Demnach besteht ein Spannungsfeld zwischen einem „liberalen" und „republikanischen" Verständnis von Politik, zwischen der privaten und der öffentlichen Autonomie – oder auch: zwischen Menschenrechten und Volkssouveränität. Unter Privatautonomie wird nach liberaler Auffassung verstanden, dass jeder im Grunde frei ist, zu tun, was immer sie oder er will, solange dabei nicht in die Rechte anderer eingegriffen wird. Das Recht soll die freie Ausübung des individuellen Willens sichern. Rechte werden vor allem als Abwehrrechte verstanden, die das Individuum vor unzulässigen Eingriffen in sein Leben, seine Freiheit und sein Eigentum – durch tyrannische Mehrheitsentscheidungen – schützen sollen. Auf der anderen Seite räumt die republikanische Auffassung der öffentlichen Autonomie den höchsten Stellenwert ein. Unter öffentlicher Autonomie versteht *Habermas* die Möglichkeit, an Diskursen der Selbstregierung teilzunehmen, sich also an der kollektiven Selbstbestimmung einer politischen Gemeinschaft zu beteiligen, die nach

---

71 Nicht nur die Legislative und Judikative, sondern auch die Exekutive schafft Recht, siehe dazu *Möllers*, Gewalten (Fn. 68), S. 107 ff.

72 *Möllers*, Gewalten (Fn. 68), S. 117.

73 *Möllers*, Gewalten (Fn. 68), S. 116.

74 Vgl. dazu im Detail *Habermas*, Die Einbeziehung des Anderen. Studien zur politischen Theorie, 2. Aufl. 1997, S. 277-292 und *Habermas*, Faktizität (Fn. 35), insb. S. 151-165.

den Gesetzen lebt, die sie sich selbst gegeben hat.[75] Diese Gesetze können wiederum zur Einschränkung der Privatautonomie Einzelner führen. Dieses Spannungsfeld wird auch in den Klimaklagen ersichtlich – der gerichtlich angestrebte Schutz der Grundrechte Einzelner vor den Auswirkungen des Klimawandels gegen das vom Gesetzgeber durch Mehrheitsentscheid gesetzte Klimaziel.

Was ist also wichtiger – die Menschenrechte oder die Volkssouveränität? Für *Habermas* sind die beiden Autonomien normativ gleichranging, keine genießt die Vorherrschaft über die andere. Vielmehr setzen private und öffentliche Autonomie, Menschenrechte und Volkssouveränität einander voraus.[76]

Auf der einen Seite drückt sich im Willen des Gesetzgebers der deliberative Prozess der Entscheidungsfindung in der Bevölkerung aus. Die Bürger:innen haben die Gesetze selbst erschaffen und sind gleichzeitig jene, die ihnen unterworfen sind.

Auf der anderen Seite stehen die Menschenrechte, die zum einen die Privatautonomie schützen sollen. Sie sind darüber hinaus aber auch institutionelle Voraussetzung, dass jemand überhaupt am demokratischen Prozess teilnehmen kann. Das leuchtet unmittelbar ein für Kommunikationsgrundrechte, wie dem Recht auf Meinungsfreiheit, gilt aber auch für die anderen Menschenrechte: Wer gefoltert wird, wessen Leben bedroht wird, wer kein Zuhause hat, der hat andere Sorgen als wählen gehen oder sich in Diskussionen einzubringen. Menschenrechte ermöglichen und schützen die Teilnahme an diesen rationalen Diskursen. Sie stehen aber nicht einfach fest. Wie einfaches Recht auch, müssen sie von den Teilnehmer:innen rationaler Diskurse hinsichtlich ihrer Existenz, ihres Ausmaßes und ihrer Gestalt bestimmt werden. Hier schließt sich der Kreis und es wird ersichtlich, warum für *Habermas* Menschenrechte und Volkssouveränität nicht im Widerspruch zueinander stehen, sondern einander vielmehr bedingen. Beide sind gleichursprünglich für das Demokratieprinzip.[77]

Damit ist die Aufgabe des Gerichts definiert: Sie müssen sowohl die öffentliche als auch die individuelle Autonomie wahren.[78] Das Volk will nicht von Richter:innen regiert werden, und das müssen die Gerichte akzeptieren. Wenn Richter:innen außertextliche Grundwerte „entdecken", die ihre Rechtsprechung leiten, würden sie das demokratische Ideal des

---

75 *Habermas*, Einbeziehung (Fn. 74), S. 277-280.
76 *Habermas*, Faktizität (Fn. 35) S. 112.
77 *Habermas*, Faktizität (Fn. 35), S. 155.
78 *Habermas*, Faktizität (Fn. 35), S. 320.

Verfassungsprojekts, wonach das Volk diese Werte selbst bestimmen will, verletzen.[79] Somit ist die Justiz an das *geltende* Recht gebunden.[80]

Das bedeutet aber nicht, dass Richter:innen das Gesetz bloß „vollstrecken". Sie können bereits von der Gesellschaft vertretene Werte bekräftigen und neue Werte in die Rechtsordnung einführen, indem sie die Aufmerksamkeit auf Interessen lenken, die möglicherweise ungeschützt bleiben würden, weil sie entweder diffus und vage sind, wie z.B. Umweltrechte, oder die keine mächtige Lobby haben (z.B. arme und marginalisierte communities, zukünftige Generationen, aber auch Tiere und die Natur). Denn auch wenn das Volk nicht von Gerichten regiert werden möchte, so wenig steht es unter dem „government by the dead".[81] Gerichte, insbesondere die Verfassungsgerichte, sollen auf die sozialen, technischen, ökonomischen und ökologischen Veränderungen reagieren können. Das BVerfG hat diese Lesart bestätigt:

> *„Hat der Gesetzgeber eine eindeutige Entscheidung getroffen, darf der Richter diese nicht aufgrund eigener rechtspolitischer Vorstellungen verändern und durch eine judikative Lösung ersetzen, die so im Parlament nicht erreichbar war. Die tatsächliche oder rechtliche Entwicklung kann jedoch eine bis dahin eindeutige und vollständige Regelung lückenhaft, ergänzungsbedürftig und zugleich ergänzungsfähig werden lassen. Die verfassungsrechtliche Zulässigkeit der Lückensuche und -schließung findet ihre Rechtfertigung unter anderem darin, daß Gesetze einem Alterungsprozeß unterworfen sind. Sie stehen in einem Umfeld sozialer Verhältnisse und gesellschaftspolitischer Anschauungen, mit deren Wandel sich auch der Norminhalt ändern kann. In dem Maße, in dem sich aufgrund solcher Wandlungen Regelungslücken bilden, verliert das Gesetz seine Fähigkeit, für alle Fälle, auf die seine Regelung abzielt, eine gerechte Lösung bereit zu halten. Die Gerichte sind daher befugt und verpflichtet zu prüfen, was unter den veränderten Umständen "Recht" i. S. des Art. 20 III GG ist."*[82]

---

79 *Zurn*, Law and Philosophy 2002, 467 (481).

80 Das ergibt sich für *Habermas* auch aus der grundsätzlichen Verschiedenheit zwischen den Begründungsdiskursen (der Legislative) und den Anwendungsdiskursen (der Judikative). Anders als in gerichtlichen Verfahren sind in den Begründungsdiskursen alle Beteiligte (denn theoretisch können alle Betroffenen an rationalen Diskursen teilnehmen). Zudem können die Gerichte die Repressionsmittel des Staatsapparats in Anspruch nehmen und verfügen damit über administrative Macht, vgl. *Habermas*, Faktizität (Fn. 35), S. 212 f.

81 *Eisgruber*, Constitutional Self-Government, 2001, S. 40.

82 BVerfG, Urt. v. 3.4.1990 - 1 BvR 1186/89, NJW 1990, 1593 f., ohne Nachweise.

Eine besonders wichtige Rolle spielen hier die Menschenrechte. Sie können zu „Trümpfen" in der Hand von Einzelnen werden, die sie ausspielen können, um ihre Interessen gegen Nachteile, die das Resultat von politischen Mehrheitsentscheidungen sind, zu verteidigen.[83] In solchen Fällen sollen Gerichte zugunsten des Einzelnen entscheiden dürfen. Wo Grundrechte verletzt werden, kann eine Mehrheitsentscheidung die private Autonomie gefährden – und damit letztlich die Demokratie im Allgemeinen. Zwar kann und wird nicht jedes Menschenrecht jede kollektive Entscheidung übertrumpfen, aber es setzt der Kosten-Nutzen-Analyse zugunsten von Kollektiventscheidungen doch eine Grenze. Dies folgt aus dem Prinzip der gleichen Achtung für jede Person.[84]

Insofern ist es nicht verwunderlich, dass die meisten Klimaklagen Menschenrechtsklagen sind. *Burgers* analysiert, dass das erstinstanzliche Urteil in der *Urgenda*-Trilogie, welches auf einer zivilrechtlichen Sorgfaltspflichten-Konstruktion basierte, sowohl in der niederländischen als auch internationalen Rechtswissenschaft teils stark kritisiert wurde, wohingegen die Urteile des Berufungsgerichts und des Hohen Rates viel positiver aufgenommen worden seien.[85] Das Berufungsgericht hat die Dynamik zwischen Volkssouveränität und Menschenrechten in *Urgenda II* explizit angesprochen:

> „*The State argues that for this reason the system of the separation of powers should not be interfered with, because it is not up to the courts but to the democratically legitimised government as the appropriate body to make the attendant policy choices. This argument is rejected in this case, also because the State violates human rights, which calls for the provision of measures, while at the same time the order to reduce emissions gives the State sufficient room to decide how it can comply with the order.*"[86]

VI. *Abschließende Bemerkungen*

Die Verfassung ist ein unabgeschlossenes Projekt. Sie muss immer neu – und besser – interpretiert werden.[87] Das betrifft auch die Einbeziehung ökologischer Entwicklungen, die zum Zeitpunkt ihres Inkrafttretens noch

83 *Dworkin*, Taking Rights Seriously, 1977, S. XI.
84 *Habermas*, Faktizität (Fn. 35), S. 250.
85 *Burgers* (Fn. 26), 64-66.
86 *Urgenda II* (Fn. 4), Rn. 67.
87 *Habermas*, Faktizität (Fn. 35), S. 464.

nicht absehbar waren. Bei dieser Aktualisierung hilft den Gerichten auch ein Blick auf die europa- und völkerrechtlichen Verpflichtungen sowie wissenschaftlichen Entwicklungen.

So lag das (damalige) EU-Klimaziel bei 20% und damit höher als das angestrebte Klimaziel der Niederlande. Die Gerichte haben diese europarechtliche Verpflichtung bei ihrer Argumentation mitzugrunde gelegt.[88] Viele Staaten sind zudem völkerrechtlichen Verträgen wie der UN-Klimarahmenkonvention (UNFCCC) oder dem Pariser Übereinkommen beigetreten. Diese Verträge spielen oft eine wichtige Rolle, denn in den meisten erfolgreichen Klimaklagen haben Gerichte Menschen- und Grundrechte im Lichte umweltvölkerrechtlicher Verpflichtungen interpretiert.

Auch einseitige Erklärungen können ein Gericht bewegen, den Gesetzgeber zu mehr Klimaschutz zu verurteilen. So hatte Kolumbien im Vorfeld des Paris Agreement von 2015 versprochen, die Abholzung des Amazonas zu reduzieren. Nachdem dies in den Folgejahre nicht geschehen ist, hat der kolumbianische Corte Suprema de Justicia die Regierung 2018 in einem aufsehenerregenden Urteil, mit dem er zudem den Amazonas zu einem Subjekt eigener Rechte machte, verurteilt, eine Zero Deforestation Policy auszuarbeiten und umzusetzen.[89] In Pakistan verurteile ein Gericht die Regierung 2015, das Land „climate-proof" zu machen. Dabei ging es dem Gericht vor allem darum, dass der Staat bereits existierendes nationales Klimarecht endlich umsetzt.

Es wird hier deutlich, dass Gerichte Klimaverpflichtungen nicht aus der Luft greifen, sondern auf nationale und internationale Verpflichtungen verweisen, die die Staaten freiwillig eingegangen sind. Die Verfügbarkeit von immer mehr klimawissenschaftlichen Erkenntnissen, insbesondere den Berichte des IPCC, helfen den Gerichten wiederum, die Gefahren des Klimawandels einzuordnen und den Schutzbereich von Menschen- und Grundrechten bzw. dessen Verletzung zu bestimmen. Die Art und Weise, wie die Regierungen diese Menschenrechtsverletzungen beseitigen, wurde ihnen aber ins Ermessen gestellt. All diese Gesichtspunkte entschärfen den Vorwurf, dass Gerichte Klimarecht gegen den Willen des Gesetzgebers schaffen würden.

Daneben ist die grundsätzliche Diskussion, ob ein Gericht einem bestimmten Partikularinteresse tatsächlich den Vorrang vor anderen geben darf, noch nicht beendet. Allerdings stellt sich hier wiederum die Frage,

---

88 Vgl. *Urgenda I* (Fn. 3), Rn. 4.25 f.

89 Future Generations, Rn. 11.3.

ob der Klimaschutz wirklich ein weiteres Partikularinteresse, und damit vergleichbar z.B. mit wirtschaftlichen Interessen, ist.

UN-Sonderberichterstatter *Alston* weist darauf hin, dass Staaten konsequent schlechte wirtschaftliche Argumente nutzen, um das Nichtstun gegen den Klimawandel zu rechtfertigen.[90] Dabei hat bereits 2006 der Ökonom *Stern* vorgerechnet, dass ein „Weiter so“ die britische Wirtschaft jedes Jahr mindestens 5% (und möglicherweise bis zu 20%) des Bruttoinlandprodukts (BIP) kosten würde.[91] Dem IPCC zufolge würde die Welt bei einer Erwärmung um 2°C sozioökonomische Verluste in Höhe von 13% des globalen BIP und Schäden in Höhe von 69 Billionen Dollar erleiden.[92] Insgesamt hängen 1.2 Milliarden Arbeitsplätze (40% der weltweiten Beschäftigung) von einer nachhaltigen und gesunden Umwelt ab. Der Hitzestress sorgt selbst im günstigsten Fall (1,5°C-Szenario) für eine Reduzierung der globalen Arbeitszeit um 2% bis 2030.[93]

Der Klimawandel hat das Potential, nicht nur die Wirtschaft nachhaltig zu schaden, sondern eine „Klima-Apartheid“ auszulösen und den Rechtsstaat und die Menschenrechte,[94] schlussendlich sogar die menschliche Zivilisation auszulöschen.[95] Die Bewahrung unserer natürlichen Grundlagen, ohne die ein menschenwürdiges Leben überhaupt nicht möglich ist, steht somit im Interesse aller. Anstatt also weiterhin künstlich Klimaschutz gegen Wirtschaftsinteressen abzuwägen, wäre vielmehr erforderlich, dass die Voraussetzungen für eine echte grüne Wende geschaffen werden. Andernfalls hat *Sachs*, ein führender US-amerikanischer Ökonom, einen Vorschlag an die Bürger:innen, wie man mehr für den Klimaschutz tun könne: sie sollen die Gerichte mit Klagen „fluten“, um das Recht auf eine gesunde Umwelt durchzusetzen.[96]

---

90 Special Rapport “Climate Change and Poverty” (A/HRC/41/39), 2019, Rn. 38.

91 *Stern*, The Stern Review on Economics of Climate Change: Summary of Conclusions, 2006, S. 1.

92 *IPCC*, Sonderbericht Global Warming of 1.5°C, 2018, S. 264.

93 *ILO*, Greening with Jobs, 2018, S. 2, 7, 27.

94 Special Report (Fn. 91), Rn. 50, 65.

95 Vgl. NSW Land and Environment Court, *Walker v. Minister for Planning* (NSWLEC 741/157 LGERA 124) Rn. 161: “Climate change presents a risk to the survival of the human race and other species. Consequently, it is a deadly serious issue”; Abweichende Meinung von Richter Staton im Fall *Juliana* (Fn. 42), spricht von der “Nation’s willful destruction” (S. 33 ff).

96 *Sachs*, A Proposal for Climate Justice, Vortrag v. 10.10.2017 an der London School for Economics.

Zugang zur internationalen Rechtserzeugung

Zugang zur Völkerrechtssetzung: Demokratische Legitimationsdefizite in der transnationalen Rechtsordnung am Beispiel der 2030 Agenda für Nachhaltige Entwicklung

Hannah Birkenkötter[*]

Abstract: *Das Völkerrecht wirkt zunehmend in nationale Rechtsordnungen hinein, allerdings vermittelt: Die Verschränkung nationaler und internationaler Rechtsordnungen ist heute durch die Abwesenheit von Linearität und die Gleichzeitigkeit verschiedener Prozesse von Rechtssetzung und -umsetzung geprägt. Der vorliegende Beitrag beschreibt diese Entwicklungen anhand der Agenda 2030 für Nachhaltige Entwicklung, die 2015 von der Generalversammlung der Vereinten Nationen verabschiedet wurde. Es wird zunächst die Verhandlungsgeschichte der Agenda 2030 und ihre institutionelle Verankerung dargestellt, und sodann Rekursivität, d.h. die Interaktion verschiedener Akteure auf unterschiedlichen Ebenen hinsichtlich des konkreten normativen Gehalts der Agenda, als zentrales Merkmal heutigen transnationalen rechtlichen Ordnens herausgearbeitet. Der Beitrag schließt mit Erwägungen dazu, warum diese Art des Völkerrechts vor neuartigen Fragen demokratischer Legitimation steht und wie diesen begegnet werden kann.*

Das Völkerrecht lässt sich schon lange nicht mehr ausschließlich als *zwischen*staatliches Recht, welches die nationale Rechtsordnung weitestgehend unberührt lässt, fassen. Bereits 1964 beobachtete *Wolfgang Friedmann* die Entwicklung des Völkerrechts von einem reinen Koordinationsrecht zwischen souveränen Staaten zu einem Kooperationsrecht der internationalen Gemeinschaft und stellte fest, dass das Völkerrecht zunehmend Gemeinschaftsbelange und bestimmte Themenbereiche positiv regelt.[1] Die Zahl multilateraler völkerrechtlicher Verträge, die solche globalen Regelungen enthalten, hat seitdem noch einmal deutlich zugenommen; es gibt heute so gut wie keine grenzüberschreitenden Sachverhalte, die der völkerrechtlichen Regulierung entzogen wären.[2] Viele Normen zeitgenössischer multilateraler Verträge erheben außerdem den Anspruch, Sachverhalte

* Ich danke Felix Fouchard, Isabelle Ley, sowie den Teilnehmer*innen der 61. Jungen Tagung Öffentliches Recht für hilfreiche Hinweise.

1 *Friedmann*, The Changing Structure of International Law, 1964, Kapitel 6.

2 *Klabbers*, Introduction to International Organizations Law, 3. Aufl. 2015, S. 1.

auch innerhalb staatlicher Grenzen zu regulieren; sie heben den Schleier staatlicher Souveränität auf, durch den das Völkerrecht klassischerweise innerstaatliche und völkerrechtliche Sphären vermittelte.[3] Das ist in Rechtsgebieten wie dem internationalen Menschenrechtsschutz, dem Umweltvölkerrecht,[4] oder auch dem internationalen Wirtschaftsrecht vielleicht am offensichtlichsten.

Der Anspruch international verhandelter Normen, in nationale Rechtsordnungen hineinzuwirken, ist nicht nur auf völkervertragsrechtliche oder völkergewohnheitsrechtliche Vorschriften begrenzt. Das zeitgenössische Völkerrecht produziert eine Vielzahl von Normen, die nicht ohne weiteres unter den tradierten Quellenkanon des Völkerrechts subsumiert werden können.[5] Dazu zählt die Fülle von Empfehlungen internationaler Organisationen, darunter eine Reihe globaler Aktionsprogramme, und jüngst zunehmend Indikatoren, die ebenfalls international verhandelt werden und den Fortschritt der Umsetzung solcher Programme messen sollen.[6] Solche transnationalen Regulierungsprozesse können begrifflich unterschiedlich gefasst werden, etwa als *Global Administrative Law* oder als informelles internationales Recht.[7] Es ist ihnen aber gemein, dass die Grenzen zwischen staatlichem und internationalem Recht, zwischen privater und öffentlicher Regulierung, zwischen *hard law* und *soft law*, zunehmend verwischen.

Wenn die Verschränkung der internationalen mit nationalen Rechtsordnungen zunimmt, wenn immer mehr international verhandelte Normen den Anspruch erheben, das staatliche Recht zu formen, dann stellt sich mindestens in demokratisch verfassten Staaten die Frage nach der demokratischen Legitimation solcher Normen. Dabei wird das Demokratiedefizit des Völkerrechts sowohl über- als auch unterschätzt. Es wird überschätzt, wo davon ausgegangen wird, dass völkerrechtliche Normen einseitig, gleichsam „top-down", in das nationale Recht hineinwirken.[8] Viele, auch vertragsrechtliche, Normen sind vage formuliert und bieten dem na-

---

3 *Besson*, The Authority of International Law – Lifting the State Veil, Sydney Law Review 31 (2009), 343 (359).

4 Zur Genese dieses Teilrechtsgebiets jetzt umfassend und kritisch *Boysen*, Die postnationale Konstellation, 2020.

5 *Goldmann*, Internationale öffentliche Gewalt, 2015, S. 47-95.

6 Dazu *Merry/Davis/Kingsbury*, The Quiet Power of Indicators, 2015.

7 *Kingsbury/Krisch/Stewart*, The emergence of global administrative law, Law and Contemporary Problems 68 (2005), 15; *Pauwelyn/Wessel/Wouters*, Informal international lawmaking, 2012.

8 Ein Beispiel ist die 2018 formulierte Kritik am UN-Migrationspakt, siehe dazu *Birkenkötter/Buszewski*, *Das Spiel hat gerade erst begonnen: Zur Kritik am Migrationspakt*, *VerfBlog*, 2018/12/22, https://verfassungsblog.de/das-spiel-hat-gerade-erst-begonne

tionalen, demokratischen Gesetzgeber einen Umsetzungs- und damit einen Gestaltungsspielraum. Gleichzeitig wird das Demokratieproblem aber dort unterschätzt, wo nur Normen des traditionellen völkerrechtlichen Quellenkanons, wie er paradigmatisch in Artikel 38 Abs. 1 IGH-Statut kodifiziert ist, überhaupt in den Blick genommen werden. Denn dann wird ein großer Teil international verhandelter Normen schlicht ignoriert, und zwar auch solche Normen, die durchaus einen Geltungsanspruch innerhalb nationaler Rechtsordnungen erheben – wenngleich dieser Geltungsanspruch stets ein vermittelter ist, wie im Folgenden noch gezeigt werden soll.

Der vorliegende Beitrag verfolgt vor diesem Hintergrund zwei Ziele: Erstens soll am Beispiel der Agenda 2030 für Nachhaltige Entwicklung[9] gezeigt werden, wie internationale Normen heute einen Anspruch auf Einwirkung in nationale Rechtsordnungen erheben, gleichzeitig aber in hohem Maße prozesshaft sind und eigentlich nur aus ihrem weiteren Verhandlungskontext heraus verstanden werden können. Zweitens wird dann, ebenfalls am Beispiel der Agenda 2030, der Versuch einer begrifflichen Erfassung unternommen und aufgezeigt, warum diese Art des zeitgenössischen Völkerrechts vor neuartigen Fragen demokratischer Legitimation steht.

Dazu geht der Beitrag wie folgt vor: In einem ersten Schritt wird die Agenda 2030 und ihr Verhandlungsprozess näher vorgestellt. Sie steht beispielhaft für die Art von Agenden, die heute im Rahmen der Vereinten Nationen verhandelt werden und die in ihrem jeweiligen institutionellen Kontext zu sehen sind. Die Agenda 2030 kam nicht „aus dem Nichts“, sondern baute auf einem jahrzehntelangen, institutionalisierten Prozess auf. In einem zweiten Schritt wird dann der Begriff der transnationalen Rechtsordnungen vorgestellt und mit neueren Theorien transnationalen Regierens verknüpft. Hierdurch wird der Blick auf die Bedeutung von Teilhabe an internationalen Normverhandlungsprozessen geschärft. Wie Teilhabe in der Praxis aussieht, wird in diesem zweiten Abschnitt am Beispiel der Agenda 2030 und der Beteiligung von Frauen an ihrer Aushandlung gezeigt. Der Beitrag schließt in einem dritten Teil mit Erwägungen zur demokratischen Legitimation der Agenda 2030 und strukturell ähnlicher transnationaler Rechtsordnungen.

---

n-zur-kritik-am-migrationspakt/, DOI: 10.17176/20190211-224230-0 (letzter Aufruf am 2. April 2021).

9 UN Dok. A/Res/70/1.

I. Prozesshaftes Völkerrecht: Die Agenda 2030 für Nachhaltige Entwicklung

2015 von der Generalversammlung der Vereinten Nationen verabschiedet, verspricht die Agenda 2030 für Nachhaltige Entwicklung nicht weniger als eine „Transformation der Welt“ und ist entschlossen, „friedliche, gerechte und inklusive Gesellschaften aufzubauen“.[10] Die Agenda 2030 ist seitdem die Leitschnur für das System der Vereinten Nationen mit seinen zahlreichen Unterorganisationen, Programmen und Fonds; das Jahrzehnt 2020-2030 wurde von Generalsekretär António Guterres zur „Aktionsdekade für Nachhaltige Entwicklung“ ausgerufen.[11] Zahlreiche VN-Unterorganisationen, allen voran das VN-Entwicklungsprogramm (UNDP), nutzen die Agenda 2030 als normative Zielvorgabe für konkrete Projekte vor Ort. So soll etwa in Angola die informelle Wirtschaft im Rahmen einer Reform sozialer Sicherungssysteme stärker in den Blick genommen werden,[12] oder der Massentourismus in der Dominikanischen Republik umweltverträglicher und nachhaltiger gestaltet werden – und zwar explizit in Umsetzung der Agenda 2030.[13] Aber auch private Initiativen in Industrieländern sind an der Agenda 2030 ausgerichtet: Der Verein Bluepingu e.V. etwa möchte in Nürnberg und Fürth die Agenda 2030 lokal umsetzen und bietet dazu u.a. Beratungen zu privaten Solaranlagen, ein Gemeinschaftsgartenprojekt oder einen Mietdienst für Lastenfahrräder an.[14] Dies sind nur einzelne Beispiele für zehntausende Initiativen weltweit, die sich an der Agenda 2030 orientieren.[15] In Deutschland hat die Agenda 2030 unter anderem auch zu

---

10 A/Res/70/1, Präambel und Ziff. 3.

11 *Guterres*, Remarks to High-Level Political Forum on Sustainable Development, 24. September 2019, https://www.un.org/sg/en/content/sg/speeches/2019-09-24/remarks-high-level-political-sustainable-development-forum (letzter Aufruf am 28. April 2021).

12 UNDP Innovation, https://medium.com/@undp.innovation/understanding-and-engaging-with-the-complexity-of-informal-urban-markets-in-angola-631954216541 (letzter Aufruf am 28. April 2021).

13 UNDP Innovation, https://medium.com/@undp.innovation/transforming-the-tourism-sector-in-the-dominican-republic-from-mass-market-to-a-resilient-system-faf072234c11 (letzter Aufruf am 28. April 2021).

14 Bluepingu, https://sdgs-go-local.bluepingu.de/ (letzter Aufruf am 28. April 2021).

15 Das letzte sog. „SDG Global Festival for Action“ der vom Generalsekretär der Vereinten Nationen ins Leben gerufenene SDG Action Campaign brachte virtuell knapp 25.000 Menschen zusammen, die an der Umsetzung der SDGs mitwirken: https://globalfestivalofaction.org/about/ (letzter Aufruf am 28. April 2021).

einer Debatte über die Frage geführt, ob Nachhaltigkeit ins Grundgesetz aufgenommen werden sollte.[16]

Das Herzstück der Agenda 2030 bilden 17 Ziele für Nachhaltige Entwicklung, die nochmals in 169 Unterziele gegliedert sind. Ob die Ziele erreicht sind, wird anhand von Indikatoren gemessen, die von der Statistischen Kommission der Vereinten Nationen entwickelt und in einer separaten Resolution der Generalversammlung zwei Jahre nach der Agenda 2030 verabschiedet wurden.[17]

Ziele für nachhaltige Entwicklung (aus A/Res/70/1, S. 15)
Ziel 1: Armut in allen ihren Formen und überall beenden
Ziel 2: Den Hunger beenden, Ernährungssicherheit und eine bessere Ernährung erreichen und eine nachhaltige Landwirtschaft fördern
Ziel 3: Ein gesundes Leben für alle Menschen jeden Alters gewährleisten und ihr Wohlergehen fördern
Ziel 4: Inklusive, gleichberechtigte und hochwertige Bildung gewährleisten und Möglichkeiten lebenslangen Lernens für alle fördern
Ziel 5: Geschlechtergleichstellung erreichen und alle Frauen und Mädchen zur Selbstbestimmung befähigen
Ziel 6: Verfügbarkeit und nachhaltige Bewirtschaftung von Wasser und Sanitärversorgung für alle gewährleisten
Ziel 7: Zugang zu bezahlbarer, verlässlicher, nachhaltiger und moderner Energie für alle sichern
Ziel 8: Dauerhaftes, breitenwirksames und nachhaltiges Wirtschaftswachstum, produktive Vollbeschäftigung und menschenwürdige Arbeit für alle fördern
Ziel 9: Eine widerstandsfähige Infrastruktur aufbauen, breitenwirksame und nachhaltige Industrialisierung fördern und Innovationen unterstützen
Ziel 10: Ungleichheit in und zwischen Ländern verringern
Ziel 11: Städte und Siedlungen inklusiv, sicher, widerstandsfähig und nachhaltig gestalten
Ziel 12: Nachhaltige Konsum- und Produktionsmuster sicherstellen
Ziel 13: Umgehend Maßnahmen zur Bekämpfung des Klimawandels und seiner Auswirkungen ergreifen*
Ziel 14: Ozeane, Meere und Meeresressourcen im Sinne nachhaltiger Entwicklung erhalten und nachhaltig nutzen
Ziel 15: Landökosysteme schützen, wiederherstellen und ihre nachhaltige Nutzung fördern, Wälder nachhaltig bewirtschaften, Wüstenbildung bekämpfen, Bodendegradation beenden und umkehren und dem Verlust der biologischen Vielfalt ein Ende setzen
Ziel 16: Friedliche und inklusive Gesellschaften für eine nachhaltige Entwicklung fördern, allen Menschen Zugang zur Justiz ermöglichen und leistungsfähige, rechenschaftspflichtige und inklusive Institutionen auf allen Ebenen aufbauen
Ziel 17: Umsetzungsmittel stärken und die Globale Partnerschaft für nachhaltige Entwicklung mit neuem Leben erfüllen
* In Anerkennung dessen, dass das Rahmenübereinkommen der Vereinten Nationen über Klimaänderungen das zentrale internationale zwischenstaatliche Forum für Verhandlungen über die globale Antwort auf den Klimawandel ist.

---

16 Rat für Nachhaltige Entwicklung, https://www.nachhaltigkeitsrat.de/aktuelles/grundgesetz-for-future-nach-70-jahren-muss-die-verfassung-enkelfahiger-werden/ (letzter Aufruf am 28. April 2021).

17 UN Dok. A/Res/71/313.

Bereits die Tatsache, dass Indikatoren und Ziele in zwei unterschiedlichen Dokumenten verabschiedet wurden, deutet an, dass die Agenda 2030 als Ergebnisdokument zwar für sich genommen gelesen und interpretiert werden kann, dass sich aber ihr eigentlicher Wert erst dann recht erschließt, wenn der Kontext und die Verhandlungsgeschichte in den Blick genommen werden. Die Agenda durchlief einen mehrjährigen, in vielfacher Hinsicht innovativen Verhandlungsprozess und brachte die bis dato im System der Vereinten Nationen getrennten Bereiche der Nachhaltigkeitspolitik und der Fortschreibung der Millenniumsentwicklungsziele zusammen. Diese Prozesshaftigkeit ist für heutige globale Agenden ebenso kennzeichnend wie die Vielzahl von Akteuren, die an ihrer Entstehung beteiligt sind. Beides soll im Folgenden überblicksartig skizziert werden, bevor in einem dritten Schritt die wichtigsten Inhalte der Agenda vorgestellt werden.[18]

1. *Die Agenda 2030 als Zusammenführung der Millenniumsentwicklungsziele und der Nachhaltigen Entwicklung*

Nachhaltigkeit ist seit Anfang der 1990er Jahre begrifflich in den Vereinten Nationen verankert. Der Begriff der Nachhaltigen Entwicklung wurde erstmalig im sog. Brundtland-Bericht als „Entwicklung, die die Bedürfnisse der Gegenwart befriedigt, ohne die Fähigkeit künftiger Generationen, ihre eigenen Bedürfnisse zu befriedigen, zu kompromittieren“ definiert.[19] Auf der Grundlage dieses Berichts bekannte sich die Staatengemeinschaft 1992 in Rio de Janeiro in der Rio-Erklärung zu 27 Prinzipien der nachhaltigen Entwicklung und verabschiedete einen mehrere hundert Seiten umfassenden Aktionsplan, die Agenda 21.[20] Um nachhaltige Entwicklung auch institutionell im System der Vereinten Nationen zu verankern, wurde eine Kommission für Nachhaltige Entwicklung eingerichtet,[21] die mit dem Startschuss der Verhandlungen zur Agenda 2030 durch das Hochrangige Politische Forum abgelöst wurde.[22]

---

18 Zur Verhandlungsgeschichte der Agenda 2030 und der Nachhaltigkeitsziele *Dodds/Donoghue/Leiva Roesch*, Negotiating the Sustainable Development Goals, 2017.

19 Bericht der Kommission über Umwelt und Entwicklung, UN Dok. A/42/427, Annex, Kapitel 2, Ziff. 1.

20 UN Dok. A/CONF.151/26/REV.1(VOL.I).

21 Als Unterorgan des Wirtschafts- und Sozialrats, vgl. UN Dok. E/Res/1993/207.

22 UN Dok. A/Res/66/288, Ziff. 84.

Die Millenniumsentwicklungsziele wiederum wurden in ihrer endgültigen Form – acht Ziele, die bis 2015 erreicht werden sollten – gar nicht zwischenstaatlich verhandelt, sondern durch eine vom VN-Generalsekretär einberufene Arbeitsgruppe auf der Grundlage der Millenniums-Erklärung der Generalversammlung aus dem Jahr 2000 entwickelt.[23] Die Millenniums-Erklärung ist ihrerseits eine Zusammenführung und Höhepunkt verschiedener Entwicklungsagenden der 1990er Jahre, enthielt aber nur wenige und zudem schlecht operationalisierbare Ziele.[24] Während das Ziel 7 der Millenniumsziele nachhaltige Entwicklung explizit einbezog, entstanden die Millenniumsentwicklungsziele institutionell unabhängig vom eben beschriebenen Rio-Prozess. Nicht nur, aber auch in diesem Politikbereich hatten die Millenniumsentwicklungsziele damit den unbeabsichtigten Nebeneffekt, bestehende institutionelle Prozesse zu unterbrechen und zu schwächen.[25]

Der Grundstein für Nachhaltige Entwicklungsziele wurde 2012 im Ergebnisdokument des Rio+20-Gipfels gelegt, einem Nachfolgegipfel des Rio-Gipfels von 1992. Auf dem Rio+20-Gipfel sprach sich die Staatengemeinschaft für die Erarbeitung messbarer Ziele für Nachhaltige Entwicklung auf der Grundlage der Agenda 21 und weiterer Dokumente im Nachgang zum ursprünglichen Rio-Gipfel aus. Zugleich wurde betont, solche Ziele müssten mit den Nachfolgezielen der Millenniumsentwicklungsziele integriert werden.[26] Es entstand die Idee, beide Prozesse auch institutionell zusammenzuführen. Einen weiteren Schritt zur Integration der Nachhaltigen Entwicklung und der Post-2015-Agenda leistete der damalige Generalsekretär, Ban Ki-moon, indem er ein Hochrangiges Panel im Rahmen des Post-2015-Prozesses beauftragte, auch die Ergebnisse des Rio+20-Gipfels mit einzubeziehen.[27] Dies sind die Grundsteine des Prozesses, der letztlich in die Agenda 2030 mündete und im folgenden Abschnitt beschrieben wird.

---

23 Vgl. die Ziele in UN Dok. A/56/326, Anhang.

24 *Fukuda-Parr*, Millennium Development Goals, 2017, S. 15.

25 Dazu *Fukuda-Parr* (mit *Yamin* und *Greenstein*), Millennium Development Goals, 2017, S. 147.

26 UN Dok. A/Res/66/288, Ziff. 245-251, hier Ziff. 246.

27 Terms of Reference for the High-level Panel of Eminent Persons on the Post-2015 Development Agenda, UN Dok. A/67/890, Anhang, S. 65. Vgl. auch *Dodds/Donoghue/Leiva Roesch*, Negotiating the Sustainable Development Goals (Fn. 18), S. 25.

2. *Ein neuartiger Verhandlungsprozess: Vom Hochrangigen Panel über die Offene Arbeitsgruppe zu zwischenstaatlichen Verhandlungen*

Die Verhandlungen der Agenda 2030 erstreckten sich über mehrere Jahre und enthielten mehrere Schritte, durch die versucht wurde, so viele Akteure wie möglich in die Ausarbeitung der Agenda einzubeziehen. Das bereits erwähnte Hochrangige Panel legte seinen Abschlussbericht mit 12 Modell-Zielen im Mai 2013 vor.[28] Von 2013 bis 2014 wurden dann die 17 Ziele und 169 Unterziele im Rahmen einer Offenen Arbeitsgruppe verhandelt.[29] Dazu kamen eine Reihe von nationalen Konsultationen, die auch durch die VN-Präsenzen des VN-Entwicklungsprogramms vor Ort unterstützt wurden, sowie eine Online-Umfrage unter dem Titel „My World“, an der rund sieben Millionen Menschen teilnahmen.[30] Dass der Verhandlungsprozess zur Agenda 2030 sowohl von Seiten des Generalsekretariats als auch von Seiten der Mitgliedstaaten mit größtmöglicher Transparenz und Offenheit für verschiedene Interessengruppen gestaltet wurde, ist auch auf Kritik an den Millenniumsentwicklungszielen zurückzuführen, die aus einem rein bürokratischen Prozess hervorgegangen waren.[31]

Die Offene Arbeitsgruppe sollte ursprünglich mit 30 Mitgliedstaaten aus den verschiedenen Weltregionen besetzt werden. Da sich die Staaten aber nicht einigen konnten, wer die jeweilige Region repräsentieren sollte, wurde jeder der 30 Sitze durch sogenannte „Duos“ und „Troikas“, also Staatenvertreter*innen von zwei bis drei Ländern, gemeinsam besetzt.[32] Darüber hinaus spielten nichtstaatliche Akteure eine gewichtige Rolle. Auf dem Rio-Gipfel 1992 hatte die Staatengemeinschaft neun gesellschaftliche Hauptgruppen identifiziert, von denen die Umsetzung der Agenda 21 abhängen sollte: die Privatwirtschaft, Kinder und Jugend, die Landwirtschaft, indigene Bevölkerungsgruppen, Lokalregierungen, Nichtregierungsorganisationen, Forschung und Technik, Frauen sowie Arbeiter*innen/Gewerkschaften.[33] Seitdem sind noch vier weitere Gruppen hinzugetreten: Menschen mit Behinderung, Freiwillige, ältere Menschen, sowie

28 UN Dok. A/67/890, Anhang.

29 Diese war durch das Ergebnisdokument des Rio+20-Gipfels eingesetzt worden, vgl. UN Dok. A/Res/66/288, Ziff. 248.

30 *Fukuda-Parr*, Sustainable Development Goals, in: Weiss/Daws (Hrsg.), Oxford Handbook on the United Nations, 2. Auflage, 2018, S. 769.

31 *Fukuda-Parr*, Sustainable Development Goals (Fn. 30), S. 769.

32 *Dodds/Donoghue/Leiva Roesch*, Negotiating the Sustainable Development Goals (Fn. 11), S. 31-32.

33 Vgl. Agenda 21, UN Dok. A/CONF.121/56 (Vol. III), Abschnitt III.

das Bildungswesen und die Wissenschaft.[34] Der Einfluss dieser Gruppen auf die Ausgestaltung der Agenda 2030 ist nicht zu unterschätzen.[35] Dass die Vertreter*innen dieser Hauptgruppen, im VN-System bekannt als „Major Groups and other Stakeholders“, aus dem Rio-Prozess für die Verhandlungen der Post-2015-Agenda als relevante Akteure angesehen wurden, zeigt, dass der Verhandlungsprozess der Agenda 2030 trotz der neuartigen Offenen Arbeitsgruppe in vergangenen Prozessen verhaftet geblieben ist.

An die Verhandlungsphase der Offenen Arbeitsgruppe schloss sich ab Oktober 2014 eine Phase zwischenstaatlicher Verhandlungen in der Generalversammlung an, wobei zunächst unklar war, ob die 17 Ziele und 169 Unterziele in dieser Phase – nicht zuletzt vor dem Hintergrund eines zusammenfassenden Berichts des Generalsekretärs, der noch einmal die aus seiner Sicht wichtigsten Aspekte einer Post-2015-Agenda hervorhob – weiterhin verhandelbar sein sollten.[36] Hier setzten sich die G77 und China durch; die zwischenstaatlichen Verhandlungen öffneten das Paket der Ziele und Unterziele nicht erneut, sondern konzentrierten sich stattdessen auf eine politische Erklärung, Indikatoren und den Folgeprozess sowie Mechanismen zur Überwachung der Umsetzung.[37] Dabei ist zu erwähnen, dass der gerade aus der Perspektive der G77-Staaten überragend wichtige Aspekt der Finanzierung für Entwicklung (*Financing for Development*, FfD) nicht Teil des Agenda 2030-Dokuments ist. Stattdessen wurde diese Thematik in einem separaten Prozess zur Finanzierung von Entwicklung verhandelt, der in die Dritte Konferenz zur Entwicklungsfinanzierung und die dort verabschiedete Aktionsagenda von Addis Abeba für Nachhaltige Entwicklungsfinanzierung mündete.[38]

---

34 Vereinte Nationen, https://sustainabledevelopment.un.org/mgos (letzter Aufruf am 2. April 2021).

35 *Dodds/Donoghue/Leiva Roesch*, Negotiating the Sustainable Development Goals (Fn. 18), S. 62.

36 Synthesis-Bericht des Generalsekretärs der Vereinten Nationen in UN Dok. A/68/202.

37 *Dodds/Donoghue/Leiva Roesch*, Negotiating the Sustainable Development Goals (Fn. 18), S. 70-90, wobei die Indikatoren erst zwei Jahre später verabschiedet wurden, vgl. *supra* bei Fn. 17.

38 Befürwortet durch die Generalversammlung der Vereinten Nationen, UN Dok. A/Res/69/313, Anhang.

3. *„Niemanden zurücklassen": Kerngehalte der Agenda 2030 für Nachhaltige Entwicklung und ihre völkerrechtliche Relevanz*

Die Agenda 2030 für Nachhaltige Entwicklung, die in der Form einer Generalversammlungsresolution verabschiedet wurde, ist also das Ergebnis eines mehrjährigen Verhandlungsprozesses und enthält verschiedene Teile: die Politische Erklärung, die 17 Ziele und 169 Unterziele, und schließlich einen Teil zur Umsetzung und Nachverfolgung.[39] Sie sollte außerdem gemeinsam mit der Aktionsagenda von Addis Abeba und den Globalen Indikatoren gelesen werden.[40] Hier können nicht alle Inhalte der Agenda 2030 umfassend wiedergegeben werden. Es sei aber kurz auf ihre wichtigsten Leitprinzipien und Inhalte hingewiesen, um darzustellen, warum die Agenda völkerrechtlich von hoher Relevanz ist.

Die Politische Erklärung benennt gleich in der Präambel fünf Bereiche, unter die sich die Ziele subsumieren lassen sollen: Menschen, Planet, Wohlstand, Frieden, Partnerschaft, auch bekannt als die „Fünf Ps" (*people, planet, prosperity, peace, partnership*). Die Präambel verspricht auch, „auf dieser gemeinsamen Reise, die wir heute antreten, niemanden zurückzulassen".[41] Dieser Leitspruch, „niemanden zurückzulassen" (*Leave No One Behind*), findet sodann Ausdruck in dem Universalitätsanspruch, den die Politische Erklärung in ihrem Abs. 5 formuliert:

> *„Diese Agenda ist von beispielloser Reichweite und Bedeutung. Sie wird von allen Ländern akzeptiert und ist auf alle anwendbar…Ihre Ziele und Zielvorgaben sind universell."*[42]

Dieser universelle Anspruch ist ein echtes Novum der Agenda 2030, gerade im Vergleich zu den vorangegangenen Millenniumsentwicklungszielen, und war von Beginn an tragender Bestandteil der Verhandlungen.[43] Waren die Millenniumsentwicklungsziele eine klare Entwicklungsagenda, die auf einen Nord-Süd-Transfer ausgerichtet waren, sind die Nachhaltigen Entwicklungsziele an alle Mitgliedstaaten gerichtet: Alle Staaten, inklusive der Industriestaaten, sind aufgefordert, nationale Umsetzungsstrategien zu entwickeln und diese im Rahmen des Hochrangigen Politischen Forums vorzulegen (dieser Prozess ist prinzipiell freiwillig, es ist aber mit politi-

39 UN Dok. A/Res/70/1, Anhang.
40 UN Dok. A/69/313, Anhang; UN Dok. A/Res/71/313, Anhang.
41 UN Dok. A/Res/70/1, Anhang, Präambel.
42 UN Dok. A/Res/70/1, Ziff. 5.
43 *Dodds/Donoghue/Leiva Roesch*, Negotiating the Sustainable Development Goals (Fn. 18), S. 34.

schen Kosten verbunden, sich nicht dem freiwilligen Review-Verfahren zu unterziehen).[44] Der Universalitätsanspruch richtet sich auch auf die inhaltliche Breite der Agenda: Sie zeichnet sich gerade dadurch aus, dass sie beansprucht, ökologische Nachhaltigkeit mit sozialen und wirtschaftlichen Aspekten zusammenzudenken.

Während die Agenda 2030 formal eine nicht rechtsverbindliche Empfehlung der Generalversammlung darstellt, zeugt schon der ausführliche und hochrangig besetzte Verhandlungsprozess unter Einbeziehung verschiedenster Akteure von der hohen politischen Relevanz, die diesem Dokument beigemessen wurde und wird. Die Agenda 2030 und ihre Indikatoren beziehen sich zudem an verschiedenen Stellen auf bereits bestehende Rahmenwerke und eine ganze Reihe völkerrechtlich verbindlicher Instrumente, und sie formulieren konkrete Zielvorgaben für die innerstaatliche Rechtsordnung. Nachfolgend seien einige Beispiele genannt:

- Ziel 1 zur Armutsbekämpfung legt in seinem Unterziel 4 fest, dass alle Menschen gleiche Rechte auf wirtschaftliche Ressourcen sowie Zugang zu Grundeigentum haben sollen; gemessen wird der Anteil der erwachsenen Bevölkerung, der sichere Landnutzungs- und Besitzrechte hat;
- Ziel 5 zur Geschlechtergleichstellung zielt auf die Beendigung der Diskriminierung der Frau, hier wird u.a. gemessen, welche gesetzlichen Rahmenbedingungen hierfür bestehen. Darüber hinaus wird auch die Zahl der Gesetze über den Zugang zu sexueller und reproduktiver Gesundheit und reproduktiven Rechten gemessen (Unterziel 5.6);
- Ziel 10 zur Beseitigung von Ungleichheiten nicht nur zwischen, sondern auch in Ländern verweist in seinen Indikatoren global auf internationale Menschenrechtsstandards und Antidiskriminierungsrecht;[45]
- Ziel 13 zum Klimawandel verweist explizit auf die Klimarahmenkonvention der Vereinten Nationen;
- Ziel 14 zu Ozeanen und Meeren verweist explizit auf das Seerechtsübereinkommen der Vereinten Nationen.

An zahlreichen Stellen wird außerdem deutlich, dass die Ziele nur dann erreicht werden können, wenn auf der innerstaatlichen Ebene Änderungen herbeigeführt werden, die in aller Regel mit der Verabschiedung oder Reform nationaler Gesetze einhergehen. Dazu zählen zahlreiche Ziele und

---

44 Vgl. *Fukuda-Parr*, Sustainable Development Goals (Fn. 30), S. 768.

45 Zum Zusammenhang von Menschenrechten und den Nachhaltigen Entwicklungszielen s. a. *Birkenkötter*, Zum Verhältnis der 2030 Agenda für Nachhaltige Entwicklung und der internationalen Menschenrechte, zfmr 2021, 26.

Unterziele im sozialen Bereich, etwa zum Gesundheitswesen oder der Bildung, aber auch im Bereich der Infrastruktur oder der Städteplanung. Gekoppelt mit den Verweisen auf geltende, völkerrechtliche Verträge und ihrer hohen politischen Signalkraft ist die Agenda 2030 also weit mehr als eine einfache Empfehlung der VN-Generalversammlung an ihre Mitgliedstaaten, sondern ein Instrument, das auf nationale Politik- und Rechtsveränderungen zielt.

Dazu kommt, dass die Agenda, wie bereits erwähnt, die wohl derzeit wichtigste Leitschnur für das System der Vereinten Nationen mit seinen zahlreichen Unterorganisationen darstellt. Das gilt insbesondere für das Geflecht entwicklungspolitischer Programme, Fonds und Entitäten. Diese haben nicht nur ihre eigene Arbeit an den 17 Zielen ausgerichtet, sondern werben auch beständig für ihre Umsetzung auf staatlicher und lokaler Ebene. Über die Hälfte der Bediensteten der Vereinten Nationen arbeiten heute nicht mehr im Hauptquartier oder den anderen Standorten der Vereinten Nationen, sondern auf lokaler Ebene. Das VN-Entwicklungsprogramm UNDP unterhält in über 140 der 193 Mitgliedstaaten der Vereinten Nationen Länderbüros; diese wirken darauf hin, dass politische Aktionsprogramme – und hier zuvörderst die Agenda 2030 – auch national umgesetzt werden. Ein wichtiger Bestandteil der Arbeit der VN-Länderbüros ist die Unterstützung nationaler Entwicklungspläne; hier wirken die Vereinten Nationen durch ihr operatives Geschäft im Feld darauf hin, dass die Agenda 2030 mit ihren Zielen angemessen in den nationalen Entwicklungsstrategien aufgegriffen wird. Bis zu einem gewissen Grad spielen hier auch Konditionalitäten internationaler Finanzinstitutionen eine Rolle: Internationale Finanzinstitutionen knüpfen Kredite häufig an die Umsetzung bestimmter internationaler Normen, und diese werden u.a. durch VN-Entitäten, mit denen internationale Finanzinstitutionen vor Ort zusammenarbeiten, geprägt.[46]

Dieser letzte Aspekt ist natürlich nicht für alle Länder gleichermaßen relevant: Die 50 Mitgliedstaaten der Vereinten Nationen, in denen die Vereinten Nationen kein Länderbüro unterhalten, sind durchweg industrialisierte Länder. An der institutionellen Präsenz der Vereinten Nationen vor Ort hat sich auch durch den Universalitätsanspruch der Agenda 2030 nichts geändert. Hier zeigt sich also, dass zwar der Anspruch der Agenda 2030 für alle Länder gleich formuliert ist, seine Umsetzung aber von den jeweiligen Umständen eines Landes und auch von der institutionellen Prä-

46 Zur Auswirkung solcher Konditionalitäten sogar auf verfassunggebende Prozesse siehe *Sripati*, Constitution-Making under UN Auspices, 2020.

senz der Vereinten Nationen vor Ort abhängen kann, wobei in Deutschland der Prozess zur Deutschen Nachhaltigkeitsstrategie im Kanzlerinnenamt und damit politisch hochrangig aufgehängt ist.[47]

Die Agenda 2030 richtet sich außerdem auch direkt an nicht-staatliche und sub-staatliche Akteure. Bereits in der Präambel heißt es: „Alle Länder und alle Interessenträger werden diesen Plan in kooperativer Partnerschaft umsetzen.“ Mit dem Ziel 11 ist ein eigenes Ziel für Städte ausgerufen; lokale Regierungen werden hier unmittelbar zum Handeln aufgefordert.[48] Und schließlich spricht das Ziel 17 von einer Globalen Partnerschaft für Nachhaltige Entwicklung, die durch Multi-Akteur-Partnerschaften und öffentlich-private Partnerschaften unterstützt werden soll. Die Agenda 2030 formuliert Zielvorgaben für Bereiche wie dem Arbeits- und Sozialwesen, dem Gesundheitswesen, der Gleichstellungspolitik, dem Infrastruktur- und Planungsrecht, Energie, Umweltpolitik oder Verwaltungsstrukturen, also für solche Themenbereiche, die lange als *domaine réservé* staatlicher Souveränität galten. Die Agenda wirkt also keinesfalls als horizontales Koordinationsrecht zwischen Staaten, sondern sie formuliert den Anspruch, in den Staat hineinzuwirken. Dieser Anspruch wird aber nicht als ein klares, linear-vertikales Einwirken verstanden.

II. Zugang zur Rechtssetzung am Beispiel der Agenda 2030: Legitimatorische Herausforderungen für das zeitgenössische Völkerrecht

In der Agenda 2030 geht es nicht um eine hierarchisierte „top-down“ Relation, sondern um die nicht-lineare Vernetzung verschiedener Akteursebenen. Im Folgenden wird auf Möglichkeiten der begrifflichen Erfassung dieses Phänomens eingegangen, sowie darauf, inwieweit sich hieraus legitimatorische Probleme jedenfalls für demokratisch verfasste Staaten ergeben, und ob diese durch einen Zugang nicht-staatlicher Akteure zum Rechtssetzungsprozess aufgefangen werden können. Dies soll erneut am Beispiel der Agenda 2030 und konkret dem Zugang von Frauen zum Verhandlungsprozess untersucht werden.

47 Bundesregierung, Nachhaltigkeitsstrategie neu aufgelegt, https://www.bundesregierung.de/breg-de/themen/nachhaltigkeitspolitik/nachhaltigkeitsstrategie-2021-1873560 (letzter Aufruf am 2. April 2021).

48 Zu Sustainable Development Goal 11 siehe die Beiträge in *Aust/Du Plessis* (Hrsg.), The Globalisation of Urban Governance, 2018.

1. *Rekursivität als zentrales Merkmal: Transnationale Rechtsordnungen und experimentelles Regieren jenseits des Staates*

Das zeitgenössische Völkerrecht zeichnet sich – das zeigt sich an dem bis hierher Beschriebenen – durch seine Verhandlung in institutionalisierten Prozessen, die ihrerseits wiederum starke Pfadabhängigkeiten aufweisen, aus. Es ist seiner Natur nach prozesshaft, und nicht statisch. *Halliday* und *Shaffer* haben mit dem Begriff der „transnationalen Rechtsordnungen" bzw. des „transnationalen rechtlichen Ordnens" einen Versuch vorgelegt, Entwicklungen, wie sie sich an der Agenda 2030 zeigen, begrifflich zu erfassen und zu theoretisieren.[49] Sie definieren transnationale Rechtsordnungen als solche normativen Ordnungen, die im Rahmen einer transnational, also über staatliche Grenzen hinweg agierenden Institution geschaffen werden, formell oder informell, direkt oder indirekt in mehrere staatliche Rechtsordnungen hineinwirken, und die in eine Form gegossen werden, die als Recht erkennbar ist, wobei das Formerfordernis nicht im Sinne der traditionellen Quellenlehre, sondern weiter, nämlich als jede formalisierte Verschriftlichung, verstanden wird. So entsteht ein prozessuales Verständnis transnationaler Rechtsordnungen.[50]

Natürlich ist das von *Halliday* und *Shaffer* vorgelegte Konzept transnationalen rechtlichen Ordnens nur eine mögliche Deutung des Begriffs des Transnationalen, ein Begriff, der in den letzten Jahren erheblich an Prominenz gewonnen und damit zugleich vielleicht an Schärfe verloren hat.[51] *Philipp Jessup* prägte den Begriff „transnational law" bereits 1956 und verstand darunter jedes Recht, das einen grenzüberschreitenden Sachverhalt regelt, also sowohl klassisches Völkerrecht als auch internationales Privatrecht, sowie eine Kategorie sog. „anderer Regeln", die in keine der beiden vorgenannten Kategorien passen.[52] Schon bei *Jessup* bleibt diese letzte Kategorie vage und undefiniert,[53] und die Konzeptionalisierung von *Halliday* und *Shaffer* leidet vielleicht am meisten darunter, dass nicht ganz klar ist, was eine als Recht erkennbare Form ist, außer, dass wohl schriftliche Do-

49 *Halliday/Shaffer*, Transnational Legal Orders, 2015. Im Original klingt das transnationale rechtliche Ordnen mit *transnational legal ordering/transnational legal orders* etwas geschmeidiger, vgl. S. 4.

50 *Halliday/Shaffer*, Transnational Legal Orders (Fn. 49), S. 7-21.

51 Für eine Übersicht über verschiedene Bedeutungen und Konzeptionalisierungen des Begriffs der „transnationalen Rechtsordnung" siehe *Halliday*, Theorizing Transnational Legal Orders, Annu.Rev.LawSoc.Sci 2016, 231 (233-246).

52 *Jessup*, Transnational Law, 1956, S. 2.

53 *Halliday* (Fn. 51), S. 232.

kumente gemeint sind – wobei hier wohl Gewohnheitsrecht gerade auch als völkerrechtliche Kategorie zu kurz kommt und gerade im Kontext der Vereinten Nationen durchaus ein Unterschied besteht, ob ein bestimmtes Thema etwa im Rahmen einer unverbindlichen Erklärung der Generalversammlung verabschiedet wird, oder in der Form eines völkerrechtlichen Vertrags.

Gleichwohl ist *Hallidays* und *Shaffers* Begriffsbildung für das Verständnis eines Instruments wie der Agenda 2030 hilfreich, und zwar vor allem, weil ihre Theorie transnationaler Rechtsordnungen die Dichotomie zwischen nationalem und internationalem Recht durchbricht. Zugleich heben *Halliday* und *Shaffer* das Element der Rekursivität hervor, welches durch das prozessuale Verständnis noch verstärkt wird: Verschiedene transnationale Rechtsordnungen interagieren in mehrfachen, rekursiven Beziehungen miteinander, aber auch mit nationalen Rechtsordnungen. Damit wird die Wirkung einzelner Instrumente immer erst durch ihre Interaktion mit anderen Ordnungen verständlich. Zwei klassische Trennungen werden hier aufgehoben: die Trennung zwischen internationaler und nationaler Rechtssphäre einerseits und die Trennung zwischen Rechtssetzung und Rechtsumsetzung andererseits.[54]

Der Begriff der Rekursivität erlaubt in der Durchbrechung der Trennung zwischen internationaler und nationaler Rechtssphäre, dass gleichzeitige, vielfältige, rekursive Beziehungen zwischen verschiedenen transnationalen und nationalen Rechtsordnungen zu einem offenen, iterativen Lernprozess führen, der im Mehrebenensystem zwischen den verschiedenen Ebenen oszilliert. Diesen experimentellen Charakter hat zuletzt *Gráinne de Búrca* für ein besseres Verständnis der Wirkungsweise internationaler Menschenrechte fruchtbar gemacht.[55] Auch sie betont das Prozesshafte zeitgenössischer völkerrechtlicher Instrumente und stellt eine Theorie transnationalen experimentellen Regierens vor.[56] Diese Theorie geht davon aus, dass das Zusammenwirken fünf notwendiger Faktoren – grundsätzliche Übereinstimmung, dass ein gemeinschaftliches Problem besteht, Einigung auf grobe Zielvorgaben zu seiner Lösung auf globaler Ebene, Einbindung lokaler Akteure in die Umsetzung der Zielvorgaben und dadurch Anpassung an lokale Gegebenheiten, Feedback der lokalen Akteure an die globale Ebene, und regelmäßige Überprüfung und Anpassung des

---

54 *Halliday/Shaffer*, Transnational Legal Orders (Fn. 49), S. 37-42.

55 *De Búrca*, Human Rights Experimentalism, AJIL 111 (2017), 277; *De Búrca*, Reframing Human Rights in a Turbulent Era, 2021.

56 Dazu grundlegend *De Búrca/Keohane/Sabel*, Global Experimentalist Governance, B.J.Pol.S. 44 (2014), 477 (477-478).

globalen Rahmens – zu einer normativ wünschenswerten deliberativen und partizipativen Form globalen Regierens führt.[57]

De Búrca unterstreicht, dass eine Theorie experimentellen transnationalen Regierens, deren zentrales Merkmal gerade in der Rekursivität besteht, auf die auch *Halliday/Shaffer* verweisen, deswegen normativ attraktiv ist, weil sie besonders die Aspekte angemessener Teilhabe an transnationalen Prozessen sowie dem Lernen von der lokalen Ebene hervorhebt.[58] Gerade solche Akteure, die durch globale Normen besonders angesprochen werden oder von einer bestimmten Problematik besonders betroffen sind,[59] sollen im Rahmen experimentellen globalen Regierens an der Formung transnationaler Rechtsordnungen beteiligt und damit der partizipative Aspekt gestärkt werden. Damit wird eine große Leerstelle transnationaler Rechtsordnungen in den Blick genommen, nämlich die Frage nach der Rechenschaftspflicht rechtsetzender Akteure gegenüber denen, die von den Normen betroffen sind. *Jessup* hatte das transnationale Recht vor allem als problemlösungsorientierte Kategorie entwickelt; über die Frage der Beteiligung und dadurch resultierende, bessere Qualität des Rechts, aber auch dessen Akzeptanz, hatte er sich wenige Gedanken gemacht.[60]

2. *Zugang zur Rechtssetzung bei der Agenda 2030: Das Beispiel der Women's Major Group*

Vor diesem Hintergrund soll nun der Zugang zur Rechtssetzung im Rahmen der Verhandlungen zur Agenda 2030 näher in den Blick genommen werden, und zwar am Beispiel der Women's Major Group, die als eine der einflussreichsten Major Groups in diesem Verhandlungsprozess gilt.[61] Die Women's Major Group hatte zwei Ziele: Die Agenda 2030 sollte ein eigenständiges Ziel zur Geschlechtergleichstellung und Geschlechtergerechtigkeit enthalten, und Geschlechtergerechtigkeit sollte außerdem

---

57 *De Búrca* (Fn. 55), S. 282; *De Búrca/Keohane/Sabel* (Fn. 56), S. 478.

58 *De Búrca* (Fn. 55), 281.

59 Siehe zur Frage der Betroffenheit als Kriterium für Beteiligungsmöglichkeiten *Hasl*, Das Konzept der Betroffenheitskollektive im Völkerrecht: Zugangsschlüssel für vulnerable Personengruppen zur internationalen Rechtserzeugung?, in diesem Band.

60 *Michaels*, in: Zumbansen (Hrsg.), The Many Lives of Transnational Law, 2020, S. 441 (449-450).

61 *Esquivel*, Power and the Sustainable Development Goals: a feminist analysis, Gender&Development 24 (2016), 18.

als Querschnittsthema in allen anderen Zielen verankert werden.[62] Die Anstrengungen der Women's Major Group waren außerordentlich erfolgreich: Mit Ziel 5 existiert ein eigenständiges Ziel der Geschlechtergleichstellung, und ein Bericht der VN-Entität für Frauen (UN Women) hat ausführlich dargelegt, dass sämtliche 17 Ziele eine Geschlechterdimension enthalten und diese auch sehr häufig in den Unterzielen und Indikatoren selbst enthalten ist.[63]

Welche Organisationen waren in der Women's Major Group vertreten, welche hatten Zugang zu den Verhandlungsprozessen? Hier muss trotz des erklärten Ziels der Women's Major Group, einen Schwerpunkt auf Führung durch Frauen aus dem Globalen Süden zu legen,[64] ein differenziertes Bild verschachtelter Konditionalitäten gezeichnet werden. Die Women's Major Group hat einen ausgeprägten Fokus auf transparente Beteiligungsstrukturen, durch die vor allem Expertise aus dem Globalen Süden in die Vereinten Nationen getragen werden soll. Während der Verhandlungen der Agenda 2030, insbesondere während der für die Zivilgesellschaft wohl wichtigsten frühen Phase der Offenen Arbeitsgruppe,[65] verfügte die Women's Major Group über ein selbstorganisiertes System mit Vertreter*innen in allen Weltregionen.[66] Gleichwohl waren vermutlich mangelnde Ressourcen ein Hauptgrund dafür, dass nur eine Vertreterin von außerhalb des amerikanischen Kontinents regelmäßig zu den Verhandlungen der Offenen Arbeitsgruppe nach New York reisen konnte. Das Tagesgeschäft vor Ort wurde in großen Teilen von amerikanischen Organisationen übernommen.[67]

Es zeigt sich an dieser Stelle vor allem ein strukturelles Problem der Major Groups: Wie schon die weiter oben erwähnte Liste der verschiedenen Major Groups zeigt, sind die einzelnen Gruppen sehr unterschiedlich. Manche Major Groups vertreten bestimmte Berufsgruppen (Arbeiter*innen, Landwirtschaft), andere bestimmte Bevölkerungsgruppen (Frauen, Kinder und Jugend, Ältere), wieder andere sind Akteure der öffentlichen

---

62 *International Women's Health Coalition*, Power Lessons: Advocacy and the 2030 Agenda, 2017, S. 11-12.

63 *UN Women*, Turning Promises Into Action, 2018, Kapitel 3.

64 *Gabizon*, Women's movements' engagement in the SDGs: lessons learned from the Women's Major Group, Gender&Development 24 (2016), 99 (104).

65 *Dodds/Donoghue/Leiva Roesch*, Negotiating the Sustainable Development Goals (Fn. 18), S. 62.

66 *Gabizon*, Lessons learned (Fn. 64), 104-105.

67 Siehe die Tabelle mit globalen und regionalen Partnerorganisationen bei *Gabizon*, Lessons learned (Fn. 64), 106.

Hand (lokale Regierungen). Eine Vertretung von Städten und Gemeinden wird anders organisiert sein und auch andere Ziele verfolgen als eine Vertretung indigener Bevölkerungsgruppen oder eine Vertretung der Wirtschaft. Die Gruppen sind auch in sich nicht homogen, höchst unterschiedlich organisiert und diffus vernetzt. Einzelne Aktivist*innen sind häufig sowohl in ihrer persönlichen Position als auch stellvertretend für eine oder mehrere Organisationen und in einem oder mehreren zivilgesellschaftlichen Bündnissen vertreten.[68] Dass die Women's Major Group vor allem während der Phase der Offenen Arbeitsgruppe weitestgehend einheitlich agierte, erklärt vermutlich einen Teil ihres Erfolgs.[69]

Obwohl die Women's Major Group einen so starken Fokus auf die Beteiligung von Organisationen aus dem Globalen Süden legte, ist sie nicht frei von Machtgefällen, die insbesondere mit Ressourcen verbunden sind, die Beteiligung erst ermöglichen. Die finanzielle Dimension wurde bereits erwähnt. Besonders solvente und damit wirkmächtige Organisationen sind, selbst wenn sie aus Ländern des Globalen Südens stammen, in der Regel in ihrer Finanzierung von Programmen der Entwicklungsministerien industrialisierter Staaten abhängig, die wiederum häufig an bestimmte Konditionen geknüpft sind. Darüber hinaus sind solvente Organisationen häufig mehrfach vertreten: Viele Regierungen etwa europäischer, aber auch amerikanischer Staaten haben im Bereich der Gleichstellungspolitik Frauen aus der Zivilgesellschaft in ihre Regierungsdelegationen aufgenommen. Das ist insbesondere für Delegationen zur jährlichen Frauenrechtskonferenz der Fall, deren Verhandlungen und Themen – als Follow-up-Prozess zur Vierten Weltfrauenkonferenz in Peking – auch auf die Offene Arbeitsgruppe und die Verhandlung des Nachhaltigkeitsziels zur Geschlechtergleichstellung ausstrahlten. Auf individueller Ebene wird das durch Teilnahme an Regierungsdelegationen erworbene Wissen geteilt und breit gestreut; gleichwohl verbleiben durch Ressourcenunterschiede hervorgerufene Wissens-, Zugangs- und damit Machtgefälle auf der strukturellen Ebene bestehen.

Ein Erklärungsansatz für diese Schieflage liegt möglicherweise in der Entstehungsgeschichte der Major Groups, die, wie erwähnt, 1992 im Rahmen des ersten Rio-Gipfels ins Leben gerufen wurden. In der Agenda 21 werden die Major Groups nicht als primäre Akteure der Rechtsetzung betrachtet, sondern als besonders relevante gesellschaftliche Gruppen, die in der Umsetzung nachhaltiger Entwicklung besonders berücksichtigt wer-

68 *Gabizon*, Lessons learned (Fn. 64), 103.
69 *International Women's Health Coalition* (Fn. 62), S. 21.

den sollten.[70] Die Major Groups wurden also nicht mit Blick auf Zugang zur Völkerrechtssetzung geschaffen, dies ergab sich vielmehr in den darauffolgenden Jahren aus den Aktivitäten der Major Groups heraus. Das erklärt auch, warum einige Major Groups deutlich aktiver sind als andere. Heute hat sich, das hat der Verhandlungsprozess der Agenda 2030 gezeigt, das System der Major Groups als Beteiligungsmodus im Bereich der Nachhaltigen Entwicklung in den Vereinten Nationen durchgesetzt. Andere Teile des VN-Systems, etwa das Welternährungsprogramm, zeigen, dass andere Beteiligungsmodi und dahinterstehende Logiken denkbar sind.[71]

III. *Transnationale Rechtsordnungen und Herausforderungen ihrer demokratischen Legitimation*

Bis hierhin ist argumentiert worden, dass sich das zeitgenössische Völkerrecht, exemplifiziert durch die Agenda 2030, durch Prozesshaftigkeit sowie nicht-lineare und heterarchische Vernetzungen verschiedener Akteurs- und damit auch verschiedener Rechtsebenen im Mehrebenensystem auszeichnet. Das vorgestellte Modell der transnationalen Rechtsordnungen versucht, dies begrifflich zu erfassen und stellt dabei auch gerade auf die Einwirkung transnationaler Rechtsordnungen in nationale Rechtsordnungen ab. Auch die Theorie experimentellen transnationalen Regierens legt ein besonderes Augenmerk auf die Interaktion transnationaler und lokaler Akteure und Rechtsebenen. Mit dem Anspruch transnationaler Rechtsordnungen, auf nationale Rechtsordnungen auszustrahlen, und der damit einhergehenden Auflösung einer klaren Trennung zwischen Innen und Außen stellt sich jedenfalls für demokratisch verfasste Staaten die Frage nach der demokratischen Legitimation völkerrechtlicher Instrumente.[72]

Traditionell wird diese Frage da gestellt, wo internationale Organisationen unmittelbare Herrschaftsgewalt ausüben, also etwa da, wo sie im Rahmen einer Übergangsverwaltung hoheitliche Befugnisse erlangt haben, oder wo Rechtsakte internationaler Akteure sich unmittelbar auf Individuen auswirken, etwa im Bereich gezielter Sanktionen des VN-Sicherheitsrats.[73] Dabei wird letztlich nach funktionalen Äquivalenten staatlicher Hoheitsgewalt im Völkerrecht gesucht, die allerdings nur selten gefunden

70 Vgl. Agenda 21, UN Dok. A/CONF.121/56 (Vol. III), Abschnitt III.
71 Vgl. *Hasl* (Fn. 59).
72 *Ley*, Opposition im Völkerrecht, 2015, Kapitel 2 und 4.
73 *Krieger*, Die Herrschaft der Fremden, AöR 133 (2008), 315, insb. 328-338.

werden – außerhalb der zwei prominenten Fälle, nämlich dem Kosovo und Ost-Timor, haben die Vereinten Nationen nie wieder im gleichen Umfang uneingeschränkte, staatsgleiche, unmittelbare Hoheitsgewalt im Rahmen einer Übergangsverwaltung ausgeübt. Stattdessen erhalten sie in der Regel beratende Unterstützungsmandate, auf dessen Grundlage sie dann die Regierungen fragiler Staaten während eines Übergangsprozesses anleiten, wie etwa zuletzt das Mandat der Mission UNITAMS im Sudan.[74] Die Auswirkungen einer solchen Unterstützung auf etwa einen nationalen, verfassungsgebenden Prozess sollten gleichwohl nicht unterschätzt werden.[75]

Eine Problembeschreibung, die ausschließlich auf unmittelbare Ausübung von Hoheitsgewalt abstellt, geht also in Zeiten der Diffusion von Hoheitsgewalt im Mehrebenensystem an einer Vielzahl von Konstellationen, die die heutige transnationale Rechtsordnung prägen, vorbei. Sie verkennt, an welcher Stelle sich das Demokratieproblem im Völkerrecht eigentlich primär stellt. Vielmehr ist auch die vermittelte Einwirkung transnationaler Rechtsordnungen in den Blick zu nehmen. *Jürgen Habermas* hat beobachtet, dass die Konstitutionalisierung des Völkerrechts gerade nicht die „logische Fortsetzung der konstitutionellen Zähmung einer naturwüchsig operierenden Staatsgewalt“[76] ist, sondern dass die Konstitutionalisierung des Völkerrechts in eine zur Genealogie des Verfassungsstaats gegenläufige Richtung erfolgt: Dem klassischen Völkerrecht ging es um den Ausgleich von Machtasymmetrien, nicht um die Begründung von Hoheitsgewalt wie im Verfassungsstaat. Dann aber ist bereits die Suche nach funktionalen Äquivalenten staatlicher Hoheitsgewalt durch internationale Organisationen der falsche Anknüpfungspunkt für die Frage nach der demokratischen Legitimation völkerrechtlicher Normen. Stattdessen setzt *Habermas* auf zweierlei: einerseits auf die Zunahme demokratisch verfasster Staaten, die an der Völkerrechtssetzung teilnehmen,[77] andererseits auf die Internationalisierung demokratischer Rechtsprinzipien, die aus de-

---

74 Vgl. UN Dok. S/Res/2524 (2020), Ziff. 2.

75 Dazu *Sripati*, Constitution-Making (Fn. 46), Kapitel 6, die eine Übersicht über alle verfassungsunterstützenden Maßnahmen der Vereinten Nationen in rund 40 Ländern bereitstellt.

76 *Habermas*, Hat die Konstitutionalisierung des Völkerrechts noch eine Chance? [2004], in: ders., Philosophische Texte Band 4: Politische Theorie (Studienausgabe 2009), S. 331.

77 Ähnlich *Möllers*, Demokratie – Zumutungen und Versprechen, 2008, S. 83: „Die einfachste Form einer demokratischen Welt bestünde in der Demokratisierung aller Staaten.“

mokratischen Lernprozessen hervorgegangen sind.[78] Beides fließt in der heutigen Völkerrechtsordnung da zusammen, wo es eine internationale Norm demokratischer Regierungsformen gibt (wenngleich es sich eher nicht um ein subjektives Recht auf demokratische Herrschaft handelt und auch nicht handeln sollte),[79] die von den Vereinten Nationen im Rahmen ihres operativen Geschäfts gerade in Postkonflikt-Staaten, aber auch in solchen Staaten, in denen die Vereinten Nationen mit ihren Entwicklungsprogrammen vor Ort präsent sind, beworben und gefördert wird.[80] Gleichwohl wäre dann aber jede völkerrechtliche Norm, an deren Setzung auch nicht demokratisch verfasste Staaten teilhaben, selbst nie demokratisch legitimiert.[81]

In Zeiten transnationaler Rechtsordnungen ist aber dieses Problem möglicherweise dadurch entschärft, dass internationale Rechtsnormen erst durch die rekursiven Beziehungen zwischen unterschiedlichen Akteuren ihr eigentliches Potenzial entfalten. Das soll nicht heißen, dass internationale Normen transnationaler Rechtsordnungen keine Auswirkungen auf die innerstaatliche Rechtsordnung haben, im Gegenteil. Aber der Geltungsanspruch ist kein linearer und unmittelbarer, sondern stets durch Interaktion vermittelt. Dann muss im demokratischen Verfassungsstaat danach gefragt werden, ob bestehende *verfassungs*rechtliche Mechanismen ausreichen, um eine demokratische Legitimation der zunehmend nach innen, aber gleichzeitig auch nur vermittelt wirkenden transnationalen Rechtsordnungen zu gewährleisten – jedenfalls dann, wenn weder eine Parlamentarisierung auf der internationalen rechtsetzenden Ebene[82] noch eine Demokratisierung aller an der Völkerrechtsordnung teilhabenden Staaten zu erwarten ist. Die deutsche Verfassungsdogmatik knüpft bei der Frage nach der demokratischen Legitimation auswärtigen Handelns vor allem an das Zustimmungserfordernis nach Art. 59 Abs. 2 GG für völkerrechtliche Verträge an. Art. 59 Abs. 2 gilt zunächst einmal auch für solche

---

78 *Habermas*, Konstitutionalisierung (Fn. 76), S. 341-342.

79 So aber *Franck*, The emerging right to democratic governance, AJIL 86 (1992), 46; wie hier mit unterschiedlichen Argumenten *Boysen*, Remnants of a Constitutional Moment, und *Besson*, The *Human Right* to Democracy in International Law, beide in von Arnauld/von der Decken/Susi (Hrsg.), Cambridge Handbook of New Human Rights, 2020, S. 465-480 und S. 481-489.

80 Zur Begriffsgeschichte der Demokratie im System der Vereinten Nationen *Haack*, The United Nations democracy agenda, 2011.

81 *Möllers*, Demokratie (Fn. 77), S. 83.

82 Zum Problemkomplex der internationalen Parlamentarisierung siehe *Ley*, Opposition (Fn. 72), Kapitel 12; *dies.*, Zur Politisierung des Völkerrechts, AVR 50 (2012), 191 (202-215).

völkerrechtlichen Verträge, durch die internationale Organisationen errichtet werden, soweit diesen keine Hoheitsgewalt übertragen wird, was jedenfalls vom Bundesverfassungsgericht im Sinne einer unmittelbaren Durchgriffsgewalt verstanden wird.[83] Für Systeme kollektiver Sicherheit, zu denen auch die Vereinten Nationen gezählt werden, und deren Rechtsakte, soll sich die demokratische Legitimation aus Art. 24 Abs. 2 iVm Art. 59 Abs. 2 GG ergeben, wobei die einmal erteilte Zustimmung auch bei Funktionsänderungen der internationalen Organisation greifen soll, solange diese keine Vertragsänderung erfordert, also *intra vires* verbleibt.[84]

Ob diese Konstruktion da begründet ist, wo internationale Organisationen heute wesentlich neue und zum Zeitpunkt des Beitritts der Bundesrepublik zu dieser Organisation auch nicht vorhersehbare Aufgaben übernommen haben und Recht in neuartiger Weise erzeugt wird, kann an dieser Stelle nicht abschließend behandelt werden. Skepsis ist hier jedenfalls angebracht,[85] gerade weil das Kriterium der unmittelbaren Durchgriffskraft auf nur wenige völkerrechtliche Normkonstellationen zutreffen dürfte. Das Problem ließe sich allerdings mindestens praktisch entschärfen, wenn internationale Rechtssetzungsprozesse, wie etwa der Verhandlungsprozess der Agenda 2030, stärker an die nationale Legislative rückgebunden wären und durch diese begleitet würden, etwa im Wege regelmäßiger parlamentarischer Unterrichtung, aber auch möglicherweise durch die Einbindung von Repräsentant*innen verschiedener Parlamentsfraktionen in internationale Verhandlungsprozesse.[86]

Schließlich kann auch die gleiche Teilhabe betroffener Akteure die demokratische Legitimation transnationaler Rechtsordnungen dann stärken, wenn außerhalb der hierarchisch organisierten Legitimationsketten weitere Partizipationsmöglichkeiten geschaffen werden, also die Möglichkeit verschiedener, parallel verlaufender demokratischer Legitimationsstränge

83 Vgl. BVerfG, Nichtannahmebeschluss vom 27. Januar 2010, - 2 BvR 2253/06 -, Rn. 14.

84 So BVerfGE 104, 151 – NATO-Konzept. Zu unterschiedlichen Logiken in der Legitimation auswärtiger Gewalt je nach Teilbereich jetzt *Ley*, Zwischen parlamentarischer Routine und exekutiven Kernbereichen: Eine Rekonstruktion der Kompetenzverteilung der auswärtigen Gewalt von Parlament und Regierung unter dem Grundgesetz, AöR (2021; im Erscheinen).

85 So auch *Ley* (Fn. 84).

86 Eine Teilnahme von Parlamentarier*innen an Regierungsdelegationen gab es etwa im Rahmen der WTO-Verhandlungskonferenz in Seattle, vgl. *Ley*, Opposition (Fn. 72), S. 248-250.

genutzt wird.[87] Aus praktischer Sicht ist das kein einfaches Unterfangen, weil, wie am Beispiel der Women's Major Group exemplarisch dargestellt, Beteiligungsmöglichkeiten derzeit sehr ungleich verteilt sind. Gleichwohl wird hier vertreten, dass die gleichzeitige Stärkung parlamentarischer Begleitung internationaler Prozesse einerseits sowie die Schaffung gleicher Beteiligungsmöglichkeiten für verschiedene Interessengruppen unmittelbar an internationalen Verhandlungsprozessen andererseits die derzeit beste Möglichkeit bietet, die demokratische Legitimation transnationaler Rechtsordnungen zu stärken. Vor fast dreißig Jahren schrieb *Brun-Otto Bryde*: Der „Aufbau transnationaler demokratischer Institutionen ist eine Aufgabe, für die es keine Blaupause gibt und die ein erhebliches Maß an Kreativität verlangt".[88] Daran hat sich fast dreißig Jahre später wenig geändert. Die hiesigen Ausführungen verstehen sich als ein erster Schritt, überhaupt erst einmal das Problem angemessen zu beschreiben.

87 Grundlegend *Bryde*, Die bundesrepublikanische Volksdemokratie als Irrweg der Demokratietheorie, Staatswissenschaft und Staatspraxis 5 (1994), 305.

88 *Bryde*, Volksdemokratie als Irrweg (Fn. 87), 308.

Das Konzept der Betroffenheitskollektive im Völkerrecht: Zugangsschlüssel für vulnerable Personengruppen zur internationalen Rechtserzeugung?

*Markus Hasl**

Abstract: *Welche Bedeutung kann Betroffenenbeteiligung in Entscheidungsprozessen internationaler Organisationen spielen, um ungleiche Zugangschancen zur Völkerrechtspolitik aufzubrechen? Wer sollte dabei durch die Positionierung als Betroffene Zugang erhalten? Die Frage, wie sich Betroffenheit als zugangsleitendes Prinzip der Interessensvertretung operationalisieren lässt, ist meist Gegenstand theoretischer Betrachtungen. Demgegenüber legt dieser Beitrag durch einen Blick auf die institutionelle Praxis offen, dass Betroffenheit nicht isoliert über Teilhabeansprüche bestimmt. Stattdessen begründet Betroffenheit Zugangsrechte nur für spezifische Personengruppen in konkretem Bezug zu ihren Rechtskämpfen. Institutionelle Zugangsregeln formalisieren zunehmend Selbstvertretungsansprüche, etwa für Kleinbäuer:innen. Der Beitrag beleuchtet damit ein neues völkerrechtliches Partizipationskonzept, das Betroffenheit, themenbezogen, mit Kollektivität und Selbstvertretung verschränkt: das Konzept der Betroffenheitskollektive.*

I. Einleitung

Quer über verschiedene Völkerrechts-Politikfelder lässt sich ein Wandel im Zugangsrecht von internationalen Organisationen beobachten, bei dem sich Betroffenheit und Kollektivität produktiv miteinander zu einem neuen Zugangskonzept zu internationaler Rechtserzeugung verschränken. Im Wandel ist die Architektur des Zugangs zu politischen Organen und Gremien im UN-System, in denen Staatsvertreter:innen Resolutionen, Deklarationen oder Leitprinzipien zu verschiedenen völkerrechtlichen Themen verhandeln und annehmen – und damit letztlich der Zugang zu Recht, wie er Gegenstand dieses Tagungsbandes ist. Ort des Geschehens ist also

* Für kluge Kritik und Hinweise danke ich besonders *Felix Fouchard*, *Lisa Hahn* und *Lea Rabe*.

das Recht der internationalen Organisationen, das institutionelle Völkerrecht.[1] Die Teilhabeforderungen global vernetzter sozialer Bewegungen nach dem „für sich selbst Sprechen“ hinterlassen in Geschäftsordnungen und Satzungen von politischen Gremien und Entscheidungsorganen nicht nur Spuren, sondern zunehmend ein konzeptionelles Muster. Im Mittelpunkt meines Beitrags steht das Anliegen, dieses rechtliche Muster genauer zu beschreiben und das Potenzial dieses neuen Konzepts der Interessenvertretung offenzulegen, ungleichen Zugang zur Völkerrechtspolitik aufzubrechen.

Warum ich dabei vom Konzept der Betroffenheitskollektive spreche, werde ich folgendermaßen begründen: Die völkerrechtswissenschaftliche Forschung leistet sich mit ihrem begrifflichen Fokus auf Nichtregierungsorganisation Unschärfen, wodurch die empirische Häufung der zugangsrechtlichen Anknüpfung an Betroffenheit und Selbstvertretung lange unbeobachtet blieb (II.). Mit dem Begriff der Betroffenenorganisationen ist zuletzt aber eine erste wichtige heuristische Annäherung gefunden worden (III.). Um das rechtliche Konzept dahinter jedoch offenzulegen und für die weitere Forschung aufzubereiten, muss der Blick auf die rechtliche Verschränkung von Betroffenheit mit normativen Personenkategorisierungen gerichtet werden. Die Bezeichnung als Betroffenheitskollektive (IV.) soll dabei einfassen, dass Betroffenheit als Anker für kategoriale[2] Selbstvertretung vulnerabler Personengruppen durch eigene repräsentative Organisationen (Betroffenenorganisationen) funktioniert. Die Anwendung des Konzepts in der Zugangsarchitektur internationaler Organisationen pendelt zwischen zwei Polen, die anhand zweier Beispiele exemplarisch dargestellt werden können (V.). Dessen Analyse wird zeigen, dass bedeutungsvolle Teilhabe für Betroffenenorganisationen vulnerabler Personengruppen gelingt, wenn ihr unmittelbarer, autonomer und priorisierter Zugang als Betroffenheitskollektive institutionalisiert wird. Auf diese Weise und zusammen mit der zugrunde liegenden und neuen Beteiligungsle-

---

1 *Schermers/Blokker*, International Institutional Law, 6. Aufl., 2018.

2 Ich verwende den Begriff kategorial in Bezug auf die normative und soziale Praxis der Kategorisierung von Personen, also der Konstruktion und Bezugnahme auf Personenkategorien (Kollektivierung). So auch *Sändig/von Bernstorff/Hasenclever*, Third World Thematics: A TWQ Journal 3, 2018, 587 (592). Siehe allgemein dazu Aleksander u. a., Feminismus, Subjektkritik und Kollektivität. Eine Einleitung, in: Jähnert/Aleksander/Kriszio (Hrsg.), 2013, S. 9 (13-14). Nicht gemeint ist eine Gegenüberstellung von kategorial mit abwägungsoffen im Sinne der Diskussionen um Kerngehaltsschutz der Menschen- und Grundrechte. Siehe dazu *von Bernstorff*, Der Staat 50/2, 2011, 165 (172 ff.).

gitimation über themenbezogene besondere Betroffenheiten, könnte das Konzept der Betroffenheitskollektive als Hebel für weitere Reformen im institutionellen Beteiligungsrecht dienen (VI.).

II. Internationales Lobbyrecht: Nichtregierungsorganisationen und Interessensvertretung im Völkerrecht der Beteiligung

Prinzipiell hat es keinen Neuigkeitswert, dass nichtstaatliche Akteure – so die übergreifende Terminologie im Völkerrecht – auf völkerrechtliche Entscheidungsprozesse in internationalen Organisationen Einfluss nehmen wollen und können.[3] Neu ist jedoch der Vorschlag von *Melissa Durkee*, diese Regeln und Strukturen in ihrer Gesamtheit als „internationales Lobbyrecht" zu bezeichnen. Damit ist nicht gemeint, dass ein einheitliches System der Interessensvertretung in internationalen Organisationen vorliegt. Vielmehr fordert der Begriff dazu auf, anzuerkennen und präziser zu beschreiben, was die Beteiligung nichtstaatlicher Akteur:innen faktisch ermöglicht: Interessensvertretung in der Völkerrechtspolitik.[4]

Wenn man den formal geregelten nichtstaatlichen Zugang zur internationalen Rechtserzeugung als reguliertes Lobbying versteht, dann verdeutlicht das auch, dass die Beteiligung nichtstaatlicher Akteur:innen keineswegs abschließend mit einem Verweis auf die gemeinwohlorientierten und vorwiegend internationalen Nichtregierungsorganisationen beschrieben wäre. Denn eine Vielzahl von Interessen können faktisch durch eine formale Anerkennung als Nichtregierungsorganisation eingespeist werden, insbesondere auch privatwirtschaftliche Interessen, solange nur der rechtliche Mantel des „non-profit status" eingehalten wird.[5] Auch der Blick auf Nichtregierungsorganisationen, die sich wenig kritisch gegenüber der

---

3 *Peters/Koechlin/Zinkernagel*, Non-state actors as standard setters: framing the issue in an interdisciplinary fashion, in: Dies. u.a. (Hrsg.), Non-state Actors as Standard Setters (Hrsg.), 2009, S. 1 (4); *d'Aspremont*, Introduction. Non-state actors in international law: oscillating between concepts and dynamics, in: Ders. (Hrsg.), Participants in the international legal system: multiple perspectives on non-state actors in international law, 2011, S. 1 (6). Für einen Überblick, siehe z.B. *Summers/ Gough* (Hrsg.), Non-State Actors and International Obligations, 2018; *Noortmann/ Reinisch/Ryngaert* (Hrsg.), Non-State actors in international law, 2015; tiefgehend auch die Arbeit des *Committee on Non-State Actors* der *International Law Association* von 2005 bis 2016: *International Law Association*, Johannesburg Conference (2016). Non State Actors - Final Report, 2016.

4 *Durkee*, The Yale Law Journal 127, 2018, 1742 (1784-1780).

5 *Durkee*, Stanford Law Review 69, 2017, 201 (224-229).

„eigenen“ Regierung zeigen,[6] wird durch den Rückzug auf das terminologische Sammelbecken Nichtregierungsorganisation leicht verstellt. Gleichwohl ist der wissenschaftliche Fokus auf das Idealbild der gemeinwohlorientierten Nichtregierungsorganisation als Beobachtungsobjekt[7] nicht überraschend. Die „NGOization“[8] wissenschaftlicher Analyse spiegelt in erster Linie wider, dass in der formalisierten Praxis „interessensblinde“ Zugangsregeln dominieren, die nur die unscharfe rechtliche Kategorie der Nichtregierungsorganisation kennen.[9] Demensprechend kann auch das klassische Leitbild des formalisierten nichtstaatlichen Zugangs zu Prozessen der internationalen Rechtserzeugung als funktionalistisch beschrieben werden. Es orientiert sich nicht an besonders betroffenen Partikularinteressen, sondern entsprechend der jeweiligen Funktion der Internationalen Organisation an ihrem Bedarf an möglichst breiter und internationaler Expertise.[10] Was die konkrete Beteiligung angeht, dürfen akkreditierte Nichtregierungsorganisationen auf Einladung der internationalen Organisation an zwischenstaatlichen Verhandlungen als Beobachter teilnehmen. Dieser Status ermöglicht schriftliche und mündliche Stellungnahmen zu Agenda, Arbeitsprogrammen und Entwürfen von Resolutionen, Deklarationen oder anderer offizieller Entschließungen.[11] Jedenfalls die formale Grenze ist dort erreicht, wo es um aktives Mitverhandeln geht. Ein Beobachterstatus „does not entail a negotiating role.“[12]

Wohl auch als Resultat der Fokussierung auf Nichtregierungsorganisationen fiel eine politikfeldübergreifende Erweiterung des lobbyrechtlichen Repertoires um ein neues, zusätzliches Zugangskonzept bis vor kurzem durch das Beobachtungsraster: Eine wachsende Zahl internationaler Organisationen nimmt zur Begründung von Zugang und Partizipationsrechten „Betroffenheit“ und „Selbstvertretung“ mittlerweile explizit in Bezug. Auch wenn Nichtregierungsorganisationen nicht formal ersetzt werden, so

---

6 *Frouville*, Domesticating civil society at the United Nations, in: Dupuy/Vierucci (Hrsg.), NGOs in international law. Efficiency in flexibility?, 2008, S. 71 (72).

7 Zur Nichtregierungsorganisation im Völkerrecht grundlegend *Charnovitz*, Michigan Journal of International Law 18, 1997, 183 (249-285).

8 *Rajagopal*, International Law from Below, 2003, S. 258.

9 *Durkee*, AJIL Unbound 111, 2017, 119 (119-121).

10 *von Bernstorff*, Die Rolle nicht-staatlicher Akteure bei der Entwicklung und Implementierung des Völker- und Europarechts, in: Sacksofsky (Hrsg.), Öffentliches Recht und Privatrecht, 2020, S. 381 (385-388).

11 Dazu ausführlich z.B. *Lindblom*, Non-governmental organisations in international law, 2005, S. 366-410.

12 Z.b. United Nations Economic and Social Council Resolution 1996/31, UN Dok. E/**RES**/1996/31, Para. 50.

genießen die neu hinzu gekommen Organisationen und Netzwerke in der Regel den gleichen oder gar einen bevorzugten Status in Beteiligung und Repräsentation.[13]

III. *Der Begriff Betroffenenorganisationen als heuristische Annäherung an ein neues Zugangskonzept im internationalen Lobbyrecht*

Wie in der Einleitung angedeutet, ist damit der rechtlich sichtbare Erfolg verschiedener sozialer Bewegungen gemeint, über betroffenheitsbezogene Selbstvertretungsansprüche wie „nothing about us without us"[14] oder auch „we are the most affected"[15] formalisierten Zugang zu internationalen Organisationen zu erkämpfen. Auf Basis dieser mit besonderer Betroffenheit begründeter Selbstvertretungsansprüche haben zunächst indigene Völker erfolgreich für Vertretung durch eigene repräsentative Organisationen gekämpft (*indigenous people's organisations*), etwa im *UN Permanent Forum on Indigenous Issues* oder im *Arktischen Rat*.[16] Ähnlich erfolgreich haben Behindertenverbände einen Platz am Verhandlungstisch bei der Aushandlung der UN-Konvention für die Rechte von Menschen mit Behinderungen eingefordert.[17] Im *UN Committee on the Rights of Persons with Disabilities*, das mit der Kontrolle der Konventionseinhaltung betraut ist, wird die Selbstvertretung durch *disabled persons' organisations* formell anerkannt. Gleiches gilt für Organisationen und Netzwerke von Menschen, die mit HIV/ AIDS leben oder davon betroffen sind im *UN-Programm gegen HIV/ AIDS*; und nicht zuletzt auch für kleinbäuerliche Organisationen und Landarbeiter:innenorganisationen im *Committee on World Food Security*

13 Ausführlicher zu den unterschiedlichen Beteiligungsstatus, siehe *Hasl*, Third World Thematics: A TWQ Journal 3, 2018, 626 (629-630); *von Bernstorff*, in: Sacksofsky (Hrsg.), Öffentliches Recht und Privatrecht, (Fn. 10), S. 381 (385, 401).

14 *von Bernstorff*, ZaöRV 67, 2007, 1041 (1041, 1052-1055).

15 *Sändig/von Bernstorff/Hasenclever*, Third World Thematics: A TWQ Journal 3, 2018, 587 (592).

16 *Dahl*, The Indigenous Space and Marginalized Peoples in the United Nations, 2012, S. 51-58; Siehe auch die Resolution der Generalversammlung von 2017: United Nations General Assembly, Resolution 71/321. Enhancing the participation of indigenous peoples' representatives and institutions in meetings of relevant United Nations bodies on issues affecting them', UN Dok. A/RES/71/321.

17 von Bernstorff, ZaöRV 67, 2007, 1041 (1041, 1052-1055).

(*Welternährungskomitee*).[18] Interessanterweise bedeutet die Anerkennung dieser Selbstvertretungsansprüche in den jeweiligen internationalen Organisationen nicht selten auch mehr Partizipationsrechte: Aus Beobachtern werden oft Partizipanten, die nicht mehr nur Stellungnahmen abgeben dürfen sondern auch aktiver und gestaltender an Entwürfen für Entscheidungstexte mitarbeiten können (so im Welternährungskomitee; etwas weniger Rechte im *UN-Programm gegen HIV/AIDS*; formale Abstimmungsrechte sogar im *Arktischen Rat*).[19]

Die Beispiele lassen bereits erahnen, dass eine neue und alternative Art der Interessensvertretung Einzug gehalten hat, die über den Bezug zu Betroffenheit funktioniert und sich darin von klassischer, advokatorischer Interessenvertretung durch Nichtregierungsorganisationen unterscheidet.[20] In einer ersten Annäherung an den neuen Forschungsgegenstand wird daher übergreifend von Betroffenenorganisationen gesprochen.[21]

Was mit dem Begriff Betroffenenorganisationen als empirisch beobachtbares Phänomen im Recht der internationalen Organisationen heuristisch skizziert wird, lässt sich zunächst als Ausdruck eines neuen und alternativen Partizipationsleitbildes verstehen: Es sollen in erster Linie „Betroffene“ beteiligt werden, nicht mehr nur „Expert:innen“.[22] Dementsprechend verbindet der neue Begriff der Betroffenenorganisation die wissenschaftliche Beschreibung einer empirischen Beobachtung des Zugangsrechts internationaler Organisationen mit den entsprechenden normativen Diskursen um Repräsentationsansprüche.[23] Dadurch bietet er eine gemeinsame Diskussionsgrundlage für die wissenschaftliche Analyse eines neuen Forschungsgegenstands – unabhängig davon, ob man eine theoretische oder empirische Perspektive einnimmt. Ich möchte diese Diskussionsgrundlage annehmen und ausweiten. Ausweiten deshalb, weil es dem Begriff noch an Tiefenschärfe fehlt. Was genau steckt „hinter“ der rechtlichen Positionierung als Betroffene,[24] die mit dem Begriff Betroffenenorganisationen wis-

18 Siehe zu allem in einer ersten Annäherung: *Hasl*, Third World Thematics: A TWQ Journal 3, 2018, 626 (629-636). Siehe auch *von Bernstorff*, in: Sacksofsky (Hrsg.), Öffentliches Recht und Privatrecht, (Fn. 10), S. 381 (394).

19 *Ebd.*, S. 630-635. Zum *Welternährungskomitee*, siehe unten V.2.

20 Siehe v.a. die einzelnen Beiträge in: *Sändig/von Bernstorff/Hasenclever* (Hrsg.), Affectedness and Participation in International Institutions, 2020.

21 *Sändig/von Bernstorff/Hasenclever*, Third World Thematics: A TWQ Journal 3, 2018, 587 (588-589).

22 *von Bernstorff*, in: Sacksofsky (Hrsg.), Öffentliches Recht und Privatrecht, (Fn. 10), S. 381 (394).

23 Ebd.

24 Vielen Dank an Lea Rabe für diese treffende Bezeichnung.

senschaftlich identifiziert und erschlossen werden soll? Welches rechtliche Konzept von Zugang zur internationalen Rechtserzeugung beobachten wir als Wissenschaftler:innen, wenn die Beteiligung von Betroffenenorganisationen untersucht wird?

IV. Betroffenheitskollektive: Das rechtliche Konzept hinter der Positionierung als Betroffene

Antworten auf diese Fragen, so argumentiere ich, findet man über die Ausleuchtung der Begegnung von Betroffenheit mit Kollektivität im Kontext von menschenrechtlicher Vulnerabilität.

1. Betroffenheit im Kontext von menschenrechtlicher Vulnerabilität und Kollektivkategorien

Wie gesehen, macht die Beschreibung als Betroffenenorganisationen zunächst auf einen normativen Wandel aufmerksam, der sich auf spezifische Repräsentationsansprüche bezieht. Wenn die herausragende Stellung der internationalen und expert:innengeführten Nichtregierungsorganisationen durch Betroffenenorganisationen herausgefordert wird und Spuren im internationalen Lobbyrecht hinterlässt, dann hilft ein genauer Blick auf die Reichweite dieses Wandels. Dieser legt offen, dass die „horizontale Bewegung“[25] in der Repräsentationskonstruktion normativ und zeitlich mit einem Muster der Personenkategorisierung zusammenfällt, das vor allem seit der Wiener Menschenrechtskonferenz im Jahre 1993 eine Subkategorisierung im menschenrechtlichen Diskurs darstellt. Über das Konzept der Vulnerabilität wurden entsprechende Kollektive kategorisiert.[26] Anders als auf der Weltmenschenrechtskonferenz 1968 in Teheran, in der noch die Einheit der Kategorie Menschheit im Zentrum der Diskussionen stand, wurde der Blick nun stärker auf die Verwirklichung der universellen Menschenrechte gerichtet. Der Blick wanderte gewissermaßen nach „innen“ und spiegelt daher ein ausdifferenziertes Menschenrechtsverständnis wider, das empirische und strukturelle Ungleichheiten im Zugang zu

25 *von Bernstorff*, in: Sacksofsky (Hrsg.), Öffentliches Recht und Privatrecht, (Fn. 10), S. 381 (394).

26 *The World Conference on Human Rights*, Vienna Declaration and Programme of Action of 25 June 1993, UN Dok. A/CONF. 157/23, § 24.

Menschenrechten normativ anerkennt.[27] Obwohl diese immer vor allem im lebensnahen Umfeld, also lokal, spürbar und erfahrbar werden, erwiesen sich bestimmte Ungleichheiten in einem globalen Vergleichskontext als strukturell ähnlich.[28]

Explizite Anerkennung finden im operativen Teil der Erklärung die Kategorien Frauen, Kinder, Angehörige von Minderheiten, indigene Bevölkerungen, Menschen mit Behinderungen, Flüchtlinge, Migrant:innen und Menschen, die in Armut leben.[29] Ungeachtet dessen, dass nur Staaten und nicht auch internationale Organisationen als Verpflichtete adressiert werden, wird mit der Erklärung ein kategoriespezifisches Repräsentationskonzept völkerrechtlich etabliert. Die in Bezug genommenen vulnerablen Personengruppen sollen in politischen Prozessen in den sie betreffenden Angelegenheiten für sich selbst sprechen können: "[...] to ensure the participation of those among them who are interested in finding a solution to their own problems."[30] Damit markiert die Wiener Menschenrechtskonferenz auch ein neues normatives Partizipationsverständnis, in dem eine durch Vulnerabilität spezifizierte Kollektivität mit Betroffenheit verschränkt wird.[31] Diese vulnerabilitätsbezogene Verschränkung ist Grundlage und Bezugsrahmen für das rechtliche Zugangskonzept, an das sich die Wissenschaft mit dem Begriff Betroffenenorganisation bisher angenähert hat und das wir im Folgenden konkretisieren können.

2. *Betroffenheit als Anker für kategoriale Selbstvertretung: Das Konzept Betroffenheitskollektive*

Wie bereits unter III. zum Begriff der Betroffenenorganisationen skizziert, konnten soziale Bewegungen, durch die Argumentation mit Betroffenheit, differente Zugangs- und Beteiligungsrechte erkämpfen. Dies gilt etwa für eigene repräsentative Organisationen indigener Völker im *Arktischen Rat*,

27 Siehe dazu bereits *Kunig/Uerpmann*, VRÜ 27, 1994, 32 (43).

28 Zu dieser Entwicklung ausführlich, siehe *Heintz/Bennani/Müller*, Die Aushandlung der Menschenrechte: Ein Vergleich der beiden UN-Menschenrechtskonferenzen in Teheran (1968) und Wien (1993), in: Heintz/Leisering (Hrsg.), Menschenrechte in der Weltgesellschaft. Deutungswandel und Wirkungsweise eines globalen Leitwerts, 2015, S. 237 (265-268).

29 *The World Conference on Human Rights*, Vienna Declaration, (Fn. 26), §§ 18-25.

30 *Ebd.*, § 24.

31 Ähnlich in Bezug auf projektbezogene Betroffenenbeteiligung im internationalen Entwicklungsverwaltungsrecht, siehe *Jokubauskaite*, World Development 126, 2020, No. 104700.

für Kleinbäuer:innen im *Welternährungskomitee*, für Menschen, die mit einer Behinderung leben im *Ausschuss für die Rechte von Menschen mit Behinderung*, oder auch für Menschen, die mit HIV/ Aids leben bzw. davon betroffen sind im *UN Programm gegen HIV/ AIDS*.

Somit wird nun zweierlei deutlich. Erstens, dass Betroffenheit an Kollektivkategorisierungen geknüpft ist, die spätestens seit der Wiener Menschenrechtskonferenz besonders vulnerable Personengruppen kennzeichnen. Und zweitens, dass Betroffenheit nicht als ein generelles Prinzip relevant wird, das abstrakt und losgelöst von Personenkategorisierungen über Zugangsrechte entscheidet. Betroffenheit fungiert als partizipationsrechtlicher Anker vielmehr affirmativ und speziell. Denn es kommt im Kontext global geführter Rechtskämpfe[32] um differente Rechte für besondere, vulnerable, Personenkategorien zur Anwendung.[33] Repräsentationsansprüche wie „nothing about us, without us" argumentieren entsprechend mit einer normativen Verschränkung von Betroffenheit und Kollektivität aus Anlass von Diskriminierungs- und Ungleichheitserfahrungen und werfen einen Anker für eigene repräsentative Organisationen und Netzwerke. Unabhängig von ihrer formal-rechtlichen Organisationsstruktur sind damit solche Zusammenschlüsse gemeint, die mehrheitlich von solchen Personen geführt und kontrolliert werden, die aufgrund persönlicher Merkmale oder Erfahrungen von der Personenkategorisierung erfasst, also insoweit als Betroffene positioniert sind.[34]

Wenn in der Zugangsarchitektur internationaler Organisationen die Beteiligung und Repräsentation dieser Personengruppen („constituencies"[35]) durch eigene repräsentative Organisationen erfolgen soll, dann wendet die

---

32 Siehe speziell zur globalen Kleinbauernbewegung *La Via Campesina*: *Heri*, German Law Journal 21, 2020, 702 f. Allgemeiner zu einem gesellschaftstheoretischen Verständnis der Kämpfe im und um das Recht als „Rechtskämpfe", siehe *Pichl*, Interdisziplinarität – Gesellschaftstheoretische Reflexionen über die Rolle von Rechtskämpfen, in: Bretthauer u.a. (Hrsg.), Wandlungen im Öffentlichen Recht: Festschrift zu 60 Jahren Assistententagung - Junge Tagung Öffentliches Recht, 2020, S. 373-387; *Buckel/Pichl/Vestena*, Rechtskämpfe. Eine gesellschaftstheoretische Perspektive auf strategische Prozessführung und Rechtsmobilisierung, in: Hahn/Hasl (Hrsg.), Kollektivität und Recht, Zeitschrift für Kultur- und Kollektivwissenschaft (ZKKW) 7/1, 2021, S. 45-81, in Vorbereitung.

33 Siehe zu diesem sozialkonstruktiven Prozess der Institutionalisierung globaler Personenkategorien in der Weltgesellschaft: *Bennani/Müller*, Zeitschrift für Soziologie 47, 2018, 306 (308-327).

34 *Hasl*, Third World Thematics: A TWQ Journal 3, 2018, 626 (626, 631): "affected-led advocacy".

35 Zur Formalisierung von „constituencies" allgemein bereits *Abbott/Gartner*, Journal of international law & international relations 8, 2012 (4-34).

internationale Organisation ein Zugangskonzept der kategorialen Selbstvertretung an.[36]

Wessen Partizipation auf welche Weise gewollt ist, definieren die Internationalen Organisationen im Partizipationsrecht damit in Annäherung an bereits in der Abschlusserklärung der Wiener Menschenrechtskonferenz anerkannte vulnerable Personengruppen: Diese werden auf ähnliche Weise zunächst kollektiviert und themenbezogen als Betroffene positioniert. Auf dieser Basis werden sie als dazu berechtigt anerkannt, sich durch eigene repräsentative Organisationen selbst zu vertreten. Die Möglichkeit der Selbstvertretung als Resultat folgt also aus dem Verkleben der Bausteine Kollektivität und Betroffenheit. Dementsprechend möchte ich diese partizipationsrechtliche Konstruktion als das Konzept der Betroffenheitskollektive zur Diskussion stellen und im nächsten Abschnitt den Rahmen beleuchten, in dem es sich in der Zugangsarchitektur internationaler Organisationen bewegt. Dabei wird insbesondere noch einmal klarwerden, warum eine begriffliche Unterscheidung zwischen Betroffenenorganisationen und dem Konzept der Betroffenheitskollektive analytisch erforderlich ist. Während letzteres die institutionellen Modalitäten des Zugangs beschreibt, meint der Begriff der Betroffenenorganisationen dagegen die konkreten Organisationen, welche auf Grund der institutionellen Modalitäten Zugang erhalten.

V. Wie findet das Konzept der Betroffenheitskollektive Anwendung?

Es helfen mir nun zwei Leitfragen, um – auch für die weitere Forschung – den institutionellen Rahmen auszuleuchten, in dem das Konzept der Betroffenheitskollektive Anwendung findet: Erstens, differenziert die Zugangsarchitektur formal zwischen kategorialer Selbstvertretung von Betroffenheitskollektiven durch Betroffenenorganisationen auf der einen und deren advokatorischer Vertretung durch Nichtregierungsorganisationen auf der anderen Seite; und inwieweit führt das zu unmittelbarem Zugang für Betroffenenorganisationen? Zweitens, wie autonom können Be-

---

36 *Heri*, German Law Journal 21, 2020, 702 (705): („self-representation“); im Hinblick auf die Markierung eines Unterschieds zwischen Behindertenverbänden und Nichtregierungsorganisationen, siehe z.B. *Arnade*, »Nichts über uns ohne uns!« – Die Zivilgesellschaft spricht mit, in: *Degener/Diehl* (Hrsg.), Handbuch Behindertenrechtskonvention. Teilhabe als Menschenrecht – Inklusion als gesellschaftliche Aufgabe, 2015, S. 93 (93-101).

troffenenorganisationen im Einzelfall über ihren Zugang bestimmen?[37] Die Antworten auf beide Fragen zeigen zusammengenommen auf, welche rechtlichen Zugangsbedingungen bedeutungsvollen Zugang für Betroffenenorganisationen ermöglichen, oder anders gewendet: unter welchen Bedingungen das Konzept der Betroffenheitskollektive Potenzial hat, ungleichen Zugangsbedingungen effektiv entgegenzuwirken. Zur Veranschaulichung kontrastiere ich zwei Zugangsmodelle in internationalen Organisationen. Sie markieren jeweils – idealtypisch gesprochen – die Pole des Zugangs, wie Betroffenenorganisationen weniger oder mehr Zugang haben. Zunächst skizziere ich den zugangsschwachen Pol. Diesen verorte ich im klassischen Zugangsmodell internationaler Organisationen, in dem Betroffenenorganisationen nur heteronomen und mittelbaren Zugang durch akkreditierte Nichtregierungsorganisationen haben können (1.). Für den zugangsstarken Pol steht das Welternährungskomitee, das formal zwischen der Selbstvertretung von Betroffenheitskollektiven durch Betroffenenorganisationen und der Beteiligung von Nichtregierungsorganisationen unterscheidet. Entsprechend der Leitfragen ist hier unmittelbarer und autonomer Zugang für Betroffenenorganisationen möglich, welche durch die Positionierung als die „most affected" zudem gegenüber Nichtregierungsorganisationen priorisiert werden sollen (2.). Dabei ist die Beteiligungslegitimation durch die partizipationsrechtliche Anknüpfung an themenbezogene und kategoriespezifische besondere Betroffenheiten, anders als im klassischen Zugangsmodell, direkt auf die normative Anerkennung politischer Vertretungsansprüche gerichtet. Diese unmittelbar repräsentationsbezogene Legitimation von Beteiligung unterscheidet das Konzept der Betroffenheitskollektive von der Beteiligungslegitimation im klassischem Zugangsmodell und lässt sich als „kosmolokal" statt international bezeichnen (3.).

1. *Heteronomer und mittelbarer Zugang – das klassische Zugangsmodell und die internationale Expert:innen-Öffentlichkeit*

Das klassische Zugangsmodell des nichtstaatlichen Zugangs zur Völkerrechtspolitik konzipiert einen abgestuften Beobachterstatus für Nichtregie-

---

37 Zur reformerischen Bedeutung von Selbstorganisation im Kontext von Zivilgesellschaftsbeteiligung im Völkerrecht, siehe bereits *Rebasti*, Beyond consultative status: which legal framework for enhanced interaction between NGOs and intergovernmental organizations?, in: *Dupuy/Vierucci* (Hrsg.), NGOs in International Law: Efficiency in Flexibility?, 2008, S. 21 (37-46).

rungsorganisationen.[38] Dafür steht, beispielhaft und als Blaupause für viele andere UN-Organisationen,[39] der heteronome Zugang zum UN-Hauptorgan Wirtschafts- und Sozialrat. Zugang und Konsultationsrechte werden durch eine Einladung der internationalen Organisation gewährt – im Falle des Wirtschafts- und Sozialrat durch den mit Staatsvertreter:innen besetzten Ausschuss für Nichtregierungsorganisationen. Dieser entscheidet in jedem Einzelfall über das „ob" und „wie" des Zugangs.[40]

In Artikel 71 der UN-Charta und den konkretisierenden Resolutionen des Wirtschafts- und Sozialrats aus den Jahren 1950,[41] 1968,[42] und 1996[43] wird deutlich, wer dabei durch den sogenannten Allgemeinen Beobachterstatus („general consultative status") bevorzugten Zugang haben soll. Es sind drei Kriterien auszumachen, die, je eher sie vorliegen, Chancen auf Zugang erhöhen und stärkere Beteiligungsrechte bewirken: erstens, die „internationale" Mitgliederstruktur und Tätigkeitsreichweite. Zweitens, der Grad an anerkannter Expertise. Und drittens, die thematische Breite dieser Expertise: "Organizations that are concerned with most of the activities of the Council and its subsidiary bodies and [...] whose membership, which should be considerable, is broadly representative of major segments of society in a large number of countries in different regions of the world shall be known as organizations in general consultative status."[44] Organisationen, die entweder keine internationale Mitgliederstruktur oder eine nur spezifische Expertise vorweisen können, müssen sich mit den abgestuft weniger beteiligungsintensiven „special consultative status" oder „roster status" begnügen. Im Gegensatz zu den Organisationen der Kategorie „Allgemeiner Beobachterstatus" haben sie keinen Einfluss auf die Agenda und dürfen seltener, kürzer und nur zu Themen Stellung beziehen, die in ihre spezifische Expertise fallen.[45]

---

38 Dazu ausführlich z.B. *Rossi*, Legal status of non-governmental organizations in international law, 2008, S. 70-95.

39 Siehe dazu ausführlich *Durkee*, The Yale Law Journal 127, 2018, 1742 (1754).

40 Siehe dazu, auch zur hohen politischen Instrumentalisierungsgefahr durch Staaten: *Aston*, EJIL 12, 2001, 943 (949–962); *Rebasti*, in: Dupuy/Vierucci (Hrsg.), NGOs in International Law (Fn. 37), S. 21 (45-46).

41 United Nations Economic and Social Council Resolution 288(X), UN Dok. E/RES/288(X).

42 United Nations Economic and Social Council Resolution 1968/1296 (XIV), UN Dok. E/RES/1968/1296.

43 United Nations Economic and Social Council Resolution 1996/31 (Fn. 12).

44 Ebd., para. 22.

45 Ebd., paras. 27-32. Siehe dazu z.B. *Aston*, EJIL 12, 2001, 943 (947-949).

Im klassischen Zugangsmodell, für das der Wirtschafts- und Sozialrat exemplarisch steht, genießt damit das Konzept der internationalen, expert:innengeführten und interessensbündelnden Nichtregierungsorganisation die größte Legitimation. Vorwiegend solche Organisationen sollen die wichtigsten Meinungen und Interessen einer internationalen oder globalen Öffentlichkeit bündeln und advokatorisch vertreten. Tendenziell ist es auf das Gegenteil dessen zugeschnitten, was Betroffenenorganisationen für bedeutungsvollen Zugang bräuchten: eine formale Anerkennung der spezifischen Expertise Betroffener, also eine formale Anwendung des Konzepts der Betroffenheitskollektive

Wenn es thematisch einmal um „eigene Belange“ geht, dann ist der Zugang für Betroffenenorganisationen zwar nicht per se ausgeschlossen. Er hängt jedoch davon ab, dass sie entweder versuchen die rechtliche Struktur einer Nichtregierungsorganisation anzunehmen und dementsprechend selbst den unsicheren Weg in die Akkreditierungsbewerbung wählen, oder dass sie sich durch Allianzen mit einer bereits akkreditierten Nichtregierungsorganisation mittelbar Zugang verschaffen.[46] In der Praxis zeigt sich eher die zweite Variante. Ein sehr gutes Beispiel dafür ist der Zugang für *La Via Campesina* (*LVC*) zu den Verhandlungsprozessen der 2018 angenommenen *United Nations Declaration on the Rights of Peasants and Other People Working in Rural Areas*[47] im UN-Menschenrechtsrat. Hier hatte *LVC* mittelbaren Zugang *durch* akkreditierte Nichtregierungsorganisationen.[48] Auf diese Weise durften die Vertreter:innen von *LVC* sogar im eigenen Namen sprechen, was so auch in die offiziellen Reporte aufgenommen wurde – jedoch eben weniger auf Grund der formalen Zugangsregeln denn einer wohlgesinnten bolivianischen Präsidentschaft.[49] Zwar lassen sich damit auch innerhalb formal klassisch an der Nichtregierungsorganisation orientierter und ausgestalteter Strukturen im UN System bereits praktische Interpretationen der Zugangsmodalitäten identifizieren, die vorsichtig auf eine Öffnung für Betroffenenorganisationen hinwirken.[50] Gleichzeitig

46 *Claeys*, Transnational Legal Theory 9, 2018, 386, (396).

47 United Nations Human Rights Council Resolution 39/12, UN Dok. A/HRC/39/12. Angenommen durch die Generalversammlung der Vereinten Nationen in Resolution 73/165, UN Dok. A/RES/73/165.

48 *Claeys*, Transnational Legal Theory 9, 2018, 386, (391); *Vandenbogaerde*, Journal of Human Rights 16, 2017, 220.

49 *Claeys*, Transnational Legal Theory 9, 2018, 386 (396).

50 Diese Entwicklung erinnert an die Entwicklung für die Kategorie der Indigenen Völker. Siehe dazu *Barelli*, Seeking Justice in International Law. The Significance and Implications of the UN Declaration on the Rights of Indigenous Peoples, 2016, S. 71-90; *Anaya/Rodríguez-Piñero*, The Making of the UNDRIP in:

bleibt deren Zugang aber faktisch abhängig von beim Wirtschafts- und Sozialrat akkreditierten Nichtregierungsorganisationen, die – freiwillig! – ihre Sitze im Verhandlungsraum zur Verfügung stellen. Zugang ist damit, neben ohnehin bestehenden faktischen Ungleichgewichten im Zugang zu Wissen und Ressourcen – doppelt heteronom: Erstens abhängig von der Nichtregierungsorganisation und zweitens abhängig davon, dass letztere durch ihre Akkreditierung überhaupt zur „Beobachtung" eingeladen wurde.

2. *Autonomer, unmittelbarer und priorisierter Zugang – Betroffenheitskollektive im Welternährungskomitee*

Diese Struktur war und ist ein wesentlicher politischer Angriffspunkt der Kleinbäuer:innenorganisation *LVC* und begleitete ihre Rechtskämpfe um *food sovereignty* und *agroecology* von Beginn an.[51] Die Forderung nach kategorialer Selbstvertretung in internationalen Organisationen wurde beim Welternährungsgipfel 1996 offiziell proklamiert und konnte dank einer starken Allianzbildung von Betroffenenorganisationen mit Nichtregierungsorganisationen[52] und Staaten[53] letztlich in das Welternährungskomitee eingeschrieben werden. Seit 2009 spiegelt damit die Zugangsarchitektur einer internationalen Organisation im Wesentlichen die Kategorisierungen wider, die im Wege der Selbstorganisation der sozialen Bewegung rund um Kleinbäuer:innen und Landarbeiter:innen entstanden sind.[54] Im Zugangsmodell des Welternährungskomitee wird das Konzept der Betroffenheitskollektive formal angewendet. Dass es zudem sogar priorisiert wird, ergibt sich, mit Blick auf die zu Beginn von V. formulierten Leitfragen, aus zwei Modalitäten im Zugangsrecht: Erstens wird hier der unmittelbare und autonome Zugang für Betroffenenorganisationen über

---

Hohmann/Weller (Hrsg.), The UN Declaration on the Rights of Indigenous Peoples. A commentary, 2018, S. 38 (48-55).

51 *Gaarde*, Peasants Negotiating a Global Policy Space: La Vía Campesina in the Committee on World Food Security, 2017, S. 34-35; 142-167.

52 Unter dem Schirm *International Planning Committee for Food Sovereignty* erfolgte ein breiter Zusammenschluss von *LVC* mit Nichtregierungsorganisationen und anderen Betroffenenorganisationen wie etwa dem *World Forum for Fisher Peoples*. Siehe: *International Planning Committee for Food Sovereignty*, NGO Forum for Food Sovereignty, Rome 8-13 June 2002, 31 Januar 2002.

53 Dazu, vor allem zur Rolle Brasiliens: *Fraundorfer*, Rethinking global democracy in Brazil, 2018, 90 ff.

54 Siehe *Claeys/Duncan*, Journal of peasant studies 46, 2019, 1477 (1480-1492).

die Formalisierung von zehn Betroffenheitskollektiven sichergestellt (a)). Auf Basis dieser formalen Eigenständigkeit erfolgt dann zweitens ihre Priorisierung in Repräsentation und Beteiligung gegenüber Nichtregierungsorganisationen (b)).

a) *Die Formalisierung des Konzepts der Betroffenheitskollektive im selbstorganisierten Mechanismus für Zivilgesellschaft und Indigene Völker*

Das Welternährungskomitee nimmt als Hauptausschuss der Welternährungs- und Landwirtschaftsorganisation (FAO) eine zentrale Rolle bei der Gestaltung, Fortentwicklung und Koordinierung völkerrechtrechtspolitischer Maßnahmen gegen Unterernährung, Hunger und Armut ein. In diesem Rahmen befasst es sich umfassend mit Fragen der Welternährung und erarbeitet Stellungnahmen, Empfehlungen sowie Richtlinien zur globalen Steuerung und Koordination.[55] Die einst ausschließlich intergouvernemental geprägte Zusammensetzung des Komitees wurde durch eine Reform im Jahre 2009 grundlegend umgebaut. Mit der Etablierung des *Civil Society and Indigenous Peoples Mechanism (CSM)* wurde ein autonomer und selbstorganisierter Raum für Zivilgesellschaft institutionalisiert. Privatsektorale Interessen sind hier explizit ausgenommen und bilden einen eigenen *Private Sector Mechanism*, dem aber weniger Beteiligungsrechte an der intergouvernementalen Arbeit und Verhandlungen zukommen als dem Mechanismus für Zivilgesellschaft und Indigene Völker.[56] In Bezug auf Beteiligung und Repräsentation der Zivilgesellschaft im Partizipantenstatus[57] wird die Unterscheidung zwischen kategorialer Selbstvertretung (Betroffenheitskollektive) und advokatorischer Vertretung (Nichtregierungsorganisationen) zum grundlegenden Prinzip. Im Reformdokument, integraler Bestandteil der *Rules of Procedure*, wurde festgeschrieben: "The quota assigned to civil society organizations and NGOs will be such as to ensure their visible and effective participation, equitable geographic representation, with particular attention to the categories of organiza-

55 Wichtigstes Beispiel sind die Voluntary Guidelines on the Responsible Governance of Tenure of Land, Fisheries and Forests in the Context of National Food Security (VGGT) aus dem Jahr 2012. Siehe dazu Cotula, Law, Environment and Development Journal 13/2, 2017, 115 (117-133).

56 Dazu *Duncan/Claeys*, Food security 10, 2018, 1411 (1417).

57 Dieser Status bietet qualitativ stärkere Beteiligungsrechte als ein Beobachterstatus. Siehe dazu kurz unter III.; ausführlicher *Duncan/Claeys*, Food security 10, 2018, 1411 (1415-1418).

tions detailed in paragraph 11(ii)."[58] Diese in Paragraph 11(ii) definierte Kategorien repräsentieren kleinbäuerliche Familien („smallholder family farmers"), Gemeinschaften der (handwerklichen) Kleinfischerei („artisanal fisherfolk"), Viehzüchter:innen/halter:innen („pastoralists/herders"), Landlose („landless"), in Armut lebende Stadtbewohner:innen („urban poor"), Land- und Feldarbeiter:innen („agricultural and food workers"), Frauen („women"), Jugendliche („youth"), Konsument:innen („consumers") und Indigene Völker („indigenous peoples").[59] Nichtregierungsorganisationen fallen unter die Kategorie „NGOs" und werden nicht weiter untergliedert. Im Gründungsdokument des *CSM* wird präzisiert, „[...] while NGOs are organisations that represent the interests of a particular theme or support the interests of certain social groups, the other constituencies are self-organised social actors who share a common identity and have come together to represent their own interests."[60]

Entsprechend der oben unter IV. dargestellten Konzeption bedeutet das zweierlei: Erstens, eine formale Differenzierung zwischen selbstrepräsentierenden Kollektiven („constituencies") und Nichtregierungsorganisationen. Und zweitens, dass beteiligte Nichtregierungsorganisationen nicht für die betroffenen „constituencies" (Betroffenheitskollektive) sprechen, sondern deren unmittelbare und autonome Beteiligung und Repräsentation durch eigene repräsentative Organisationen (Betroffenenorganisationen) nur begleiten und unterstützen sollen („support"). Dementsprechend kategorisiert das Zugangsrecht zehn Betroffenheitskollektive. Während also etwa von Kleinbäuer:innen geführte Organisationen früher keinen Zugang zu Verhandlungen im Welternährungskomitee hatten, haben sie als formalisiertes Betroffenheitskollektiv nun sogar unmittelbaren und autonomen Zugang: „For a long time peasants did not know what was going on in international negotiations about food. These processes took place behind closed doors and decisions were restricted to governments, technocrats, bureaucrats and the biggest food lobby industry. Now, in the CFS we

58 *Committee on World Food Security*, Reform of the Committee on World Food Security, CFS Dok. 2009/2 Rev.2.

59 *Ebd.*

60 *Committee on World Food Security*, Proposal for an International Food Security and Nutrition Civil Society Mechanism for Relations with CFS, CFS Dok. 2010/9, para. 14.

speak on our own behalf and present our experience and contribute to designing food policies for the world."[61]

b) *Priorisierung der Betroffenheitskollektive auf Grund ihrer Betroffenheitserfahrung*

Darüber hinaus knüpft das Zugangsrecht an die Formalisierung der zehn Betroffenheitskollektive an und fordert deren Priorisierung ein. Innerhalb des *CSM* selbst, aber auch in der intergouvernementalen Arbeit im Plenum, in Arbeitsgruppen und in Beratungsgremien, soll denjenigen priorisierter Zugang und Mitwirkungsrechte zukommen, die von Hunger und Ernährungsunsicherheit besonders stark betroffen sind. Dies soll über das Prinzip der „most affected" für alle zehn Betroffenheitskollektive sichergestellt werden.[62] Das heißt, Organisationen, die etwa von kleinbäuerlichen Familien geführt und kontrolliert werden, werden durch mehr Sitze oder häufigere Stellungnahmen priorisiert beteiligt – eben weil sie die am stärksten von Hunger und Unterernährung Betroffenen sind.[63]

Wenn wir diese Operationalisierung des Konzepts der Betroffenheitskollektive im Welternährungskomitee zusammenfassend also mit den oben skizzierten Charakteristika des klassischen Zugangsmodells vergleichen, dann zeigen sich folgende alternative Zugangscharakteristika, die zu stärkerer Beteiligung für Betroffenenorganisationen führen: Erstens zeichnet sich das Konzept der Betroffenheitskollektive dadurch aus, dass die Organisationen ihre Zugangslegitimation gerade nicht aus der sachlichen Distanziertheit ziehen – also nicht mehr aus der Objektivität, die man bei Expert:innen als Nicht-Betroffene gerne unterstellt. Im Gegenteil, sie legitimiert gerade die Betroffenenperspektive.[64] Das „Geführt-Sein" von Perso-

---

61 Interview eines afrikanischen Mitglieds von La Via Campesina auf der 40. Jährlichen Versammlung des Komitees, 16.10.2013: zitiert nach *Gaarde*, Peasants Negotiating a Global Policy Space (Fn. 51), S. 6.

62 *Committee on World Food Security*, Reform (Fn. 58), paras. 7, 16; Dazu *Duncan/ Claeys*, Food security 10, 2018, 1411 (1416-1421); *Duncan/ Claeys*, Political Geography 75, 2019, Nr. 102045 (5).

63 Gleichzeitig bleiben die Kategorien der „most affected" aber flexibel und im Wege der zivilgesellschaftlichen Selbstorganisation veränderbar: *Committee on World Food Security*, Civil Society Mechanism (Fn. 60), para. 15. Zur Ausgestaltung ausführlich *Duncan*, Global food security governance. Civil society engagement in the reformed Committee on World Food Security, 2015, S. 123-152.

64 Siehe *von Bernstorff*, in: Sacksofsky (Hrsg.), Öffentliches Recht und Privatrecht, (Fn. 10), S. 381 (393-399): „Leitbild der Betroffenenpartizipation".

nen, die auch der jeweiligen Kategorie zugeordnet werden, wird zentrales Unterscheidungsmerkmal: „[...] [A]n organisation that represents the concerns of children, for example, but is not composed of and governed by children, would be classified as an NGO."[65] Zweitens wird die Repräsentationsfunktion nicht mehr der möglichst breiten Interessensvertretung zugeschrieben. Organisationen und Netzwerke wie *La Via Campesina* oder das *World Forum of Fisher Peoples* erhalten Zugang wegen ihrer eng an die Kollektivkategorisierung geknüpften, spezifischen Betroffenheitserfahrung.

3. *Fazit: Die „Most Affected" als Ausdruck der kosmolokalen statt internationalen Beteiligungslegitimation*

Abschließend entfällt damit durch eine Anwendung des Konzepts der Betroffenheitskollektive die Präferenz für das Internationale. Insbesondere im lokalen Sozialkontext verwurzelte Organisationen werden aufgewertet. So nimmt im Welternährungskomitee unter der Kategorie Kleinbäuer:innen zum Beispiel eine bunte Mischung aus kleinbäuerlichen Organisationen teil, egal, ob die Mitgliederstruktur lokal, national, regional oder international organisiert ist. Wie wir unter IV. gesehen haben, ist dabei nurmehr die kategoriespezifische Erfahrung der besonderen Betroffenheit entscheidend. Nämlich der Betroffenheit von Diskriminierung und Marginalisierung in Anlehnung an menschenrechtliche Vulnerabilitätskategorien.[66] Im Welternährungskomitee wird diese normative Beteiligungslegitimation durch die Priorisierung der „most affected" formalisiert. Dabei übersetzt das Konzept der Betroffenheitskollektive kategoriespezifische politische Vertretungsansprüche sozialer Bewegungen in das Zugangsrecht. Im Gründungsdokument des *CSM* wird die institutionelle Anerkennung als eine Reaktion auf verschiedene kategoriespezifische Repräsentationsansprüche deutlich, wenn es bezüglich der Betroffenheitskollektive allgemein anerkennt: „[...] they have come together to represent their own interests".[67]

---

65 *Committee on World Food Security*, Civil Society Mechanism (Fn. 60), para. 14.

66 *Richard Stewart* argumentiert mit dem deduktiv aus dem Ansatz des *global administrative law* abgeleiteten „concept of disregard" insoweit nahe an dem, was hier induktiv aus der Empirie geschlussfolgert wird. Siehe *Stewart*, AJIL 108, 2014, 211 (254).

67 Committee on World Food Security, Civil Society Mechanism (Fn. 60), para. 14.

Sehr eindrücklich dokumentiert ist diese Entwicklung für die Kategorie der Kleinbäuer:innen: "We can't move our gardens around the world. Nor do we want to. The way in which we've approached this is to recognize there are people like us everywhere in the world who are farming people, who are rooted, culturally rooted, in their places. And what we need to do is build bridges of solidarity with each other which respect that unique place each of us has in our own community, in our own country. These bridges will unite us on those issues or in those places where we have to meet at a global level."[68]

Die unmittelbar repräsentationsbezogene Legitimation des Konzepts der Betroffenheitskollektive speist sich demnach aus zwei Richtungen: Einerseits aus dem lokalen Sozialkontext, in dem Individuen die besondere und oft existenzielle Betroffenheit (z.B. „most affected") selbst erfahren.[69] Andererseits und gleichzeitig aber auch aus dem kosmopolitischen Anspruch, durch das Sprechen für und aus der Kategorie heraus eine – universelle – Einheit in der Vielfalt zu vertreten.[70] Auf Grund dieser produktiven Verschränkung, zweier in wissenschaftlichen Diskussionen bisher eher als gegensätzlich verstandener Richtungen, beschreibe ich den neuen legitimatorischen Ansatz für Zivilgesellschaftsbeteiligung als kosmolokal.

VI. Ausblick: Das Konzept der Betroffenheitskollektive als Hebel für weitere Reformen im institutionellen Beteiligungsrecht?

Das Konzept Betroffenheitskollektive hat großes Potenzial, ungleichen Zugangsbedingungen zur internationalen Rechtserzeugung entgegenzuwirken. Vor allem wenn es kontextsensibel und in Reaktion auf konkrete Teilhabeforderungen sozialer Bewegungen formalisiert wird, könnte es als Hebel für weitere Reformen im institutionellen Beteiligungsrecht dienen.

---

68 Rural Women's Workshop Highlights, Proceedings of the Rural Women's Workshop held in Rome – November 6-9, 1996, Manila: ISIS, S. 10.

69 Zur Betonung der lokalen Verwurzelung vieler auf internationaler Bühne agierender und vernetzter Personen und Organisationen, siehe v.a. Literatur unter dem Stichwort „globalization from below". Hieraus erwuchs auch die Bezeichnung der „rooted cosmopolitans" bei *Della Porta/Tarrow*, in: dies. (Hrsg.),Transnational protest and global activism, 2005, 221 (231, 237). Siehe auch *von Bernstorff*, in: Sacksofsky (Hrsg.), Öffentliches Recht und Privatrecht, (Fn. 10), S. 381 (395-397): „existentielle Selbst-Betroffenheit".

70 Ähnlich bereits *Desmarais*, Journal of peasant studies 29, 2002, 91 (98). Ausführlich und kritisch dazu *Claeys/Duncan*, Journal of peasant studies 46, 2019, 1477 (1478).

Eine sinnvolle Anwendung auf die institutionelle Architektur ist nicht davon abhängig, dass sich die jeweilige internationale Organisation ausschließlich mit einer bestimmten kategorisierten Personengruppe beschäftigt.

Diese Generalisierbarkeit macht das Welternährungskomitee deutlich, dem in zweifacher Hinsicht eine idealtypische Modellfunktion zukommen könnte. Zum einen, weil das Komitee mit den Themen Welternährung, Hunger und Unterernährung zu Querschnittsproblemen reguliert, die potenziell alle Menschen betreffen. Dennoch wurde mit dem Prinzip der „most affected" ein partizipationsrechtlicher Weg gefunden, auf eine empirisch und normativ konkretisierte Art von besonderer Betroffenheit im ungleichen Zugang zu Ernährungssicherheit anzuknüpfen.[71] Die normative Kraft einer themenbezogenen, aber wissenschaftlich begründeten „besonderen Betroffenheit" – auch einer Personenmehrzahl oder mehrerer Personengruppen – lässt sich besser in rechtliche Ansprüche und Positionen übersetzen als eine allgemeine Betroffenheit („all-affected"- Prinzip[72]). In Bezug auf die existenziellen Gefahren des Klimawandels und die Justiziabilität von Artikel 20a GG, hat sich zum Beispiel auch das Bundesverfassungsgericht auf die „besondere Betroffenheit" der jüngeren und künftigen Generationen als entscheidende Betroffenheitskonkretisierung gestützt.[73] Gerade was mehr Jugendbeteiligung im Kontext Umwelt- und Klimaregulierung angeht, könnte hier ein potenzieller Anknüpfungspunkt bestehen. Zweitens sehe ich das Welternährungskomitee deswegen als potenzielle Generalisierungsblaupause, weil hier die Kategorisierungen mehrerer und autonom veränderbarer Betroffenheitskollektive auf Grund ihrer Flexibilität besonders zugangsfördernd

ausgestaltet sind.[74] Die Zugänge über ein bereits formalisiertes Betroffenheitskollektiv besonders Betroffener („most affected") – wie etwa der

---

71 Siehe auch *von Bernstorff*, in: Sacksofsky (Hrsg.), Öffentliches Recht und Privatrecht, (Fn. 10), S. 381 (397): „einer Art themenbezogenen Schicksalsgemeinschaft".

72 Zu den Schwierigkeiten damit siehe exemplarisch *Peters*, Dual Democracy, in: Klabbers/Peters/Ulfstein (Hrsg.), The constitutionalization of international law, 2009, 263 (300).

73 BVerfG, Beschl. v. 24.03.2021 - 1 BvR 2656/18, Rn. 197, 205-206. Allgemeiner zu einem Vorschlag methodischer Verarbeitung der „Betroffenenperspektive" in Bezug auf verfassungsrechtliche Problemlagen rund um Ungleichheiten: *Röhner*, Ungleichheit und Verfassung. Vorschlag für eine relationale Rechtsanalyse, 2019, S. 28-30.

74 Weniger gut gelingt dies dagegen z.B. im sogenannten Major Groups Zugangsmodell des UN-Umweltprogramms (UNEP), das nur symbolisch, ohne formalen

Kleinbäuer:innen – funktionieren auch für solche Betroffenenorganisationen, die für andere Kategorisierungen oder spezifische Subkategorisierungen stehen.[75] Denn natürlich gibt es innerhalb der Kategorie der Kleinbäuer:innen auch Organisationen, die spezifisch für Landarbeiterinnen oder noch spezifischer für junge und indigene Landarbeiterinnen sprechen.[76] Dieser Mechanismus bietet eine gewisse Absicherung gegenüber Exklusions- und Essentialisierungsgefahren, die einer kategorialen Gestaltung von Partizipationsrechten inhärent sind.[77]

Meine Schlussfolgerung: Bedeutungsvoller Zugang für nicht zeitlos und starr bestimmbare marginalisierte, vulnerable oder diskriminierte Personengruppen[78] gelingt, wenn die autonome Beteiligung von Betroffenenorganisationen doppelt abgesichert ist. Das idealtypische Zugangsmodell einer solchen internationalen Organisation erkennt auf einer ersten Stufe die weitgehende zivilgesellschaftliche Autonomie in Zugangsentscheidungen an. Auf einer zweiten Stufe fordern die Zugangs- und Beteiligungsregeln ein, dass in der Ausfüllung zivilgesellschaftlicher Binnenorganisation die kategoriale Selbstvertretung durch Betroffenenorganisationen gegenüber der advokatorischen Vertretung durch Nichtregierungsorganisationen privilegiert wird. So könnte aus dem Konzept der Betroffenheitskol-

---

Betroffenheitsbezug und ohne partizipationsrechtliche Folgen zivilgesellschaftliche Subkategorisierungen anwendet. Siehe *Hasl*, Third World Thematics: A TWQ Journal 3, 2018, 626 (630). Allgemeiner zur Rolle der Major Groups, siehe auch *Birkenkötter*, Zugang zur Völkerrechtssetzung: Demokratische Legitimationsdefizite in der transnationalen Rechtsordnung am Beispiel der 2030 Agenda für Nachhaltige Entwicklung, in diesem Tagungsband, S. 265 (274, 278 ff.)

75 Dieser Anspruch wird im Gründungsdokument des Mechanismus für Zivilgesellschaft und Indigene Völker explizit gemacht: *Committee on World Food Security*, Civil Society Mechanism (Fn. 60), para. 15. In der politischen Praxis müssen die intersektionalen Betroffenheitserfahrungen von Ungleichheit dennoch immer wieder verhandelt werden. Siehe dazu *Duncan/Claeys*, Food Security 10, 2018, 1411–1424 (1418-1419).

76 Siehe auch *Claeys/Duncan*, Journal of peasant studies 46, 2019, 1477.

77 Allgemein zu diesen Gefahren der rechtlichen Bekämpfung von struktureller Ungleichheit durch die Praxis der Kollektivbildung (Kollektivierung): *Baer*, Der problematische Hang zum Kollektiv und ein Versuch, postkategorial zu denken, in: Jähnert/Alexander/Kriszio (Hrsg.), Kollektivkritik (Fn. 2), S. 47 (62-64).

78 Dies wird insbesondere unter dem Schlagwort Intersektionalität verhandelt. Vgl. zur Kategorie der Menschen, die mit einer Behinderung leben: *de Beco*, in: Human Rights Law Review 17, 2017, 633 (657-662: „Intersectional Mainstreaming“). Aus einer verfassungsrechtlichen Perspektive, die den ungleichen Zugang zum Staat thematisiert, siehe *Rabe*, Teilhabegerechtigkeit in der Rechtsetzung. Hegemoniale Positioniertheit im juristischen Paritätsdiskurs, in diesem Tagungsband, S. 111 (123-127).

lektive und dessen kosmolokaler Legitimation von Beteiligung ein Schlüssel für bedeutungsvollen Zugang marginalisierter, vulnerabler und diskriminierter Personengruppen zu internationalen Organisationen werden.

Umkämpfte Zugänge zur Bedeutung des Rechts: Die interkulturelle Auslegung in der Verfassungsrechtsprechung Ecuadors und Kolumbiens

Andreas Gutmann

Abstract: *Zugang zum Recht muss mehr bedeuten, als die Möglichkeit, gerichtliche Verfahren anzustrengen. Soll das Recht tatsächlich zugänglich sein muss es auch die Teilhabe an seiner Ausdeutung ermöglichen. Die Verfassungsgerichte Ecuadors und Kolumbiens haben vor diesem Hintergrund das Werkzeug der interkulturellen Auslegung entwickelt. Diese erfordert es, indigenes Rechtdenken und dessen Eigenlogik anzuerkennen. Intendiert ist hierbei eine Kollision auf Augenhöhe bei der sich die beteiligten Episteme durch einen ordre-public-Vorbehalt gegen einen indifferenten Kulturrelativismus absichern, der durch eine unkritische Annahme fremder Vorstellungen eigene grundlegende Werte zur Disposition stellt. Eine interkulturelle Auslegung erfordert also einen stetigen Übersetzungsvorgang, nicht nur auf sprachlicher, sondern vor allem auch auf epistemologischer Ebene. Sie öffnet einen – nicht immer konfliktfreien – Raum für die Aushandlung rechtlicher Bedeutung.*

Der Zugang zum Recht wirkt normierend. Bei der Übersetzung gesellschaftlicher Konflikte in die Sprache des Rechts tritt stets eine Verfremdung ein.[1] Dies gilt insbesondere auch in Verfahren zur Geltendmachung verfassungsrechtlich garantierter (Grund-)Rechte. Auch wenn diese abstrakt gefasst sind, liegt ihnen doch stets eine bestimmte Vorstellung des rechtlichen Subjekts zugrunde, die nicht auf alle Subjekte gleichermaßen zutrifft. So weist etwa die feministische Rechtswissenschaft seit längerem zutreffend darauf hin, dass das Recht von einem heterosexuellen cis-männlichen Subjekt ausgeht.[2]

Dieser Beitrag beleuchtet ein Instrument, welches das Recht auch für subalterne Vorstellungen und Forderungen öffnen möchte. Das insbeson-

1 Hierzu etwa *Teubner/Zumbansen*, Zeitschrift für Rechtssoziologie 21 (2000), 189-216.

2 *Ritzi*, Die Grenzen der Gleichheit: Feministische Kritik am Begriff der Person, in: Gröschner/Kirste/Lembcke (Hrsg.), Person und Rechtsperson, 2015, S. 274 (277); vgl. *Brown*, Die Paradoxien der Rechte ertragen, in: Menke/Raimondi (Hrsg.), Die Revolution der Menschenrechte, 2011, S. 454 (457).

dere von der ecuadorianischen und kolumbianischen Verfassungsrechtsprechung entwickelte Werkzeug der interkulturellen Auslegung (*interpretación intercultural*) eröffnet insbesondere indigenen Gemeinschaften einen Zugang zum Recht, indem es den Auslegungsprozess radikal pluralisiert.

I. Auslegung als wechselseitige Übersetzung

Um Forderungen als Rechtssubjekt zu artikulieren, müssen, wie *Daniel Loick* ausführt, „[a]lle Subjektanteile, die nicht mit der abstrakten Persönlichkeit vereinbar sind [...] überwunden, untergeordnet oder verdrängt werden".[3] Dieser Anpassungsprozess wird komplizierter, je größer die Differenz zwischen dem sich artikulierenden und dem hegemonialen, in das Recht eingeschriebenen Subjekt ist.[4] Häufig wird das Recht von subalternen Gruppen daher nicht als ermächtigend, sondern als Instrument der Herrschaftsausübung erlebt, wie aus einem andinen indigenen Blickwinkel etwa *Fernando Huanacuni* beschreibt.[5]

Gleichzeitig ist gerade für solche subalternen Gruppen der Zugang zum Recht von großer strategischer Bedeutung, was eine ambivalente Haltung zum Recht hervorbringt. Beispielhaft zeigt sich dies etwa im Kampf um (indigene) Landrechte. Das Verhältnis indigener Gemeinschaften zu dem von ihnen bewohnten und bearbeiteten Land passt häufig nicht zur Vorstellung individuellem Grundeigentums.[6] Die Forderung nach indigenen Landrechten versucht daher einerseits, Nutzungsweisen als eigentumsähnlich darzustellen, andererseits aber auch neue, etwa kollektive Formen des Grundeigentums im Recht zu etablieren.[7] Ähnliches zeigt sich im Verhält-

3 *Loick*, Juridismus: Konturen einer kritischen Theorie des Rechts, 2017, S. 123; ähnl. auch *Brown*, Paradoxien (Fn. 2), S. 458, die von der „reglementierende[n] Dimension von Rechten" spricht.

4 Corte Constitucional de Colombia, Urt. v. 4.12.2009, Rs. T-903/09, Rn. II. 4.3.

5 *Huanacuni Mamami*, Vivir bien/Buen Vivir, 6. Auflage, 2015, Ebook Position 2727.

6 *Masapanta Gallegos*, El derecho indígena en el contexto constitucional ecuatoriano: entre la exigibilidad de derechos y el reconocimiento del pluralismo jurídico, in: Espinosa Gallegos-Anda/Caicedo Tapia/Avila Linzán (Hrsg.), Derechos ancestrales, 2009, S. 409 (433 f.); Corte Constitucional del Ecuador, Urt. v. 18.3.2010, Rs. 001-10-SIN-CC, S. 81 (Sondervotum Nina Pacari); *Schacherreiter*, Das Landeigentum als Legal Transplant in Mexiko: Rechtsvergleichende Analysen unter Einbezug postkolonialer Perspektiven, 2014, S. 253 f.; *von Redecker*, Revolution für das Leben: Philosophie der neuen Protestformen, 2020, S. 269-274.

7 Vgl. hierzu etwa *Bhandar*, Colonial lives of property: Law, land, and racial regimes of ownership, 2018, S. 193-200.

nis der LGBTIQ*-Bewegung zur Ehe: Diese wird einerseits als patriarchales Institut kritisiert, andererseits wird aber auf deren Öffnung hingearbeitet.[8]

Die Arbeit mit dem Recht kann dabei als wechselseitiger Übersetzungsvorgang beschrieben werden. Für ihre rechtliche Verhandelbarkeit müssen soziale Konflikte in die Sprache des Rechts übersetzt werden. Gleichzeitig muss die abstrakte Sprache des Rechts einen Übersetzungsvorgang durchlaufen, um auf den konkreten Fall angewendet werden zu können. Das Ergebnis dieser Übersetzungsvorgänge ist nicht nur kontingent, sondern auch Ausdruck konkreter historischer Machtverhältnisse.

II. Auslegung als Hervorbringung von Rechtsbedeutung

Gleichzeitig bringt die Übersetzung, dies hat etwa *Walter Benjamin* gezeigt, selbst Bedeutung hervor: „[I]n seinem [des Originals] Fortleben, das so nicht heißen dürfte, wenn es nicht Wandlung und Erneuerung des Lebendigen wäre, ändert sich das Original. Es gibt eine Nachreife auch der festgelegten Worte".[9] Auf das Recht gewendet: Jede Arbeit mit einem Rechtstext wirkt auf dessen Bedeutung zurück.

Wenn Rechtsauslegung selbst Rechtsbedeutung hervorbringt,[10] muss sich die Zugänglichkeit des Rechts auch am Zugang zur Rechtsinterpretation messen lassen. Soll das Recht tatsächlich zugänglich sein – so die These dieses Beitrages – muss es auch die Teilhabe an seiner Ausdeutung ermöglichen.

In diese Richtung weisen verschiedene Entwicklungen. Das Institut des amicus curiae bietet die Möglichkeit, weitere Stimmen in den Gerichtsprozess zu integrieren.[11] Strategische Prozessführung versucht bewusst, die Grenzen des Rechts durch die Artikulation neuer Forderungen zu verschieben. Offensive Strategien der Nebenklagevertretung verändern den Fokus eines Strafverfahrens.[12] Im Folgenden soll jedoch mit der

---

8 Aus der Rechtsprechung siehe hierzu etwa das Sondervotum von *Fernando Cruz Castro* in einem Verfahren zur Ehe für alle Sala Constitucional de la Corte Suprema de Justicia, Costa Rica, Urt. v. 8.8.2018, Rs. Res. № 2018012782, Rn. XIII b, das sich diesem Spannungsverhältnis widmet.

9 *Benjamin*, Charles Baudelaire Tableaux Parisiennes, Vorwort: Die Aufgabe des Übersetzers, in: Gesammelte Schriften Band IV-1, 4. Auflage 2006, S. 9 (12).

10 Ähnl. auch *Müller/Christensen*, Grundlegung für die Arbeitsmethoden der Rechtspraxis, 2013, S. 283: „Die Rechtsnorm muß vielmehr [durch Auslegung] überhaupt erst gemacht werden."

11 Hierzu *Blanquett/Casser*, KJ 50 (2017), 94.

12 Siehe etwa *Pietrzyk/Hoffmann*, KJ 53 (2020), 311.

insbesondere von den Verfassungsgerichten Ecuadors und Kolumbiens vorgenommenen interkulturellen Auslegung (*interpretación intercultural*) ein Werkzeug im Fokus stehen, welches den Zugang zum Recht in besonders radikaler Weise öffnet. Die *interpretación intercultural* ergänzt die überkommenen Auslegungsmethoden und verlangt die Berücksichtigung indigenen Denkens und einen Pluralismus der Interpretationen in einem interkulturellen Dialog über rechtliche Bedeutung. Sie erkennt damit an, dass die Auslegung von Rechtstexten stets auf kulturellen Vorannahmen beruht und fordert gerade die Vielzahl kulturell vorgeprägter Auslegungsmöglichkeiten als fruchtbar wahrzunehmen. Die *interpretación intercultural* öffnet die Auslegung für den „Kampf[...] ums Recht im Recht durch Recht über das Recht hinaus“[13] und erkennt an, dass die Bedeutung, die eine (Rechts-)Kultur einem Begriff zuordnet, nicht nur kontingent, sondern selbst das Ergebnis von Aushandlungsprozessen ist.

III. Hintergrund: Rechtspluralismus und Neokonstitutionalismus

Die Rechtsordnungen Ecuadors und Kolumbiens sind auch heute von der Kolonialgeschichte geprägt. Auch wenn die häufig kolportierte Behauptung, die Rechtssysteme Lateinamerikas seien als Kopien der europäischen Vorbilder den europäischen Rechtskreisen zugehörig[14] in dieser Form jedenfalls verkürzend ist,[15] kann nicht geleugnet werden, dass sich insbesondere die politischen und wirtschaftlichen Eliten auch nach der formellen Unabhängigkeit von den Kolonialmächten weiterhin nach Europa orientierten. Im Rahmen der verfassungsrechtlichen Strömung des lateinamerikanischen Neokonstitutionalismus entfernten sich zahlreiche innovative Verfassungsgebungen in den letzten Jahrzehnten allerdings immer weiter von dieser europäischen Provenienz. Als erstes neokonstitutionelles Dokument wird häufig die sich bis heute in Kraft befindliche kolumbianische Verfassung von 1991 bezeichnet,[16] die ecuadorianische Verfassung von 2008 ist hingegen einer der jüngsten entsprechenden Rechtsakte.

---

13 *Fischer-Lescano*, Regenbogenrecht: Transnationales Recht aus den „Quellen des Judentums", in: König/Seichter (Hrsg.), Menschenrechte. Demokratie. Geschichte: Transdisziplinäre Herausforderungen an die Pädagogik, 2014, S. 163 (170).

14 Siehe etwa Zweigert/Kötz, Einführung in die Rechtsvergleichung, 3. Auflage, 1996, S. 113.

15 *Schacherreiter*, Landeigentum (Fn. 6), S. 50.

16 Etwa *Noguera Fernández*, Revista Vasca de Administración Pública 83 (2009), 117, S. 119.

Ein wichtiges Charakteristikum des lateinamerikanischen Neokonstitutionalismus ist dessen Bekenntnis zu einem Rechtspluralismus, wie es sich ausdrücklich sowohl in Kolumbien als auch in Ecuador findet. Beide Verfassungen bejahen „die Frage, ob man in einer staatlich organisierten Gesellschaftsordnung davon ausgehen kann, daß es mehr als eine, den Begriff Recht verdienende normative und institutionelle Ordnung oder Teilordnung geben könne", welche *Franz von Benda-Beckmann* als „[i]m Zentrum der neuen Diskussionen über Rechtspluralismus" stehend identifiziert.[17] In beiden Ländern werden indigene Rechtssysteme als eigenständige Ordnungen anerkannt, indigenes und staatliches Recht besteht nebeneinander. Insbesondere Konflikte zwischen Mitgliedern einer indigenen Gemeinschaft und solche, die sich auf Vorkommnisse auf indigenen Territorien beziehen, können nach dem Recht dieser Gemeinschaften geschlichtet werden.

Das Institut der *interpretación intercultural* wurzelt in diesem Rechtspluralismus, geht aber gleichzeitig darüber hinaus.[18] Es wurde ursprünglich für Fälle der Kollision zwischen indigenem und staatlichem Recht entwickelt. Strittig ist hier zum einen häufig die Abgrenzung des Anwendungsbereichs staatlicher und indigener Jurisdiktionsgewalt. Diesbezüglich hatte das kolumbianische Verfassungsgericht schon früh festgestellt, dass diese Abgrenzung nicht streng formal stattfinden kann, sondern das „Prinzip der ethnischen und kulturellen Diversität" berücksichtigen muss.[19] Zum anderen kann die materielle Vereinbarkeit indigener Justizakte mit dem staatlichen (Verfassungs-)Recht Fragen aufwerfen.[20] Diese Kollisionslagen dürfen, soll der Rechtspluralismus ernstgenommen werden, nicht stets einseitig zugunsten des staatlichen Rechts aufgelöst werden. Dass nichtstaatliche Rechtsordnungen zu vom staatlichen Recht abweichenden Ergebnissen kommen können, ist gerade das erklärte Ziel des Rechtspluralismus. Gleichzeitig ist die staatliche Rechtsordnung nicht gewillt, jedes beliebige Resultat indigenen Rechts anzuerkennen, sondern zieht gewisse Trennlinien – *Andreas Fischer-Lescano* spricht von einem ord-

---

17 *Benda-Beckmann*, Zeitschrift für Ethnologie 119 (1994), 1 (2).

18 *Masapanta Gallegos*, Interpretación intercultural desde la jurisprudencia constitucional ecuatoriana, in: Storini (Hrsg.), Constitucionalismo y nuevos saberes jurídicos, 2017, S. 255 (263 f.).

19 Corte Constitucional de Colombia, Urt. v. 26.9.1996, Rs. T-496/96, Rn. 2.4.3.

20 Vgl. *Masapanta Gallegos*, Derecho indígena (Fn. 6), S. 410, der den Fokus der Debatte über indigene Justiz auf diesen Aspekt kritisiert.

re public-Vorbehalt[21] – ein. Rechtspluralismus benötigt also ein Kollisionsrecht, das bei Konflikten zwischen den Rechtsordnungen vermittelt.

IV. Verhandlungen im Zwischenraum

Dieses Kollisionsrecht kann als Zwischenraum konzeptualisiert werden, in welchem Inhalt und Bedeutung des Rechts ausgehandelt werden. Als Zwischenraum bezeichnet der postkoloniale Denker *Homi K. Bhabha* ein Dazwischen der Kulturen, in dem in einem Akt der Verhandlung und der Übersetzung[22] ein „heterogenes Gemisch" oder eine „vermischte Unauflöslichkeit" entsteht.[23] Gerade das „‘inter'" ist dabei nach *Bhabha* „das Entscheidende am Übersetzen und Verhandeln, am Raum *da-zwischen*", es trage „den Hauptanteil kultureller Bedeutung in sich".[24] Durch die Prozesse der Hybridisierung bildet sich hierbei etwas Neues, welches das Vorhergehende jedoch nicht auflöst, sondern reflektiert und gleichzeitig verändert,[25] somit „*weder das eine noch das andere ist*"[26]. Kultur ist bei *Bhabha* stets hybrid und durch Aushandlung und Übersetzung hervorgebracht. Zwischenräume können emanzipatorisch genutzt werden: „Im Prozeß der Übersetzung wird ein weiterer politischer und kultureller Kampfplatz im Zentrum der kolonialen Repräsentation aufgeschlossen."[27] Das Konzept des Zwischenraums erkennt an, dass gerade auch subalternen Positionen Handlungs- und Äußerungsmacht zukommen kann.

Verhandlungen im Zwischenraum finden jedoch nicht lediglich beim Aufeinandertreffen verschiedener Rechtsordnungen statt. So ist auch die einzelne Rechtsordnung von verschiedenen konfligierenden Einflüssen geprägt,[28] sie „ist pluralistisch, voller Widersprüche und rechtlicher Inter-

---

21 *Fischer-Lescano*, Merkur 74 (2020), 22, 27; von einen „orden público" spricht auch Corte Constitucional de Colombia, Urt. v. 30.5.1994, Rs. T-254/94, Rn. 7.3.

22 *Bhabha*, Die Verortung der Kultur, 2011, S. 58.

23 So die Bezeichnungen bei *Struve*, Zur Aktualität von Homi K. Bhabha: Einleitung in sein Werk, 2013, S. 101.

24 *Bhabha*, Verortung (Fn. 22), S. 58.

25 Hierzu auch *Foljanty*, Legal Transfers as Processes of Cultural Translation: On the Consequences of a Metaphor, Max Planck Institute for European Legal History research paper series, 2014, S. 12.

26 *Bhabha*, Verortung (Fn. 22), S. 38.

27 Ebd., S. 51.

28 Nach *Álvarez Lugo*, Foro: Revista de Derecho 2020, 7 (11) herrscht auch in indigenen Gemeinschaften selbst Rechtspluralismus.

essengegensätze"[29] und darf nicht „als kohärente oder gar eindeutige Ordnung begriffen werden."[30] Dies gilt in besonderer Weise bei den hier betrachteten Rechtsordnungen. Die Verfassungen Ecuadors und Kolumbiens rezipieren in weitem Umfang europäisches Recht, streben aber gleichzeitig auch eine umfassende Dekolonialisierung durch einen Bruch mit diesen westlichen Einflüssen an.[31] Besonders deutlich, wird dies, wenn sich die ecuadorianische Verfassung auf indigene Konzepte wie das *sumak kawsay*[32] oder die *Pacha Mama*[33] bezieht. Die Verfassungen können also selbst als hybrid, als Ergebnis eines interkulturellen Dialogs im Zwischenraum gesehen werden.

V. *Die interpretación intercultural als Auslegungsmethode*

Die *interpretación intercultural* ist ein offensives Bekenntnis zu diesem internen Pluralismus des Rechts. Insbesondere die ecuadorianische Rechtsprechung hat den Anwendungsbereich der Methode so ausgeweitet, dass sie als neuer Bestandteil des Auslegungskanons potenziell für jede Rechtsfrage herangezogen werden kann, selbst wenn indigene Gemeinschaften nicht direkt betroffen sind.[34] Hierbei verlangt die *interpretación intercultural*, dass rechtliche Begriffe auch im Lichte der Vorstellungen der indigenen Gemeinschaften ausgelegt werden.[35] Sie gründet auf der Erkenntnis, dass der verfassungsrechtlich garantierte Rechtspluralismus nicht nur die Rechtssetzung, sondern auch die Auslegung umfassen muss.[36] Indem sie innerhalb

29 *Fischer-Lescano*, Regenbogenrecht (Fn. 13), S. 174.

30 *Seinecke*, Das Recht des Rechtspluralismus, 2015, S. 293.

31 Nach *Pichl*, KJ 45 (2012), 131 (139) stellt dies ein allgemeines Charakteristikum postkolonialer Verfassungen dar.

32 Hierzu etwa *Acosta*, Juridikum 2009, 219. Das Konzept speist sich unter anderem aus indigenen Kosmovisionen des Anden- und Amazonasraums und strebt ein nachhaltiges Lebens- und Entwicklungsmodell an.

33 Siehe hierzu *Gutmann*, ZUR 2019, 611. Mit Pacha Mama wird eine holistische Wahrnehmung der nichtmenschlichen Umwelt adressiert, die auf Beziehungen und Verantwortlichkeiten zwischen Mensch und Natur beruht.

34 So wohl Corte Constitucional del Ecuador, Urt. v. 9.12.2009, Rs. N°. 008-09-SAN-CC, S, 53; Sala Multicompetente de la Corte Provincial de Pastaza, Urt. v. 11.7.2019, Rs. 16171-2019-00001, S, 20; *Masapanta Gallegos*, Interpretación intercultural (Fn. 18) S. 263-272.

35 Sala Multicompetente de la Corte Provincial de Pastaza, Urt. v. 11.7.2019, Rs. 16171-2019-00001, S. 19.

36 So für Bolivien *Arias López*, Anuario Iberoamericano de Justicia Constitucional 18 (2014), 45, 58.

der staatlichen Rechtsprechung vonstattengeht, ist sie weitreichender als ein Rechtspluralismus, der kollisionsrechtlich das Nebeneinander verschiedener Rechtsordnungen organisiert.[37] Die *interpretación intercultural* geht vielmehr von einem Binnenpluralismus innerhalb des staatlichen Rechts und seinen Institutionen aus.

Die Notwendigkeit der *interpretación intercultural* kann auf verschiedene Weise begründet werden. Sie findet ihren Ursprung etwa in dem Recht indigener Gruppen auf kulturelle Selbstbestimmung[38] oder im ecuadorianischen Fall in der ausdrücklichen Proklamierung des plurinationalen und interkulturellen Staates.[39] Dem Prinzip der *interculturalidad* kommt insbesondere in der ecuadorianischen Verfassung ein hoher Stellenwert zu. Bei diesem handelt es – anders als bei der Multikulturalität – um ein normatives Konzept, das über die Anerkennung der Koexistenz kultureller Vielfalt hinausgeht.[40] Unter dem von der Indigenenbewegung in den politischen und rechtlichen Diskurs eingebrachten[41] Begriff der Interkulturalität wird Dialog und gegenseitige Anerkennung zwischen den Kulturen, sowie ein stetiges Lernen vom anderen verstanden.[42] Es geht gerade nicht darum bestehende Differenzen zu überwinden, sondern diese zu verhandeln und Räume der Begegnung zu schaffen.[43] Die *interpretación intercultural* sieht daher den Streit um die Bedeutung des Rechts selbst als wertvoll an. Sie tritt der Vorstellung entgegen, dass (rechtliche) Bedeutung etwas Feststehendes, die Rechtauslegung also als mechanischer, unpolitischer Vorgang zu begreifen ist.

Eine *interpretación intercultural* ermöglicht hierbei, indigenes Rechtdenken und dessen Eigenlogik anzuerkennen.[44] Angestrebt ist ein von gegen-

---

37 *Masapanta Gallegos*, Derecho indígena (Fn. 6), S. 263 f.

38 Sala Multicompetente de la Corte Provincial de Pastaza, Urt. v. 11.7.2019, Rs. 16171-2019-00001, S. 32.

39 Corte Constitucional del Ecuador, Urt. v. 18.3.2010, Rs. 001-10-SIN-CC, S, 44.

40 *Altmann*, Die Indigenenbewegung in Ecuador: Diskurs und Dekolonialität, 2014, S. 250; *Walsh*, Interculturalidad, estado, sociedad: Luchas (de) coloniales de nuestra época, 2009, S. 41.

41 *Andrade*, Antropología. Cuadernos de Investigación 8 (2009), 13, 22; zur Genealogie *Altmann*, Indigenenbewegung (Fn. 40), S, 246-258; *Walsh*, Interculturalidad crítica y educación intercultural, in: Viaña Uzieda/Tapia Mealla/Walsh (Hrsg.), Construyendo interculturalidad crítica, 2010, S. 75 (79-88).

42 *Andrade*, Antropología. Cuadernos de Investigación 8 (2009), 13 (20); *Walsh*, Interculturalidad (Fn. 40), S. 41.

43 *Walsh*, Interculturalidad (Fn. 40), S. 45 f.

44 *Masapanta Gallegos*, Derecho indígena (Fn. 6), S. 424.

seitigem Respekt geprägter[45] Dialog auf Augenhöhe.[46] Es sollen „Räume der Interaktion“ eröffnet werden, die „eine bessere gegenseitige Kenntnis“ ermöglichen.[47] Dies verlangt von staatlichen Rechtsanwender*innen zunächst, „das ‚andere‘ zu durchdringen“ und dessen kulturellen Hintergrund verstehen zu versuchen.[48] Die *interpretación intercultural* muss sich „dem Wesenszug und den kulturellen Praktiken der betreffenden Gruppen objektiv annähern.“[49] Sollten die verschiedenen Epistemologien in einem Fall zu unterschiedlichen Ergebnissen kommen, muss ein Weg gefunden werden, diesen Konflikt so aufzulösen, dass alle beteiligten Positionen zur weitmöglichsten Entfaltung gelangen.[50] Die Funktionsweise der *interpretación intercultural* soll im Folgenden unter drei Gesichtspunkten erörtert werden.

1. *Auslegung als interkultureller Dialog*

Besonders illustrativ ist das Urteil des ecuadorianischen Verfassungsgerichts zur indigenen Universität *Amawtay Wasi*.[51] Diese sollte – staatlich akkreditiert – verschiedene auf indigenen Wissensformen basierende Studiengänge anbieten. Ihr Verwaltungssitz befand sich in der Hauptstadt Quito, der Lehrbetrieb sollte an fünf verschiedenen über das Land verteilten Standorten in indigenen Gemeinden stattfinden. Dies untersagte die Bildungsbehörde CONESUP, da nach der geltenden Rechtslage Universitäten erst nach fünf Jahren ihres Bestehens weitere Standorte eröffnen dürften. Der daraus resultierende Rechtsstreit landete schließlich vor dem Verfassungsgericht, das die Gelegenheit nutzte, sich umfänglich zum interkulturellen Charakter der Verfassung und zur Notwendigkeit der *interpretación intercultural* zu äußern.

---

45 Sala Multicompetente de la Corte Provincial de Pastaza, Urt. v. 11.7.2019, Rs. 16171-2019-00001, S. 20.

46 Vgl. Corte Constitucional del Ecuador, Urt. v. 9.12.2009, Rs. N°. 008-09-SAN-CC, S. 52.

47 Sala Multicompetente de la Corte Provincial de Pastaza, Urt. v. 11.7.2019, Rs. 16171-2019-00001, S, 32.

48 Corte Constitucional del Ecuador, Urt. v. 9.12.2009, Rs. N°. 008-09-SAN-CC, S. 52.

49 Corte Constitucional del Ecuador, Urt. v. 6.8.2014, Rs. N°. 004-14-CN-CC, S. 18.

50 Corte Constitucional del Ecuador, Urt. v. 18.3.2010, Rs. 001-10-SIN-CC, S. 84 (Sondervotum *Nina Pacari*).

51 Zum Hintergrund siehe *Vargas Moreno*, Polis 2014, 1.

Der CONESUP habe es versäumt, sich mit den hinter Amawtay Wasi stehenden indigenen Kosmovisionen zu beschäftigen. Nach diesen könne Wissensweitergabe nicht losgelöst von einem Territorium geschehen, sondern müsse lokal in der indigenen Gemeinde und in deren Beziehung zur nichtmenschlichen Umwelt wurzeln: „[D]as Wissen ist dort in der Natur, in den [indigenen] Völkern selbst, in ihrer Umwelt".[52] Dass der CONESUP dies verkannt und das für nicht-indigene Universitäten entwickelte Erfordernis eines festen Hauptsitzes auf Amawtay Wasi angewendet habe, stelle eine verfassungswidrige Diskriminierung dar.[53] Die Auslegung der entsprechenden Vorschrift durfte also nicht bei den klassischen Auslegungskanones stehenbleiben, sondern musste sie vielmehr vor dem Hintergrund indigener Vorstellungen von Bildung betrachten. Verunmöglicht eine Vorschrift eine solche Bildung, hat sie keinen Anspruch auf eine universelle Geltung, sondern muss sich einem interkulturellen Dialog unterwerfen.

2. *Menschenrechte als Grenze*

Im *Amawtay Wasi*-Fall kann die Spannung verhältnismäßig leicht aufgelöst werden. Die in einer untergesetzlichen Norm festgehaltene Fünf-Jahresfrist ist nicht Ausfluss von Grundwerten des staatlichen Rechts, ihre Derogation löst keine Krise aus.

Zum Schwur muss es kommen, wenn staatliche und subalterne (Rechts-)Normen derart unterschiedliche Ergebnisse erzielen, dass eine Auflösung nicht mehr ohne weiteres möglich ist. Solche Konflikte werden insbesondere dort vermutet, wo sich indigene Gemeinschaften etwa in Bezug auf Geschlechtergerechtigkeit[54] oder Formen von Strafe zu den Grund- und Menschenrechten in Widerspruch zu setzen scheinen. Hier liegt die eigentliche Schwierigkeit der *interpretación intercultural.*

Wie die indigene Verfassungsrichterin *Nina Pacari* in ihrem Sondervotum zum Urteil des ecuadorianischen Verfassungsgerichts zum Bergbaugesetz (Ley de Minería) ausführt, muss das Recht hier einen Weg zwischen einem Universalismus, der keinerlei Abweichung vom staatlichen Recht zulässt und einem „exzessiven Kulturrelativismus", der seine eigenen Maß-

52 Corte Constitucional del Ecuador, Urt. v. 9.12.2009, Rs. N°. 008-09-SAN-CC, S. 50.

53 Ebd., S. 51.

54 Vgl. *Schacherreiter*, RabelsZ 77 (2013), 272 (276).

stäbe aufgibt, finden.[55] Eine Grenze der *interpretación intercultural* muss – hierüber scheint Einigkeit zu bestehen, anhand der Grund- und Menschenrechte bestimmt werden.[56] Denn, wie *Pacari* ausführt: „Eine Gesellschaft ohne Menschenrechte ist blind, aber ohne kulturellen Pluralismus ist sie leer."[57] Gleichzeitig müssen aber auch die Menschenrechte wiederrum interkulturell reflektiert werden. Hierbei öffnet sich ein schwieriges Spannungsfeld. Denn mit *Gayatri Chakravorty Spivak* gesprochen, sind Menschenrechte einerseits etwas, „you cannot not want",[58] andererseits ist gerade postkoloniale Menschenrechtskritik[59] durchaus ernst zu nehmen. Diese weist unter anderem darauf hin, dass die Menschenrechte selbst ein westliches Konzept sind, dessen Fokus auf das individuell berechtigte Subjekt[60] nicht von sämtlichen menschlichen Gemeinschaften geteilt wird[61] und darüber hinaus die Gefahr einer paternalistischen Unterscheidung zwischen Geber*innen und Empfänger*innen der Menschenrechte besteht.[62]

Deswegen führt das kolumbianische Verfassungsgericht aus, dass die Grund- und Menschenrechte selbst in einem „interkulturellen Konsens" weitmöglichst" auszulegen seien, und eine Grenze indigener Autonomie erst dann erreicht sein könne, wenn Handlungen vor diesem Hintergrund „wahrhaft intolerabel" sind.[63] Die interkulturelle Auslegung ist keine Einbahnstraße, sie wirkt „hin und zurück" („de ida y vuelta")[64] und verändert

55 Corte Constitucional del Ecuador, Urt. v. 9.12.2009, Rs. N°. 008-09-SAN-CC, S. 82 (Sondervotum *Nina Pacari*).

56 Vgl. bereits Corte Constitucional de Colombia, Urt. v. 30.5.1994, Rs. T-254/94, S. 16.

57 Corte Constitucional del Ecuador, Urt. v. 18.3.2010, Rs. 001-10-SIN-CC, S. 82 (Sondervotum *Nina Pacari*).

58 *Spivak*, Interviewed by Robert Young: Neocolonialism and the Secret Agent of Knowledge, Oxford Literary Review 13 (1991), 220 (234).

59 Einführend etwa *Castro Varela/Dhawan*, APuZ 70 (2020), 33.

60 Siehe etwa die Kritik bei *Santos*, Las paradojas de nuestro tiempo y la Plurinacionalidad, in: Acosta (Hrsg.), Plurinacionalidad: Democracia en la diversidad, 2009, S. 21, 24.

61 So sind nach *Brandt/Franco Valdivia*, Normas, Valores y Procedimientos en la Justicia Comunitaria, 2007, S. 160 Individualrechte den indigenen Kosmovisionen des Andenraums fremd.

62 *Spivak*, Righting wrongs: Unrecht richten, 2008.

63 Corte Constitucional de Colombia, Urt. v. 4.12.2009, Rs. T-903/09, S. 21 (Hervorhebung im Original).

64 *Villanueva Flores*, Revista Derecho del Estado 34 (2015), 289 (301); Sala Multicompetente de la Corte Provincial de Pastaza, Urt. v. 11.7.2019, Rs. 16171-2019-00001, S. 32.

die staatliche Verfassung[65] und die von ihr garantierten Rechte. Im interkulturellen Kollisionsrecht müssen sich die von den beteiligten Rechtsordnungen ausgebildeten ordre-public-Vorbehalte also selbst wieder der Vermittlung durch das Andere unterwerfen.

Eine starre Grenze stellt nach dem kolumbianischen Verfassungsgericht nur der „harte Kern“ der Menschenrechte dar, in allen anderen Fällen müsse die Grenzziehung durch Abwägung vorgenommen werden.[66] Im ecuadorianischen Fall ist ein solcher ordre-public Vorbehalt in Art. 171 der Verfassung positiviert, nach dem staatliche Richter*innen Urteile der indigenen Justiz nicht dulden dürfen, wenn diese Menschen- oder Partizipationsrechte[67] von Frauen mit Verweis auf die Interkulturalität negieren. Auch hier müssen diese Rechte wieder im Lichte der Interkulturalität ausgelegt werden,[68] so dass das Verfassungsgericht – wie es jüngst in Bezug auf interne Regeln einer indigenen Gemeinschaft bezüglich der Zugehörigkeit zu dieser dargelegt hatte – seine Kontrollkompetenz in Bezug auf indigene Gemeinschaften nur in Ausnahmefällen ausübt und dabei „das Prinzip der maximalen Autonomie der indigenen Völker und der minimalen staatlichen Intervention“ respektiert.[69]

3. *Wechselseitig reflektierter ordre public*

Die *interpretación intercultural* stellt demnach einen dialektischen Prozess dar, der „move[s] back and forth between concrete proposals based on existing cultural differences“.[70] Diese Vor- und Zurückbewegung, die nach *Arturo Escobar* charakteristisch für die Übersetzung ist, hat eine interkulturelle Auslegung zu leiten. So sind alle am Dialog Beteiligten gehalten, ihre fundamentalen Werte in Form eines ordre-public zu formulieren. Diese „Nichtdispositivitäten“ verweisen dabei „auf je unterschiedliche regimespezifische Formulierungen eines Gemeinwohls“.[71] Die jeweiligen ordre-public-Vorbehalte werden dann im Anderen reflektiert. So dürfen indi-

65 *Masapanta Gallegos*, Interpretación intercultural (Fn. 18), S. 272.
66 Corte Constitucional de Colombia, Urt. v. 4.12.2009, Rs. T-903/09, Rn. II. 5.4.
67 *Brandt*, Indigene Justiz im Konflikt: Konfliktlösungssysteme, Rechtspluralismus und Normenwandel in Peru und Ecuador, 2016, S. 153.
68 *Álvarez Lugo*, Foro: Revista de Derecho 2020, 7 (16).
69 Corte Constitucional del Ecuador, Urt. v. 9.12.2020, Rs. No. 36-12-IN/2, S. 38.
70 *Escobar*, Encountering Development: The Making and Unmaking of the Third World, 2. Auflage, 2012, S. 223.
71 *Fischer-Lescano*, Regenbogenrecht (Fn. 13), S. 177.

gene Formen der Streitbeilegung nicht vorschnell an vermeintlich feststehenden Parametern eines fair-trial-Grundrechts (*debido proceso*) gemessen werden, vielmehr müssen die in den jeweiligen indigenen Gemeinschaften bestehenden Vorstelllungen eines fairen Verfahrens in die Ausdeutung des entsprechenden staatlicherseits als orde-public formulierten Grundrechts einfließen.[72] Die *interpretación intercultural* sieht sich der Herausforderung ausgesetzt, „die (un)mögliche Übersetzung des Anderen im Eigenen [zu] leisten".[73]

Am Umgang mit devianten Verhalten exemplifiziert: Während das staatliche Recht bei jeglicher Art der Körperstrafe einen Konflikt mit Grund- und Menschenrechten sieht, läuft eine Inhaftierung den Vorstellungen vieler indigener Rechtssysteme entgegen, welche nach Regelverstößen eine Wiederherstellung des durch den Verstoß gestörten Gleichgewichts in der Gemeinschaft anstreben, was durch eine haftbedingte Abwesenheit der rechtsbrüchigen Person vereitelt wird.[74] Dieser Bruch lässt sich nicht harmonisch auflösen. Er kann jedoch interkulturell reflektiert werden. Funktion und Bedeutung der Nichtdispositivitäten werden selbst Gegenstand der Diskussion.

VI. Eine Herausforderung für das Recht

Teilweise wird befürchtet, die Anerkennung eines Pluralismus im Recht könne „das moderne, gleiche und freie Recht in vormoderne Ungleichheit und Unfreiheiten zurückzuwerfen".[75] Dem widersprechen Urteile, welche die *interpretación intercultural* gerade auf den Grundsatz der Rechtsgleichheit stützen.[76] Diese verabschieden sich von einem formalistischen Gleichheitsverständnis und statuieren, dass streng schematische Gleichbehandlung durch das Recht diskriminierend wirken kann. Was das bedeutet, zeigt sich in einem kolumbianischen Fall, in dem eine junge indigene Frau für ein politisches Amt kandidiert hatte, ohne das hierfür in einem Dekret vorgesehene Mindestalter von 25 Jahren erreicht zu haben.[77] In

---

72 Vgl. hierzu *Santos*, Las paradojas (Fn. 60), S. 41 f.

73 *Fischer-Lescano*, Merkur 74 (2020), 22 (30).

74 Vgl. zu diesem Spannungsfeld Corte Constitucional del Ecuador, Urt. v. 6.8.2014, Rs. N°. 004-14-CN-CC, S. 28.

75 *Seinecke*, Rechtspluralismus Fn. 30), S. 13.

76 Corte Constitucional del Ecuador, Urt. v. 6.8.2014, Rs. N°. 004-14-CN-CC, S. 30; so auch *Masapanta Gallegos*, Derecho indígena (Fn. 6), S. 419.

77 Corte Constitucional de Colombia, Urt. v. 27.7.2005, Rs. T-778/05.

der indigenen Gemeinschaft der Arhuaca, der die Klägerin angehörte, spielt das numerische in Jahren gemessene Alter keine Rolle, die Reife für politische Ämter wird an die körperliche Entwicklung und daran anknüpfende Initiationszeremonien geknüpft.[78] Würde eine starre, in Jahren bemessene Altersgrenze auch auf das Mitglied der indigenen Gemeinschaft angewendet, würden zwar alle Kandidat*innen formal gleichbehandelt. Gleichzeitig würde die indigene Kandidatin anders behandelt als mögliche der Mehrheitsgesellschaft zugehörige Konkurrent*innen. Deren Reife wird nämlich nach einem in der Mehrheitsgesellschaft, der sie zugehörig sind, verwurzelten Kriterium bestimmt, während der indigenen Kandidatin genau diese Beurteilung nach einem Kriterium, dem in ihrer Gemeinschaft Bedeutung zukommt, versagt würde. Aus diesem Grund, urteilte das Verfassungsgericht, dürfe die betreffende gesetzliche Vorschrift im Falle der Klägerin nicht zur Anwendung kommen.[79]

1. *Die Grenzen der Sprache*

Der Fall verdeutlicht zwei Schwierigkeiten der *interpretación intercultural.* Zum einen setzt sich das Gericht über den scheinbar eindeutigen Wortlaut hinweg, der prima vista keinen Raum für Auslegung lässt. Es stützt dies nicht ausdrücklich auf die interkulturelle Auslegung, sondern sieht die Norm in einer verfassungskonformen Auslegung als von dem Prinzip der kulturellen Selbstbestimmung verdrängt an und fordert eine „ethno-kulturelle Ausnahme“[80] von der starren Altersgrenze. Auf diese Weise entfällt die Notwendigkeit einer Auseinandersetzung mit der Wortlautgrenze, deren Rigidität auch in der deutschen Rechtsdogmatik Gegenstand von Debatten ist.[81] In besonderer Weise ist hier zu berücksichtigen, dass sich Sprache dynamisch entwickelt[82] und somit nicht im machtfreien Raum entsteht, sondern selbst Ausdruck hegemonialer Vorstellungen ist.[83] Daher

78 Ebd., Rn. II.4.7.
79 Ebd., Rn.. II.7.
80 Ebd., Rn. II.7.1.
81 Hierzu statt vieler *Müller/Christensen*, Arbeitsmethoden (Fn. 10), S. 313-319 m. w. N.
82 Nach *Morlok, Martin/Kölbel, Ralf/Launhardt*, Rechtstheorie 31 (2000), 15 (30) können daher „sprachlich verfasste Rechtsnormen ihre Lesart nie determinieren."
83 Illustrativ hierfür etwa die Rechtsprechung. des Schweizer Bundesgerichts zum Frauenstimmrecht. Noch 1957 war es der Meinung, der Begriff „Suisses“ (Schweizer) umfasse eindeutig nur männliche Personen (BGE 83 I 173), erst 1990 kam es

muss die *interpretación intercultural* auch hier ansetzen und die Bedeutung von Begriffen selbst infrage stellen.

Indigenes Denken aus dem Andenraum übt häufig Kritik an einem westlichen Logozentrismus. Die Vorstellung, sich einem Ding anhand eines Begriffes zu nähern, stößt hier auf Befremden. Andine indigene Sprachen werden als „verbozentrisch“ beschrieben.[84] Bereits auf semantischer Ebene wird hier also weniger auf eine Ontologie als vielmehr darauf abgestellt, was ein Ding tut und wie es sich in diesem Tun in ein Verhältnis zu seiner Umwelt setzt. Dies ernst zu nehmen, erfordert einen veränderten Umgang mit Rechtstexten. Weniger als der häufig bemühte Blick ins Wörterbuch,[85] muss hier die Bedeutung der Wahl eines bestimmten Begriffs durch das Recht im Vordergrund stehen. Kann selbst auf diese Weise kein Ergebnis erzielt werden, das dem Recht auf kulturelle Selbstbestimmung und der Berechtigung zur Teilnahme an einem Rechtsdiskurs gerecht wird, kann das Prinzip der verfassungskonformen Auslegung – wie es das kolumbianische Verfassungsgericht exemplifiziert – eine Derogation von der betreffenden Norm erfordern.

2. *Die Gefahr des kulturellen Essentialismus*

Noch schwerer wiegt die Gefahr des kulturellen Essentialismus. Die dichotomische Gegenüberstellung von Mehrheits- und Minderheitskultur kann verdecken, dass diese jeweils uneindeutig, verwoben und verschränkt sind.[86] In den Worten des kolumbianischen Verfassungsgerichts: „Jede Person ist einzigartig, Gestalterin und Schöpferin ihrer Selbst“ wird aber

---

zu einem gegenteiligen Ergebnis (BGE 116 Ia 359), siehe hierzu *Kramer*, Juristische Methodenlehre, 6. Auflage, 2019, S. 137 f.

84 *Estermann*, „Gut Leben" als politische Utopie, in: Fornet-Betancourt (Hrsg.), Gutes Leben als humanisiertes Leben, 2010, S. 261 (265); *Oviedo Freire*, Ruptura de dos Paradigmas, in: ders. (Hrsg.), Bifurcación del buen vivir y el sumak kawsay, 2014, S. 139 (146).

85 Ausf. zur Beschränktheit dieses Vorgehens für die Rechtsauslegung *Müller/Christensen*, Arbeitsmethoden (Fn. 10), S. 331 f.: „Es kann dem Juristen deshalb nur Plausibilitäten für eine Entscheidung über den Sprachgebrauch an die Hand geben. Es kann ihm diese Entscheidung aber nicht abnehmen." (S. 337 f.).

86 Gerade dies ist nach *Walsh*, Interculturalidad (Fn. 40), S. 44 eines der Grundanahmen der Interkulturalität; vgl. zu dieser Problematik auch *Schacherreiter*, RabelsZ 77 (2013), 272 (277).

gleichzeitig durch „die Art und Weise, wie sie ihr eigenes kulturelles Erbe verinnerlicht, reflektiert und modifiziert" geprägt.[87]

Die interkulturelle Auslegung muss jedoch eine gewisse Deutung eines kulturellen Hintergrundes vornehmen, damit dieser Eingang in das Gerichtsverfahren finden kann. Dies ist zwangsläufig mit einer Festschreibung und Reduktion dessen Bedeutung verbunden.[88] Die Gerichte verfügen über verschiedene Werkzeuge, um indigene (Rechts-)Vorstellungen im Prozess zu ermitteln. Es ist etwa auf Gutachten von Sachverständigen, wie Soziolog*innen und Anthropolog*innen zurückzugreifen.[89] Ebenso können Autoritäten (líderes) und andere Mitglieder indigener Gemeinschaften befragt werden, wobei diese Konsultationen, wie der ecuadorianische Provinzgerichtshof in Pastaza betont, selbst barriere- und diskriminierungsarm gestaltet werden müssen.[90]

Auf diese Weise wird durch das Gerichtsverfahren eine gewisse Vorstellung indigener Identität konstruiert und festgeschrieben. Hierdurch manifestieren sich auch in einem inklusiven und interkulturellen Verfahren Machtasymmetrien. So findet die *interpretación intercultural* vor einem staatlichen Gericht statt und damit in einem Forum, das in einem gewissen Widerspruch zu vielen indigenen Formen der Entscheidungsfindung steht. Wird sich indigenem Wissen – wie oben dargestellt – etwa durch Berichte von Anthropolog*innen genähert, findet dieses vermittelt durch (westliche) wissenschaftliche Praktiken Eingang in den Prozess. Und selbst wenn indigene Gemeinschaften durch Dialogrunden gemeinschaftlich am Rechtsfindungsprozess teilnehmen können, dient dies letztlich dazu, indigenes Wissen so zu verstetigen und zu abstrahieren, dass es verschriftlicht und in ein formalisiertes Verfahren übersetzt werden kann. Gerade die Verschriftlichung von Wissen und dessen Artikulation durch einzelne Expert*innen, stellt in verschiedenen indigenen Epistemologien einen

87 Corte Constitucional de Colombia, Urt. v. 26.9.1996, Rs. T-496/96, Rn. 2.4.2.

88 Etwas ähnliches beobachtet *Brown*, Paradoxien (Fn. 2), S. 457 in Bezug auf Frauenrechte: „Je deutlicher Rechte als Rechte für Frauen bestimmt sind, [...] desto stärker neigen sie dazu, eine Definition von Frausein, die auf unserer Unterwerfung beruht, im geschichtslosen Diskurs des liberalen Rechtwesens festzuschreiben."

89 Corte Constitucional del Ecuador, Urt. v. 6.8.2014, Rs. N°. 004-14-CN-CC, S. 27; Sala Multicompetente de la Corte Provincial de Pastaza, Urt. v. 11.7.2019, Rs. 16171-2019-00001, S. 31; so auch *Masapanta Gallegos*, Derecho indígena (Fn. 6), S. 425.

90 Sala Multicompetente de la Corte Provincial de Pastaza, Urt. v. 11.7.2019, Rs. 16171-2019-00001, S. 31; so auch *Arias López*, Anuario Iberoamericano de Justicia Constitucional 18 (2014), 45 (57).

Fremdkörper dar. Wissen wird dort gemeinschaftlich im Tun und in der Beziehung zur nichtmenschlichen Umwelt erlebt und gelebt und zeichnet sich eher durch einen Prozess als durch Hervorbringung gefestigter Bedeutung aus. Diesen Prozess, muss ein Gerichtsverfahren, das zu einem determinierten Zeitpunkt ein feststehendes Ergebnis hervorbringen muss,[91] unterbrechen.

Diese Erfordernisse des Rechtsprozesses dürfen nach dem ecuadorianischen Verfassungsgericht nicht dazu führen, dass indigene Gruppen im interkulturellen Dialog zu „steinernen Gästen" („convidados de piedra") also zu deplatzierten und passiven Teilnehmer*innen des Auslegungsprozesses würden.[92] Denn hat „das Wissen über den Inhalt einer ‚anderen' Kultur [...] immer das gute Objekt der Erkenntnis, die geringfügige Summe der Differenz zu sein", wird nach *Bhbabha* „eine Beziehung der Herrschaft über sie [reproduziert]".[93] Soll der interkulturelle Dialog emanzipatorisch sein, muss sich das Recht also öffnen und gewissermaßen selbst zur Disposition stellen. Die geschieht im Rahmen der *interpretación intercultural* durch eine radikale Pluralisierung des Diskurses über die Funktion rechtlicher Normen. In diesen Diskursen sollen zahlreiche Stimmen, insbesondere aber jene der Betroffenen gehört werden. Wenngleich dies die normierende Wirkung des Rechts nicht überwindet, mildert es sie doch durch die Hinterfragung hegemonialer Sprecher*innenpositionen ab.

VII. Schluss

In seiner Juridismuskritik sieht *Loick* in einem „interpretative[n] Pluralismus"[94], den er als zentrales Charakteristikum des jüdischen Rechts identifiziert, einen möglichen Ausweg aus einem Recht, das trennend und normierend wirkt und somit einer gelingenden Sozialität entgegensteht. Als „richtig" soll nach *Loick* keine bestimmte Auslegung, sondern „der Streit der Rechtsauslegungen selbst" angesehen werden.[95] „Motor der Rechtsentwicklung" ist in einem solchen Rechtsverständnis „Differenz und nicht

---

91 Nach *Derrida*, Gesetzeskraft, 1996, S. 54 ist „der Augenblick der Entscheidung [...] stets ein endlicher Augenblick der Dringlichkeit und der Überstürzung".

92 Corte Constitucional del Ecuador, Urt. v. 9.12.2009, Rs. N°. 008-09-SAN-CC, S. 52; so auch *Solano Paucay*, Revista Killkana Sociales 2 (2018), 33 (36).

93 *Bhabha*, Verortung (Fn. 22), S. 48.

94 *Loick*, Juridismus (Fn. 3), S. 320.

95 Ebd., S. 317.

Konsens".[96] Der Zugang zur Rechtsauslegung muss demnach allen Rechtsanwender*innen offenstehen.

Die *interpretación intercultural* radikalisiert *Peter Häberles* „offene Gesellschaft der Verfassungsinterpreten".[97] Auch in dieser gibt es „keinen Numerus clausus der Verfassungsinterpreten", „alle Bürger und Gruppen" nehmen hier am Auslegungsprozess teil.[98] Gleichsam bleibt *Häberle* einem gewissen gerichtlichen Dezisionismus verhaftet, indem er von einer allgemeingültigen Festschreibung rechtlicher Bedeutung durch einen zentralisierten Spruchkörper ausgeht.[99] Den pluralistischen Diskurs um das Recht verortet *Häberle* „[i]m ‚Vorfeld' juristischer Verfassungsinterpretation der Richter", deren Prüfungsmaßstab gerade dort besonders streng sein solle, wo „in der Öffentlichkeit großer *Dissens* herrscht."[100] Der Streit um rechtliche Bedeutung muss also durch eine autoritative und letztverbindliche Festschreibung eingehegt werden und kann nicht selbst als der Inhalt des Rechts gefasst werden.

Genau hier setzt auch die *interpretación intercultural* an. Sie hinterfragt die Gewaltförmigkeit der Festschreibung von Bedeutung durch (vermeintlich) feststehende Begriffe. Weniger als die Arbeit mit Begrifflichkeiten steht hier also die Funktion einer rechtlichen Vorschrift für die Gemeinschaft der Rechtsunterworfenen im Vordergrund, weniger als die Dezision die Interpretation als solche.[101] Zugang zum Recht bedeutet demnach die Möglichkeit der Beteiligung an einem Diskurs im Recht über das Recht.

---

96 *Fischer-Lescano*, Regenbogenrecht, (Fn 13), S. 177.

97 *Häberle*, JZ 30 (1975), 297; eine ausdrücklichen Bezug der interpretación intercultural zu Häberle stellt etwa *Arias López*, Anuario Iberoamericano de Justicia Constitucional 18 (2014), 45 (57) her.

98 *Häberle*, JZ 30 (1975), 297.

99 Zu Recht weist *Hailbronner*, Der Staat 53 (2014), 425 (426) darauf hin, dass Häberle „einiges bereits voraus[setzt], nämlich die Autorität des Bundesverfassungsgerichts zur letztverbindlichen Entscheidung über die Ansichten anderer Verfassungsinterpreten."

100 *Häberle*, JZ 30 (1975), 297 (303), Hervorhebung im Original.

101 Ein solches Verständnis des Rechts entfaltet auch *Benjamin*, Franz Kafka, in: Gesammelte Schriften Band II 2, 7. Auflage, 2019, S. 409 (437) in seiner Lesart von Kafkas Bucephalos: „Das Recht, das nicht mehr praktiziert und nur studiert wird, das ist die Pforte der Gerechtigkeit."

Flucht vor dem Recht

Von „effective control“ zu „contactless control“?: Die Externalisierung von Migrationskontrolle im zentralen Mittelmeer als Herausforderung für die extraterritoriale Geltung der EMRK

Valentin Schatz

Abstract: *Nehmen Vertragsparteien der EMRK außerhalb ihres Hoheitsgebiets und ihrer Hoheitsgewässer Einfluss auf das Schicksal von Menschen, steht und fällt deren Zugang zu den menschenrechtlichen Garantien der EMRK und zum Rechtsschutz durch den EGMR mit der Frage der extraterritorialen Anwendbarkeit der EMRK. Dieser Beitrag beleuchtet diese Problematik am Beispiel des Refoulement-Verbots der EMRK und der von der EU betriebenen Externalisierung der Migrationskontrolle im zentralen Mittelmeer im Kontext der Seenotrettung. Er zeigt auf, dass ein funktionelles Verständnis der extraterritorialen Anwendbarkeit der EMRK gegenüber dem traditionellen Ansatz der „effektiven Kontrolle“ vorzugswürdig ist. Nach diesem funktionellen Verständnis ist die EMRK auf staatliches Handeln anwendbar, das im Rahmen der Wahrnehmung seevölkerrechtlich zugeordneter Aufgaben und Verpflichtungen unterhalb der Schwelle „effektiver Kontrolle“ kausal und vorhersehbar die Gefahr von Rechtsgutsverletzungen schafft.*

I. Einleitung

Weltweit ist zu beobachten, dass staatliche Maßnahmen der Migrationskontrolle zunehmend in einem Spannungsverhältnis unter anderem zu menschenrechtlichen Garantien stehen. Da mittlerweile anerkannt ist, dass menschenrechtliche Verträge unter bestimmten Voraussetzungen auch extraterritorial anwendbar sind, sehen sich Staaten rechtlich durch das Refoulement-Verbot daran gehindert, durch einen unmittelbaren Einsatz eigener Hoheitsgewalt Menschen in Länder zurückzuweisen, in denen ihnen eine menschenrechtswidrige Behandlung droht.[1] Dies hat zur Folge, dass Staaten ihre Migrationskontrolle externalisieren und den betroffenen

1 Siehe unten II.

Menschen dadurch faktisch und rechtlich den Zugang zum europäischen System des Menschenrechtsschutzes nehmen, das in der EMRK verankert und vor dem EGMR justiziabel ist. Im öffentlichen Diskurs der vergangenen Jahre besonders präsent war – und ist – insoweit die Politik, die von der Europäischen Union (EU) und ihren Mitgliedstaaten im Mittelmeerraum betrieben wird. Besonders anschaulich – und in ihren Konsequenzen verheerend – ist dabei die Externalisierung der Kontrolle von maritimer Migration, wie sie dieser Beitrag exemplarisch im Hinblick auf die Seenotrettung im zentralen Mittelmeer ins Auge fasst.[2]

Mehr noch als bei einer landseitigen Externalisierung von Migrationskontrolle stellt sich im Kontext maritimer Migration aus völkerrechtlicher Perspektive die Frage, ob bzw. in welchem Umfang auch die im Rahmen einer Externalisierungspolitik getroffenen Maßnahmen in den extraterritorialen Anwendungsbereich von menschenrechtlichen Verträgen fallen. Mit der Frage der Anwendbarkeit aber steht und fällt der Zugang der betroffenen Menschen zu den menschenrechtlichen Garantien der EMRK und zum Rechtsschutz durch den EGMR. Hierfür wird traditionell gefordert, dass Staaten durch ihre Organe „effektive Kontrolle" (Englisch: „effective control") über eine Person oder ein Gebiet ausüben, was durch Externalisierung gezielt vermieden wird. Dieser Beitrag zeigt am Beispiel des Refoulement-Verbots der EMRK und der Externalisierung der Migrationskontrolle im zentralen Mittelmeer im Kontext der Seenotrettung auf, dass ein funktionelles Verständnis der extraterritorialen Anwendbarkeit der EMRK unterhalb der Schwelle „effektiver Kontrolle" vorzugswürdig ist.[3] Nach diesem Verständnis ist staatliches Handeln im Rahmen der Wahrnehmung seevölkerrechtlich zugeordneter Aufgaben und Verpflichtungen, das unterhalb der Schwelle „effektiver Kontrolle" kausal und vorhersehbar die Gefahr von Rechtsgutsverletzungen schafft, von der Geltung der EMRK nicht ausgenommen.[4]

II. Die extraterritoriale Anwendbarkeit der EMRK auf See

Nach Art. 1 EMRK sichern die Vertragsstaaten der EMRK „allen ihrer Hoheitsgewalt [Englisch: „jurisdiction"] unterstehenden Personen" die in der EMRK garantierten Rechte und Freiheiten zu. Im Ausgangspunkt ist anzu-

---

2 Siehe unten III. und IV.
3 Siehe unten V.
4 Siehe unten VI.

erkennen, dass der Begriff der „Hoheitsgewalt" in Art. 1 EMRK, der als Voraussetzung für die Anwendbarkeit der EMRK ausgestaltet ist, ursprünglich territorial konzipiert war.[5] Nach dieser Konzeption ist also die durch den Aufenthalt im Hoheitsgebiet eines Vertragsstaates der EMRK bestehende Verbindung zwischen Individuum und Staat maßgeblich. Auch wenn mittlerweile anerkannt ist, dass ein effektiver und sachgerechter Menschenrechtsschutz bisweilen die Annahme einer extraterritorialen Anwendbarkeit der EMRK erfordert, ist dies nach der herrschenden Konzeption von „Hoheitsgewalt" nur ausnahmsweise der Fall, wenn ein Vertragsstaat „effektive Kontrolle" hat.[6]

Für die Bestimmung der genauen Voraussetzungen „effektiver Kontrolle", für deren Inhalt die EMRK selbst kaum Anhaltspunkte bietet, hat die Rechtsprechung des EGMR bisher keinen überzeugenden Ansatz liefern können, der über Einzelfälle bzw. Fallgruppen hinaus Geltung beanspruchen kann.[7] Der EGMR hat in seiner Rechtsprechung ein personales („State agent authority and control")[8] und ein räumliches („effective control over an area")[9] Verständnis „effektiver Kontrolle" anerkannt. Den personalen Ansatz fasst der EGMR in seiner *Al-Skeini*-Entscheidung wie folgt zusammen: „[W]henever the State, through its agents, exercises control and authority over an individual, and thus jurisdiction, the State is under an obligation […] to secure to that individual the rights and freedoms […] that are relevant to the situation of that individual."[10] Beim räumlichen Ansatz folge die extraterritoriale Anwendbarkeit der EMRK – auch

5 Siehe nur EGMR, Urt. v. 8.7.2004 – Nr. 48787/99 – Ilaşcu and others v. Moldova and Russia, Rn. 311 – 312.

6 Siehe allgemein zur extraterritorialen Anwendbarkeit etwa Coomans/Kamminga (Hrsg.), Extraterritorial Application of Human Rights Treaties, 2004; *Milanovic*, Extraterritorial Application of Human Rights Treaties: Law, Principles, and Policy, 2011; *Da Costa*, The Extraterritorial Application of Selected Human Rights Treaties, 2013. Vgl. zum Ausnahmecharakter der extraterritorialen Anwendbarkeit der EMRK etwa EGMR, Admissibility Decision v. 12.12.2001 – Nr. 52207/99 – Bankovic and Others v. Belgium and Others, Rn. 29 ff.; EGMR, Urt. v. 7.7.2011 – Nr. 55721/07 – Al-Skeini and Others v. The United Kingdom, Rn. 133.

7 Vgl. EGMR, Concurring Opinion of Judge Bonello v. 7.7.2011 – Nr. 55721/07 – Al-Skeini and Others v. The United Kingdom, Rn. 8.

8 EGMR, Urt. v. 7.7.2011 – Nr. 55721/07 – Al-Skeini and Others v. The United Kingdom, Rn. 133 – 137, m. w. N.

9 EGMR, Urt. v. 7.7.2011 – Nr. 55721/07 – Al-Skeini and Others v. The United Kingdom, Rn. 138 – 140, m. w. N.

10 EGMR, Urt. v. 7.7.2011 – Nr. 55721/07 – Al-Skeini and Others v. The United Kingdom, Rn. 137.

auf dem Staatsgebiet von Staaten, die keine EMRK-Vertragsstaaten sind – demgegenüber „from the fact of such control, whether it be exercised directly, through the Contracting State's own armed forces, or through a subordinate local administration."[11]

Vor diesem Hintergrund bereitet die Anwendbarkeit der EMRK auf See besondere Schwierigkeiten, da die seevölkerrechtliche Zuordnung von Hoheitsgewalt sehr nuanciert ist.[12] Als zentrale Grundprinzipien stehen sich das System von Meereszonen mit abgestufter und zum Teil nur funktionaler Hoheitsgewalt von Küstenstaaten auf der einen Seite und das Flaggenstaatsprinzip nach Art. 92 Abs. 1 SRÜ[13] auf der anderen Seite gegenüber, wobei das Verhältnis der beiden Grundprinzipien zueinander nicht abstrakt beschrieben werden kann.[14] Die vorliegende Untersuchung ist auf die maritimen Zonen jenseits staatlicher Souveränität (also seewärts der inneren Gewässer und des Küstenmeers) beschränkt, in denen die Freiheit der Schifffahrt gilt.[15] Hierunter fallen die ausschließliche Wirtschaftszone (AWZ – bis zu 200 Seemeilen ab der Basislinie, also der Linie, ab der die verschiedenen maritimen Zonen gemessen werden), die Anschlusszone (bis zu 24 Seemeilen ab der Basislinie) und die Hohe See – wobei im Folgenden schlicht von der Hohen See gesprochen wird.[16] In diesen Gewässern gibt es keine räumlich begründete Vermutung von „Hoheitsgewalt" im Sinne des Art. 1 EMRK kraft Territorialität, weshalb nur eine extraterritoriale Anwendbarkeit der EMRK in Betracht kommt.

In der Hohen See genießt der Flaggenstaat grundsätzlich ausschließliche Hoheitsgewalt über Schiffe unter seiner Flagge und ist im Gegenzug auch dazu verpflichtet, seine Hoheitsgewalt und Kontrolle über diese Schiffe

---

11 EGMR, Urt. v. 7.7.2011 – Nr. 55721/07 – Al-Skeini and Others v. The United Kingdom, Rn. 138. Der räumliche Ansatz kommt vor allem in bewaffneten Konflikten und in besetzten Gebieten zum Tragen. Siehe dazu etwa *Biehl*, Die Europäische Menschenrechtskonvention in internationalen und nicht-internationalen bewaffneten Konflikten, 2020.

12 Vgl. allgemein zur Zuordnung von Hoheitsgewalt im Seevölkerrecht etwa *Nelson*, Maritime Jurisdiction, in: Wolfrum (Hrsg.), Max Planck Encyclopedia of Public International Law, 2020.

13 *United Nations Convention on the Law of the Sea* (10 December 1982) 1833 *UNTS* 3.

14 Vgl. allgemein zum Flaggenstaatsprinzip *König*, Flag of Ships, in: Wolfrum (Hrsg.), MPEPIL (Fn. 12).

15 Vgl. allgemein *Hoffmann*, Navigation, Freedom of, in: Wolfrum (Hrsg.), MPEPIL (Fn. 12).

16 Bei der Anschlusszone und der AWZ handelt es sich um maritime Zonen, in denen die Küstenstaaten nur funktional begrenzte souveräne Rechte und Hoheitsgewalt haben. Vgl. allgemein *Gavouneli*, Functional Jurisdiction in the Law of the Sea, 2007.

auszuüben.[17] Es besteht, abgesehen von einigen streng begrenzten Ausnahmen von der ausschließlichen Hoheitsgewalt des Flaggenstaates,[18] keine Regelungs- und Durchsetzungskompetenz einzelner Staaten im Hinblick auf ausländische Schiffe.[19] Vor diesem Hintergrund hat der EGMR in seiner *Hirsi*-Entscheidung eine extraterritoriale Anwendbarkeit unter anderem des Refoulement-Verbots der EMRK für den Fall bejaht, dass ein Staat in der Hohen See „continuous and exclusive *de jure* and *de facto* control“ über eine Person ausübt, die sich auf einem Schiff der Marine in der Gewalt von militärischem Personal befindet.[20]

Die *Hirsi*-Entscheidung kann zudem auch so gelesen werden, dass bereits die ausschließliche Hoheitsgewalt des Flaggenstaates über Schiffe unter seiner Flagge dazu führt, dass die EMRK auf staatliche Handlungen auf solchen Schiffen anwendbar ist, selbst wenn es sich nicht um staatliche Schiffe handelt.[21] Offen bleibt, ob eine extraterritoriale Anwendbarkeit der EMRK auf Schiffen auch dann in Betracht kommt, wenn zur reinen *de jure* Kontrolle im Rahmen der ausschließlichen Hoheitsgewalt des Flaggenstaates kein weiteres hoheitliches Handeln an Bord tritt.[22] Bei einem Schiff unter fremder Flagge kann nach der Rechtsprechung des EGMR für „effektive Kontrolle“ auch die „full and exclusive control“ über das Schiff ausreichen,[23] wobei eine rein faktische Kontrolle – etwa durch das Abfangen eines Schiffes durch Spezialkräfte – auch ohne parallele rechtliche Kontrolle genügen kann.[24] Diese Erwägungen sind auch auf die Anschlusszone und die AWZ übertragbar. Küstenstaaten haben dort nur „effektive Kontrolle“ im Sinne von *„de jure* and *de facto* control“, wenn sie aktiv ihre funktionelle küstenstaatliche Hoheitsgewalt (etwa im Hinblick auf das Verhindern einer Einfahrt in das Küstenmeer zu illegalen Zwecken

---

17 Vgl. Art. 92 Abs. 1 SRÜ i. V. m. Art. 94 Abs. 1 SRÜ.

18 Siehe etwa die Ausnahme für Piraterie nach Art. 92 Abs. 1 i. V. m. Art. 105 SRÜ. Vgl. allgemein *Guilfoyle*, Shipping Interdiction and the Law of the Sea, 2009.

19 Vgl. allgemein *Treves*, High Seas, in: Wolfrum (Hrsg.), MPEPIL (Fn. 12).

20 EGMR, Urt. v. 23.2.2012 – Nr. 27765/09 – Hirsi Jamaa and others v. Italy, Rn. 81. Siehe zu diesem Fall etwa *Giuffré*, ICLQ 2012, 728.

21 EGMR, Urt. v. 23.2.2012 – Nr. 27765/09 – Hirsi Jamaa and others v. Italy, Rn. 75 – 77.

22 Dagegen etwa *Talmon*, JZ 2019, 802 (806).

23 EGMR, Urt. v. 23.2.2012 – Nr. 27765/09 – Hirsi Jamaa and others v. Italy, Rn. 73.

24 EGMR, Urt. v. 29.3.2010 – Nr. 3394/03 – Medvedyev and Others v. France, Rn. 66 – 67; EGMR, Urt. v. 23.2.2012 – Nr. 27765/09 – Hirsi Jamaa and others v. Italy, Rn. 80.

noch in der Anschlusszone) ausüben, etwa indem ihre Küstenwache oder Marine faktische Gewalt über ein Schiff oder eine Person erlangt.[25]

III. Externalisierung der Migrationskontrolle im zentralen Mittelmeer

Die Migration auf dem Seeweg nach Europa stellt eine besondere Herausforderung für eine effektive Migrationskontrolle durch die am Mittelmeer gelegenen Mitgliedstaaten der EU (insbesondere Italien, Malta, Griechenland und Spanien) dar.[26] Wie bei landseitigen Migrationsströmen sind auch bei Migration über den Seeweg staatliche Handlungsspielräume unter anderem[27] durch menschenrechtliche Verpflichtungen eingeschränkt.[28] Zu diesen Verpflichtungen zählt insbesondere das Refoulement-Verbot, das aus dem Verbot von Folter oder unmenschlicher oder erniedrigender Behandlung des Art. 3 EMRK hergeleitet wird. Es verbietet Staaten, Menschen aus ihrem Machtbereich in den Machtbereich eines anderen Staates zurückzuweisen (Französisch: „refouler"), in dem diesen Menschen eine solche Behandlung droht.[29] Davon zu trennen ist das Recht auf Ausreise, das nicht Gegenstand dieses Beitrags ist.[30] Wie bereits erwähnt, kommt

---

25 Vgl. etwa EGMR, Urt. v. 3.2.2009 – Nr. 31276/05 – Women on Waves and Others v. Portugal; *Papastavridis*, European Convention on Human Rights and the Law of the Sea: The Strasbourg Court in Unchartered Waters?, in: Fitzmaurice/Merkouris (Hrsg.), The Interpretation and Application of the European Convention of Human Rights: Legal and Practical Implications, 2013, S. 117 (141 – 143). Vgl. auch *Schatz/Fantinato*, IJMCL 2020, 740 (749).

26 Für aktuelle Zahlen zu über den Seeweg Angekommenen, Vermissten und Verstorbenen, siehe UNHCR, https://data2.unhcr.org/en/situations/mediterranean (letzter Aufruf am 13.4.2021).

27 Für die Thematik ebenso bedeutend ist das internationale Migrationsrecht, das allerdings nicht Gegenstand dieses Beitrags ist. Auch (bzw. gerade) im internationalen Migrationsrecht existiert unter anderem ein Refoulement-Verbot und auch dort stellt sich die Frage der extraterritorialen Anwendbarkeit. Siehe dazu etwa *Lauterpacht/Bethlehem*, The Scope and Content of the Principle of *Non-Refoulement*: Opinion, in: Feller u. a. (Hrsg.), Refugee Protection in International Law, 2003, S. 88 (110 – 111).

28 Siehe etwa die Beiträge in Gammeltoft-Hansen/Vedsted-Hansen (Hrsg.), Human Rights and the Dark Side of Globalisation: Transnational Law Enforcement and Migration Control, 2017.

29 Statt aller *Michaelsen*, ICLQ 2012, 750 (752).

30 Siehe dazu ausführlich *Markard*, AVR 2014, 449; *Markard*, EJIL 2016, 591; *Moreno-Lax*, Theorising the (Intersectional) Right to Flee in the ECHR: A Composite Entitlement to Leave to Escape Irreversible Harm, in: Çali u. a. (Hrsg.), Migration and the European Convention on Human Rights, 2021, S. 43.

nach tradierter Auffassung die EMRK einschließlich des Refoulement-Verbots auch extraterritorial zur Anwendung, wenn die „effektive Kontrolle" eines Vertragsstaats angenommen werden kann.[31]

Dies hat zur Folge, dass für migrationsskeptische Staaten ein Anreiz besteht, durch die Externalisierung von Migrationskontrolle einen Kontakt mit Migrant:innen im Sinne einer Ausübung „effektiver Kontrolle" zu vermeiden.[32] Zentrales Ziel einer solchen Politik ist, politische und rechtliche Verantwortlichkeit für restriktive Maßnahmen der Migrationskontrolle und Verstöße gegen (unter anderem) menschenrechtliche Verpflichtungen auszulagern und/oder zu verschleiern.[33] Im Rahmen der hierbei zum Einsatz kommenden Modelle treffen bedeutende Herkunfts- oder Transitstaaten – im Kontext des Mittelmeers etwa die Sahelstaaten, die nordafrikanische Küstenstaaten oder die Türkei – als vorgeschaltete Akteure im Interesse der europäischen Staaten Maßnahmen der Migrationskontrolle, wobei von Letzteren umfangreicher Einfluss bis hin zu intensiver operativer Unterstützung ausgeübt wird.[34]

Bei der Migration über den Seeweg bestehen faktische und rechtliche Besonderheiten. Mangels physischer Barrieren, wie etwa Grenzzäunen, ist es beispielsweise nicht in gleicher Weise möglich, eine Aus- bzw. Einreise zu verhindern, wie dies an einer Landesgrenze (z.B. in den spanischen Exklaven Ceuta und Melilla) der Fall ist. Haben Menschen auf dem Seeweg das Hoheitsgebiet und die Hoheitsgewässer des Transitstaates verlassen und befinden sich in der Hohen See, bestehen – wie bereits dargestellt – nur noch eingeschränkte rechtliche Bindungen und Zugriffsmöglichkeiten von Staaten, bis sie sich wieder in die Hoheitsgewässer eines Staates begeben oder mit staatlichen Schiffen in Kontakt kommen.[35] Daher können Schiffe, die von Nordafrika – und dort insbesondere Libyen – über das zentrale Mittelmeer Richtung Europa in See stechen, Menschen sprichwörtlich in den Hoheitsbereich europäischer Küstenstaaten „hinein-

---

31 Siehe oben II.

32 Statt aller *Goodwin-Gill/McAdam*, The Refugee in International Law, 3. Aufl. 2007, S. 370.

33 Siehe allgemein *Moreno-Lax*, Accessing Asylum in Europe: Extraterritorial Border Controls and Refugee Rights under EU Law, 2017; *Moreno-Lax*, EU External Migration Policy and the Protection of Human Rights, 2020.

34 Siehe etwa *Liguori*, Migration Law and the Externalization of Border Controls: European State Responsibility, 2019. Siehe speziell zur Praxis der EU im zentralen Mittelmeer etwa *Müller/Slominski*, JEPP 2020, 1. Vgl. zur Praxis Australiens etwa *Dastyari/Hirsch*, HRLR 2019, 435; *Hassan/Al Imran*, JMLC 2020, 187.

35 Siehe oben II.

fahren". Eine Zurückweisung etwa nach Libyen kommt dann aufgrund des Refoulement-Verbots nicht mehr ohne Weiteres in Betracht.

Aus der Perspektive einer Externalisierungspolitik um jeden Preis ist es daher konsequent, im ohnehin verantwortungsreduzierten Raum der Hohen See zwischen dem Transit- und dem Zielstaat ein Vakuum eigener staatlicher Präsenz und Aufgabenwahrnehmung zu schaffen und parallel die Rolle anderer staatlicher und privater Akteure direkt und indirekt zu stärken.[36] Auf diese Weise wird das Risiko reduziert, dass Menschen über den Seeweg in die eigene „effektive Kontrolle" oder in die eigenen Hoheitsgewässer bzw. das Hoheitsgebiet gelangen: Die physische und rechtliche Verbindung zwischen Staatsgewalt und Mensch wird gekappt.[37]

IV. Paradigmenwechsel in der Seenotrettung im zentralen Mittelmeer

Um eine möglichst effektive Externalisierung von Migrationskontrolle im zentralen Mittelmeer zu erreichen, instrumentalisieren die EU-Mitgliedstaaten mittlerweile das internationale Seenotrettungssystem (sog. „securitization of search and rescue").[38] Dieses System hat eine flaggenstaatliche und eine küstenstaatliche Säule.[39]

Zum einen besteht eine Verpflichtung aller Flaggenstaaten, die Kapitän:innen von Schiffen unter ihrer Flagge in ihrem nationalen Recht dazu zu verpflichten (und diese Verpflichtung auch durchzusetzen), Menschen in Seenot Hilfe zu leisten.[40] Diese Verpflichtung findet sich unter anderem in Art. 98 Abs. 1 SRÜ, im SOLAS-Übereinkommen[41] und im Völkergewohnheitsrecht.[42] Die Pflicht zur Seenotrettung gilt auch für Schiffe, die eigentlich primär Aufgaben im Bereich der Grenzkontrolle wahrnehmen (etwa FRONTEX) oder im Rahmen von internationalen Einsätzen einge-

---

36 Siehe etwa *Moreno-Lax/Lemberg-Pedersen*, QIL 2019, 5.

37 Vgl. statt aller *Mann*, Humanity at Sea: Maritime Migration and the Foundations of International Law, 2016.

38 *Ghezelbash* u. a., ICLQ 2018, 315; *Moreno-Lax*, JCMS 2018, 119.

39 Eine Beschreibung dieses Systems findet sich etwa bei *Blanke/Johr*, DÖV 2019, 929.

40 Siehe speziell zu den Pflichten von Kapitän:innen *Attard*, The Duty of the Shipmaster to Render Assistance at Sea under International Law, 2020.

41 Vgl. Regulation 33 der Convention for the Safety of Life at Sea (1.11.1974) 1184 UNTS 278.

42 Siehe nur *Papanicolopulu*, IRRC 2016, 491 (501); *Papanicolopulu*, International Law and the Protection of People at Sea, 2018, S. 198; *Ghezelbash* u. a. (Fn. 38), S. 322 f.

setzt werden (etwa Operation Sophia).[43] Weitgehend unstrittig ist, dass die Überfahrt in überfüllten, kaum seetüchtigen, schlecht ausgerüsteten und unterversorgten (Schlauch-) Booten, wie sie von Libyen aus in See stechen, regelmäßig von Anfang an eine Gefahr für Leib und Leben der Menschen an Bord darstellt, die sie nicht ohne fremde Hilfe abwenden können („Seenot").[44] Die Pflicht zur Seenotrettung ist allerdings situativ und geht daher nicht so weit, dass Schiffe in entfernte Seegebiete geschickt werden müssen, in denen es regelmäßig zu Fällen von Seenot kommt. Somit ist es europäischen Staaten aus seevölkerrechtlicher Sicht grundsätzlich unbenommen, keine Schiffe zum Zweck präventiver Patrouillen vor der libyschen Küste zu entsenden, sondern im Gegenteil Rettungskapazitäten abzuziehen.

Anders stellt sich die Situation im Hinblick auf die Rettungszonen („search and rescue regions" oder SRRs) der europäischen Küstenstaaten dar. Parallel zur Verpflichtung der Flaggenstaaten haben Küstenstaaten nach Art. 98 Abs. 2 SRÜ eine Verpflichtung zur „Unterhaltung eines angemessenen und wirksamen Such- und Rettungsdienstes". Diese Verpflichtung ist im SAR-Übereinkommen[45] dahingehend weiter ausgestaltet, dass Vertragsparteien in ihren im Rahmen der Internationalen Seeschifffahrtsorganisation (IMO) etablierten SRRs eine Rettungsleitstelle („maritime rescue coordination centre" oder MRCC) betreiben und Rettungseinsätze effektiv und ohne Ansehung der Nationalität der betroffenen Menschen koordinieren müssen.[46] Zentral ist dabei die Pflicht, unter Berücksichtigung der Umstände des Einzelfalles und der Richtlinien der IMO einen sicheren Ort (Englisch: „place of safety") für die Ausschiffung der geretteten Menschen zuzuweisen.[47] In seiner SRR kommt dem Küstenstaat somit die

43 Siehe dazu etwa *Papastavridis*, NORD 2010, 75 (102 – 103); *Pichl/Tohidipur*, Verpflichtung zur aktiven Seenotrettung: Zu den nicht intendierten Effekten der Überwachung des Mittelmeers durch Frontex, in: Pichl/Tohidipur (Hrsg.), An den Grenzen Europas und des Rechts: Interdisziplinäre Perspektiven auf Migration, Grenzen und Recht, 2019, S. 177.

44 UNHCR, General Legal Considerations: Search-and-Rescue Operations Involving Refugees and Migrants at Sea, 2017, http://www.refworld.org/pdfid/5a2e9efd4.pdf (letzter Aufruf am 13.4.2021), S. 4; *Schatz/Fantinato* (Fn. 25), S. 744. Siehe allgemein zum Begriff der Seenot *Noyes*, Ships in Distress, in: Wolfrum (Hrsg.), MPEPIL (Fn. 12).

45 International Convention on Maritime Search and Rescue (27.4.1979) 1405 UNTS 118.

46 Vgl. Paras. 2.1.3, 2.1.9, 2.1.10 und 3.1.9 der Anlage zum SAR-Übereinkommen.

47 Para. 3.1.9 der Anlage zum SAR-Übereinkommen. Siehe statt aller *Bevilacqua*, Ital Yearbk Int Law 2019, 11; *Turrini*, Ital Yearbk Int Law 2019, 29.

Hauptverantwortung („primary responsibility") für die effektive Koordination der Seenotrettung zu, nicht aber zusätzliche Hoheitsrechte oder Durchsetzungsbefugnisse gegenüber ausländischen Schiffen, wie dies bei den „richtigen" maritimen Zonen der Fall ist.[48] Wie schon der Begriff der Hauptverantwortung impliziert, haben aber auch andere (und darunter insbesondere benachbarte) Staaten weiterhin eine parallele Verpflichtung zur Seenotrettung.[49]

Dieses System hat sich die EU zu Nutze gemacht, indem sie Libyen bei der Einrichtung einer SRR unterstützt hat, in der Libyen zur Koordinierung von Seenotrettung befugt ist – und indem die EU (sowie insbesondere Italien) Libyen beim Betrieb seines MRCC unterstützt.[50] Die von Seiten der EU unterstützte libysche Küstenwache hat in diesem System die Funktion, Schiffe mit Migrant:innen im Rahmen von Rettungsoperationen abzufangen und die Menschen nach Libyen zurückzubringen.[51] Die europäischen Küstenstaaten haben demgegenüber ihre Rettungseinsätze im zentralen Mittelmeer weitgehend eingestellt und verweisen auch in Koordinierungsfragen auf das libysche MRCC. Zum Teil werden auch Informationen an die libyschen Behörden weitergegeben oder Schiffe angewiesen, keine Rettung durchzuführen und stattdessen auf das Eintreffen der libyschen Küstenwache zu warten. Parallel gehen EU-Mitgliedstaaten gezielt gegen zivile Seenotrettungsorganisationen und deren Schiffe vor, deren Aktivitäten die Externalisierungsbestrebungen der EU konterkarieren.[52]

V. *Ein funktioneller Ansatz für die Anwendbarkeit der EMRK*

Das beschriebene Modell der Externalisierung durch „securitization of search and rescue" erfüllt nicht das tradierte Verständnis von „effektiver

48 Vgl. Art. II Abs. 1 SAR-Übereinkommen und Para. 2.1.7 der Anlage zum SAR-Übereinkommen. Siehe auch *Trevisanut*, QIL 2014, 3 (12); *Schatz/Fantinato* (Fn. 25), S. 744.

49 Vgl. 2.1.10 und Umkehrschluss aus 3.1.9 der Anlage zum SAR-Übereinkommen.

50 *Farahat/Markard*, Places of Safety in the Mediterranean: The EU's Policy of Outsourcing Responsibility, 2020, S. 41. Siehe speziell zur Frage der Legalität der Finanzierung der libyschen Küstenwache durch die EU *Dann* u. a., Legal Opinion on the Legality of EU Funding for the Libyan Coast Guard, 2020.

51 Siehe etwa *Moreno-Lax/Klein*, LJIL 2019, 715 (722–726); *Farahat/Markard* (Fn. 50), S. 41 – 42.

52 Siehe dazu etwa *Gombeer/Fink*, MarSafeLaw Journal 2018, 1; *Cusumano*, Mediterr. Politics 2019, 106; *Schatz/Fantinato* (Fn. 25).

Kontrolle" auf Seiten der europäischen Küstenstaaten, weshalb eine Anwendbarkeit der EMRK – einschließlich des Refoulement-Verbots – auf dieser Grundlage nicht angenommen werden kann.[53] Es werden allerdings verschiedene Ansätze als Alternative zur Voraussetzung der „effektiven Kontrolle" vorgeschlagen.[54] Hierzu gehört unter anderem ein funktionelles Verständnis von Kontrolle („situational control" bzw. „contactless control") als Maßstab für die Anwendbarkeit der EMRK.[55] So genügt nach *Moreno-Lax* für eine extraterritoriale Anwendbarkeit der EMRK ein „sovereign-authority nexus established between the State and the individual in a specific situation through an exercise of 'public powers'"[56]. Es wird also auf den Einfluss tatsächlichen staatlichen Handelns auf eine Situation abgestellt, das kausal und zurechenbar einen menschenrechtlich relevanten Eingriff verursacht. Durch diesen Fokus auf eine spezielle faktische und/oder rechtliche Verbindung zwischen Individuum und staatlicher Machtausübung entkoppelt ein solcher funktioneller Ansatz den Begriff der „Hoheitsgewalt" nach Art. 1 EMRK vom klassischen Verständnis von „effektiver Kontrolle".

Jedenfalls im Kontext der extraterritorialen Migrationskontrolle durch „securitization of search and rescue" kann auf Grundlage eines funktionalen Verständnisses in manchen Situationen überzeugend eine extraterritoriale Anwendbarkeit der EMRK angenommen werden. Dies ist nach hier vertretener Auffassung der Fall, wenn (1) staatliches Handeln oder Unterlassen direkt, kausal und vorhersehbar einen menschenrechtlich relevanten Eingriff verursacht und (2) eine hinreichend starke Verbindung zwischen Staat und Individuum aufgrund einer rechtlichen und/oder faktischen

---

53 *Farahat/Markard* (Fn. 50), S. 38 – 39.

54 Vgl. etwa die Ansätze von *Milanovic* (Fn. 6), S. 210 ff.; *Lawson*, Life after Bankovic: On the Extraterritorial Application of the European Convention on Human Rights, in: Coomans/Kamminga (Hrsg.), Extraterritorial Application of Human Rights Treaties (Fn. 6), S. 83.

55 *Trevisanut* (Fn. 48), S. 12 – 14; *Moreno-Lax/Giuffré*, The Raise of Consensual Containment: From 'Contactless Control' to 'Contactless Responsibility' for Forced Migration Flows, in: Juss (Hrsg.), Research Handbook on International Refugee Law, 2019, S. 81; *Moreno-Lax*, GLJ 2020, 385; *Farahat/Markard* (Fn. 50), S. 45 – 46; AIRE Centre, Dutch Refugee Council, ECRE, and ICJ, Written Submissions in S.S. and ors. v. Italy, 11.11.2019, https://www.icj.org/wp-content/uploads/2019/11/ECtHR-SS_v_Italy_final-JointTPI-ICJECREAIREDCR-English-2019.pdf (letzter Aufruf am 13.4.2021), S. 1 – 4. In eine ähnliche Richtung auch *Kanalan*, AVR 2014, 495 (510).

56 *Moreno-Lax* (Fn. 55), S. 402.

Verantwortlichkeit besteht, wie dies bei der Wahrnehmung seevölkerrechtlicher Verpflichtungen der Fall sein kann.

Allgemeine Argumente gegen einen solchen funktionellen Ansatz sind schnell gefunden: Er dehnt die Ausnahme vom Grundsatz der territorialen Anwendung noch weiter aus und rückt dadurch noch weiter von der Konzeption der Anwendbarkeit der EMRK ab, wie sie die Vertragsstaaten ursprünglich durch ihre Zustimmung legitimiert haben. Vor diesem Hintergrund könnte eine Ausdehnung der extraterritorialen Anwendbarkeit an das Erfordernis einer demokratisch legitimierten Änderung von Art. 1 EMRK durch die Vertragsstaaten geknüpft werden, wobei eine solche freilich in der aktuellen politischen Lage unwahrscheinlich wäre.

Für einen funktionellen Ansatz spricht demgegenüber der Telos der EMRK, der für einen effektiven Menschenrechtsschutz im Kontext des – auch extraterritorialen – hoheitlichen Handelns der Vertragsstaaten streitet. Vor diesem Hintergrund sind Lücken im Menschenrechtsschutz zu vermeiden, in denen nicht ohne Weiteres qua Territorialität eine widerlegbare Vermutung von „Hoheitsgewalt" zugunsten eines Staates angenommen werden kann und in denen zugleich keine „effektive Kontrolle" nach klassischem Verständnis besteht. Dies ist – wie bereits erwähnt – in der Hohen See der Fall, wo somit eine niedrigere Schwelle für die Annahme von „Hoheitsgewalt" sachgerecht ist.

Des Weiteren operieren menschenrechtliche Garantien immer auch in ihrem rechtlichen und faktischen Kontext. Im Rahmen der Seenotrettung stehen die maßgeblichen seevölkerrechtlichen Regelungen (also insbesondere die des SAR-Übereinkommens) neben den parallel anwendbaren menschenrechtlichen Gewährleistungen, ohne dass das Seevölkerrecht Vorrang genießt bzw. die Einhaltung des Seevölkerrechts Verletzungen menschenrechtlicher Verpflichtungen ausschließt (und umgekehrt).[57] Eine völlige „Gleichschaltung" der Einhaltung seevölkerrechtlicher und menschenrechtlicher Verpflichtungen jenseits der Auslegungsmethode der systemischen Integration[58] scheidet somit aus.[59] Es kann aber für die Frage, ob die menschenrechtlichen Garantien der EMRK anwendbar sind, nicht völlig unbedeutend sein, welche rechtliche Verantwortung und Kontrol-

57 *Proelß*, Flüchtlings- und menschenrechtliche Aspekte der Pflicht zur Seenotrettung, in: von der Decken/Günzel (Hrsg.), Staat Religion Recht: Festschrift für Gerhard Robbers zum 70. Geburtstag, 2020, S. 885 (887 – 888).

58 Vgl. Art. 31 Abs. 3 lit. c Vienna Convention on the Law of Treaties (23.5.1969) 1155 UNTS 331.

59 Insoweit überzeugend CCPR, Individual Opinion of Andreas Zimmermann (Dissenting) v. 27.1.2021 – CCPR/C/128/D/3043/2017, Rn. 9.

le das Seevölkerrecht einem Staat funktionell zuordnet und ob das zur Einhaltung menschenrechtlicher Garantien erforderliche Verhalten bereits Gegenstand von seevölkerrechtlichen Verpflichtungen ist.[60]

So führt etwa die vorrangige Zuständigkeit eines SRR-Staates nach dem SAR-Übereinkommen regelmäßig zugleich dazu, dass sich andere Akteure für unzuständig halten oder erklären bzw. die Weisungen der SRR-Staates nicht hinterfragen. Zum anderen ergibt sich die rechtliche und situative Kontrolle des koordinierenden Staates[61] über die Rettungsoperation auch daraus, dass etwa die Weisungen seines MRCC auf völkerrechtlicher Ebene eine bindende Wirkung entfalten, die selbst bei ausländischen Schiffen in den nationalen Rechtsordnungen anderer Vertragsparteien einen straf- oder ordnungswidrigkeitsrechtlichen Reflex auslösen.[62] Vor diesem Hintergrund überzeugt es nicht, bei einer Instrumentalisierung dieses Systems zur Verhinderung bzw. Verzögerung von Rettungen oder zur Steuerung von Zurückweisungen durch andere Akteure in der Hohen See einen menschenrechtlich relevanten hoheitlichen Eingriff in einer Situation von faktischer und rechtlicher Kontrolle zu verneinen und damit eine Anwendbarkeit der EMRK abzulehnen.

Kürzlich hat der UN-Menschenrechtsausschuss (Englisch: Human Rights Committee oder CCPR), also das für Beschwerden auf Grundlage des Internationalen Paktes über bürgerliche und politische Rechte (IPbpR)[63] zuständige Kontrollorgan, einen solchen funktionellen Ansatz vertreten (aber anders als hier vorgeschlagen unter dem Stichwort „effektive Kontrolle"). Im Fall *C/128/D/3043/2017* hat er eine extraterritoriale Anwendbarkeit des IPbpR[64] (allerdings im Kontext des Rechts auf Leben, das anders als das Refoulement-Verbot ohne Zweifel eine positive Schutzpflicht darstellt) und der Koordinierung von Rettungsoperationen durch den SRR-Staat (im Fall Malta) angenommen: „[T]he State party exercised effective control over the rescue operation, potentially resulting in a direct and reasonably foreseeable causal relationship between the State parties'

60 Vgl. *Trevisanut* (Fn. 48), S. 11 – 14; CCPR, Individual Opinion of David Moore (Dissenting) v. 27.1.2021 – CCPR/C/130/D/3042/2017, Rn. 2 – 3; a. A. CCPR, Individual Opinion of Andreas Zimmermann (Dissenting) v. 27.1.2021 – CCPR/C/128/D/3043/2017, Rn. 5 – 9.

61 Vgl. dazu *Trevisanut* (Fn. 48), S. 12 – 14.

62 Vgl. für Deutschland etwa §§ 2 Abs. 1 S. 2, 10 Abs. 1 Nr. 1 SeeFSichV.

63 International Covenant on Civil and Political Rights (16.12.1966) 999 UNTS 171.

64 Vgl. Art. 2 Abs. 1, wonach der IPbpR nur anwendbar ist, wenn sich eine Person auf dem „Gebiet" eines Staates aufhält oder seiner „Herrschaftsgewalt" untersteht.

acts and omissions and the outcome of the operation."[65] In seiner Parallelentscheidung im Fall *C/130/DR/3042/2017* zur Verantwortlichkeit eines in eine Rettungsoperation involvierten Flaggenstaates, der nicht zugleich SRR-Staat war (im Fall Italien), nahm der UN-Menschenrechtsausschuss – sehr progressiv – gleichermaßen eine extraterritoriale Anwendbarkeit des IPbpR an.[66] Es sei eine „special relationship of dependency [...] between the individuals on the vessel in distress and Italy“ vorhanden gewesen, die durch faktische Elemente (wie den Kontakt zwischen den Schiffbrüchigen und dem MRCC Rom sowie die räumliche Nähe eines italienischen Schiffes) und rechtliche Elemente (insbesondere die Rettungspflicht und die Koordinationspflichten aus dem SAR-Übereinkommen) zustande gekommen sei.[67] Als Folge daraus seien die Schiffbrüchigen „directly affected by the decisions taken by the Italian authorities in a manner that was reasonably foreseeable in light of the relevant legal obligations“, weshalb der IPbpR anwendbar sei.[68] Diese Entscheidung wurde teilweise scharf als zu weitgehend kritisiert, da Malta und nicht etwa Italien im Fall der SRR-Staat war.[69]

Aus Platzgründen kann hier nicht im Detail auf die beiden Entscheidungen des UN-Menschenrechtsausschusses eingegangen werden. Es sei aber angemerkt, dass sie auf der einen Seite zwar einen wichtigen Schritt in Richtung eines funktionalen Verständnisses von Hoheitsgewalt im Rahmen menschenrechtlicher Verträge darstellen.[70] Auf der anderen Seite sind die Entscheidungen des UN-Menschenrechtsausschusses leider dogmatisch

---

65 CCPR, Entscheidung v. 27.1.2021 – CCPR/C/128/D/3043/2017, Rn. 6.7. Siehe aber auch die Kritik von CCPR, Individual Opinion of Andreas Zimmermann (Dissenting) v. 27.1.2021 – CCPR/C/128/D/3043/2017, Rn. 1 – 9.

66 CCPR, Entscheidung v. 27.1.2021 – CCPR/C/130/D/3042/2017, Rn. 7.3 – 7.8.

67 CCPR, Entscheidung v. 27.1.2021 – CCPR/C/130/D/3042/2017, Rn. 7.8.

68 CCPR, Entscheidung v. 27.1.2021 – CCPR/C/130/D/3042/2017, Rn. 7.8.

69 CCPR, Individual Opinion of Yuval Shany, Christof Heyns and Photini Pazartzis (Dissenting) v. 27.1.2021 – CCPR/C/130/D/3042/2017, Rn. 1 – 7; CCPR, Individual Opinion of Andreas Zimmermann (Dissenting) v. 27.1.2021 – CCPR/C/130/D/3042/2017, Rn. 1 – 4; CCPR, Individual Opinion of Andreas Zimmermann (Dissenting) v. 27.1.2021 – CCPR/C/130/D/3042/2017, Rn. 1 – 4; CCPR, Individual Opinion of David Moore (Dissenting) v. 27.1.2021 – CCPR/C/130/D/3042/2017, Rn. 1 – 4.

70 Sehr positive Reaktion: *Vella de Fremeaux/Attard*, Rescue at Sea and the Establishment of Jurisdiction: New Direction from the Human Rights Part II Committee? (2021) *Opinio Juris*, http://opiniojuris.org/2021/03/03/rescue-at-sea-and-the-establishment-of-jurisdiction-new-direction-from-the-human-rights-part-ii-committee/ (letzter Aufruf am 13.4.2021). Befürwortend, aber kritisch: *Madjidian*, Mediterranean Responsibilities: Extra-territorial Jurisdiction of Coastal States in

wenig überzeugend ausgefallen und verdeutlichen nicht hinreichend den Bezug zwischen den einschlägigen seevölkerrechtlichen Rechten und Verpflichtungen und der Frage der Hoheitsgewalt.[71]

VI. Rechtslage unter Berücksichtigung eines funktionellen Ansatzes

Im Kontext der Seenotrettung bzw. der Instrumentalisierung derselben zum Zwecke der Externalisierung von Migrationskontrolle existiert eine Vielzahl denkbarer Anwendungsfälle für den funktionellen Ansatz, weshalb hier nur einige denkbare Szenarien angesprochen werden können. Im Folgenden wird der Übersichtlichkeit halber zwischen Zurückweisungen unmittelbar durch staatliche Akteure und Zurückweisungen durch zivile Schiffe unterschieden.

1. Zurückweisungen durch staatliche Akteure

Bei Zurückweisungen durch staatliche Akteure kann der funktionelle Ansatz von „contactless control" nicht immer trennscharf von einem funktionellen Verständnis „effektiver Kontrolle" abgegrenzt werden. Beispielsweise existiert noch keine Rechtsprechung des EGMR zur Frage, ob das aktive Blockieren und Abdrängen von Flüchtlingsbooten, wie es etwa derzeit von Griechenland in der Ägäis praktiziert wird, die Schwelle „effektiver Kontrolle" überschreitet.[72] Es dürfte aber jedenfalls bei Annahme eines

---

the Context of Maritime Migration (2021) *Verfassungsblog*, https://verfassungsblog.de/mediterranean-responsibilities/ (letzter Aufruf am 13.4.2021).

71 *Milanovic*, Drowning Migrants, the Human Rights Committee, and Extraterritorial Human Rights Obligations (2021) *EJIL: Talk! – Blog of the European Journal of International Law*, https://www.ejiltalk.org/drowning-migrants-the-human-rights-committee-and-extraterritorial-human-rights-obligations/ (letzter Aufruf am 13.4.2021); *Busco*, Not All that Glitters Is Gold: the Human Rights Committee's Test for the Extraterritorial Application of the ICCPR in the Context of Search and Rescue Operations (2021) *Opinio Juris* https://opiniojuris.org/2021/03/02/not-all-that-glitters-is-gold-the-human-rights-committees-test-for-the-extraterritorial-application-of-the-iccpr-in-the-context-of-search-and-rescue-operations/ (letzter Aufruf am 13.4.2021).

72 Siehe etwa UNHCR, UNHCR calls on Greece to investigate pushbacks at sea and land borders with Turkey, 12.6.2020, https://www.unhcr.org/news/briefing/2020/6/5ee33a6f4/unhcr-calls-greece-investigate-pushbacks-sea-land-borders-turkey.html (letzter Aufruf am 13.4.2021).

funktionellen Ansatzes kein Zweifel daran bestehen, dass die EMRK einschließlich des Refoulement-Verbots auf solche Praktiken anwendbar ist, da es nicht darauf ankommen kann, ob die Menschen bei einer physischen bzw. durch Drohung durchgesetzten Zurückweisung wie im *Hirsi*-Fall an Bord genommen werden oder nicht.[73]

Nimmt man speziell die Koordination von Seenotrettungseinsätzen in den Blick, wächst die Bedeutung des funktionellen Verständnisses deutlich. Setzt ein Staat beispielsweise gezielt die seevölkerrechtliche Weisungsbefugnis und die damit verbundene situative Kontrolle seines MRCCs zweckwidrig dazu ein, Rettungseinsätze zu behindern, zu verzögern, ganz zu verhindern oder jedenfalls so zu steuern, dass gerettete Menschen von einem anderen Akteur nach Libyen zurückgewiesen werden („push-back by proxy"), kann dieses Verhalten nach dem funktionalen Ansatz an der EMRK gemessen werden.[74] Wird hingegen auf dem Erfordernis der effektiven Kontrolle beharrt, ist dies nicht der Fall. Ein insbesondere vor der Etablierung der libyschen SRR häufiger Anwendungsfall, der aktuell Gegenstand eines Verfahrens vor dem EGMR ist,[75] ist die Benachrichtigung und Einsetzung der libyschen Küstenwache als „on-scene-commander" im Sinne des SAR-Übereinkommens durch das MRCC Rom in Kenntnis der Folge, dass die Menschen dadurch in sehr reale Gefahr für Leib und Leben gebracht werden und mit an Sicherheit grenzender Wahrscheinlichkeit auch nach Libyen zurückgebracht werden.[76] Eine hinreichend enge faktische und seevölkerrechtliche Verbindung zwischen Staat und Person dürfte auch bestehen, wenn etwa ein italienisches Marineschiff außerhalb der italienischen SRR (aber innerhalb der maltesischen oder libyschen SRR) einen Seenotfall antrifft, aber selbst keine Rettung einleitet, sondern die libysche Küstenwache informiert, damit diese die Menschen an Bord nimmt und nach Libyen zurückbringt.[77] Ob dies im Falle des Refoulement-Verbotes auch bei einem reinen Unterlassen angenommen werden könnte, sich aus Art. 3 EMRK also insoweit eine positive Schutzpflicht ergibt, ist offen.[78] Zum Teil wird zudem vorgeschlagen, dass die Schwelle von hinrei-

---

73 Wissenschaftliche Dienste, Sachstand WD 2 – 3000 – 013/18, S. 13.

74 Vgl. *Trevisanut* (Fn. 48), S. 13 – 14 (allerdings im Kontext des Rechts auf Leben); *Farahat/Markard* (Fn. 50), S. 42 – 46.

75 EGMR, S.S. and Others v. Italy – Nr. 21660/18 – (pending).

76 *Farahat/Markard* (Fn. 50), S. 45. Auch aufgeworfen von *Wissenschaftliche Dienste des deutschen Bundestags*, Sachstand WD 2 – 3000 – 013/18, S. 13.

77 Zweifelnd für den Fall eines Unterlassens: *Trevisanut* (Fn. 48), S. 12.

78 EGMR, Concurring Opinion of Judge Pinto de Albuquerque v. 23.2.2012 – Nr. 27765/09 – Hirsi Jamaa and others v. Italy, S. 69 – 70. Vgl. auch *Wissenschaftli-*

chend ausgeprägter „contactless control“ bereits dann überschritten ist, wenn Flugzeuge etwa von FRONTEX oder EU-Mitgliedstaaten die libysche Küstenwache über Seenotfälle in der libyschen SRR informieren.[79]

2. *Zurückweisungen durch zivile Schiffe*

Ein weiterer in der Praxis wichtiger Anwendungsfall sind Zurückschiebungen durch zivile Schiffe (sog. „privatized push-backs“).[80] Immer wieder bringen Handelsschiffe im zentralen Mittelmeer gerettete Menschen (zurück) nach Libyen oder übergeben sie auf See der libyschen Küstenwache.[81] Neben Handelsschiffen werden auch die Schiffe ziviler Rettungsorganisationen regelmäßig ausdrücklich oder implizit zu Zurückschiebungen aufgefordert – meist in Verbindung mit der Ankündigung des Verbots einer Einfahrt in Häfen oder sogar der Androhung strafrechtlicher Sanktionen.[82] In solchen Fällen kann nach dem tradierten Verständnis nicht pauschal angenommen werden, dass der Flaggenstaat dieser Schiffe „effektive Kontrolle“ hat[83] – wohl aber bei einem funktionellen Verständnis.

Im Ausgangspunkt ist festzuhalten, dass Private nicht unmittelbar an die EMRK gebunden sind, womit auch – insoweit herrscht Einigkeit – das Refoulement-Verbot nicht unmittelbar zwischen Privaten zur Anwendung kommt.[84] Das hat aber nicht zur Folge, dass Private pauschal das Refoulement-Verbot missachten dürfen oder sogar müssen. Vielmehr ist insoweit zu differenzieren. Zum einen kommt jedenfalls im Ergebnis eine mittelbare Geltung menschenrechtlicher Gewährleistungen für Private in Betracht, wenn sie durch den nationalen Gesetzgeber im Rahmen strafrechtlicher Ge- und Verbote angeordnet wird.[85] Nach vorzugswürdiger Auffassung ist

---

che Dienste des deutschen Bundestags, Sachstand WD 2 – 3000 – 013/18, S. 10 – 11; *Proelß* (Fn. 57), S. 897.

79 *Farahat/Markard* (Fn. 50), S. 45 – 46.

80 Ausführlich zu dieser Thematik: *Hahn/Schatz*, ZIS 2020, 537.

81 *Hahn/Schatz* (Fn. 80), S. 538 – 541, m. w. N.

82 *Hahn/Schatz* (Fn. 80), S. 538 – 541.

83 *Rah*, Asylsuchende und Migranten auf See: Staatliche Rechte und Pflichten aus völkerrechtlicher Sicht, 2009, S. 179 – 180; *Farahat/Markard* (Fn. 50), S. 38; *Hahn/Schatz* (Fn. 80), S. 541 – 542; a. A. *von Gadow-Stephani*, Der Zugang zu Nothäfen und sonstigen Notliegeplätzen für Schiffe in Seenot, 2006, S. 371 – 372.

84 *Rah* (Fn. 83), S. 179 – 180; *Talmon* (Fn. 22), S. 805; *Proelß* (Fn. 57), S. 896 – 897; *Hahn/Schatz* (Fn. 80), S. 543.

85 *Blanke/Johr* (Fn. 39), S. 935; *Talmon* (Fn. 22), S. 805; *Wissenschaftliche Dienste des deutschen Bundestags*, Ausarbeitung WD 2 – 3000 – 014/20, S. 15; BT-Drucks.

dies beispielsweise in der deutschen Rechtsordnung durch den Straftatbestand der Aussetzung nach § 221 Abs. 1 Nr. 1 StGB geschehen.[86]

Zum anderen kann bei der Bewertung von „privatized push-backs“ aus Sicht der EMRK regelmäßig auf staatliches Handeln abgestellt werden. Weisungen von MRCCs an zivile Schiffe, Zurückweisungen durchzuführen oder gerettete Menschen an die libysche Küstenwache oder sich auf dem Weg nach Libyen befindliche Handelsschiffe zu übergeben, fallen bei einem funktionellen Verständnis in den Anwendungsbereich der EMRK und sind daher am Refoulement-Verbot zu messen.[87] Setzt ein Staat gezielt zivile Schiffe unter seiner Kontrolle – etwa im Rahmen vertraglicher Vereinbarungen – ein, um Menschen unter Umgehung des Refoulement-Verbots nach Libyen zurückzuschieben, ist die Anwendbarkeit der EMRK ebenfalls zu bejahen (keine „Flucht ins Privatrecht“).[88] Dies gilt erst recht, wenn ein Flaggenstaat private Akteure unter seiner Hoheitsgewalt durch hoheitliche Maßnahmen oder Gesetze zu Zurückschiebungen zwingt, die der Staat selbst wegen des Refoulement-Verbots nicht hätte durchführen dürfen.[89] Entgegen der nicht überzeugenden und – soweit ersichtlich – isolierten Auffassung von *Talmon* handelt es sich hierbei nicht um die Annahme einer unmittelbaren Drittwirkung der EMRK,[90] sondern um hoheitliches Handeln, das selbstverständlich an der EMRK zu messen ist.[91] Daher müssen etwa Schiffe unter deutscher Flagge bei EMRK-konformer Ausle-

---

19/3762, S. 41; *Report of the Office of the United Nations High Commissioner for Refugees to the UN General Assembly*, The treatment of persons rescued at sea: conclusions and recommendations from recent meetings and expert round tables convened by the Office of the United Nations High Commissioner for Refugees, 11.4.2008, UN Doc. A/AC.259/17, Rn. 32.

86 *Hahn/Schatz* (Fn. 80), S. 543 – 544.

87 So im Ergebnis auch *Farahat/Markard* (Fn. 50), S. 39 – 40.

88 *Rah* (Fn. 83), S. 180; *Hahn/Schatz* (Fn. 80), S. 543, mit Verweis auf die zwischenzeitliche Praxis Maltas. Siehe dazu etwa *Council of Europe*, Commissioner urges Malta to meet its obligations to save lives at sea, ensure prompt and safe disembarkation, and investigate allegations of delay or non-response to situations of distress, 11.5.2020, https://www.coe.int/en/web/commissioner/-/commissioner-urges-malta-to-meet-its-obligations-to-save-lives-at-sea-ensure-prompt-and-safe-disembarkation-and-investigate-allegations-of-delay-or-no (letzter Aufruf am 13.4.2021).

89 *Farahat/Markard* (Fn. 50), S. 40; *Proelß* (Fn. 57), S. 897. Siehe dazu auch *Moreno-Lax/Giuffré*, The Raise of Consensual Containment: From ‘Contactless Control’ to ‘Contactless Responsibility’ for Forced Migration Flows, in: Juss (Hrsg.), Research Handbook on International Refugee Law (Fn. 55), S. 101 ff.

90 So aber *Talmon* (Fn. 22), S. 805.

91 *Proelß* (Fn. 57), S. 897.

gung[92] entgegen dem (zu allgemeinen) Wortlaut von § 2 Abs. 1 S. 2 SeeFSichV nicht Weisungen von MRCCs Folge leisten, die den Gewährleistungen der EMRK einschließlich des Refoulement-Verbots zuwiderlaufen – und kann die Nichtbefolgung solcher Weisungen auch nicht nach § 10 Abs. 1 Nr. 1 SeeFSichV als Ordnungswidrigkeit geahndet werden.[93] Aus den gleichen Gründen scheidet regelmäßig eine Strafbarkeit von Widerstandshandlungen geretteter Menschen gegen Zurückschiebungen nach Libyen aus, da ein Staat nicht mit den Mitteln des Strafrechts die Duldung einer menschenrechtswidrigen Zurückweisung durch Private erzwingen darf.[94]

VII. Fazit und Ausblick

Die Frage der extraterritorialen Anwendbarkeit der EMRK nach Art. 1 EMRK kann im Kontext der Externalisierung der Kontrolle von maritimer Migration nicht mit einer starren Anwendung des tradierten Maßstabs der „effektiven Kontrolle" beantwortet werden. Es widerspricht dem Sinn und Zweck der EMRK, Staaten aus ihrer menschenrechtlichen Verantwortung zu entlassen, wenn sie durch Modelle wie der im zentralen Mittelmeer von den europäischen Anrainerstaaten betriebenen Externalisierung *de facto* Zurückweisungen veranlassen, ohne die betroffenen Menschen physisch und/oder rechtlich in ihrer „effektiven Kontrolle" zu haben. Dies hätte zur Folge, dass ausgerechnet in den bei maritimer Migration regelmäßig gegebenen Fällen von Seenot mangels eines menschenrechtlich verantwortlichen Staates eine Lücke in der Gewährleistung des Menschenrechtsschutzes entstünde. Vor dem Hintergrund, dass aufgrund der seevölkerrechtlichen Jurisdiktionsregeln und den Verantwortlichkeiten von Flaggen- und Küstenstaaten im System des SAR-Übereinkommens in vielen Fällen eine konkrete Verbindung zwischen staatlichem Handeln und dem Schicksal

---

92 Vgl. BVerfG, Beschl. v. 26.10.2004 – BvR 955/00, BVerfGE 112, 1; BVerfG, Beschl. v. 14. 10.2004 – 2 BvR 1481/04, BVerfG NJW 2004, 3407 (3408); BVerfG, Beschl. v. 15.12.2015 – 2 BvL 1/12, BVerfG NJW 2016, 1295 (1301). Siehe dazu *Hahn/Schatz* (Fn. 80), S. 543.

93 In diese Richtung auch *Proelß* (Fn. 57), S. 897, ohne allerdings auf das einschlägige deutsche Recht einzugehen; a. A. *Talmon* (Fn. 22), S. 803 – 804, der allerdings wiederum die gebotene grundrechts- und EMRK-konforme Auslegung nicht thematisiert.

94 Ausführlich zur Anwendung von §§ 32 und 34 StGB *Hahn/Schatz* (Fn. 80), S. 545 – 549.

der Betroffenen besteht, wäre ein solches Ergebnis nicht sachgerecht. Solche Situationen können daher überzeugender durch einen funktionellen Ansatz abgebildet werden, der für eine Anwendbarkeit der EMRK auf staatliches Handeln abstellt, das im Rahmen der Wahrnehmung seevölkerrechtlicher Rechte und Verpflichtungen kausal und vorhersehbar die Gefahr einer Rechtsgutsverletzung herbeiführt. Es ist zuzugeben, dass auch ein solcher Ansatz im Einzelfall der Konkretisierung und/oder Einschränkung bedarf, um nicht zu einer ausufernden extraterritorialen Anwendbarkeit der EMRK zu führen. Dennoch ist ein funktionelles Verständnis von „Hoheitsgewalt" besser in der Lage, faktische und rechtliche Verantwortlichkeiten abzubilden und es der EMRK dadurch zu erlauben, mit der staatlichen Externalisierung von Verantwortung „mitzuwachsen". Die Rechtsprechung des EGMR war zuletzt in Fragen der Externalisierung von Migrationskontrolle sehr restriktiv.[95] Daher bleibt abzuwarten, ob der EGMR bereit ist, in seiner bevorstehenden Entscheidung in *S.S. and Others v. Italy* einen funktionellen Ansatz zu wählen und damit zumindest teilweise dem progressiven Ansatz des UN-Menschenrechtsausschusses zu folgen.

95 Siehe etwa EGMR, Urt. v. 13.2.2020 – N.D. and N.T. v. Spain. Siehe zu diesem Fall *Ciliberto*, HRLR 2021 (203).

Mut zur Lücke? Flucht vor dem Recht durch bewusste staatliche Nicht-Regulierung

Sarah Katharina Stein

Abstract: *Staaten können eine Rechtsbindung umgehen, indem sie gar nicht erst das Recht erschaffen, welches sie oder andere binden könnte. Von dieser Möglichkeit der Flucht vor dem Recht haben Staaten im Bereich der Ausübung von Staatsgewalt durch die Nicht-Regulierung von privaten Militär- und Sicherheitsdienstleistern Gebrauch gemacht. Als Ausgleich wurden stattdessen Selbstregulierungsregime erschaffen, die die Handlungen von privaten Militärdienstleistern begrenzen und Schutz für Betroffene herstellen sollen. Diese Selbstregulierungsmechanismen können aber die Einhaltung des humanitären Völkerrechts und der Menschenrechte nicht absichern. Vielmehr perpetuieren sie durch ihre Existenz die regulierungsarme Situation. Opfern von Schädigungshandlungen wird ein Zugang zu ihren Rechten somit vereitelt. Dadurch entstehen Verschiebungen in den Machtverhältnissen zwischen Militärdienstleistern, Opfern von Schädigungshandlungen und Staaten.*

Eine „Flucht vor dem Recht" beschreibt staatliche Umgehungsversuche vor bestehenden Regeln und Pflichten. Dieser Beitrag widmet sich einer speziellen Ausprägung dieses Phänomens: der verweigerten Rechtsetzung durch Staaten. Dabei flüchten Staaten nicht vor bestehendem Recht, sondern erschaffen erst gar nicht das Recht, welches sie oder andere binden könnte. Sie verhindern damit letztlich den Zugang zu Recht, da sich Betroffene nicht auf etwas berufen können, was nicht existiert.

Dieses Phänomen tritt im Kontext der Ausübung von Staatsgewalt auf. Private Militär- und Sicherheitsdienstleister werden von Staaten u.a. in bewaffneten Konflikten zur Ausübung von Gewalt eingesetzt. Im Gegensatz zu anderen Privatisierungsbestrebungen gehen mit dem Outsourcing in diesem Falle aber keine Regulierungsanstrengungen einher, da sich staatliche Anreize nur dann bewähren, wenn die Branche nicht gesetzlich gesteuert wird. In dieser Regulierungslücke sind zunehmend Selbstregulierungsbemühungen zu finden. Diese können jedoch keine effektive Überantwortung von Rechten und Pflichten auf militärische Dienstleister bewirken. Dadurch entstehen Verschiebungen in den Machtverhältnissen zwischen Militärdienstleistern, Opfern von Schädigungshandlungen und Staaten.

I. Private Militärdienstleister als globale Akteure

1. Private Militärfirmen

Private Militärfirmen (*private military companies*, PMCs) sind privatwirtschaftlich organisierte Unternehmen, die verschiedene Sicherheits- und Militärdienstleistungen gegen ein Entgelt anbieten. Ihr Personal (sog. *contractors*) besteht aus ehemaligen Militärangehörigen, die mit Arbeits- oder Dienstverträgen angestellt sind. Sie werden meist mit einem Tagessatz entlohnt, wobei spezialisierte *contractors* etwa 20.000 USD im Monat verdienen können.[1] Kund:innen sind Privatpersonen, Unternehmen, internationale Organisationen,[2] NGOs und Staaten. Zu den angebotenen Dienstleistungen gehören Transport und Logistik, Versorgung und Verpflegung, Ausbildung und Anleitung, Sicherung von Personen und Objekten sowie Kampfdienstleistungen.[3]

Die Branche wächst zunehmend und hat einen hohen wirtschaftlichen *impact factor*. So haben die USA von 2009-2018 im Großraum Irak/Afghanistan 208,063 Mrd. USD durch Verträge mit PMCs umgesetzt. Aktuelle Schätzungen gehen von einem Wachstum der Branche auf 420 Mrd. USD innerhalb der nächsten 8 Jahre aus.[4] Während der Hochphase des Irakkriegs waren genauso viele *contractors* wie Soldat:innen im Irak durch die USA beschäftigt, im Rahmen der *Operation Enduring Freedom* übertraf die

---

1 *Salzman*, N.Y.U. J. Int'l L. & Pol. 2008, 853 (885).

2 *Crowe/John*, Melb. J. Int'l L. 2017, 16 (44).

3 *Petersohn*, Die Nutzung privater Militärfirmen durch US-Streitkräfte und Bundeswehr, SWP-Studie, S 36, 2006, S. 7; *Schreier/Caparini*, Privatising Security: Law, Practice and Governance of Private Military and Security Companies, DCAF OC No. 6, 2005, S. 23; *Avant*, Foreign Policy in Focus 2002, No. 6; *Singer*, Corporate Warriors 2003, S. 126; *Mini*, An Analysis of Private Military and Security Companies, EUI Working Paper, AEL 2010/07, 4 f.; *Avant/Sigelman*, Security Studies 2010, 230 (234 f.).

4 *Visiongain*, Private Military Security Services market set to grow to $420bn by 2029" says new Visiongain report, https://www.visiongain.com/private-military-security- services-market-set-to-grow-to-420bn-by-2029-says-new-visiongain-report/ (letzter Aufruf am 1.4.2021).

Zahl der contractors die der Soldat:innen zeitweise sogar um etwa 30.000.[5] Aktuell befinden sich in der Region im Auftrag der USA noch 38.164 *contractors*.[6] In der jüngeren Vergangenheit wurde von PMCs in den Konflikten in Donbass,[7] Jemen,[8] Syrien,[9] Bergkarabach,[10] Ukraine,[11] und der Zentralafrikanischen Republik[12] berichtet. Der größte Entsendestaat sind nach wie vor die USA,[13] zunehmend setzen aber auch Russland,[14] die Türkei und China PMCs ein.[15]

2. *Staatliche Motive für den Einsatz und gegen eine Regulierung von PMCs*

Sparbestrebungen und strategische Motive lassen Staaten PMCs nutzen, obwohl sie auf ein eigenes Militär zurückgreifen können. Aus ähnlichen Gründen verzichten Staaten darauf, nationales oder internationales Recht zur Begrenzung von PMCs zu erschaffen.

---

5 *Peters/Plagakis*, Department of Defense Contractor and Troop Levels in Afghanistan and Iraq: 2007 – 2018, Congressional Research Service R44116, S. 6-10.

6 *Office of the Assistant Secretary of Defense for Logistics & Materiel Readiness*, CENTCOM|Quarterly Contractor Census Reports, January 2021.

7 *Sukhankin*, War, Business and Ideology: How Russian Private Military Contractors Pursue Moscow's Interests, https://jamestown.org/program/war-business-and-ideology-how-russian-private-military-contractors-pursue-moscows-interests/ (letzter Aufruf am 1.4.2021).

8 *Hager/Mazzetti*, Emirates Secretly Sends Colombian Mercenaries to Yemen Fight, NYT v. 26.11.15, S. A/1.

9 *Linder*, New Perspectives in Foreign Policy 2018, S. 17; *Beslin/Ignjatijevic*, Balkan foreign fighters: from Syria to Ukraine, EUISS 2017, 1 (3).

10 *Cookman*, Syrians Make Up Turkey's Proxy Army in Nagorno-Karabakh, Foreign Policy, https://foreignpolicy.com/2020/10/05/nagorno-karabakh-syrians-turkey-armenia-azerbaijan/ (letzter Aufruf am 1.4.2021).

11 *Reynolds*, Putin's Not-So-Secret Mercenaries, Carnegie Endowment for International Peace 2019, S. 2.

12 CAR: Experts alarmed by government's use of "Russian trainers", close contacts with UN peacekeepers https://www.ohchr.org/EN/NewsEvents/Pages/DisplayNews.aspx?NewsID=26961&LangID=E (letzter Aufruf am 1.4.2021).

13 *Singer*, Corporate Warriors (Fn. 3), S. 3.

14 *Borshchevskaya*, The Role of Russian Private Military Contractors in Africa, Foreign Policy Research Institute, https://www.fpri.org/article/2020/08/the-role-of-russian-private-military-contractors-in-africa/ (letzter Aufruf am 1.4.2021).

15 *Spearin*, PRISM 2020, 40 (40-45).

Der Aufschwung von PMCs fällt in die Zeit der neoliberalen Politik des „schlanken Staates".[16] Militärbudgets wurden durch das Ende des Kalten Krieges weltweit verkleinert[17] und der Markt mit ehemaligen Soldat:innen und Waffen gesättigt.[18] *Contractors* sind bereits ausgebildet und müssen nur dann bezahlt werden, wenn sie tatsächlich im Einsatz sind. So entfallen Ausbildungs- und Pensionskosten. Die Spezialisierung der PMCs spricht zudem für schnellere, und dadurch günstigere Einsätze.[19] Außerdem erlaubt es die privatwirtschaftliche Organisation, die Truppenstärke schneller an konkrete Bedürfnisse anzupassen.[20] Weitere Einsparungen ergeben sich durch Wettbewerb der PMCs am freien Markt.[21]

Da PMCs gerade keinen Teil der Streitkräfte darstellen, gelten andere formelle Anforderungen an ihre Entsendung. Durch ihren Einsatz kann Außenpolitik durch Exekutivorgane und vorbei an Parlamenten oder internationalen Gremien durchgesetzt werden, sog. *foreign policy by proxy*.[22] Außerdem können Einsätze von PMCs ohne den gleichen Rechtfertigungsdruck gegenüber der Zivilgesellschaft durchgeführt werden, da nicht die „eigenen" Soldat:innen kämpfen.[23] Prägnante militärische Erfahrungen wie das Somalia-Debakel 1993[24] oder der Vietnamkrieg machen PMCs als Antwort auf neue asymmetrische Kriegsführung auf fremdem Territorium attraktiv.[25] Teilweise fehlen auch staatliche Truppen, sodass auf Private zurückgegriffen werden muss, um Einsätze durchzuführen.[26] Die strategischen Motive haben ihren Ursprung im Unterschied zwischen

---

16 *Ettinger*, International Journal 2011, 743 (743-764).

17 *Leander*, Eroding State Authority? Private Military Companies and the Legitimate Use of Force, 2006, S. 33; *Krahmann*, States, Citizens and the Privatization of Security, 2010, S. 9.

18 *Axelrod*, Mercenaries, 2013, S. 54.

19 *Avant*, Orbis 2006, 327 (331 f.).

20 *Deitelhoff/Geis*, Die Privatisierung des Militärs, in: Leonhard/Werkner (Hrsg.), Militärsoziologie, 2. Aufl., 2012, S. 139 (142).

21 *Akcinaroglu/Radziszewski*, J. Confl. Resolut. 2013, 795 (803).

22 *Michaels*, Wash. U. L. Q 2004, 1001 (1062 ff.).

23 *Taussig-Rubbo*, Yale J.L. & Human. 2009, 103 (123).

24 Der Schlacht von Mogadischu am 3./4.10.1993 fielen hunderte von Somalis und 19 US-amerikanische Soldaten zum Opfer. Die gescheiterte Operation *Gothic Servant* wurde 2011 unter dem Titel „Black Hawk Down" von *Ridley Scott* verfilmt.

25 *Bowden*, The Legacy of Black Hawk Down, Smithonian Magazine 2019, https://www.smithsonianmag.com/history/legacy-black-hawk-down-180971000/ (letzter Aufruf am 1.4.2021).

26 *Tepperman*, Out of Service, https://newrepublic.com/article/66594/out-service (letzter Aufruf am 1.4.2021).

Soldat:innen und *contractors*. Je größer dieser Unterschied in rechtlicher, politischer und symbolischer Hinsicht ist, desto mehr spricht aus staatlicher Sicht für den Einsatz von PMCs.

Die Motive für den Einsatz von PMCs spiegeln sich in den Gründen für die mangelnde Regulierung. Durch eine harte Regulierung würden Kosten entstehen, die die Unternehmen einpreisen würden, denn wirksame Aufsicht und Kontrolle sind teuer. Zudem würde eine Regulierung die Entsendung an formelle Prozesse binden und damit eines der strategischen Hauptmotive für den Einsatz entfallen lassen.[27] Durch unterschiedliche Erfahrungen der einzelnen Staaten mit PMCs und Söldner:innen gestaltet sich zudem eine internationale Konsensfindung schwierig, da sich Unstimmigkeiten über Inhalt und Form, aber auch die grundsätzliche Frage, ob reguliert werden soll, ergeben.

Insgesamt wollen PMC-einsetzende Staaten keine harte Regulierung, da nur durch weiche Regulierungsformen die Flexibilität des Einsatzes von PMCs beibehalten werden kann. Je regulierter PMCs wären, desto eher würde ihr Einsatz dem von offiziellen Streitkräften gleichen – was ihre Vorteile zunichte machen würde.

II. Rechtliche Einrahmung

PMCs agieren nicht in einem rechtsfreien Raum. Allerdings besteht keine Spezialregulierung, die sich direkt mit den Umständen des unternehmerisch organisierten Angebots von Kampfdienstleistungen befasst. Eine von der UN eingesetzte Working Group wurde mit der Ausarbeitung eines bindenden internationalen Vertrages zur Regulierung von PMCs betraut, scheiterte aber an Unstimmigkeiten über die Rechtsqualität dieses Vertrags. Einer nachfolgenden Working Group wurde sodann das Mandat für einen *bindenden* Vertragstext entzogen.[28] Auf internationaler Ebene besteht weiterhin keine Spezialregulierung.

Aber auch ohne speziell auf sie zugeschnittene Normen müssen sich PMCs bestehenden und auf sie anwendbaren Regelungen unterwerfen, die ihre Handlungsspielräume begrenzen und Rechtsschutz für Betroffene bieten könnten. In Betracht kommen das humanitäre Völkerrecht, Grundsät-

---

27 *Lehnardt*, Private Military Companies and State Responsibility, IILJ Working Paper 2007/2, S. 2.

28 UN/A/HRC/Res/36/11.

ze der Staatenverantwortlichkeit, Völkerstrafrecht, sowie nationalstaatliche Regulierungen.

1. Humanitäres Völkerrecht

Contractors agieren in international bewaffneten Konflikten und üben potentiell konfliktbezogene Gewalt aus, sie bewegen sich damit grundsätzlich im Anwendungsbereich des humanitären Völkerrechts.

Das humanitäre Völkerrecht teilt die vom Konflikt Betroffenen in Kombattant:innen und Zivilist:innen ein. Das Verhalten von Kombattant:innen ist in bewaffneten Konflikten den einsetzenden Staaten zurechenbar,[29] zudem gilt eine individuelle Verantwortlichkeit für humanitärem Völkerrecht entgegenstehendes Verhalten. Kombattant:innen sind der normative Grundfall von Personen, die Schädigungshandlungen im Konflikt ausüben und werden daher engmaschig reguliert und kontrolliert. Wären *contractors* auch Kombattant:innen, würden sie dementsprechend haften, etablierte Kontrollelemente könnten angewendet werden.

Allerdings mangelt es privaten Dienstleistenden an einem geforderten engen Verbindungsband zum einsetzenden Staat, um eine Kombattant:inneneigenschaft nach Art. 4(A) der Dritten Genfer Konvention (GK III) begründen zu können. Da *contractors* weder formell in die Streitkräfte eingegliedert sind,[30] noch die vom humanitären Völkerrecht geforderte verantwortliche Führung eines Freiwilligencorps vorweisen können,[31] oder mangels Friedlichkeit als Personen, die den bewaffneten Personen folgen, zu qualifizieren sind,[32] vermag keine der Normvarianten zum Kombattant:innenstatus zu verhelfen.[33]

Wer nicht Kombattant:in ist, kann nur Zivilist:in sein, das gilt auch für *contractors*.[34] Wenn sie an Konflikthandlungen teilnehmen, verlieren sie für diese Zeit ihren Schutzstatus, Art. 51 Nr. 3 des Ersten Zusatzprotokolls

---

29 *ICRC*, Study on customary international humanitarian law, 2005, Rule 149.

30 *Lehnardt*, Private Militärfirmen und völkerrechtliche Verantwortlichkeit, 2011, S. 141 f.

31 Zum Teil mit anderem Ergebnis: *Fischer*, Militär- und Sicherheitsunternehmen in bewaffneten Konflikten und Friedenssicherungsoperationen, 2013, S. 94 f.

32 *Gillard*, in: Alexandra/Baker/Caparini (Hrsg.), Private Military and Security Companies, 2008, S. 159 (163 f.).

33 Gleiches gilt für Art. 43 ZP I, der ähnliche Voraussetzungen aufstellt, siehe *Schüller*, Sicherheit und Frieden 2008, 191 (192).

34 Das legen z.B. die USA für PMCs fest, die die staatlichen Truppen begleiten: Code of Federal Regulation, 48 CFR § 52.225-19, (b)(3).

(ZPI). Ausgeübte Schädigungshandlungen unterfallen dem allgemeinen Strafrecht, wobei die Teilnahme an Feindseligkeiten an sich keine Straftat darstellt.[35] Spezielle Rechte und Pflichten im bewaffneten Konflikt bestehen aber nicht.

Einen Sonderstatus im humanitären Völkerrecht haben Söldner:innen nach Art. 47 ZPI inne. Sie sind weder privilegiert noch geschützt und erhalten auch keinen Kriegsgefangenenstatus. Verschiedene internationale Konventionen verbieten ihren Einsatz und ihre Unterstützung.[36] Als Söldner:innen könnten *contractors* für Handlungen und für ihr Dasein als Söldner:innen strafrechtlich verfolgt werden. Dabei gelten die Garantien aus Art. 75 ZPI.[37]

Auf den ersten Blick scheinen *contractors* den normativen Vorstellungen von Söldern:innen zu entsprechen, Presse und (Populär-)Wissenschaft bezeichnen sie auch oft so.[38] Allerdings ist die Söldner:innendefinition so mangelhaft konzipiert, dass sie kaum Anwendung findet.[39] Durch ein Festhalten an sechs kumulativ zu erfüllenden Voraussetzungen, insbesondere einem negativen Staatsangehörigkeitserfordernis und Gewinnstreben als Hauptmotiv, wird der Tatbestand so verengt,[40] dass nicht nur *contractors* keine Söldner:innen darstellen.[41] Völkerrechtlich gibt es, seitdem die normative Ächtung des Söldnertums ins Recht transkribiert wurde, faktisch keine Söldner:innen mehr.

Es gilt daher kein spezieller Regulierungsrahmen oder ein Verbot für PMCs im humanitären Völkerrecht.

---

35 *Gasser/Dörmann*, The Protection of the Civilian Population, in: Fleck (Hrsg.), Handbook of International Humanitarian Law, 3. Aufl., 2013, Rn. 517/2.

36 Organisation of African Unity, Convention for the Elimination of Mercenarism in Africa, 1977, Art. 1; UN, International Convention against the Recruitment, Use, Financing and Training of Mercenaries, 2001, Art. 1; ILC Draft Code of Crimes against the Peace and Security of Mankind, 1991, Art. 23(2).

37 *ICRC* (Fn. 29), Rule 108.

38 *Hager/Mazzetti* (Fn. 8); *Security Council Report,* April 2021, https://www.securitycouncilreport.org/monthly-forecast/2021-04/in-hindsight-guns-for-hire-the-security-council-and-mercenarism.php (letzter Aufruf am 1.4.2021).

39 *Hampson*, Netherlands Yearbook of International Law 22 (1991), 3 (30).

40 *Percy*, Mercenaries, 2007, S. 177.

41 UN/A/HRC/WG.10/2/CRP.1, S. 6.

2. *Staatenverantwortlichkeit*

Der Grundsatz der Staatenverantwortlichkeit unterscheidet zwischen Handlungen Privater und des Staates. Nur für letztere sind Staaten grundsätzlich verantwortlich. Mangels formeller Inkorporation in die Streitkräfte sind Angestellte von PMCs Private. Eine Staatenverantwortlichkeit kann sich daher nur ergeben, wenn entweder das Handeln der PMCs dem Staat zugerechnet werden kann oder eine *due diligence* Verletzung des Staates vorliegt.

Eine Zurechnung kann stattfinden, wenn ein Staat Dienstleistende autorisiert, staatliche Gewalt auszuüben, Art. 5 International Law Commission, Articles on State Responsibility (ILC).[42] Was genau unter Staatsgewalt zu verstehen ist, wird im internationalen Recht nicht definiert. Die USA fassen darunter z.B. die Handlungen, die so eng mit dem öffentlichen Interesse verbunden sind, dass sie nur von Staatsbediensteten ausgeübt werden dürfen.[43] Hier beißt sich die Katze in den Schwanz: Wenn PMCs handeln, findet ja gerade eine Auslagerung statt.[44] Es kann sich dann nicht um Staatsgewalt handeln.[45] Mehrdeutige Vertragsbestimmungen werden zudem bewusst eingesetzt, um zu verschleiern, welche Tätigkeiten durch PMCs genau ausgeübt werden.[46] Staatenverantwortlichkeit über eine Zurechnung privaten Verhaltens ist daher nur in sehr begrenzten Einzelfällen vorstellbar, etwa wenn *contractors* als Gefängniswärter:innen agieren und gerichtlich angeordnete Disziplinarmaßnahmen durchsetzen.[47]

Jenseits einer ausdrücklichen Autorisierung kann eine Zurechnung erfolgen, wenn PMCs unter staatlicher Anleitung, Führung oder Kontrolle handeln, Art. 8 ILC. Abgesehen von direkten Anweisungen zu Menschenrechtsverletzungen ist unklar, wie eng die Einwirkung auf die Privaten sein muss. Der Internationale Gerichtshof geht davon aus, dass es „effektiver Kontrolle“ bedarf, mithin spezifischer Instruktionen zur Ausführung einer bestimmten Tätigkeit. *Contractors* fallen nicht unter militärische Kommandostrukturen, das Verhältnis von PMCs und Militär ist vielmehr

---

42 UN/A/56/49(Vol. I)/Corr.4.

43 Federal Activities Inventory Reform Act of 1998, Public Law 105-270 and Federal Acquisition Regulation of 2005; Office of Management and Budget, Circular A-76 (revised), 29 May 2003, A-2.

44 Im Irak übten PMCs „inherently governmental functions“ und „inherently soldierly“ functions aus, siehe *Michaels*, Wash. U. L. Q 2004, 1001 (1031).

45 *Lehnardt*, State Responsibility (Fn. 27), S. 8.

46 *Ebd.*, S. 10.

47 ILC Commentary to the Draft Articles on State Responsibility, Art. 5 (2).

als „informelle Koordination" zu beschreiben. Inwieweit direkte Anordnungen für konkrete Handlungen i. S. e. effektiven Kontrolle erteilt und umgesetzt werden, ist unklar. Die bestehende Abhängigkeit von Finanzierung reicht z.B. nicht aus.[48]

Im Rahmen ihrer menschenrechtlichen Verantwortung von *respect, protect, fulfil*[49] haben Staaten die Verpflichtung zur Gewährleistung von Menschenrechten und müssen ggf. auch gegen Dritte vorgehen, wenn diese Menschenrechte verletzen. Die Verletzung liegt dann nicht in der Handlung der Privaten, sondern im staatlichen Unterlassen, eine sog. *due diligence* Verletzung. Welche Sorgfalt Staaten aber im Rahmen dieser Verpflichtung schulden, ist hoch umstritten.[50] Ob eine unsichere Staatenverantwortlichkeit eine individuelle Haftung ausgleichen oder Staaten von einem Anwerben von PMCs abhalten kann, ist mehr als fraglich. Eine Staatenverantwortlichkeit für Handlungen von PMCs oder im Rahmen einer *due diligence* Verpflichtung wurde zudem bisher noch nicht ausgelöst[51] oder geltend gemacht.[52]

3. *Völkerstrafrecht*

Um nicht-staatliche Individuen wie *contractors* durch das Römische Statut zu erfassen, müssen diese eine Verbindung zum kriegsführenden Staat aufweisen.[53] Wie eng diese sein muss, ist umstritten.[54] Würden ähnlich strikte Verbindungen wie bei der Staatenverantwortlichkeit gefordert, bestünden zumindest die bereits angesprochenen Probleme um die Ausübung von Staatsgewalt.

---

48 ICJ, Case concerning Military and Paramilitary Activities in and against Nicaragua (Nicaragua v. United States), Judgment (Merits), 27.6.1986, ICJ Reports 1986, Rz. 188 f.

49 UN/CCPR/C/21/Rev.1/Add. 13; *Karp*, International Theory (2020), 83 (83-108); *De Schutter*, International Human Rights Law (2010), S. 416-512.

50 *Garcia Amador*, Second Report on State Responsibility, YILC 1957 II, S. 104.

51 UN/A/HRC/WG.10/2/CRP.1, S. 7.

52 *Lehnardt,* State Responsibility (Fn. 27), S. 19.

53 ICTR Trial Chamber, Prosecutor v. Akayesu, ICTR-96-4, judgment, 2.9.1998, Rz. 631; ICTR Trial Chamber, Prosecutor v. Kayishema and Ruzindana, ICTR-95-1, judgment, 21.5.1999, Rz. 174–176.

54 *Lehnardt*, EJIL 2008, 1015 (1019).

Hinzu kommt, dass die zu ahnende Tat im Zusammenhang mit dem bewaffneten Konflikt stehen muss.[55] Der bewaffnete Konflikt muss ein entscheidender Faktor für die Möglichkeit und die Art der Begehung der Tat gespielt haben.[56] Diese Verbindung ergibt sich z.B. durch die Kombattant:inneneigenschaft, die Zugehörigkeit zu einer Konfliktpartei oder die Begehung der Tat in Ausübung einer offiziellen Verpflichtung oder zur Unterstützung eines militärischen Ziels.[57] Zumindest Kombattant:innen sind *contractors*, wie aufgezeigt, nicht. Entscheidend ist daher wieder die Nähe des/der Täter:in zum Konflikt.

Dieses geforderte doppelte Näheverhältnis wird nur für wenige Angestellte von PMCs zu bejahen sein. Erfasst werden könnten z.B. Sicherheitsdienstleistende für Diplomat:innen oder Gefägniswärter:innen. Aber selbst für diese eng gebundenen PMCs sind bisher keine Prozesse angestrebt worden. So waren an der Folter in Abu Ghraib auch *contractors* beteiligt, die jedoch nicht zur Rechenschaft gezogen wurden.[58] Die Nichtanwendung von Völkerstrafrecht gegen *contractors* zeigt, dass die Durchsetzung handlungsbegrenzender Normen gegenüber *contractors* keine Priorität der internationalen Gemeinschaft darstellt.[59]

4. Nationalstaatliche Regulierung

Militär- und Polizeiaufgaben, die Tätigkeitsfelder, die zumeist an PMCs ausgelagert werden, sind hochgradig regulierte Bereiche. Es fehlt jedoch an einer auch nur ansatzweise vergleichbaren Regulierung von PMCs.[60] Viele Staaten haben keine spezifisch auf PMCs zugeschnittene Gesetze,

---

55 ICTY, Prosecutor v. Ljube Boškoski and Johan Tarčulovski, ICTY-IT-04–82-T, 10.7.2008, Rz. 239; ICC Pre Trail Chamber, Prosecutor v. Germain Katanga and Mathieu Ngudjolo Chui, ICC-01/04–01/07, 30.9.2008, Rz. 382.

56 *Dörmann*, Max Planck Yearbook on of United Nations Vol. 7 (2003), 341 (358).

57 ICTY Appeals Chamber, Prosecutor v. Zejnil Delialic, Zdravko Mucić (aka "PAVO"), Hazim Delic and Esad Landžo (aka "ZENGA"), IT-96–21-, 20.2.2001, Rz. 325; Stella *Ageli*, Amsterdam Law Forum 2016, 28 (40 ff.).

58 *Fay*, AR 15-6 Investigation of the Abu Ghraib Detention Facility and 205th Military Intelligence Brigade 68-95 2004, S. 79, 136; *Spiegel*, No contractors yet face Abu Ghraib charges, Financial Times, https://www.ft.com/content/a5d112a4-082a-11da-97a6-00000e2511c8 (letzter Aufruf am 1.4.2021).

59 *Lehnardt*, EJIL 2008, 1015 (1034).

60 UN/A/HRC/WG.10/2/CRP.1, S. 10.

wie etwa der überwiegende Teil der europäischen Staaten.[61] Wenn gesonderte Bestimmungen bestehen, behandeln diese vornehmlich die Aufsicht von Sicherheitsgewerben im Inland und die damit verbundene Ein- und Ausfuhr von Waffen,[62] wie z.B. in Großbritannien,[63] Ungarn[64] und Frankreich.[65] Eine Ausnahme stellt die Schweiz dar, die auch kampfbezogene Handlungen im Ausland erfasst.[66]

Ein anderes Bild zeichnet sich für die Staaten in Zentral- und Südamerika sowie Asien.[67] Hier bestehen oft nationalstaatliche Spezialgesetze über PMCs. Das kann an anderen Erfahrungen mit Söldern:innen und privaten Militärunternehmen liegen, die diese Länder z.B. im Rahmen der Dekolonisation machen mussten. Jedoch wird auch hier zumeist nur der Einsatz im Inneren und nicht die Teilnahme an Feindseligkeiten im Ausland geregelt.[68] Selten wird ein Verbot von militärnahen Dienstleistungen ausgesprochen, wie etwa in Russland, welches erstaunlicherweise gleichwohl PMCs einsetzt.[69] In Südafrika unterliegen Dienstleistungen von PMCs einem Erlaubnisvorbehalt.[70]

Die USA regeln auf Bundesebene die Privatisierung von öffentlichen Aufgaben nur im Allgemeinen. Unterschiedliche Anweisungen und Verordnungen des *Department of Defense* und Militärhandbücher beziehen sich hingegen konkret auf PMCs. Zusammen ergibt sich eine Regulierungslage, die die Privatisierung von inhärent staatlichen Funktionen verbietet, gleichwohl aber die Durchführung einer Zusammenarbeit mit PMCs auch in solchen Situationen umschreibt. Es mangelt an Regelungen

---

61 https://www.ohchr.org/Documents/Issues/Mercenaries/WG/Legislation/EuropeStudy.doc (letzter Aufruf am 1.4.2021).

62 *Working Group on mercenaries*, Mercenarism and Private Military and Security Companies (2018), S. 19.

63 Private Security Industry Act 2001.

64 Act CXXXIII of 2005 on the rules of personal and property protection activities and private investigation; Act C of 2012 on the Criminal Code.

65 Loi n° 83-629 du 12.7.1983 réglementant les activités privées de surveillance, de gardiennage et de transport de fonds; Décret n° 2005-1122 du 6.9.2005; Décret n° 2009-137 du 9.2.2009; Décret n°2009-214 du 23.2.2009.

66 Loi fédérale sur les prestations de sécurité privées fournis à l'étranger du 27 septembre 2013.

67 UN/A/HRC/36/47, S. 3-15.

68 A/HRC/27/50, S. 6; UN/A/HRC/24/45, S. 6-7.

69 *Østensen/Bukkvoll*, Russian Use of Private Military and Security Companies – the implications for European and Norwegian Security, FFI-Report 18/01300, S. 3, 13; *Eklund/Elving*, Eurasia Daily Monitor Vol. 14, Issue 39.

70 Prohibition of Mercenary Activities and Regulation of Certain Activities in Country of Armed Conflict, Act No. 27 of 2006.

über die andauernde Kontrolle von Unternehmen und zur Durchsetzung von Strafansprüchen. Die Bestimmungen behandeln vermehrt Aspekte der Zusammenarbeit, arbeitsschutzrechtliche Inhalte, oder Verfügungen über das Tragen von Waffen und Uniformen.[71] Gewalt soll von *contractors* nur dann angewendet werden, wenn sie vernünftigerweise notwendig ist, um die konkreten Aufgaben ausführen zu können,[72] stellenweise wird auf eine rein defensive Gewaltanwendung hingewiesen. Die Vorgaben sind teilweise widersprüchlich und werden in der Praxis nicht angewendet: Offensivaktionen von PMCs sind bekannt und werden angefordert.[73] Die dünne und unstrukturierte Regulierungslage kann ihrer mangelnden Substanz nicht mit Durchsetzungskraft entgegentreten: Verurteilungen von *contractors* sind fast nicht anzutreffen. Außer im Falle von vier Angestellten der PMC *Blackwater* (jetzt *Academi*), die für das tödliche Massaker auf dem Nisourplatz verantwortlich waren, sind kaum Verurteilungen bekannt (die vier Verurteilten wurden zudem im Dezember 2020 begnadigt, was massive internationale Kritik auslöste).[74] Selbst wenn *contractors* in den USA zivilgerichtlich zur Verantwortung gezogen werden sollten, scheiterten die Verfahren an der Geltendmachung von Verfahrenshindernissen wie dem Verrat von Staatsgeheimnissen[75] oder der Berufung auf Immunitäten, wie sie staatliche Militärangehörige geltend machen können („combat immunity" und „battlefield preemption").[76]

Die Staaten, in denen PMCs eingesetzt werden, haben durch ihre territoriale Hoheit grundsätzlich die Aufgabe der Strafverfolgung und können auch zivilrechtlich regulieren. Allerdings sind diese Staaten gerade durch einen bewaffneten Konflikt institutionell und strukturell geschwächt; Strafverfolgung und auch Beweissicherung finden, wenn überhaupt, unter ungünstigen Bedingungen statt.[77] Erschwerend tritt hinzu, dass Entsende-

---

71 Siehe z.B. Code of Federal Regulations, 48 CFR § 252.225-7040.

72 Department of Defense Directive No. 5210.56 of 1 April 2011, enclosure 2, section 2 (a).

73 Siehe z.B. für den Irak: *Michaels*, Wash. U. L. Q 2004, 1001 (1033-1034).

74 US pardons for Blackwater guards an "affront to justice", https://www.ohchr.org/en/NewsEvents/Pages/DisplayNews.aspx?NewsID=26633&LangID=E (letzter Aufruf am 1.4.2021); *Falih Hassan/Jane Arraf*, Blackwater's Bullets Scarred Iraqis. Trump's Pardon Renewed the Pain, NYT v. 24.12.2020, S. A/1.

75 Mohamed v. Jeppesen Dataplan, 614 F.3d 1070 (9th Cir. 2010).

76 Saleh v. Titan Corp., 580 F.3d 1 (D.C. Cir. 2009); Al–quraishi v. L–3 Serv., 657 F.3d 201 (4th Cir. 2011); Al Shimari v. Caci International, Inc., 658 F.3d 413 (4th Cir. 2011).

77 UN/A/HRC/WG.10/2/CRP.1, S. 10-11.

staaten oft mit Aufnahmestaaten internationale Verträge abschließen, die eine Strafverfolgung von PMCs durch den Aufnahmestaat unterbinden,[78] was aber wiederum nicht von einer engeren Aufsicht durch den Entsendestaat aufgefangen wird.

Auch nationalstaatliche Regulierung von unterschiedlichen Zugriffspunkten heraus kann kein engmaschiges Netz erzeugen, welches zuverlässig zu einer Verantwortlichkeit von PMCs für schädigendes Verhalten führt. Strafrechtliche Sanktionierungen oder durchsetzbare Rechtsbehelfe für Opfer fehlen.[79] Durch die Regulierungslücken ist nicht nur das Recht auf Leben und körperliche Unversehrtheit, oder die Verbote von Freiheitsentzug und Folter beeinträchtigt, auch soziale und kulturelle Rechte sowie das Recht der Selbstbestimmung der Völker können durch den unregulierten Einsatz von PMCs bedroht sein.[80]

Auf internationaler Ebene erfasst das veraltete humanitäre Völkerrecht *contractors* nicht, auch die Grundsätze der Staatenverantwortlichkeit und das Völkerstrafrecht können eine Haftung für PMCs und ihre Angestellten nicht klar absichern. Die unzulängliche Regulierungslage wird durch ein Nichtinteresse an Verfolgung ergänzt.[81] Es besteht mithin tatsächlich eine gravierende Regulierungs- und Haftungslücke für PMCs, die Gewalt in bewaffneten Konflikten ausüben.

III. Selbstregulierung

In diese regulierungsarme Lage, in dieses „rechtliche Vakuum“,[82] tritt Selbstregulierung ein. Selbstregulierung ist ein regulatorischer Prozess, der auf Industrieebene vorgenommen wird und Regeln und Standards für eben diese Industrie setzt.[83] Im Gegensatz zu staatlicher Regulierung auf Gesetzesbasis, aus der Rechte und Pflichten folgen, stellt Selbstregulierung eine freiwillige Selbstverpflichtung, mithin *soft law* dar.[84] Selbstregu-

78 Siehe z.B. die gesetzliche Verankerung in 48 CFR § 252.225-7040, (b)(4).

79 *Working Group on mercenaries* (Fn. 62), S. 18.

80 *Ebd.*; International Federation for Human Rights, Open Letter: Supporting the Cambodian Land Grabbing Case, https://www.fidh.org/IMG/pdf/cambodia-open_letter_to_icc_pros-16_march_2021.docx.pdf (letzter Aufruf am 1.4.2021).

81 *Jung*, Harvard International Review 2016, 7 (8).

82 *Singer*, Colum. J. Transnat'l L. 2004, 521, (524, 541).

83 *Gunningham/Rees*, Law & Policy 1997, 363 (364 f.).

84 *DeWinter-Schmitt*, in: Torroja (Hrsg.), Public International Law and Human Rights Violations by Private Military and Security Companies, 2017, 105 (105 ff.).

lierung wird hauptsächlich für zwei Zwecke eingesetzt: Staatliche Regulierung soll abgewehrt und Reputationspflege betrieben werden.[85] Um ein Eingreifen durch staatliche Regulierung zu verhindern, muss das eigene System funktionieren. Mittel dafür sind Überwachung und Sanktionen. Daneben wird die Selbstregulierung mit anderen Vorteilen verknüpft, um die Anzahl der Teilnehmenden zu erhöhen.[86] Passend titelt die *International Code of Conduct Association*: *„Doing the right thing makes better business sense"*.[87] Der Inhalt der Selbstregulierung ist doppelt ausschlaggebend für deren Erfolg: Einerseits muss der Inhalt „erfüllbar" sein, ohne die Handlungsspielräume der PMCs zu sehr einzuschränken, damit viele Akteure mitmachen. Andererseits muss der Inhalt so signifikant sein, dass die Selbstverpflichtung als wirksam gelten kann und staatliche Regulierung weiter abgehalten wird.

Für PMCs bestehen viele unterschiedliche Selbstregulierungsregime.[88] Zwei prominente Mechanismen sind das *Montreux Document* und der *International Code of Conduct* (*ICoC*). Während das *Montreux Document* Staaten anspricht, wendet sich der *ICoC* direkt an PMCs.

1. *Montreux Document*

Das *Montreux-Document* wurde auf Initiative der Schweiz und des Internationalen Komitee des Roten Kreuzes von 18 Staaten, Branchenvertreter:innen und NGOs erarbeitet und ist mittlerweile von 57 Staaten, sowie der EU, OSZE und NATO gezeichnet.[89] Trotz der Mitwirkung und Unterzeichnung von Staaten ist es kein internationaler Vertrag. Die Selbstbezeichnung lautet „intergouvernementales Dokument".[90] Es werden keine neuen Normen erschaffen, weder Staaten noch PMCs werden Verpflichtungen auferlegt. Vielmehr gibt das Dokument diejenigen Regelungen aus dem Völkerrecht und dem Recht der Staatenverantwortlichkeit wieder, die

85 *Héritier/Eckert*, Journal of Public Policy 2008, 113 (116 ff.); *Mattli/Buthe*, World Politics 2003, 1 (18 ff.); *Jägers*, Human Rights & International Legal Discourse 2012, 56 (68).

86 *De Nevers*, Journal of Public Policy 2010, 219 (224).

87 *ICoCA*, https://icoca.ch/private-security-companies/ (letzter Aufruf am 1.4.2021).

88 *Quirico*, J. TRANSNAT'L L. & POL'Y. 2017/2018, 67 (72).

89 https://www.eda.admin.ch/eda/en/home/foreign-policy/international-law/international-humanitarian-law/private-military-security-companies/participating-states.html (letzter Aufruf am 1.4.2021).

90 https://www.mdforum.ch/pdf/The-Montreux-Document-in-a-Nutshell.pdf (letzter Aufruf am 1.4.2021).

sowieso für Staaten gelten, die PMCs einsetzen – und die, wie aufgezeigt, nicht zur Anwendung kommen. Es ist daher eine Zusammenstellung von Rechtstexten – etwa wie der Sartorius II. Es hat keinerlei eigenständige Rechtsqualität und bringt keinerlei Neuerungen.

Das *Montreux Document* stellt mithin nicht einmal eine freiwillige Selbstverpflichtung dar, da keine weitergehenden Verbindlichkeiten übernommen werden, als durch das internationale Recht schon bestehen. Es wird nur der Eindruck erweckt, etwas zur regulatorischen Fülle beizutragen; dabei werden die klassischen Zwecke von Selbstregulierung erfüllt: Durch ein Zugriffsrecht auf die Materie wird der Einfluss von staatlicher, d.h. in diesem Falle rechtsqualitativer Regulierung abgewendet. Gleichzeitig wird Reputationspflege betrieben. Besonders ist, dass hier Staaten das Instrument Selbstregulierung gewählt haben, obwohl ihnen kollektiv wie individuell harte Regulierungsformen zur Verfügung stünden. Sie nutzen bewusst *soft law*, um dem Eindruck eines regulatorischen Vakuums entgegenzutreten, den Einsatz von PMCs zu legitimieren und in Initiativen für rechtsqualitative Instrumente Gegenargumente vortragen zu können.[91]

2. *International Code of Conduct*

Der *ICoC* ist der komplementäre Teil zum *Montreux Document* und richtet sich direkt an PMCs. Die *International Code of Conduct Association* (*ICoCA*) ist für die Überwachung der Umsetzung des *ICoC*, die Lizensierung und für die Aufsicht über die partizipierenden Unternehmen zuständig. Die *ICoCA* besteht aus Mitgliedern, die den drei Säulen Staaten, PMCs und zivilgesellschaftliche Organisationen zugeordnet werden können, Art. 3.1 Articles of Association (AoA). Derzeit besteht das *Board of Directors* aus zwei Staatenvertreter:innen und jeweils vier Repräsentant:innen der PMC-Branche und der Zivilgesellschaft.

Der Code will gemeinsame Standards setzen, sowie Aufsicht und Kontrolle etablieren (§ 5). Gleichzeitig besitzt der *ICoC* die gleiche Rechtsqualität wie das *Montreux Document* – nämlich keine – da er ausdrücklich keine eigenen rechtlichen Verpflichtungen oder Verbindlichkeiten kreiert (§ 14).[92] Dazu passt, dass Unternehmen, die dem Code beitreten, das *Mon-*

---

91 *Saner*, Private Military and Security Companies, CCDP Working Paper (2015), S. 14.

92 "This Code complements and does not replace the control exercised by Competent Authorities, and does not limit or alter applicable international law or relevant national law. The Code itself creates no legal obligations and no legal

treux Document und die *UN Principles on Business and Human Rights*[93] befürworten müssen (§ 3). Die Anerkennung bestehender international-rechtlicher Verpflichtungen von Staaten durch private Unternehmen stellt aber natürlich nicht mehr als eine nichtssagende Floskel dar.

Einzelne Handlungsanweisungen werden in § 22 und §§ 28-43 umschrieben. Dabei hat sich der Code in der Auswahl der aufgeführten Verbrechen am Römischen Statut orientiert. Auch für die einzelnen Tatbestände gilt, dass keine Konsequenzen mit ihnen verbunden sind: Eine über bestehende Verpflichtungen herausgehende Wirkung kann der Selbstverpflichtung nicht zugesprochen werden, siehe § 14. Ein echter Mehrwert ergibt sich daher nicht.

Durch Kontrollmechanismen soll die Einhaltung des ICoC überwacht werden. Angedacht sind dafür Dialoge, Selbstauskünfte, *media-monitoring* und Begehungen vor Ort, Art. 12 AoA. Obwohl die *ICoCA* und der Code seit 2010 bestehen, sind zur Ausführung benötigte Institutionen und Prozesse noch nicht vollständig aufgebaut. Es besteht auch die Möglichkeit, bei der *ICoCA* Beschwerden einzureichen.[94] Seit 2015 wurden 33 Beschwerden bei etwa 900 überwachten Unternehmen erfasst. Bei keiner Beschwerde wurde eine Code-Verletzung festgestellt. Diesen Zahlen sollte mit äußerster Skepsis begegnet werden.

Unklar bleiben auch die Rechtsfolgen eines Verstoßes. Der Code wirkt, neben seiner mangelnden Rechtsqualität, nur inter-partes zwischen dem Unternehmen und dem anstellenden Staat. Welche Wiedergutmachungsmechanismen können eingesetzt werden? Wer ist überhaupt der/die Betroffene? Individuen, die Gewalt erfahren haben oder Vertragspartner:innen? Ob und wie daraus eine Art Rechtsbehelf für Betroffene werden soll, ist vollkommen unklar. Ob eine Aufarbeitung oder Kompensation nach einer Beschwerde erfolgt, wird nicht konkretisiert. Da es nach eigener Anamnese keine Verstöße gibt, hat die Erarbeitung dieser Prozesse wohl keine Priorität. Weniger als 50% der Verträge der USA mit PMCs halten überhaupt einen Kontrollmechanismus zur Einhaltung der Vertragsbedingungen (zu denen dann der Code gehören müsste) vor.[95]

---

liabilities on the Signatory Companies, beyond those which already exist under national or international law. Nothing in this Code shall be interpreted as limiting or prejudicing in any way existing or developing rules of international law.", §14 ICoC.

93 A/HRC/17/31.

94 https://icoca.ch/registering-a-complaint/ (letzter Aufruf am 1.4.2021).

95 *Isenberg*, Private Military Contractors and U.S. Grand Strategy, 2009, S. 23.

Auch als Grundlage von Verfahren vor staatlichen Gerichten zwischen *contractors* und Betroffenen eignet sich der Code mangels Rechtsqualität nicht. Der Code ist damit für Betroffene von Schädigungshandlungen nutzlos. Auch präventiv kann der Code so nicht wirken.

Gleichwohl wird die „Zertifizierung“ durch den Code von den Unternehmen prominent eingesetzt und soll den Anschein von besonderer Güte erwecken. Reputationspflege wird vollumfänglich betrieben und durch den Code staatliche Rechtssetzung abgewehrt. Besonders wirkungsvoll sind die beiden Zwecke der Selbstregulierung dadurch umgesetzt, dass das *soft law* durch staatliche Beteiligung am Entstehungsprozess zusätzliche Glaubwürdigkeit und damit Wirkungsmacht erhält.

Das *Montreux Document* und der *International Code of Condunct* sind damit Beispiele von Selbstregulierung, die ihre Zwecke aus Unternehmenssicht erfüllen, aber keine Änderung der Rechtslage um PMCs ergeben.[96]

IV. Machtverschiebungen

Private Militärunternehmen agieren in Kriegs- und Nachkriegsgebieten, wenden Gewalt an und üben dabei zum Teil Staatsgewalt aus. Gleichwohl werden sie von den bestehenden Regelungen kaum erfasst, zumindest werden diese nicht auf sie angewendet. Die Selbstregulierung der Branche ist nicht geeignet, das transnationale Geschäft in einer globalisierten Welt regulatorisch einzufassen oder den Zugang zu staatlichen Gerichten zu ermöglichen.[97] Das macht den Einsatz von PMCs für Staaten attraktiv, da sie PMCs anders als reguläre Streitkräfte einsetzen können. Gleichzeitig entstehen dadurch Machtverschiebungen zwischen Staaten, PMCs und Betroffenen.

1. Verhältnis PMC – Betroffene

Die erste Machtverschiebung ergibt sich im Verhältnis von PMCs und den von ihrer Gewaltausübung Betroffenen zugunsten der Unternehmen. Durch den Rückzug der Staaten aus ihrer gesetzgeberischen Verantwortung und der damit einhergehenden Abhängigkeit von Selbstregulierung

---

96 Ähnlich verhält es sich mit anderen, weniger prominenten Selbstverpflichtungsinstrumenten, siehe *De Nevers*, Journal of Public Policy 2010, 219.

97 UN/A/HRC/WG.10/2/CRP.1, S. 10.

haben PMCs zweifach Einwirkungsmöglichkeiten erlangt. Erstens haben sie die Möglichkeit, das Recht schaffen zu können, welches für sie gelten soll, indem sie Selbstregulierung vornehmen. Zweitens können sie durch das Schaffen von Selbstverpflichtungen auf die Erhaltung des unregulierten *status quo* Einfluss nehmen. Betroffene von Schädigungshandlungen hingegen sind auf durchsetzbare Normen angewiesen, auf die sie nur sehr mittelbar als Bürger:innen eines Staates Einfluss nehmen können. Obwohl sich zwei Private gegenüberstehen, können die Unternehmen staatsähnliche Macht in der Zweierbeziehung ausüben.

Die Einseitigkeit der Situation wird durch den prekären Zugang zu gerichtlicher Kontrolle verstärkt. Der Handlungsspielraum von PMCs erweitert sich daher durch Selbstregulierung über die (vormals) gesetzlichen Grenzen hinweg, da sie keine individuelle Verantwortlichkeit zu fürchten brauchen. Vulnerable Betroffene von Gewalt sind daher durch Selbstregulierung nicht bessergestellt. Vielmehr findet durch die Verdrängung von staatlicher Regulierung eine Schlechterstellung statt. Irgendeine Regulierung ist (in diesem Fall) nicht besser, als gar keine Regulierung.

2. *Verhältnis Staat – PMC*

Während Staaten als primäre Subjekte des internationalen Rechts eigentlich nicht nur ein Erstzugriffsrecht, sondern auch ein Alleinzugriffsrecht auf Gesetzgebung innehaben, geben sie mit der Freigabe und Unterstützung der Selbstregulierung diese Position ohne Not auf. Wird sonst eine vormals staatlich ausgeführte Materie an die Privatwirtschaft ausgelagert, erfolgt das nur mit gleichzeitigem Auf- und Ausbau von Regulierung und Kontrolle. Dass das im Bereich der Ausübung von Gewalt, ja sogar Staatsgewalt, nicht nur versäumt, sondern bewusst nicht durchgeführt wurde, führt zu einer Erstarkung der Machtposition von PMCs gegenüber den Staaten. Es wird schwer, gegen das Argument der bestehenden (und nach eigenen Angaben funktionierenden) Selbstregulierung eine harte Regulierung zu etablieren. Je länger dieser Zustand andauert, desto mehr wird er sich verfestigen. PMCs haben sich damit im Schatten des Fokus auf die Anti-Söldner:innenkonvention etablieren können.[98]

Solange die strategischen Gründe für den Einsatz von PMCs weiterbestehen, ist von einer weiteren Nichtregulierung auszugehen. Die strategischen Gründe bestehen aber fort, da es keine Regulierung gibt. Damit

98 UN/S/PV.8456, S. 5, 10.

dreht sich die Regulierungsfrage im Kreis. Profitieren werden davon weiterhin die PMCs, die ihre Dienstleistungen frei anbieten können und Strafverfolgung und Haftung nicht ernsthaft befürchten müssen.

Wenn bestimmte militärische Dienstleistungen ausgegliedert werden, erlangen PMCs auch die Kontrolle über die Implementation der Dienstleistung. Sie gewinnen damit einen Erstzugriff auf die Ausübung von physischer Gewalt und Entscheidungsgewalt über die Ausübung, ein vormals den Staaten vorbehaltenes Privileg. Verstärkt wird das Problem, da einige Leistungen komplett an PMCs ausgelagert werden, sodass sie (zumindest kurzfristig) nicht mehr von Staaten allein ausgeübt werden können.[99] Die Militärunternehmen machen sich so als ihre eigenen Gesetzgeber und Ausführende unersetzlich. Durch die Vergabe von Verträgen ohne Ausschreibungen und ohne Kontrolle der Einhaltung der Vertragsbedingungen können sich die erhofften Kostenvorteile auch nicht ergeben.[100] Auch wenn die Unternehmen im Sinne und Auftrag von Staaten handeln, können durch die angesprochenen Umgehungsstrategien demokratische Beteiligung und Kontrolle ausgehebelt werden. Die eigentlich dominante Position der Staaten als Gesetz- und Auftraggeber wird durch die selbstverschuldete Lage deutlich geschwächt.

3. *Verhältnis Staat – Betroffene*

Im Verhältnis zwischen einsetzenden Staaten und Betroffenen muss festgestellt werden, dass eine staatliche „Flucht ins Private“ gelingt. Würden anstatt PMCs Soldat:innen handeln, wären die einsetzenden Staaten über die Staatenverantwortlichkeit haftbar. Diese ist für PMCs aber schwer herzustellen, da eine Zurechnung des privaten Verhaltens trotz der Beauftragung schwer ist und wohl nur eine potentielle *due diligence*-Verpflichtung in Betracht kommt. Besonders prekär wird die Situation durch Vereinbarungen zwischen Entsende- und Aufnahmestaaten, dass letztere PMCs nicht strafrechtlich verfolgen werden. Staaten können also militärische Dienstleistungen outsourcen – zu Lasten der von der Gewalt Betroffenen.

Private Militärunternehmen agieren im Bereich des staatlichen Gewaltmonopols. Dabei werden sie als legitime Akteure unter der Prämisse wahrgenommen, dass sie das Gewaltmonopol achten und stärken.[101] Diese Prä-

---

99 *Leander* (Fn. 17), S. 117.

100 *Isenberg*, U.S. Grand Strategy (Fn. 95), S. 23-27; siehe oben, S. 353f.

101 *Leander*, Security Dialogue 2010, 467 (481).

misse ist aber nicht (mehr) zu halten. Durch die großen Regulierungslücken, die damit einhergehende Möglichkeit der Selbstregulierung und der daraus resultierenden faktischen Straffreiheit konnten PMCs ihre begrenzte Kontrolle über die Ausübung von physischer Gewalt zu einer Entscheidungsgewalt ausbauen, die eine genaue Trennschärfe zu Kompetenzen im Bereich der Staatsgewalt vermissen lässt. Das stellt demokratische Prozesse, das Gewaltmonopol und den Schutz von Opfern vor teils massive Probleme.

V. Ausblick

Der schlichte Mangel an anwendbarem und handlungsbegrenzenden Recht und das Desinteresse an der Verfolgung des wenigen, welches anwendbar wäre, bedingen gemeinsam den derzeitigen Status von PMCs. Auch Selbstregulierung kann keine Abhilfe schaffen. Daraus ergeben sich massive Konsequenzen für den Menschenrechtsschutz Betroffener und das Potential zu dauerhaften Verschiebungen der Machtstrukturen zwischen privaten Unternehmen und Staaten im Bereich des Gewaltmonopols.

Diese Probleme sind nicht einfach zu lösen und scheinen perpetuiert. Rufe nach internationaler Regulierung wurden bisher nicht erhört, aus den dargelegten Gründen ist mit einer baldigen Initiative nicht zu rechnen. Aus dem Arsenal des internationalen Rechts könnten die *UN Principles on Business and Human Rights* eigenständig angewendet werden, stellen jedoch für PMCs auch kein *hard law* dar. Auch die bestehenden Initiativen zum Umgang von bewaffneten nichtstaatlichen Akteuren könnten Ansatzpunkte zur Behandlung von PMCs bieten.[102] Eine Stärkung der lokal zuständigen Rechtsverfolgungsbehörden durch nationale Gesetzgebung oder (finanziellen) Mitteln, wäre eine Möglichkeit, die keines internationalen Konsens bedarf. Zudem kann an eine stärkere Einwirkung auf die Selbstregulierung durch die Zivilgesellschaft und Staaten hingewirkt werden, sodass die Selbstregulierung kein zahnloser Tiger bleibt. Das würde aber gleichzeitig die Selbstregulierung erstarken lassen, was einer echten gesetzlichen Regulierung abkömmlich wäre.

---

102 Statt vieler: Joint Statement by independent United Nations human rights experts on human rights responsibilities of armed non-State actors, https://www.ohchr.org/EN/NewsEvents/Pages/DisplayNews.aspx?NewsID=26797&LangID=E (letzter Aufruf am 1.4.2021).

Private Interessen im Gesetzgebungsprozess

Das freie Mandat (Art. 38 Abs. 1 S. 2 GG) – ein verfassungsrechtliches Fossil? Von der unzureichenden Berücksichtigung des parlamentarischen Lobbyismus in der zeitgenössischen deutschen Verfassungslehre

Odile Ammann[*]

Abstract: *Vor bald hundert Jahren bezeichnete der Politikwissenschaftler Fritz Morstein Marx das freie Mandat als «verfassungsrechtliches Fossil». Grund dafür war die Macht, welche die Parteien auf die Abgeordneten ausübten. Der Aufsatz geht der Frage nach, wie diese Einschätzung heute zu bewerten ist. Er argumentiert, dass das heutzutage vorherrschende Verständnis des freien Mandats (Art. 38 Abs. 1 S. 2 GG) weder zeitgemäss noch demokratisch ist. Ein besonderes Augenmerk wird dabei dem parlamentarischen Lobbyismus gewidmet, der in den vergangenen Jahrzehnten an Bedeutung gewonnen hat und die Abgeordneten massgeblich beeinflusst. Der Aufsatz beleuchtet das staatsphilosophische Fundament des freien Mandats und plädiert für ein revidiertes Verständnis dieser Norm, das dieser gewandelten politischen Realität Rechnung trägt. Ferner betont er die Notwendigkeit institutioneller Begleitmassnahmen, welche die Unabhängigkeit der Abgeordneten und die Freiheit der parlamentarischen Deliberation schützen.*

I. Das freie Mandat im Zeitalter des Lobbyismus

Vor bald einem Jahrhundert bezeichnete der Politikwissenschaftler *Fritz Morstein Marx* das freie Mandat als «verfassungsrechtliches Fossil».[1] Wie ist diese Einschätzung heute zu bewerten?

Dieser Aufsatz pflichtet *Morstein Marx* bei und argumentiert, dass das heutzutage vorherrschende Verständnis des freien Mandats gemäss Art. 38

* Die Autorin dankt den Teilnehmenden der 61. Jungen Tagung Öffentliches Recht sowie Damian Cueni und Raffaela Kunz für ihre hilfreichen Fragen und Anmerkungen. Ein besonderer Dank gebührt Vincent Barras, Jan Keesen, Stefan Schlegel, Kathrin Strauß und den Forschenden des Liechtenstein-Instituts für wertvolle Anregungen.

1 *Morstein Marx*, AöR 1926, 430 (443).

Abs. 1 S. 2 des Deutschen Grundgesetzes (GG)[2] weder zeitgemäss noch demokratisch ist. Besonders sichtbar wird dies in Bezug auf den parlamentarischen Lobbyismus. Dieser wird in der deutschen Verfassungslehre vernachlässigt, was den Eindruck einer Versteinerung des deutschen Verfassungsrechts verstärkt.

Statt sich ausschliesslich mit der positivrechtlichen, dogmatischen Tragweite des freien Mandats auseinanderzusetzen, verfolgt der vorliegende Beitrag eine normative, staatsphilosophische und rechtshistorische Perspektive. Er beleuchtet, welche Grundgedanken zum Verbot des imperativen Mandats geführt haben, und überprüft, ob das aktuelle Verständnis des freien Mandats dem demokratischen Anspruch dieser Norm gerecht wird. Entsprechend wird vorwiegend auf die institutionellen Implikationen des freien Mandats eingegangen und weniger auf die Rechte und Pflichten, welche Lehre und Rechtsprechung daraus ableiten.[3]

Der Beitrag konzentriert sich auf das Verfassungsrecht. Nicht eingehend thematisiert werden Konkretisierungen des freien Mandats auf anderen Normstufen, wie etwa die einschlägigen Bestimmungen des Abgeordnetengesetzes,[4] die «Verhaltensregeln für Mitglieder des Bundestages»[5], die vom Bundestagspräsidium hierzu erlassenen Ausführungsbestimmungen[6] sowie die Normen zur «Registrierung von Verbänden und deren Vertretern».[7] Auch das parlamentarische Gewohnheitsrecht, das zu den Quellen des Parlamentsrechts gehört,[8] steht nicht im Zentrum dieser Analyse.

Diese Akzentsetzung bedeutet keineswegs, dass die soeben genannten Konkretisierungen des freien Mandats unwichtig oder einwandfrei sind. Oft wird darauf hingewiesen, dass Deutschland als erster Staat in der

2 Gemäss dieser Bestimmung sind die Mitglieder des Deutschen Bundestages «Vertreter des ganzen Volkes, an Aufträge und Weisungen nicht gebunden und nur ihrem Gewissen unterworfen».

3 Siehe etwa *Butzer*, in: Epping/Hillgruber (Hrsg.), GG, 45. Aufl., 2020, Art. 38 Rn. 108 ff.

4 Gesetz über die Rechtsverhältnisse der Mitglieder des Deutschen Bundestages (AbgG). Siehe insbesondere den 10. Titel des AbgG zur «Unabhängigkeit des Abgeordneten» (§ 44a ff. AbgG).

5 Geschäftsordnung des Deutschen Bundestages (GO-BT), Anlage 1.

6 Bekanntmachung der Ausführungsbestimmungen zu den Verhaltensregeln für Mitglieder des Deutschen Bundestages, 18.6.2013.

7 GO-BT, Anlage 2.

8 *Müller*, in: von Mangoldt/Klein/Starck (Hrsg.), GG, 7. Aufl., 2018, Art. 38 Rn. 43.

EU Lobbytätigkeiten reguliert habe.[9] 1972 markiert das Geburtsjahr der öffentlich einsehbaren Liste der «Verbände, die Interessen gegenüber dem Bundestag oder der Bundesregierung vertreten».[10] Ausserhalb der EU haben nur die USA eine ältere Lobbyregulierung als Deutschland.[11]

Seit den 1970er Jahren ist jedoch keine Anpassung der Vorschrift zur Registrierung von Interessengruppen mehr erfolgt, weshalb diese Regelung von der Staatengruppe gegen Korruption (GRECO) als überholt betrachtet wurde.[12] Im März 2021, kurz vor der Veröffentlichung dieses Beitrags, einigten sich die Abgeordneten des Bundestages im Zuge der COVID-19-Maskenaffäre zwar endlich auf ein verbindliches Lobbyregister, das die soeben genannte Liste der Verbände ersetzen und auch den Lobbyismus auf der Ebene der Verwaltung umfassen soll.[13] Mehrere NGOs halten das geplante Register jedoch für unzureichend, weil dieses Schlupflöcher beinhalte und keine umfassende Transparenz schaffe.[14] Es bleibt abzuwarten, wie die GRECO das neue Lobbyregister bewerten wird.

Die relativ frühe Befassung des deutschen Bundesgesetzgebers mit Lobbytätigkeiten sollte jedenfalls nicht darüber hinwegtäuschen, dass die GRECO in der Vergangenheit in verschiedenen Bereichen Verbesserungspotenzial erkannt hat.[15] Deutschland hat die Empfehlungen der GRECO bis heute nur teilweise umgesetzt, und die Maskenaffäre hat das Bestehen gewichtiger Schwachstellen bestätigt, weshalb die deutsche Regulierung des parlamentarischen Lobbyismus auch künftig aufmerksam zu verfolgen sein wird.

Dieser Aufsatz ist wie folgt gegliedert. Zunächst wird eine Begriffsklärung vorgenommen (II.). Anschliessend wird die Frage aufgeworfen, ob das durch Art. 38 Abs. 1 S. 2 GG garantierte freie Mandat tatsächlich

---

9 *Wissenschaftliche Dienste des Deutschen Bundestages*, Regelung von Interessenvertretung («Lobbying») in Deutschland, im Ausland und nach internationalen Standards, 2017, S. 1 (8).

10 Siehe Anlage 2 GO-BT, Ziff. 1.

11 *Wissenschaftliche Dienste* (Fn. 9), S. 8.

12 *GRECO*, Fourth Evaluation Round: Corruption Prevention in Respect of Members of Parliament, Judges and Prosecutors, Evaluation Report: Germany, 10.10.2014, GRECO Eval IV Rep (2014) 1E, Rn. 32.

13 *Die Zeit*, Bundestag führt Lobbyregister ein, 25.3.2021. Zur Maskenaffäre siehe *Klein*, Politische Korruption – Nicht nur ein strafrechtlicher Tabubruch!, 2021, http://www.juwiss.de/30-2021 (letzter Aufruf am 30. April 2021).

14 *Transparency International Deutschland*, Einigung beim Lobbyregister – Transparenz geht anders, 3.3.2021; *abgeordnetenwatch.de*, Augenwischerei statt Transparenz – Update, 23.3.2021.

15 *GRECO* (Fn. 12), Rn. 252, und die seither veröffentlichten Konformitätsberichte.

ein «verfassungsrechtliches Fossil» darstellt (III.). Ausgehend von der Feststellung, dass dessen zeitgenössische Verständnis in mehrfacher Hinsicht problematisch ist, wird für die Notwendigkeit eines demokratischen und zeitgemässen Verständnisses des freien Mandats plädiert (IV.). Abschliessend wird auf die institutionellen Implikationen dieses revidierten Verständnisses eingegangen (V.)

II. Begriffsklärung

Zunächst sind zwei Begriffe zu erläutern, die im vorliegenden Beitrag eine prominente Rolle spielen: einerseits das freie Mandat (1.), andererseits der Begriff des Lobbyismus (2.).

1. Das freie Mandat

Das freie Mandat – auch Instruktionsverbot,[16] Prinzip der auftragsfreien Repräsentation[17] oder ungebundenes Mandat genannt – sieht vor, dass die Abgeordneten an keinerlei Weisungen gebunden sind. Es ist in den meisten europäischen Verfassungen verankert, weshalb es in der Lehre als «gemeineuropäisches Rechtsgut» bezeichnet wird.[18] Der Gegenbegriff zum freien Mandat ist das imperative Mandat; bisweilen wird auch der Ausdruck des gebundenen Mandats verwendet. Einer solchen Weisungsgebundenheit unterliegen etwa die Mitglieder des deutschen Bundesrats.

Die deutsche Formulierung ist im europäischen Vergleich besonders ausführlich. Gemäss Art. 38 Abs. 1 S. 2 GG sind die Mitglieder des Bundestages «Vertreter des ganzen Volkes, an Aufträge und Weisungen nicht gebunden und nur ihrem Gewissen unterworfen». Das freie Mandat ist im Übrigen auch in allen Verfassungen der deutschen Länder festgehalten.[19]

In anderen Staaten fällt der Wortlaut der Garantie des freien Mandats wesentlich knapper aus. Die schweizerische Bundesverfassung (BV) erwähnt nur, dass «[d]ie Mitglieder der Bundesversammlung ohne Weisungen [stimmen]» (Art. 161 Abs. 1 BV). Auch Art. 27 der Verfassung Frank-

16 Art. 161 der Bundesverfassung der Schweizerischen Eidgenossenschaft vom 18.4.1999 (SR 101).

17 *Feinen*, Der Abgeordnete im Zugriff privater Interessen, 2018, S. 23.

18 *Morlok*, in: Dreier (Hrsg.), GG, Bd. II, Art. 20-82, 3. Aufl., 2015, Art. 38 Rn. 17.

19 *Klein*, in: Maunz/Dürig (Hrsg.), GG, Bd. IV, Art. 23-53a, 92. Aufl., 2020, Art. 38 Rn. 24.

reichs hält lediglich fest, dass «[j]edes imperative Mandat (...) nichtig [ist]».

2. *Lobbyismus*

Lobbyismus ist der Versuch, die Entscheide derjenigen zu beeinflussen, die in einem öffentlichen Entscheidungsprozess rechtliche Autorität innehaben. Keine Lobbyisten sind Bürgerinnen und Bürger, die in ihrem eigenen Namen handeln[20] (wobei Instruktionen einzelner Wählerinnen und Wähler gegen das freie Mandat verstossen, siehe hinten, IV.1.). Diese Ausnahme ist berechtigt, weil das Volk der politische Souverän ist, das Parlament wählt und von diesem repräsentiert wird.[21] Da Wahlen nur in grösseren zeitlichen Abständen stattfinden, ist ein permanenter Dialog zwischen Volk und Abgeordneten nötig, der die Responsivität der Volksvertreterinnen und -vertreter und die demokratische Legitimation der Gesetzgebung sicherstellt.[22] Wichtig ist zu diesem Zweck die Transparenz der gesetzgeberischen Tätigkeit, die es den Bürgerinnen und Bürgern erst ermöglicht, ihre Repräsentanten zur Rechenschaft zu ziehen.[23] Die Wählerschaft muss insbesondere in der Lage sein, allfällige Interessenbindungen der Abgeordneten zu erkennen. Die Transparenz solcher Bindungen erlaubt es ihr, diese Interessen einzuordnen und zu beurteilen, ob sich die Volksvertreter tatsächlich an den Interessen des Volkes orientieren.

Da sich der vorliegende Beitrag mit Art. 38 Abs. 1 S. 2 GG und der parlamentarischen Phase des Gesetzgebungsverfahrens auseinandersetzt, konzentriert er sich naturgemäss auf den Bundestag[24] und somit auf den parlamentarischen Lobbyismus. Natürlich zielen Lobbytätigkeiten nicht nur

---

20 So auch *Milbrath*, The Washington Lobbyists, 1963, S. 8.

21 Art. 20 Abs. 2 GG. Siehe hierzu *Hartmann*, AöR 2009, 1 (9). Dies trifft auch auf das Vereinigte Königreich zu, wo die stark ausgeprägte rechtliche parlamentarische Souveränität die politische Volkssouveränität nicht zu verdrängen vermag: *White*, Parliamentary Affairs 2020, 1.

22 *Müller* (Fn. 8), Art. 38 Rn. 1, 19; *Magiera*, in: Sachs (Hrsg.), GG, 8. Aufl., 2018, Art. 38 Rn. 26.

23 So auch *Müller*, der auf das Prinzip der Öffentlichkeit des Parlaments und Art. 42 GG verweist: *Müller* (Fn. 8), Art. 38 Rn. 19. Siehe weiter *Morlok* (Fn. 18), Art. 38 Rn. 34.

24 Das freie Mandat betrifft in Deutschland nur die Mitglieder des Bundestages. Nicht davon erfasst ist der Bundesrat, da dessen Mitglieder weisungsgebunden sind. Der Bundesrat hat nicht den Status einer zweiten Kammer, ausser in Bezug auf das Recht der EU, und seine Mitglieder werden nicht vom Volk gewählt. Ent-

auf das Parlament ab. Ähnliche (wenn auch nicht identische) Fragen stellen sich ebenfalls bezüglich der Exekutive.[25] Entsprechend wird das – im Zeitpunkt der Fertigstellung des vorliegenden Beitrags soeben verabschiedete – Lobbyregister nicht nur den Bundestag, sondern auch die Bundesregierung betreffen.

Das freie Mandat wirkt sich nicht nur auf das Verhältnis zwischen Abgeordneten und Lobbygruppen aus. Betroffen ist auch die Relation der Abgeordneten zu ihrer Wählerschaft, zu ihrer Partei und zu ihrer Fraktion, sowie jene zwischen Partei und Fraktion.[26] Hingegen hat sich die Verfassungslehre zum freien Mandat kaum mit der Frage des Lobbyismus befasst, weshalb im Folgenden näher darauf eingegangen wird.

III. Problemstellung: das freie Mandat als «verfassungsrechtliches Fossil»?

Dieser Abschnitt beginnt mit einem Überblick über die in der Verfassungslehre vielfach geübte Kritik an der Macht von Parteien und Fraktionen über die Abgeordneten (1.). Zweitens wird auf die liberale Repräsentationstheorie eingegangen, die das staatsphilosophische Fundament des freien Mandats bildet (2.). Schliesslich wird gezeigt, dass *Morstein Marx'* Aussage mehr denn je zutrifft, insbesondere angesichts der Abhängigkeit der Abgeordneten von Interessengruppen (3.).

1. Frühe Kritik an der Macht von Parteien und Fraktionen

Als *Fritz Morstein Marx'* Aufsatz 1929 erschien, waren Lobbytätigkeiten nicht annähernd so verbreitet und professionalisiert wie heute. Damals war die Weimarer Reichsverfassung,[27] die den Beginn der parlamentarischen Demokratie markierte, noch in Kraft. Die Ausführungen des Poli-

---

sprechend handelt es sich in diesen beiden Fällen um unterschiedlich gelagerte Repräsentationsverhältnisse.

25 Siehe etwa *Michaelis*, Regulierung des Lobbyismus, 2018, S. 44 f.; *GRECO*, Fifth Evaluation Round, Preventing Corruption and Promoting Integrity in Central Governments (Top Executive Functions) and Law Enforcement Agencies, Evaluation Report: Germany, 29.10.2020, GRECO Eval5Rep(2019)6, Rn. 61-63.

26 *Butzer* (Fn. 3), Art. 38 Rn. 95. Zu letzterem Aspekt siehe *ibid.* Rn. 108 ff., 119 ff.; *Jarass*, in: Jarass/Pieroth (Hrsg.), GG, 16. Aufl., 2020, Art. 38 Rn. 41.

27 Der Wortlaut von Art. 21 der Weimarer Reichsverfassung (WRV) ist mit jenem von Art. 38 Abs. 1 S. 2 GG nahezu identisch.

tikwissenschaftlers bezogen sich ausschliesslich auf den Druck, den die Parteien auf die Abgeordneten ausübten. Insbesondere kam es regelmässig vor, dass Abgeordnete von ihrer Partei dazu genötigt wurden, ihr Mandat niederzulegen. Solche sog. Blankoverzichtserklärungen und Rücktrittsreverse werden heutzutage als verfassungswidrig erachtet.[28] *Morstein Marx* kritisierte diese Praxis scharf, weil sie die Unabhängigkeit der Abgeordneten massgeblich einschränke und das freie Mandat gefährde. Wie bereits im Titel seines Aufsatzes («Rechtswirklichkeit und freies Mandat») zum Ausdruck kommt, beanstandete er, dass die verfassungsrechtliche Doktrin des freien Mandats die Rechtswirklichkeit zu wenig berücksichtige.

Die Kritik an der Macht der Parteien verstummte auch in späteren Jahren nicht.[29] In den 1930er Jahren wurde der Reichstag bekanntlich zu einem «politisch bedeutungslosen blossen Akklamationsorgan».[30] Später, in den 1950er und frühen 1960er Jahren, prägte *Gerhard Leibholz'* Parteienstaatslehre die verfassungsrechtliche Doktrin und Rechtsprechung.[31] *Leibholz* kritisierte die Verzerrung des Repräsentationsverhältnisses durch die Macht der Parteien und die dadurch bewirkte Abkehr vom liberalen Repräsentationsverständnis (siehe sogleich, 2.).[32] In den 1960er Jahren stellte *Christoph Müller* fest, dass angesichts der Bindungen der Abgeordneten zu Parteien und Fraktionen «kaum eine Vorschrift des Bonner Grundgesetzes (...) in einem auffälligeren Missverhältnis zur Welt der Tatsachen zu stehen» scheine als Art. 38 Abs. 1 S. 2 GG.[33] Auch in der zeitgenössischen verfassungsrechtlichen Lehre zum freien Mandat wird immer wieder beobachtet, dass Norm und Realität auseinanderklaffen. Diese Feststellung einer Diskrepanz zwischen der verfassungsrechtlichen Zielsetzung des freien Mandats und der politischen Praxis ist auch in Schriften zum freien Mandat zu verzeichnen, die sich auf andere Staaten beziehen.[34]

---

28 *Butzer* (Fn. 3), Art. 38 Rn. 106; *Jarass* (Fn. 26), Art. 38 Rn. 51; *Müller* (Fn. 8), Art. 38 Rn. 63; *Magiera* (Fn. 22), Art. 38 Rn. 48.

29 Siehe etwa die Hinweise in *Müller*, Das imperative und freie Mandat, 1966, S. 7 ff.

30 *Müller* (Fn. 8), Art. 38 Rn. 9. Die in Art. 21 WRV verankerte Institution des freien Mandats fand später in Art. 38 Abs. 1 S. 2 GG Eingang.

31 Siehe hierzu *Hecker*, STAAT 1995, 287. *Leibholz* war von 1951 bis 1971 Bundesverfassungsrichter.

32 Siehe insbesondere *Leibholz*, Das Wesen der Repräsentation, 3. Aufl., 1966.

33 *Müller*, Mandat (Fn. 29), S. 1.

34 Siehe etwa (in Bezug auf Fraktionen und Parteien) *Bußjäger*, in: Liechtenstein-Institut (Hrsg.), LV, 2016, Art. 57 Rn. 17. Siehe auch (bezüglich des schweizerischen Milizparlaments) *Tschannen*, Staatsrecht der Schweizerischen Eidgenossenschaft, 4. Aufl., 2016, S. 455 f., Rn. 3.

Zwar wird erkannt, dass die Macht der Parteien und Fraktionen die Tragweite des freien Mandats relativiert. Die Bindungen zu den Parteien gelten jedoch in Anbetracht von Art. 21 GG als «verfassungsrechtlich erlaubt und gewollt».[35] Der Auftrag der Parteien führt dazu, dass die Tragweite des freien Mandats relativiert werden muss. *Hermann Butzer* betont, dass Art. 38 Abs. 1 S. 2 GG zwar die Unabhängigkeit der Abgeordneten von den Parteien und Fraktionen zu sichern bezwecke, wobei «der Verfassungsgeber im GG auch nicht den Idealtypus einer Repräsentativverfassung im Sinne des 19. Jahrhunderts geschaffen» habe.[36] Weiter wird auf die praktische Notwendigkeit von Fraktionen hingewiesen.[37] So erlaube es die Fraktion den Abgeordneten, einen «nachhaltigen Einfluss auf das parlamentarische Geschehen» auszuüben.[38] Immerhin dürfen Parteien und Fraktionen das freie Mandat nicht seines Sinnes entleeren. Im Konfliktfall geniesst Art. 38 Abs. 1 S. 2 GG als *lex specialis* Vorrang gegenüber Art. 21 Abs. 1 S. 2 GG.[39] Zudem wird darauf hingewiesen, dass nicht die Parteien, sondern das Parlament das Organ der Volksvertretung ist; selbst wenn die Parteien gemäss Art. 21 Abs. 1 S. 1 GG «bei der politischen Willensbildung des Volkes mit[wirken]», darf sich diese Willensbildung «nicht in die Parteien verlager[n]».[40] Dennoch besteht weiterhin ein Spannungsverhältnis zum freien Mandat.[41]

Ebenfalls von der Lehre thematisiert wird der Unterschied zwischen (zulässiger) Partei- bzw. Fraktionsdisziplin und (unzulässigem) Partei- bzw. Fraktionszwang.[42] Letzterer gilt als verfassungswidrig, weil er einem imperativen Mandat gleichkomme:[43] ein solcher Zwang hindere die Abge-

---

35 BVerfG, Urt. v. 8.12.2004 – 2 BvE 3/02, BVerfGE 112, 118 (135); *Wissenschaftliche Dienste des Deutschen Bundestages*, Fraktionsdisziplin und Abgeordnetenstatus gemäß Art. 38 Grundgesetz, 2013, S. 1 (4). Siehe auch *Butzer* (Fn. 3), Art. 38 Rn. 129; *Müller* (Fn. 8), Art. 38 Rn. 50. Siehe ferner *GRECO* (Fn. 12), Rn. 20.

36 *Butzer* (Fn. 3), Art. 38 Rn. 129.

37 *Wissenschaftliche Dienste* (Fn. 35), S. 4; *Butzer* (Fn. 3), Art. 38 Rn. 129; *Müller*, Mandat (Fn. 29), S. 13. Siehe auch *Klein* (Fn. 19), Art. 38 Rn. 199.

38 *Wissenschaftliche Dienste* (Fn. 35), S. 6.

39 *Butzer* (Fn. 3), Art. 38 Rn. 133.

40 *Müller* (Fn. 8), Art. 38 Rn. 49 f.

41 Siehe *Towfigh/Ulrich*, in: Kahl/Waldhoff/Walter (Hrsg.), GG, 205. Aufl., 2020, Art. 21 Rn. 211.

42 Zu dieser gängigen Unterscheidung siehe *Jarass* (Fn. 26), Art. 38 Rn. 51. Während sich im ersten Fall «der Abgeordnete freiwillig in das einheitliche Auftreten der Fraktion einordnet», wird im zweiten Fall «unmittelbar auf die Entscheidungsfreiheit des Abgeordneten eingewirkt». Das einschlägige Kriterium ist die freie Willensbildung der einzelnen Abgeordneten.

43 *Wissenschaftliche Dienste* (Fn. 35), S. 5; *Butzer* (Fn. 3), Art. 38 Rn. 131.

ordneten, nach ihren eigenen politischen Wertvorstellungen zu handeln.[44] Gleichzeitig gilt als etabliert, dass das freie Mandat nicht jegliche Art von Sanktionen verbietet. Während es verfassungswidrig ist, Abgeordnete wegen ihres Abstimmungsverhaltens aus der Partei auszuschliessen, gilt es als zulässig, diesen Personen bei den nächsten Wahlen die Unterstützung zu verweigern.[45] Angesichts dessen ist die Grenze zwischen Freiheit und Zwang durchaus unscharf.[46] Insbesondere der Umstand, dass von den Abgeordneten freiwillig eingegangene Bindungen als unproblematisch gelten, trägt strukturellen Abhängigkeiten und der notwendigen Eigenständigkeit der Mitglieder des Bundestages zu wenig Rechnung.

Das (Verfassungs-)Recht bestimmt, was sein *soll*, und nicht, was ist. Entsprechend ist der Umstand, dass die Realität sich nicht mit den Erwartungshaltungen des Rechts deckt, noch kein Grund, die betreffende (Verfassungs-)Norm als irrelevant zu betrachten. Dass die Lehre des freien Mandats Lobbytätigkeiten ausklammert, ist historisch bedingt. Problematisch ist hingegen ein Verständnis dieser Norm, das deren Zielsetzung nicht gebührend Rechnung trägt und zentrale (und allenfalls problematische) Aspekte der Rechtswirklichkeit nicht als solche erkennt.

Einige kritische Stimmen erachten den erwähnten Unterschied zwischen dem Anspruch des freien Mandats und der politischen Praxis als problematisch. Zu diesen Stimmen gehört etwa *Hans Herbert von Arnim*, der betont, dass «zwischen Verfassungsnorm und Realität (…) eine nur mühsam verdeckte riesige Diskrepanz» bestehe und «sich ein inoffizielles Schatten-System entwickelt [hat], in dem nicht Gemeinnutz, sondern Eigennutz vorherrscht».[47] Der Autor unterstreicht den Druck, den die Parteien auf die Abgeordneten ausüben, und der deren Autonomie stark einschränkt.[48]

Überraschenderweise wird in diesen und ähnlichen Schriften jedoch kaum auf den Einfluss eingegangen, der von Interessengruppen ausgeht. Dabei sind diese – wie die Parteien und Fraktionen – fester Bestandteil der Rechtswirklichkeit.[49] Bevor auf diese faktischen Bindungen eingegangen

---

44 *Wissenschaftliche Dienste* (Fn. 35), S. 7.

45 *Butzer* (Fn. 3), Art. 38 Rn. 133 f.

46 Dieses Problem wird in der Lehre erkannt: siehe etwa *Müller* (Fn. 8), Art. 38 Rn. 57.

47 *von Arnim*, ZRP 2002, 223 (224).

48 *Ibid.* 230.

49 Siehe beispielhaft *Müller* (Fn. 8), Art. 38 Rn. 53 ff.; den Interessengruppen wird immerhin ein Abschnitt gewidmet, siehe *ibid.* Rn. 68. Siehe ferner *Gusy*, ZfP

wird, ist es nötig, kurz die staatsphilosophischen Ursprünge des freien Mandats zu beleuchten.

2. *Die liberale Repräsentationstheorie*

Das bereits in den 1920er Jahren und bis heute vorherrschende Verständnis des freien Mandats geht von einem Idealbild aus, wonach die Abgeordneten frei von externen Einflüssen und deshalb jederzeit in der Lage sind, sich am Gemeinwohl zu orientieren. Nach diesem Modell sind die Abgeordneten nicht weisungsgebunden und insbesondere nicht das Sprachrohr ihres Wahlkreises (sog. *Delegate*-Modell), sondern handeln treuhänderisch im Interesse des gesamten Volkes (sog. *Trustee*-Modell).

Dieses Idealbild entspricht der liberalen Repräsentationstheorie, die von *Edmund Burke* und *Emmanuel-Joseph Sieyès* entscheidend geprägt und verteidigt wurde. Das freie Mandat ist eine Errungenschaft der liberalen Revolutionen, die die Abkehr von der ständischen Interessenvertretung hin zur Repräsentation der gesamten Nation markierten.[50] In Frankreich kam dieser Wandel am 17. Juni 1789 zum Ausdruck. An diesem Tag erklärten sich die Vertreter des Dritten Standes zu den Repräsentanten der gesamten Nation. Damit löste die neu geschaffene Nationalversammlung die *États généraux* ab.[51] Ziel war nicht mehr die Vertretung bestimmter ständischer Gruppen, sondern jene des gesamten Volkes.[52] Dies hatte unter anderem die Abschaffung des imperativen Mandats zur Folge, des Wesensmerkmals der ständischen Gesellschaftsordnung. So garantierte die französische Verfassung von 1791 erstmals das freie Mandat.[53] Mit der Einführung des freien Mandats wurde zugleich *Jean-Jacques Rousseaus* Theorie der direkten De-

1989, 264 (279 ff.). Für eine ähnliche Feststellung: *Schiess Rütimann*, Politische Parteien, 2011, S. 125 ff.

50 *Müller* (Fn. 8), Art. 38 Rn. 3. Schon vor den liberalen Revolutionen existierten sog. Parlamente, wobei sie bei weitem nicht alle Eigenschaften und Kompetenzen eines Parlaments im modernen, liberalen Sinn besassen. Entsprechend unterschied sich auch deren Repräsentationsverständnis von der liberalen Repräsentationstheorie. Zu diesen Proto-Parlamenten siehe *ibid.* Rn. 4 ff.; *Morlok* (Fn. 18), Art. 38 Rn. 1 ff.; *Klein* (Fn. 19), Art. 38 Rn. 32 ff.

51 *Morlok* (Fn. 18), Art. 38 Rn. 3.

52 *Klein* (Fn. 19), Art. 38 Rn. 189.

53 Siehe deren Art. 7.

mokratie abgelehnt.[54] *Sieyès* stand *Rousseaus* Ideen kritisch gegenüber und plädierte stattdessen für die Schaffung einer repräsentativen Demokratie, in welcher das Volk durch weisungsunabhängige, dem Gemeinwohl verpflichtete Abgeordnete vertreten würde. Als «Vaterland des deutschen Parlamentarismus»[55] beeinflusste Frankreich – und damit auch *Sieyès'* liberale Repräsentationstheorie – das deutsche Verständnis des freien Mandats.[56]

Das imperative Mandat wurde auch aus praktischen Gründen abgeschafft. Ziel war, zu vermeiden, dass Entscheide blockiert wurden, weil die Vertreter aufgrund ihres beschränkten Mandats nicht befugt waren, in Kompromisse einzuwilligen. Deshalb wurde das imperative Mandat bereits vor der Französischen Revolution von gewissen Akteuren (und insbesondere vom französischen König) als problematisch erachtet.[57] Heute noch bezweckt das freie Mandat nicht nur den Schutz der Unabhängigkeit der Abgeordneten, sondern auch die Wahrung der Funktionsfähigkeit des Parlaments.[58] Es stellt sich allerdings die Frage, ob das freie Mandat diese Ziele effektiv noch erfüllt.

3. *Ein realitätsfernes Repräsentationsmodell*

Fast ein Jahrhundert nach ihrer Formulierung stimmt *Morstein Marx'* Einschätzung mehr denn je. Grund dafür ist einerseits, dass die liberale Repräsentationstheorie strukturelle Abhängigkeiten der Abgeordneten ausblendet (vorne, 2.). Anderseits haben sich seit den 1920er Jahren neue politische Akteure profiliert, die auf die Abgeordneten Druck ausüben. Wie auch in anderen Ländern ist in Deutschland eine schwindende Identifikation der Bürgerinnen und Bürger mit den politischen Parteien festzustellen, was sich etwa in den sinkenden Mitgliederzahlen niederschlägt.[59] Diese Entwicklung korreliert mit einer zunehmend starken Stellung von

---

54 *Klein* (Fn. 19), Art. 38 Rn. 189. Siehe *Rousseau*, Du contrat social, 2017 [1762], Buch III, Kap. XV. Gemäss *Rousseau* sollten die Repräsentanten lediglich Sprachrohre des Volkes sein.

55 *Morstein Marx* (Fn. 1), S. 441.

56 Zu beachten ist auch das (demokratischere) Repräsentationsverständnis der *Federalist Papers*, welches das Grundgesetz ebenfalls prägte. Siehe dazu eingehend *Dreier*, AöR 1988, 450.

57 *Morstein Marx* (Fn. 1), S. 441; *Klein* (Fn. 19), Art. 38 Rn. 189.

58 *Magiera* (Fn. 22), Art. 38 Rn. 46; *Feinen*, Der Abgeordnete (Fn. 17), S. 59.

59 *Niedermayer*, Mitgliederentwicklung der Parteien, 2020, http://www.bpb.de/politik/grundfragen/parteien-in-deutschland/138672/mitgliederentwicklung-cdu-und-spd (letzter Aufruf am 30. April 2021).

Interessengruppen.[60] Obschon Lobbygruppen die Parteien als willensbildende Organisationen nicht vollkommen ablösen, üben sie heutzutage aufgrund ihrer z.T. soliden finanziellen Ausstattung, ihrem hohen Organisationsgrad und ihrer Mitgliederbasis einen nicht zu unterschätzenden Einfluss auf die Abgeordneten aus.

Lobbytätigkeiten beruhen auf einer gegenseitigen faktischen Abhängigkeit: Lobbygruppen bieten Informationen, politische Unterstützung, Spenden, Mandate und sonstige politische Ressourcen an, während Abgeordnete im Gesetzgebungsprozess über rechtliche Autorität verfügen. So kommt es oft dazu, dass Abgeordnete im Vorstand einer NGO oder im Beirat eines Verbands sitzen, von Interessengruppen vorformulierte Vorstösse einreichen und von Lobbygruppen zu Informationsveranstaltungen eingeladen werden, Abendessen inklusive. So stellt die GRECO in ihrem 2014 veröffentlichten Evaluationsbericht zu Deutschland fest, dass die meisten Mitglieder des Bundestages solche Bindungen aufweisen.[61]

Entsprechend ist das soeben geschilderte Idealbild realitätsfern. Im Gegensatz zu den Parteien und Fraktionen, die die Verfassungslehre als notwendige Bestandteile der Politik bezeichnet, werden Interessengruppen nicht als unverzichtbare Akteure wahrgenommen. Die Einflussnahme durch Lobbygruppen wirft deshalb die Frage auf, ob das vorherrschende Verständnis des freien Mandats der politischen Realität noch gewachsen ist.

IV. Zur Notwendigkeit eines zeitgemässen, demokratischen Verständnisses des freien Mandats

Das freie Mandat schützt die freie Entscheidungsfindung der Abgeordneten vor organisierten Interessen aller Art. Es bedeutet «die Absage an alle Versuche, den Abgeordneten als bloßen Funktionär irgendwelcher Kollektive (Parteien, Verbände) oder, rätedemokratischen Konzepten folgend, sog. basisdemokratischer Organisationen zu vereinnahmen».[62] In der Verfassungslehre wird das freie Mandat jedoch primär in Bezug auf Parteien und Fraktionen diskutiert, während Bindungen der Abgeordneten zu In-

60 *Transparency International Deutschland*, Lobbying in Deutschland, 2014, S. 8 f. Die Schwächung von Grossorganisationen (worunter die traditionellen Parteien fallen) betrifft auch die Grossverbände: *Jun*, APuZ 2009, 28.

61 *GRECO* (Fn. 12), Rn. 64.

62 *Klein* (Fn. 19), Art. 38 Rn. 189. Das freie Mandat hindert die Abgeordneten daran, «sich hinter Kollektiven zu verstecken»: *ibid.* Rn. 204.

teressengruppen weitgehend ausgeblendet werden. Dadurch wird die Entstehung und der Erfolg des parlamentarischen Lobbyismus begünstigt und verstärkt.

Deshalb drängt sich ein Verständnis des freien Mandats auf, das sowohl der Zielsetzung des freien Mandats als auch den modernen politischen Verhältnissen Rechnung trägt. Nachfolgend wird – in Anlehnung an die drei in Art. 38 Abs. 1 S. 2 GG enthaltenen Elemente[63] – argumentiert, dass das vorherrschende Verständnis des freien Mandats in dreifacher Hinsicht problematisch ist.

1. *«Vertreter des ganzen Volkes»*

Laut Art. 38 Abs. 1 S. 2 GG sind die Abgeordneten «Vertreter des ganzen Volkes» (sog. Repräsentationsprinzip[64]). Gemäss der ersten These, die vorliegend präsentiert wird, bedeutet das vorherrschende Verständnis dieses Ausdrucks jedoch Freiheit ohne Verantwortung.

Das Repräsentationsprinzip steht im Einklang mit dem Prinzip der Volkssouveränität.[65] Deshalb wird der Bundestag auch als «Forum der Nation» bezeichnet.[66] Im Umkehrschluss bedeutet Art. 38 Abs. 1 S. 2 GG, dass die Abgeordneten «nicht Vertreter eines Landes, eines Wahlkreises, einer Partei, einer Berufs- oder sonstigen Bevölkerungsgruppe» sind.[67] Die Vertretung solcher Partikularinteressen ist ausgeschlossen, denn «[a]ls Vertretung des ganzen Volkes repräsentiert der [Bundestag] das Deutsche Volk insgesamt und ausschliesslich».[68]

Umstritten ist, ob die einzelnen Abgeordneten das ganze Volk vertreten, oder ob dies lediglich auf das gesamte Parlament zutrifft.[69] Gemäss einigen Autoren sind sowohl die einzelnen Abgeordneten als auch alle Abgeordne-

---

63 Zur Notwendigkeit, zwischen diesen drei Elementen zu unterscheiden, siehe *Rühl*, STAAT 2000, 23.

64 *Jarass* (Fn. 26), Art. 38 Rn. 39.

65 Art. 20 Abs. 2 GG.

66 *Morlok* (Fn. 18), Art. 38 Rn. 34.

67 *Butzer* (Fn. 3), Art. 38 Rn. 120. Siehe auch *ibid*. Rn. 92. So auch *Jarass* (Fn. 26), Art. 38 Rn. 39; *Magiera* (Fn. 22), Art. 38 Rn. 45; BVerfG, Urt. v. 25.7.2012 – 2 BvF 3/11, 2 BvR 2670/11, 2 BvE 9/11, BVerfGE 131, 316 (342).

68 *Magiera* (Fn. 22), Art. 38 Rn. 11. Im Gegensatz dazu werden sog. «Teilvölker» in den «Ländern, Kreisen und Gemeinden» vertreten. Siehe auch *Müller* (Fn. 8), Art. 38 Rn. 1.

69 In der Vergangenheit sprach sich die Lehre für die sog. Individualrepräsentation aus. Siehe die Hinweise bei *Feinen*, Der Abgeordnete (Fn. 17), S. 46, Fn. 145.

ten zusammen Vertreter des ganzen Volkes.[70] Laut *Butzer* muss sich *jede(r)* Abgeordnete am Gemeinwohl orientieren.[71] Im Verfassungskonvent setzte sich die Sichtweise durch, dass die Abgeordneten an das Gemeinwohl und somit an die Interessen des ganzen Volkes gebundenen sein sollen.[72] Auch der Umstand, dass die Mitglieder des Bundestages ein öffentliches Amt innehaben,[73] bedeutet, dass sie «nicht im eigenen oder sonstigen partikularen Sonderinteresse» handeln dürfen, sondern im «Dienst der Allgemeinheit».[74]

Andere Autoren gehen davon aus, dass die Vertretung des gesamten Volkes nur durch das Parlament realisiert wird.[75] In der Tat kommt die Volkssouveränität ausschliesslich in den Entscheiden des Bundestages zum Ausdruck.[76] Dies bedeutet, dass individuelle Abgeordnete nicht das gesamte Volk repräsentieren und repräsentieren müssen.

Selbst diejenigen, die davon ausgehen, dass jede(r) Abgeordnete dem Gemeinwohl verpflichtet ist, schwächen diese Aussage insofern ab, als es den Bundestagsmitgliedern nicht verwehrt sein soll, das Interesse des ganzen Volkes *aus einer bestimmten partikularen Perspektive* zu definieren:[77]

> *Weil das GG dem Gedanken der Kollektiv- bzw. Gesamtrepräsentation folgt, ist es mit dieser Stellung des Abgeordneten als Vertreter des ganzen Volkes aber durchaus vereinbar, wenn der Abgeordnete das Interesse des Volkes aus einer spezifischen Interessenperspektive formuliert, wenn er also Interessen nur von Teilen des Volkes (Sonder- oder Partikularinteressen, Lobbyinteressen) in das Parlament und damit in den Diskurs mit den anderen*

70 *Klein* (Fn. 19), Art. 38 Rn. 192.

71 *Butzer* (Fn. 3), Art. 38 Rn. 120.

72 Zur Entstehungsgeschichte siehe *Klein* (Fn. 19), Art. 38 Rn. 10.

73 Art. 48 Abs. 2 S. 1 GG. Siehe dazu *Ingold*, Das «Amt» der Abgeordneten, JÖR 2016, 43 (47 ff.).

74 *Müller* (Fn. 8), Art. 38 Rn. 45. Ebenfalls einen Konnex zwischen öffentlichem Amt und Gemeinwohlorientierung bejahend: *Magiera* (Fn. 22), Art. 38 Rn. 45; *Klein* (Fn. 19), Art. 38 Rn. 191.

75 *Feinen*, Der Abgeordnete (Fn. 17), S. 46. So auch *Magiera* (Fn. 22), Art. 38 Rn. 45: «Dementsprechend repräsentieren [die Abgeordneten] das Volk in ihrer Gesamtheit ('Kollektivrepräsentation'), nicht als Einzelne ('Individualrepräsentation').» Auch *Morstein Marx* ging von der Kollektivrepräsentation aus; die Individualrepräsentation kam seiner Ansicht nach einem imperativen Mandat gleich. Siehe *Morstein Marx* (Fn. 1), S. 434 f.

76 *Jarass* (Fn. 26), Art. 38 Rn. 39.

77 Deshalb muss der Bundestag eine hinreichend grosse Anzahl Mitglieder umfassen: *Morlok* (Fn. 18), Art. 38 Rn. 27.

Repräsentanten einbringt, beispielsweise solche von Parteien, von Regionen oder von Verbänden oder Interessengruppen.[78]

Das freie Mandat wird gemäss *Butzer* nur dann seines Sinnes entleert, wenn Partikularinteressen in der individuellen Entscheidungsfindung «an die Stelle des Gesamtinteresses treten».[79] Wo die Grenze zwischen zulässiger diskursiver Einbringung von Partikularinteressen und unzulässiger Usurpierung des Gesamtinteresses genau verlaufen soll, ist allerdings unklar. Insbesondere ist nicht überprüfbar, welche Interessen letztlich zu einem bestimmten Entscheid geführt haben.

Ausserdem wird von einem primär negativen Verständnis des freien Mandats ausgegangen. So wird betont, dass der Ausdruck «Vertretung» nicht im Sinne eines «weisungsabhängigen Rechtsverhältnisses»[80] bzw. «in einem rechtsgeschäftlichen oder prozessualen Sinn»[81] zu verstehen sei.[82] Dies kann dazu führen, dass die Entscheide des Parlaments vom Volkswillen (wie auch immer dieser eruiert wird[83]) abweichen.

Während solche Abweichungen vom (vermeintlichen oder explizit geäusserten) Volkswillen – der mit dem *Interesse* des ganzen Volkes nicht zu verwechseln ist – nicht zwangsweise illegitim sind, darf die Verantwortung der Abgeordneten gegenüber dem Volk nicht vernachlässigt werden. Periodische Wahlen vermögen die demokratische Legitimation der gesetzgeberischen Tätigkeit nur ansatzweise zu sichern. In der Lehre wird regelmässig davon ausgegangen, dass neben den Wahlen weitere Mechanismen erforderlich sind, um die Responsivität der Abgeordneten sicherzustellen.[84]

Zusammenfassend steht die negative Dimension des freien Mandats (d.h. die Freiheit der Abgeordneten) im deutschen Verfassungsrecht im Vordergrund. Demgegenüber erklärt die Verfassungslehre kaum, welches positive Verhalten die Abgeordneten an den Tag legen sollten, um ihre Verantwortung gegenüber dem ganzen Volk wahrzunehmen. Im Ergebnis wird die Klärung dieser Frage dem Parlament überlassen. Dies gilt auch

78 *Butzer* (Fn. 3), Art. 38 Rn. 121. Siehe auch *Dreier* (Fn. 56), S. 457.

79 *Butzer* (Fn. 3), Art. 38 Rn. 93.

80 *Ibid.* Rn. 9.

81 *Jarass* (Fn. 26), Art. 38 Rn. 39.

82 *Müller* (Fn. 8), Art. 38 Rn. 1; *Morlok* (Fn. 18), Art. 38 Rn. 33, 150; *Magiera* (Fn. 22), Art. 38 Rn. 5; *Klein* (Fn. 19), Art. 38 Rn. 41.

83 *Müller* (Fn. 8), Art. 38 Rn. 1. Wie der Autor anmerkt, kann das Volk diesen Willen «letztlich nur im Plebiszit (…) unmittelbar in politisches Handeln umsetzen»: *ibid.* Rn. 10.

84 Zum Begriff der Responsivität siehe *Müller*, ZSR 1995, 3; *von Arnim* (Fn. 47), S. 226 ff.

für das Verhältnis der Bundestagsmitglieder zu Interessengruppen. Ein solches Verständnis des freien Mandats ist problematisch, denn es bedeutet im Extremfall Freiheit ohne Verantwortung – abgesehen von der durch die periodischen Wahlen sichergestellten, aber letztlich unzureichenden Form der Verantwortung.

2. *«An Aufträge und Weisungen nicht gebunden»*

Weiter bedeutet das freie Mandat, dass die Abgeordneten «an Aufträge und Weisungen nicht gebunden» sind.[85] Dies hat zur Folge, dass Instruktionen keine rechtliche Wirkung entfalten, aber nicht, dass sie verboten sind, ausser wenn sie eine andere Rechtsnorm verletzen.[86] Eine allfällige Instruktion «begründet eine blosse Naturalobligation».[87] Dadurch wird die «Unabhängigkeit [der Abgeordneten] als Volksvertreter» geschützt.[88] Gemäss der zweiten These, die vorliegend präsentiert wird, werden faktische Bindungen (und insbesondere Abhängigkeiten der Abgeordneten von Lobbygruppen) allerdings nur unzureichend von dieser Formulierung erfasst.

Bezüglich der Frage, ob auch faktische Bindungen von Art. 38 Abs. 1 S. 2 GG betroffen sind, gehen die Meinungen auseinander. Gemäss einem Teil der Lehre zielt diese Bestimmung nicht nur auf rechtliche Vereinbarungen, sondern auch auf «alle anderen faktischen Bindungen und Bindungsversuche» ab.[89] Andere hingegen vertreten die Auffassung, dass das freie Mandat nur «[r]echtliche Bindungen», nicht aber «faktische Bindungen» verbietet.[90] Da Beschlüsse der Parteien und Fraktionen grundsätzlich nicht als «Aufträge und Weisungen» qualifiziert werden,[91] stellt sich die Frage, ob faktische Bindungen zu Interessengruppen anders zu beurteilen sind.

Selbst Autoren, die faktische Abhängigkeiten (bedingt durch den Bedarf der Abgeordneten nach Informationen, politischer Unterstützung und sonstigen politischen Ressourcen) nicht grundsätzlich vom Anwendungsbereich von Art. 38 Abs. 1 S. 2 GG ausklammern, erachten besondere Nä-

85 Beide Ausdrücke sind synonym zu verstehen: *Klein* (Fn. 19), Art. 38 Rn. 194.
86 *Morstein Marx* (Fn. 1), S. 436, 439 f.; *Rühl* (Fn. 63), S. 36.
87 *Morstein Marx* (Fn. 1), S. 436 f.
88 *Butzer* (Fn. 3), Art. 38 Rn. 94.
89 *Ibid.* Rn. 98. Siehe weiter *Müller* (Fn. 8), Art. 38 Rn. 52, 68.
90 *Jarass* (Fn. 26), Art. 38 Rn. 52.
91 *Klein* (Fn. 19), Art. 38 Rn. 194.

hebeziehungen zu Lobbygruppen als zulässig. So schreibt *Müller*, dass das freie Mandat zwar auch faktische Bindungen zu solchen Gruppen verbietet, nicht aber den «intensiven Austausch des Abgeordneten mit gesellschaftlichen Gruppierungen aller Art».[92] Zudem ist es den Abgeordneten unbenommen, «freiwillig den Erwartungen einzelner Interessengruppen zu entsprechen», solange sie dies mit ihrem eigenen Gewissen vereinbaren können.[93] Entsprechend wird auf die Eigenverantwortung der Abgeordneten verwiesen, wenn es darum geht, zu entscheiden, ob eine bestimmte von Interessengruppen vertretene Sichtweise mit dem Gemeinwohl zu vereinbaren ist.[94] Das freie Mandat besagt lediglich, dass den Abgeordneten «kein bestimmtes Verhalten abgefordert werden darf».[95]

Es besteht jedoch die Gefahr eines legalistischen Verständnisses des freien Mandats, wenn dieses die Abgeordneten nur vor rechtlich verpflichtenden Instruktionen und nicht auch vor gewissen faktischen Abhängigkeiten schützt (wobei der durch Art. 48 Abs. 3 GG gewährte Anspruch auf eine angemessene, die Unabhängigkeit der Abgeordneten sichernde Vergütung dies ansatzweise tut). In der Verfassungslehre werden subtilere Formen der Beeinflussung, wie sie im Rahmen von Lobbykontakten bestehen, weitgehend ausgeblendet. Dieser Ansatz ist unbefriedigend, weil informelle Bindungen durchaus geeignet sind, die Entscheidungsfreiheit der Abgeordneten einzuschränken. Ein derartiges Verständnis des freien Mandats wird dieser Realität nicht gerecht. Während es realitätsfremd wäre, jegliche faktischen Bindungen zu verbieten, ist eine klarere Grenzziehung zwischen zulässigen vs. unzulässigen (z.B. durch finanzielle Vorteile erwirkten) Nähebeziehungen nötig. Es leuchtet nicht ein, weshalb diese Grenzziehung (so unbestimmt sie auch ist) für Parteien und Fraktionen,[96] nicht aber für Lobbygruppen vorgenommen worden ist. Zumindest manche dieser Bindungen, die besonders eng und deren Bestehen kontrollierbar sind, wie etwa durch Lobbygruppen entschädigte Nebentätigkeiten, müssen untersagt oder zumindest stärker reguliert werden.

92 *Müller* (Fn. 8), Art. 38 Rn. 68.
93 *Ibid.* Siehe auch *Butzer* (Fn. 3), Art. 38 Rn. 99.
94 *Müller* (Fn. 8), Art. 38 Rn. 68.
95 *Ibid.*
96 Siehe dazu vorne, III.1.

3. *«Nur ihrem Gewissen unterworfen»*

Drittens bedeutet das freie Mandat, dass die Abgeordneten «nur ihrem Gewissen unterworfen» sind. Wie nachfolgend argumentiert wird, tendiert die Lehre dazu, diese Formulierung so zu interpretieren, dass die Individualmoral des Abgeordneten Vorrang vor dem Gemeinwohl hat.

Im Rahmen des Verfassungskonvents war die sog. «Gewissensformel» umstritten. Teilweise wurde vorgebracht, dass diese eine «hohle Deklamation» darstelle und realitätsfremd sei.[97] Weiter wurde befürchtet, dass die Formel dazu führen könnte, Abweichungen von der Partei- respektive Fraktionslinie zu fördern.[98] Dennoch wurde die Gewissensformel von der Mehrheit als notwendige Präzisierung erachtet, um die Unabhängigkeit der Abgeordneten zu gewährleisten.

Die Gewissensklausel wird dahin ausgelegt, dass die Abgeordneten allein ihrer eigenen politischen Überzeugung folgen. Diese Auffassung widerspiegelt die *Trustee*-Konzeption der politischen Repräsentation (vorne, III.2.). Dies hat zur Folge, dass Abgeordnete Instruktionen befolgen dürfen, sofern sie dies freiwillig tun und mit ihrem Gewissen vereinbaren können.[99]

Doch der Ausdruck des «Gewissens» bezieht sich nicht auf die Individualmoral, sondern auf «das Amtsgewissen, das bezogen ist auf die Aufgaben, die der Abgeordnete in der kollegialen Volksvertretung zu erfüllen hat».[100] Gemeint ist, dass die Abgeordneten frei bestimmen sollen, ob Forderungen, die an sie gerichtet werden, tatsächlich dem *Gemeinwohl* dienen.[101] Diese freie Entscheidung bedingt eine «Freistellung von allen Fremdbindungen».[102] Das freie Mandat ist kein Privileg der Abgeordneten: es muss dem gesamten Volk zugutekommen, denn die Abgeordneten handeln «in ausschliesslicher Verantwortlichkeit gegenüber dem Wähler».[103] So hält das Bundesverfassungsgericht fest, dass das freie Mandat und die Rechte der Abgeordneten «im Dienst der Erfüllung des Gemeinwohlauftrags des Deutschen Bundestages [stehen]».[104]

---

97 *Klein* (Fn. 19), Art. 38 Rn. 11.
98 *Ibid.*
99 *Wissenschaftliche Dienste* (Fn. 35), S. 3.
100 *Isensee*, ZParl 2000, 402 (412).
101 *Butzer* (Fn. 3), Art. 38 Rn. 96. So auch *Morlok* (Fn. 18), Art. 38 Rn. 137.
102 *Müller* (Fn. 8), Art. 38 Rn. 52.
103 *Butzer* (Fn. 3), Art. 38 Rn. 95.
104 BVerfG, Urt. v. 4.7.2007 – 2 BvE 1, 2, 3, 4/06, BVerfGE 118, 277 (328).

Gewissensunterworfenheit darf somit nicht als Eigengesetzlichkeit gedeutet werden. Wie das Bundesverfassungsgericht präzisiert, bedeutet das freie Mandat «nicht eine Freiheit von Pflichten, sondern lediglich die Freiheit in der inhaltlichen Wahrnehmung dieser Pflichten».[105] Auch die Verfassungslehre betont einstimmig, dass der Verweis auf das eigene Gewissen keineswegs bedeutet, dass die Abgeordneten im Rahmen ihrer Tätigkeit keine rechtlichen Vorgaben zu beachten hätten. Die Abgeordneten sind nicht bedingungslos frei, sondern an Verfassung und Gesetze gebunden.[106] Die Verfassung wiederum hält fest, dass alle Staatsgewalt vom Volk ausgeht und dass das Volk durch das Parlament repräsentiert wird.[107]

Deshalb muss die Gewissensklausel so verstanden werden, dass die Abgeordneten in einem möglichst offenen Prozess das Gemeinwohl eruieren müssen. Zu diesem Zweck ist es unerlässlich, dass sie in der Lage sind, frei von übermässigen – d.h. zu Abhängigkeiten führenden – externen Einflüssen politische Fragen zu beraten, ihre Meinung zu ändern und Kompromisse zu finden. Nur so können sie das gesamte Volk repräsentieren, statt das Sprachrohr von Partikularinteressen zu sein bzw. «durch Loyalitäten zu Interessengruppen immobilisiert [zu] werden».[108] Natürlich haben die Abgeordneten unterschiedliche politische Überzeugungen. Das bedeutet aber nicht, dass der institutionelle Zweck des Parlaments als Vertretungsorgan des gesamten Volkes relativiert werden darf. Die Legislative muss bei der Erarbeitung von Gesetzen diesem Ziel gerecht werden. Wenn der Beitrag der individuellen Abgeordneten bloss darin besteht, die Weisungen bestimmter Interessengruppen kompromisslos zu vertreten, wird die Funktionsfähigkeit und Gemeinwohlorientierung des Parlaments gefährdet.

Was für die Parteien gilt, trifft somit erst recht auf Interessenverbände zu: die Willensbildung des Volkes (und somit auch der Abgeordneten als deren Repräsentanten) darf sich nicht in Lobbygruppen verlagern.[109] Zwar dürfen die Abgeordneten Kontakt zu solchen Gruppen haben, doch kann es nicht darum gehen, die von ihnen vorgebrachten Anliegen «ohne Zwi-

---

105 *Ibid.* 326; *Butzer* (Fn. 3), Art. 38 Rn. 124. So auch *Jarass* (Fn. 26), Art. 38 Rn. 61; *Müller* (Fn. 8), Art. 38 Rn. 93.

106 *Morstein Marx* (Fn. 1), S. 436; *Butzer* (Fn. 3), Art. 38 Rn. 96, 124; *Müller* (Fn. 8), Art. 38 Rn. 52; *Morlok* (Fn. 18), Art. 38 Rn. 154. Deswegen hält *Klein* die Gewissensformel für missverständlich: *Klein* (Fn. 19), Art. 38 Rn. 195.

107 Art. 20 Abs. 2 GG.

108 *Morlok* (Fn. 18), Art. 38 Rn. 141.

109 Für einen Vergleich zwischen Parteien und Verbänden siehe *Schiess Rütimann*, Politische Parteien (Fn. 49), S. 125 ff.

schenschaltung lediglich zu ratifizieren».[110] Dies hätte zur Folge, dass die politischen Repräsentanten gegenüber Lobbygruppen responsiver wären als gegenüber unorganisierten Bürgerinnen und Bürgern.[111] Stattdessen obliegt es ihnen, die sich im Widerstreit befindenden Interessen gegeneinander abzuwägen und Lösungen auszuarbeiten, die dem Gemeinwohl entsprechen. Art. 20 Abs. 3 GG verpflichtet den Gesetzgeber, die «verfassungsmässige Ordnung» zu beachten; die Verfassung wiederum bindet den Staat an das Gemeinwohl, indem sie Rechtsstaats-, Republik- und Demokratieprinzip schützt.[112] Natürlich verfügt der Bundestag über eine Gestaltungsfreiheit, wenn es darum geht, verschiedene Interessen gegeneinander abzuwägen.[113] Innerhalb dieses Entscheidungsrahmens darf sich das Parlament frei bewegen. Was aber gegeben sein muss, sind institutionelle Rahmenbedingungen, die eine möglichst offene und demokratische Deliberation sicherstellen.

V. Institutionelle Implikationen und Fazit

Das Gemeinwohl, d.h. das Interesse des gesamten Volkes, ist das «Ergebnis der grundsätzlich offenen und öffentlichen Auseinandersetzung um die in der Gesellschaft vorhandenen Interessen».[114] Es kann nicht *a priori* definiert werden, sondern ist «als ein im parlamentarischen Verfahren durch das Zusammenwirken der Abgeordneten anzustrebendes Ziel» zu begreifen.[115] Das Gemeinwohl ist somit prozedural zu verstehen.[116]

Die Fähigkeit der Abgeordneten, Kompromisse zu schmieden, ist in diesem Zusammenhang von zentraler Bedeutung.[117] Genau diese Fähigkeit soll durch das Institut des freien Mandats gefördert werden.[118] Ein Kompromiss kann sich weder bloss aus der Abfrage der öffentlichen Mei-

110 *Dreier* (Fn. 56), S. 467.
111 So aber für die USA: *Gilens/Page*, Perspectives on Politics 2014, 564.
112 *Butzer* (Fn. 3), Art. 38 Rn. 92.
113 *Morlok* (Fn. 18), Art. 38 Rn. 27.
114 *Feinen*, Der Abgeordnete (Fn. 17), S. 26.
115 *Müller* (Fn. 8), Art. 38 Rn. 45. So auch *Klein* (Fn. 19), Art. 38 Rn. 191; *Magiera* (Fn. 22), Art. 38 Rn. 54; *Dreier* (Fn. 56), S. 566 f.
116 Zu dieser Idee siehe *Brunhöber*, in: Lhotta (Hrsg.), Die hybride Republik, 2010, S. 59 (68-70). Zu prozeduralen vs. materiellen Gemeinwohlverständnissen siehe *Hartmann* (Fn. 21), S. 13-19.
117 *Müller* (Fn. 8), Art. 38 Rn. 49.
118 So etwa *Magiera* (Fn. 22), Art. 38 Rn. 46.

nung noch aus der Summe der geäusserten Partikularinteressen ergeben, sondern geht aus der Deliberation hervor.[119]

Dies bedingt wiederum, dass diese Deliberation möglichst frei von externen Zwängen und Einflussnahmen ist.[120] Abhängigkeiten entstehen z.B. durch mangelnde staatliche Politikfinanzierung, durch unzureichende sonstige politische Ressourcen der Abgeordneten oder durch Mandate, die zu Interessenkollisionen führen. Solche faktischen Abhängigkeiten sind deshalb auf ein vernünftiges Mass zu reduzieren, um die Entscheidungsfreiheit der Abgeordneten zu schützen.

Zwar setzt das freie Mandat einen ungehinderten Informationsfluss voraus.[121] Die Abgeordneten können nur dann Kompromisse erreichen, wenn sie über die notwendigen Informationen verfügen. Deshalb ist es nötig, dass sie sich mit Dritten und insbesondere auch mit Interessengruppen austauschen. Die Abgeordneten müssen jedoch institutionell in der Lage sein, die Informationen, die ihnen geliefert werden, selbständig einzuordnen und in den Dienst des Gemeinwohls zu stellen. Ansonsten besteht die Gefahr, dass sie nicht mehr autonom handeln und stattdessen bloss externen Vorschlägen zur Durchsetzung verhelfen. Um dies zu vermeiden, muss die Gemeinwohlorientierung des Bundestages und seiner Mitglieder durch geeignete institutionelle Rahmenbedingungen sichergestellt werden. Denn wie *von Arnim* hervorhebt, führt die Verfolgung eigennütziger und rein parteipolitischer Interessen regelmässig dazu, dass keine genuine Deliberation stattfinden kann.[122]

Zwecks der nachhaltigen Sicherung der Unabhängigkeit des Parlaments und der Abgeordneten müssen verschiedene, komplementäre Ansätze verfolgt werden. Dazu gehören die weitere Stärkung der Ressourcen des Parlaments, eine möglichst transparente, staatlich unterstützte Parteienfinanzierung, die Verhinderung von Interessenskonflikten durch Mandate oder sonstige Abhängigkeiten sowie die Gewährleistung eines gleichen, transparenten Zugangs von Interessengruppen zum Parlament und zu den Abgeordneten. Generell soll das Mandat nicht zum Zweck der persönlichen Bereicherung missbraucht werden können.[123] Mehrere dieser Aspekte hat die GRECO in ihrem Evaluationsbericht zu Deutschland explizit betont.[124]

---

119 *Morlok* (Fn. 18), Art. 38 Rn. 150.
120 *Feinen*, Der Abgeordnete (Fn. 17), S. 46.
121 *Müller* (Fn. 8), Art. 38 Rn. 51.
122 *von Arnim* (Fn. 47), S. 224.
123 Zu diesem Aspekt siehe *Klein* (Fn. 13).
124 *GRECO* (Fn. 12), Rn. 252.

Eine besondere Herausforderung ist, dass das Parlament sich selbst regulieren muss und entsprechende Anreize fehlen.[125] Massnahmen werden oft erst dann ergriffen, wenn Skandale aufgedeckt werden und der öffentliche Druck für die Abgeordneten unerträglich wird. Die deutsche COVID-19-Maskenaffäre ist ein Beispiel dafür. Solche reaktiven Lösungen werden unter hohem Zeitdruck erarbeitet; nicht selten handelt es sich zudem um symbolische Gesetzgebung, die darauf abzielt, den öffentlichen Unmut zu beschwichtigen.

Adäquate und robuste institutionelle Grundvoraussetzungen sind unerlässlich, damit das freie Mandat seine Wirkung entfalten kann. Ansonsten droht dieses mehr denn je, in seiner Stellung als «fossiles Requisit aus der verfassungsgeschichtlichen Steinzeit» zu verharren.[126] Dies gefährdet nicht nur das Vertrauen in das Recht, sondern auch die demokratische Legitimation der gesetzgeberischen Tätigkeit.

125 Zur Problematik der «Gesetzgebung in eigener Sache» siehe *Towfigh/Ulrich* (Fn. 41), Art. 21 Rn. 716-720.

126 *Morstein Marx* (Fn. 1), S. 439.

Shrinking Space Deutschland? Die Zivilgesellschaft als Akteurin beim Zugang zu Recht

Dr. Katrin Kappler

Abstract: *Shrinking Spaces werden vorrangig mit anderen Ländern als Deutschland in Verbindung gebracht. Allerdings wird auch hier zunehmend debattiert, ob der Gestaltungsspielraum der Zivilgesellschaft schrumpft, etwa durch die Tendenz, politischen Verbänden die Gemeinnützigkeit zu entziehen. In der Covid-19-Pandemie wurde die Zivilgesellschaft zudem nur eingeschränkt in den Gesetzgebungsprozess einbezogen. Grundsätzlich ist die Beteiligung hier vom Staat oft erwünscht, etwa weil die Zivilgesellschaft als Vehikel für die Einbindung von Bürger:innen in den Gesetzgebungsprozess agiert oder Expertise einbringt. Die konkrete Ausgestaltung dieser Beteiligung verbleibt aber im staatlichen Ermessen. Dies führt zu vielfältigen Problemen, darunter etwa die intransparente Auswahl der Akteur:innen. Der Beitrag widmet sich der Frage, inwieweit die Rolle der Zivilgesellschaft beim Zugang zur Gesetzgebung extensiver reguliert werden sollte. Dabei müssen auch die Risiken der Einbindung berücksichtigt werden, z.B. die Gefahr, dass nur durchsetzungsstarke Interessen berücksichtigt werden. Der Beitrag zeigt auf, dass die derzeitige rudimentäre Regelung dazu führt, dass weder die Stärken zivilgesellschaftlicher Beteiligung genutzt noch die damit verbundenen Risiken eingedämmt werden und entwirft Leitlinien für ein extensiveres Regelungssystem.*

I. Problemaufriss

Shrinking Spaces – Länder, in denen der Handlungsspielraum der Zivilgesellschaft schrumpft – werden aktuell vorrangig mit Ländern wie Polen und Ungarn in Verbindung gebracht. Allerdings entsteht auch in Deutschland zunehmend die Debatte darüber, ob sich auch hierzulande ein Shrinking Space entwickelt, etwa durch die Tendenz, politischen Verbänden die Gemeinnützigkeit abzuerkennen.[1] Die Covid-19-Pandemie hat eine weitere Konfliktlage aufgezeigt, da es hier für die Zivilgesellschaft schwieriger

---

1 *Leisner-Egensberger*, NJW 2019, 964-968; *Spieth/Hellermann*, NVwZ 2019, 745-751. Die Dringlichkeit zeigt auch der aktuelle Fall der Aberkennung der Gemeinnützig-

war, Einfluss auf den Gesetzgebungsprozess zu nehmen.[2] Das hat eine zuweilen doch in die Jahre gekommene Debatte um den Einfluss der Zivilgesellschaft wieder dringlicher gemacht.[3] Zivilgesellschaftliche Akteur:innen können sowohl auf der Ebene der Ministerialbürokratie als auch in den Ausschüssen des Bundestages an der Gesetzgebung beteiligt werden. Damit wird eine Partizipationsmöglichkeit, ein Zugang zum Recht geschaffen, weil direkt auf entstehendes Recht eingewirkt werden kann. Allerdings wird dem Staat ein weiter Ermessensspielraum hinsichtlich des Umfangs der Beteiligung eingeräumt, was in der Praxis zu vielfältigen Problemen geführt hat. Dieser Beitrag setzt hier an und wägt dabei Vorteile und Risiken einer Beteiligung ab, um im Anschluss Leitlinien für ein neues Regelungssystem zu entwerfen.

II. Die Zivilgesellschaft und die Bezüge zum Lobbyismus

1. Konzeption der Zivilgesellschaft

Weitreichenden Einfluss auf das Konzept der Zivilgesellschaft, wie wir sie heute verstehen, hatte die Forschung von *Alexis de Tocqueville*.[4] Dieser nutzte zwar nicht den Begriff der Zivilgesellschaft, sondern sprach von Assoziationen und Zusammenschlüssen,[5] beschreibt aber aus der Perspektive der USA im 19. Jahrhundert die Verflechtungen von Staat und Zivilgesellschaft. Im Fokus stand dabei die Dynamik der Zivilgesellschaft und ihre Auswirkungen auf die Demokratie.[6] In diesem Zusammenhang stellte er heraus, dass Menschen ein starkes Bedürfnis haben, ihre individuelle Schwäche durch Assoziationen zu kompensieren.[7] In Assoziationen lernen Bürger:innen die Fähigkeit der Selbstorganisationen sowie Meinungen zu bündeln und Verfahren einzuhalten, um gemeinsam ein Ziel zu

---

keit von „Change.org“ auf, vgl. *taz*, https://taz.de/Changeorg-verliert-Gemeinnuetzigkeit/!5755008/ (letzter Aufruf am 30.3.2021).

2 Vgl. *Worschech*, in: Stegbauer/Clemens (Hrsg.), Corona-Netzwerke, 2020, S. 233.

3 *Horn*, in: Isensee/Kirchhof (Hrsg.), HdbStR, 3. Auflage, 2005, S. 357-387; *Voßkuhle*, in: *Isensee/Kirchhof*, HdbStR, 3. Auflage, 2005, S. 425-475.

4 Vgl. ausführlich *Llanque*, in: Gosewinkel/Reichardt (Hrsg.), Ambivalenzen der Zivilgesellschaft, 2004, S. 42-52.

5 *De Tocqueville,* Über die Demokratie in Amerika, 1985, S. 248.

6 *De Tocqueville* (Fn. 5), S. 252-253.

7 *De Tocqueville* (Fn. 5), S. 250.

erreichen.[8] Damit greift schon *de Tocqueville* zentrale Stärken der Zivilgesellschaft auf. Dies prägt die Diskussion heute noch, wenn auch Begriff und Konzeption sich seitdem verändert haben. Die Zivilgesellschaft ist heterogener geworden, die Bandbreite an Themen stark gewachsen. Unter anderem deshalb ist der Begriff der Zivilgesellschaft auch schwer zu fassen.[9] Um sich der Thematik umfassend annehmen zu können, begreift dieser Beitrag den Begriff als einen, der alle organisierten Akteur:innen umfasst, die zwischen der staatlichen und gesellschaftlichen Sphäre zu verorten sind.[10]

2. *Lobbyismus*

Der Terminus Lobbyismus ist dagegen meist negativ konnotiert.[11] Warum dies so ist, zeigt die aktuelle Korruptionsaffäre eindrücklich auf.[12] Hinzu kommt, dass die Lobbystrategien vielfältig sind und Treffpunkte wie gemeinsame Abendessen, Podiumsdiskussionen oder nicht öffentliche Anhörungen umfassen.[13] Die Verhaltensweisen zur Beeinflussung sind nicht minder komplex: Diese reichen von dem Abgeben einer Stellungnahme über das Ausformulieren eines vollständigen Gesetzesentwurfs bis hin zur Inaussichtstellung von Vor- oder Nachteilen.[14] Diese Bandbreite informeller Handlungen sowie die Vielzahl an Skandalen führt zu viel Raum für Spekulationen.[15] Forderungen zur Regulierung des Lobbyismus beschränken sich deshalb auch zumeist darauf, den Einfluss von Lobbyismus durch ein Lobbyregister oder die Verankerung des legislativen Fußabdrucks zu

---

8 *De Tocqueville* (Fn. 5), S. 250.

9 *Wehrmann*, in: Willems/Zimmer/Kleinfeld (Hrsg.), Lobbying, 2007, S. 36 (38-40); *Kohler-Koch*, in: Kohler-Koch/Quittkat (Hrsg.), Die Entzauberung pertizipativer Demokratie, 2011, S. 48-73.

10 Zu Akteur:innen auch *Rossi*, in: Kloepfer (Hrsg.), Gesetzgebungsoutsourcing, 2011, S. 25 (36-40). Vgl. umfassend *Hugo*, Vernehmlassung, 2017, S. 83-92.

11 *Risse*, in: Kloepfer (Hrsg.), Gesetzgebungsoutsourcing, 2011, S. 109 (111).

12 *Süddeutsche Zeitung*, https://www.sueddeutsche.de/politik/cdu-nebentaetigkeiten-nuesslein-loebel-1.5230180 (letzter Aufruf am 30.3.2021).

13 *Piechaczek*, Lobbyismus im Deutschen Bundestag, 2014, S. 17-18. Ein anschauliches Beispiel liefert *Hinrichs*, in: Leif/Speth (Hrsg.), Die fünfte Gewalt, 2006, S. 88 (90-97).

14 *Piechaczek* (Fn. 13), S. 18.

15 *Piechaczek* (Fn. 13), S. 19

verringern.[16] Dieser Beitrag nimmt eine andere Perspektive ein, indem er den formellen Lobbyismus,[17] also die Beteiligung im Gesetzgebungsprozess in den Blick nimmt, ohne damit die Notwendigkeit einer Regulierung des informellen Lobbyismus zu negieren.[18] Häufig wird übersehen, dass Lobbyismus nicht nur Wirtschaftslobbyismus meint, sondern eine ganze Reihe von Themen in den politischen Diskurs eingebracht werden. Dies zeigt etwa der Einfluss des Lesben- und Schwulenverband in Deutschland (LSVD) auf das sog. Adoptionshilfegesetz, bei dem die Belange nicht-heterosexueller Paare zunächst nicht mitbedacht wurden,[19] worauf der LSVD im Gesetzgebungsprozess aufmerksam machte.[20] Neuere Studien legen aber nahe, dass bestimmte Interessengruppen wie die Pharmaindustrie oder die Autolobby mehr Einfluss haben als etwa Naturschutzverbände.[21]

3. Verhältnis von Parteien und Zivilgesellschaft

Es ließe sich einwenden, dass der Dialog zwischen Gesellschaft und Staat den Parteien obliegt. Das ist nicht zutreffend, weil den Parteien in Art. 21 GG nur eine *Mit*wirkung zugeschrieben wird, ihnen gerade keine Monopolstellung eingeräumt wird[22] und demnach Raum für andere Akteur:innen bleibt. Ausgefüllt wird dieser Raum vor allem von zivilgesellschaftlichen Gruppen wie Verbänden, Vereinen, Gewerkschaften,[23] aber auch der Presse oder einzelnen Bürger:innen.[24] Die Verfassung räumt daher sowohl den Parteien als auch den zivilgesellschaftlichen Organisationen einen

---

16 *Roßkopf*, Lobbyismus im Bundestag im Lichte eines Compliance Management Systems, 2020. Weitergehender dagegen *Michaelis*, Regulierung des Lobbyismus, 2018, S. 251-294.

17 Zur Abgrenzung zwischen formellen und informellen Lobbyismus: *Wehrmann* (Fn. 9), S. 50-52. Anders wohl Dederer, der nur die informelle Einflussnahme einbeziehen will, vgl. *Dederer*, Korporative Staatsgewalt, 2004, S. 84-85.

18 *Michaelis* (Fn. 16), S. 41.

19 *Kappler/Werner*, Adoptionen in nicht-heterosexuellen Partnerschaften: Verschlechterung der Situation durch neues Adoptionshilfegesetz, https://www.juwiss.de/17-2020/ (letzter Aufruf am 30.3.2021).

20 Siehe Stellungnahme des LSVD, https://www.lsvd.de/de/ct/1562-referentenentwurf-eines-adoptionshilfe-gesetzes (letzter Aufruf am 30.3.2021).

21 Vgl. u.a. „Ungleiches Terrain, https://www.finanzwende.de/fileadmin/user_upload/Lobbyreport_Finanzwende.pdf (letzter Aufruf am 30.3.2021).

22 BVerfGE 85, 264 (284).

23 *Bull*, Die Krise der politischen Parteien, 2020, S. 18.

24 *Streinz*, in: Mangoldt/Klein/Starck, GG, 7. Aufl. 2018, Art. 21 Rn. 76.

Platz in der politischen Willensbildung ein.[25] Gleichzeitig aber muss auch berücksichtigt werden, dass in der Verfassung nur die Parteien, nicht aber die zivilgesellschaftlichen Akteur:innen einen hervorgehobenen Status haben. Das verdeutlicht eine Schlüsselrolle der Parteien in der Kommunikation zwischen Bürger:innen und Staat[26], deren zentrale Aufgaben es ist, den politischen Willensbildungsprozess zu strukturieren und auf einen gemeinsamen Nenner zu bringen.[27] Der Vorteil der Zivilgesellschaft besteht darin, dass sie sich konzentriert einem Anliegen zuwenden kann, etwa dem Klimaschutz oder der Migrationspolitik, während eine Stärke der Parteien ist, dass sie die Gemeinwohlverpflichtung aufrechterhalten und deshalb unter verschiedenen Interessen abwägen müssen.[28] Es ist nicht zu übersehen, dass sich Engagement wandelt und mindestens Tendenzen erkennen lassen, dass es sich von den Parteien in die Zivilgesellschaft verschiebt. Dies deuten sinkende Mitgliederzahlen auf der einen Seite, die Vielzahl zivilgesellschaftlicher Akteur:innen und die vielen unterschiedlichen Aktionsformen auf der anderen Seite an. Gerade deshalb muss das Verhältnis von Parteien und zivilgesellschaftlichen Akteur:innen so begriffen werden, wie es die Verfassung in Art. 21 I GG vorsieht, nämlich als sich ergänzende Akteur:innen in der politischen Willensbildung. Die Chance besteht also gerade darin, die Einbeziehung der Akteur:innen als Gewinn zu sehen, ohne dabei die Unterschiede außen vor zu lassen.

III. Privilegierter Zugang zu Recht im Gesetzgebungsverfahren

1. Die Debatte um die Beteiligung der Zivilgesellschaft im Gesetzgebungsverfahren

Dennoch gibt es Argumente für und gegen eine Beteiligung der Zivilgesellschaft, die bereits seit geraumer Zeit ausgetauscht werden. Diese Argumente sollen im Fortgang vor allem genutzt werden, um aufzuzeigen, dass die weiten Ermessenspielräume dazu führen, dass regelmäßig weder

---

25 Anders wohl *Hugo* (Fn. 10), S. 86-87, die den Unterschied unter anderem darin sieht, dass Parteien von Verfassung wegen an der politischen Willensbildung mitwirken.

26 Vgl. nur *Bull* (Fn. 23), S. 33; *Towfigh*, Das Parteien-Paradox, 2015, S. 85; *Rossi* (Fn. 10), S. 73-74.

27 *Bull* (Fn. 23), S. 33-34.

28 *Langguth*, in: Enquete-Kommission (Hrsg.), Bürgerschaftliches Engagement, 2003, S. 177 (182).

die von dem bisherigen Schrifttum diskutierten Vorteile vollumfänglich wahrgenommen noch die Risiken eingedämmt werden.

Für die Beteiligung zivilgesellschaftlicher Akteur:innen spricht zunächst, dass sie Expertise in den Gesetzgebungsvorgang einbringen.[29] Gesetzgebung ist häufig von Informations- und Wissensdefiziten des Gesetzgebers geprägt.[30] Diese Defizite werden im Gesetzgebungsverfahren auch durch die Beteiligung von privaten Akteur:innen aufgefangen.[31] Vorrangig werden Sachverständige eingeladen, um diese Defizite auszugleichen. Allerdings bringen auch zivilgesellschaftliche Akteur:innen Expertise ein.[32] Da sich zivilgesellschaftliche Akteur:innen regelmäßig auf einzelne Themenbereiche fokussieren, können sie sich einerseits Expert:innenwissen aneignen.[33] Aufgrund ihrer Nähe zu Betroffenen verfügen sie zudem über einen Einblick in die faktischen Gegebenheiten[34] und haben unter Umständen auch Informations- und Datenmaterial, welches sie dem Staat zur Verfügung stellen können.[35] Eine trennscharfe Abgrenzung zwischen Sachverständigen und Interessenvertretung ist daher nicht möglich.[36] Gleichzeitig erfolgt aber auch eine gewisse Kanalisierung des Willensbildungsprozesses.[37] Die Vielzahl von Meinungen in der Gesellschaft kann durch zivilgesellschaftliche Akteur:innen gebündelt werden, was den Prozess vereinfacht und optimiert.[38] Zudem erfolgt ein doppelter Interessenausgleich, nämlich einmal zwischen den zivilgesellschaftlichen Akteur:innen untereinander, aber auch zwischen der Zivilgesellschaft und dem Staat.[39] Hinzu kommt, dass durch Beteiligung von zivilgesellschaftlichen Akteur:innen die Akzeptanz für Gesetzesvorhaben steigt und die Beteilig-

29 *Conradi,* Die Mitwirkung außerstaatlicher Stellen beim Erlaß von Rechtsverordnungen, 1962, S. 20-21; *Dederer* (Fn. 17), S. 98-100; *Mehde*, AöR 127 (2002), 655.

30 *Calliess*, in: Botha/Steiger/Schaks (Hrsg.), Das Ende des repräsentativen Staates, 2016, S. 51 (56); *Mehde*, AöR 127 (2002), 655 (666). Vgl. zum Staat als ein Staat des rationalen Wissens: *Fassbender*, in: Isensee/Kirchhof, HdbStR IV, 3. Aufl. 2005, S. 244-259.

31 Zur Verteilung von Wissen: *Fassbender* (Fn. 30), S. 248.

32 *Hugo* (Fn. 10), S. 109-111.

33 *Graser*, in: Falk/Glaab/Römmele (Hrsg.), Handbuch Politikberatung, 2016, S. 39 ff. (44).

34 *Schulze-Fielitz,* Theorie und Praxis parlamentarischer Gesetzgebung, 1988, S. 281.

35 *Schulze-Fielitz* (Fn. 34), S. 281.

36 *Voßkuhle* (Fn. 3); *von Bogdandy,* Gubernative Rechtsetzung, 2000, S. 405; *Münkler,* Expertokratie, 2020, S. 100-101; *Conradi* (Fn. 29), S. 71.

37 *Schulze-Fielitz* (Fn. 34), S. 280-281.

38 Vgl. *Hugo* (Fn. 10), S. 111.

39 *Conradi* (Fn. 29), S. 22-24; *Hugo* (Fn. 10), S. 112-114.

ten das Gesetz selbst akzeptieren.[40] Zurecht wird aber darauf hingewiesen, dass nicht die inhaltliche Akzeptanz im Vordergrund steht. Es ist nicht zu erwarten, dass Akteur:innen, die mit Interessen betraut werden, die einem Gesetzesvorhaben zuwiderlaufen, nur deshalb zu Befürworter:innen werden, weil sie im Verfahren angehört werden. Allerdings liegt nahe, dass zumindest die Verfahrensakzeptanz gestärkt wird.[41] Denn wenn klar ist, *dass* verschiedene Interessen einbezogen werden, *welche* berücksichtigt wurden, *welche* Motive das Gesetzgebungsvorhaben leiten, und wie Kompromisse zustande kommen, dürfte es leichter sein, das Ergebnis zu akzeptieren.[42] Zentrale Stärke der Einbindung der Zivilgesellschaft ist, dass Bürger:innen in die politischen Entscheidungsfindungsprozesse integriert werden, wenn auch durch die mittelnde Instanz der Interessenvertreter:innen.[43] Dadurch wird eine Vielfalt von Interessen und Meinungen abgebildet, die durch Parteien allein nicht gewährleistet werden kann.[44] Letztlich erfüllt die Beteiligung zivilgesellschaftlicher Akteur:innen auch eine Kontrollfunktion im inneren Gesetzgebungsverfahren.[45]

Diese Argumente werden gewichtiger, je deutlicher Probleme der Repräsentation zutage treten. Denn die repräsentative Demokratie steht vor vielfältigen Herausforderungen,[46] wobei vor allem die Unterrepräsentation marginalisierter Gruppen in den Fokus gerückt ist.[47] Hinzu kommt, dass die Parteien an Mitgliederzahlen verlieren[48] und eine gewisse Politikverdrossenheit nicht von der Hand zu weisen ist, unter anderem, weil viele Menschen glauben, keinen Einfluss zu haben.[49] Eine stärkere Einbindung der Zivilgesellschaft bietet jedenfalls eine Teillösung für diese Herausforderungen.

---

40 *Hugo* (Fn. 10), S. 111.

41 Vgl. *Ziekow*, in: Botha/Steiger/Schaks (Hrsg.), Das Ende des repräsentativen Staates, 2016, S. 311 (321).

42 *Calliess* (Fn. 30), S. 73; *Hugo* (Fn. 10), S. 111-112.

43 *Hugo* (Fn. 10), S. 114. Vgl. ausführlich zur Notwendigkeit der Vermittlung zwischen Bürger:innen und Staat sowie zu alternativen Vermittler:innen auch *Bull* (Fn. 23), S. 17-19.

44 Vgl. nur *Stolleis*, VVDStrL 1986, 7 (20-21); *von Bogdandy* (Fn. 36), S. 71.

45 *Conradi* (Fn. 29), S. 21; *Dederer* (Fn. 17), S. 106.

46 *Calliess* (Fn. 30), S. 51–74.

47 *Röhner*, Ungleichheit und Verfassung, 2019, S. 334; *Karpen*, in: Mehde/Seckelmann (Hrsg.), Zum Zustand der repräsentaiven Demokratie, 2017, S. 21 (28).

48 *Bull* (o. Fn. 23).

49 Vgl. Studie der Otto-Brenner-Stiftung aus dem Jahr 2018, S. 35, https://www.otto-brenner-stiftung.de/fileadmin/user_data/stiftung/02_Wissenschaftsportal/03_Publikationen/AH96_Nachwendegeneration.pdf (letzter Aufruf am 30.3.2021).

Klar ist aber auch, dass auch die Gefahren der Einbindung der Zivilgesellschaft nicht außer Acht gelassen werden dürfen. In diesem Zusammenhang sei zunächst herausgestellt, dass die Beteiligung der Zivilgesellschaft nicht per se die Demokratie stärkt.[50] Denn es gibt durchaus zivilgesellschaftliche Interessengruppen, die sich für antipluralistische oder sogar verfassungsfeindliche Ziele einsetzen. Dies lässt sich etwa an den Beispielen „PEGIDA" oder der aktuellen Diskussion um die staatliche Förderung eines antifeministischen Vereins erahnen.[51] Eng damit zusammen hängt die Befürchtung, dass durch die stärkere Beteiligung die Legitimation des Parlaments ausgehöhlt wird, weil bedeutende Entscheidungen bereits in einem sehr frühen Stadium unter starkem Einfluss von zivilgesellschaftlichen Akteur:innen getroffen werden könnten.[52] Problematisch ist es auch, wenn nur organisierte und durchsetzungsstarke Interessen Gehör finden und damit andere Interessen untergehen.[53] Das kann an zwei Gründen liegen: Zum einen gibt es Interessen, bei denen Betroffene sich nur selten zusammenschließen, wie das etwa bei obdachlosen Menschen der Fall ist. Es ist aber auch deshalb ein gewichtiger Einwand, weil die Durchsetzbarkeit der Interessen in einem nicht unerheblichen Maße vom finanziellen und auch personellen Leistungsvermögen der Akteur:innen abhängig ist.[54] Eine weitere damit zusammenhängende Gefahr wird darin gesehen, dass die Gesetzgebungsvorhaben sich zunehmend vorrangig an Sonderinteressen und nicht mehr am Gemeinwohl orientieren würden.[55] Und zuletzt wird noch darauf hingewiesen, dass sich der Gesetzgebungsprozess durch eine umfangreiche Beteiligung von zivilgesellschaftlichen Akteur:innen verlangsamen würde.[56] Denn je vielfältiger die Thematik ist, desto aufwendiger und komplizierter wird auch der Vorgang der Rechtsetzung.[57]

---

50 *Graf Strachwitz*, in: Kordesch/Wieland/Ebertz (Hrsg.), Die Arbeit der Zivilgesellschaft, 2019, S. 19 (27).

51 *taz*, https://taz.de/Haushalt-des-Frauenministeriums/!5737409/; https://www.spiegel.de/politik/deutschland/frauenministerium-blockiert-foerderung-von-antifeministischem-verein-a-532e23bd-2e85-4c92-aab4-f9bd555a2831 (letzter Aufruf am 30.3.2021).

52 *Huber*, Staat und Verbände, 1958, S. 19; *Ziekow* (Fn. 41), S. 325; *Hugo* (Fn. 10), S. 119. Für die supranationale Ebene auch: *Eising*, in: Becker/Lippert (Hrsg.), Handbuch Europäische Union, 2020, S. 686.

53 *Michaelis* (Fn. 16), S. 245; *Hugo* (Fn. 10), S. 115.

54 *Von Bogdandy* (Fn. 36), S. 33.

55 *Burgi*, in: Isensee/Kirchhof (Hrsg.), HdbStR IV, 3. Auflage, 2005, S. 205 (234-235).

56 *Hugo* (Fn. 10), S. 121.

57 Vgl. *von Bogdandy* (Fn. 36), S. 25.

Trotz dieser Vielzahl an Gefahren hat der Staat sich bereits vor langer Zeit und auch im derzeit geltenden Recht dafür entschieden, den Interessenverbänden einen privilegierten Zugang zum Recht einzuräumen.

2. *Historische Grundzüge*

So hat die Zusammenarbeit zwischen Verbänden und dem Staat im Gesetzgebungsprozess eine lange Tradition und kann bis in die Zeit des Deutschen Reiches zurückverfolgt werden.[58] Bereits in dieser Zeit konnte einer Verfestigung der Organisationsstrukturen beobachtet werden.[59] Diese Zusammenarbeit setzte sich auch nach dem Ersten Weltkrieg fort. In dieser Zeit wurden die Verbände in der Weimarer Reichsverfassung konstitutionell verankert, indem den Deutschen in Art. 124 WRV das Recht eingeräumt wurde, Vereine oder Gesellschaften zu bilden und in Art. 159 die Vereinigungsfreiheit garantiert wurde. Schon zu dieser Zeit wurden Verbände auf der Ebene der Ministerialbürokratie angehört.[60] 1924 wurde die Beteiligung der Verbände dann in § 27 der Gemeinsamen Geschäftsordnung geregelt. Die Vertretungen der Fachkreise mussten *möglichst* an der Vorbereitung von Gesetzen beteiligt werden. Zeitpunkt, Umfang und Auswahl blieben aber im pflichtgemäßen Ermessen der Ministerien.[61] In der aus dem Jahr 1958 stammenden Nachfolgeregelung wurde es auch in das Ermessen der Ministerien gestellt, ob sie überhaupt Fachkreise beteiligen wollen.[62] Faktisch wurden gerade in dieser Zeit Verbände, vor allem Großverbände, in die staatliche Entscheidungsfindung verstärkt eingebunden.[63]

3. *Derzeit geltendes Recht*

Auch in der Folgezeit wurde diese Konzeption nicht aufgegeben: In den derzeit geltenden Normen zur Beteiligung wird den staatlichen Institutio-

---

58 *Fischer*, in: Varain (Hrsg.), Interessenverbände in Deutschland, 1973, S. 139-161.
59 *Kleinfeld*, in: Winter/Willems (Hrsg.), Interessenverbände in Deutschland, 2007, S. 51 (53-56).
60 *Lösche*, Verbände und Lobbyismus in Deutschland, 2007, S. 29-30.
61 Vgl. ausführlich zur Interessenvertretung in der Weimarer Republik *Böhret*, in: Varain (Hrsg.), Interessenverbände in Deutschland, 1973, S. 216-227.
62 Ausführlich *Hugo* (Fn. 10), S. 293.
63 Vgl. *Lösche* (Fn. 60), S. 107; *Michaelis* (Fn. 16), S. 37.

nen grundsätzlich das Ermessen eingeräumt, ob und in welchem Umfang sie zivilgesellschaftliche Akteur:innen an der Gesetzgebung beteiligen. Das Grundgesetz gibt nur einen rudimentären Rahmen für das Gesetzgebungsverfahren in Art. 76 und Art. 77 GG vor. Näher ausgestaltet wird dieses Verfahren vor allem in der Geschäftsordnung des Bundestages (GOBT) und der Gemeinsamen Geschäftsordnung der Bundesministerien (GGO).[64] Diese beiden Möglichkeiten müssen differenziert betrachtet werden, da die Normen unterschiedliche Stadien der Beteiligung erfassen und sich dadurch spezifische Probleme ergeben.

a) Beteiligung bei der Erarbeitung des Gesetzesentwurfs durch die Bundesministerien

Von Bedeutung ist zunächst, dass Gesetzesinitiativen regelmäßig von der Bundesregierung ausgehen.[65] In diesem Fall erarbeitet das federführende Bundesministerium einen Referentenentwurf.[66] Sollte der Gesetzesentwurf die Belange der Länder und Kommunen berühren, sollen kommunale Spitzenverbände eingebunden werden – hierbei handelt es sich aber nicht um die Einbindung der Zivilgesellschaft, weil kommunale Spitzenverbände Zusammenschlüsse von kommunalen Gebietskörperschaften sind, die der Sphäre des Staates zuzuordnen sind. Erst durch § 47 Abs. 3 GGO werden die Interessen zivilgesellschaftlicher Akteur:innen in den Gesetzgebungsprozess eingebunden – dies ist ein obligatorischer Zwischenschritt bei der Erstellung des Gesetzesentwurfs durch die Bundesregierung.[67] Dabei stehen Zeitpunkt und Umfang der Beteiligung sowie die Auswahl der Beteiligten allerdings im Ermessen des federführenden Bundesministeriums. Zu beachten ist ferner, dass diese Möglichkeit der Beteiligung entfällt, wenn die Gesetzgebungsinitiative nicht von der Bundesregierung ausgeht.

---

64 Eine spezialgesetzlich geregelte Anhörungspflicht regelt § 118 BBG, der hier aber außer Betracht bleiben soll, weil er nur einen Bruchteil der Gesetzesvorgaben erfasst. Dazu *Hugo* (Fn. 10), S. 309-312. Zur historischen Perspektive: *Ammermüller*, Verbände im Rechtsetzungsverfahren, 1971.

65 Vgl. *Michaelis* (Fn. 16), S. 41.

66 Umfassend *Mengel*, Gesetzgebung und Verfahren, 1997, S. 24-26.

67 *Hugo* (Fn. 10), S. 316.

b) Beteiligung im Bundestag

Wird eine Gesetzgebungsvorlage in den Bundestag eingebracht, richtet sich das weitere Verfahren nach der GOBT. Zentral im Gesetzgebungsprozess ist die Ausschussarbeit,[68] hier findet auch die Bearbeitung der Gesetzesentwürfe statt.[69] Die Ausschüsse sind nach den Kräfteverhältnissen im Bundestag besetzt.[70] Nach § 70 GOBT können in diesem Rahmen auch Interessenvertreter:innen angehört werden.[71] In diesen Fachausschüssen bleiben die Gesetzesentwürfe selten unverändert,[72] was zunächst einmal darauf hindeutet, dass der Einfluss von Interessenverbänden hier groß ist.[73] Nicht übersehen werden darf aber auch, dass die ersten und grundlegenden Weichen auf der Ministerialebene getroffen werden.[74] Gerade deshalb ist relevant, dass auch in § 47 GGO die Auswahl der Beteiligten sowie Zeitpunkt und Umfang der Beteiligung im Ermessen des Ausschusses verbleibt.

4. Problemlagen

Im folgenden Abschnitt soll aufgezeigt werden, dass diese weiten Ermessensspielräume dazu führen, dass der Staat weder die Potentiale der Beteiligung der Zivilgesellschaft ausschöpft noch die Gefahren eindämmt, die mit der Beteiligung einhergehen.

a) Zentrale übergreifende Konfliktlagen

Zunächst ist herauszustellen, dass Expertise verloren geht, wenn nicht alle Betroffenen einbezogen werden. Schon dadurch wird ein wichtiges Potential zivilgesellschaftlicher Beteiligung nicht vollumfänglich wahrgenommen. Zudem kann es auch dazu führen, dass sich häufiger handwerkliche Fehler einschleichen. Dieses Problem verfestigt sich auch durch die

---

68 *Bülow*, in: Benda/Maihofer/Vogel (Hrsg.), Handbuch Verfassungsrecht, 1983, § 30 Rn. 47.
69 *Dhungel/Linhart*, Zeitschrift für Parlamentsfragen 2014, 743.
70 *Moench*, Verfassungsmäßigkeit der Bundestagsausschüsse, 2017, S. 73.
71 *Bülow* (Fn. 68), § 30 Rn. 48.
72 *Dhungel/Linhart*, Zeitschrift für Parlamentsfragen 2014, 743.
73 *Moench* (Fn. 70), S. 76-77.
74 Vgl. *Michaelis* (Fn. 16), S. 42.

teilweise sehr kurzen Stellungnahmefristen.[75] Die Fristen zur Stellungnahme liegen im Ermessen der staatlichen Institutionen, was teilweise dazu führt, dass es zu Fristen von wenigen Tagen kommen kann.[76] Solche Fristen blenden aus, dass viele zivilgesellschaftliche Akteur:innen auf Ehrenamtliche angewiesen sind und es für diese nur schwer realisierbar ist, in wenigen Tagen eine Stellungnahme abzugeben. Ferner ist unter diesen Umständen auch eine vernünftige und gewinnbringende Auseinandersetzung nicht immer gewährleistet. Dies konterkariert den Zweck der Beteiligung, zugleich werden Ressourcen sowohl auf der Seite des Staates als auch der zivilgesellschaftlichen Akteur:innen nicht effektiv eingesetzt.

Das Kernproblem der derzeitigen Beteiligung ist die intransparente Auswahl der zivilgesellschaftlichen Akteur:innen. Denn dadurch wird die Möglichkeit der gesteigerten Akzeptanz für Gesetzesvorhaben nicht hinreichend genutzt. Dies liegt auch daran, dass dadurch der Eindruck gefördert wird, dass es sich größtenteils um Wirtschaftslobbyismus handelt. Da Studien zeigen, dass dies auch nicht von der Hand zu weisen ist, wird die Gefahr potenziert, dass durchsetzungsstarke Interessen auch verstärkt berücksichtigt werden. Hinzu kommt, dass bereits dadurch, dass der Staat bei der Auswahl der Beteiligten frei ist und es gerade keinen Pool an potentiellen Interessierten oder einen Aufruf zur Beteiligung gibt, eine gewisse Fokussierung auf durchsetzungsstarke Interessen nahe liegt und andere Interessen ausgeklammert werden könnten.[77]

Einer Aushöhlung des Parlaments wird schon dadurch vorgebeugt, dass es das Parlament ist, das die Letztentscheidung trifft.[78] Kern des Problems ist also vielmehr die befürchtete faktische Einflussnahme und Beeinflussung der staatlichen Entscheidung. Problematisch ist dahingehend vor allem, dass der Entscheidungsprozess nicht offengelegt wird. Ein legislativer oder exekutiver Fußabdruck wird von der Regierung verhindert, was bedeutet, dass es keinerlei Dokumentation gibt, inwieweit Interessenvertreter:innen an der Erstellung von Gesetzesvorhaben beteiligt waren. Zudem werden Alternativen zu einem Gesetzesentwurf nicht in transparenter Form diskutiert, sondern im Entwurf lapidar darauf hingewiesen, dass es keine Alternativen gebe. Wenn der Staat offenlegen würde, wer an einem

---

75 *Brouwer*, Corporate Compliance Zeitschrift 2019, 2 (5).

76 Eine eindrückliche Schilderung der Problematik findet sich in einem Brief von 15 zivilgesellschaftlichen Akteur:innen inklusive einer Beispielslisten mit Gesetzesvorhaben, vgl. https://gi.de/meldung/offener-brief-ausreichende-fristen-fuer-ver baendebeteiligung (letzter Aufruf am 30.3.2021).

77 *Michaelis* (Fn. 16), S. 245; *Hugo* (Fn. 10), S. 116.

78 *Jestaedt*, Demokratieprinzip und Kondominialverwaltung, 1993, S. 43-46.

Gesetzesvorhaben mitgewirkt hat, welche Alternativen erwogen wurden und warum er sich gerade für diese Lösung entschieden hat, wird der Spielraum für Spekulationen, wer die Entscheidungen letztendlich trifft, verkleinert.

Übrig bleibt damit vor allem das Gegenargument, dass der Gesetzgebungsprozess verlangsamt wird. Dem ist zuzugestehen, dass mehr Ressourcen benötigt werden je umfangreicher das Gesetzgebungsverfahren ist und je mehr Interessen beteiligt werden. Und auch eine verlängerte Frist würde den Prozess verzögern. Es muss aber auch beachtet werden, dass es schon jetzt durchaus nicht wenige Gesetzgebungsvorhaben gibt, bei denen umfassend zivilgesellschaftliche Akteur:innen beteiligt wurden, ohne dass die Verlangsamung in der Debatte eine Rolle gespielt hat.[79] Ferner kann die Verlangsamung durch effiziente Abläufe vermindert werden.

b) *Besondere Konfliktlagen bei der Beteiligung durch die Bundesministerien*

In der Debatte häufig außer Acht gelassen wird, dass sich die Konfliktlagen zwar ähneln, nicht aber vollständig deckungsgleich sind und deshalb eine differenzierte Betrachtung notwendig ist. Dies liegt vor allem daran, dass die Einflussmöglichkeit in dem früheren Stadium der Gesetzesvorbereitung bei den Ministerien als erfolgsversprechender eingestuft wird.[80] Umgekehrt bedeutet dies, dass Anhörungen im Bundestag zumeist nicht als besonders vielversprechend bewertet werden, weil die Änderung eines bereits vollständig ausgearbeiteten und eingebrachten Entwurfs als nicht aussichtsreich erachtet wird. Dies bewirkt ein verstärktes Interesse, möglichst frühzeitig und auch außerhalb des formellen Gesetzgebungsverfahrens Einfluss auf die politische Entscheidungsfindung zu nehmen. Gerade deshalb ist ein Lobbyregister, welches es ermöglicht, den informellen Lobbyismus zu beleuchten, unerlässlich – weswegen die jüngst beschlossene Einführung eines solchen Registers zu begrüßen ist.[81]

Ein weiterer Baustein könnte aber auch sein, den formellen Lobbyismus zu stärken und die Einflussnahme effektiv und transparent auszugestalten und damit Anreize zu schaffen, Einfluss im formellen Gesetzgebungsver-

---

79 Einen Einblick auf Ministerialebene bietet etwa das Beteiligungsverfahren beim Gesetz zu Hasskriminalität, https://www.bmjv.de/SharedDocs/Gesetzgebungsverfahren/DE/Bekaempfung_Rechtsextremismus_Hasskriminalitaet.html (letzter Aufruf am 30.3.2021).

80 *Rossi* (Fn. 10), S. 45.

81 BT-Drs. 19/22179.

fahren zu nehmen. Die zweite Besonderheit liegt in einem grundlegenden Unterschied zwischen Bundesministerien und Parlament: Während Bundesministerien nur von einer Partei geführt werden, wird im Parlament schon aufgrund der verschiedenen Fraktionen ein Mehr an Pluralismus hergestellt. Hinzu kommt, dass häufig verschiedene Ausschüsse an Gesetzesentwürfen beteiligt sind und auch deshalb verschiedene Interessen in den Prozess einfließen.[82]

IV. Überlegungen de lege ferenda für ein extensiveres Regelungssystem

1. Keine verfassungsrechtliche Pflicht der Beteiligung

Angesichts des gesetzlich vorgesehenen privilegierten Zugangs der Zivilgesellschaft im Gesetzgebungsverfahren ist nicht verwunderlich, dass vielfach der Versuch unternommen wurde, eine verfassungsrechtliche Pflicht der Beteiligung der Zivilgesellschaft herzuleiten[83], unter anderem wurde die Pflicht zur optimalen Methodik der Gesetzgebung bemüht.[84] Durchgesetzt haben sich diese Ansätze allerdings nicht.[85] Und auch das Demokratieprinzip ist letztlich zu vage formuliert, um daraus eine Pflicht zu konstruieren.[86] Zwar erscheint es durchaus naheliegend, aus dem Demokratieprinzip in Verbindung mit anderen Vorschriften Pflichten herzuleiten. Überzeugend sind auch Überlegungen, die das Demokratieprinzip auch im Hinblick auf konkrete Exklusionen und Hegemonien analysieren und Denkanstöße für neue Mechanismen zur Überwindung solcher Strukturen geben.[87] Für den Fall der Gesetzgebung gilt aber, dass der innere Gesetzgebungsprozess nur rudimentär verfassungsrechtlich geregelt ist und dies als grundlegende Entscheidung der Verfassung hingenommen werden muss.

---

82 *Moench* (Fn. 70), S. 77.

83 Umfassend: *Hugo* (Fn. 10), S. 127-148.

84 *Schwerdtfeger*, in: Stödter/Thieme (Hrsg.), Hamburg Deutschland Europa, 1977, S. 173-188.

85 *Michaelis* (Fn. 16), S. 204.

86 I.E. *von Bogdandy* (Fn. 36), S. 399; *Hugo* (Fn. 10), S. 148; *Becker*, Kooperative und konsensuale Strukturen in der Normsetzung, 2005, S. 116-117.

87 Vgl. *Röhner* (Fn. 47), S. 258-303.

2. *Leitlinien für die extensivere Regelung*

Dennoch ist es dem Gesetzgeber unbenommen, die Beteiligung von Interessengruppen extensiver zu regeln.[88] Denn eine Verletzung von Verfassungsrecht würde darin nicht liegen, weil weder Art. 21 I GG noch Art. 76 GG betroffen ist. Insbesondere werden die Parteien nicht in ihren Rechten verletzt, wenn andere Akteur:innen im Gesetzgebungsprozess beteiligt werden, weil Art. 21 I GG gerade vorsieht, dass auch andere Akteur:innen bei der politischen Willensbildung mitwirken.[89]

Mit Blick auf die EU hat das Bundesverfassungsgericht deutlich gemacht, dass eine Teilnahme der Zivilgesellschaft und der Bürger:innen geeignet ist, den Legitimationszusammenhang in der repräsentativen Demokratie zu ergänzen, nicht aber ihn zu ersetzen.[90] Zwar sind die Herausforderungen der repräsentativen Demokratie in Deutschland nicht mit denen der Europäischen Union vergleichbar. Dennoch lässt sich daraus das Argument ableiten, dass der Gewinn der verstärkten Einbindung der Zivilgesellschaft darin besteht, diese als Ergänzung der parlamentarischen Demokratie, nicht als Gefahr zu begreifen,[91] gleichzeitig aber die Gefahren der Partizipation ernst zu nehmen und eine ausgewogene Regelung zu schaffen.[92]

a) *Einbindung der Zivilgesellschaft auf der supranationalen Ebene*

Auch wenn ein Blick in andere Länder, beispielsweise in die Schweiz,[93] Südafrika[94] oder in die USA[95], durchaus aufzeigt, dass ein anderes Regelungssystem möglich ist,[96] soll hier die Ebene der Europäischen Union im Fokus stehen. Dies bietet sich an, weil sich die Lobbytätigkeit auf-

---

88 *Von Bogdandy* (Fn. 36), S. 66.

89 BVerfGE 20, 56 (114); 41, 399 (416); 85, 264 (284); *Lenski*, in: Botha/Steiger/Schaks (Hrsg.), Das Ende des repräsentativen Staates, 2016, S. 249 (250); *Neumann*, Volkswille, 2020, S. 271.

90 BVerfGE 123, 267 (369).

91 Ähnlich *von Bogdandy* (Fn. 36), S. 75.

92 *Rossi* (Fn. 10), S. 75.

93 *Hugo* (Fn. 10), S. 150-285.

94 *Botha/Schaks/Steiger*, in: Botha/Steiger/Schaks (Hrsg.), Das Ende des repräsentativen Staates, 2016, S. 17 (27).

95 *Michaelis* (Fn. 16), S. 63-71.

96 Die Übertragung in das deutsche System wäre noch zu prüfen, vgl. *Michaelis* (Fn. 16), S. 63-71.

grund der vielfältigen Kompetenzen der EU zu einem nicht unerheblichen Teil von Berlin nach Brüssel verschoben hat[97] und es für den deutschen Kontext relevant ist, in welcher Weise Lobbyist:innen auf EU-Gesetze einwirken können.[98] Zudem kann auf der supranationalen Ebene ein anderer Ansatz der Einbindung der Zivilgesellschaft beobachtet werden, der für den deutschen Kontext wertvoll sein kann. Der andersartige Ansatz beginnt bereits mit der Verwendung anderer zentraler Begrifflichkeiten, insbesondere der Begriffe der Zivilgesellschaft, des Dialogs und der Konsultation, die weniger negativ behaftet sind als Lobbyismus.[99]

Der Ansatz geht aber über die Verwendung neuartiger Begrifflichkeiten hinaus und verankert die Beteiligung der Zivilgesellschaft primärrechtlich. Die Kommission, die regelmäßig das alleinige Initiativrecht zur Gesetzgebung hat, ist nämlich durch Art. 11 Abs. 3 EUV verpflichtet, einen offenen und transparenten Dialog mit repräsentativen Verbänden und der Zivilgesellschaft zu führen.[100] Der zweite zentrale Punkt ist die stärkere Formalisierung des Beteiligungsprozesses. Die EU hat diesen Prozess nämlich in dem *Protokoll über die Anwendung der Grundsätze der Subsidiarität und der Verhältnismäßigkeit* noch weiter formalisiert. Die Kommission hat darüber hinaus mitgeteilt, dass die Konsultationsfrist 12 Wochen beträgt.[101] Die Kommission ist an den Inhalt der Stellungnahmen nicht gebunden, allerdings werden die Stellungnahmen veröffentlicht.

Die Gründe für diesen anderen Ansatz sind vielfältig, aber vor allem in der besonderen Rolle der EU als supranationale Organisation[102] und dort vor allem im Hinblick auf die Defizite in der Ausgestaltung der repräsentativen Demokratie zu suchen. Allerdings überschneiden sich die Gründe der Beteiligung der Zivilgesellschaft auf nationaler und europäischer Ebene doch in erheblicher Weise: Die EU sollte durch die Beteiligung transparenter, nahbarer und demokratischer gestaltet werden.[103] Gleich-

---

97 *Wehrmann* (Fn. 9), S. 54.

98 *Eising* (Fn. 52), S. 687. Zur historischen Perspektive siehe *Hugo* (Fn. 10), S. 348-364.

99 Siehe zu den Anforderungen an den Dialog *Huber*, in: Streinz/Huber (Hrsg.), EUV/AEUV Kommentar, 3. Auflage 2018, Art. 11 EUV, Rn. 14-26.

100 Vgl. zum Verfahren: *Hugo* (Fn. 10), S. 378.

101 Mitteilung der Kommission an das Europäische Parlament, den Rat, den Wirtschafts- und Sozialausschuss und den Ausschuss der Regionen „Intelligente Regulierung in der Europäischen Union" vom 8.10.2010, KOM (2010), 543 endgültig, S. 11.

102 *Hugo* (Fn. 10), S. 348-352.

103 *Kotzian/Quittkat*, in: Dialer/Richter (Hrsg.), Lobbying in der Europäischen Union, 2014, S. 73 (74).

zeitig benötigt die Kommission die Expertise der Zivilgesellschaft und insbesondere einen Einblick in die faktische und rechtliche Lage in den Mitgliedstaaten[104] und die Durchsetzungschancen der Vorschläge sollten verbessert werden – sowohl im Verhältnis der Unionsorgane zueinander als auch im Verhältnis der EU und der Bürger:innen.[105] Durch die extensivere Regelung wollte die EU den Beteiligungsprozess vor allem repräsentativer und strukturierter gestalten und einen kohärenten Rahmen für die Beteiligung schaffen.[106] In der Vergangenheit wurde aber bereits darauf hingewiesen, dass diese Regelungen nicht immer eingehalten werden,[107] die Praxis deutet auch an, dass die Kommission bestimmte Akteur:innen bevorzugt.[108] Gleichzeitig gibt es aber auch Regelungen, die die Gefahren der Einbindung der Zivilgesellschaft eindämmen sollen, vor allem das Transparenz-Register.[109] Studien belegen zwar, dass auch auf der Ebene der EU der Wirtschaftslobbyismus eine große Rolle einnimmt.[110] Neuere empirische Studien weisen aber auch darauf hin, dass die Tatsache, dass wirtschaftliche Interessenorganisationen häufiger Kontakt zu den EU-Organen haben, nicht zwangsläufig dafür spricht, dass diese auch einflussreicher sind, sondern auch andere Interessenorganisationen großen Einfluss auf die Mitgestaltung der EU-Politik haben.[111] Insgesamt ist festzuhalten, dass es auch auf der supranationalen Ebene noch Defizite bei der Beteiligung der Zivilgesellschaft gibt. Dies ist aber insbesondere auf das lückenhafte Lobbyregister und die Nichteinhaltung der Vorschriften, weniger auf die Regelungen über die Beteiligung zurückzuführen. Deshalb können die Regelungen, vor allem aber die Regelungsdichte, als Vorbild für eine neue Herangehensweise auf der nationalen Ebene fungieren.

---

104 *Kohler-Koch*, in: Kohler-Koch/Quittkat (Hrsg.), Die Entzauberung pertizipativer Demokratie, 2011, S. 19 (23).

105 *Hugo* (Fn. 10), S. 349-351 (m.w.N.).

106 Mitteilung der Kommission vom 25. Juli 2001 „Europäisches Regieren – Ein Weißbuch", KOM(2001) 428 endgültig, Amtsblatt C 287 vom 12.10.2001.

107 *Nettesheim*, in: Grabitz/Hilf/Nettesheim (Hrsg.), Recht der EU, 55. EL Januar 2015, Art. 11 EUV Rn. 22.

108 *Franzius*, EuR 2013, 655 (664).

109 Vgl. *Eising* (Fn. 52), S. 691-692.

110 Corporate Europe Observatory, https://corporateeurope.org/sites/default/files/attachments/financial_lobby_report.pdf (letzter Aufruf am 30.3.2021).

111 *Dür/Bernhagen/Marshall*, Comparative Political Studies 48 (2015), 951-983.

b) Grundpfeiler für eine extensivere Regelung

Trotz der herausgearbeiteten Unterschiede sollen übergreifende Überlegungen vorgestellt werden. Es sei aber auch nochmal darauf hingewiesen, dass das Problem auf der Ebene der Bundesministerien dringlicher ist. Der Einfluss ist in einem früherem Stadium erfolgsversprechender, weil dort besser Interessen in einen vernünftigen Austausch gebracht werden können.[112] In der GOBT wiederum könnte klargestellt werden, dass die Entscheidung letztlich beim Parlament verbleiben muss, das Parlament demnach nicht zu einer inhaltsleeren Hülle verkommt.[113] Denn Partizipation indes endet dort, wo eine Mitentscheidung beginnt.[114]

Als Standort für die extensivere Regelung für die Bundesministerien dürften sich die Geschäftsordnungen anbieten. Zwar ist zuzugestehen, dass die staatlichen Institutionen scheinbar Vorbehalte haben, sich selbst zu regulieren. Allerdings wurde schon bei der Diskussion um die Einführung eines Lobbyregisters darauf hingewiesen, dass Regelungen über den inneren Gesetzgebungsvorgang grundsätzlich der Autonomie des Parlaments unterliegen.[115] Dieses Problem stellt sich aber nicht, wenn die Regelung in den Geschäftsordnungen verortet wird.[116]

Inhaltlich sollten folgende Überlegungen leitend sein:

1. Extensiveres Register. Zentraler Ausgangspunkt dieser Überlegungen ist die Etablierung eines extensiveren Registers, in das sich alle Beteiligten, die an Gesetzesvorhaben beteiligt werden wollen, unter Angabe von beispielsweise Expertise und Organisationsform eintragen müssen.

2. Beteiligungspflicht bei Gesetzesvorhaben von nicht unerheblicher Tragweite. Um das Potential der Zivilgesellschaft auszuschöpfen und die Repräsentation zu stärken, ist eine Beteiligungspflicht vonnöten. Durch die Anknüpfung an Gesetzesvorlagen mit nicht „unerheblicher Tragweite" soll eine Überlastung der staatlichen Institutionen vermieden werden. Ausgeschlossen werden soll damit, dass bei jeder redaktionellen Änderung ein umfangreiches Beteiligungsverfahren durchgeführt werden muss. Im Übrigen ist der Begriff restriktiv zu verstehen. Weitergehende Ausnahmen bei Dringlichkeit sind ebenso denkbar, diese müssten aber ebenso restriktiv gehandhabt werden.

112 *Michaelis* (Fn. 16), S. 344.
113 *Mehde*, AöR 127 (2002), 655 (673).
114 *Becker* (Fn. 86), S. 161; *von Bogdandy* (Fn. 36), S. 80.
115 *Sodan*, LKV 2012, 193 (198); *Hoppe*, ZRP 2009, 39 (40).
116 *Hoppe*, ZRP 2009, 39 (40); *Michaelis* (Fn. 16), S. 347.

3. Ausschlussmechanismen: Die Gefahr der antipluralistischen Kräfte wirft die Frage nach Ausschlussmechanismen auf. Das deutsche Recht kennt an zahlreichen Stellen die Anknüpfung an Verfassungsfeindlichkeit, vornehmlich über das Schutzgut der freiheitlichen demokratischen Grundordnung. Dies könnte daher auch hier als erster Anknüpfungspunkt dienen. Dies dürfte sich aber für die meisten Akteur:innen erübrigen, da der Staat bereits die Möglichkeit hat, ein Vereinsverbot nach Art. 9 Abs. 2 GG auszusprechen.[117] Im Sinne der Meinungsvielfalt sollten strengere Voraussetzungen vermieden werden. Erst recht kann nicht ausreichend sein, dass Akteur:innen vom Verfassungsschutz beobachtet werden – anders als im Gemeinnützigkeitsrecht, wo § 51 Abs. 3 AO bestimmt, dass widerlegbar vermutet wird, dass eine Organisation, die vom Verfassungsschutz beobachtet wird, nicht gemeinnützig ist. Ein Beweis, der für betroffene Akteur:innen kaum zu leisten ist. Zudem ist zu beachten, dass das Bundesamt für Verfassungsschutz dem Innenministerium untersteht, sodass das Ministerium eine Einflussmöglichkeit auf die Vorauswahl der Akteur:innen hätte. Dies ist insbesondere problematisch, weil dies auch für Gesetzesvorhaben aus dem Innenministerium gelten würde. Die Lösung ist daher vielmehr in einem umfangreichen und pluralistischen Auswahlprozess zu suchen, indem sich extreme Interessen neutralisieren.

4. Transparentere und pluralistische Auswahl aus Lobbyregister. Unter anderem deshalb ist der ganz zentrale Punkt die transparente und breit gestreute Auswahl der Beteiligten.[118] Ein erster Ansatz ist Anlage 2 der GOBT, die sog. Lobbyliste,[119] ein zweiter Schritt wird nun mit dem Lobbyregister gegangen.[120] Allerdings wird ausschließlich durch ein Lobbyregister keine Offenlegung des Auswahlprozesses bezweckt. Sinnvoller ist es daher, dass die staatlichen Institutionen aus dem Register die Akteur:innen auswählen müssen. Hier muss es weiterhin einen Ermessensspielraum geben, weil z.B. unter mehreren Umweltverbänden ausgewählt werden muss. Dieser Spielraum könnte aber schon durch eine Begründungspflicht abgemildert werden.

5. Frist zur Stellungnahme von vier Wochen. Ein zentraler Punkt bei der Ausgestaltung der Beteiligungsrechte der Zivilgesellschaft sowohl in

117 Vgl. zum weiten Begriff des Vereins: *Roggenkamp,* in: Albrecht/Roggenkamp (Hrsg.), VereinsG, 2014, § 2 VereinsG, Rn. 9-28. Wie weit der Begriff ausgelegt werden kann, zeigt die Entscheidung des BVerwG zum Vereinsverbot für *linksunten.indymedia* eindrücklich: BVerwG, NVwZ-RR 2020, 738 (739).

118 Vgl. *Hugo* (Fn. 10), S. 322-323.

119 *Michaelis* (Fn. 16), S. 216; *Roßkopf* (Fn. 16), S. 137.

120 BT-Drs. 19/22179.

der GGO als auch in der GOBT ist, dass eine Fristenregelung aufgenommen wird. Dabei müssen nicht zwangsläufig die von der EU-Kommission praktizierten 12 Wochen übernommen werden, ein Zeitraum von mindestens vier Wochen erscheint aber angemessen. Dies verlangsamt den Gesetzgebungsprozess in einem verträglichen Maße, zugleich haben die zivilgesellschaftlichen Akteur:innen die Möglichkeit, ihren Prozess zu koordinieren und eine ernsthafte inhaltliche Auseinandersetzung mit dem Gesetzgebungsentwurf vorzunehmen. Für dringliche Fälle kann eine Ausnahmeregelung geschaffen werden.

6. *Pflicht zur ernsthaften Auseinandersetzung mit Alternativen.* Aufgezeigt wurde, dass durch eine Beteiligung der Zivilgesellschaft die Verfahrensakzeptanz und damit mindestens mittelbar auch das Ergebnis besser vermittelt werden kann. Dafür ist allerdings eine ernsthafte Auseinandersetzung mit Alternativen nötig.[121] Durch eine Auseinandersetzung mit Alternativen wird zugleich der Verantwortungszusammenhang zwischen Staat und Gesellschaft gestärkt.[122] Eine rechtliche Pflicht zur Übernahme der Vorschläge wäre indes mit der Verfassung nicht vereinbar.[123]

7. *Rechtsschutz.* Auch eine stärkere Formalisierung führt nicht ohne Weiteres dazu, dass die Regelungen auch eingehalten werden, dies zeigt auch das Beispiel der EU auf. Deshalb muss es effektive Rechtsschutzmöglichkeiten geben. Damit ist nicht die Forderung verbunden, Verstöße gegen die Geschäftsordnungen auf Gesetze durchschlagen zu lassen. Dies ist ohne Verfassungsänderung auch nicht möglich. Vielmehr sollen effektive Rechtsschutzmöglichkeiten für die Zivilgesellschaft geschaffen werden, wenn diese nicht beteiligt werden oder andere Vorschriften nicht eingehalten werden.[124]

V. Schlussbemerkung

Zum Schluss sei noch einmal herausgestellt, dass die staatlichen Institutionen sich mit guten Gründen dazu entschieden haben, zivilgesellschaftlichen Akteur:innen einen privilegierten Zugang zu Recht einzuräumen.

---

121 *Mehde*, AöR 127 (2002), 655 (660).

122 Botha/Schaks/Steiger (Fn. 94), 27.

123 *Jestaedt* (Fn. 78), S. 45. Zur fehlenden verfassungsrechtlichen Pflicht siehe *Waldhoff, in:* Depenheuer/Heintzen/Jestaedt/Axer (Hrsg.), Festschrift für Josef Isensee, 2007, S. 325-343.

124 Zu den rudimentären Rechtsschutzmöglichkeiten des geltenden Rechts *Hugo* (Fn. 10), S. 327-330.

Angesichts der vielfältigen Problemlagen ist es an der Zeit, diesen Zugang auch effektiv auszugestalten und damit ein Spiegelbild zum nun entstehenden Lobbyregister zu schaffen. Es ist dazu notwendig, die staatlichen Ermessensspielräume zu begrenzen. Zugleich wäre dies ein Schritt, die Handlungsspielräume der Zivilgesellschaft zu erweitern und diese effektiv in politische Entscheidungen einzubeziehen. Damit könnte auch zukünftig die (weitere) Entstehung eines Shrinking Space in Deutschland verhindert werden.

Gewandelte Rolle der Verwaltungsgerichtsbarkeit

Verwaltungsgerichte als Garanten des Rechts im Spannungsfeld zur Politik*

Bettina Stepanek

Abstract: *Den Verwaltungsgerichten kommt in der nationalen Verfassungsordnung und im gesamten europäischen Rechtsraum eine zentrale Rolle für die Verwirklichung des Rechts zu. Dabei stehen gerichtliche Kontrolle und exekutives Handlungsbedürfnis in einem Spannungsverhältnis, das zunehmend zu eskalieren scheint: Die Befolgung gerichtlicher Entscheidungen ist keine Selbstverständlichkeit mehr, die Deutungshoheit und Autorität der Rechtsprechung wird durch die Exekutive in Frage gestellt. Der Beitrag beleuchtet, inwiefern die Verwaltungsgerichte vor diesem Hintergrund noch ihrer tragenden Rolle als Garanten des Rechts gerecht werden können. Dabei werden Zwangsbefugnisse der Gerichte erwogen. In Anbetracht der Vielgestaltigkeit der Ursachen für die Konflikte und unter Berücksichtigung des institutionellen Rahmens, in den die Verwaltungsgerichtsbarkeit eingebunden ist, wird im Ergebnis jedoch ein differenziertes Fazit gezogen, das vor allem an die Verantwortung und Funktionsgrenzen der Akteure erinnert.*

I. Tragende Rolle, aber keine Gewalt?

Die Garantie effektiven Rechtsschutzes wird in Bezug auf die deutsche Verfassungsordnung gerne als „Prüf-"[1] bzw. „Schlußstein"[2] des Rechtsstaates oder „Motor des Ganzen"[3] bezeichnet. Diesen Anspruch einzulösen, ist zuvörderst Aufgabe der Verwaltungsgerichtsbarkeit. Ihr kommt somit eine

* Besonderer Dank gilt *Dr. Michael Müller* und *Dr. Konstantin Chatziathanasiou* für ihre wertvollen Anmerkungen im Rahmen der Entstehung dieses Beitrages und der Schriftfassung sowie allen Diskussionsteilnehmerinnen und -teilnehmern für ihre Anregungen. Alle Internetquellen sind zuletzt am 19.3.2021 abgerufen worden.

1 *Stolleis*, Die Verwaltungsgerichtsbarkeit im Nationalsozialismus, FS Menger, 1985, S. 57.

2 *Thoma*, Über die Grundrechte im Grundgesetz für die Bundesrepublik Deutschland, in: Wandersleb/Traumann (Hrsg.), Recht – Staat – Wirtschaft III, 1951, S. 9.

3 *Voßkuhle*, Rechtsschutz gegen den Richter, 1996, S. 176.

entscheidende Funktion für die Verwirklichung des Rechts im Sinne seiner Verteidigung gegenüber der öffentlichen Gewalt zu. Die Vorstellung, dass effektiver Verwaltungsrechtsschutz eine zentrale Funktionsbedingung eines am Recht ausgerichteten Gemeinwesens darstellt, gehört aber inzwischen auch – allen Unterschieden zum Trotz[4] – zum *acquis commun* im europäischen Rechtsraum.[5] Die Unionsgerichte rechnen ihn sogar „den Grundlagen der Gemeinschaft selbst"[6] bzw. dem völkerrechtlichen *ius cogens*[7] zu. Vor diesem Hintergrund verwundert nicht, dass den Verwaltungsgerichten – im funktionellen Sinne[8] – auch in der EU als Rechtsgemeinschaft der Status eines „zentrale[n] Knotenpunkt[es]"[9] attestiert wird. Welche Hoffnungen auf dem Rechtsschutz liegen, ist auch in einigen der vorangehenden Beiträge und Diskussione dieser Tagung mehrfach deutlich geworden: etwa im Bereich des Klimaschutzes sollen die (Verwaltungs-)Gerichte sogar quasi-gestaltend oder jedenfalls als Impulsgeber für den politischen Prozess einspringen, wenn die anderen beiden Gewalten versagen.[10]

Demgegenüber steht allerdings die Beobachtung, dass die Verwaltungsgerichte in jüngerer Zeit häufig in Konflikt mit der Politik, genauer gesagt, Entscheidungsträgern der Exekutive geraten, die teilweise offen Entscheidungen missachten oder zu marginalisieren versuchen. Auf die Frage, was die Verwaltungsgerichtsbarkeit dem entgegensetzen kann, wird der Präsident des Bundesverwaltungsgerichts *Klaus Rennert* mit folgender Aussage zitiert: „Die dritte Gewalt mag im Zivil- und Strafrecht das Schwert führen, [...]; im Verwaltungsrecht – gegenüber [...] der Exekutive – führt sie nur das Argument".[11] Das erinnert einerseits an das bekannte

---

4 Vgl. dazu rechtsvergleichend die Beiträge in v. Bogdandy/Huber/Marcusson (Hrsg.), Ius Publicum Europaeum (IPE) VIII, 2019 und IX, 2021 i.E.

5 *Sommermann*, Die Europäisierung der nationalen Verwaltungsgerichtsbarkeit in rechtsvergleichender Perspektive, in: Schenke/Suerbaum (Hg.), Verwaltungsgerichtsbarkeit in der Europäischen Union, 2016, S. 189 (199 ff.) m.w.N.

6 EuGH Urt. v. 3.9.2008 – C- 402/05 P und 415-705 P, ECLI:EU:C:2008:461, Rn. 290 – Kadi.

7 EuG Urt. v. 21.9.2005 – T-306/01, ECLI:EU:T:2005:331, Rn. 343, allerdings auch zu den Grenzen.

8 Dazu *Stepanek*, Die Verwaltungsgerichtsbarkeit im Rechtsprechungsverbund, in: v. Bogdandy/ Huber/Marcusson (Hrsg.), IPE IX, 2021, § 155 Rn. 7 ff., i.E.

9 *Voßkuhle*, SächsVBl. 2013, 77 (78).

10 Vgl. insbesondere die Beiträge von *Manuela Niehaus*, Dürfen Gerichte den Gesetzgeber zu mehr Klimaschutz verpflichten?, S. 241 (insb. 259 ff.); kritisch dazu *Lutz Friedrich*, Politischer Druck durch Rechtsschutz: Auf dem Weg zur öffentlich-rechtlichen Public Interest Litigation?, S. 219 (insb. 239 f.).

11 *Rennert*, Kann die Justiz den Staat zwingen?, FAZ v. 18.7.2019, S. 6.

Diktum von *Alexander Hamilton*, wonach die Judikative keinen Zugriff auf „*sword or purse*" hat.[12] Andererseits klingt dabei an, dass auch die Verwaltungsgerichtsbarkeit auf andere Faktoren der „Geltungsgenerierung"[13], angewiesen ist, eine Autorität, die in Bezug auf sie insbesondere auf der Überzeugungskraft ihrer Entscheidungen gründet.[14]

Vor diesem Hintergrund fokussiert sich die vorliegende Betrachtung im Ausgangspunkt auf einen relativ engen Teilaspekt der vielschichtigen Thematik des Verhältnisses von Verwaltungsgerichtsbarkeit und Politik: Ist die Verwaltungsgerichtsbarkeit tatsächlich ein besonders (zwangs-)mittelloser Teil der teilweise ohnehin als schwach charakterisierten dritten Gewalt und inwieweit ist dies mit der eben beschriebenen, tragenden Rolle vereinbar? Die Überlegungen sollen sich aber nicht darin erschöpfen, die Möglichkeiten des vollstreckungsrechtlichen Rahmens auszuloten. Stattdessen soll aus diesem Blickwinkel das latente Spannungsverhältnis zwischen Verwaltungsgerichten und Exekutive reflektiert werden, das aufgrund einiger jüngerer Entwicklungen noch spannungsreicher gerät.

II. Kräftemessen zwischen Verwaltungsgerichtsbarkeit und Exekutive

Das Phänomen exekutiven Ungehorsams ist nicht neu. Es hat schon früher Fälle gegeben, in denen sich Behörden beharrlich verwaltungsgerichtlichen Entscheidungen widersetzt haben.[15] Auch der Gesetzgeber hat dieses Risiko gesehen und es – trotz kontroversen Diskussionen über die Zulässigkeit einer Zwangsvollstreckung gegen Hoheitsträger – im Grundsatz adressiert.[16] Dennoch ist die Verwaltungsgerichtspraxis traditionell von

12 „The judiciary [...] has no influence over either the sword or the purse [...]. It may truly be said to have [...] merely judgement", The Federalist Papers, Nr. 78, digital zugänglich über https://avalon.law.yale.edu/18th_century/fed78.asp.

13 *Schmidt*, Macht, Autorität und Charisma, in: Vorländer (Hrsg.), Die Deutungsmacht der der Verfassungsgerichtsbarkeit, 2006, S. 37.

14 Vgl. aus der Politikwissenschaft etwa *Brodocz*, Die Macht der Judikative, 2009; beim Bundesverfassungsgericht wird aus soziologischer Perspektive auch sein besonderes Ansehen als Element seiner Autorität genannt, vgl. *Straßenberger*, Berliner Journal für Soziologie 2013, 493 (500).

15 OVG Hamburg, Urteil v. 26.3.1949, MDR 1949, 506 m. Anm. *Ipsen* (Obdachloseneinweisung); VGH München Beschl. v. 26.5.1989, NVwZ-RR 1989, 669 (Streit um Namensführung); OVG Berlin-Brandenburg, Beschl. v. 4.11.1998 – 3 S 15-98, NVwZ-RR 1999, 411 (Bundesparteitag der Republikaner); Beschl. v. 29. 12. 2009 – 10 L 21.09 (Baubeseitigung).

16 BT-Drs. III/55, S. 48 zu § 164 VwGO (entspricht dem heutigem § 167).

der Vorstellung geprägt, dass die freiwillige Befolgung gerichtlicher Entscheidungen durch die Exekutive eine rechtsstaatliche Selbstverständlichkeit ist. Die „Ehrenmanntheorie“[17] ist wohl die bekannteste Ausprägung dieser Vorstellung. Praktisch bedeutsamer Ausdruck der Anerkennung der Entscheidungsgewalt der Verwaltungsgerichte sind bzw. waren aber etwa auch die sog. Stillhaltezusagen im Asylrecht, mit denen sich die Ausländerbehörden in der Regel verpflichteten, vor einer Abschiebung den Abschluss des verwaltungsgerichtlichen Eilverfahrens abzuwarten.[18]

Dieses Fundament, das die Funktionsfähigkeit des Systems bisher weitgehend getragen hat, zeigt zumindest Risse.[19] Umfassende Studien zur Entwicklung der Fallzahlen gibt es – soweit ersichtlich – bisher nicht, in jüngerer Zeit scheinen sich aber die Eskalationen zu häufen, jedenfalls kommt ihnen eine höhere (fach-)öffentliche Aufmerksamkeit zu: In mehreren Fällen sind die Entscheidungsträger untätig geblieben, obwohl sie mehrfach von den Verwaltungsgerichten zur Aufstellung von Luftreinhalteplänen verpflichtet worden waren.[20] Auch der Entscheidung des Bundesverwaltungsgerichts zu den Suizidmedikamenten[21] wurde von der Exekutive praktisch die Umsetzung verweigert, weil man sie – abgesichert durch ein externes Gutachten[22] – für verfassungswidrig hielt.[23] In den Fällen Stadthalle Wetzlar[24] und Dügida[25] haben sich die kommunalen Entscheidungsträger beharrlich geweigert, den Anforderungen des Neutralitätsgebotes gegenüber Parteien oder Veranstaltungen aus dem rechten Spektrum

17 BVerwG, Urt. v. 27. 10. 1970 – VI C 8/69, BVerwGE 36, 179 (181); Urt. v. 30.4.1971, BVerwGE 38, 99 (102); Urt. v. 12.7.2000, BVerwGE 111, 306 (311).

18 Dazu VGH Kassel, Urt. v. 18.5.1988 – 5 EU 2212/84, NVwZ-RR 1989, 324 (325); OVG Münster, Beschl. v. 8.1.2018 – 4 A 1395/16, Rn. 3; zum Kostenrecht OVG Münster, Beschl. v. 17.7.2006 – 3 B 103/06, Rn. 3.

19 Noch deutlicher *Michl*, wiedergegeben im Tagungsbericht von *Baade*, JZ 2021, 37; *Knopp/Hofmann*, NVwZ 2020, 982.

20 Etwa VGH München, Beschl. v. 9.11.2018 – 22 C 18.1718, ZUR 2019, 108; EuGH, C-752/18, ECLI:EU:C:2019:1114, NJW 2020, 977; VGH BW, Beschl. v. 14.5.2020 – 10 S 461/20, NVwZ 2020, 972 m. Anm. *Gafus*; vgl. auch *Klinger*, NVwZ 2019, 1332 (1333) m.w.N.

21 BVerwG, Urt. v. 2.3.2017 – 3 C 19.15, BVerwGE 158, 142.

22 Rechtsgutachten *Di Fabio*, https://www.bfarm.de/SharedDocs/Downloads/DE/Service/Presse/Rechtsgutachten.pdf?__blob=publicationFile&v=2.

23 Kritisch dazu *Hufen*, NJW 2018, 1524.

24 Abschließend zum Eilrechtsschutz: BVerfG, Beschl. v. 24.3.2018 – 1 BvQ 18/18, NVwZ 2018, 819; zur Hauptsache: VG Gießen, Urt. v. 03.09.2019 – 8 K 2064/18.GI, DÖV 2020, 35.

25 VG Düsseldorf, Beschl. v. 9.1.2015 – 1 L 54/15, NWVBl 2015, 201; aufgehoben durch OVG Münster, Beschl. v. 12.1.2015 – 15 B 45/15, NWVBl 2015, 195.

Folge zu leisten. Im Fall Sami A.[26] ließen die Ausländerbehörden das zuständige VG über den Zeitpunkt der geplanten Abschiebung jedenfalls bewusst im Unklaren, um diese vor Abschluss des Eilrechtsschutzverfahrens heimlich durchzuführen. Nur wenige Tage nachdem das VG anschließend die Rückholung des Betroffenen angeordnet hatte,[27] kündigte das BAMF Presseberichten zufolge in einem Schreiben an alle OVGs die bisherige Verwaltungspraxis der Stillhaltezusagen auf.[28]

Bemerkenswert bzw. bedenklich erscheinen auch einige öffentliche Kommentare von Seiten der politischen Entscheidungsträger in Zusammenhang mit diesen Vorfällen: Die Richter sollen im Blick haben, „dass ihre Entscheidungen dem Rechtsempfinden der Bevölkerung entsprechen".[29] Den Protest werde man im Fall Dügida unabhängig davon fortsetzen, wie das OVG entscheide, „die Gerichte sollten sich da raushalten"[30]. Die Verwaltungsgerichtsbarkeit wird also zur Zurückhaltung gegenüber der Politik aufgefordert – eine Forderung, die sonst insbesondere die Verfassungsgerichtsbarkeit betrifft.[31] Gleichzeitig wird die Verbindlichkeit der rechtlichen Maßstäbe in Frage gestellt, die die Gerichte durchsetzen zu versuchen. In letzterem Fall hat sich das OVG Münster diesem Angriff quasi unterworfen.[32]

26 VG Gelsenkirchen, Beschl. v. 12.7.2018 – 7a L 1200/18.A.

27 VG Gelsenkirchen, Beschl. v. 13.7.2018 – 8 L 1315/18; OVG Münster, Beschl. v. 15.8.2018 – 17 B 1029/18, NVwZ 2018, 1493.

28 *Sehl*, Das neue Misstrauen, LTO v. 4.9.2018, https://www.lto.de/recht/justiz/j/abschiebung-bamf-verwaltungsgerichte-stillhaltezusage-sami-a-zwischenverfuegung/.

29 So wird der nordrhein-westfälische Innenminister *Reul* zitiert, vgl. https://www.dw.com/de/politik-und-justiz-streiten-wegen-sami-a/a-45100809.

30 Zu entsprechenden Äußerungen des Düsseldorfer OB, vgl. *Müller*, „Lichter aus! Um jeden Preis?", https://www.faz.net/aktuell/politik/staat-und-recht/rechtsfolgen-duesseldorfer-obprotestiert-gegen-duegida-13370224.html.

31 S. unten V. mit Fn. 100.

32 OVG Münster, Beschl. v. 12.1.2015 – 15 B 45/15, NWVBl. 2015, 195, das den Eilantrag wegen angeblichen Fehlens einer gefestigten Rechtsprechung zu der Frage ablehnte; zurecht kritisch dazu *Schönenbroicher*, Methodenfragen im Verwaltungsrecht zwischen Tradition und Innovation, in: Kahl/Mager (Hrsg.), Verwaltungsrechtswissenschaft und Verwaltungsrechtspraxis, 2019, S. 133 (137 Fn. 17); vgl. auch BVerwG, Urt. v. 13.9.2017 – 10 C 6/16, NVwZ 2018, 433 m. Anm. *Stuttmann*.

III. Ist Gewalt die Lösung?

Vor dem Hintergrund dieser Vorfälle, diesen Anzeichen eines Infragestellens der Deutungshoheit und Autorität der Verwaltungsgerichte drängt sich die Frage auf, ob es nicht anderer, härterer Mittel zur Durchsetzung verwaltungsgerichtlicher Entscheidungen, insbesondere Zwangsmittel bedarf.

1. Vollstreckungsrechtliche Perspektive

a) Status quo

Das deutsche Verwaltungsprozessrecht ist in Bezug auf die Vollstreckung gegen Hoheitsträger nur sehr rudimentär ausgestaltet. Es verweist im Wesentlichen auf die Vorschriften der ZPO und sieht darüber hinaus für bestimmte Entscheidungen die Möglichkeit vor, ein Zwangsgeld bis 10.000 Euro zu verhängen. In Bezug auf die Auslegung der Regelungen ist aber vieles ungeklärt: Etwa, ob man auf die strengeren Zwangsgeldregelungen der ZPO zurückgreifen kann, das Zwangsgeld der Staatskasse zukommen muss oder die Gerichte auch Zwangshaft verhängen können u.a.m.[33]

Mit letzter Frage hat sich aus unionsrechtlicher Perspektive auf Vorlage des BayVGH bereits der EuGH in Zusammenhang mit der Aufstellung der Luftreinhaltepläne befasst: Aus dem Unionsrecht folge eine Pflicht, die Verantwortlichen in Zwangshaft zu nehmen, nur, sofern es in den Bestimmungen des innerstaatlichen Rechts „eine hinreichend zugängliche, präzise und in ihrer Anwendung vorhersehbare Rechtsgrundlage für den Erlass einer solchen Zwangsmaßnahme gibt“[34]. Dezidiert mit diesem Maßstab auseinandergesetzt hat sich in der Folge insbesondere der VGH BW und das im Ergebnis verneint: Der Ministerpräsident sei im konkreten Fall als Einziger tatsächlich und rechtlich in der Lage, die geschuldete Handlung vorzunehmen. Seiner Inhaftierung stehe aber einerseits die landesverfassungsrechtliche Immunität entgegen, außerdem könne man der

33 Zur parallelen Anwendbarkeit von § 172 VwGO und § 167 VwGO iVm § 888 ZPO und der Möglichkeit das Zwangsgeld einer gemeinnützigen Einrichtung zuzusprechen, VG Stuttgart, Beschl. v. 21.1.2020 – 17 K 5255/19, ZUR 2020, 242 (243); a.A. *Miedtank*, Zwangsvollstreckung, 1964, S. 122; zu Auslegungsfragen auch *Krings*, NVwZ 2019, 23 (24 ff.); *Klinger*, NVwZ 2019, 1332; *Will*, NJW 2020, 963 (965).

34 EuGH, Rs. C-752/18, ECLI:EU:C:2019:1114 – Deutsche Umwelthilfe.

gesetzlichen Regelung nicht hinreichend klar und vorhersehbar entnehmen, dass ein so weitgehender Einsatz von Zwangsmitteln angelegt sei.[35]

Es bleibt aber rechtsstaatlich unbefriedigend, wenn die Einlösung des – verfassungs- und europarechtlich fundierten – Anspruchs auf effektiven Rechtsschutz beim Entscheidungsausspruch des Gerichts stehen bleibt. So führt schon die Gesetzesbegründung zur VwGO aus, dass „soweit die Durchsetzung der Urteile nicht gewährleistet ist, […] der Rechtsschutz nur unvollkommen“ bleibt.[36]

b) Verfassungskonforme Auslegung

Auf dieser Grundlage hat auch das Bundesverfassungsgericht in einer älteren Entscheidung – ebenfalls ein Stadthallenfall – die Verwaltungsgerichte damit beauftragt, die Vollstreckungsvorschriften so anzuwenden, dass ein wirksamer Schutz des Einzelnen gewährleistet ist.[37] Dabei hat es konkrete Möglichkeiten, wie die Ersetzung der behördlichen Zustimmung für die Saalvermietung oder sogar die Besitzeinweisung durch den Gerichtsvollzieher ins Spiel gebracht, hinsichtlich der Auswahl den Verwaltungsgerichten jedoch einen weiten Ermessenspielraum zugestanden.

Doch was bedeutet das praktisch? Während die ganz überwiegende Meinung die Ersetzung einer behördlichen Zustimmung oder Handlung aufgrund der mangelnden Vertret- bzw. Ersetzbarkeit von Verwaltungshandeln grundsätzlich abgelehnt hatte,[38] deutet das Bundesverfassungsgericht eine differenzierte Bewertung an – wobei aber nicht klar wird, ob nur die Zustimmung zum privatrechtlichen Mietvertrag gemeint ist, oder die Zulassungsentscheidung, die dieser denklogisch vorausliegt. Auch das OVG Hamburg hat es für möglich gehalten, dass ein Anlieger auf Grundlage von § 887 ZPO tatsächliche Maßnahmen ergreifen darf, um einen von der Behörde rechtswidrig eröffneten Durchgangsverkehr zu verhindern.[39] Dies steht im Widerspruch zur Literatur, die eine Ersatzvornahme bis dahin

---

35 VGH BW, Beschl. v. 14.5.2020 – 10 S 461/20, NVwZ 2020, 972 mit Anm. von *Gafus*.

36 BT-Drs. III/55 S. 48 zu § 164 (heute § 167); vgl. umfassend zur historischen Diskussion m.w.N. zu Literatur und Rspr. *Miedtank*, Zwangsvollstreckung, 1964, S. 112 ff.

37 BVerfG, Beschl. v. 9. 8. 1999 – 1 BvR 2245–98, NVwZ 1999, 1330.

38 *Bank*, Zwangsvollstreckung, 1982, S. 82 m.w.N.; zu § 894 ZPO *Miedtank*, Zwangsvollstreckung, 1964, S. 115 m.w.N.

39 OVG Hamburg, Urteil vom 27. 9. 1977 – Bf II 83/76, NJW 1978, 658.

einhellig abgelehnt hatte.[40] Die Vorstellung des Gesetzgebers, man könnte schlicht auf die ZPO Vorschriften verweisen,[41] war angesichts dieser Kontroversen wahrscheinlich zu kurz gegriffen.

Angesichts der Implikationen, die die Anwendung eines Zwangsmittels gegen die Exekutive haben kann[42], erscheint es problematisch die Klärung dieser Fragen ausschließlich der verfassungskonformen Auslegung des Verwaltungsgerichts im Einzelfall zu überlassen. Dass die Verwaltungsgerichte unter Umständen kreativ sind, hat zwar das VG Stuttgart bewiesen, das ebenfalls im Zusammenhang mit der Weigerung zur Aufstellung von Luftreinhalteplänen ein Zwangsgeld in Höhe von 25.000 Euro zugunsten der Deutschen Kinderkrebsstiftung verhängt hat.[43] Die rechtliche Begründung dieser Rechtsprechung steht aber auf tönernen Füßen[44] und nicht immer müssen die Ergebnisse so sympathisch ausfallen.

2. *Institutioneller Rahmen und Funktion der Verwaltungsgerichtsbarkeit im Wandel*

Im Bestreben, den Anforderungen rechtsstaatlicher Provenienz so effektiv wie möglich zur Durchsetzung zu verhelfen, gerät allerdings leicht aus dem Blick, dass die Ausgestaltung der Befugnisse der Verwaltungsgerichtsbarkeit gegenüber der Exekutive in einem weiteren Kontext steht. Die Verwaltungsgerichte üben ihre Funktion in einem institutionellen Rahmen aus, der durch die Verfassungs- und die Unionsrechtsordnung vorgegeben ist und seinerseits in mehrerlei Hinsicht einem Wandel unterliegt. Das kann die Diskussion über die Befugnisse der Verwaltungsgerichtsbarkeit nicht unbeeinflusst lassen.

a) *Die Rolle der Verwaltungsgerichtsbarkeit und ihre Entwicklung*

Die Rolle der Verwaltungsgerichtbarkeit ist in Deutschland traditionell eng mit der Idee des Schutzes der Rechte des Einzelnen verknüpft und

40 *Bank*, Zwangsvollstreckung, 1982, S. 82 m.w.N.
41 BT-Drs. III/55, S. 48.
42 Siehe dazu unten IV. a).
43 VG Stuttgart, Beschl. v. 21.1.2020 – 17 K 5255/19, ZUR 2020, 242.
44 Dagegen als „dogmatischer Durchbruch“ bezeichnet bei *Berkemann*, Verfassungsblog vom 26.1.2020, https://verfassungsblog.de/mit-mut-und-dogmatik-die-luftreinhaltung-gegen-die-oeffentliche-hand-durchsetzen/.

durch das spezifische, legalistische Verständnis vom Rechtsstaat geprägt, in dem die Funktion des Rechts als ein Instrument zur Limitierung der Politik besonders akzentuiert ist.[45] Der Verfassunggeber hat die starke Stellung der (Verwaltungs-)Gerichtsbarkeit in Art. 19 Abs. 4 GG angelegt,[46] einen eigenen Kernbereich exekutiver Verantwortung dagegen nicht ausdrücklich erwähnt.[47] Die ausgeprägte Juridifizierung[48] einerseits und die Entfaltung der Grundrechte – verbunden mit einer stetigen Ausweitung subjektiver Rechte – andererseits, eröffnen der gerichtlichen Kontrolle umfassende Zugriffsmöglichkeiten. So kennt das deutsche System etwa keine Bereichsausnahmen für politische Akte, die es in anderen Mitgliedstaaten zum Teil – wenn auch in eingeschränkter Form – heute noch gibt.[49] Mit der subjektiven Ausrichtung einher geht auch eine intensive Kontrolldichte, die sich in der fein ausdifferenzierten Dogmatik zur Bestimmung des verwaltungsgerichtlichen Kontrollmaßstabes widerspiegelt und die in dieser Form im europäischen Vergleich nach wie vor einzigartig ist. Selbst wo der Gesetzgeber der Exekutive Ermessenspielräume zugesteht, können sich die Gerichte über den Grundsatz der Verhältnismäßigkeit Kontrollmöglichkeiten erschließen.[50] Dabei trägt freilich auch die Rechtsprechung selbst – im Grundsatz der richterlichen Funktion eigen und in einem auf Schutz des Individuums ausgerichteten System folgerichtig – zu einer starken Betonung der Einzelfallgerechtigkeit bei, die aber einen rechtssicheren und gleichmäßigen Normvollzug nicht unerheblich erschwert[51] und so mit den Handlungsrationalitäten der Exekutive in Konflikt gerät.

---

45 *Stern*, Das Staatsrecht der Bundesrepublik Deutschland, Bd. 1, 1977, S. 17 ff. m.w.N.; *P.M. Huber*, Rechtsstaat, in: Herdegen/Masing/Poscher/Gärditz (Hrsg.), Handbuch Verfassungsrecht, Bd. 1, 2021, § 6 Rn. 6.

46 *Schulze-Fielitz*, in: Dreier (Hrsg.), GG, Bd. 1, 3. Aufl. 2013, Art. 19 Abs. 4 Rn. 12.

47 Zu einem entsprechenden Verfassungsgrundsatz aber grundlegend bereits *Peters*, Die Verwaltung als eigenständige Staatsgewalt, 1965, S. 6.

48 *P.M. Huber*, Rechtsstaat, in: Herdegen/Masing/Poscher/Gärditz (Hrsg.), Handbuch Verfassungsrecht, Bd. 1, 2021, § 6 Rn. 6; rechtsvergleichend *Unger*, Kontrolldichte, in: v. Bogdandy/Huber/Marcusson (Hrsg.), IPE IX, 2021, § 148 Rn. 23 f.

49 *Gonod*, Grundzüge des Verwaltungsrechts aus gemeineuropäischer Perspektive: Frankreich, in: v. Bodgdandy/Cassese/Huber (Hrsg.), IPE V, 2014, § 75 Rn. 126 f.; ebenda *De Pretis*, Grundzüge des Verwaltungsrechts in gemeineuropäischer Perspektive: Italien, § 78 Rn. 9 und *Kayser*, Rechtsschutz und Kontrolle, § 91 Rn. 120.

50 Zum Ganzen *Unger*, Kontrolldichte, in: v. Bogdandy/Huber/Marcusson (Hrsg.), IPE IX, 2021, § 148 Rn. 20, 23 f., 58 ff.; *Baade*, JZ, 2021, 37.

51 *P.M. Huber*, Die aktuelle Lage der Verwaltung, in: Kahl/Ludwigs (Hrsg.), HVwR, Bd. 2, 2021, § 54 Rn. 49; *ders.*, Rechtsstaat, in: Herdegen/Masing/Poscher/Gärditz (Hrsg.), Handbuch Verfassungsrecht, Bd. 1, 2021, § 6 Rn. Rn. 109.

Dieses Spannungsverhältnis wird dadurch verstärkt, dass die mitgliedstaatlichen Gerichte in Folge der Europäisierung für die Durchsetzung des Unionsrechts unmittelbar in die Pflicht genommen werden. Sie haben unionsrechtliche Vorgaben im Rahmen ihres Anwendungsbereichs zu prüfen und gegebenenfalls unmittelbar heranzuziehen bzw. bei der Auslegung der nationalen Umsetzungs- und Verfahrensvorschriften zu berücksichtigen. Damit ist ihre Stellung im nationalen Institutionengefüge folglich grundsätzlich weiter gestärkt worden,[52] das erzeugt aber auch zusätzliche Spannungslagen – unter anderem im Verhältnis zu den unteren politischen Ebenen.

b) Recht als Maßstab

Die Funktion der Verwaltungsgerichtsbarkeit ist untrennbar mit dem „Recht“ verknüpft, das den Maßstab ihrer Kontrollaufgabe[53] und einen wesentlichen Baustein für die Legitimation der gerichtlichen Entscheidungsgewalt bildet.[54] Dass es sich bei der richterlichen Rechtsfindung in aller Regel nicht um einen bloßen Akt der Erkenntnis der einen richtigen Lösung handelt, ist längst anerkannt. Gerichtliches Entscheiden ist aber – im Idealfall – kanalisiert durch ein spezifisches rationelles und methodisches Vorgehen, das den Aussagegehalt einer normativen Vorgabe ermitteln, sie aber nicht selbst setzen will.[55] Dafür kommt dem Richter aufgrund seiner Expertise und seiner verfassungsrechtlich abgesicherten Unabhängigkeit eine besondere Autorität bzw. die Deutungshoheit zu.[56]

Bei den Verwaltungsgerichten als Fachgerichten ist der Kontrollmaßstab nach der verfassungsrechtlichen Funktionenordnung in erster Linie das einfache, durch den Gesetzgeber gesetzte Recht, dessen Rolle sich aber erheblich gewandelt hat. Es verliert – wie schon vielfach konstatiert wor-

52 Statt vieler *Haltern*, VerwArch 96 (2005), 311 (315).

53 *Kempny* Verwaltungskontrolle, 2017, S. 172 ff., 198 ff. auch zu Ausnahmefällen der Zweckmäßigkeitsprüfung.

54 *Tschentscher*, Demokratische Legitimation der Dritten Gewalt, 2006, S. 181 ff.; *Voßkuhle/Sydow*, JZ 2002, 673 (678 ff.); kritisch dagegen *Rennert*, JZ 2015, 529 (534).

55 Grundlegend zur Methodendiskussion *Ogorek*, Richterkönig oder Subsumtionsautomat, 1986.

56 *Rennert*, JZ 2015, 529 (534); *Tschentscher*, Demokratische Legitimation der Dritten Gewalt, 2006, S. 183.

den ist – aus unterschiedlichen Gründen an Steuerungskraft.[57] Einerseits wird die Bindung an das einfache Gesetz durch die Pflicht zur verfassungs- und unionsrechtskonformen Auslegung sowie der Pflicht zur Berücksichtigung der EMRK und ihrer Auslegung durch den EGMR, also in Folge der Konstitutionalisierung und Europäisierung, relativiert.[58] Letzteres lässt sich im vorliegendem Zusammenhang eindrucksvoll am Beispiel der strittigen Entscheidung zu den Suizidmedikamenten[59] exemplifizieren: Zunächst hatten die Instanzgerichte und auch das Bundesverfassungsgericht die Anträge des Ehemanns der inzwischen verstorbenen Betroffenen mangels Klagebefugnis zurückgewiesen. In Folge einer Beanstandung dieser Rechtsprechung durch den EGMR hat sich das Bundesverwaltungsgericht im wiederaufgenommenen Verfahren nicht nur gezwungen gesehen, in der Sache zu entscheiden, sondern hat – ohne Vorlage an das Bundesverfassungsgericht und noch vor dessen Entscheidung zur Sterbehilfe[60] – die Vorschriften des BtMG im Lichte eines dem allgemeinen Persönlichkeitsrecht entnommen Rechtes auf selbstbestimmtes Sterben in einer Weise interpretiert, die hinsichtlich der Einhaltung der Grenzen der verfassungskonformen Auslegung zumindest nicht frei von Zweifeln ist.[61]

Zum anderen zieht sich der Gesetzgeber aber auch aus unterschiedlichen Gründen aus seiner Regelungsverantwortung zurück, sei es, weil er an faktische Grenzen stößt, oder auch, weil er ohne Not „Grundsatzkonflikte als Abwägungsauftrag […] weiterreicht“.[62] So werden zunächst die Rechtsanwender, dann aber letztlich häufig die Gerichte über das engmaschige fachgerichtliche Kontrollsystem immer mehr mit „schöpferischen Konkretisierungsaufgaben betraut“.[63]

Diese Veränderungen des Kontrollmaßstabes können für die Rolle der Verwaltungsgerichtsbarkeit und ihr Verhältnis zu Exekutive nicht folgenlos bleiben. Denn je weniger konkret und nachvollziehbar die Maßstäbe sind, desto größer wird der Rahmen der Deutungsmöglichkeiten und desto streitbarer die Deutungshoheit. Durch die Lockerung der Gesetzesbin-

57 *Papier*, in: Isensee/Kirchhof (Hrsg.), HbStR VIII, 3. Aufl. 2010, § 177 Rn. 14; dazu auch bereits *Schulze-Fielitz*, Theorie und Praxis parlamentarischer Gesetzgebung, 1988, S. 147.

58 Kritisch dazu *Classen*, JZ 2007, 53 (54).

59 BVerwG, Urt. v. 2.3.2017 – 3 C 19.15, BVerwGE 158, 142.

60 BVerfG, Urt. v. 26.02.2020 – 2 BvR 2347/15 BVerfGE 153, 182.

61 Zu den Grenzen etwa BVerfG, Beschl. v. 19.9.2007 – 2 BvF 3/02, BVerfGE 119, 247 (274) m.w.N.

62 *Gärditz*, NVwZ 2014, 1 (10).

63 *Schulze-Fielitz*, in: Dreier (Hrsg.), GG, 3. Aufl. 2013, Art. 19 Abs. 4 Rn. 12.

dung verliert gleichzeitig die Legitimationsgrundlage der Fachgerichtsbarkeit an Festigkeit.

c) Politisierung des Verwaltungsprozesses

Potenziell noch verschärft wird diese Konfliktlage durch die unter dem Schlagwort der „Politisierung des Verwaltungsprozesses“ diskutierte Gefahr, vor der insbesondere in Zusammenhang mit der europarechtlich geforderten Erweiterung der Klagemöglichkeiten im Umweltrecht gewarnt wird.[64] Die Einräumung von Klagebefugnissen ohne subjektive Rechtsverletzung stellt eine partielle Modifikation des auf Individualrechtsschutz ausgerichteten deutschen Systems dar, die es ermöglicht, Belange gerichtlich durchzusetzen, für die kein natürlicher Kläger existiert.

Es geht in diesen Fällen dann im Verwaltungsgerichtsprozess nicht mehr um die für das subjektive System idealtypische Situation der von der Mehrheit bedrohten Rechte des Einzelnen, die gegen das Interesse der Mehrheit verteidigt werden muss. Vielmehr wird dem über den traditionellen politischen Prozess ermittelten Gemeinwohlinteresse ein anderes Gemeinwohlinteresse gegenübergestellt, das sich aufgrund tatsächlicher oder vermeintlicher Defizite im Rahmen der repräsentativen Willensbildung „Hilfe außerhalb des politischen Prozesses der majoritär verfassten Demokratie“ suchen muss.[65] Das „Für-und-Wider“ solcher Klagemöglichkeiten soll hier nicht vertieft werden, sie führen aber zu einer partiellen Systemverschiebung, die auch für das Verhältnis zwischen Verwaltungsgerichtsbarkeit und Politik nicht ohne Wirkungen bleibt. Das gilt in Rechtschutzsystemen, die grundsätzlich auf Individualrechtsschutz ausgelegt sind und regelmäßig mit einer höheren Kontrolldichte einhergehen,[66] in besonderer Weise. Für die Frage mit welchen Mitteln die Gerichte ihre Entscheidungen durchsetzen können sollen, ist diese Entwicklung zu berücksichtigen.[67]

---

64 Dazu und zum Begriff *Steinbeiß-Winkelmann*, NJW 2010, 1233 (1238); optimistischer *v. Danwitz*, NVwZ 2004, 272 (281); grundlegend zu Interessentenklagen im Umweltrecht *Wegener*, Rechte des Einzelnen, 1998.

65 *Graser*, ZUR 2019, 271 (272).

66 Zum Zusammenhang zwischen subjektivem System und Kontrolldichte *Unger*, Kontrolldichte, in: v. Bogdandy/Huber/Marcusson (Hrsg.), IPE IX, 2021, § 148 Rn. 16.

67 Siehe dazu unten IV b.)

3. Sonstige Faktoren

Neben den dargestellten Veränderungen des funktionell-institutionellen Rahmens gibt es weitere wichtige Faktoren, die sich auf das Verhältnis von Verwaltungsgerichtsbarkeit und Politik auswirken: Dazu zählt insbesondere das Phänomen der Demokratisierung der Verwaltung, dem bzw. dessen Auswirkungen bisher noch relativ wenig Aufmerksamkeit geschenkt worden ist:[68] Je stärker die Stellung der exekutiven Entscheidungsträger von politischen Mehrheiten abhängt, desto größer ist die Gefahr, dass nicht opportune rechtliche Vorgaben, dem Willen der eigenen Wähler untergeordnet werden. Evident ist dies etwa für die direkt gewählte Verwaltungsspitze auf Kommunalebene. Hinzu tritt insofern, dass das Neutralitätsgebot – nicht zuletzt in Folge einer Veränderung der politischen Landschaft – zunehmend an Überzeugungskraft zu verlieren scheint.[69]

IV. Schlussfolgerungen

1. Eingeschränkte Wirkung und erhebliche Nebenwirkungen

Vor diesem Hintergrund zeigt sich, dass der Gebrauch oder die Erweiterung von Vollstreckungsbefugnissen im Konfliktfall die Durchsetzung des Rechts durch die Verwaltungsgerichte nur sehr punktuell stärken kann. Sofern ein Landrat sich trotz bestandskräftiger Beseitigungsanordnung und gerichtlicher Verpflichtung weigert, für die Beseitigung eines den Nachbarn beeinträchtigenden baurechtswidrigen Zustand zu sorgen,[70] steht ihrem Einsatz zwar wenig entgegen – sie ähnelt hier aufgrund der Drittbetroffenheit stark der privatrechtlichen Vollstreckungssituation. Darüber hinaus mag von der Existenz von Vollstreckungsbefugnissen, vergleichbar wie im Privatrecht, ein gewisser präventiv-disziplinierender Effekt ausgehen.[71] Die grundsätzliche Anerkennung verwaltungsgerichtlicher Entscheidungen und der Entscheidungsgewalt der Verwaltungsgerichte durch die Exekutive, als eine Funktionsbedingung des institutionellen Gefüges, können sie aber keinesfalls ersetzen.

---

68 Dazu auch *Michl* wiedergegeben bei *Baade*, JZ 2021, 37 (Tagungsband i.E.).
69 Insbesondere zur kommunalen Ebene *Heusch*, NVwZ 2017, 1325.
70 OVG Berlin-Brandenburg, Beschl. v. 29. 12. 2009 – 10 L 21.09.
71 *Waldhoff*, ZPR 2018, 121 in Bezug auf die verfassungsgerichtliche Vollstreckung.

Vollstreckungsbefugnisse sind zunächst in Fällen wirkungslos, in denen die Gerichte aufgrund der zeitlichen Umstände oder aufgrund von Informationsdefiziten nicht in der Lage sind, rechtzeitig Rechtsschutz zu gewährleisten. Insofern bleiben sie auf die Kooperation der Behörden angewiesen. Im Fall Sami A. etwa hätten Zwangsmittel nichts geholfen, weil das Gericht von der Abschiebung erst erfahren hat, als der Betroffene schon im Flieger saß. In solchen Konstellationen der Vereitelung des verwaltungsgerichtlichen Rechtsschutzes kann also unter Umständen nur der Sekundärrechtsschutz Abhilfe schaffen[72].

Aber auch dort wo man aus den zivilrechtlichen Vorschriften (scharfe) Vollstreckungsmöglichkeiten konstruieren kann, erweisen sich diese – zu Ende gedacht – häufig als unzulänglich oder als (verfassungsrechtlich) problematisch. Die tatsächlichen und rechtlichen Hürden für die Zwangshaft wurden bereits dargestellt.[73] Eine Ersatzvornahme scheitert – jedenfalls sofern der Verwaltung ein Mindestmaß an Gestaltungs- oder Entscheidungsspielraum zukommt – grundsätzlich daran, dass in demokratischen Verfassungsordnungen die Entscheidung des demokratisch legitimierten Entscheidungsträgers nicht vertretbar ist. Dafür lässt sich nicht nur die Kompetenzordnung anführen,[74] sondern vor allem auch, dass der Wähler den Verwaltungsrichter nicht demokratisch belangen kann. Die Anwendung von unmittelbarem Zwang in den Stadthallen-Fällen wirft eher (verfassungs-)politische Bedenken auf. Das gilt insbesondere für die Vorstellung, dass der Gerichtsvollzieher einer extremen Gruppierung die Türe zur Stadthalle aufbrechen oder auf sonstige Weise gewaltsam Zutritt verschaffen muss. Das riskiert eine Polarisierung, provoziert Eskalationen und droht die Gerichte in ein dubioses Licht zu rücken.[75]

---

72 Zur grundrechtlichen Radizierung des Amtshaftungsanspruchs und den entsprechenden Auslegungsgrundsätzen jüngst BVerfG, Beschl. v. 18.11.2020 – 2 BvR 477/17, Rn. 23 ff.

73 VGH BW, Beschl. v. 14.5.2020 – 10 S 461/20, NVwZ 2020, 972, dazu oben III. 1 a).

74 *Bank*, Zwangsvollstreckung, 1982, S. 82 m.w.N.

75 In Bezug auf die verfassungsgerichtliche Vollstreckung *Waldhoff*, ZPR 2018, 12; zur Schädigung des Ansehens der Verwaltung entsprechend auch BT-Drs. III/55 S. 49.

2. *Anwendung von Zwangsmitteln als ultima ratio*

Der Einsatz von Zwangsmitteln kommt vor diesem Hintergrund nur in Betracht, sofern die Gewährleistung effektiven Rechtsschutzes dies zwingend erfordert und andere Mechanismen –wie die Rechtsaufsicht – nicht greifen und auch der Sekundärrechtsschutz diesen Anspruch im Einzelfall nicht einlösen kann. In Bezug auf das taugliche Arsenal der Vollstreckungsbefugnisse besteht aber noch erheblicher Klärungs- und vielleicht auch Anpassungsbedarf: Kann man die Zwangsgeldvorschriften – als verhältnismäßig milderes Mittel – nicht so anwenden bzw. ausgestalten, dass sie in bestimmten Fällen tatsächlich Beugewirkung entfalten?[76] In anderen Ländern etwa kann das Zwangsgeld zumindest teilweise dem Kläger zugesprochen werden.[77] Kommt eine Ersetzungsbefugnis für eine behördliche Zustimmung oder Handlung in Betracht? Wenn ja – unter welchen Voraussetzungen? Stehen allen Instanzgerichten die gleichen Vollstreckungsbefugnisse zu?

Sofern Klagerechte unabhängig von der subjektiven Rechtsverletzung normiert werden[78], ist der Konnex, dass der Anspruch auf effektiven Rechtsschutz auch eine wirksame Vollstreckung, notfalls mit Zwangsmitteln impliziert, verfassungsrechtlich nicht gleichermaßen zwingend. Das Unionsrecht sieht für Vollzugsdefizite andere Möglichkeiten einer Sanktionierung vor – im letzten Schritt das Vertragsverletzungsverfahren, womit die Lösung auf die Ebene der politisch Verantwortlichen verlagert würde. Schwierig sind Bereiche, in denen (kraft Unionsrecht) subjektive Rechte primär geschaffen werden, um Vollzugsdefizite zu beseitigen, der Individualrechtsschutz also gewissermaßen instrumentalisiert wird.[79] Ob hier eine Differenzierung zu genuinen subjektiven Rechten möglich ist und es ggf. gelingt das unionsrechtskonform im Rahmen der Vollstre-

---

76 Dazu auch *Will*, NJW 2020, 963 (965).

77 So beispielsweise zu Belgien, Polen und Frankreich, vgl. *Klinger*, NVwZ 2019, 1332 (1334); vgl. auch *da Silva/Matos*, Grundzüge des Verwaltungsrechts in gemeineuropäischer Perspektive: Portugal, in: von Bogdandy/Cassese/Huber (Hrg,), IPE V, 2014; Rn. 185; zu Frankreich auch *Ziller*, Verwaltungsgerichtsbarkeit in Frankreich v. Bodgandy/Huber/Marcusson (Hrsg.), IPE VIII, 2019, Rn. 122; ebenda *Fraenkel-Haeberle/Galetta*, Verwaltungsgerichtsbarkeit in Italien, § 131 Rn. 148 zu besonderen Vollstreckungsverfahren.

78 § 2 Umwelt-Rechtsbehelfsgesetz vom 23. August 2017 (BGBl. I S. 3290), zuletzt geändert durch Gesetz vom 25. Februar 2021 (BGBl. I S. 306).

79 Grundlegend zur europarechtlich induzierten Mobilisierung des Einzelnen für die (Unions-)Rechtsdurchsetzung, vgl. *Masing*, Die Mobilisierung des Burgers für die Durchsetzung des Rechts, 1994, S. 19 ff.

ckung zu verarbeiten, ist allerdings fraglich. Einer differenzierten Bewertung bedürfen auch sonstige Fälle, in denen das traditionelle Verständnis des subjektiven Rechts, etwa infolge konventionsrechtsfreundlicher Auslegung, erweitert wird.[80]

3. *Funktionsgrenzen der Rechtsprechung*

Ferner gilt es zu reflektieren, was die Verwaltungsgerichtsbarkeit im demokratischen und gewaltengegliederten Rechtsstaat leisten kann und soll. Ein scharfes Schwert in der Hand der Verwaltungsgerichtsbarkeit kann unter Umständen auch gefährlich werden.

Grundsätzlich setzt der Rechtsschutz durch die Verwaltungsgerichte voraus, dass ihnen ein rechtlicher Maßstab zur Verfügung steht, dem sie zur Durchsetzung verhelfen können. Sofern man gerichtlichen Entscheidungen darüber hinaus, etwa im Bereich des Klimaschutzes, zumindest Symbolwirkung, Anstoß- oder Anregungsfunktion für den öffentlichen Diskurs zukommen lassen will,[81] scheint das für das verfolgte Ziel auf den ersten Blick besser als nichts zu sein. Diese Funktionsverschiebung des Verwaltungsrechtsschutzes, stellt allerdings dessen Wesensmerkmal, das „Monopol der Verbindlichkeit"[82], in Frage und droht die Verwaltungsgerichte lediglich als einen weiteren Akteur bzw. das verwaltungsgerichtliche Verfahren als zusätzliche Plattform des politischen Prozesses erscheinen zu lassen, für das es in mehrfacher Hinsicht nicht ausgelegt ist.[83] Wie die Beispiele in den Niederlanden[84] und Österreich[85] zeigen, besteht ferner die Gefahr, dass sich die (Verwaltungs-)Gerichte, keinesfalls auf eine Appellfunktion beschränken. Vollstreckungsbefugnisse scheinen in dieser Situation aus demokratischer Perspektive äußerst prekär: Verwaltungsgerichtlicher Rechtsschutz steht, auch wenn ihm in anderem Kontext legitimationsstiftende oder -verstärkende Wirkung zukommt,[86] gleichzeitig in einem

80 Dazu sogleich unter c).

81 Zur Vorstellung von der „Dritte[n] Gewalt als offenes Forum" *Graser*, ZUR 2019, 271 (277).

82 *Tschentscher*, Demokratische Legitimation der Dritten Gewalt, 2006, S. 183.

83 *Gärditz*, NVwZ 2014, 1 (10); kritisch auch *Bickenbach*, JZ 2020, 168 (177).

84 Gerechtshof Den Haag, Urt. v. 9.10.2018, ECLI:N:GHDHA:2018:2610.

85 *Olechowski*, Verwaltungsgerichtsbarkeit in Österreich, in: v. Bodgandy/Huber/Marcusson (Hrsg.), IPE VIII, 2019, § 133 Rn. 142.

86 BVerfGE 151, 202 (291 Rn. 130, 213 ff.) – Bankenunion; 142, 123 (220 ff. Rn. 187 ff.) – OMT; *P. M. Huber*, in: v. Mangoldt/Klein/Starck, GG, Art. 19 Rn. 352 f.; *Schulze-Fielitz*, in: Dreier (Hrsg.), GG, Bd. 1, 3. Aufl. 2013, Art. 19

Spannungsverhältnis zum Demokratieprinzip. Er sichert als prozeduraler rechtsstaatlicher Sicherungsmechanismus die Einhaltung der Vorgaben ab, die der Dispositionsbefugnis der demokratischen Mehrheit und der von ihr getragenen Exekutive entzogen sein sollen. Wo solche Vorgaben fehlen, ist die Fachgerichtsbarkeit aber im Grundsatz weder funktionell bestimmt noch legitimiert solche selbst zu determinieren.[87]

Die Funktionsgrenzen der Verwaltungsgerichtsbarkeit spielen – etwas subtiler – auch im Streit um die Suizidmedikamente eine nicht unerhebliche Rolle. Wie bereits oben dargestellt, hat sich das Bundesverwaltungsgericht die Rechtsprechung des EGMR zu eigen gemacht, der ein subjektives Recht des Ehemanns der Betroffenen aus Art. 8 Abs. 1 EMRK abgeleitet hatte. Dies bedeutet eine Modifikation des traditionellen Verständnisses vom subjektiven Recht. Der simple Verweis auf die EGMR-Entscheidung greift jedenfalls beim Feststellungsinteresse zu kurz. Der EGMR hat das Interesse des Ehemanns an einer Entscheidung aus seinem persönlichen Engagement für die Sache seiner Frau abgeleitet[88], das tatsächlich unbestreitbar besteht. Es als rechtliches Interesse im Sinne des (deutschen) Verwaltungsprozessrechts zu qualifizieren, bereitet aber Schwierigkeiten. Sofern der EGMR hilfsweise auf das allgemeine Interesse an der Klärung der Rechtslage abgestellt hat[89], läuft die schlichte Übernahme dieser Ausführungen durch das Bundesverwaltungsgericht[90] dem subjektiven Rechtsschutzkonzept zuwider und hätte deshalb zumindest einer Auseinandersetzung bedurft. Ob das Bundesverwaltungsgericht zu einer Entscheidung in der Sache überhaupt berufen war, ist folglich schon unter diesem Gesichtspunkt fraglich. Hinzu kommt, dass man jedenfalls darüber streiten kann, ob sich die Interpretation der einfachgesetzlichen Vorschriften des BtMG noch im Rahmen der Grenzen der zulässigen verfassungskonformen Auslegung bewegt oder eine Entscheidung des Bundesverfassungsgerichts eingeholt hätte werden müssen. Der Fall bewegt sich also gleich in

---

Abs. 4 Rn. 38; *Simantiras*, Netzwerke im Europäischen Verwaltungsverbund, 2016, S. 173 ff.

87 Anders als die Ableitung von sozialen Mindeststandards aus den Grundrechten (s. zu diesem Vergleich *Graser*, ZUR 2019, 271 (273)) werden in Bezug auf den Klimaschutz in der Regel objektive Grundsätze herangezogen (vgl. zur Begründung in den genannten Fällen *Wegener*, ZUR 2019, 3); zu Ausnahmen aufgrund des Verbotes der Rechtsschutzverweigerung *Papier*, in: Isensee/Kirchhof (Hrsg.), HbStR VIII, 3. Aufl. 2010, § 177 Rn. 14.

88 EGMR, Urt. v. 19.7.2012, 497/09 – Koch/Deutschland, NJW 2013, 2953 Rn. 45.

89 EGMR, Urt. v. 19.7.2012, 497/09 – Koch/Deutschland, NJW 2013, 2953 Rn. 46.

90 BVerwG, Urt. v. 2.3.2017 – 3 C 19.15, Rn. 12, BVerwGE 158, 142 (146 f.).

zweifacher Hinsicht an den Funktionsgrenzen der Verwaltungsgerichtsbarkeit.

Ihre Funktionsgrenzen hinreichend zu reflektieren, ist der Beitrag, den die Verwaltungsgerichte leisten können und müssen, um Eskalationen in Zukunft zu vermeiden. Ob der Exekutive eine unmittelbare Möglichkeit zur Verfügung steht, Grenzüberschreitungen zu ihren Lasten durch das Bundesverfassungsgericht feststellen zu lassen, ist noch ungeklärt,[91] sie kann ggf. erfolgen, wenn es einen Drittbetroffenen gibt.

4. Exekutivische bzw. politische Verantwortung

Essenziell für eine Vermeidung zukünftiger Eskalationen ist aber auch das Bewusstsein der Exekutive bzw. der politischen Entscheidungsträger für ihre institutionelle Verantwortung. Zunächst müssen die Mechanismen, die es innerhalb der Exekutive zur Sicherung der Rechtsbindung gibt, also insbesondere die (Kommunal-)Aufsicht, greifen[92] und ggf. mit beamtenrechtlichen Sanktionen flankiert werden. Der Rechtsaufsicht stehen gegenüber den Gemeinden weitgehende, gesetzlich determinierte Befugnisse zu. Auch im Bund-Länder-Verhältnis sieht das Grundgesetz Ingerenzmöglichkeiten des Bundes vor.[93] Diese sind in ihrem Anwendungsbereich zwar begrenzt sind und kommen gerade wegen ihres Konfliktpotentials in der Praxis kaum zum Einsatz[94], im Vergleich zur Verlagerung des Konflikts auf die Verwaltungsgerichtsbarkeit erscheint die Bundesaufsicht aber unter Umständen als problemadäquateres Instrument.

Darüber hinaus setzt die Politik die Rahmenbedingungen für die richterliche Tätigkeit und steuert somit Faktoren, die die Autorität der Verwaltungsgerichtsbarkeit mittelbar stärken oder schwächen können, was dem beschriebenen Konflikt gleichsam eine weitere Dimension hinzufügt. Dieser Hebel betrifft nicht nur Entscheidungen zur Ausgestaltung des verwaltungsprozessualen Verfahrens wie der Gerichtsbesetzung oder Rechtsmittelzulassung, sondern auch die richterlichen Arbeitsbedingungen wie

---

91 Zur Möglichkeit eines sog. Normbestätigungsverfahren *Di Fabio*, https://www.bfarm.de/SharedDocs/ Downloads/DE/Service/Presse/Rechtsgutachten.pdf?blob=publicationFile&v=2, S. 95 ff.

92 Zur Aufforderung von *Kirchhof* an den zuständigen Regierungspräsidenten im Fall Stadthalle Wetzlar, vgl. *Redaktion beck-aktuell*, v. 20.4.2018, becklink 2009680.

93 Insbesondere Art. 84 Abs. 3, 85 Abs. 3, 37 GG.

94 Vgl. *Hermes*, in: Dreier (Hrsg.), GG, 3. Aufl. 2018, Art. 84 Rn. 96.

Besoldung[95], Standortwahl[96] und Ausstattung. Auch in Bezug auf den Verwaltungsapparat ist die Personalauswahl für die tatsächliche Wirkung der Rechtsbindung nicht ohne Belang.[97] Geschärft werden muss vor allem aber die Wahrnehmung der politischen Entscheidungsträger, dass die grundgesetzliche Verfassungsordnung die Einhaltung rechtsstaatlicher Spielregeln auch dann erfordert, wenn sie politisch nicht opportun oder mühsam ist, und dass man – plakativ ausgedrückt – nicht „[u]m eines billigen politischen Vorteils willen [hinnimmt], dass der Rechtsstaat erodiert“[98]. Dann fiele es – insbesondere uns Juristen – möglicherweise auch leichter zu akzeptieren, dass es Bereiche gibt, in denen das Recht (noch) keine Maßstäbe vorgibt und deren Setzung dem politischen Prozess überantwortet ist.

V. *Und was ist eigentlich mit Corona?*

Perspektivisch sehr spannend wird sein, wie sich das beschriebene Verhältnis zwischen Verwaltungsgerichten und Politik in Bezug auf die Corona-Maßnahmen und deren gerichtliche Überprüfung noch entwickeln wird. Gerade in diesem Bereich wird die Verwaltungsgerichtsbarkeit durch die weitgehende Verlagerung der Normsetzung vom Parlament auf die Exekutive ins „Politische“ hineingezogen und der klassische Konflikt zwischen Gesetzgeber und Verfassungsgerichtsbarkeit quasi auf Exekutive und Verwaltungsgerichtsbarkeit verlagert – das stützen auch die Verfahrenszahlen. Ergibt sich insofern nicht die alte Frage nach „Recht [und/]oder Politik“ [99] sowie nach einem judicial self-restraint[100] in anderem Gewand? Die exeku-

95 Dazu BVerfG, Beschl. v. 4.5.2020 – 2 BvL 4/18, Rn. 81 – Richterbesoldung.

96 Zur geplanten Verlegung des VGH München nach Ansbach, BVerwG, Pressemitteilung Nr. 9/2020 vom 3.2.2020, https://www.bverwg.de/pm/2020/9.

97 *P.M. Huber*, Die aktuelle Lage der Verwaltung, in: Kahl/Ludwigs (Hrsg.), HVwR, Bd. 2, 2021, § 54 Rn. 42.

98 *Berkemann*, Verfassungsblog vom 26.1.2020, https://verfassungsblog.de/mit-mut-und-dogmatik-die-luftreinhaltung-gegen-die-oeffentliche-hand-durchsetzen.

99 Dazu jüngst *Grimm*, Recht oder Politik? – Die Kelsen-Schmitt-Kontroverse zur Verfassungsgerichtsbarkeit und die heutige Lage, 2020.

100 Zum „judicial self-restraint“ ausdrücklich BVerfG, Urt. v. 31.07.1973 - 2 BvF 1/73, BVerfGE 36, 1 (14 f.); abweichende Meinung der Richterin *Rupp-v. Brünneck* und des Richters *Simon* zu BVerfG, Urt. v. 25.2.1975 - 1 BvF 1/74 u.a., BVerfGE 39, 68 (69 f.); abweichende Meinung des Richters *Böckenförde* zu BVerfG, Beschl. v. 22.6.1995 - 2 BvL 37/9193, BVerfGE 121 (151); sowie *Voßkuhle*, in: v. Mangoldt/Klein/Starck, GG, 7. Aufl. 2018, Art. 93 Rn. 36; zu den Gren-

tive Normsetzung bringt freilich nicht dieselbe demokratische Dignität mit wie das parlamentarische Gesetz, allerdings ist die institutionell-funktionelle Stellung von Verfassungs- und Verwaltungsgerichtsbarkeit auch nur bedingt vergleichbar.

Obwohl die Verwaltungsgerichte einige umstrittene Maßnahmen kassiert haben,[101] ist es aber insofern bisher – abgesehen von subtileren Ansätzen, politische Entscheidungen trotz anderslautender Rechtsprechung der Verwaltungsgerichte durchzusetzen[102] – verhältnismäßig ruhig geblieben. Liegt das daran, dass die Gerichte ihrer Verantwortung als Garanten des Rechts hier nicht gerecht werden, weil sie sich zu sehr zurückhalten? Oder würdigen sie nur – positiver konnotiert – den Gestaltungsspielraum, der der Exekutive aufgrund der besonderen Umstände zukommt? Hat die Krise der Politik vor Augen geführt, dass die Funktionsfähigkeit des Gemeinwesens auf der freiwilligen Einhaltung recht(sstaat)licher Vorgaben durch alle Rechtsunterworfenen beruht, die man nur bedingt erzwingen kann?

Die Beantwortung dieser Fragen und die Beleuchtung der Rolle der Verwaltungsgerichtsbarkeit in der Corona-Krise bietet mit Sicherheit genügend Stoff für eine eigene Untersuchung, die Entwicklung ist zudem keinesfalls abgeschlossen. Deshalb abschließend nur die anekdotische Bemerkung, dass die bayerische Staatsregierung sich in puncto Ausgangssperre sogar von den verwaltungsgerichtlichen Entscheidungen in Baden-Württemberg beeindruckt gezeigt haben soll und sie deshalb entgegen zunächst anderer Pläne nicht verlängert hat. Das ist ja vielleicht ein positives Signal im Sinne einer Wiederbelebung der Ehrenmanntheorie – sogar im weiteren Sinne.

---

zen des durch ein Gericht Entscheidbaren abweichende Meinung der Richterin *Lübbe-Wolff* zu BVerfG, Beschl. v. 14.1.2014, BVerfGE 134, 366 (420 Rn. 108) – OMT; zu Selbstbeschränkungen des Bundesverfassungsgerichts auch *Schlaich/Korioth*, Bundesverfassungsgericht, 11. Aufl. 2018, Rn. 505 Fn. 13 m.w.N.

101 Vgl. nur exemplarisch VG Berlin, Beschl. v. 28.8.2020 – VG 1 L 299/20 (Versammlungsverbot); VGH BW, Beschl. v. 5.2.2021 – 1 S 321/21 (nächtliche Ausgangsbeschränkung); BayVGH, Beschl. v. 24.11.2020 – 20 NE 20.2605 (Testpflicht für Grenzgänger); Beschl. v. 26.1.2021 – 20 NE 21.162, NJW 2021, 872 (15-Kilometer Regel).

102 Beispielsweise hat der Münchner OB im Anschluss an einen erfolgreichen Eilantrag gegen ein per Allgemeinverfügung angeordnetes Alkoholverbot VG München, Beschl. v. 28.8.2020 – M 26b E 20.3956, BeckRS 2020, 21234, u.a. über Twitter verlauten lassen, dass die Entscheidung nur für den Kläger gelte und deshalb im Übrigen weitervollzogen werde, vgl. https://www.augsburger-allgemeine.de/bayern/Trotz-Alkoholverbot-Ein-Klaeger-darf-in-Muenchen-weitertrinken-id58017871.html.

Class actions: Neuer Zugang zum Verwaltungsrecht?

Dr. Torben Ellerbrok[*]

Abstract: *Der Beitrag geht der Frage nach, ob ein kollektives Rechtsschutzverfahren, bei dem – nach Art der US-amerikanischen class action – für gleichartig Betroffene in einem einzigen Verfahren ein einheitliches Urteil gefällt wird, den Zugang zum deutschen Verwaltungsrecht verbessern könnte. Dazu werden die beiden zentralen Wirkungen, zum einen die Verbesserung der Prozessökonomie, zum anderen die Effektuierung der Rechtsdurchsetzung, für den Verwaltungsprozess näher betrachtet und mögliche Anwendungsbereiche im Verwaltungsrecht aufgezeigt. Anschließend wird untersucht, inwieweit sich ein kollektiver Rechtsschutz in die Konzeption der deutschen Verwaltungskontrolle, die verfassungsrechtlichen Vorgaben und die derzeitige, auf einen individuellen Rechtsschutz ausgerichtete Ausgestaltung des Verwaltungsprozessrechts einfügen würde. Rechtspolitische Erwägungen schließen – unter Berücksichtigung bereits bestehender Vorkehrungen des Verwaltungsprozessrechts für Massenverfahren – den Beitrag ab.*

I. Einführung

Versteht man die Frage nach dem Zugang zu materiellem Recht als Frage nach der Möglichkeit seiner Verwirklichung und Durchsetzung, so entscheidet darüber maßgeblich die Ausgestaltung des Prozessrechts.[1] Für den Zugang zum Verwaltungsrecht wird insofern die Verwaltungsgerichtsordnung (VwGO) relevant,[2] mit der das Verwaltungsprozessrecht 1960 bundeseinheitlich kodifiziert wurde und die seitdem nur punktuell Ergän-

---

* Herzlicher Dank gilt dem Team der JTÖR für die hervorragende Organisation der Tagung und allen Diskutantinnen und Diskutanten sowie Dr. Alexander Brade und Dr. Konstantin Chatziathanasiou für wertvolle Anregungen.

1 Auch *Jochum*, Verwaltungsverfahrensrecht und Verwaltungsprozeßrecht, 2004, S. 98.

2 Finanz- und sozialgerichtliches Verfahren bleiben hier außer Betracht, die Erwägungen lassen sich grds. übertragen.

zungen und Erweiterungen erfahren hat.[3] Die Verwaltungstätigkeit ist derweil in stetem Wandel begriffen. In den vergangenen Jahrzehnten haben dabei unter anderem Massenbetroffenheiten durch Verwaltungshandeln, also die aus rechtlicher Sicht identische Betroffenheit einer Vielzahl von Personen, erheblich zugenommen: *Erstens* hat sich die deutsche Verwaltung von einer vorrangig eingreifenden zu einer stärker leistenden, planenden, regulierenden und informierenden Verwaltung mit hoher Breitenwirkung fortentwickelt. *Zweitens* wurde die rechtliche Determination des Verwaltungshandelns in bestimmten Rechtsgebieten, etwa dem Immissionsschutzrecht, erheblich ausgeweitet, wodurch rechtliche Ansprüche für einen größeren Personenkreis überhaupt erst entstanden sind. Schließlich *drittens* befördern eine Zentralisierung des Verwaltungsvollzugs durch die Schaffung von Sonderbehörden und eine zunehmend automatisierte Arbeitsweise der Verwaltung inhaltsgleiche Verwaltungsentscheidungen für eine Vielzahl von Bürgerinnen und Bürgern[4]. Ohne den besonderen Bedarf für die rechtliche Stabilität von Prozessordnungen in Abrede zu stellen, rechtfertigt dies, wieder[5] verstärkt darüber nachzudenken, ob und inwieweit der deutsche Verwaltungsrechtsschutz für Massenbetroffenheiten hinreichend eingerichtet ist oder Verbesserungsmöglichkeiten für einen effektiven Zugang zum Verwaltungsrecht bestehen. Dieser Beitrag widmet sich dabei einem weitreichenden Innovationsansatz: *Class actions* sind eine „besondere Klageart“[6], bei der gleichartige Ansprüche im Kollektiv verfolgt werden (II.). Beleuchtet wird, ob und inwieweit die Einführung eines solchen kollektiven Rechtsschutzes in das deutsche Verwaltungsprozessrecht als Ergänzung zum bestehenden individuellen Rechtsschutz Potential hat, durch eine prozessökonomische Wirkung und eine Rechtsdurchsetzungswirkung den Zugang zum Verwaltungsrecht zu verbessern (III.). Darauf aufbauend wird der Frage nachgegangen, ob *class actions* eine systemkongruente (IV.) und rechtspolitisch erstrebenswerte (V.) Ergänzung des bestehenden Verwaltungsprozessrechts sein könnten.

---

3 Zusammenfassend *Held*, in: Sommermann/Schaffarzik, Handbuch der Geschichte der Verwaltungsgerichtsbarkeit in Deutschland und Europa, Bd. 1, 2019, S. 989 (991 ff.).

4 Aus Platzgründen wird im Folgenden auf die Verwendung aller Sprachformen verzichtet. Sämtliche Bezeichnungen gelten stets für alle Geschlechter.

5 Vgl. schon *Laubinger*, Gutachten über eine künftige gesetzliche Regelung für Massenverfahren im Verwaltungsverfahrensrecht und im Verfahrensrecht für die Verwaltungsgerichte, 1975.

6 *Ebbing*, ZVglRWiss 103 (2004), 31 (32).

II. Class action: Begriff und US-amerikanische Ausgestaltung

Class actions oder „Gruppenklagen“[7] ermöglichen die Erhebung einer Klage durch einen Repräsentanten[8], um für sich und weitere Personen (*class* oder Gruppe) identische oder jedenfalls gleichartige Fragen rechtlicher und/oder tatsächlicher Art in einem einzigen gerichtlichen Verfahren rechtsverbindlich zu entscheiden.[9] International werden *class actions* heute vor allem als US-amerikanische Form des Rechtsschutzes wahrgenommen.[10] Nach dem – hier exemplarisch herangezogenen – Bundesverfahrensrecht der USA kann jede Person Klage[11] als *class action* erheben. Sie wird vom Gericht als *class action* zugelassen, wenn *erstens* eine Tatsachen- oder Rechtsfrage eine Mehrzahl von Personen betrifft, *zweitens* der vom Kläger geltend gemachte Anspruch typisch für die Angehörigen dieser Gruppe ist, *drittens* der Kläger Gewähr bietet, als Repräsentant die Interessen der gesamten Gruppe zu vertreten, und schließlich *viertens* die Zahl der Betroffenen so groß ist, dass ein Prozess im Wege der Klageverbindung nicht durchführbar wäre (Rule 23 [a] der Federal Rules of Civil Procedure).[12] Zumeist[13] dient die *class action* dazu, in einem einheitlichen Verfahren individuelle und voneinander unabhängige Ansprüche einzuklagen, bei denen identische Rechts- und/oder Tatsachenfragen die Einzelfallspezifika überwiegen (Rule 23 [b] [3]). Dann muss das Gericht alle Gruppenangehörigen informieren bzw., sofern diese nicht im Einzelnen bekannt sind, sich mittels „the best notice that is practicable“ an die Angehörigen der *class* richten (Rule 23 [c] [2] [B]). So werden diese insbesondere auf ihr Austrittsrecht (sog. *opt-out*-Modell) hingewiesen. Wer davon keinen Gebrauch macht, wird von der Rechtskraft der gerichtlichen Entscheidung erfasst (Rule 23 [c] [3] [B]). Mit dieser kurzen Einführung kann und soll

---

7 Teilweise wird – ebenfalls synonym – von Sammelklagen gesprochen, z. B. *Hohl*, Die US-amerikanische Sammelklage im Wandel, 2008.

8 Krit. zu diesem Begriff *Lange*, Das begrenzte Gruppenverfahren, 2011, S. 86, 122.

9 Bisweilen wird ergänzt, dass die Mitglieder der Gruppe nicht „Parteien des Verfahrens“ sind, so z. B. *Fiedler*, Class Actions zur Durchsetzung des europäischen Kartellrechts, 2010, S. 9.

10 *Cox*, Arizona Law Review 39 (1997), 497 (497): „Few things are as American as the class action“.

11 Die Konstellation, in der eine Person stellvertretend auf *Beklagten*seite steht, bleibt hier außer Betracht.

12 Ausf. *Beuchler*, Class Actions und Securities Class Actions in den Vereinigten Staaten von Amerika, 2008, S. 81 ff.

13 Krit. und zur Bedeutung weiterer Varianten *Carroll*, Duke Law Journal 65 (2016), 843 ff.

es hier sein Bewenden haben, da es im Folgenden nicht um die Frage nach einer Übertragung des US-amerikanischen Modells in Reinform, sondern um eine rechtsvergleichend informierte Einführung von Kollektivklagemöglichkeiten geht.

III. Wirkungen und Potentiale einer class action

In Deutschland wurde die Einführung kollektiver Rechtsschutzinstrumente vielfach diskutiert,[14] allerdings – obwohl sich *class actions* im Rechtskreis des *Common Law* auch gegen den Staat und seine Untergliederungen richten können[15] – nicht für das Verwaltungs-,[16] sondern nahezu ausschließlich für das Zivilprozessrecht.[17] Der deutsche Gesetzgeber agierte bisher auch im Hinblick auf den Zivilprozess zurückhaltend, hat aber zuletzt durch das Kapitalanleger-Musterverfahrensgesetz (KapMuG) und die Musterfeststellungsklage (§§ 606 ff. ZPO) Varianten der *class action* eingeführt; unionsrechtliche Regelungen lassen hier Erweiterungen erwarten.[18] Schon die vielfache Durchbrechung der in Art. 95 S. 1 GG angelegten Trennung der Gerichtsbarkeiten durch abdrängende Sonderzuweisungen und die entsprechende Anwendung zivilprozessualer Regelungen im nur lückenhaft normierten Verwaltungsprozess (vgl. §§ 54 Abs. 1, 57 Abs. 2, 64,

---

14 *Bruns*, NJW 2018, 2753 (2753): „rechtspolitische[r] Dauerbrenner"; *Schneider*, BB 2018, 1986 (1986): „Evergreen in Rechtswissenschaft und Rechtspolitik".

15 Dies gilt jedenfalls für die USA, Kanada und Australien, ausf. mit Bsp. *Mulheron*, Class Actions and Government, 2020, S. 262 ff.

16 In diese Richtung, allerdings mit rechtspolitischen Ausführungen nur zur Verbandsklage *Gluding*, Kollektiver und überindividueller Rechtsschutz im Zivil- und Verwaltungsprozessrecht, 2020, S. 450 ff. *Laubinger*, Gutachten (Fn. 5), S. 18 ff., konstatierte: „Die in einer jahrhundertealten Rechtstradition wurzelnde Class Action dürfte sich für eine Übertragung in das deutsche Recht nicht eignen".

17 Frühzeitig *Gottwald*, ZZP 91 (1978), 1 ff.; *Koch*, Kollektiver Rechtsschutz im Zivilrecht, 1976; *Mertens*, ZHR 139 (1975), 438 ff.; zuletzt *Fries*, Verbraucherrechtsdurchsetzung, 2016, S. 170 ff.; *Meller-Hannich*, Verhandlungen des 72. Deutschen Juristentages, Bd. I, 2018, A 1 ff.; zu Überlegungen in Österreich *Klever/Schwamberger*, GVRZ 2020, 4 Rn. 32 ff. m.w.N.

18 Zuletzt Richtlinie (EU) 2020/1828 des Europäischen Parlaments und des Rates v. 25.11.2020 über Verbandsklagen zum Schutz der Kollektivinteressen der Verbraucher und zur Aufhebung der Richtlinie 2009/22/EG, ABl L 409/1.

173 VwGO)[19] zeigen aber, dass verwaltungsrechtliche Fragen nicht in allen Bereichen und Belangen nach einer prozessualen Sonderbehandlung verlangen. Vor diesem Hintergrund stellt sich die Frage, ob und inwieweit kollektive Rechtsschutzverfahren (auch) im deutschen Verwaltungsrecht einen Mehrwert entfalten können.

1. *Massenbetroffenheit im Verwaltungsrecht*

Class actions ergeben nur Sinn, wenn mehr als eine Person von einem Sachverhalt betroffen ist, der in den aus rechtlicher Sicht relevanten Bestandteilen entweder vollständig oder zumindest im Hinblick auf näher festzulegende Kriterien identisch ist, und sich daraus Rechtsansprüche ergeben. Die Betroffenheit kann dabei entweder aus derselben Ursache (echte Massenbetroffenheit) oder aus mehreren, in gewisser Hinsicht gleichen Ursachen resultieren (unechte Massenbetroffenheit).

Verwaltungshandeln erfolgt vielfach individuell und einzelfallbezogen. Gleichwohl ergeben sich hier mannigfaltige Konstellationen, die für *class actions* geeignet sind. Denn Verwaltungstätigkeit zeichnet sich einerseits durch die Genehmigung (teilweise auch Umsetzung) von Großvorhaben (insb. Infrastrukturprojekten wie Autobahnen, Bahnhöfen, Flughäfen, Kraftwerken) aus, die eine hohe Breitenwirkung aufweisen und damit eine echte Massenbetroffenheit generieren. Andererseits hat die öffentliche Verwaltung eine Art natürliche Monopolstellung inne. Daraus resultiert eine Vielzahl von Massenverfahren, etwa bei der Leistungsvergabe in der Sozialverwaltung oder der Gebührenerhebung, bei denen Personen in rechtlich identischer Weise betroffen sind. Hier befördern – neben der bereits in der Einleitung benannten Automatisierung – der Vorbehalt des Gesetzes und der Gleichbehandlungsgrundsatz (Art. 3 Abs. 1 GG) die Konvergenz von Verwaltungsentscheidungen.

2. *Prozessökonomische Wirkung*

Bei einer individuell mittleren oder starken Massenbetroffenheit kann *class actions* prozessökonomische Wirkung zukommen.

---

19 Ausf. *Nolte*, Die Eigenart des verwaltungsgerichtlichen Rechtsschutzes, 2015, S. 203 ff. Der Gesetzgeber hat durch § 173 S. 1 Hs. 2 VwGO eine Anwendung der §§ 606 ff. ZPO im Verwaltungsprozess ausgeschlossen.

a) Prozessökonomie

Prozessökonomie – ungeschriebener Grundsatz des deutschen Prozessrechts[20] – meint die Feststellung streitentscheidenden Rechts unter Inanspruchnahme möglichst geringer gerichtlicher Ressourcen.[21] Darauf können *class actions* einen positiven Effekt haben, indem sie durch die Bündelung des Verfahrensstoffes eine „ressourcenintensive Mehrfachbefassung"[22] vermeiden:[23] In einem einheitlichen Verfahren für eine Vielzahl identischer Betroffenheiten müssen Sachverhalte nur einmal ermittelt, Beweiserhebungen nur einmal durchgeführt, Sachverständige nur einmal bestellt[24] werden. Eine *class action* eröffnet zudem Raum für organisatorische Vorteile. So ermöglicht die eindeutige Zuweisung einer Repräsentationsbefugnis, die Herausforderungen eines Verfahrens mit einer hohen Zahl von Beteiligten (räumliche Kapazitäten, Ladung etc.) erheblich zu reduzieren. Die prozessökonomische Wirkung der *class action* tritt freilich nur ein, wenn auch im Wege individuellen Rechtsschutzes eine gewisse Mindestanzahl von Gerichtsverfahren angestrengt worden wäre. Dies setzt voraus, dass die individuelle Betroffenheit ein gewisses Maß übersteigt (individuell mittlere oder starke Massenbetroffenheit[25]). Zudem generieren *class actions* zusätzlichen Aufwand für die Gerichte, der die prozessökonomische Wirkung reduziert: Die Gruppe muss definiert werden, ggf. muss die Beweisaufnahme vielschichtiger und umfassender erfolgen und müssen Entscheidungen öffentlich bekanntgemacht werden.

---

20 Für das Verwaltungsprozessrecht BVerwGE 116, 188 (197); 161, 76 Rn. 11; BVerwG, NVwZ 2018, 1229 (1230); *Menger*, System des verwaltungsgerichtlichen Rechtsschutzes, 1954, S. 246; *Ortloff*, in: Schoch/Schneider, VwGO, § 104 Rn. 19 (Stand: 2010).

21 Vgl. *Hyckel*, Prozessökonomie, 2020, S. 323; *ders.*, GVRZ 2020, 5 Rn. 76.

22 *Fries*, Verbraucherrechtsdurchsetzung (Fn. 17), S. 177. *Heese*, JZ 2019, 429 (431) meint, bei Massenschäden führe die Vielzahl von Individualprozessen zu einer „maßlosen Verschwendung staatlicher Ressourcen".

23 Auch *Ebbing*, ZVglRWiss 103 (2004), 31 (45).

24 Darauf verweist auch – betreffend das KapMuG – der Entwurfsgesetzgeber: BT-Drs. 15/5091, S. 17.

25 In der zivilrechtlichen Diskussion wird analog zwischen (qualifizierten) „Massenschäden" (*Amrhein*, Die Musterfeststellungsklage, 2020, S. 32 f.; *Dürr-Auster*, Die Qualifikation als Gruppen- oder Verbandskläger im kollektiven Rechtsschutz, 2017, S. 8 f.) bzw. „Großschäden" (*Ebbing*, ZVglRWiss 103 [2004], 31 [37 f.]) und „Streuschäden" (*Towfigh/Chatziathanasiou*, in: Schulte-Nölke u.a., Neue Wege zur Durchsetzung des Verbraucherrechts, 2017, S. 93 [99]) unterschieden.

b) Anwendungspotentiale im deutschen Verwaltungsrecht

Die Bereiche einer individuell mittleren oder starken Massenbetroffenheit, in denen Verwaltungsgerichte aufgrund gleichgearteter und -gerichteter Klagen derzeit wiederholt über dieselbe Tatsachen- und/oder Rechtsfrage zu entscheiden haben, sind im Verwaltungsrecht vielgestaltig und lassen sich kaum auf spezifische Bereiche eingrenzen. Exemplarische Konstellationen einer *echten* Massenbetroffenheit sind die Genehmigung eines Bauvorhabens, gegen die allen Grundstückseigentümern im selben Plangebiet auf Grundlage eines Gebietserhaltungsanspruchs ein Anfechtungsrecht zusteht, oder behördliche Warnungen vor dem Verzehr eines Lebensmittels, wobei – mangels verifizierter wissenschaftlicher Grundlage – sämtlichen Herstellern gegen die Behörde ein Unterlassungsanspruch zukommt. Typische Konstellationen einer *unechten*, individuell mittleren oder starken Massenbetroffenheit im Verwaltungsrecht sind etwa die Erhebung von Straßenausbaubeiträgen von Grundstückseigentümern oder die Versagung der Zulassung zahlreicher Bewerber zu einem Studiengang aus Kapazitätsgründen.[26]

3. Rechtsdurchsetzungswirkung

Bei einer individuell geringen Betroffenheit kann *class actions* zudem eine Rechtsdurchsetzungswirkung zukommen.

a) Klageerhebung als Kosten-Nutzen-Abwägung

Ob und inwieweit ein Bürger einen Rechtsanspruch im Klageweg durchsetzt, lässt sich aus einer ökonomisch informierten Perspektive als Kosten-Nutzen-Abwägung eines eigennutzmaximierenden *homo oeconomicus* darstellen: Rational ist die Klageerhebung, wenn der Erwartungsnutzen eines Prozesses die erwarteten Kosten übersteigt.[27] Der Nutzen eines Prozesses ergibt sich dabei als Produkt der Erfolgswahrscheinlichkeit und des aus

---

26 Für Verteilungsentscheidungen wie die Studienplatzvergabe weisen *class actions* durch das einheitliche Verfahren und die einheitliche Entscheidung zusätzliche Vorteile auf.

27 Vgl. zu dieser Grundannahme *Poelzig*, Normdurchsetzung durch Privatrecht, 2012, S. 379; *van den Bergh/Keske*, in: Casper/Janssen/Pohlmann/Schulze, Auf dem Weg zu einer europäischen Sammelklage?, 2009, S. 17 (20).

einem Prozesserfolg resultierenden Mehrwerts. Dieser liegt bei einem Unterlassungsanspruch im Ausbleiben künftiger Beeinträchtigungen, bei einem Geldzahlungsanspruch in der Vermögensmehrung, bei einem Feststellungsanspruch mitunter auch nur in der „Genugtuung“ oder Klarstellung. Dem stehen die (subjektiven Erwartungs-)Kosten einer prozessualen Geltendmachung gegenüber. Die Gerichtskosten, mitsamt zusätzlicher Kosten für eine Beweiserhebung, und die Rechtsanwaltsgebühren (aller Verfahrensbeteiligter) müssen dabei im Hinblick auf die spezifisch vorgesehene Kostentragungspflicht (im Verwaltungsprozessrecht gilt der Unterliegensgrundsatz [§ 154 Abs. 1 VwGO])[28] und deren Eintrittswahrscheinlichkeit[29] in die Abwägung eingestellt werden. Weitere, nicht auf einen Prozessunterlegenen überwälzbare, vor allem aber auch von Rechtsschutzversicherungen allenfalls eingeschränkt erstattete Kosten resultieren aus dem Aufwand zur Ermittlung von Tatsachen und Aufbereitung von Beweismitteln,[30] um das Bestehen und die Durchsetzbarkeit eines Anspruchs zu prüfen. Der zeitliche Aufwand für eine prozessuale Durchsetzung erzeugt Opportunitätskosten.[31] Schließlich sind auch die notwendige Überwindung einer psychologischen Hemmschwelle[32] sowie mögliche negative Reaktionen des Beklagten[33] als Kosten zu berücksichtigen.

Ergibt sich aus alledem ein negativer Nettonutzen (Kosten > Nutzen), besteht ein „rationales Desinteresse“[34] an der gerichtlichen Rechtsverfolgung. Dies führt zu einer „rationalen Apathie“[35]; eine Rechtsdurchsetzung bleibt in der Regel aus, da im Verwaltungsrecht auch eine außergerichtliche Einigung zumeist ausscheidet. Die exakte Bestimmung einer Rationali-

---

28 Zu berücksichtigen ist die gem. § 162 VwGO begrenzte Erstattungsfähigkeit.

29 Eine Ungewissheit über den Ausgang ist als „treibende Kraft“ (*Luhmann*, Legitimation durch Verfahren, 3. Aufl. 1978, S. 116) einem Gerichtsverfahren immanent.

30 Auch *Haß*, Die Gruppenklage, 1996, S. 30.

31 Auch *Schwalbe*, in: Schmidt-Kessel/Strünck/Kramme, Im Namen der Verbraucher?, 2015, S. 23 (25 f.).

32 *Nagy*, Columbia Journal of European Law 19 (2013), 469 (474); auch BT-Drs. 19/243, S. 16: „Ungewohntes und Unerwünschtes“.

33 Auch *Poelzig*, Normdurchsetzung (Fn. 27), S. 381. Anonymität und rechtliche Prägung des Verhältnisses zwischen Bürger und Verwaltung lassen erwarten, dass die Wahrscheinlichkeit für emotional-individuelle Konsequenzen geringer ist.

34 *Schäfer/Ott*, Lehrbuch der ökonomischen Analyse des Zivilrechts, 6. Aufl. 2020, S. 459; ferner *Ebbing*, ZVglRWiss 103 (2004), 31 (45); *Schwalbe*, Verbraucher (Fn. 31), S. 23 (29).

35 *Dürr-Auster*, Qualifikation (Fn. 25), S. 13 m.w.N.; *Poelzig*, Normdurchsetzung (Fn. 27), S. 40, 382; *Wagner*, ZEuP 2008, 6 (15).

tätsschwelle ist dabei ausgeschlossen,[36] denn Nutzen und Kosten sind maßgeblich von individuellen Faktoren (Vermögen, Intellekt, Risikoaversion, Stressresistenz, sonstige zeitliche Beanspruchung etc.) abhängig. Da aber durch eine Klageerhebung gewisse Fix- und Mindestkosten entstehen, ist jedenfalls die Wahrscheinlichkeit für einen negativen Nettonutzen umso höher, je geringer die individuelle Betroffenheit ist.

b) *Stärkung durch class actions*

Sofern die Ansprüche nicht rivalisieren, hat eine Rechtsverfolgung im Wege einer *class action* keine Auswirkungen auf den durchsetzbaren Anspruch und damit grundsätzlich[37] auch nicht auf die individuellen Nutzen eines Prozesses für einen Anspruchsberechtigten. Die veränderten Rahmenbedingungen prozessualer Geltendmachung können aber – für verwaltungsebenso wie für privatrechtliche Ansprüche – zu einer Reduzierung der Kosten führen: Durch die Bekanntmachung einer *class action* verringern sich regelmäßig ganz erheblich die Informationskosten für die Prüfung und Erkenntnis, ob überhaupt ein Rechtsverstoß vorliegt. Bei der gerichtlichen Durchsetzung treten durch eine Bündelung der Ansprüche Skaleneffekte ein, soweit Gerichtskosten und Rechtsanwaltsgebühren – wie nach derzeitiger Ausgestaltung – nicht proportional zu der Anzahl der Kläger steigen. Schließlich entsteht durch das initiierte Vorgehen als Kollektiv ein informationaler Einfluss[38], der auch die Verhaltenserwartung für Gruppenangehörige[39] beeinflussen kann und so die individuelle Hemmschwelle für eine Rechtsdurchsetzung senkt. Im Ergebnis führt dies zu einer Kostenreduzierung gegenüber der Individualklage, sofern zum einen die zusätzlichen Organisationskosten für das Auffinden und die Koordination der Gruppe hinreichend gering gehalten werden. Dafür bietet das Internet in Form einer leicht zugänglichen Bekanntmachung auf spezifischen Por-

---

36 Ebenso *Poelzig*, Normdurchsetzung (Fn. 27), S. 41. Für die zivilprozessuale Rechtsdurchsetzung wird eine Grenze mit 150 € (*Burckhardt*, Auf dem Weg zu einer class action in Deutschland?, 2005, S. 122 ff., insb. S. 128) oder 200 € (*Fiedler*, Class Actions [Fn. 9], S. 40) beziffert.

37 Denkbar ist, dass sich die Erfolgswahrscheinlichkeit aufgrund eines gesteigerten Einsatzes im Prozess erhöht oder aufgrund größerer Zurückhaltung der Gerichte reduziert.

38 Dazu schon *Deutsch/Gerard*, Journal of Abnormal and Social Psychology 51 (1955), 629 ff.

39 Weiterführend *Brown/Pehrson*, Group Processes, 3. Aufl. 2020, S. 51 ff.; *Nijstad/van Knippenberg*, in: Jonas/Stroebe/Hewstone, Sozialpsychologie, 2014, Rn. 12.4.2.

talen und einer jederzeit durchführbaren Online-Anspruchsprüfung durch automatische Datenverarbeitung entscheidende Möglichkeiten. Zum anderen sind hinreichende Anreize notwendig, um die Rechtsdurchsetzung nicht durch Kollektivhandlungsprobleme wie ein Trittbrettfahrerverhalten zu gefährden. Wird im Ergebnis durch eine Kostensenkung in kollektiven Rechtsschutzverfahren die prozessuale Durchsetzung eines Anspruchs bei einer individuell geringen Betroffenheit attraktiv(er),[40] werden „autonomiebedingte Kontrolldefizite“[41] überwunden. Die *class action* wird zum Rechtsdurchsetzungsmechanismus.[42] Dies gilt allerdings nur bis zu einer Untergrenze: Für Kleinstbetroffenheiten kann auch durch eine Kollektivierung kein hinreichender Anreiz hergestellt werden.[43]

c) *Anwendungspotentiale im deutschen Verwaltungsrecht*

Auch Anwendungsbereiche, in denen eine individuell geringe Massenbetroffenheit besteht, können hier nur beispielhaft benannt werden. Zu denken ist etwa an einen allen Anwohnern einer Hauptverkehrsstraße zustehenden Anspruch auf Aufstellung eines Luftreinhalteplans i.S.d. § 47 Abs. 1 S. 1 BImSchG bei einer geringfügigen Überschreitung von NO_2-Grenzwerten. Oder an einen Rückzahlungsanspruch auf Grundlage eines öffentlich-rechtlichen Erstattungsanspruchs, soweit die einer Gebührenerhebung zugrunde liegende Satzung für ungültig erklärt wird oder die Behörde einen gesetzlichen Gebührenrahmen ermessenswidrig ausgenutzt hat.

---

40 Schon *Kalven/Rosenfield*, University of Chicago Law Review 8 (1941), 684 ff.; später *Schäfer*, European Journal of Law and Economics 9 (2000), 183 (184 f.); *Nagy*, Columbia Journal of European Law 19 (2013), 469 (473 ff.).

41 *Guski*, ZZP 131 (2018), 353 (372).

42 Hinzu kommt eine Präventionswirkung, weil das Realisierungsversprechen normativer Anordnungen auch bei geringer individueller Betroffenheit bewehrt wird. Die Rechtsdurchsetzungswirkung kann gegenläufig zur Gerichtsentlastung durch die prozessökonomische Wirkung wirken (auch *Cassone/Ramello*, European Journal of Law and Economics 32 [2011], 205 [211]).

43 Vgl. *Stadler*, Bündelung von Interessen im Zivilprozess, 2004, S. 8.

IV. Systemkongruenz einer class action im deutschen Verwaltungsrechtsschutz

Ergeben sich somit für *class actions* im Verwaltungsrecht Anwendungspotentiale, wirft dies Fragen nach ihrer Systemkongruenz auf. Näher zu beleuchten ist, ob und inwieweit sich *class actions* in das bestehende deutsche Verwaltungsrechtsschutzsystem einfügen würden. Dies wird im Folgenden aus kontrollkonzeptioneller (1.), verfassungsrechtlicher (2.) und verwaltungsprozessrechtlicher (3.) Perspektive beleuchtet.

1. Kontrollkonzeptionelle Perspektive

a) Ausrichtung auf den Individualrechtsschutz

Die grundrechtliche Ausgestaltung der Rechtsschutzgarantie (Art. 19 Abs. 4 GG) illustriert die gedankliche Ausrichtung des deutschen Verwaltungsrechtsschutzes auf den Individualrechtsschutz.[44] Eine verwaltungsprozessuale *class action* tritt dieser Grundkonzeption *teilweise* entgegen: Einerseits implizieren *class actions* – anders als altruistische Verbandsklagerechte[45] – nicht, dass öffentliche Interessen[46] oder eigenständige Gruppeninteressen[47] verfolgt werden. Eine *class action* dient nicht der Eröffnung des Zugangs zu bisher einer Kontrolle verschlossenen Bereichen (nur) objektiven Rechts, sondern wahrt die Akzessorietät zwischen materieller Rechtsposition und Rechtsdurchsetzungsmacht.[48]

Andererseits lösen sich Gruppenklagen durchaus von der mit der Ausrichtung auf subjektive öffentliche Rechte verbundenen Engführung des deutschen Verwaltungsprozessrechts, nach der Individualrechtsschutz stets als individueller Rechtsschutz verstanden wird und auf eine kleinräumige

---

44 *Ibler*, Rechtspflegender Rechtsschutz im Verwaltungsrecht, 1999, S. 167 ff.; *Marxsen*, Die Verwaltung 53 (2020), 215 (218); *Schmidt-Aßmann*, Kohärenz und Konsistenz des Verwaltungsrechtsschutzes, 2015, S. 18.

45 Etwa im Natur- (§ 64 Abs. 1 BNatSchG) und Tierschutzrecht (etwa § 1 Abs. 1 HmbTierSchVKG, § 3 Abs. 1 TierSchLMVG RP); näher *Schlacke*, Überindividueller Rechtsschutz, 2008, S. 5 ff. m.w.N.

46 *Heese*, JZ 2019, 429 (430); in diese Richtung indes *Bruns*, NJW 2018, 2753 (2753 f.).

47 Zu Potentialen und Risiken einer strategischen Prozessführung, zu der auch *class actions* eingesetzt werden könnten, vgl. *Strobel*, in diesem Band, S. 157 ff.

48 Das privatnützige Vorgehen dient freilich zugleich der Bewehrung der Gesamtrechtsordnung: *Gärditz*, Verhandlungen des 71. Deutschen Juristentags, Bd. I, 2016, D 15, 17 f.; *Mangold/Wahl*, Die Verwaltung 48 (2015), 1 (17).

Rechtsdurchsetzung begrenzt bleibt. Sie entkontextualisieren eine Rechtsstreitigkeit und eröffnen die Möglichkeit zu einer allgemein- – oder jedenfalls über die konkret Agierenden hinaus – verbindlichen Klärung einer Tatsachen- oder Rechtsfrage.[49] Aus dieser Perspektive rückt die allgemeine Konfliktlösung an die Stelle punktueller Nachprüfung einer Verletzung subjektiver öffentlicher Rechte in den Mittelpunkt des Verwaltungsprozesses.[50] Damit befördern *class actions* eine gewisse „Kolchosierung"[51] des Prozesses: Sie wandeln die Rolle des Anspruchsberechtigten vom eigennutzgeleiteten Einzelkämpfer zum Mitglied eines größeren Kollektivs. In der Folge dient der Gerichtsprozess weniger als institutionalisiertes Forum für das persönliche Aufeinandertreffen der Streitenden denn als Ort zur Lösung gesellschaftlicher Konfliktlagen. Dies stärkt zugleich das gestalterisch-rechtserzeugende Moment gerichtlicher Entscheidungen. Ein solcher Zugewinn an judikativer Entscheidungsmacht gegenüber der Exekutive kann sich, dies ist zu bedenken,[52] auch auf das Kräfteverhältnis zwischen den Gewalten in der grundgesetzlichen Funktionenordnung auswirken.

b) *Vielschichtigkeit der Verwaltungskontrolle*

Verwaltungskontrolle zeichnet sich durch ihre Vielgestaltigkeit aus. Sie ist nicht bei den Gerichten monopolisiert, sondern wird auch durch eine politische Kontrolle, Rechnungshofkontrolle, Öffentlichkeitskontrolle, in verfassungsgebotener Achtung der Eigenständigkeit der demokratisch legitimierten Verwaltung vor allem aber durch die Verwaltung selbst ins Werk gesetzt. Diese Verfahren stehen in einem „funktionalen Zusammenhang"[53] und müssen in ihren unterschiedlichen Ansatzpunkten, Wirkrichtungen und Prüfungsmaßstäben aufeinander abgestimmt werden.[54] Gerade die verwaltungsinterne Kontrolle, die in Form des Widerspruchsverfahrens

---

49 Vgl. *Bruns*, NJW 2018, 2753 (2754); auch schon *ders.*, in: Stürner/ders., Globalisierung und Sozialstaatsprinzip, 2014, S. 255 (263).

50 Entsprechend – bezogen auf den Zivilprozess – *Scholz*, ZG 18 (2003), 248 (261); *Tolani*, Parteiherrschaft und Richtermacht, 2019, S. 80 ff.

51 *Stürner*, ÖJZ 2014, 629 (632); zust. *Karner*, in: Schmidt-Kessel/Strünck/Kramme, Im Namen der Verbraucher?, 2015, S. 165 (181).

52 Zur Bedeutung der Gewaltenteilung bei der Ausgestaltung der Verwaltungskontrolle auch *Schmidt-Aßmann*, in: Anderheiden u.a., GS Brugger, S. 411 (419).

53 Ausf. *Schmidt-Aßmann/Schenk*, in: Schoch/Schneider, VwGO, Einleitung Rn. 197 (Stand: 2012).

54 Vgl. auch *Kahl*, in: Eifert/Möllers/Voßkuhle, GVwR, Bd. II, 3. Aufl. 2021, § 45 Rn. 255. Das bedeutet keine Identität; das „wechselseitige Abgestimmtsein" kann

einem gerichtlichen Rechtsschutz teilweise zwingend vorausgeht, ist derzeit regelmäßig auf ein Individualverfahren ausgerichtet. Eine verwaltungsprozessuale *class action* stellt das vor konzeptionelle Probleme.[55] Sie führt jedenfalls zu einer stärker konfrontativen Ausrichtung und noch weiteren[56] Dominanz der gerichtlichen Verwaltungskontrolle.[57] Daraus resultiert eine Konzentration auf eine nachträgliche Ergebniskontrolle nach Rechtmäßigkeitsmaßstäben,[58] die hinter einer administrativen Eigenkontrolle teilweise zurückbleibt.

c) *Staatliche (Selbst-)Kontrolle versus „private enforcement“*

Class actions entsprechen einem individualistisch und liberal geprägten (US-amerikanischen) Staats- und Rechtsverständnis, das die private Rechtsdurchsetzung zur Verwirklichung des Gemeinwohls in ihr Zentrum stellt.[59] Demgegenüber hat in Deutschland traditionell die staatliche Regulierung einen höheren Stellenwert. Dass bei Bedarf der Staat repressiv-ordnend eingreife, wird daher im Privatrecht bisweilen als Argument gegen eine Stärkung der Rechtsdurchsetzung durch kollektive Rechtsschutzinstrumente in Stellung gebracht.[60] Für einen kollektiven Rechtsschutz im Verwaltungsrecht verfängt dieses Argument jedoch nur bedingt. Denn gegenüber staatlichem Handeln bestehen in Form der Staatsaufsicht teilweise nur schwache, gegenüber dem Handeln von obersten Landes- und Bundesbehörden überhaupt keine verwaltungsinternen Kontroll- und Sanktionsmechanismen. Die Möglichkeit zur Initiierung gerichtlicher Entscheidung durch eine Mobilisierung des Einzelnen ist im Verwaltungsrecht zudem besonders bedeutsam, weil die Verwaltung ihrerseits mit der Verwaltungsvollstreckung über Verfahrensmöglichkeiten verfügt, um Ansprü-

---

auch in einer Differenz liegen, vgl. *Hoffmann-Riem*, in: Schmidt-Aßmann/ders., Verwaltungskontrolle, 2001, S. 325 (361 f.).

55 Siehe noch IV.3.

56 Die bereits bestehende Gerichtszentriertheit betont *Kahl* (Fn. 54), § 45 Rn. 260.

57 *Class actions* können ergänzend die Öffentlichkeitskontrolle fördern, indem sie zusätzliche Aufmerksamkeit erzeugen, vgl. *Effinowicz*, ZJapanR 25 (2020), 95 (127).

58 Zu Veränderungen im Hinblick auf das „Recht als Maßstab“ der Verwaltungsgerichtsbarkeit vgl. *Stepanek*, in diesem Band, S. 419 (428 ff.).

59 *Bruns*, Globalisierung (Fn. 49), S. 255 (262); *Schmidt-Aßmann*, Das Verwaltungsrecht der Vereinigten Staaten von Amerika, 2021, Kap. 2 Rn. 128 ff.; ferner *Poelzig*, Normdurchsetzung (Fn. 27), S. 69.

60 *Bruns*, NJW 2018, 2753 (2754); *Stürner*, ÖJZ 2014, 629 (632).

che ohne gerichtliche Prüfung durchzusetzen. Die Frage, ob eine private oder eine staatliche Rechtsdurchsetzung zweckmäßig(er) ist, stellt sich also für das Verwaltungshandeln unter anderen Vorzeichen.

2. *Verfassungsrechtliche Perspektive*

Das Verwaltungsprozessrecht ist in hohem Maße konstitutionell eingehegt und geprägt. Diesen Anforderungen muss sich auch ein kollektiver Rechtsschutz stellen.

a) *Dispositionsgrundsatz*

Art. 19 Abs. 4 S. 1 GG lässt sich eine Dispositionsfreiheit entnehmen, ob, wann und inwieweit Ansprüche gerichtlich geltend gemacht werden.[61] In Bezug auf eine verwaltungsprozessuale *class action* würde dem Rechnung getragen durch ein *opt-in*-Modell, bei dem eine Unterwerfung unter ein Urteil nur nach aktiver Erklärung der Beteiligung erfolgt.[62] Als problematischer stellt sich demgegenüber ein *opt-out*-Modell dar, bei dem einem Gruppenangehörigen die Beteiligung zwar ebenso anheimgestellt bleibt, er aber für eine Nicht-Beteiligung fristgebunden aktiv werden muss. Daraus resultiert die Frage, ob Art. 19 Abs. 4 S. 1 GG die fremdinitiierte Durchsetzung subjektiver öffentlicher Rechte kategorisch ausschließt.[63] Dagegen spricht, dass die Möglichkeit einer Fremdinitiierung nicht den individuellen Zugang zu effektivem Rechtsschutz beschränkt. Zudem kann – wie Beispiele für Klageberechtigungen Dritter zeigen[64] – durchaus ein öffentliches Interesse an der Durchsetzung subjektiver öffentlicher Rechte bestehen. Die Fremdinitiierung erweist sich dann allerdings als Frage nach der Legitimationsgrundlage des zur Durchsetzung dieser Rechte berechtigten Dritten.[65]

---

61 *W.-R. Schenke*, in: Kahl/Waldhoff/Walter, BK-GG, Art. 19 Abs. 4 Rn. 260 (Stand: 2020); *Schmidt-Aßmann*, in: Maunz/Dürig, GG, Art. 19 Abs. 4 Rn. 264 (Stand: 2020).

62 Vgl. *Haß*, Gruppenklage (Fn. 30), S. 320.

63 Dagegen *W.-R. Schenke* (Fn. 61), Art. 19 Abs. 4 Rn. 260 (Stand: 2020); wohl auch *Rennert*, DVBl. 2015, 793 (794).

64 Vgl. etwa die Regelungen des SpruchG sowie – praktisch allerdings bedeutungslos – § 8 Abs. 4 HwO.

65 Dazu *Rennert*, DVBl. 2015, 793 (799 f.).

Eine Einschränkung des Dispositionsgrundsatzes liegt weiter vor, soweit für Teilnehmer der Gruppenklage die individuelle Geltendmachung prozessualer Rechte und Gestaltungsmöglichkeiten (z. B. Klagerücknahme [§ 92 Abs. 1 S. 1 VwGO] oder Abschluss eines Vergleichs [§ 106 S. 1 VwGO]) während des Verfahrens ausgeschlossen wird. Das Ziel der Prozessökonomie kann hier aber durchaus ein Rechtfertigungsgrund sein.[66]

b) *Anspruch auf rechtliches Gehör*

Die individualistische Prägung des Prozessrechts durch das Grundgesetz wird besonders deutlich im Anspruch auf rechtliches Gehör (Art. 103 Abs. 1 GG), nach dem jedem materiell durch eine gerichtliche Entscheidung unmittelbar Betroffenen Gelegenheit zu geben ist, sich zu den tatsächlichen Gegebenheiten und zur Rechtslage zu äußern,[67] und diese Äußerung vom Gericht bei der Entscheidungsfindung beachtet werden muss.[68] In einem Kollektivverfahren gerät diese Kommunikationsgarantie unter Druck, soll das Ziel der Prozessökonomie nicht gefährdet werden. Zwar ist der Anspruch auf rechtliches Gehör als normgeprägtes Grundrecht durch prozessrechtliche Regelungen näher auszugestalten.[69] Jedenfalls das Fehlen einer Äußerungsmöglichkeit steht aber zum verfassungsrechtlich angelegten Konnex zwischen Bindungswirkung und Beteiligungsrecht in Widerspruch. Bei einem *opt-in*-Modell wird insofern die selbstinitiierte und freiwillige Entscheidung für das *class action*-Verfahren anstelle einer ebenso möglichen individuellen Klageerhebung – auch unter Berücksichtigung des Menschenwürdebezugs des Art. 103 Abs. 1 GG[70] – teilweise als Einwilligung bzw. Grundrechtsverzicht eingeordnet.[71] Bei einem *opt-out*-Modell, bei dem die Gewährung rechtlichen Gehörs mangels Kenntnis aller der Rechtskraft eines Urteils Unterworfenen sogar aus-

---

66 Ebenso *Geiger*, Kollektiver Rechtsschutz im Zivilprozess, 2015, S. 248.

67 Vgl. BVerfGE 103, 397 (404); 138, 64 Rn. 55; *Kment*, in: Jarass/Pieroth, GG, 16. Aufl. 2020, Art. 103 Rn. 11.

68 *Kunig/Saliger*; in: von Münch/Kunig, GG, Bd. 2, 7. Aufl. 2021, Art. 103 Rn. 18; *Nolte/Aust*, in: von Mangoldt/Klein/Starck, GG, Bd. III, 7. Aufl. 2018, Art. 103 Rn. 36 ff.

69 *Schulze-Fielitz*, in: Dreier, GG, Bd. III, 3. Aufl. 2018, Art. 103 I Rn. 27.

70 Vgl. BVerfGE 9, 89 (95); 63, 332 (337); BVerfG, NJW 2019, 41 Rn. 64.

71 So die Begründung des Gesetzentwurfs zur ZPO-Musterfeststellungsklage, BT-Drs. 19/2439, S. 28; in diese Richtung ferner *Heese*, JZ 2019, 429 (435). Einen abstrakten Verzicht hingegen als verfassungswidrig abl. *Lange*, Gruppenverfahren (Fn. 8), S. 163 ff.; *Röthemeyer*, MDR 2019, 6 (8).

geschlossen ist, fehlt für eine solche Einwilligung der Anknüpfungspunkt. Zu bedenken ist aber, dass bei einer *class action* einerseits einem Repräsentanten die Möglichkeit zur Beteiligung zukommt. So können Einschränkungen persönlicher Gehörswahrnehmung verfassungskonform kompensiert werden, soweit hinreichende Informationsflüsse und Einwirkungsrechte zwischen Teilnehmern der Gruppenklage und dem Repräsentanten bestehen.[72] Andererseits kann in der durch Art. 19 Abs. 4 S. 1 GG mit verfassungsrechtlichem Rang ausgestatteten Garantie effektiven Rechtsschutzes ein Rechtfertigungsgrund für eine Beschränkung des vorbehaltlos gewährleisteten Gehörsanspruchs liegen.[73] Soweit dem Anspruch auf rechtliches Gehör der weitere Zweck zukommt, aufgrund einer möglichst umfänglichen Sachaufklärung zu einer richtigen Entscheidung zu gelangen,[74] wird dieser im Verwaltungsprozess durch eine Beschränkung in geringerem Maße gefährdet als im Zivilprozess. Denn die durch den Untersuchungsgrundsatz (§ 86 Abs. 1 S. 1 Hs. 1 VwGO) angeordnete Verpflichtung zu gerichtlich initiierter Aufklärung stellt die einer Entscheidung zugrundeliegende Tatsachenlage von dem Vorbringen der Betroffenen unabhängig(er). Der Ausfall einer Mitwirkung der rechtsschutzsuchenden Teilnehmer fällt daher im Ergebnis geringer ins Gewicht.

3. *Verwaltungsprozessrechtliche Perspektive*

Aus verwaltungsprozessrechtlicher Perspektive stellen Gruppenklagen weder die handlungsformbezogene Ausgestaltung des deutschen Verwaltungsrechtsschutzes noch die Ausrichtung auf ein kontradiktorisches Verfahren in Frage. Als problematisch erweist sich indes, dass die Zulässigkeit einer Anspruchsdurchsetzung im Wege einer *class action* eine gewisse Kongruenz zu den Zulässigkeitsvoraussetzungen im individuellen Rechtsschutz aufweisen muss, um diese und das mit ihnen verfolgte Ziel nicht zu unterminieren. Vor diesem Hintergrund stellen insbesondere die Fristenbindung und das Widerspruchserfordernis eine Umsetzung vor Herausforderungen. Die Übernahme der Fristenbindung der Anfechtungs- und Verpflichtungsklage (§ 74 Abs. 1 und 2 VwGO) hätte für *class actions* die Kon-

---

72 Vgl. *Kment* (Fn. 67), Art. 103 Rn. 48; ferner *Gottwald*, ZZP 91 (1978), 1 (10).

73 Auch *Geiger*, Rechtsschutz (Fn. 66), S. 254; *Jacob*, in: Gärditz, VwGO, 2. Aufl. 2018, § 93a Rn. 3; ferner BVerfGE 60, 7 (15).

74 BVerfG, Beschl. v. 15.7.2016 – 2 BvR 857/14, BeckRS 2016, 49621 Rn. 8; NJW 2019, 41 Rn. 64; *Remmert*, in: Maunz/Dürig, GG, Art. 103 Rn. 23 (Stand: 2016).

sequenz, dass nur Anspruchsberechtigte zusammenfinden können, die innerhalb dieser Zeitspanne einen (Widerspruchs-)Bescheid erhalten haben. Daraus resultiert zugleich eine erhebliche Verkürzung des Zeitraums zur Organisation einer *class action*. Dies erforderte besondere organisatorische Vorkehrungen, etwa in Gestalt eines im Internet zugänglichen Klageregisters und einer formularunterstützten Anmeldemöglichkeit. Alternativ käme in Betracht, dass sich Anspruchsberechtigte auch nach Rechtshängigkeit noch einer *class action* anschließen können.

Darüber hinaus stößt eine Kollektivierung auf Umsetzungsschwierigkeiten, soweit vor Klageerhebung ein obligatorisches Widerspruchsverfahren zu durchlaufen ist (§ 68 Abs. 1 S. 1, Abs. 2 VwGO). Daraus resultieren Kosten, die gerade bei geringer individueller Betroffenheit wohl nur ein Teil der Anspruchsberechtigten zu tragen bereit ist. In der Folge kann die Überwindung der rationalen Apathie durch eine gemeinsame Klageerhebung nicht gelingen und die Rechtsdurchsetzungswirkung nicht erreicht werden. Einen Ausweg könnten bei *class actions* die Einführung eines „Gruppen-Widerspruchs", angelehnt an §§ 17f. VwVfG,[75] oder ein Verzicht auf ein Widerspruchserfordernis weisen.

V. *Rechtspolitische Erwägungen*

Aus rechtspolitischer Perspektive ist die Einführung einer *class action* in das deutsche Verwaltungsprozessrecht anzustreben, wenn – erstens – eine Verbesserung der Prozessökonomie und/oder die verbesserte Rechtsdurchsetzung politisch wünschenswert ist/sind und – zweitens – die Einführung für das jeweilige oder beide Ziele einen Mehrwert verspricht.

1. *Prozessökonomie*

Die Stärkung der Prozessökonomie liegt zuvörderst im Interesse an staatlicher Effizienz, dessen wirtschaftlich-finanzielle Dimension in §§ 5, 6 Abs. 1 HGrG zum Ausdruck kommt und dem bisweilen Verfassungsrang zuge-

---

75 Ausf. *Schmel*, Massenverfahren vor den Verwaltungsbehörden und Verwaltungsgerichten, 1982, S. 65 ff.

standen wird.[76] Für Bürger kann sie zu Vorteilen im Hinblick auf die Geschwindigkeit der Erlangung von Rechtsschutz führen. Einen Mehrwert für die Prozessökonomie entfaltet die Einführung einer *class action* aber nur, soweit nicht im Verwaltungsprozessrecht funktionale Äquivalente existieren. Bei näherer Betrachtung erweisen sich die Instrumente der VwGO im Hinblick auf ihre Eignung zu Effizienzsteigerungen bei Massenbetroffenheiten als jeweils auf spezifische Weise gegenüber einer *class action* beschränkt: *Musterverfahren* gem. § 93a VwGO können nur bei echter Massenbetroffenheit Anwendung finden.[77] Die *class action* kann zudem bei identischem Streitgegenstand eine Klärung gegenüber allen Beteiligten in einer einzigen Entscheidung herbeiführen, insofern wird auch das Prozesskostenrisiko verteilt. Ebenfalls prozessökonomische Wirkung kommt der *abstrakten Normenkontrolle* durch ihre *erga omnes*-Wirkung (§ 47 Abs. 5 S. 2 VwGO) zu,[78] wodurch letztlich jeder an den Ausgang eines fremdinitiierten Prozesses gebunden ist. Der Rechtsschutz nach § 47 VwGO ist allerdings auf die Kontrolle untergesetzlicher Normen beschränkt und bleibt damit erheblich hinter dem im Ansatz handlungsformunabhängigen Anwendungsbereich von *class actions* zurück. Im Hinblick auf die Bildung einer *Streitgenossenschaft* (§ 64 VwGO i.V.m. §§ 59 ff. ZPO)[79] sowie auf die nachträgliche *Verfahrensverbindung* durch das Gericht (§ 93 VwGO)[80] ergeben sich für die Prozessökonomie Einbußen, weil für alle Verfahren dasselbe Gericht zuständig sein muss. Dem ließe sich bei *class actions* durch Festlegung einer spezifischen Zuständigkeit – in den Grenzen des Föderalismus – entgegenwirken.

---

76 *Schmidt-Aßmann*, in: Hoffmann-Riem/ders., Effizienz als Herausforderung an das Verwaltungsrecht, 1998, S. 245 (255 f.); *Hyckel*, GVRZ 2020, 5 knüpft ein Effizienzgebot an das Demokratieprinzip (Rn. 26) und Art. 114 Abs. 2 S. 1 GG (Rn. 28).

77 Vgl. *Garloff*, in: Posser/Wolff, VwGO, 2. Aufl. 2014, § 93a Rn. 1. Eine Erweiterung auf unechte Massenverfahren erwägend *Völzmann*, in: Greve u.a., 60. Assistententagung Öffentliches Recht, 2020, S. 289 (302 ff.); für eine Gesetzesänderung plädiert *Beckermann*, GVRZ 2019, 16 Rn. 56. Diskutiert wird die Anwendbarkeit auf unechte Massenverfahren ferner für § 114a SGG: befürwortend *Kummer*, in: Peters/Sautter/Wolff, Kommentar zur Sozialgerichtsbarkeit, § 114a Rn. 7 (Stand: 2009); abl. *Roller*, in: Berchtold, SGG, 6. Aufl. 2021, § 114a Rn. 4.

78 *Ehlers*, in: ders./Schoch, Rechtsschutz im Öffentlichen Recht, 2009, § 47 Rn. 1; *Hyckel*, Prozessökonomie (Fn. 21), S. 422.

79 Vgl. *Czybulka/Siegel*, in: Sodan/Ziekow, VwGO, 5. Aufl. 2018, § 64 Rn. 33; *Kraus-nick*, in: Gärditz, VwGO, 2. Aufl. 2018, § 64 Rn. 5. Im Hinblick auf die Einführung zivilprozessualer Gruppenklagen *Hopt/Baetge*, in: Basedow/Hopt/Kötz/Baetge, Die Bündelung gleichgerichteter Interessen im Prozess, 1999, S. 11 (54).

80 Vgl. *Peters/Pätzold*, in: Sodan/Ziekow, VwGO, 5. Aufl. 2018, § 93 Rn. 4; *Rudisile*, in: Schoch/Schneider, VwGO, § 93 Rn. 6 (Stand: 2009).

In der Praxis werden insbesondere im Hochschulzulassungsrecht sog. *Sammelbeschlüsse* bzw. *-urteile* erlassen. Die Ausgangsverfahren bleiben dabei prozessrechtlich eigenständig, gleichwohl ergeht eine Entscheidung mit einheitlicher Begründung.[81] Diese Verfahrensweise kommt im Ergebnis einer *class action* nahe, ist aber schon deshalb nachteilig, weil sie gesetzlich ungeregelt bleibt und für prozessökonomische Vorteile wie die spezifische Ausgestaltung des rechtlichen Gehörs keinen Anknüpfungspunkt bietet.

2. *Rechtsdurchsetzung*

Aus rechtspolitischer Warte stellt sich weiter die Frage, ob und inwieweit die möglichst umfängliche Rechtsdurchsetzung gemeinwohlförderlich ist. Im privatrechtlichen Kontext besteht Bedarf für die Internalisierung auch von Bagatellschäden, um ein optimales Sorgfaltsniveau zu erreichen[82] und Fehlallokationen mit der Folge gesamtgesellschaftlicher Wohlfahrtsverluste[83] zu vermeiden. Auf das Verwaltungsrecht lässt sich dies angesichts einer rechtsgebundenen und grundsätzlich nicht profitorientiert agierenden Verwaltung nicht übertragen. Auch ein legitimatorischer Mehrwert im Hinblick auf Art. 20 Abs. 2 GG lässt sich der gerichtlichen Kontrolle nicht ohne weiteres zuschreiben, verhilft sie doch demokratisch gesetztem Recht bloß zur Durchsetzung.[84] Demokratisch relevant wird gerichtliche Kontrolle allenfalls durch die einem Gerichtsverfahren innewohnende Mitwirkungsmöglichkeit und Befriedungsfunktion[85]. Eine möglichst effektive gerichtliche Kontrolle lässt sich aber als Ausdruck des verfassungsrechtlichen Rechtsstaatsprinzips (Art. 20 Abs. 3, 28 Abs. 1 S. 1 GG) begreifen.[86] Schon die Existenz von Gerichtskosten zeigt – wie verschiedene andere Regelungen[87] – jedoch, dass sich der Gesetzgeber bislang gegen eine möglichst vollumfängliche Rechtsdurchsetzung verwahrt. Dahinter steht die Einsicht, dass gerichtlicher Rechtsschutz „eine wichtige, aber keine un-

81 Vgl. nur OVG MV, NVwZ-RR 1994, 334 (334); NJOZ 2005, 1357 (1357).
82 *Haß*, Gruppenklage (Fn. 30), S. 50 f.; *Schwalbe*, Verbraucher (Fn. 31), S. 23 (27).
83 Vgl. *Karner*, Verbraucher (Fn. 51), S. 165 (172).
84 Auch *Grzeszick*, in: Maunz/Dürig, GG, Art. 20 II Rn. 168 (Stand: 2010) m.w.N.; anders indes BVerfGE 151, 202 Rn. 130; *Huber*, DVBl. 2021, 753 (760).
85 Dazu *Luhmann*, Legitimation (Fn. 29), S. 82 ff.
86 Vgl. *Kahl* (Fn. 54), § 45 Rn. 73.
87 Vgl. für den Strafprozess §§ 153 Abs. 1 S. 1, 304 Abs. 3 StPO; § 248a StGB; für den Zivilprozess § 511 Abs. 2 Nr. 1 ZPO.

erschöpflich verfügbare Ressource“[88] ist. Der Zugang zu gerichtlicher Rechtsdurchsetzung betrifft daher auch unmittelbar die Allokation staatlicher Ressourcen.[89]

Der rechtspolitische Blick ist weiter – neben Alternativen wie der Einführung zusätzlicher Verbandsklagerechte oder einer Änderung des Gerichtskostenrechts – auf bestehende funktionale Äquivalente zu richten. Im Verwaltungsrecht kommt schon der Möglichkeit der Erhebung eines *Widerspruchs* gewisse Rechtsdurchsetzungswirkung zu, ist diese doch grundsätzlich mit niedrigeren Kosten verbunden als die Klageerhebung.[90] Gleichwohl verbleiben auch hier individuelle Kosten, die einer Rechtsdurchsetzung bisweilen entgegenstehen.[91] Zudem kann die Rechtsdurchsetzungswirkung offenkundig nicht erzielt werden, soweit das Widerspruchsverfahren gem. § 68 Abs. 1 S. 2 VwGO (ggf. i.V.m. landesgesetzlicher Regelung) unstatthaft ist oder gegenüber dem Betroffenen kein Verwaltungsakt ergangen ist.[92] Im gerichtlichen Verfahren kann die Bildung einer *Streitgenossenschaft* die psychologische Hemmschwelle für ein gerichtliches Vorgehen reduzieren. Sie hat allerdings nur geringen Einfluss auf den für einen Prozess zu betreibenden Aufwand, daher wird sie die Rationalität der Apathie nur selten überwinden können.[93]

VI. *Ausgestaltung*

Der Gesetzgeber kann durch die genauere Ausgestaltung den beiden zentralen Wirkungen – Rechtsdurchsetzung und Prozessökonomie – in unterschiedlichem Maße Wirkkraft verleihen. Grundsätzlich wäre eine Entscheidung zwischen einem *opt-in-* und einem *opt-out-*Modell zu treffen. Klärungsbedürftig wäre ferner, ob auch Teilaspekte kollektivierungsfähig sind und wo die erstinstanzliche Zuständigkeit anzusiedeln wäre. Schließlich müsste entschieden werden, wem die Repräsentationsbefugnis zukommt, und das Kostenrecht entsprechend ausgestaltet werden, um hinreichende Klageanreize zu setzen. Zur eingehenden Erörterung dieser und weiterer

88 *Schmidt-Aßmann*, Verwaltungsrechtliche Dogmatik, 2013, S. 108.

89 *Buchheim*, Actio, Anspruch, subjektives Recht, 2017, S. 95; *Gärditz*, Verhandlungen (Fn. 48), D 47.

90 Zu den rechtlichen Regelungen *Poschenrieder*, Außergerichtliches Vorverfahren im Verwaltungsrecht, 2019, S. 226 ff.

91 Siehe auch oben IV. 3.

92 Anders im Beamtenrecht: § 54 Abs. 2 BeamtStG, § 126 Abs. 2 BBG.

93 Auch – für das Zivilprozessrecht – *Meller-Hannich*, Verhandlungen (Fn. 17), A 57.

Fragen der Ausgestaltung fehlt hier der notwendige Raum, sie muss daher anderer Stelle vorbehalten bleiben.

VII. Fazit

Die Auseinandersetzung mit *class actions* führt die Steuerungswirkungen des vermeintlich technischen Prozessrechts vor Augen. Bei näherer Betrachtung sind *class actions* gewiss kein Allheilmittel zur Sicherstellung eines zukunftsfähigen Verwaltungsrechtsschutzes. Bei entsprechender Ausgestaltung könnten sich aber die beiden zentralen Wirkungen – ein prozessökonomischer Rechtsschutz bei individuell mittlerer und starker Massenbetroffenheit und eine verbesserte Rechtsdurchsetzung bei individuell geringer Massenbetroffenheit – auch im Verwaltungsprozessrecht erreichen lassen. Eine solche Veränderung wäre kein minimalinvasiver Eingriff, sondern eine grundlegende Innovation. Insbesondere aus der Fristenbindung und dem Erfordernis eines erfolglosen Widerspruchs ergeben sich für die Ausgestaltung Schwierigkeiten. Gelingt es, diese zu überwinden, haben *class actions* als Sinnbild eines „kollektiven Individualrechtsschutzes" zumindest bedenkenswerte Potentiale für den Zugang zum Verwaltungsrecht.

Verzeichnis der Autor:innen

Dr. Odile Ammann
Universität Zürich
Rechtswissenschaftliches Institut
Rämistrasse 74/64
CH-8001 Zürich
odile.ammann@rwi.uzh.ch

Dr. Hannah Birkenkötter
Humboldt-Universität zu Berlin
Lehrstuhl für Öffentliches Recht
Unter den Linden 6
D-10099 Berlin
hannah.birkenkötter@rewi.hu-berlin.de

Dr. Alexander Brade
Universität Leipzig
Lehrstuhl für Öffentliches Recht, insbesondere Umwelt- und Planungsrecht
Burgstr. 21 Raum 5.14
D-04109 Leipzig
alexander.brade@uni-leipzig.de

Paul Eberstaller
Universität Wien
Institut für Innovation und Digitalisierung im Recht
Schenkenstraße 4
A-1010 Wien
paul.eberstaller@univie.ac.at

Dr. Torben Ellerbrok
Ruprecht-Karls-Universität Heidelberg
Institut für deutsches und europäisches Verwaltungsrecht
Friedrich-Ebert-Anlage 6-10
D-69117 Heidelberg
torben.ellerbrok@jurs.uni-heidelberg.de

Dr. Lutz Friedrich
Universität Münster (WWU)
Institut für Öffentliches Recht und Politik
Universitätsstr. 14-16
D-49143 Münster
lutz.friedrich@uni-muenster.de

Dr. Andreas Gutmann
Universität Bremen
Zentrum für Europäische Rechtspolitik (ZERP)
Universitätsallee GW 1, Raum C 2071
D-28359 Bremen
andreas.gutmann@uni-bremen.de

Markus Hasl
Universität Tübingen
Lehrstuhl für Staatsrecht, Völkerrecht, Verfassungslehre und Menschenrechte
Geschwister Scholl Platz
D-72074 Tübingen
markus.hasl@uni-tuebingen.de

Julia Hoffmann
Johann Wolfgang Goethe-Universität Frankfurt a.M.
Lehrstuhl für Öffentliches Recht, Informationsrecht, Umweltrecht, Verwaltungswissenschaften
Theodor-W.-Adorno Platz 4
D-60629 Frankfurt a.M.
j.hoffmann@jur.uni-frankfurt.de

Dr. Katrin Kappler
Max-Planck-Institut zu Erforschung von Kriminalität, Sicherheit und Recht
Abteilung Öffentliches Recht
Günterstalstr. 73
D-79100 Freiburg
k.kappler@csl.mpg.de

Manuela Niehaus
Universität Hamburg
Lehrstuhl für Europa- und Völkerrecht
Rothenbaumchaussee 33
D-20148 Hamburg
manuela.niehaus@uni-hamburg.de

Sarah Praunsmändel
Albert-Ludwigs-Universität Freiburg
Centre for Security and Society
Werthmannstraße 15
D-79098 Freiburg
sarah.praunsmaendel@css.uni-freiburg.de

Lea Rabe
Universität Münster (WWU)
Institut für Öffentliches Recht und Politik
Universitätsstraße 14-16
D-48143 Münster
l_rabe01@uni-muenster.de

Dr. Cara Röhner
Vorstandsverwaltung der IG Metall
Wilhelm-Leuschner-Str. 79
D-60329 Frankfurt a.M.
Cara.roehner@igmetall.de

Valentin Schatz
Universität Hamburg
Institute for the Law of the Sea and Maritime Law
Rechtshaus A 333
Rothenbaumchaussee 33
D-20148 Hamburg
valentin.schatz@uni-hamburg.de

Sarah Katharina Stein
Albert-Ludwigs-Universität Freiburg
Institut für Öffentliches Recht Abt. I Europa- und Völkerrecht
Werthmannstr. 4
D-79085 Freiburg im Breisgau
katharina.stein@jura.uni-freiburg.de

Dr. Bettina Stepanek
Ludwig-Maximilians-Universität München
Lehrstuhl für Öffentliches Recht und Staatsphilosophie
Ludwigstr. 28 (Rgb.)
D-80539 München
bettina.stepanek@jura.uni-muenchen.de

Vera Strobel
Justus-Liebig-Universität Gießen
Professur für Öffentliches Recht und Völkerrecht
Licher Straße 76
D-35394 Gießen
vera.strobel@recht.uni-giessen.de

Reto Walther
Universität Zürich
Rechtswissenschaftliches Institut
Rämistrasse 74
CH-8001 Zürich
reto.walther@uzh.ch

Dr. Ruth Weber
Humboldt-Universität zu Berlin
DFG Graduiertenkolleg – Dynamische Integrationsordnung
Unter den Linden 9
D-10117 Berlin
ruth.weber@rewi.hu-berlin.de

Verzeichnis der Herausgeber:innen

Benedikt Huggins
Institut für Umwelt- und Planungsrecht
Universitätsstr. 14-16
48143 Münster
huggins@uni-muenster.de

Maike Herrlein
Institut für Internationales und vergleichendes öffentliches Recht
Universitätsstr. 14-16
48143 Münster
herrlein@uni-muenster.de

Johanna Werpers
Institut für Internationales und vergleichendes öffentliches Recht
Universitätsstr. 14-16
48143 Münster
johanna.werpers@uni-muenster.de

Jonas Brickwede
Institut für Steuerrecht
Universitätsstr. 14-16
48143 Münster
jonas.brickwede@uni-muenster.de

Dr. Konstantin Chatziathanasiou
Lehrstuhl für Öffentliches Recht, Völker- und Europarecht sowie empirische Rechtsforschung
Universitätsstr. 14-16
48143 Münster
kchatzia@uni-muenster.de

Lisa Dudeck
Institut für Öffentliches Recht und Politik
Universitätsstr. 14-16
48143 Münster
l_dude03@uni-muenster.de

Jonas Fechter
Kommunalwissenschaftliches Institut
Universitätsstr. 14-16
48143 Münster
jfechter@uni-muenster.de

Felix Fouchard
Lehrstuhl für Öffentliches Recht, Völker- und Europarecht sowie empirische Rechtsforschung
Universitätsstr. 14-16
48143 Münster
fouchard@uni-muenster.de

Rebekka Gengenbach
Kommunalwissenschaftliches Institut
Universitätsstr. 14-16
48143 Münster
r.gengenbach@uni-muenster.de

Lucas Hennicke
Institut für Umwelt- und Planungsrecht
Universitätsstr. 14-16
48143 Münster
ehennick@uni-muenster.de

Dr. Isabel Lischewski
Lehrstuhl für Internationales Öffentliches Recht und
Internationalen Menschenrechtsschutz
Wilmergasse 28
48143 Münster
lischewski@uni-muenster.de

Leonie Mentzel
Kommunalwissenschaftliches Institut
Universitätsstr. 14-16
48143 Münster
leonie.mentzel@gmail.com

Jonas Neumann
Lehrstuhl für Öffentliches Recht, Völker- und Europarecht sowie empirische Rechtsforschung
Universitätsstr. 14-16
48143 Münster
jonas.neumann@uni-muenster.de

Nicholas Otto
Institut für internationales und vergleichendes öffentliches Recht
Universitätsstr. 14-16
48143 Münster
nicholasotto@uni-muenster.de

Jonas Plebuch
Lehrstuhl für Öffentliches Recht und Verfassungstheorie
Bispinghof 24/25
48143 Münster
jonas.plebuch@uni-muenster.de

Christine-Sophie Reichert
Kommunalwissenschaftliches Institut
Universitätsstr. 14-16
48143 Münster
ch.reichert@uni-muenster.de

Janna Marie Ringena
Institut für Umwelt- und Planungsrecht
Universitätsstr. 14-16
48143 Münster
janna.ringena@uni-muenster.de

Marcus Schnetter
SFB 1385 Recht und Literatur
Domplatz 6
48143 Münster
m_schn60@uni-muenster.de

Kathrin Strauß
Lehrstuhl für Öffentliches Recht und Verfassungstheorie
Bispinghof 24/25
48143 Münster
kathrin.strauss@uni-muenster.de

Helen Wentzien
Institut für Umwelt- und Planungsrecht
Universitätsstr. 14-16
48143 Münster
helen.wentzien@uni-muenster.de

Laura Christin Wittmann
Lehrstuhl für öffentliches Recht, Völker- und Europarecht sowie empirische Rechtsforschung
SFB 1385 Recht und Literatur
Domplatz 6
48143 Münster
laura.wittmann@uni-muenster.de

Verzeichnis der Unterstützer:innen

Baumeister Rechtsanwälte PmbB
Becker Büttner Held PmbB
BWV Berliner Wissenschafts-Verlag GmbH
CMS Hasche Siegle PmbB
Verlag C.H. Beck oHG
De Gruyter GmbH
Dolde Mayen & Partner Rechtsanwälte PmbB
Dombert Rechtsanwälte PmbB
Duncker & Humblot GmbH
Freundeskreis Rechtswissenschaft e.V.
Heuking Kühn Lüer Wojtek PmbB
Mohr Siebeck GmbH & Co. KG
Nomos Verlagsgesellschaft mbH & Co. KG
W. Kohlhammer GmbH
Rittershaus Rechtsanwälte PmbB
Wolter Hoppenberg Rechtsanwälte PmbB